Hilbert Meyer
UnterrichtsMethoden
II: Praxisband

Hilbert Meyer

UnterrichtsMethoden

II: Praxisband

3. Auflage

Cornelsen
SCRIPTOR

Das Werk wurde für die 2. Auflage (1989) durchgesehen.

CIP-Titelaufnahme der Deutschen Bibliothek

Meyer, Hilbert: Unterrichtsmethoden/Hilbert Meyer. –
Frankfurt am Main: Cornelsen Verlag Scriptor
2. Praxisband. – 1987
ISBN 3-589-20851-1

1. Auflage 1987

7.	6.	5.	4.	3.	Die letzten Ziffern bezeichnen
94	93	92	91	90	Zahl und Jahr des Drucks.

Wissenschaftliche Veröffentlichungen

Herstellung: Hans Reichert, Bad Soden
Umschlaggestaltung: Lochmann's Studio, Frankfurt am Main
Satz: Computersatz Bonn GmbH, Bonn
Druck und Bindearbeiten: Clausen & Bosse, Leck
Vertrieb: Cornelsen Verlagsgesellschaft, Bielefeld
Printed in Germany
ISBN 3-589-20851-1
Bestellnummer 208511

Inhaltsverzeichnis

II: Praxisband

6. Lektion: Was heisst "praktische Orientierung" methodischen Handelns?

(in Zusammenarbeit mit Wolfgang Fichten)

7. Lektion: Bestandsaufnahme zur Methodenpraxis

8. Lektion: Methodischer Gang des Unterrichts

9. Lektion: Unterrichtseinstieg, Erarbeitung + Ergebnissicherung

10. LEKTION: FRONTALUNTERRICHT

11. LEKTION: GRUPPENUNTERRICHT

12. LEKTION: HANDLUNGSMUSTER DES UNTERRICHTS

13. Lektion: Spielen im Unterricht

14. Lektion: Körpersprache im Unterricht

15. Lektion: Plädoyer für eine handlungsorientierte Unterrichtsgestaltung

INHALTSVERZEICHNIS des ersten Bandes (Theorieband)

Vorbemerkungen zum zweiten Band

Frage- und Zielstellung dieses Buches werden im VORWORT und in der EINLEITUNG des THEORIE-BANDES skizziert. Es ist nicht erforderlich und wohl auch für die meisten Leserinnen und Leser wenig sinnvoll, diese beiden Bände von vorn nach hinten in einem Rutsch durchzulesen. Das Buch ist so geschrieben, daß der PRAXIS-TEIL ohne Schwierigkeiten auch für sich gelesen und studiert werden kann:

- ☐ Vor allem dann, wenn Sie *Studentin bzw. Student* in den Anfangssemestern sind oder wenn Sie als *Referendarin bzw. Referendar* erstmalig das Thema Unterrichtsmethoden studieren wollen, möchte ich Ihnen ausdrücklich raten, mit dem PRAXIS-TEIL zu beginnen und erst dann, wenn er Ihnen gefällt oder wenn Ihnen theoretische Voraussetzungen dieses PRAXIS-BANDES unklar sind, zum THEORIE-BAND zu greifen.
- ☐ Wenn Sie sich zu den *berufserfahrenen Lehrern* zählen, möchte ich Ihnen gar keine Ratschläge geben! Sie werden sich schon das heraussuchen, was Sie interessiert. Und Sie werden sicherlich auch diesen oder jenen Punkt finden, der Sie ärgert.
- ☐ Wenn Sie, sei es als Berufsanfänger oder als Routinier, *praktische Anregungen für die Gestaltung Ihres Unterrichts suchen,* ist es sinnvoll, in der ACHTEN bis hin zur DREIZEHNTEN LEKTION zu stöbern und dabei die DIDAKTISCHE LANDKARTE Nr. 4 als Orientierungsrahmen zu verwenden.

Ich habe die Lektionen beider Bände durchlaufend numeriert. Dieser PRAXIS-TEIL beginnt deshalb mit der SECHSTEN LEKTION:

- ☐ In der SECHSTEN LEKTION wird die Frage zu beantworten versucht, wie der Lehrer und die Schüler ihr methodisches Handeln im Unterricht *steuern:* über die verinnerlichten Unterrichtsbilder und über die bald nach Beginn der Schüler- bzw. Lehrerlaufbahn entwickelten Handlungsroutinen.
- ☐ Die SIEBTE LEKTION liefert eine *Bestandsaufnahme* zum Methodenalltag sowie eine historische Einbettung der langfristigen Veränderungen der Methodenkultur. Mir selbst hat in dieser Lektion die Beschreibung der produktiven und unproduktiven Nebentätigkeiten der Schüler am meisten Spaß gemacht – und unsere vier Kinder Onno, Gesa, Tiedo und Tale haben mich Tag für Tag beim Mittagessen mit brandfrischen Beispielen versorgt.
- ☐ In der ACHTEN und NEUNTEN LEKTION geht es um ein theoretisch und praktisch ziemlich vertracktes Problem, nämlich um die Frage, ob die zeitliche Phasierung des Unterrichts wissenschaftlich begründet und reguliert werden kann oder besser der anarchischen Lebendigkeit der Schülerinteressen oder Lehrervorlieben überlassen bleiben sollte. In der ACHTEN (und auch schon in der VIERTEN LEKTION des THEORIE-BANDES) wird diese Frage theoretisch zu klären gesucht, in der langen NEUNTEN LEKTION finden Sie eine Fülle praktischer Ratschläge zur Gestaltung des methodischen Ganges des Unterrichts. Diese Ratschläge müssen allerdings noch in einen fachdidaktischen Begründungszusammenhang eingeordnet werden. Diese fachdidaktische Aufarbeitung wird in diesem Buch an keiner Stelle geleistet!
- ☐ Die VIERZEHNTE LEKTION zum Thema Körpersprache fällt insofern aus dem Rahmen, als sie statt in Schriftsprache in Comic-Form gezeichnet ist – aber ihre Herstellung hat Karsten Friedrichs, dem Zeichner, und mir sehr Spaß gemacht.

- ☐ Ungebräuchliche Begriffe (z. B. das Wort ›Handlungsmuster‹, aber auch scheinbar selbstverständliche Ausdrücke wie ›Schule‹, ›Lehrziel‹, ›Unterrichtsinhalt‹ usw.) werden samt und sonders im THEORIE-TEIL beschrieben. Wenn Sie die Bedeutung eines Begriffs nicht aus dem Kontext erschließen können, helfen Ihnen die *Sachregister* am Schluß der beiden Bände weiter.
- ☐ Wenn Sie an einer *grundsätzlichen begrifflichen Klärung* des Methodenproblems und seiner Verschränkung mit dem Ziel- und Inhalts- sowie Institutionalisierungsproblem interessiert sind, sollten Sie die LANDKARTE Nr. 2 zur Hand nehmen und dann im THEORIE-BAND stöbern. Grau, treuer Freund, ist alle Theorie – aber auch hier habe ich mich bemüht, eine grundlegende, um Verständnis und Zustimmung des Lesers ringende *Einführung* in Theoriefragen der Methode zu leisten.
- ☐ Wenn Sie wissen wollen, *wofür das Herz des Autors schlägt,* sollten Sie als erstes die letzte und FÜNFZEHNTE LEKTION lesen. Auf den letzten Seiten wird beschrieben, wie sich der Autor die ideale Schule der Zukunft vorstellt.

Der Text ist durch viele Beispiele, Übungsaufgaben und Illustrationen aufgelockert worden. Cartoons, verfremdende Zitate und kleine Provokationen sollen Sie dazu verleiten, nicht alle Thesen als bare Münze zu nehmen[1], sondern sie als das zu verstehen, was sie bestenfalls sein können: Provokationen zur eigenen Hypothesenbildung!

Die Fülle der in diesen Band aufgenommenen Anregungen, Ratschläge und Kriterien für guten Unterricht könnte bei manchem von Ihnen Verunsicherung und vielleicht auch Angst auslösen. Dies ist selbstverständlich nicht meine Absicht. Es wäre weder möglich noch sinnvoll, *sämtliche* Anregungen dieses Bandes aufzunehmen und im eigenen Unterricht verwirklichen zu wollen. Vielmehr sollen dem Berufsanfänger Anregungen zur schrittweisen Entfaltung des eigenen Methodenrepertoires gegeben und dem berufserfahrenen Lehrer Denkanstöße zur Lockerung der eingefahrenen Bahnen methodischen Handelns vermittelt werden. Der Band soll Angst nehmen und Mut machen, den alltäglichen Unterricht in Richtung auf einen schülerorientierten Unterricht weiterzuentwickeln.

Wenn in diesem Buch von »Studenten«, »Referendaren« und »Lehrern« bzw. »Schülern« gesprochen wird, so sind die Studentinnen, Referendarinnen, Lehrerinnen und Schülerinnen mit gemeint. Dieser Satz wird viele Leserinnen nicht befriedigen. Meine Versuche, eine sprachlich vernünftige, dennoch einfache Lösung des Anredeproblems zu finden, waren ohne Erfolg. Zum Trost kann ich Sie lediglich auf die ELFTE LEKTION verweisen.

---

1 In eine der Lektionen des THEORIE-BANDES ist z. B. ein kurzer Absatz mit einem Nonsens-Text aufgenommen – ich verrate natürlich nicht, wo!

Einige wiederkehrende Symbole sollen Ihre Neugierde wecken, Sie zur Lektüre anregen, aber auch vor einer falschen Wissenschaftsgläubigkeit warnen:

Die *Eule* war schon bei den alten Griechen das Symbol der Weisheit. Sie erscheint immer dann im Text, wenn ich Ihnen raten möchte, auch in anderen Büchern nachzublättern. Die Frage, ob ich denn alle diese Literatur selbst gelesen hätte, wäre mir allerdings peinlich.

Wissenschaftliche Veröffentlichungen halten oft nicht, was sie versprechen. *Albert Einstein* fordert Sie dazu auf, keine falsche Ehrfurcht vor Wissenschaftlern und ihren Thesen zu entwickeln.

Rudi Ratlos markiert jene Passagen oder ganze Abschnitte, die speziell für Anfänger verfaßt worden sind und von berufserfahrenen Lehrern getrost überschlagen werden können.

Lehrer Lämpel ist Ihnen sicherlich seit langem vertraut. Er taucht überall dort auf, wo vom berufserfahrenen, routinierten Lehrer die Rede ist. (Der Routinebegriff wird in diesem Buch nicht abwertend, sondern mit grundsätzlich positivem Gehalt verwandt – vgl. die SECHSTE LEKTION.)

Ich wünsche Ihnen Spaß bei der Lektüre dieses Buches, selbstbewußte Schüler und Erfolg bei der Gestaltung Ihres Unterrichts!

Oldenburg,
den 1. 4. 1987

Hilbert Meyer

Wir haben an den einzelnen Lektionen mitgearbeitet, Beispiele geliefert, kritisiert und korrigiert:

Anmerkungen zur zweiten Auflage

Diese zweite Auflage des PRAXIS-BANDES ist auf Druck- und Setzfehler durchgesehen sowie an einigen Stellen stilistisch überarbeitet. (Für die nochmalige Durchsicht des Textes danke ich Werner Dietrich, Oldenburg.)

Kurze inhaltliche Ergänzungen finden Sie auf den Seiten 55, 225, 235, 387 und 356. Geringfügige Veränderungen habe ich am Ablaufschema für Rollenspiele (S. 360 f.) und an der Beschreibung der »Schule der Zukunft« (S. 425 f.) vorgenommen. Auf den Seiten 115–117 ist eine Erläuterung des Standard-Rasters für den »geplanten Stundenverlauf« neu eingefügt worden, um Studienanfängern und Referendaren eine weitere Orientierungshilfe zu bieten. Das Literaturverzeichnis wurde an einigen Stellen ergänzt.

Eine ausführliche Kommentierung der DIDAKTISCHEN LANDKARTE Nr. 4 (vgl. S. 58) finden Sie in dem Aufsatz von H. Meyer: »Plädoyer für Methodenvielfalt« in Heft 1/1989 der Zeitschrift »Pädagogik«. Eine erste kritische Auseinandersetzung mit dem Konzept des Handlungsorientierten Unterrichts haben Andreas Gruschka und Michael Meisel unter dem Titel »Über die Kopflosigkeit der Forderung nach Einheit von Kopf, Herz und Hand« in der »Pädagogischen Korrespondenz«, Heft 3/Sommer 1988 veröffentlicht.

Ich habe viele zustimmende und auch kritische Rückmeldungen zu diesem Buch erhalten. Am meisten habe ich mich über eine kurze Karte einer Referendarin aus Hechingen gefreut:

»Lieber Herr Meyer!

Sie haben ein furchtbares Buch geschrieben!! Meist nötigt es mich, mitten in der Nacht nochmals aufzustehen, um an irgendwelchen Unterrichtsentwürfen irgend ein Detail zu verändern. Zu allem Überfluß wird das Ganze noch dadurch verstärkt, daß die Tips bei der Umsetzung tatsächlich wirken.

Mit liebem Gruß

A. Danner,
Hechingen«

Oldenburg,
den 20. 11. 1988

H. M.

Einleitung

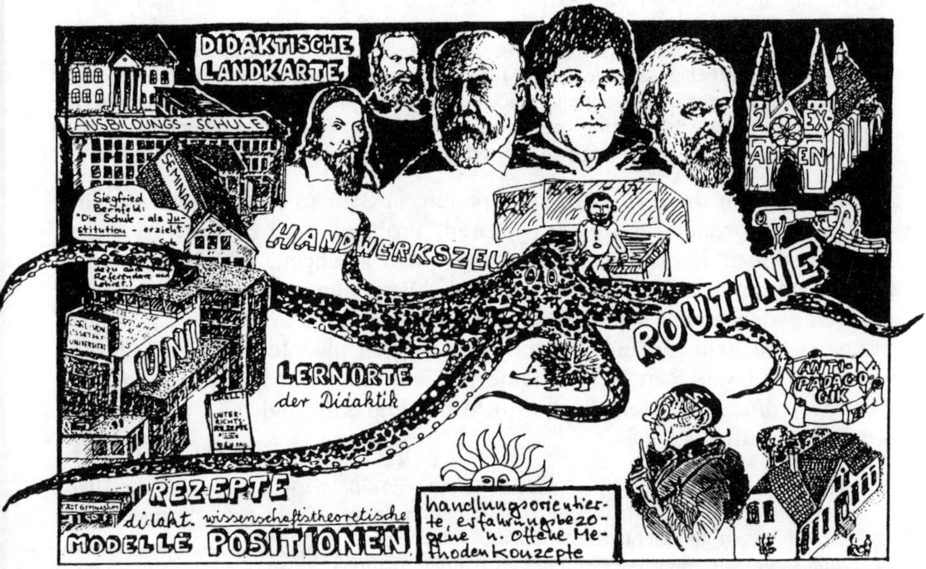

THEORIE- und PRAXIS-BAND enthalten vier DIDAKTISCHE LANDKARTEN, die Ihnen vermutlich gleich beim Aufschlagen in die Hände gefallen sind. Sie sollen deshalb zunächst etwas über Thema und Aufbau dieser Landkarten sowie über ihre Funktion erfahren.

Die vier Landkarten sind *Sprach-Bild-Puzzles.* Sie übertragen die in der Wissenschaft üblichen Begriffe in Bild-Spiele. Sie übersetzen *theoretische Beziehungen* zwischen Methodenkonzepten, didaktischen Modellen, erziehungswissenschaftlichen Positionen und wissenschaftstheoretischen Hintergründen *in räumlich-bildliche Beziehungen* und Abhängigkeiten. Die Symbole und Metaphern, Anspielungen und Parodien leisten zugleich eine erste *Charakterisierung* der erfaßten Positionen und Modelle. Dies sei an einigen Details erläutert:

- ☐ *Räumliche Nähe* auf den vier Landkarten soll die theoretische Nähe der Positionen und Autoren zum Ausdruck bringen – räumliche Ferne entsprechend die theoretische Ferne.
- ☐ Die *Größe* der Buchstaben soll – aus der parteilichen Sicht des Autors – die Bedeutung einer Position, Theorie oder Konzeption signalisieren.
- ☐ Die *Höhe* der Mauern zwischen den vier Bahnen der LANDKARTE Nr. 3 soll zum Ausdruck bringen, wie leicht oder wie schwer Beziehungen zwischen diesen vier Bahnen herzustellen sind.

- ☐ Der *Baukran* auf der Ersten und Dritten Landkarte steht für den (m. E. völlig überzogenen) Konstruktions-Optimismus der großen Mehrzahl aller empirisch-analytisch orientierten Methodenkonzepte.
- ☐ Die auffällige *Krake* in der Ersten und Dritten Landkarte symbolisiert den weitreichenden Einfluß und das Theorie-Praxis-Verständnis der *Geisteswissenschaftlichen Pädagogik*. Keiner anderen erziehungswissenschaftlichen Position ist es bisher gelungen, eine so »marktbeherrschende«, die Mitte der Erziehungswissenschaft umklammernde Position einzunehmen; es gibt aber auch kein anderes Modell, das ähnlich überzeugend die unverzichtbare Integration von theoretisch-kritischer Reflexion und praktisch-handlungsorientierender Anleitung von Lehrern geleistet hätte.

Die Landkarten sind in Zeilen und Spalten, in Bahnen und Felder untergliedert. Die Zuordnung einzelner Autoren, Probleme und Begriffe zu diesen Feldern ist nicht immer zur Zufriedenheit aller gelungen. Die Grenzen einer zweidimensionalen Darstellung komplexer Beziehungen sind sehr eng gezogen. Dennoch meine ich, daß diese Landkarten eine erste Orientierung in unübersichtlichem Gelände leisten können. Ich möchte diese Behauptung kurz an der Landkarte Nr. 3 erläutern: Sie enthält vier große Bahnen. Die *Bahnen 1 und 2* erfassen die Lernorte der Didaktik und die Stationen des Kompetenzaufbaus:

- ☐ Kein Lehrerstudent und keine Studentin kommt als didaktisch »unbeschriebenes Blatt« in das *Studium*. Jeder hat als Schüler viele Lehrer erlebt, dabei Unterrichtsbilder, Ideale, Hoffnungen und Befürchtungen zum Unterricht verinnerlicht.
- ☐ Wenn's gut geht, nimmt der Student im zweiten, dritten oder vierten Semester an einer didaktischen Lehrveranstaltung teil. Richtig ernst wird's aber erst im *Praktikum*. Der Student hält die ersten Unterrichtsstunden seines Lebens. Die dabei gemachten Erfahrungen wirken auf seinen Umgang mit didaktischem Theoriewissen deutlicher und intensiver als jedes Buchstudium oder jede Belehrung des Hochschullehrers zurück.
- ☐ Schon im ersten Praktikum beginnt der Student mit dem Aufbau seines *»Handwerks-*

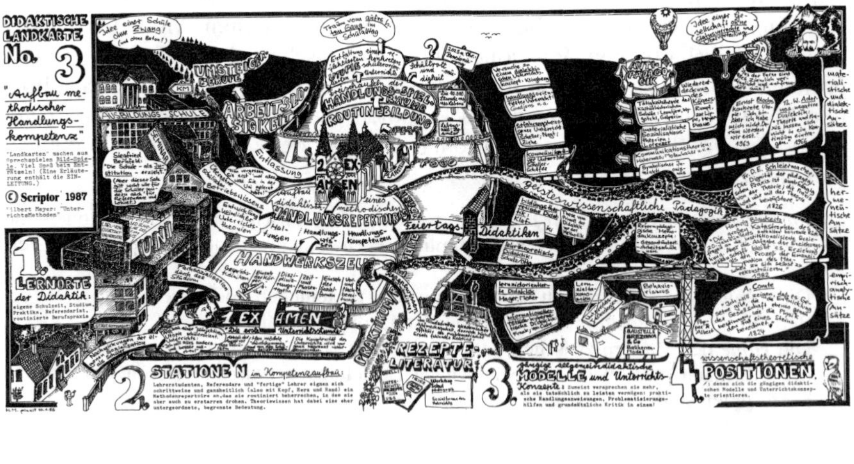

zeugs«. Er lernt, die Zeiteinteilung des Unterrichts zu meistern; er lernt, mit der Tafel umzugehen, zu loben und zu tadeln, zu zensieren und zu trösten.

- □ Im unterrichtspraktischen Examen wird er die *Blütezeit* seines didaktischen Theoriewissens erleben. Nie vorher und nie nachher wird er sich wieder so gut – wenn auch nur theoretisch – bei Wolfgang Klafki, Wolfgang Schulz, Christine Möller, Martin Wagenschein oder wem auch immer auskennen.
- □ Erhält er einen Angestelltenvertrag oder kommt er gar auf eine Planstelle, so beginnt unweigerlich ein Prozeß der *Routinebildung* und Professionalisierung mit offenem Ausgang: Er kann in seiner Routine verflachen; er kann sie aber auch nutzen, um die erforderlichen Handlungsspielräume für die Entwicklung einer kritisch-konstruktiven Unterrichtspraxis zu erarbeiten.

Quer zu den beiden an der Lernbiographie von Lehrern orientierten Bahnen 1 und 2 der LANDKARTE Nr. 3 liegen die *Bahnen 3 und 4,* die nicht chronologisch, sondern systematisch untergliedert sind: Eine kaum mehr überschaubare Fülle allgemein- und fachdidaktischer Modelle, wissenschaftstheoretischer Positionen, lehr- und lerntheoretischer Konzepte und unterrichtspraktischer Orientierungsmuster bietet sich in einer manchmal schon als aufdringlich zu bezeichnenden Art und Weise an. – Doch viele, die als »Abnehmer« dieses Theoriewissens vorgesehen sind, halten sich vornehm zurück: Theoriestudium ja – aber in den Fachwissenschaften, nicht in der Didaktik! Der feiertägliche, für den Schulalltag wenig taugliche Charakter dieser Didaktiken ist zum Teil der Grund für diese Ablehnung. Oft ist es aber auch nur Bequemlichkeit des Studenten und Referendars. Denn die Einarbeitung in ein didaktisches Modell erfordert, wenn sie die Phase der Rezeptanwendung überwinden soll, die hegelsche »Anstrengung des Begriffs«, also die sinnstiftende Aneignung der Theorie. Ist dieses Ziel einmal erreicht, kann das Theoriewissen selbst in den Hintergrund treten: Es ist in eine stabile Lehrer-Haltung umgeformt – und darauf kommt es an!

Ein Wort noch zu dem in der Mitte der LANDKARTE Nr. 3 plazierten *Rezept-Garten*: Die hier anzusiedelnden Leitfäden, Ratgeber, Kompendienbücher und Heilslehren liegen zwar im Windschatten der akademischen Aufmerksamkeit, dürfen aber schon wegen ihrer hohen Auflagenzahlen nicht übersehen werden. Die hohe Mauer zwischen studentischen Lernorten der Didaktik und der didaktischen Theorieproduktion bricht hier ab; Theorie und Praxis sind nur noch durch Strauchwerk und Zäune gegeneinander abgegrenzt. Der *Erfolg* dieser Bücher erklärt sich wohl daraus, daß sie ein dringendes Bedürfnis der Studenten und Referendare befriedigen: Sie liefern eine sinnlich-anschauliche, zugleich emotionale und moralische Einbindung des Anfängers in die psycho-soziale Komplexität alltäglichen Unterrichts. Die *Gefahren* der Ratgeber-Literatur liegen auf der Hand: Die Bücher können den falschen Eindruck vermitteln, als ob das Unterrichten etwas Leichtes sei, als ob man nur die richtigen Kniffe und Tricks anwenden müsse, um zum Ziel zu kommen. Diese Gefahren sind durch ein Verbot von Rezepten aber nicht zu bannen, vielmehr kann theoretisches und praktisches Wissen *jeder* Art wie ein Rezept ge- und mißbraucht werden.

Die naheliegende Frage, wo *dieses* Buch über Unterrichtsmethoden auf den Didaktischen Landkarten Nr. 1 und 3 zu lokalisieren ist, läßt sich nicht ganz leicht beantworten. Im Theorie-Teil knüpft dieses Buch an die Tradition allgemeindidaktischer Modelle an, nimmt dabei viele Elemente der Bildungstheoretischen Didaktik auf, liefert dann jedoch ein Plädoyer für Handlungsorientierten Unterricht. Im Praxis-Teil versuche ich, die jahrhundertealte Tradition der Ratgeber- und Rezeptliteratur fortzuführen, wie sie z. B. von Adolf Matthias (1908), Adolf Rude (1920), Karl Stöcker (1957), Hans-Windekilde Jannasch und Gerhard Joppich (1959), Karl Odenbach (1961) oder Jochen und Monika Grell (1979) vertreten wird. Beides, theoriebezogene Reflexion und praktisch-politische Handlungsorientierung, ist unverzichtbar. Unerreichtes Vorbild für dieses Buch ist deshalb *Adolph Diesterwegs* (1790–1866) *»Wegweiser zur Bildung für Deutsche Lehrer«* (3 Bde., 1873). Dieses Buch ist bis heute ein Wegweiser für Methodenliteratur geblieben, weil sein Autor konkrete, handlungsorientierende »Regeln« der Unterrichtsführung formuliert, aber nicht bei ihnen stehen bleibt, sondern sie in eine umfassende theoretische Analyse der didaktischen Situation seiner Zeit einbindet.

Adolph Diesterweg

Die Didaktischen Landkarten Nr. 1 und Nr. 3 sollen einer wissenschaftstheoretischen Positionsbestimmung dienen. Die *Gefahr des Schubladen-Denkens* ist dabei gegeben – sie kann aber nur durch eine sicherlich mögliche Verbesserung der Landkarten, nicht jedoch durch einen Verzicht auf Positionsbestimmungen gebannt werden.

Die vier Didaktischen Landkarten sollen in diesem Buch über Unterrichtsmethoden mindestens *drei verschiedene Funktionen* erfüllen. Die

1. erste Funktion besteht darin, Ihnen einen *sinnlich-ganzheitlichen Einstieg in die Komplexität des Themas »Unterrichtsmethoden« zu vermitteln.* Es gibt nicht »die« Unterrichtsmethode, sondern Hunderte verschiedener Methoden, die zum Teil nur schulfach-, schulform- und schulstufenspezifisch eingesetzt werden. Es gibt nicht »die« ideale, für alle Lernsituationen geeignete methodische Gesamtkonzeption, sondern Dutzende verschiedener Unterrichts- bzw. Methodenkonzepte, die innerhalb der verfügbaren breiten Palette einzelner Methoden und Methodenarrangements eine bestimmte Akzentsetzung und begründete Auswahl vornehmen. Und es gibt ebensowenig »die« Theorie der Unterrichtsmethode, sondern einen breitgefächerten akademischen Theorienstreit um Vor- und Nachteile, um Voraussetzungen und Konsequenzen einzelner Konzepte.

Ich hoffe nun, daß die Landkarten ihre Aufgabe tatsächlich erfüllen, nämlich Ihnen einen sinnlich-ganzheitlichen Einstieg in die Komplexität der Thematik dieses Buches zu liefern. Ich hoffe, daß Ihnen das schrittweise Enträtseln der Landkarten-Details nicht nur Mühe, sondern auch ein wenig Spaß macht – so wie mir das Verfertigen dieser Karten Vergnügen bereitet hat. Ich könnte mir allerdings vorstellen, daß einige von Ihnen durch die verwirrende Informationsflut der vier Landkarten geradezu »erschlagen« werden. Aber die Komplexität erwächst aus der Sache selbst und ist nicht vom Autor künstlich hergestellt.

2. Die zweite Funktion der Landkarten besteht darin, Ihnen während der Lektüre dieses Buches den *schrittweisen Aufbau einer* eigenen *Orientierungsgrundlage zum Thema »Unterrichtsmethoden« zu erleichtern.* Diese Orientierung kann nicht Voraussetzung für die Lektüre des Buchs sein, sie soll vielmehr bei der Beschäftigung mit dem Buch herausspringen. Niemand erwartet von Ihnen, etwa die 223 Autorennamen zu kennen, die auf der Landkarte Nr. 1 festgehalten sind. Dies wäre für Ihre eigene Unterrichtspraxis ein funktionsloses Buchwissen. Aber Sie können mit Hilfe dieser Karte die wissenschaftstheoretische Herkunft jener Autoren, mit denen Sie schon einmal zu tun hatten, grob einschätzen. Sie können fehlende Autoren auf Ihrer Karte ergänzen. (Nur jeder zehnte bundesdeutsche Erziehungswissenschaftler ist erfaßt!) Sie können Ihre Ausbilder fragen, wo diese sich zuordnen würden. Sie können, wenn Sie schon über umfangreichere Theoriekenntnisse verfügen und mit den von mir vorgenommenen Zuordnungen nicht einverstanden sind, die Karten »zerpflücken«; lieber wäre mir allerdings, Sie würden eine eigene Variante anzufertigen versuchen, sie vielleicht auch um die Namen fachdidaktischer und lernpsychologischer Autoren ergänzen. Sie können, wenn Sie berufserfahrene Lehrerin bzw. berufserfahrener Lehrer sind, auf der Landkarte Nr. 4 markieren, welche der dort genannten Handlungsmuster in Ihrem Unterricht regelmäßig zum Einsatz kommen; und schließlich können Sie die »blinden Flecken« in Ihrem eigenen Methodenrepertoire lokalisieren.

3. Die Landkarten haben eine dritte, beim schnellen Lesen leicht zu übersehende Funktion: Sie signalisieren, welche Akzentsetzungen und Schwerpunktbildungen der Autor selbst vornimmt. Denn die Landkarten liefern keine wertneutrale Abbildung vorhandener Methodenkonzepte, sondern eine bewußte Auswahl und Zuordnung, die jedoch die theoretischen Alternativen andeutet und Ihnen dadurch die Möglichkeit gibt, weiterzusuchen, wenn Sie mit der Position des Autors unzufrieden sind:

☐ Die Landkarte Nr. 3 ist im Grunde ein Plädoyer für mehr Bescheidenheit der Theoretiker. Sie soll deutlich machen, daß *Theoriewissen nur einen geringen Anteil am Aufbau der methodischen Handlungskompetenz* von Lehrern hat.

- Die LANDKARTEN Nr. 1 und Nr. 4 sollen Sie dazu verleiten, angesichts der Fülle vorhandener allgemeindidaktischer Modelle und handlungsorientierender Konzepte die im linken Drittel der Karte Nr. 1 notierten Modelle und Konzepte sowie die ebenfalls links auf der Karte Nr. 4 aufgelisteten, als ganzheitlich zu charakterisierenden Handlungsmuster besonders zu beachten, weil sie m. E. im Schulalltag bis heute viel zu wenig Beachtung gefunden haben.

- Die LANDKARTE Nr. 2 beschreibt Stufen- und Phasenkonzepte des Unterrichts. Diese Konzepte sind den meisten Lehrern unbekannt; es ist auch sehr schwierig, den Unterricht so zu gestalten, daß er einem dieser Stufenkonzepte genau entspricht. Aber jeder Lehrer ist davon überzeugt, daß es sinnvoll und notwendig ist, den Unterrichtsablauf für die Schüler nachvollziehbar und plausibel zu strukturieren. Deshalb enthält die VIERTE LEKTION einen Überblick über ältere und jüngere Konzepte zur Phasierung des Unterrichts. Die LANDKARTE Nr. 2 ist so aufgebaut, daß die vom Autor favorisierten Stufenkonzepte auf der *rechten Hälfte* angesiedelt sind.

Die vier Landkarten sollen nicht nur Illustrationen zum Text, sondern eigenständige Informationsträger sein. Ursprünglich waren sie einfache Tafelskizzen und Wandzeitungen, die ich für Seminare und Vorlesungsskripte angefertigt hatte; von Semester zu Semester wurden diese Skizzen weiter ausgebaut. Nun stellen sie für mich eine neue Art von Bild-Texten dar, für deren Aufnahme in ein wissenschaftliches Lehrbuch ich mich gar nicht lange verteidigen möchte: Sie sollen veranschaulichen, daß auch Theoriewissen, um das es vor allem im ERSTEN BAND geht, von Menschen mit bestimmten Gefühlen, Interessen und Lebensgeschichten entwickelt worden ist und daß die Aneignung dieses Theoriewissens wiederum einen sinnlich-ganzheitlichen Lernprozeß erfordert.

Einige wenige persönliche Bemerkungen zum Abschluß dieser Einleitung: Wenn ich in den letzten Wochen und Monaten Studenten und Lehrern, Freunden und Bekannten erzählte, daß das »Methodenbuch« nun endlich fertiggestellt und daß es mehr als 700 Seiten lang geworden sei, bin ich immer wieder entgeistert gefragt worden: »Und *wer* soll das alles lesen?« Ich gebe zu, daß die Überlänge dieses Buches eine schwer zu nehmende Hürde für die Lektüre darstellt. Deshalb will ich wenigstens erläutern, warum es mir nicht gelungen ist, mich kürzer zu fassen:

- Anders als im Bereich der Allgemeinen Didaktik gibt es in der »Allgemeinen Methodik« kein Überangebot, sondern einen spürbaren Mangel an entfalteten Theorien und Modellen. Deshalb habe ich mir die Theorie zu diesem PRAXISBAND erst einmal selbst zurechtlegen müssen. (Deshalb entfällt auch die Kritik an »Feiertagsmethoden«, die mancher Leser, der den 1980 – ebenfalls im Scriptor Verlag – erschienenen »Leitfaden zur Unterrichtsvorbereitung« kennt, vielleicht vom Autor erwartet hat.)

- ☐ Noch weniger als im Bereich der Allgemeinen Didaktik ist es in der Unterrichtsmethodik damit getan, lediglich ein abstraktes Modell mit Strukturen, Prinzipien und Prämissen zu entwerfen. Daraus läßt sich keine ausreichende praktische Orientierung gewinnen. Deshalb habe ich mir die Mühe gemacht, meine Vorstellungen vom handlungsbezogenen und schüler-aktivierenden Unterricht bis in die Details anhand vieler Beispiele zu erläutern.
- ☐ Anders als beim »Leitfaden« habe ich mich bei diesem Methodenbuch bemüht, die zum Teil sehr verstreut publizierte erziehungswissenschaftliche Diskussion zum Thema einzuarbeiten. Dies ist auch an der Länge von Literaturverzeichnis und Sachregister abzulesen. So erhalten THEORIE- und PRAXISBAND den Charakter und Umfang eines Handbuches und Nachschlagewerkes, das nicht in einem Rutsch gelesen werden muß (s. o.).

Eine zweite Bemerkung bezieht sich auf Sie, den erhofften Leser dieses Buches: Ich gehe davon aus, daß man **lernen kann, gut zu unterrichten, und daß der Unterricht dann auch für Lehrer wie Schüler Spaß macht.** Die Schule ist keine »totale Institution«, auch wenn dies von einigen Autoren immer wieder behauptet wird. Es gibt im alltäglichen Schulbetrieb Probleme und Ärgernisse in großer Fülle, aber es gibt m. E. immer noch Handlungsspielräume für eine schüleraktivierende, subjektiv befriedigende und objektiv sinnvolle Unterrichtspraxis, die jedoch nicht immer voll ausgeschöpft werden. Allein die Tatsache, daß die Schüler zum einen Lehrer gern in den Unterricht kommen, ja ihn verehren und dann auch sehr viel lernen, während sie zu einem anderen Lehrer förmlich »hingeprügelt« werden müssen und bei ihm weniger, gar nichts oder zumindest anderes als das lernen, was sich dieser Lehrer vorgenommen hatte, sollte zu denken geben. Die *Person* des Lehrers ist für den Unterrichtserfolg bei weitem wichtiger als die Schulform, als die Richtlinien und Schulbücher, als die Klassenstärke, die Medienausstattung und vieles andere mehr. Dies heißt nicht, daß die Ausstattung des Arbeitsplatzes unwesentlich sei. Dies bedeutet ebensowenig, daß es den »geborenen Erzieher« gebe, auch wenn dem einen Lehrer die Arbeit leicht von der Hand geht, während sich der andere unsäglich mühen muß. *Erzieher werden nicht geboren, sondern erzogen!* Es ist zwar richtig, daß methodisches Handeln sehr viel mit Intuition und Gefühlen, mit Phantasie und der Bereitschaft zu tun hat, sich mit »Haut und Haaren« auf die Schüler einzulassen. Aber gerade weil das so ist, wird die theoretische Reflexion und praktische Aufklärung dessen, was sich da Tag für Tag im Unterricht abspielt, um so wichtiger! Dazu soll dieses Buch einen Beitrag leisten.

Unter den Lesern dieses Buches werden vermutlich viele Studentinnen und Studenten, Referendarinnen und Referendare sein, die nach ihrer Ausbildung erst einmal in die Arbeitslosigkeit entlassen oder in Umschulungsmaßnahmen gedrängt werden. Für sie wird die Lektüre eine besondere Anstrengung darstellen, die ich nicht leugnen darf, aber auch nicht beheben kann. Denn dieser Skandal ist kein Problem der didaktischen Theorie, sondern der politischen Willensbildung. Deshalb muß von allen jenen, die das unverdiente Glück haben, auf einer sicheren Planstelle zu sitzen, gefordert werden, sich aktiv am Kampf für eine möglichst baldige Einstellung möglichst vieler Lehrer zu beteiligen.

SECHSTE LEKTION

WAS HEISST "Praktische Orientierung" METHODISCHEN HANDELNS?

Inhalt + Ziel

Der mit dieser Lektion eingeleitete PRAXIS-TEIL dient insgesamt dem, was verkürzt als praktische Orientierung methodischen Handelns bezeichnet werden soll. In dieser einleitenden Lektion geht es erst einmal darum zu klären, woraus diese praktischen Orientierungen *bestehen*, wie sie *entstehen* und wie sie unter alltäglichen Arbeitsbedingungen *weiterentwickelt* werden können:

- Im *ersten Abschnitt* wird die These vertreten, daß die *Unterrichtsbilder*, die Lehrer und Schüler im Verlaufe ihrer Berufs- bzw. Schülersozialisation verinnerlicht haben, diese entscheidenden Steuerungs- und Kontrollinstanzen sind.
- Im *zweiten Abschnitt* wird analysiert, in welchem Verhältnis die Unterrichtsbilder zur Lehrerhaltung und zu dem Methodenrepertoire stehen.
- Im *dritten Abschnitt* wird gefragt, wie trotz der unvermeidbaren, grundsätzlich als positiv zu betrachtenden Routinebildung von Lehrern eine reflektierte Weiterentwicklung ihrer methodischen Handlungskompetenzen möglich gemacht werden kann.

Vorbemerkung

Um gut zu unterrichten, braucht ein Lehrer nicht nur die in der EINLEITUNG des THEORIE-TEILS und in der ERSTEN LEKTION beschriebenen methodischen Handlungskompetenzen – er muß auch wissen, was er mit seinen Handlungskompetenzen anfangen will. Deshalb muß ein zweites hinzutreten: eine praktische Orientierung seines methodischen Handelns. Woher gewinnt er diese Orientierung? Die Erziehungswissenschaft produziert zwar fortwährend Orientierungs*angebote*, aber es wäre naiv, das praktische Handeln berufserfahrener Lehrer als pure Umsetzung dieses im Studium und Referendariat angeeigneten Theoriewissens zu betrachten. Theoriewissen kann überhaupt nicht »direkt« und nahtlos in konkrete Entscheidungen und Handlungen übertragen werden. Dazu ist es viel zu statisch, viel zu abstrakt und zu modellhaft-idealisierend. Der Lehrer, der irgendwann einmal mehr oder weniger gründlich einige didaktische und methodische Theorien studierte, hat sich längst von diesem Theoriewissen freigemacht. Denn er verlöre seine Glaubwürdigkeit vor den Schülern, er würde aber auch handlungsunfähig, wollte er die häufig im Bruchteil einer Sekunde zu treffenden Entscheidungen immer erst in ein Theorie-System hochrechnen, es dort klären und dann wieder zurückübersetzen. Es muß andere, komplexere Instanzen geben, mit denen Lehrer ihr Handeln steuern und kontrollieren. Es sind dies m. E. vier verschiedene, eng miteinander verknüpfte Faktoren:

- ☐ die im Verlauf der Berufs- und Fachsozialisation aufgebauten *Unterrichtsbilder;*
- ☐ die diese Bilder einschließenden, aber noch durch weitere Faktoren geprägten *Lehrer-Haltungen;*
- ☐ das in der Unterrichtspraxis aufgebaute *Methodenrepertoire*
- ☐ und die diesem Repertoire zugrunde liegende unterrichtsmethodische *Handlungskompetenz* (kurz: Methodenkompetenz).

Deshalb geht dieser ganze PRAXIS-TEIL davon aus, daß eine Erneuerung des methodischen Handelns von Lehrern das Bewußtmachen und Erneuern dieser Bilder, Haltungen und Kompetenzen zur Voraussetzung hat. Das ist deshalb schwierig, weil ihr Aufbau in den Prozeß der *Routinebildung* eingebettet ist. Routinebildung ist unvermeidbar und grundsätzlich positiv zu bewerten. Sie hat aber oft eine Reflexionsverarmung zur Folge. Deshalb endet diese SECHSTE LEKTION im dritten Abschnitt mit der Frage, ob und wie Reflexion und Routinebildung miteinander versöhnt werden können.

1. Unterrichtsbilder

1.1 Begriff und Funktion von Unterrichtsbildern

Jeder von uns, der einmal Schüler war und nun Lehrer werden will oder geworden ist, hat bestimmte Bilder verinnerlicht: Bilder vom guten und vom schlechten Unterricht, von den großen Katastrophen und kleinen Glücksfällen im Unterricht, vom gerechten Lehrer und vom miesen Pauker; Bilder von der komplett eingerichteten Schule mit optimalen Arbeitsbedingungen und den interessierten Schülern – aber auch die Angstträume von jenen Situationen, in denen nichts läuft und alles verquer kommt. »Ich kloppe Stoff in kleine Teufel«, sagte kürzlich ein von der Universität an ein Gymnasium übergewechselter Mathematiker. »Ich möchte von allen Schülern geliebt werden«, sagte eine verzweifelte Referendarin, die sich nicht damit abfinden wollte, daß sie auf ausschließlich freiwilliger Basis der Mitarbeit nicht zu Rande kam. »Ich kann mir gar nicht vorstellen, pensioniert zu werden – mir macht das Unterrichten einfach Spaß«, sagte die junggebliebene Sechzigerin.

Wenn Sie dieses Buch gründlich durcharbeiten und nicht nur überfliegen wollen, bitte ich Sie, einmal *Ihr eigenes Unterrichtsbild zu skizzieren.* Sollten Sie noch Studentin oder Student, Referendarin oder Referendar ohne nennenswerte eigene Unterrichtspraxis sein, können Sie ebensogut notieren, in welchen Situationen Sie sich als Schüler bzw. Schülerin wohl und unwohl gefühlt haben:

Eine Unterrichtssituation, mit der ich mich identifizieren kann/in der ich mich wohl fühle:

Eine Unterrichtssituation, die ich ablehne/in der ich mich unwohl fühle:

Jeder von Ihnen dürfte eigene, durch die Persönlichkeitsstruktur, die Ausbildung, die Fächer- und Schulformwahl, durch die Spezifika der Schule vor Ort und natürlich auch durch die privaten Lebensverhältnisse geprägte Vorstellungen vom guten und vom schlechten Unterricht haben. Diese ganzheitlichen Deutungen sollen im folgenden als *Unterrichtsbilder*[1] bezeichnet werden.

Definition Nr. 21: Unterrichtsbilder sind sinnlich-ganzheitliche, parteilich-wertende und untheoretisch-pragmatische Vorstellungen über den in der Vergangenheit erfahrenen, aktuell erlebten und für die nahe oder ferne Zukunft prognostizierten Unterricht.

1 Von »*Unterrichtsbildern*« sprechen auch Rumpf (1976, S. 89), Schulze (1978, S. 95 ff.; S. 170) und Scheller (1981, S. 9 ff.). Andere Autoren sprechen von »heimlichen Unterrichtstheorien« (Grell 1975, S. 67), von »impliziten« (Achtenhagen 1984, S. 40 ff.) oder von »naiven« Unterrichtstheorien (Wahl/Schlee u. a. 1983). Eine gründliche, methodologisch reflektierte empirische Studie zu den »Subjektiven didaktischen Theorien von Lehrern« hat Barbara Koch-Priewe vorgelegt (1986); »subjektive Unterrichtstheorien« werden von der Arbeitsgruppe Schulforschung (1980) und von Bauersfeld u. a. (1982) analysiert.
Der Begriff »Unterrichtsbild« hat gegenüber den anderen zwei Vorteile: Er enthält keine wertende Vorweg-Verurteilung dieser Vorstellungsinhalte, sondern öffnet den Blick für ihre mögliche handlungsorientierende Funktion. Und er vermeidet die Einengung des Bedeutungsgehalts auf Theoriewissen. Unterrichtsbilder können u. a. Theoriewissen enthalten, gehen aber sicherlich nicht in ihm auf (vgl. Bromme 1985). Sie sind mehr und anderes als die subjektive Seite der didaktischen Theorie. Es scheint mir sinnvoller, sie im Sinne Erich Wenigers (vgl. S. I, 288) als »eingehüllte Theorien« oder im Sinne Piagets als die *berufsspezifischen* »kognitiven Schemata« zu betrachten.

Sie lassen drei verschiedene Komponenten erkennen:

- □ Unterrichtsbilder bestehen aus den *Erinnerungsspuren* vergangener Unterrichtserfahrungen als Schüler, Student und berufstätiger Lehrer. Diese Erinnerungsspuren sind aber keine fotografisch-genauen Abbildungen der tatsächlichen Unterrichtsprozesse, sondern subjektiv-ganzheitliche Verarbeitungen der gemachten Erfahrungen.
- □ Sie sind zugleich *Vorwegnahmen* erhoffter oder befürchteter neuer Situationen.
- □ Sie können schließlich eine *spekulative* Komponente haben. Sie beschreiben Unterrichtsabläufe, die der Lehrer so noch nie erlebt zu haben braucht, die so auch gar nicht zu realisieren wären, die sich aber dennoch im Denken und Fühlen eingenistet haben, manchmal nur für Sekunden aufblitzen, manchmal aber auch wie eine bleierne Decke oder eine befreiende Vision über dem Bewußtsein liegen.

In den Unterrichtsbildern steckt ein utopischer Überschuß. Sie bringen die Sehnsucht nach einem nicht-entfremdeten, selbstbestimmten Lehren und Lernen zum Ausdruck. Selbst dort, wo diese Hoffnung nicht positiv formuliert, sondern als beißende Kritik an den bestehenden Verhältnissen umformuliert wird, ist sie als heimlicher Maßstab dieser Kritik vorhanden.

Unterrichtsbilder sind Bestandteil des *Alltags*wissens von Lehrern. Deshalb können sie mit Hilfe der in der »Alltags-Wissenschaft« formulierten Kategorien[2] genauer analysiert werden:

- □ Unterrichtsbilder sind *ganzheitlich* strukturiert, d. h. sie haben nicht nur eine kognitiv-inhaltliche, sondern auch eine emotionale und eine körperliche Dimension.
- □ Unterrichtsbilder sind *veränderungsresistent* und können über Jahre und Jahrzehnte, ja ein ganzes Lehrerleben lang stabil bleiben. Sie verfestigen sich fortwährend, weil sie durch die selektive Wahrnehmung der Unterrichtswirklichkeit gleichsam einen *»Selbstverstärker«* besitzen. Wer seinen Schülern vernünftiges Handeln zutraut, wird sie am ehesten dazu herausfordern können, weil er am sensibelsten mögliche Ansätze zur Selbständigkeit wahrnimmt. Wer seinen Schülern mit Mißtrauen begegnet, wird auch sehr bald Schwierigkeiten bekommen, die ihm die Berechtigung seines Mißtrauens bestätigen (vgl. S. 199).
- □ Unterrichtsbilder sind *parteilich-wertend*. Sie sparen nicht mit Schuldzuweisungen und Erfolgszurechnungen. Sie dienen immer auch der Psychohygiene des Lehrers.
- □ Unterrichtsbilder sind *»untheoretisch«* (Heller 1978, S. 218). Es geht eben um Bilder und nicht um Kausalhypothesen. Es wird nicht gefragt, *warum* sich die Schüler in bestimmten Situationen so und nicht anders verhalten, sondern festgestellt, *daß* sie sich in der Vergangenheit so verhalten haben und auch in Zukunft wieder so verhalten werden. Unterrichtsbilder sind, wie die Alltagswissenschaftler formulieren, *»pseudo-konkret«*. Wer ein bestimmtes Unterrichtsbild hat, läßt keinen Zweifel an dessen Richtigkeit zu.
- □ Unterrichtsbilder enthalten *Vereinfachungen* und *Verallgemeinerungen*; kein Schüler gleicht dem anderen, keine Unterrichtssituation wiederholt sich in identischer Weise – aber in den Bildern wird so getan, als ob immer wieder gleiche Schülertypen in der

---

2 Ich beziehe mich im folgenden hauptsächlich auf die Georg-Lukács-Schülerin Agnes Heller (1978); ähnliche Analysen zur subjektiven Deutung der Lebenswelt haben Berger/Luckmann (1974, S. 157–174) und Leithäuser (1976) vorgelegt; dic Bedeutung der Alltags-Diskussion für die Erziehungswissenschaft wird bei Lenzen (1980), Höhn (1979), Schründer (1982) und Thiemann (1980) diskutiert.

Klasse säßen und immer wieder gleiche Situationen entstünden (vgl. Heller 1978, S. 231–235). Sie gleichen häufig unterrichtsmethodischem Rezeptwissen (»Wenn der Einstieg erst mal geklappt hat, läuft der Rest auch!«, »Mädchen sind in Rechtschreibung besser!«, »Gruppenunterricht kostet zuviel Zeit!«).

- □ In Unterrichtsbildern wird die Erfahrung der *Widersprüchlichkeit* alltäglichen Unterrichts (widersprüchliche Rollenerwartungen an den Lehrer; widersprüchliches Verhalten der Schüler) zumeist *geglättet*. Ursachen für Unterrichtserfolge können ebenso wie die Ursachen für Mißerfolge oberflächlich und verzerrt wahrgenommen werden; was am Verhalten des Kollegen sofort auffällt und kritisiert wird, wird am eigenen Verhalten übersehen oder umgedeutet: »An sich ist Schule problematisch – aber ich habe die Sache im Griff!«
- □ Erst wenn das eigene unterrichtliche Handeln wiederholt und unübersehbar zu *Mißerfolgen* geführt hat, kann sich das pragmatisch-unkritische Verhältnis zu den eigenen Bildern lockern und unter Umständen auch durch eine »theoretische« Haltung gegenüber den Bildern ersetzt werden (Heller 1978, S. 218).

Welche Funktion haben Unterrichtsbilder im Schulalltag? Sie sind m. E. die entscheidenden Steuerungsinstanzen des methodischen Handelns! Sie sind sozusagen das »missing link« zwischen dem im Studium und Referendariat angeeigneten Theoriewissen, der Persönlichkeitsstruktur des einzelnen Lehrers und den institutionellen Rahmenbedingungen der Schule. Unterrichtsbilder werden vom Lehrer fortwährend und penetrant (im ursprünglichen Sinne von »alles durchdringend«) in seine Wahrnehmung und Bewertung der Unterrichtswirklichkeit hineinprojiziert:

These 6.1: Die im Verlauf der Berufssozialisation verinnerlichten Unterrichtsbilder des Lehrers leisten eine regelkreisartige Steuerung seines unterrichtsmethodischen Denkens, Wahrnehmens und Handelns.

Wenn diese These richtig ist (und ich habe keine Zweifel daran), muß die auf S. 28 des THEORIEBANDES (im folgenden abgekürzt: I, 28) vorgenommene Auflistung der Einflußfaktoren methodischen Handelns um einen weiteren, für das praktische Handeln entscheidenden Faktor ergänzt werden:
Das *Bewußtmachen der Struktur und Qualität der eigenen Unterrichtsbilder* ist deshalb eine unverzichtbare Voraussetzung zur Weiterentwicklung der eigenen Methodenkompetenzen. Dies ist jedoch schwierig, weil als Eigenschaften dieser Unterrichtsbilder ja gerade deren »untheoretischer Pragmatismus« und ihre »Veränderungsresistenz« beschrieben worden sind. Nur dort, wo etwas zum wiederholten Male schief gelaufen ist, oder dort, wo völlig neue Lehraufgaben entstanden sind, die in das vorhandene Spektrum von Unterrichtsbildern nicht mehr eingeordnet werden können, besteht für den Routinier noch ein Anlaß, seine Unterrichtsbilder zu durchdenken. Dies heißt, daß Unterrichtsbilder im wesentlichen aus zwei Anlässen korrigiert und weiterentwickelt werden: *in beruflichen Anfänger- und Ausbildungssituationen sowie bei beruflichen Krisen und/oder Neuorientierungen.*

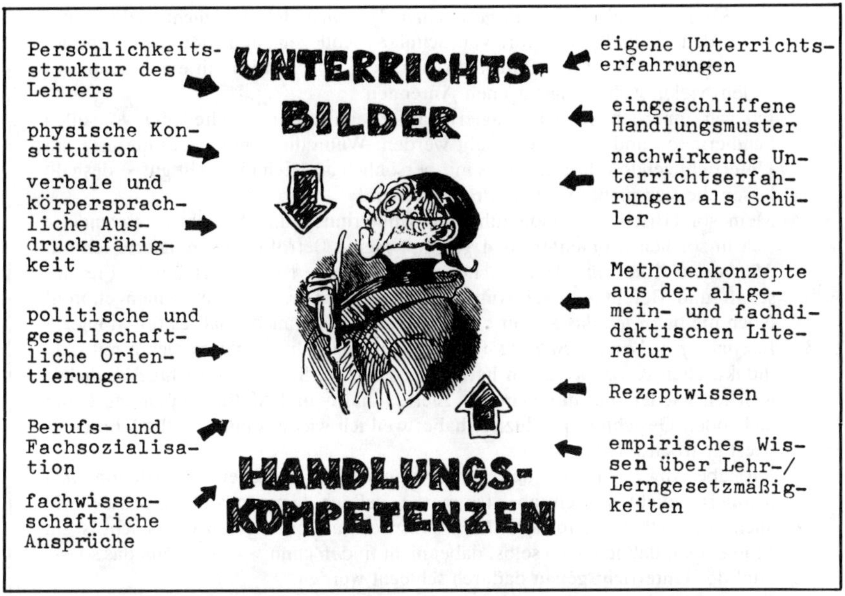

Das folgende *Beispiel* einer solchen Umbruch-Situation ist eine sehr persönlich gehaltene Skizze der Erfahrungen aus der Unterrichtspraxis im sogenannten »unterrichtspraktischen Halbjahr«, das in der Oldenburger Einphasigen Lehrerausbildung dem letzten Halbjahr des Referendariats entspricht und mit den unterrichtspraktischen Prüfungen abgeschlossen wird. Die Studentin Hannegret hatte sich zunächst sehr stark an den Konzepten eines schüler- und erfahrungsbezogenen Unterrichts orientiert, im Schulalltag jedoch sehr bald die Grenzen der Realisierbarkeit erfahren:

1. *Streß:* An jedem Wochenende kam ich – gestreßt wie immer – zu Hause an, vollkommen umgekrempelt von den Ereignissen der Woche, mit Sack und Pack und zwei Apfelsinenkisten voller Bücher. Ich hatte immer Angst, einmal ein wichtiges Buch nicht zur Verfügung zu haben. Meine Verfassung als Wochenendfahrerin war so, daß ich, zu Hause angekommen, immer das Gefühl hatte, meine Leute müßten mich schon auf der Türschwelle mitleidig empfangen, mir alle Sachen aus der Hand nehmen, das Badewasser eingelaufen lassen haben und mich wie eine überlebte Kriegerin von vorne bis hinten betüdern, weil die Schlacht, die ich wieder einmal halbwegs – wenn auch von Woche zu Woche mit weniger Körpergewicht – überstanden hatte, soo schlimm war.
An solchen Tagen kann ich oft erst spätnachmittags wieder geradeaus gucken und mich an meinen Schreibtisch setzen und darauf hoffen, daß sich durch die ›Überhänge‹ aus den heute abgelaufenen Unterrichtsstunden die Vorbereitung für den nächsten Tag ein wenig reduziert.

2. *Ein Kopf mit vielen weit rausgezogenen Antennen:* Ich war nicht mehr in der Lage, den Gedankenwirrwarr von Schüler-, Kollegen- und Mentoren-Reaktionen in meinem Kopf und Bauch abzuschalten; ich sah mich mit einem Kopf mit vielen, vielen weit rausgezogenen Antennen.
   Ich war innerlich gereizt, reagierte auf Kleinigkeiten, wollte aber von allen Schülerinnen und Schülern geliebt werden. Wenn die Schüler Desinteresse am Unterricht zeigten, lastete ich es mir persönlich an: »Ich bin nicht gut – deshalb lassen die sich nicht auf mein Programm ein!«
   Mein solidarisches Grundgefühl mit Schülerinnen und Schülern verwandelte sich in solchen Momenten in *Ärger*; auf meine Betroffenheit reagierte ich mit *Macht* und *Autorität:* »freundlich« sanktionierende Befehle erteilen – Freundschaft und Befehl – zwei Ausdrücke, die nicht wirklich zusammengehören! Noch nie hatte ich das an mir erfahren – schon gar nicht, daß es funktioniert!
3. Ich habe *psychosomatische Störungen*, weil mein Unterricht so wenig mit dem didaktischen Konzept zu tun hat, das ich mir im Studium zurechtgelegt habe; weil ich wieder mal durch meine Ziel-, Inhalts- und Methodenplanung keine lachenden Gesichter* produziert habe; weil ich wieder einmal völlig lehrerzentriert gearbeitet habe.
4. Ich habe Angst, mich bei den Schülern unbeliebt zu machen. Ich will von *allen* Schülern geliebt werden, aber ich merke, daß ich damit sowohl die Schüler wie auch mich selbst überfordere. Mein Anspruch an einen guten Unterricht ist im Moment so, daß ich mich selbst dabei nicht finden kann. – Und wenn das so ist, muß der Unterricht genau dadurch schlecht werden.
5. *So* läßt sich keine Schülerorientierung und kein erfahrungsbezogener Unterricht, kein Spaß an der Schule herstellen, wenn in mir selbst statt »Spaß« eine Zwangsorientierung auf die Schüler entsteht!

* Drei Jahre später merkt Hannegret an: Lehrer müssen erst mal *selbst* lernen, im Unterricht zu lachen!

Ich war der Hochschullehrer, der diese Studentin betreut und auch geprüft hatte. Sie hatte mit der Note 1,3 ein sehr gutes Ergebnis erzielt. Die Prüfungsstunde bewies, wie differenziert und sensibel die Studentin auf die Lernvoraussetzungen der Schüler eingehen konnte. Gerade deshalb hat mich die Lektüre dieses Erfahrungsberichts betroffen gemacht. *So* hatte ich die Studentin während der Betreuung überhaupt nicht wahrgenommen. Ich hatte gesehen und natürlich auch sehr begrüßt, daß sich die Studentin mit neueren didaktischen Konzepten intensiv befaßt und dann auch identifiziert hatte. *Die Identifikation mit solchen Konzepten kann das Leiden an der Schule aber auch verstärken, statt es durch die Aufklärung über das Machbare abzubauen.* Man kann ein Konzept, das man sich angeeignet hat, nicht abstreifen wie ein dreckig gewordenes Hemd. Es bleiben Wunden und viele Fragen zurück, weil die eigene Berufs- und Lebensperspektive sehr eng mit diesen Konzepten verknüpft werden kann. Dieser Tatbestand schiebt den Autoren und Erfindern dieser Konzepte eine große Verantwortung zu. Es reicht nicht aus, Schülerorientierung zu predigen – sie muß durch die Lehrerorientierung der Didaktik bzw. Methodik ergänzt werden!

Ich kehre zur Ausgangsfrage zurück: Unterrichtsbilder sind in sich starr, aber doch einem *fortwährenden Wandel* unterworfen. Während Berufsanfänger noch die Unterrichtsatmosphäre und die direkte Bedürfnisbefriedigung der Schüler in den Vordergrund rücken (wie dies in der Formel »Unterricht muß

Spaß machen« zusammengefaßt werden kann; vgl. Meyer 1980, S. 9), haben sich routinierte Lehrer zumeist stärker mit den langfristigen Zielstellungen des Unterrichts identifiziert und ein Stück weit auch die »offiziellen« Sinnstiftungen von Schule übernommen; sie betonen die Notwendigkeit, bestimmte Lehrziele zu erreichen, Leistungsstandards zu wahren, instrumentelle Fähigkeiten und Fertigkeiten der Schüler für die Einarbeitung in anspruchsvollere Fragestellungen und Zielkomplexe zu entwickeln. Berufsanfänger denken und handeln in unterrichtsmethodischer Hinsicht kurzatmiger als Routiniers, aber sie haben den Traum vom schülerorientierten Unterricht noch nicht aufgegeben. Sie entwickeln Unterrichtsbilder, in denen das selbständige Handeln der Schüler trotz der widrigen Rahmenbedingungen des Unterrichts im Vordergrund steht. Sie sind oft genug gerade dann froh und zufrieden, wenn ihnen die Schüler das Zepter aus der Hand genommen haben und wenn alles anders gelaufen ist, als sie es selbst geplant hatten.

Die kaum zu überschätzende Bedeutung der Unterrichtsbilder für die faktische Steuerung von Unterrichtsabläufen stellt eine Herausforderung für die didaktische Theoriebildung dar: Es müßte, verdammt noch mal, doch möglich sein, den feiertäglichen Charakter der didaktischen Modelle (vgl. Meyer 1980, S. 179) dadurch zu überwinden, daß diese Unterrichtsbilder zum Ausgangspunkt der Theoriebildung gemacht werden:

- □ Es müßte möglich sein, die in den Unterrichtsbildern der Berufsanfänger noch deutlicher als bei den Routiniers zum Ausdruck kommende Angst vor dem Anpassungsdruck und dem heimlichen Lehrplan der Schule als Institution zu einer *kritischen Theorie der Schule* weiterzuentwickeln, die diese Ängste ernst nimmt und nicht als Anfängerschwierigkeiten bagatellisiert.
- □ Es müßte möglich sein, die beim Berufsanfänger noch intensiv erlebte Hoffnung auf ein partnerschaftliches, nicht-entfremdetes Lehrer-Schüler-Verhältnis (das es in reiner Form nicht geben kann!) zu einer *Theorie schülerorientierten Unterrichts* weiterzuentwickeln.
- □ Es müßte aber auch gelingen, die im *Betriebswissen* der berufserfahrenen Lehrer enthaltenen reichen Erfahrungen über das Machbare und das Unmögliche zu nutzen, um jene Vorstellungen von Berufsanfängern zurechtzustutzen, die über das Ziel hinausschießen und dadurch den Lehrerfolg gefährden. Das Betriebswissen berufserfahrener Lehrer ist keine Gefährdung, vielmehr eine unverzichtbare Voraussetzung für die Reform der Schule!

In diesem Buch wird der waghalsige Versuch unternommen, alle drei Theoriestränge und Praxisorientierungen miteinander zu verknüpfen.

1.2 Unterrichtsmethoden aus Lehrersicht

Wenn die These 6.1 stimmt, wenn also die in der Berufspraxis verinnerlichten Unterrichtsbilder die entscheidenden Steuerungsgrößen des methodischen Handelns von Lehrern sind, dann müssen diese Unterrichtsbilder auch zum *Ausgangspunkt* der praktischen Orientierung methodischen Handelns gemacht werden.

Ich habe eine Reihe berufserfahrener Lehrerinnen und Lehrer befragt, wie sie ihr methodisches Handeln erleben und aus den Antworten die folgende Collage zusammengestellt.[3] Der Beginn einer ganz alltäglichen Unterrichtsstunde in einer 8. oder 9. Klasse könnte ungefähr folgendermaßen erlebt werden:

- ☐ *Es hat geklingelt* – die Pause ist zu Ende. Sie trinken noch schnell den Kaffee aus und machen sich auf den Weg. Sie zwingen sich, die vielen Gedanken im Kopf zu sortieren und sich auf die Situation einzustellen, die gleich in der 9b auf Sie zukommen wird. »Ich muß heute noch unbedingt über den Elternsprechtag reden. Und die Hausaufgabenkontrolle... die darf heute auf keinen Fall wieder ausfallen. Hoffentlich schießt die Brigitte nicht wieder dazwischen...«

- ☐ *Sie kommen in das Klassenzimmer.* Das übliche Gewusel. Aber die meisten Schüler gehen, sobald sie Sie gesehen haben, halbwegs zügig an ihre Plätze. Hinten in der Ecke liegt ein umgekippter Stuhl. Keiner kommt auf die Idee, ihn wieder richtig hinzustellen. Also müssen Sie den Fritz wieder scharf ansehen, bis er endlich kapiert, was er tun soll, und sich in Bewegung setzt.
- ☐ Sie stellen sich links neben Ihr Pult, spannen Mimik und Muskeln an, nehmen mit mehreren Schülern Blickkontakt auf. Es wird ruhig. Sie sagen, wie so oft: *»So, können wir jetzt anfangen?!«*
- ☐ Sie überfliegen mit einem Blick, wer heute morgen *fehlt*. Sie nehmen Blickkontakt mit Frank auf – eigentlich müßten Sie dringend mit seiner Mutter telefonieren, aber gestern nachmittag hat's schon wieder nicht geklappt.
- ☐ Elke meldet sich: Sie sei mit ihrer *Hausaufgabe* nicht klargekommen. Also doch als erstes Hausaufgabenkontrolle – wo wir schon mal dabei sind! Die Ansagen zum Elternsprechtag an den Schluß der Stunde? Und wenn ich's dann wieder vergesse? Vielleicht schreibe ich besser alles auf Matrize und gebe es mit – aber heute nachmittag wollte ich doch eigentlich an die Rostflecken am Passat gehen!
- ☐ Die Hausaufgabenkontrolle ist fertig; Elke hat sich ja wenigstens vorher gemel-

3 Ähnliche, empirisch exakter dokumentierte Berichte finden Sie bei Angelika Wagner u. a. (1981), Irmhild Wragge-Lange (1983) und Barbara Koch-Priewe (1986).

det. Aber Frank und Brigitte! Jetzt können Sie endlich zum Thema der Stunde übergehen, den neuen Text vorstellen und den *ersten Arbeitsschritt erläutern*: »Still durchlesen und unverstandene/unbekannte Wörter anstreichen!« – Frank ist immer noch damit beschäftigt, Textbuch und Heft in seinem Tornister zu suchen! – Aber Sie sagen noch nichts. Der schnappt ja so schnell ein!

□ Die Schüler konzentrieren sich nun endlich, und ganz langsam bildet sich eine *entspannte Atmosphäre*. Sie lächeln einen Schüler an. Sie spielen mit einem Stück Kreide in der Hand. Tausend Gedankensplitter gehen durch Ihren Kopf, die jedoch durch einige Haupt-Gedanken immer wieder überlagert werden: Ist die gestellte Aufgabe richtig? Muß ich das Tempo erhöhen oder eher drosseln? Langsam müssen wir jetzt aber in die Gänge kommen! Schließlich ist in acht Tagen die nächste Klassenarbeit dran!

Routinierte Lehrer – dies soll die Collage verdeutlichen – erleben die methodische Gestaltung des von ihnen verantworteten Unterrichts *ganzheitlich, ich- und gefühlsbezogen und nicht nur mit dem Kopf, sondern mit dem ganzen Körper:*

- Die *Ganzheitlichkeit* der Sichtweise besteht darin, daß Methodenfragen grundsätzlich nicht isoliert und abstrakt, sondern verwoben in sämtliche anderen Faktoren und Aufgaben des Unterrichts wahrgenommen werden. Die den Theoretiker interessierende Frage nach den Vor- und Nachteilen einzelner methodischer Maßnahmen tritt in den Hintergrund. Die konkrete Frage, ob die im Unterricht zu lösende Aufgabe tatsächlich gelöst wird, steht im Vordergrund: Ist die Lehrerfrage bei den Schülern »angekommen«? Hat der Impuls »gezündet«? Muß das Unterrichtstempo beschleunigt oder verlangsamt werden? Ist die Hausaufgabe für alle Schüler klar und verständlich formuliert?
- Die methodische Gestaltung des Unterrichts wird *ich-* und *gefühlsbezogen* erlebt:
  - *Sie* sind es, der vorn vor der Klasse steht.
  - *Sie* sind für alles verantwortlich.
  - *Sie* müssen mit dem Stoff durchkommen.
  - *Sie* müssen mit den Störungen des alltäglichen Unterrichts fertigwerden.

  Sie müssen, wie dies einer der befragten Lehrer formuliert hat, die vielen »Einbrüche des Irrationalen« in den Unterrichtsablauf mit methodischem Geschick einzudämmen und auszugleichen versuchen, während die Schüler gerade diese Störungen mit gespannter Aufmerksamkeit und oft genug mit Begeisterung begleiten:
  - *Sie* müssen klarkommen, wenn Unterrichtsstunden immer wieder ausfallen.
  - *Sie* müssen klarkommen, wenn gerade jene Schüler fehlen, die für die eigentlich vorgesehene Stundenplanung eine besondere Aufgabe hatten übernehmen sollen.
  - *Sie* müssen klarkommen, wenn Schüler aggressiv werden, stören, herumalbern, provozieren.
- Die Wahrnehmung des methodischen Handelns ist *körperbezogen*, weil das Handeln selbst körperliches Handeln ist:
  - Der zügige Schritt oder der schlurfende Gang, mit dem Sie über den Flur zum Klassenzimmer gehen,
  - die körperlich-geistige Anspannung, mit der Sie in das Klassenzimmer hineinkommen,
  - die Art und Weise, mit der Sie Ihre Schultasche auf das Lehrerpult knallen oder zögerlich hinter der Tischplatte verstecken,

- der zur Körpersprache geronnene Wille, mit dem Sie sich vor die Klasse stellen und den Schülern deutlich machen, daß nun Sie die Regie übernehmen,
- die Entspannung, die Sie durch Mimik, Gestik und Bewegung signalisieren, wenn sich die Klasse auf Ihren Arbeitsauftrag eingestellt hat, wenn sich Gruppen gebildet und mit der Arbeit begonnen haben, wenn jenes wohlige Summen sachbezogener Schülergespräche in der Luft hängt –

alle diese Kleinigkeiten machen deutlich, daß Sie nicht nur mit dem Kopf, sondern grundsätzlich mit dem ganzen Körper lehren!

Lehrer treten vor die Klasse und fühlen sich automatisch für alles Weitere, was passiert, verantwortlich. Sie arbeiten mit ihrem »Gefühlsrepertoire«, mit ihrem Körper und mit der schlichten Tatsache ihrer physischen Anwesenheit. Sie tun weit mehr, als eine am Nachmittag vorher ausgedachte Stundenplanung zu exekutieren. Sie sind ganz selbstverständlich der »Motor« des Unterrichtsprozesses. Diese ganzheitliche Steuerung des Unterrichts folgt einer *Handlungslogik*, die dem einzelnen Lehrer nicht voll bewußt sein muß, die aber dennoch funktioniert.

Diese Handlungslogik ist eine unverzichtbare Voraussetzung für die Konstitution des Lernprozesses, sie führt aber nahezu zwangsläufig zu einer problematischen *Lehrerzentriertheit* des Unterrichtsablaufs und oft auch zu einer Selbsttäuschung des Lehrers über diesen Sachverhalt: »Wenn *ich* mich bewegt und hart gearbeitet habe, dann muß sich auch bei den Schülern etwas bewegt haben!« – Doch dies ist ein Irrtum. Nicht jede Form von Lehrerhandeln macht den Unterricht produktiv, sondern nur jene, die den Schülern ein selbsttätiges Lernen gestattet!

Die durch die institutionellen Rahmenbedingungen der Schule nahegelegte, häufig geradezu erzwungene Lehrerzentriertheit des Unterrichts erscheint in den Augen der Schüler als bewußte und gewollte methodische Maßnahme des Lehrers, durch die die eigenen Handlungsspielräume beschnitten werden. Vom routinierten Lehrer wird diese Lehrerzentriertheit demgegenüber zumeist bereits nach wenigen Monaten eigenverantwortlicher Unterrichtspraxis nicht mehr als Problem gesehen, sondern als Selbstverständlichkeit hingenommen. Oft wird sie sogar völlig aus dem Bewußtsein verdrängt und durch das Gefühl der unendlichen Anstrengung und Mühe in der Vermittlung des Unterrichtsstoffes ersetzt. Ich fasse zusammen:

These 6.2:
Im Bewußtsein des Lehrers sind Unterrichtsmethoden primär *Hilfen zur Vermittlung der Unterrichtsinhalte* an die Schüler. Sie dienen der Verbesserung und Effektivierung ihrer Lernleistungen. Die Tatsache, daß der Lehrer durch sein methodisches Handeln immer auch Gewalt über die Schüler ausübt, wird demgegenüber in den Hintergrund gerückt oder auch völlig aus dem Bewußtsein verdrängt.

Diese subjektive Sicht ist einseitig (weil sie den Gewaltaspekt ausklammert oder zumindest harmonisiert), sie ist dennoch »vernünftig«, weil der Lehrerfolg ohne diese Orientierung gefährdet wäre. Denn wenn der Lehrer immer nur darauf blickte, ob und wo er in der Gefahr steht, seinen Schülern interessante Alternativen vorzuenthalten, ihre Freizeit zu begrenzen und ihre Handlungsspielräume zu beschneiden, müßte er seine Handlungsfähigkeit verlieren!

1.3 Unterrichtsmethoden aus Schülersicht

Schüler sehen den Unterricht nicht nur mit anderen Augen als ihre Lehrer, sie haben auch einen anderen Ausschnitt der Unterrichtswirklichkeit vor Augen, wenn sie Beobachtungen mitteilen und Urteile abgeben:

- ☐ *Für die Schüler sind die Unterrichtsinhalte häufig Nebensache* – die Umgangsformen und Methoden dagegen sehr wichtig! (Ausführliche Belege für diese überraschende, zum Nachdenken zwingende Feststellung finden sich bei Hagstedt u. a. 1980.)
- ☐ Methoden werden von ihnen vornehmlich als Probleme der *Organisation ihrer Arbeits- und Kommunikationsbedingungen* wahrgenommen. Die Frage, welche Sozialformen und Handlungsmuster der Lehrer auswählt, steht im Vordergrund des Interesses. Das Problem der inneren Folgerichtigkeit des Unterrichtsablaufs, also das, was im THEORIE-TEIL als methodischer Gang bestimmt worden ist, wird deutlich weniger reflektiert, auch wenn es für den Erfolg des Unterrichts ausschlaggebend bleibt.
- ☐ Schüler erleben die methodische Gestaltung des Unterrichts *»lehrerzentriert«* – und in den meisten Fällen entspricht dies ja auch den Tatsachen.
- ☐ Sie erleben ihn, insbesondere in jüngeren Klassen, *episodenhaft*: Einzelne Szenen, die Spaß gemacht haben oder ärgerlich waren, bleiben im Gedächtnis hängen und stehen als Teil für das Ganze.
- ☐ Trotz dieser Lehrerzentriertheit der Methodenwahrnehmung ist der Lehrer nicht die einzig ausschlaggebende »Größe« in der Beurteilung des Unterrichts.[4] Der *Kontakt zu den Mitschülern*, die Entwicklung von Freund- und Feindschaften, die Cliquenbildung, die Entwicklung von Ich-Stärke und Selbstbewußtsein, das freud- oder leidvolle Einüben in bestimmte Schülerrollen, die durch die Klassengemeinschaft gestifteten außerschulischen Kontaktmöglichkeiten, die Entwicklung gemeinsamer Hobbies, der Umgang mit Moden und Medien und vieles andere mehr überformen die Wahrnehmung des Unterrichts (vgl. Jackson 1968; Fromm 1987).

---

4 Die Berechtigung dieser Feststellung können Sie sehr schnell in Ihrer eigenen Klasse überprüfen, indem Sie den Schülern die Frage stellen: »Was ist für euch wichtiger an der Schule: die Lehrer oder die Mitschüler?« Die überwiegende Zahl der Schüler wird – zumindest von der Sekundarstufe I an aufwärts – immer wieder spontan antworten: »Die Mitschüler natürlich!« (und die Mehrzahl der Klassenlehrer, die ich bei der Überprüfung dieser Frage um eine Prognose gebeten hatte, welche Antwort die Schüler wohl geben würden, hat diese Eindeutigkeit der Antworten nicht vorhergesehen! Von insgesamt 80 befragten Schülern haben nur 2 spontan geantwortet: »Der Lehrer« bzw. »Die Lehrerin«.)

Der im ersten Abschnitt dieser Lektion beschriebenen »Lehrerzentriertheit« der Wahrnehmung des Unterrichtsablaufs durch den Lehrer entspricht keine »Schülerzentriertheit« der Wahrnehmung des Unterrichtsablaufs durch die Schüler. Schüler fühlen sich sehr viel seltener für den methodischen Gang des Unterrichts verantwortlich; sie sind seltener traurig oder verärgert, wenn das Ziel der Unterrichtsstunde oder einer ganzen Einheit verfehlt wurde. Dies ist keineswegs verwunderlich, sondern die Konsequenz aus der Tatsache, daß nur wenige Lehrer ihre Schüler an der Planung und Auswertung des Unterrichts beteiligen. Dieser Tatbestand führt andererseits dazu, daß die Schüler im Unterricht sowohl in ihrer subjektiven Wahrnehmung wie auch objektiv mehr Zeit, mehr freien Raum und häufiger Anlaß für eine *differenzierte Beobachtung* ihrer Lehrer haben. Die Lehrer sind weitgehend auf Selbstbeobachtung angewiesen, und dies führt, wie die Psychologie seit langem eindeutig ermittelt hat, immer wieder zu Verzerrungen. Hinzu kommt, daß diese Selbstbeobachtung nicht in Ruhe und Gelassenheit erfolgen kann, sondern immer in die anstrengende, volle Aufmerksamkeit fordernde Lehrtätigkeit eingebettet ist. Die Schüler haben demgegenüber viel Zeit, oft auch große Langeweile, und sie sind schon aufgrund des häufigen Wechsels ihrer Fachlehrer immer wieder zu einem Vergleich ihrer unterschiedlichen Persönlichkeitsstrukturen und Handlungskompetenzen herausgefordert.

These 6.3: Schüler beurteilen die unterrichtsmethodischen Kompetenzen ihrer Lehrer im Prinzip genauer und gerechter als diese Lehrer selbst.

Für die Richtigkeit dieser sicherlich provozierenden These spricht auch die Differenziertheit, mit der sich Schüler über die Methodenkompetenzen ihrer Lehrer zu äußern vermögen:

- Schüler kennen mindestens mit Eintritt in die Sekundarstufe I die gebräuchlichen *Bezeichnungen* einzelner Unterrichtsmethoden.
- Schüler kennen die *Vor- und Nachteile* einzelner Methoden und beziehen sich in der Argumentation darauf.
- Schüler haben keine grundsätzlichen Einwände gegen den *Frontalunterricht*; er ist für sie akzeptabel, wenn er lehrreich und interessant inszeniert wird.
- Schüler haben oft schlechte Erfahrungen mit dem *Gruppenunterricht* gemacht und deshalb eine negative Einstellung gegenüber dieser Sozialform. (Ausnahmen bestätigen die Regel.)

»Ich finde, daß interessant gestalteter und nicht zu trockener Frontalunterricht noch am besten ist. Dazu muß der Lehrer sich aber durchsetzen können.« (Gymnasialschüler, 10. Klasse)

- Schüler sind an der *Mitbestimmung bei Methodenentscheidungen* in aller Regel sehr stark interessiert. Die Inhaltsentscheidungen des Lehrers treffen die Schüler ebenfalls in ihrem Selbstbestimmungsinteresse, aber sie können sich ihnen gegenüber eher als gegenüber den Methodeninszenierungen distanzieren. Schüler können innerlich »abschalten«. Gegen die Methodenentscheidungen des Lehrers können sie sich demgegenüber nur in engen Grenzen und mit dem Risiko persönlicher Nachteile wehren: Wenn ein Lehrer Gruppenunterricht oder Einzelarbeit angesetzt hat und wenn dies einem oder mehreren Schülern nicht paßt, so können sie nur offen protestieren oder sich mit der Lehrerentscheidung abfinden.

> »Bei Frau W. ist der Unterricht manchmal langweilig. Aber wenn er interessant ist, dann ist er ganz interessant! Gruppenunterricht finde ich gut, weil man da selbst etwas machen kann. Neulich haben wir mal einen Fahrradschlauch repariert. Das hat Spaß gemacht!« (Grundschülerin, 4. Klasse)

> »Ich finde es besonders unangenehm, wenn ein Lehrer einen anti-autoritären Unterrichtsstil hat. Da die Schüler nicht mitmachen und lieber Englisch-Vokabeln oder Mathematik-Definitionen lernen. Besser finde ich, wenn der Lehrer die Zügel in der Hand hält und die Schüler zum Mitmachen animiert. Vor allem muß etwas Konkretes verlangt werden, in den Hausaufgaben, in den Unterrichtsfragen, im Lernziel. Und der Lehrer muß in der Lage sein, die Klasse leise zu halten.« (Gymnasialschüler, 10. Klasse)

- Fast alle Schüler gehen mit einer *grundsätzlich konstruktiven Einstellung* in den Unterricht. Sie wollen etwas Vernünftiges lernen – andernfalls ist ihnen die verplemperte Zeit angesichts ihrer interessanten Nachmittagsbeschäftigungen einfach zu schade. Deshalb erwarten sie vom Lehrer, daß er Chaos im Unterricht verhindert und eine Atmosphäre schafft, in der das Lernen-Müssen zu ertragen ist.
- Schüler nehmen die *persönliche und strukturelle Gewalt*, die vom methodischen Handeln des Lehrers ausgeht (vgl. S. I, 51), sensibler als ihre Lehrer wahr! Sie erleben stärker als ihre Lehrer, daß und wie sie durch deren Methodenentscheidungen diszipliniert werden.
- Schüler erleben weniger deutlich, daß und wie der Lehrer durch die geschickte Methodenwahl den *Lernerfolg* erhöht. Gerade der Lernerfolg wird zumeist als *eigene* Leistung interpretiert, während Mißerfolge aus naheliegenden Gründen häufiger dem Lehrer in die Schuhe geschoben werden (siehe Arbeitsgruppe Schulforschung 1980). Es ist kein Wunder, sondern in der Lehr-Lern-Dialektik begründet, daß sich Schüler nur sehr selten bei ihren Lehrern bedanken – im Umgang mit Pastoren, Ärzten, Psychologen, Berufs- und Erziehungsberatern usw. ist dies ein wenig anders!
- Jeder Lehrer erwirbt bei seinen Schülern schon nach kurzer Zeit einen bestimmten Ruf – vornehm als *»Image«* zu kennzeichnen. Der eine Lehrer kommt bei seinen Schülern an, der andere gilt als »Pauker«, als »Langweiler« oder als »Fiesling« (Büchse 1983, S. 192). Den meisten Lehrern läuft dieser Ruf voraus – die Schüler haben sich also ihr Bild gemacht, lange bevor sie das erste Mal bei einem bestimmten Lehrer Unterricht hatten. Denn Schüler reden untereinander sehr, sehr viel über ihre Lehrer!
  Das Lehrer-Image wird durch viele verschiedene Faktoren geprägt. Die Methodenkompetenz ist nur ein kleiner Faktor neben anderen – aber es ist derjenige, der noch am ehesten durch eine bewußte Arbeit an dieser Kompetenz beeinflußt werden kann.
- Ginge es nur um die Image-Pflege des Lehrers, so wäre jeder Versuch, es zu verbessern, zwar sinnvoll, aber keineswegs von vorrangiger Bedeutung. Es geht jedoch um

sehr viel mehr. Denn *das Image des Lehrers hat einen unmittelbaren Einfluß auf den Lernerfolg der Schüler*! Der von den Unterrichtsforschern ermittelte sogenannte Pygmalion-Effekt, also die Tatsache, daß positive wie negative Erwartungshaltungen des Lehrers gegenüber seinen Schülern deren Leistungen positiv bzw. negativ beeinflussen (vgl. Feldmann/Prohaska 1979; siehe auch S. 199), gilt in beide Richtungen:

- Der Lehrer formt sich seine Schüler ein Stück weit nach seinem Bilde. Wie er in den Wald hineinruft, so schallt es zurück.
- Aber auch die Schüler formen sich ihre Lehrer aufgrund ihrer Erwartungshaltungen. Sie regen den Lehrer zum methodischen Handeln an, sie bremsen und dämpfen aber auch seine Erwartungen. Sie sind deshalb, wie dies Lothar Klingberg in einem Vortrag formuliert hat, »mitverantwortlich für das Erfolgserlebnis ihres Lehrers«.

- Unterrichtsmethoden haben für die Schüler einen deutlichen *moralischen Bezug* – und deshalb sollte auch der Lehrer sie als moralisches Handeln verstehen! Die Schüler wollen, daß der Lehrer alle *gerecht* behandelt, daß niemand *bloßgestellt*, verletzt oder unterdrückt wird. Schüler wollen wissen, ob der Lehrer ihnen eine eigene Meinung zugesteht, ob er sich für einzelne Schüler interessiert und ob er durch sein methodisches Handeln dafür sorgt, daß auch die schwächeren Mitschüler zurechtkommen. Schüler haben ein seismographisches Gespür für die Angst des Lehrers vor seinen Schülern – auch dann, wenn sie sich hinter Aggressivität verbirgt.
- *Es ist für die Schüler schwer*, das methodische Handeln ihrer Lehrer *vernünftig zu loben und zu kritisieren*, solange sich der Lehrer nicht um die unterrichtsmethodische Institutionalisierung von Kritik kümmert (mehr dazu auf S. 234). Das Loben fällt ihnen schwer, weil sie vor den Mitschülern nicht als »Schleimer« dastehen wollen. Offene Kritik fällt ihnen schwer, weil sie – oft zu Unrecht – negative Folgen befürchten. Viele Schüler haben auch nach wenigen Schuljahren die Hoffnung aufgegeben, ihre Lehrer durch Methodenkritik zur Änderung ihres methodischen Handelns bringen zu können. Sie erfahren immer wieder, daß gerade die liberalen unter den Lehrern verbal freundlich auf die Kritik eingehen, Änderung loben, aber dann doch wenige Wochen oder gar Tage später wieder in den gewohnten Trott verfallen.
- *Lehrer*, die mit der *Unterrichtskritik* ihrer Schüler konfrontiert werden, neigen nach meinen Erfahrungen dazu, eine Kritik an den Inhaltsentscheidungen eher zu akzeptieren als die an den Methoden. Dies liegt sicherlich auch daran, daß das unterrichtsme-

> Eine Lehramtsstudentin berichtet über ihr nachdrücklichstes Erlebnis aus ihrer eigenen Grundschulzeit:
> »Ich war in einer Dorfschule, in der 2. Klasse. Wir waren eine ziemlich große Klasse. Einer der Jungen der Klasse war sehr klein, rund und dick. Er hieß Kai. Eines Tages hatte ein anderer Schüler Geburtstag. Wir sprachen in der Stunde darüber. Das einzige, was die Lehrerin sagte, war: ›Den Kai, den lade mal nicht zum Geburtstag ein! Der *frißt* dir nur den Kuchen weg.‹ Es war plötzlich sehr still in der Klasse. Denn wir haben, obwohl wir erst in der 2. Klasse waren, doch bemerkt, wie verletzend diese Bemerkung der Lehrerin war. Als der Kai ein bißchen zu schniefen anfing, ging die Lehrerin überhaupt nicht auf ihn ein, sondern machte eilig im Stoff weiter. Diese stille Szene werde ich wohl nie vergessen!«

> »Der eine Lehrer kann's, und der andere kann's nicht. Und der lernt das auch nicht mehr!« (Gymnasialschülerin, 9. Klasse)

thodische Handeln des Lehrers enger mit dessen Persönlichkeitsstruktur verknüpft ist als die Inhalte und daß man sich beim Streit über Inhalte als Lehrer eher auf Richtlinien- und Schulbuchvorgaben zurückziehen kann. So kann es kommen, daß manche methodische Eigenart, die der Lehrer für seinen wohldurchdachten »Unterrichtsstil« hält, den er mit tatsächlichem oder auch nur vermeintlich eingetretenem Lehrerfolg in vergangenen Jahren begründet, aus der Sicht eines bedrängten Schülers wie eine Marotte dieses Lehrers oder gar wie Zynismus erscheint.

Nicht nur der Lehrer, sondern auch die Schüler entwickeln im Unterricht eine *Handlungslogik*, die die Wahrnehmung und Bewertung der unterrichtlichen Handlungsmöglichkeiten steuert. In dieser subjektiven Logik stellt es keinen Widerspruch dar, wenn Schüler vom Lehrer sowohl eine starke Lenkung als auch ein Höchstmaß an Freiheit in der Lernarbeit erwarten. Schüler wünschen sich einen »starken« Lehrer – aber nicht, weil sie selbst inaktiv sein wollen, sondern gerade deshalb, weil sie nur von einem solchen Lehrer erhoffen, im Unterricht neue und produktiv nutzbare Handlungsspielräume eröffnet zu bekommen. Ich denke, daß diese subjektive Logik auch objektiv den Kern der Sache trifft!

Schüler, so kann zusammengefaßt werden, nehmen die methodische Gestaltung des Unterrichts differenziert zur Kenntnis, neigen jedoch zu einer moralisch-ganzheitlichen Betrachtungsweise, in der die Persönlichkeitsstruktur des Lehrers, die von ihm realisierten Unterrichtsmethoden und die institutionellen Zwänge des Unterrichtsalltags zu *einer* Figuration verschmelzen. Ein solches Methodenverständnis ist einseitig, weil es nur das methodische Handeln des Lehrers in den Blick nimmt und das eigene Vorgehen und Verhalten ausblendet.

These 6.4: Aus der Sicht der Schüler sind Unterrichtsmethoden im wesentlichen Formen und Verfahren, die der Lehrer einsetzt, um die Handlungsspielräume der Schüler bei der Unterrichtsarbeit zu gestalten, sie auszuweiten oder zu beschneiden. Die Abhängigkeit der Methodenentscheidungen von den zu vermittelnden Inhalten wird kaum wahrgenommen; und auch die eigene Mitverantwortung für den Unterrichtsverlauf wird nur selten gesehen.

Angesichts der Tatsache, daß nur wenige Lehrer ihre Schüler aktiv und regelmäßig an der Inhalts- und Methodenplanung beteiligen, ist dieses Ergebnis wenig überraschend. Wie sollen Schüler die Abhängigkeit der Methodenwahl von der Inhaltsstruktur erfahren können, wenn sie Tag für Tag mit neuen Inhalten, aber gleichbleibenden Methoden traktiert werden? Dennoch bleibt die Sicht der Schüler bei einer objektiven Betrachtung der Konstitutionsbedingungen von Unterricht *unvernünftig*! Denn sie behindert sie selbst darin, die Mitverantwortung für den Verlauf des Unterrichts zu übernehmen und eigene methodische Handlungskompetenzen aufzubauen.

2. Arbeit an Haltungen

Lehrer entwickeln im Unterricht eine bestimmte Haltung gegenüber den Schülern, dem Fach, den Kollegen und der Berufsarbeit überhaupt. Die für die Schüler sichtbare Haltung ist das, was sie von den Unterrichtsbildern dieser Lehrer wahrnehmen können. *Haltungen integrieren also die Unterrichtsbilder mit den Handlungskompetenzen*. Die Qualität einzelner unterrichtsmethodischer Maßnahmen des Lehrers darf deshalb nicht isoliert betrachtet werden. Die bewußtgemachten Bilder und die im methodischen Handeln verwirklichten Haltungen müssen sich vielmehr sinnvoll ergänzen. Deshalb ist die Arbeit an Haltungen der konsequente zweite Schritt beim Aufbau bzw. bei der Erneuerung der methodischen Handlungskompetenz.

»Ein eigenartiger Lehrer: läßt den Schülern viel Freiheiten, und trotzdem lernen sie was bei ihm!« (Kommentar einer in der Zahnarztpraxis belauschten Mutter über den auf S. I, 134 zu Wort gekommenen Lehrer)

2.1 Haltungsbegriff

Die Haltung eines Lehrers ist die empirisch vorfindliche, also bei jedem Lehrer gegebene geistig-körperliche Gesamtheit von Einstellungen, Werthaltungen und Bildern, von Handlungsmöglichkeiten und körperlichen Ausdrucksformen, die im Prozeß der Berufs- und Fachsozialisation angeeignet worden ist.

Definition Nr. 22: Eine Haltung ist das Gesamt an pädagogischen, sozialen und politischen Vorstellungen und Interessen einerseits, an sprachlichen, handlungsbezogenen und körperlichen Ausdrucksmöglichkeiten andererseits (vgl. Scheller 1986a, S. 205).

Der Begriff Haltung hat eine lange, zum Teil problematische pädagogische Tradition (vgl. Krieck 1922, S. 197ff.; Nohl 1949, S. 147; Petzelt 1955; Funke 1974). Die folgende Begriffserläuterung stützt sich fast vollständig auf Ingo Schellers Versuch, den Haltungsbegriff im Anschluß an materialistische Sozialisationstheorien sowie an neuere Theatertheorien (Brecht, Boal) für die Unterrichtsarbeit fruchtbar zu machen (Scheller 1981; 1982, S. 423; 1982b; 1985):

- Haltungen sind – ebenso wie die in sie integrierten Unterrichtsbilder – von einer *penetranten Ganzheitlichkeit*. Sie durchdringen und überformen das Fachverständnis, den Umgang mit den Schülern, den Kollegen, den Vorgesetzten und den Eltern. Sie bestimmen das Denken, Fühlen und Handeln.

- Deshalb sind sie *zählebig und stabil* – es handelt sich also nicht um situationsabhängige Befindlichkeiten, sondern um die dauerhaften und grundlegenden Strukturen der Person.
- Lehrerhaltungen haben, wie dies auch in der umgangssprachlichen Bedeutung des Begriffs Haltung der Fall ist, sowohl eine *innere* wie eine *äußere* Seite:
  - Die innere Seite besteht aus den zu Unterrichtsbildern komprimierten Einstellungen, Gefühlen und Werthaltungen.
  - Die äußere Seite umfaßt sowohl die körperliche Statur, die Körpergröße, das Geschlecht, die Haartracht usw. als auch die körpersprachliche Ausdrucksfähigkeit, die Mimik, Gestik und Motorik.
- Zwischen der inneren und der äußeren Seite der Lehrerhaltung können *Widersprüche* bestehen. Man sagt dann, eine Person sei »falsch«. Es kann auch sein, daß die äußere Seite in sich widersprüchlich ist. Dies ist z. B. dann der Fall, wenn die Verbal- und die Körpersprache des Lehrers auseinanderklaffen (mehr dazu in der VIERZEHNTEN LEKTION).
- »Haltungen drücken *Beziehungen* aus; sie zeigen, wie sich jemand oder eine Gruppe mit der sozialen Umwelt auseinandersetzt; sie zeigen, wie man den anderen Menschen wahrnimmt, welche Gefühle man ihm entgegenbringt, was man mit ihm tun oder ihm zeigen will« (Scheller 1986a, S. 205).
- »Haltungen sind *Niederschläge real erlebter, körperbestimmter Interaktionen* und der in diese Interaktionen eingehenden gesellschaftlichen Beziehungen. Sie werden in ihren strukturbildenden Momenten im vorsprachlichen Raum in der frühen Mutter-Kind-Beziehung produziert (vgl. Lorenzer 1970, S. 30) und im Verlaufe des Lebens durch neue Erlebnisse geformt, entfaltet und überarbeitet. Dabei wird der Körperausdruck zunehmend auf geschlechts-, schichten- und berufsspezifisch anerkannte Körperbilder und -haltungen hin entwickelt, an diesen gemessen, entsprechend eingeschränkt oder gemodelt« (Scheller 1986a, S. 205).
  Diese Überformung der frühkindlichen Sozialisation findet auch im Unterricht statt. Der Lehrer entfaltet seine Lehrerhaltung fortwährend weiter – und zwar aufgrund seines methodischen Handelns. Nur so ist zu erklären, daß vielen Erwachsenen drei Meilen gegen den Wind an ihrer Haltung abzulesen ist, daß sie Lehrer sein dürften.
- Die Haltung eines Lehrers wird zumeist mit *ganzheitlichen und moralisierenden Begriffen beschrieben*: Sie kann glaubwürdig und ausgewogen sein, sie kann aber auch widersprüchlich oder »unmöglich« sein. Forsches Auftreten vor den Schülern kann die Angst vor ihnen überdecken; eigene Bequemlichkeit kann hinter hohen Leistungserwartungen an die Adresse der Schüler verborgen werden.

Die Frage, welche Haltung ein Lehrer hat, ist für die meisten Schüler und deren Eltern sehr viel wichtiger als die Frage, welches fachdidaktische und unterrichtsmethodische Konzept er verficht (zumal ihnen fast immer die Fachkompetenz zur Beurteilung dieser Konzepte fehlt).

These 6.5: Weil Haltungen in einem langwierigen, vielschichtigen und vor allem körperbestimmten Prozeß aufgebaut werden, kann die Veränderung einer bestimmten, für korrekturbedürftig gehaltenen Haltung ebenfalls nur in einem ganzheitlichen und körperbestimmten Lernprozeß versucht werden.

Dies macht die Arbeit an Haltungen wichtig, aber auch sehr schwierig. Es reicht nicht aus, ein kluges Buch zu lesen und sich gute Vorsätze zu machen. Man muß vielmehr – möglichst mit Hilfe und Supervision anderer – schrittweise und beharrlich neue Unterrichtsbilder entwickeln und neue Methoden inszenieren und einen anderen Umgang mit den Schülern pflegen – erst dann wird sich die Haltung Stück für Stück in Richtung auf ein gesetztes Ziel weiterentwickeln lassen.

2.2 Methodenrepertoire

Die Erneuerung des methodischen Handelns dürfte so gut wie nie derart ablaufen, daß vom einen auf den anderen Tag völlig neue Unterrichtsmethoden eingesetzt werden. Vielmehr geht es darum, das bereits beherrschte Methodenrepertoire Schritt für Schritt auszuweiten und zu bereichern.

Definition Nr. 23: Das Methodenrepertoire des Lehrers besteht aus einem Satz von Handlungsmustern und Inszenierungstechniken, der gefühlsmäßig bejaht, sicher beherrscht und deshalb auch immer wieder – insbesondere in Streßsituationen – eingesetzt wird.

Jeder Lehrer entwickelt über kurz oder lang ein solches Methodenrepertoire. Er kann, wie Wilhelm Busch dies in seiner liebevoll-spöttischen Karikatur des Lehrers Lämpel zum Ausdruck gebracht hat, innerhalb dieses mehr oder weniger eng begrenzten Repertoires »alle Register ziehen« und dadurch Klangfarbe, Tonhöhe und Lautstärke seines methodischen Handelns kunstvoll variieren. Das Methodenrepertoire

routinierter Lehrer wird geradezu zu ihrer »zweiten Haut«. Der einzelne Lehrer dürfte es denn auch für etwas ganz Persönliches, für ein nur ihm eigenes, ihn von seinen Kollegen unterscheidendes Vermögen halten: »So mache ich das, weil ich damit gute Erfahrungen gemacht habe; und davon lasse ich die Finger, weil ich dabei ein ungutes Gefühl hätte!« Das subjektive Gefühl der Einzigartigkeit des jeweiligen Methodenrepertoires steht jedoch in krassem Widerspruch zur Uniformität des empirisch nachweisbaren methodischen Handelns routinierter Lehrer. In fast allen Fächern der Regelschule werden über die verschiedenen Schulformen hinweg von der großen Mehrzahl aller Lehrer nahezu gleiche Sozialformen und Handlungsmuster ausgewählt, und auch die Verlaufsformen (siehe Abschnitt 2.3 der DRITTEN LEKTION) ähneln sich stark. In der gründlichen Studie zum »Methodenrepertoire von Lehrern« von Klaus Hage u. a. (1985; siehe auch Abschnitt 1.1 der SIEBTEN LEKTION) konnten nicht einmal geschlechtsspezifische Unterschiede im methodischen Handeln von Lehrerinnen und Lehrern in statistisch relevantem Umfang nachgewiesen werden.

These 6.6: Viele Lehrer an Regelschulen haben ein restringiertes (weitgehend auf die verbale Vermittlung von Wirklichkeit beschränktes) Methodenrepertoire.

Diese harte These wird in der SIEBTEN LEKTION ausführlich erläutert und auch begründet. Ich gehe davon aus, daß hier juristische, institutionelle, curriculare und organisatorische Rahmenbedingungen der Schule durchschlagen (siehe S. 89), wobei jedoch die noch vorhandenen Handlungsspielräume nicht von allen ausreichend genutzt werden.

2.3 Routinebildung

Alle vier bisher erarbeiteten Bestandteile der praktischen Orientierung des methodischen Handelns von Lehrern – also die verinnerlichten Unterrichtsbilder, die Haltungen, die Methodenkompetenzen und das Methodenrepertoire – werden durch einen weiteren, fünften Faktor überformt, zum Teil aber auch unterlaufen: durch die Routinebildung.

Routinebildung setzt überall dort ein, wo Lehrer der Struktur nach ähnliche Arbeiten, Vorgänge oder Auseinandersetzungen häufig wiederholen müssen. Dies hat zur Folge, daß das bewußte, zwischen verschiedenen Handlungsalternativen auswählende Reflektieren des Handlungsverlaufs langsam zurückgedrängt und durch automatisierte, d. h. im Bewußtsein und im Körper eingeschliffene Handlungsentscheidungen ersetzt wird:

Definition Nr. 24: Routinebildung besteht aus der schrittweisen Automatisierung und Verinnerlichung von zunächst bewußt erlebten und gesteuerten Handlungs- und Entscheidungsprozeduren.

Routine hat man, wenn man intuitiv das Richtige tut! Routinehandeln muß nicht mehr geplant werden. Es wird dadurch aber nicht plan- oder ziellos – die Handlungsziele und Handlungspläne werden nur nicht mehr vollständig ins Bewußtsein gehoben.

> »Routine hat man, wenn man sich die Angst vor den Schülern nicht mehr merken läßt!« (Eine Gymnasiallehrerin)
>
> »Machen wir uns doch nichts vor: Beim Unterrichten haben wir bestimmte Bereiche, die laufen genauso routiniert ab wie das Autofahren. Da denkt man doch auch schon lange nicht mehr mit dem Kopf daran, wenn die Kupplung getreten werden muß.« (Ein Hauptschullehrer)

Das, was routinierte Lehrer in einer »normalen« Unterrichtsstunde voll ins Bewußtsein heben, ist sozusagen nur die Spitze eines Eisberges realisierter Handlungen. Unterhalb der »Wasserlinie« des Bewußtseins befindet sich eine Fülle von praktisch folgenreichen Handlungsroutinen. Ich schlage vor, in Übereinstimmung mit den in der ZWEITEN LEKTION definierten Grundstrukturen methodischen Handelns (S. I, 101), drei verschiedene *Typen von Handlungsroutinen* zu unterscheiden:

- ☐ Es gibt erstens *Arbeits- und Organisationsroutinen*, mit deren Hilfe z. B. die Tafelarbeit, das Aufrufen und Drannehmen, das Verteilen der Hefte, das Untergliedern von Texten und Aufgaben, das Diktieren eines Diktats u. v. a. m. effektiv, ohne größere Anstrengung und oft genug auch elegant durchgeführt werden können.
- ☐ Es gibt zweitens *Interaktionsroutinen*, mit deren Hilfe ähnliche Interaktionssituationen gestaltet werden. Dazu zählen z. B. die in immer wieder gleicher Form ablaufenden Stundeneröffnungen (vgl. S. 195) oder Disziplinierungsrituale.
- ☐ Schließlich gibt es *Reflexionsroutinen*: Wer das hundertste Mal einem Schüler erklärt, warum der vergessene Akzent im Französisch-Diktat als Fehler anzurechnen sei und nicht einfach durchgehen könne, denkt nicht mehr ernsthaft nach – er wiederholt eingeschliffene Argumentationsmuster.

Routinierte Lehrer kommen mit deutlich weniger Informationen als Berufsanfänger zu Handlungsentscheidungen, sie kommen auch in schwierigen Situationen (z. B. bei Störungen des geplanten Unterrichtsablaufs) ganzheitlich und zügig zu Planungskorrekturen, sie benötigen einfach weniger Gedankenarbeit als die Anfänger für den täglichen Kleinkram des Unterrichts – und deshalb haben sie, zumindest dem Prinzip nach, ihren Kopf für die wenigen neu zu durchdenkenden, die Methodenkompetenz herausfordernden Aufgaben frei.[5]

5 In den letzten Jahren ist eine ganze Reihe, vornehmlich kognitionspsychologisch orientierter Studien zum Routinehandeln von Lehrern erschienen (vgl. Hofer u. a. 1981; Shavelson/Stern 1981; Bromme 1981; 1985; Halkes/Olson 1984; Voigt 1984; Ben-Peretz u. a. 1986; Clark/Peterson 1986), die zu den genannten und zu vielen weiteren interessanten Ergebnissen gekommen sind. Ein knapper Überblick über empirische Forschungen findet sich auch bei Gage/Berliner (1986, S. 602ff.).

Für viele Berufsanfänger hat »Routine« einen sehr negativen Beigeschmack, ja sie kann zur Bedrohung der eigenen Berufsperspektive werden. Es graut einem davor, so zu werden wie einige der Lehrer, die man schon als Schüler nicht ausstehen konnte und nun am Praktikumsort unter anderem Namen wiederfindet und erst richtig kennenlernt. Aber Routinebildung ist gar nicht zu vermeiden, selbst wenn man sich mit Händen und Füßen dagegen sträuben wollte. Schon nach der ersten Praktikumswoche zeigt jeder Praktikant erste Ansätze zur Routinebildung! Die pauschale Verurteilung der Routinebildung muß deshalb aufgegeben werden. Routinebildung schafft überhaupt erst die Kraft, die Zeit und den Raum, um neue Unterrichtsmethoden auszuprobieren, um neue Fachinhalte aufzuarbeiten oder schwierigen Schülern weiterzuhelfen.

These 6.7: Die Routinisierung des methodischen Handelns ist die Voraussetzung für die Ausweitung der Handlungsspielräume des Lehrers.

3. Reflektierte Routinebildung: Quadratur des Kreises?

Die These 6.7 aus dem letzten Abschnitt ist kein Naturgesetz! Routinebildung führt nicht automatisch zur Ausweitung der Handlungsspielräume, sie kann ebensogut zum Schultrott verkommen und dadurch die Handlungsspielräume de facto einengen. Erst dann, wenn die unverzichtbare Routinebildung mit einer sensiblen Wachheit für die sich ändernden Lernvoraussetzungen, Bedürfnisse und Interessen der Schüler verknüpft wird, ist Routinebildung pädagogisch zu rechtfertigen.

Aber genau hier beißt sich die Katze in den Schwanz: Weil routiniertes Handeln von der Reflexion entlastet, ist es besonders nervenschonend und dennoch effektiv. Die für diesen ganzen PRAXIS-TEIL entscheidende Ausgangsfrage lautet deshalb, ob es möglich ist, Reflexion und Routine ein Stück weit zu versöhnen. Nur durch Reflexion können die ärgerlichen, zum Schultrott verkommenen Routinen von den positiv zu beurteilenden Maßnahmen einer ökonomisch vernünftigen, gekonnten »Haushaltsführung« im Klassenzimmer unterschieden werden.

> Zehn Schritte vor, zehn zurück, zehn Schritte vor, zehn zurück... Mehr als zehn Schritte erlaubte die Größe des Käfigs dem Bären nicht. Doch eines Tages erhielt er ein neues Zuhause, das so weit wie nur irgend möglich seiner natürlichen Heimat angepaßt war: da gab es Bäume, Bäche – ein weitläufiges Gelände. Man schläferte den Bären ein, um ihn aus seinem engen Käfig in sein neues Gehege zu verfrachten. Wieder aufgewacht, rekelte sich der Bär und begann, seine Umgebung zu erkunden. Vorsichtig setzte er einen Schritt vor den anderen ... acht, neun, zehn. Dann kehrte er um und machte ... acht, neun, zehn Schritte. Am Leben des Bären hatte sich nichts geändert – seine »Welt« bestand nach wie vor aus zehn Schritten vor und zehn Schritten zurück. Er erwartete nicht mehr »Spielraum«.
> *Aus:* Nuber 1986, S. 58

> **These 6.8:** Reflexion und Routinebildung müssen versöhnt werden, um ziellos oder hinderlich gewordene Handlungsroutinen aufzudecken.

Aber wie macht man das? Es gibt hier keine Patentrezepte, wohl jedoch einige Anregungen, die zum Abschluß skizziert werden sollen. Fast jeder berufserfahrene Lehrer kennt zahlreiche Schwierigkeiten und Unzulänglichkeiten seiner eigenen Unterrichtspraxis, über die er nicht erst durch seine Vorgesetzten oder durch die Lektüre eines Buches aufgeklärt zu werden braucht. (Bei Berufsanfängern liegt das Problem ein wenig anders: Sie wissen zumeist, *daß* sie viele Kompetenzdefizite haben, aber nicht unbedingt, *welche* es im einzelnen sind.) Berufserfahrene Lehrer nehmen das Wissen um Kompetenzdefizite jedoch sehr selten zum Anlaß, sich noch einmal grundsätzlich mit dem eigenen Methodenkonzept zu befassen. Denn die Ursachen für methodische Unzulänglichkeiten werden eher im Zeitmangel, in Organisationsproblemen, in den Richtlinien- und Schulbuchvorgaben usw. gesucht. Weil aber das methodische Handeln des Lehrers keine Nebensächlichkeit, sondern Kernstück seiner alltäglichen Berufsarbeit darstellt, ist diese Vernachlässigung oder gar Verdrängung der theoretischen und praktischen Methodenreflexion problematisch. Gerade Routiniers sollten deshalb die wenigen »Stolpersteine«, die ihnen noch vor die Füße rollen, besonders sorgfältig zur Kenntnis nehmen:

- ☐ *Stolperstein Nr. 1: methodische Überperfektionierung.* Es ist kaum zu vermeiden, daß Sie als Lehrer immer wieder vor gleiche Aufgaben gestellt werden: Sie müssen einen Lehrgang das dritte, vierte oder fünfte Mal wiederholen. Beim ersten Durchgang war der Weg noch holprig; Sie haben hier und dort Fehler gemacht, Sie haben sich mit dem zu bewältigenden Stoffpensum verschätzt, die Schüler unter- oder überfordert. Aber Sie haben dabei viel gelernt. Im zweiten Durchgang lief alles glatter: Sie haben Wichtiges hervorgehoben, Unwichtiges fortgelassen, einen neuen Einstieg erprobt, die Klausur verändert. Im dritten Durchgang waren dann endgültig die wichtigsten Lernschwierigkeiten erkannt, die »Klippen« erfolgreich »umschifft«. – Alles ist glatt und perfekt. Und nun? Soll es nun bis zur Pensionierung nach demselben Schema weitergehen?
- ☐ *Stolperstein Nr. 2: Schulmüdigkeit.* Von der Überperfektionierung bis zur Schulmüdigkeit ist es oft nur ein kurzer Weg. Sie freuen sich nicht mehr auf den Unterricht. Sie sind nicht mehr neugierig. Sie ertappen sich immer häufiger dabei, während der Stunde aus dem Fenster zu schauen, an Ihr Hobby oder Ihren Hausbau zu denken – aber Sie werden aggressiv, wenn Ihre Schüler das gleiche tun.
- ☐ *Stolperstein Nr. 3: Ausbruchversuche.* Sie steigen in die Verbands- und Gewerkschaftsarbeit ein. Sie übernehmen die Schulbibliothek, Sie bewerben sich um eine Funktionsstelle, Sie stürzen sich in die Vereinsarbeit, in Urlaubspläne und ins Häusle-Bauen.

Nichts gegen derlei Nebentätigkeiten! Sie sind selbstverständlich legitim! Aber die Lösung der Motivationsprobleme routinierter Lehrer kann auf Dauer nicht darin gesucht werden, die außerunterrichtlichen Aktivitäten zu verstärken. Sie bleiben, so wichtig sie auch in jedem Einzelfall sein mögen, Ersatzhandlungen. Die Lösung sollte in der Weiterentwicklung und Verbesserung des alltäglichen Unterrichts selbst gesucht werden.

Dazu müssen, wie eingangs schon gesagt, die eigenen Unterrichtsbilder bewußtgemacht und durch die Konfrontation mit praktischen und theoretischen Alternativen methodischen Handelns weiterentwickelt werden. Diese Arbeit kann Ihnen niemand abnehmen – ich habe jedoch stichwortartig einige Fragen und Schritte notiert, die bei dieser Arbeit zu beantworten bzw. zu erledigen sind:

1.

Sie sollten *erstens* versuchen, Ihre eigenen Unterrichtsbilder anhand der folgenden Fragen möglichst nüchtern offenzulegen:

- ☐ Wie *lehrerzentriert* sind meine Unterrichtsbilder?
- ☐ Welchen Stellenwert hat *selbständiges Schülerhandeln* in meinen Unterrichtsbildern?

☐ An welchen Kriterien mache ich *Erfolg* oder *Mißerfolg* meines methodischen Handelns fest?
☐ Wie verarbeite ich *Proteste* und *Einsprüche* der Schüler?
☐ Wie reagiere ich auf *Desinteresse* und *Leistungsverweigerungen*?
☐ Welchen Stellenwert haben *Gruppen-* und *Partnerarbeit* in meinem Unterricht?
☐ Welche *Handlungsmuster* sind mir die liebsten?

2 Sie sollten *zweitens* Ihre eigenen Unterrichtsbilder mit der Meinung der Schüler vergleichen und auf Widersprüche abklopfen!
☐ Versuchen Sie, durch eine anonyme Schülerbefragung herauszubekommen, wie die Schüler Ihre Methodenpraxis wahrnehmen und wie sie sie beurteilen.
☐ Das Muster eines *Fragebogens* für eine solche Erhebung folgt im nächsten Abschnitt.
☐ Sie können auch einfach jedem Schüler zwei *Karteikarten* in die Hand drücken und ihn auffordern, aufzuschreiben, was er gut und was er schlecht findet. Die Karten werden dann sortiert, an die Wandtafel gehängt und diskutiert.

3 Sie sollten *drittens* Ihre eigenen Unterrichtsbilder mit praktischen und theoretischen Alternativen methodischen Handelns konfrontieren!
☐ Holen Sie in regelmäßigen Abständen einen Ihnen vertrauten Kollegen zur *Supervision* in Ihren Unterricht!
☐ Machen Sie ab und an eine *»pädagogische Exkursion«*, um den Unterricht von Kollegen zu inspizieren. Ist der Unterricht in Ihren Augen schlecht, so gibt's Auftrieb, weil das, was man selbst macht, wohl doch nicht so übel ist. Ist der Unterricht gut, so kann man besser als durch die Lektüre von einem Dutzend Unterrichtsmethodiken studieren, was im eigenen Unterricht verändert werden könnte. Ein gutes Beispiel für die Spätfolgen solcher Exkursionen finden Sie auf S. 399 ff.
☐ Vergleichen sie Ihr Methodenkonzept mit einer oder zweien der in der akademischen Diskussion vorgestellten *theoretischen Alternativen* (vgl. den Überblick im ersten Abschnitt der FÜNFTEN LEKTION).

Ein theoretisch reflektiertes, aus den eigenen Unterrichtsbildern herausgehobenes Methodenkonzept ist in einem entscheidenden Punkt dem unreflektierten methodischen Handeln überlegen: Es ist offener für Kritik und damit für die zielgerichtete Weiterentwicklung. Denn nur das, was man voll begriffen hat, kann man vor sich und den Schülern rechtfertigen. Nur von dem, was man voll durchschaut hat, kann man sich begründet distanzieren.

4. Anhang: Ein Schüler-Fragebogen zur Methodenpraxis

Die Gefahr, daß sich Lehrer ein schiefes Bild von der Schülersicht ihres Unterrichts machen, ist aus den im ersten Abschnitt dieser Lektion diskutierten Gründen sehr groß. Deshalb ist es sinnvoll, in höheren Klassen (z. B. von der 5. Klasse an aufwärts) ab und an eine differenziertere Erhebung zu machen.

Der folgende Fragebogen ist von Wolfgang Fichten, Oldenburg, verfaßt und für dieses Buch überarbeitet worden (vgl. Fichten/Meyer 1986, S. 150). Er ist in mehreren Gymnasial-, Real- und Hauptschulklassen (7. bis 10. Jahrgang) ausprobiert worden. Er ist bewußt pragmatisch formuliert und genügt nicht den Ansprüchen einer empirischen Erhebung. Es geht »lediglich« darum, ein *Korrektiv zur Lehrerwahrnehmung* hinsichtlich der Häufigkeit und Beliebtheit einzelner Sozialformen und Handlungsmuster zu erhalten.

Der Fragebogen bezieht sich auf alle Fächer der Schüler und damit auch auf alle ihre Lehrer. Die Anonymität der Befragung sollte den Schülern vorher glaubwürdig zugesichert werden. Ich gebe den Fragebogen in voller Länge wieder, um Sie zu ermuntern, ihn so oder – besser noch – in einer auf Ihre Klasse zugeschnittenen Überarbeitung *selbst auszuprobieren*!

Liebe Schülerin,
lieber Schüler!

Der Unterricht wird zum einen dadurch bestimmt, *was* behandelt, erarbeitet, gelernt werden soll, also durch die *Inhalte*. Gleichzeitig spielt beim Unterricht eine Rolle, *wie* etwas gelernt oder erarbeitet wird, also die Unterrichtsform oder die *Methode*. Man kann die Ansicht vertreten, daß es von der Unterrichtsmethode abhängt, ob der Unterricht Spaß macht oder langweilig ist. Ich möchte herausfinden, welche Unterrichtsmethoden besonders geeignet sind, den Unterricht interessant zu machen. Dazu soll diese Befragung dienen. Ich brauche dazu auch Deine Bereitschaft, den Fragebogen auszufüllen. Der Fragebogen bleibt anonym!

1 Welche der im folgenden genannten 10 Methoden kommen in Deinem Unterricht am häufigsten vor?

a) Unterstreiche die drei am häufigsten vorkommenden Methoden!

b) Schreibe rechts neben die am häufigsten vorkommende Methode die Ziffer 1, neben die zweithäufigste die Ziffer 2 und neben die dritthäufigste die Ziffer 3!

Partnerarbeit (= zwei Schüler lösen zusammen eine Aufgabe oder bearbeiten gemeinsam ein Thema) → . . . . . .
Kreisgespräch (= die Schüler sitzen im Kreis, und es wird über einen Gesprächsgegenstand gesprochen) → . . . . . .
Frontalunterricht (= der Lehrer steht vorn und leitet den Unterricht, der aus Fragen und Antworten besteht) → . . . . . .
Gruppenarbeit (= eine Aufgabe oder ein Thema wird in der Gruppe, die aus mehreren Schülern besteht, bearbeitet) → . . . . . .
Rollenspiel (= Schüler nehmen in einem Spiel Rollen an und versuchen so, sich mit einem Thema auseinanderzusetzen) → . . . . . .
Schülerexperiment (= Schüler führen selbst ein Experiment, einen Versuch durch) → . . . . . .
Lehrervortrag (= der Lehrer hält im Unterricht ein Referat) → . . . . . .
Stillarbeit (= Einzelarbeit; jeder Schüler arbeitet still für sich an einer Aufgabe) → . . . . . .
Schülerreferat (= ein Schüler hält im Unterricht ein Referat) → . . . . . .
Schülerdiskussion (= es findet eine Diskussion statt, wobei hauptsächlich die Schüler reden, der Lehrer wenig oder nichts sagt und meist auch ein Schüler Diskussionsleiter ist) → . . . . . .

2. Kommen in *einzelnen Fächern* einige Methoden *besonders häufig* vor? (Schreibe *bis zu 3* der *in der Frage 1 genannten Methoden* hinter die aufgeführten Fächer!)

Sozialkunde/Politik . . . .
Mathematik . . . .
Deutsch . . . .
Physik . . . .
Geschichte . . . .
Biologie . . . .

3. Ordne den angeführten Methoden *je eines* der folgenden Adjektive zu.

Adjektive:	interessant	langweilig	anstrengend
	abwechslungsreich	stupide	lässig/locker
	lehrreich	erfreulich	aufregend
	ermüdend	unangenehm	frustrierend

Methoden:	*Adjektive:*
Partnerarbeit	....
Kreisgespräch	....
Frontalunterricht	....
Gruppenarbeit	....
Rollenspiel	....
Schülerexperiment	....
Lehrervortrag	....
Stillarbeit	....
Schülerreferat	....
Schülerdiskussion	....

4. Es ist klar, daß Du die Methoden, die Du beispielsweise als angenehm oder interessant empfindest, den langweiligen oder ermüdenden vorziehst. Schreibe bitte auf, welche drei Methoden Du am liebsten hast (in der Reihenfolge ihrer Beliebtheit):

1.) .... 2.) .... 3.) ....

5. Kannst Du als Schüler mitbestimmen, welche Methoden im Unterricht jeweils angewendet werden?

Ja [ ] Nein [ ] Manchmal [ ]

6. Zum Schluß möchte ich Dich bitten, kurz eine Unterrichtssituation zu schildern, die Dir als besonders angenehm oder interessant in Erinnerung geblieben ist. Gib an, welche Methode dabei verwandt wurde!

Wenn die Fragebogen fertig ausgewertet sind, sprechen wir noch darüber! Vielen Dank für die Mühe,

Erst wenn der Fragebogen gründlich ausgewertet worden ist und wenn die Ergebnisse zu Konsequenzen in der Methodenplanung führen, wird den Schülern signalisiert, daß man ihre Aussagen *ernst nimmt* und ihnen – anders als in den vielen schon vorliegenden empirischen Untersuchungen zur Schülerperspektive (vgl. Fromm 1987, S. 205ff.) – eine *Urteilsfähigkeit* im Hinblick auf den von ihnen erfahrenen Unterricht zugesteht.

Die folgende – beispielhaft durchgeführte – Auswertung bezieht sich auf die Befragung einer 10. Klasse eines Oldenburger Gymnasiums:

- □ *Zur Häufigkeit einzelner Unterrichtsmethoden*: Alle 24 Schüler der Klasse geben an, daß der Frontalunterricht die am häufigsten verwandte Sozialform sei. 9 Schüler geben an, daß die Partnerarbeit die zweithäufigste Sozialform gewesen sei, 5 nennen die Gruppenarbeit. Als dritthäufigste Sozialform wird an erster Stelle 8 mal der Gruppenunterricht genannt. Relativ oft wird auf den vorderen Plätzen noch das Schülerreferat genannt. Wie in den anderen erfaßten Klassen anderer Schulformen auch, dominiert in dieser Klasse das *Methoden-Tripel Frontalunterricht/Partnerarbeit/Gruppenarbeit.*
- □ *Zur Beliebtheit einzelner Unterrichtsmethoden*: Ein ganz anderes Bild zeigt sich, wenn man nach den von den Schülern bevorzugten Methoden fragt. Hier wird die Vielzahl der in Frage 1 aufgelisteten Methoden mit Ausnahme von Lehrervortrag und Schülerreferat voll ausgeschöpft. Auch hier wird der Frontalunterricht zwar verhältnismäßig oft genannt, aber daneben werden Gruppenarbeit, Schülerdiskussion und Kreisgespräch (eine Sozialform, die im Unterricht dieser Klasse sonst fehlt) ebenfalls häufig gewünscht. Aus der Bevorzugung der Schülerdiskussion und des Kreisgesprächs läßt sich auf eine Präferenz der Schüler für solche Methoden schließen, die ihnen bei bestehender klarer Gesprächsleitung dennoch größere Freiräume für eine aktive eigene Gestaltung des Unterrichts und für das Einbringen eigener Meinungen und Interessengebiete bieten.
- □ *Zum »Image« der Unterrichtsmethoden*: Spannend werden die Ergebnisse, wenn man sie vor dem Hintergrund der Bewertung der einzelnen Methoden durch die Schüler sieht und interpretiert.[6]

  Das Unterrichtsbild dieser Gymnasiasten (s. Übersicht auf S. 55) dreht sich also um die Pole »interessant/abwechslungsreich« und »langweilig/anstrengend«. Keinesfalls ist der Unterricht »aufregend«, er ist aber auch ebensowenig »frustrierend«.
- □ Besonders auffällig ist die Tatsache, daß der *Frontalunterricht* von 8 Schülern als *»lehrreich«* bezeichnet wird. Dabei kann man unschlüssig sein, ob dieses Adjektiv von den Schülern als ein eher positiv getöntes Unterrichtsattribut aufgefaßt wird oder nicht. Es fragt sich, ob die Schüler aufgrund ihres langjährigen (und bisher erfolgreichen) Sozialisationsprozesses die generelle Zwecksetzung des Unterrichts schon so weit internalisiert haben, daß ihnen der Widerspruch, Frontalunterricht zugleich lehrreich *und* langweilig zu finden, schon kaum mehr auffällt.

---

6 Da in dieser Klasse eine ältere Fassung des Fragebogens eingesetzt wurde, fehlen in der Auswertung »Stillarbeit« und »Schülerexperiment«. Wenn Sie für Ihre Klasse eine Überarbeitung des Fragebogens machen, können Sie selbstverständlich weitere Ergänzungen oder Änderungen vornehmen! Weitere Anregungen zur Ermittlung der Schülersicht finden Sie in den Veröffentlichungen von Heinze (1979), von Hagstedt u. a. (1980); Haeker/Werres (1983); Fromm (1985); Fichten/Meyer (1986).

	interessant	*abwechslungsreich*	*erfreulich*	*lässig/locker*	*aufregend*	*lehrreich*	*ermüdend*	*langweilig*	*stupide*	*unangenehm*	*frustrierend*	*anstrengend*
Frontalunterricht	–	–	–	–	–	8	5	5	2	1	1	3
Partnerarbeit	1	10	5	3	–	2	–	2	–	2	–	–
Gruppenunterricht	4	8	1	2	–	–	2	1	–	1	3	3
Kreisgespräch	6	–	4	2	–	4	–	2	1	3	–	–
Rollenspiel	4	8	1	1	3	–	1	–	1	5	–	1
Schülerdiskussion	11	3	3	3	1	1	–	2	1	–	–	–
Lehrervortrag	–	1	1	–	–	6	5	2	3	–	–	7
Schülerreferat	2	–	1	–	–	2	5	5	2	–	1	8

Es gibt neben der Fragebogen-Aktion eine Reihe weiterer Möglichkeiten, um über Unterrichtsmethoden ins Gespräch zu kommen. Anschaulich beschriebene Vorschläge dazu finden Sie bei Fichten (1989):

- Man kann die von den Schülern während des Unterrichts produzierten *Graffiti* (also Kritzeleien in den Kladden, Zeichnungen, karikierende Unterrichtskommentare) zum Thema des Unterrichts machen. Denn diese Graffiti enthalten zumeist eine indirekte, oft auch eine direkte Kritik an der Methodenpraxis des Lehrers.
- Man kann die Schüler auffordern, in einem kurzen Aufsatz ihr Idealbild der methodischen Gestaltung des Unterrichts sowie ihre Kritik am Schulalltag zu Papier zu bringen – sogenanntes *Szenario-Schreiben.*
- Man kann mit geübten Schülern eine *szenische Darstellung* ihrer Unterrichtskritik vornehmen (z. B. mit Hilfe von Rollenspielen, vgl. S. 357 ff., oder Standbildern, vgl. S. 352 ff.).

Bei Schülern, die noch wenig Erfahrungen mit diesen Arbeitsformen haben, besteht allerdings die Gefahr, daß sie trotz einer zum Teil sehr heftigen Kritik am Schulalltag nur konventionelle Vorstellungen eines alternativen, besseren Unterrichts zu entwickeln vermögen. Hier ist es die Aufgabe des Lehrers, Phantasien zu wecken und erste Schritte zur Entwicklung einer alternativen Methodenkultur voranzugehen.

SIEBTE LEKTION:

BESTANDSAUFNAHME zur Methodenpraxis

Inhalt + Ziel

Praktische Ratschläge sind wenig wert, wenn sie ohne Rücksicht auf die Realitäten gegeben werden. Von solchen »Feiertags-Methodiken« gibt es mehr als genug. Deshalb soll in dieser Lektion durch eine gründliche Bestandsaufnahme der Methodenpraxis erst einmal der Rahmen abgesteckt werden, innerhalb dessen die in diesem Buch versuchte Neuorientierung methodischen Handelns zu erfolgen hat:

- □ Im *ersten Abschnitt* wird anhand der DIDAKTISCHEN LANDKARTE Nr. 4 erläutert, welche Sozialformen und Handlungsmuster in der Schule dominieren und welche eher stiefmütterlich behandelt werden. Zugleich wird gefragt, in welchem Verhältnis diese »offiziellen« Handlungsmuster zu den produktiven und unproduktiven Nebentätigkeiten der Schüler stehen.
- □ Im *zweiten Abschnitt* wird der historische Formwandel methodischen Handelns untersucht und mit dem Wandel der außerschulischen Lebens- und Lernbedingungen der Schüler in Beziehung gesetzt.
- □ Im kürzeren *dritten Abschnitt* wird dann gefragt, welche Konsequenzen diese historischen Veränderungen für die Funktion der Schule haben könnten. Es wird die These vertreten, daß die Schulen in Zukunft stärker als bisher kompensatorische Aufgaben wahrnehmen müssen.

Erst in der FÜNFZEHNTEN LEKTION wird der Rahmen der bestehenden Unterrichtsbedingungen gesprengt und eine konkrete Utopie zukünftiger Unterrichtspraxis beschrieben.

Statt einer Einleitung: Didaktische Landkarte Nr. 4

Didaktische Landkarten sind für mich sinnlich-anschauliche Alternativen zu dem von Monika und Jochen Grell geforderten »Informierenden Unterrichtseinstieg« (vgl. S. 136).

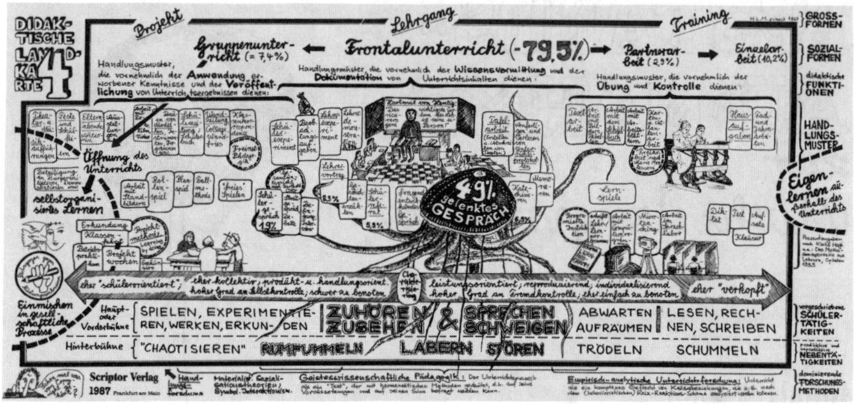

Auf der Landkarte Nr. 4 sind die Sozialformen und Handlungsmuster des Unterrichts in eine *innere Ordnung* gebracht worden. Diese Ordnung soll im folgenden erläutert werden.

- ☐ Im *Mittelpunkt* der Landkarte ist der Frontal- bzw. Klassenunterricht mit den für diese Sozialform typischen Handlungsmustern plaziert. Dieser »Ehrenplatz« kommt dem Frontalunterricht allein aufgrund seiner Häufigkeit im alltäglichen Unterricht zu.
- ☐ Im *rechten Drittel* der Landkarte sind jene Handlungsmuster aufgelistet, die der Übung, Festigung und Kontrolle des vermittelten Wissens dienen und vornehmlich als Frontalunterricht, als Partner- und als Einzelarbeit gestaltet werden.
  Vielleicht überrascht es Sie, daß die *Partnerarbeit* rechts und nicht links vom Frontalunterricht angesiedelt worden ist. Bei einer systematischen Auflistung hätte sie gut auf der linken Seite stehen können, im Blick auf die Funktion dieser Sozialform im Schulalltag ist der gewählte Standort jedoch angemessen: Die Entscheidung von Lehrern, Partnerarbeit anzusetzen, wird zwar häufig (vor allem in Prüfungsstundenentwürfen von Referendaren!) damit begründet, daß sie eine schrittweise Vorbereitung der Schüler auf den Gruppenunterricht leisten solle; das, was dann im Unterricht tatsächlich aus der Partnerarbeit gemacht wird, ist aber zumeist nur verkappte Einzelarbeit: Die Schüler könnten die Mehrzahl der vorgegebenen Ziele besser und zügiger allein erreichen.
- ☐ Im *linken Drittel* der Landkarte finden sich jene Sozialformen, Handlungsmuster und methodischen Großformen, die in einem eher erfahrungs- und handlungsorientierten oder projektförmigen Unterricht häufiger vorkommen.

Einzelne Handlungsmuster sind zu *Familien* zusammengefaßt, die sich aus der Art und Weise der den Schülern bzw. dem Lehrer abverlangten Tätigkeiten ergeben. Zwischen den drei »Abteilungen« der Landkarte gibt es *flie-*

ßende Übergänge. Ein auf der linken Seite zuzuordnender projektförmiger oder erfahrungs- und handlungsbezogener Unterricht wird auf die rechts notierten Handlungsmuster, auf Rechnen, Schreiben und Lesen nicht verzichten können. Ein lehrgangsmäßig aufgebauter Unterricht kann hier und dort einen Erkundungsgang, ein Planspiel oder eine Schülerdiskussion integrieren.

Der dicke, zweifach gerichtete Pfeil im unteren Drittel der LANDKARTE dient der *allgemeinen Charakterisierung* der Handlungsmuster:

- Die auf der *rechten Seite* notierten Handlungsmuster führen *eher* zu einem kognitiv orientierten, auf individuelle Leistungsförderung und Leistungsmessung ausgelegten Unterricht. Dieser Unterricht ist eher lehrerzentriert, d. h. die Schüler erfahren viel Fremdkontrolle (durch den Lehrer, z. T. auch durch Medien oder durch Mitschüler).
- Die auf der *linken Seite* notierten Handlungsmuster führen *eher* zu einem sinnlich-ganzheitlichen, handlungs- und produktorientierten Unterricht; hier entstehen eher veröffentlichungsfähige Arbeitsergebnisse, die für die Schüler einen unmittelbaren Gebrauchswert erhalten können; hier werden nicht nur Teilleistungen (wie das Rechnen, Schreiben oder Lesen), sondern komplexe Gesamtleistungen entwickelt (wie sie z. B. im Rollenspiel erforderlich sind).
- *Links außen* ist mit einer gestrichelten Linie jener Bereich von Handlungsmustern und methodischen Großformen ausgegliedert, in dem der überall sonst gültige Grundsatz, daß es in der Schule um die *symbolische* Aneignung von Wirklichkeit geht (vgl. S. I, 83), durchbrochen wird: Die scharfe Grenzziehung zwischen schulischem Unterricht und gesellschaftlicher Wirklichkeit verschwimmt, Lehrer und Schüler halten sich »vor Ort« auf und nehmen unmittelbar Einfluß auf gesellschaftliche Entwicklungen und Auseinandersetzungen, so wie sie umgekehrt unmittelbar beeinflußt werden.

  Aufgrund der inneren Zielgerichtetheit (vgl. S. I, 91) dieser Handlungsmuster sowie aufgrund der inhaltlichen Erwartungen, die viele Schüler mit Begriffen wie »Projektwoche«, »Exkursion« usw. verknüpfen, kann es passieren, daß die parteipolitische Neutralitätspflicht der Schulen gefährdet scheint. Bei einer didaktisch verantwortlichen Vorbereitung und Durchführung muß dies aber nicht eintreten. Es wird sich überhaupt nicht vermeiden lassen, daß Lehrer, die vor ihren Schülern glaubwürdig bleiben wollen, in Zukunft immer häufiger den Unterricht öffnen müssen und den Schülern eine unmittelbare Einmischung in und Auseinandersetzung mit gesellschaftlich umstrittenen Fragen, mit Projekten, Initiativen usw. ermöglichen.

Es gibt nur vier Sozialformen, die sämtlich auf der Landkarte benannt werden: den Frontal- bzw. Klassenunterricht; die Einzel-, die Partnerarbeit und den Gruppenunterricht (vgl. S. I, 138). Der links angedeutete Projektunterricht stellt keine eigene fünfte Sozialform dar; vielmehr handelt es sich um eine methodische Großform, die aus bestimmten Handlungsmustern und – in der Regel – allen vier Sozialformen zusammengesetzt ist. Die in der LANDKARTE enthaltene Auflistung von Handlungsmustern ist demgegenüber unvollständig. Hier sind viele weitere Alternativen denkbar, die schon aus Raumgründen nicht alle benannt werden können.

1. Methodenpraxis im Schulalltag

1.1 Spitzenrenner und Flops – zur quantitativen Häufigkeit von Unterrichtsmethoden

Die grafische Darstellung der verschiedenen Sozialformen und Handlungsmuster in der Didaktischen Landkarte Nr. 4 kann den falschen Eindruck erwecken, als ob es in der Schule eine harmonische Vielfalt dieser methodischen Erscheinungsformen gebe. Dieser Eindruck täuscht! Schüler werden in der Schule einseitig gefordert und gefördert. Sie sitzen nahezu den ganzen Schulvormittag an dem fest zugewiesenen Platz im Klassenzimmer, sie sind überwiegend mit Zuhören, Rede-und-Antwort-Stehen, Lesen, Abschreiben und Rechnen befaßt (Tausch/Tausch 1973, S. 204–233; vgl. auch Diederich 1969). Im Schulalltag herrscht eine Ein- und Gleichförmigkeit methodischen Handelns, die in auffälligem Widerspruch zur Buntscheckigkeit und Vielfalt der in Theorie und Praxis bekannten und auch methodisch aufbereiteten Handlungsmuster steht.

In der empirischen Erhebung einer Gruppe von Erziehungswissenschaftlern der Fernuniversität Hagen zum »Methoden-Repertoire von Lehrern« (Hage u. a. 1985) wird diese skeptische Beurteilung bestätigt. 181 Unterrichtsstunden von 88 Lehrern sind dabei bis in die Details auf ihre Methodenstruktur analysiert worden.[1]

In der Tabelle S. 61 oben zur *Häufigkeit der Sozialformen* sind die Durchschnittswerte aller 181 Stunden ermittelt. Zur Verdeutlichung habe ich die Daten in ein Säulendiagramm übertragen.

Die ebenfalls ermittelte Häufigkeit einzelner *Handlungsmuster* (von den Autoren methodische Grundformen genannt) entspricht der Häufigkeit der Sozialformen – siehe die Tabelle S. 61 unten).

□ Die Bezeichnung der einzelnen Handlungsmuster weicht von den in der Didaktischen Landkarte Nr. 4 gewählten Begriffen teilweise ab; bei der für die folgende Argumentation entscheidenden Kategorie »Unterrichtsgespräch« stimmt sie jedoch genau mit dem überein, was in der Landkarte als »gelenktes Gespräch« bezeichnet wird.

---

1 In dieser Studie sind 181 Unterrichtsstunden von 88 Lehrern an nordrhein-westfälischen Gymnasien (Sekundarstufe I), Haupt- oder Gesamtschulen im 5-Minutentakt im Detail analysiert worden. Vergleichsuntersuchungen für andere Schulformen und -stufen stehen noch aus; sie könnten z. B. an Grundschulen oder an Berufsbildenden Schulen im Blick auf die Ausgewogenheit der Sozialformen etwas günstigere Ergebnisse bringen. – Nicht Anfänger, sondern berufserfahrene Lehrerinnen und Lehrer wurden erfaßt. Der Unterricht fand in den drei repräsentativen Fächern Deutsch, Gesellschaftslehre und Naturlehre statt. Die traditionell stärker praktisch orientierten Fächer Sport, Kunst, evtl. Musik fehlen leider; ihre Einbeziehung hätte die Ergebnisse vielleicht ein wenig relativiert. Eine methodologische Kritik dieser Studie finden Sie bei Terhart (1986b).

SOZIALFORMEN:

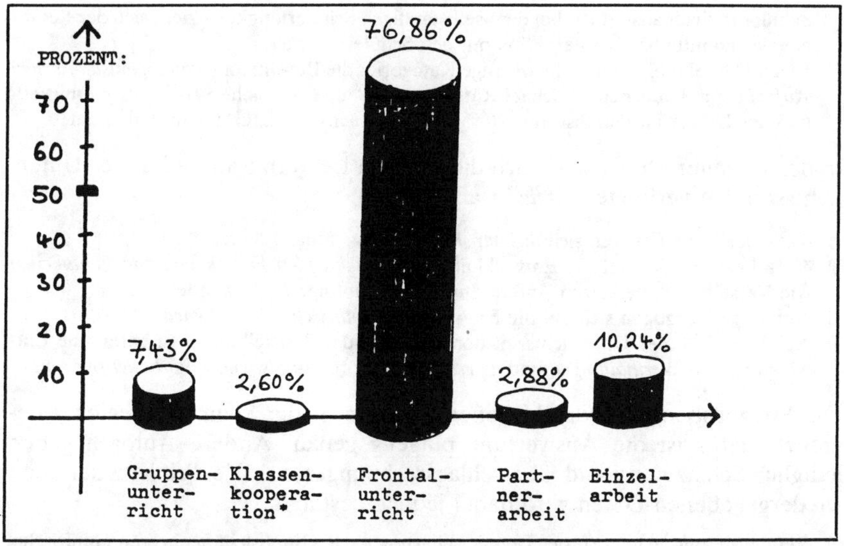

*Als »Klassenkooperation« ist von den Autoren ein Unterricht definiert worden, in dem der Lehrer »als Leitender in den Hintergrund tritt« (S. 38).

HANDLUNGSMUSTER:

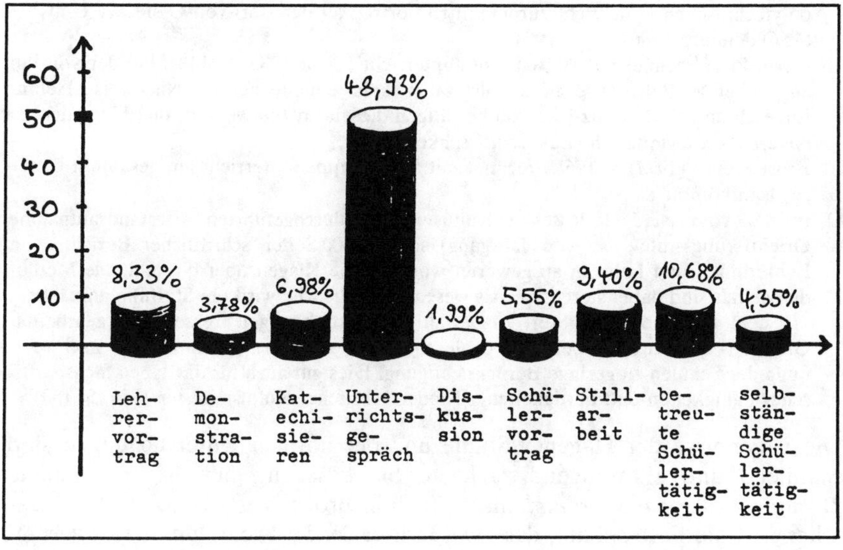

- Als »betreute Schülertätigkeit« wird in der 2. Tabelle von S. 61 ein Unterricht bezeichnet, in dem der Lehrer Aufgaben und Rahmenbedingungen setzt, aber die Tätigkeit der Schüler individualisiert ist; bei der »selbständigen Schülertätigkeit« zieht sich der Lehrer aus der unmittelbaren Interaktion mit den Schülern zurück.
- Eigentlich fehlt hier eine sehr wichtige Kategorie: die Bewältigung der *organisatorischen Aufgaben* im Unterricht. Michael Rutter u. a. (1980, S. 91; siehe S. 65) haben ermittelt, daß der Lehrer im Durchschnitt *10 % der Unterrichtszeit* dafür aufzuwenden hat.

In der Hagener Studie sind auch die von den Lehrern während dieser Unterrichtsstunden verfolgten *Ziele* erfaßt worden:

- 45 % der Ziele bezogen sich auf den *Kenntniserwerb* der Schüler.
- 47 % bezogen sich auf die Entwicklung der *intellektuellen Fertigkeiten und Fähigkeiten* wie Verstehen, Übersetzen, Interpretieren, Schlußfolgern, Anwenden usw.
- Nur 2,69 % bezogen sich auf die Entwicklung *motorischer Fertigkeiten*.
- Nur in 3,33 % der Unterrichtszeit dominierte in der Zielstellung des Lehrers die Entwicklung von *Werthaltungen* und in 1,56 % die Förderung *sozialer Verhaltensweisen*.

Die Stichprobengröße der Hagener Studie ist leider klein und regional begrenzt, dafür ist die Auswertung pingelig genau. Andere Autoren geben lediglich Schätzwerte und Überschlagsrechnungen an. Die Tendenz der oben wiedergegebenen Daten wird dabei jedoch bestätigt:

- Reinhardt und Anne-Marie Tausch schätzen nach Durchsicht mehrerer empirischer Erhebungen, daß höchstens 4 % allen Unterrichts *Gruppenunterricht* sei (Tausch/Tausch 1971, S. 238).
- Lothar Klingberg geht davon aus, daß in der DDR ungefähr 65 % des gesamten Unterrichts aus *Frontalunterricht* (einschließlich Einzelarbeit) besteht, wobei er dieses im Vergleich zur Bundesrepublik günstigere Ergebnis im wesentlichen auf den entfalteten polytechnischen Unterricht zurückführt (Vortrag an der Carl-von-Ossietzky-Universität Oldenburg 1986).
- Harm Prior rechnet mit 90 % Frontalunterricht (Prior 1985, S. 148), bei der von ihm angegebenen Belegstelle findet sich aber kein entsprechender Nachweis. Helmut Lukesch und Karl-Heinz Kischkel bestätigen diesen Prozentwert für den Unterricht an bayerischen Gymnasien (Lukesch/Kischkel 1987).
- Ernst Meyer (1977, S. 106f.) rechnet mit 5 % Gruppenunterricht am gesamten Unterrichtsaufkommen.
- In der vom Niedersächsischen Kultusminister durchgeführten »Bestandsaufnahme Orientierungsstufe« (5. + 6. Jahrgang) sind 55.000 Seiten schriftlicher Berichte von Lehrerinnen und Lehrern ausgewertet worden. Die Klagen über die fehlende Methodenvielfalt sind dabei stereotyp. Als wesentliche Ursache wird die Stoffülle angesehen: »In dem Bemühen, den Stoff zu bewältigen, wird häufig lehrerzentriert gearbeitet. Gruppen- und Partnerarbeit oder projektorientiertes Lernen finden deshalb nach Meinung der Schulen zu geringe Berücksichtigung. Dies gilt auch für das Üben fachspezifischer Fähigkeiten und Fertigkeiten« (Niedersächsischer Kultusminister 1986, S. 150).

Die Ergebnisse der Hagener Studie und der übrigen Untersuchungen sind spannend und entmutigend zugleich. Sie besagen, daß die traditionelle *Monopolstellung des Frontalunterrichts* ungebrochen ist. Besonders überraschend ist die Feststellung, daß zwei Drittel der im Frontalunterricht verfügbaren Zeit mit dem *gelenkten Unterrichtsgespräch* ausgefüllt wird. Zählt man noch das »Katechisieren« hinzu, so kann festgehalten werden, daß drei Viertel der Zeit des Frontalunterrichts mit dem jedermann vertrauten Frage-Antwort-Spiel zwischen Lehrer und Schülern zugebracht wird. Andere, in der didaktisch-methodischen Literatur als besonders attraktiv herausgestellte Handlungsmuster wie die Schülerdiskussion, das Spielen oder das Experimentieren spielen demgegenüber eine untergeordnete oder gar keine Rolle. Deshalb dürfte die folgende zusammenfassende These keine Übertreibung darstellen:

These 7.1: Im alltäglichen Unterricht findet eine unausgewogene Bevorzugung von Sozialformen und Handlungsmustern mit hoher Lehrerlenkung statt. Die verfolgten Ziele sind einseitig auf die Vermittlung von Wissen und die Förderung intellektueller Fähigkeiten ausgelegt.

1.2 Methodische Monostruktur des Unterrichts

Die Hagener nennen dies in ihrer Studie die *»methodische Monostruktur des Unterrichts«* (Hage u. a. 1985, S. 147), die sich durch alle erfaßten Fächer und Schulformen hindurchzieht; auch zwischen Lehrerinnen und Lehrern gab es keine erfaßbaren Unterschiede.

Die Feststellung, daß drei Viertel allen Unterrichts Frontalunterricht ist, sagt noch nicht sehr viel darüber aus, *was die Schüler während der Frontalunterrichtszeit tatsächlich tun*. Im unteren Drittel der DIDAKTISCHEN LANDKARTE Nr. 4 sind die wichtigsten Schüler-Tätigkeiten aufgelistet:

Die Auflistung täuscht allerdings wiederum – wie schon bei den Sozialformen und Handlungsmustern – eine harmonische Vielfalt der Schülertätigkeiten vor, die in Wirklichkeit nicht gegeben ist. In der Hagener Studie ist für jede der 181 erfaßten Unterrichtsstunden im Abstand von jeweils 5 Minuten ermittelt worden, welcher Tätigkeit die Schüler gerade nachgingen. Dabei sind vier Kategorien unterschieden worden:

»*a) Aufnehmen*
Hierunter wird das Aneignen ohne offene Eigentätigkeit (Rezeption) geordnet. Also: Zuhören, Lesen, Betrachten. Der Lehrer oder auch Mitschüler vermittelt Fakten.
b) Wiedergeben
Hierunter wird die offene *Reproduktion* von Gelerntem in verbaler oder schriftlicher Form verstanden (Memorisierung). Gefordert wird vor allem eine Gedächtnisleistung.
*c) Produzieren**
Beim Produzieren leistet der Schüler einen eigenständigen Beitrag, der über die vorgegebene Struktur hinausweist. Transformieren, Umstrukturierung des Materials, Analyse und Synthese, kreatives Denken gehört hierzu.
d) Psychomotorische Produktion
Eine Unterrichtsphase fällt unter diese Kategorie der Schülertätigkeit, wenn Dinge hergestellt, manuell verändert oder behandelt werden sollen. In einem weiteren Sinne wird auch die Manipulation von technischen Geräten als eine solche produktive Tätigkeit bezeichnet.« (Hage u. a. 1985, S. 39)

*Der Begriff »Produzieren« kann leicht mißverstanden werden. Die Eigenständigkeit dieser Tätigkeit kann qualitativ sehr unterschiedlich sein. Sie reicht vom »ferngesteuerten« Ausführen der Befehle des Lehrers bis zum selbständigen Planen und Ausführen. Die Erläuterungen belegen, daß es überwiegend um kognitive Tätigkeitsbereiche geht. – H. M.

Folgende Ergebnisse kamen bei der Erhebung zustande:

Schülertätigkeit	Deutsch	Gesellschaftsl.	Naturlehre	Gesamt
Aufnehmen	23.02	26.37	27.74	25.83 %
Wiedergeben	18.84	28.32	19.67	22.53 %
Produzieren	56.05	45.12	43.27	47.79 %
Psychomot. Produktion	2.09	0.20	9.32	3.86 %

Die Hagener Studie ist in diesem Punkte allerdings noch ein wenig undifferenziert. Eigentlich fehlen zwei weitere Kategorien, nämlich *»Nichtstun«* und *»organisatorische Maßnahmen Treffen«*.

- □ Michael Rutter u. a. haben in ihrer umfassenden Studie an Sek-I-Schulen in Großbritannien ermittelt, daß die *Lehrer* im Durchschnitt 10 % der Unterrichtszeit (also 7 Minuten in jeder Stunde!) mit dem Auf- und Abbauen von Geräten, mit dem Verteilen und Einsammeln von Materialien, mit Listenführen und anderen Organisationsaufgaben zubringen.
- □ Was die *Schüler* während dieser Zeit tun, ist leicht zu erraten: Sie schauen dem Lehrer zu, sie warten, sie beteiligen sich an der Erledigung dieser Aufgaben; sie bekommen ab und an während dieser Lehrerarbeiten eigene Aufgabenstellungen.
- □ Es ist nicht weiter überraschend, daß überall dort, wo der Anteil an Organisationsarbeiten des Lehrers noch höher lag (zum Teil bis zu 35 %!), auch die *Disziplinprobleme* zunahmen (1980, S. 146).

Die nüchternen Prozentwerte der Hagener Studie (nur 3,86 % psychomotorische Produktion, nur 1,99 % Schülerdiskussion, nur 4,35 % selbständige Schülertätigkeit) kleiden in Zahlen, was viele Schüler in der Schule belastet. Der Lehrer betreibt – sicherlich von Person zu Person, von Fach zu Fach, von den unteren Klassen zu den höheren in unterschiedlichem Umfang, der Tendenz nach jedoch überall – eine *einseitige Formierung der sinnlich-ganzheitlichen Denk- und Handlungsweisen der Schüler*, die im folgenden mit dem Begriff »Verkopfung«[2] gekennzeichnet und kritisiert werden soll:

- □ Der Lehrer *kanalisiert* Phantasie, Spontaneität und Tatendrang der Schüler im Frontalunterricht – er kann gar nicht anders, weil sonst sein Unterricht zusammenbräche.
- □ Er *glättet* im gelenkten Unterrichtsgespräch die Alltagssprache seiner Schüler – denn die Pflege des Sprachvermögens ist seine Aufgabe.
- □ Er sorgt für das geregelte *Drankommen und Melden* – er ist der Proviant- und Zeitmeister des Unterrichts.
- □ Er sorgt für die *Veranschaulichung* des Themas der Stunde; aber diese Veranschaulichung bleibt notwendig eine didaktisch motivierte Reduzierung und Abstraktion der wirklichen Lebensfülle und lebendigen Unordnung der Welt.
- □ Er betreibt die *Ergebnissicherung* im Unterricht: Er sorgt z. B. dafür, daß der Tafeltext rechtzeitig zum Stundenschluß fertig wird; aber dieser Tafeltext ist fast immer eine gereinigte Fassung der krausen und bunten Ideen der Schüler.
- □ Er organisiert die *Leistungskonkurrenz* durch Lob und Tadel, durch Klassenarbeiten und Zensuren.
- □ Er vertreibt durch die didaktische Zubereitung der Unterrichtsinhalte die *kindlichen Weltbilder* und ersetzt sie durch die offizielle Weltsicht unseres christlichen Abendlandes; er sorgt dafür, daß die physikalisch meßbare Zeit von den Schülern für wichtiger gehalten wird als die sinnlich-ganzheitlich erlebte, Vergangenheit und Zukunft integrierende kindliche Zeit; er sorgt dafür, daß die Zahlen ihren Mythos verlieren.
- □ Er sorgt dafür, daß die Dinge *»auf den Begriff«* gebracht, daß sie analysiert, seziert und dann wieder zusammengefaßt werden.
- □ Er sorgt dafür, daß das Diffuse seine Diffusität verliert; er verhindert, daß das Peinliche peinlich, das Furchtbare fürchterlich, das Unbegreifbare unbegriffen bleibt.

---

2 Von der »Verkopfung« sprach schon Paul Oestreich, der entschiedene Schulreformer aus der Zeit der Weimarer Republik; ich vermute, daß der Begriff noch älter ist und aus der Zeit der Auseinandersetzung mit den Formalstufentheorien der Herbartianer (vgl. S. I, 170 ff.) stammt.

Die einseitige Formierung der Sinnlichkeit der Schüler wird durch die institutionellen und curricularen Rahmenbedingungen der Schule nahegelegt, im eigentlichen Sinne »hergestellt« und gesichert wird sie jedoch durch das methodische Handeln des Lehrers. Der Lehrer sorgt dafür, daß die Schüler über weite Strecken des Unterrichts stillsitzen und Kopfarbeit leisten.

These 7.2: Die den Schülern im alltäglichen Unterricht abverlangten Tätigkeiten sind einseitig verkopft. Sie setzen über weite Strecken voraus, daß die Schüler gelernt haben, ihre Körper stillzustellen.

Es gibt kaum einen Lehrer, der es durchhält, eine ganze Schulstunde lang stillzusitzen und den Mund zu halten – aber den Schülern wird diese Leistung immer wieder – oft mehrfach am Tage – abverlangt.

»Stillsitzen und Kopfarbeit leisten ...« (Schülerzeichnung im und über den Unterricht – 11. Klasse Gymnasium)

1.3 Produktive und unproduktive Nebentätigkeiten der Schüler

Die bisher referierten empirischen Erhebungen haben einen Schönheitsfehler, der auch die Gültigkeit der These 7.2 einschränkt. Diese Erhebungen erfassen lediglich die »offiziellen«, durch die Richtlinienvorgaben und die Zielsetzungen des Lehrers legitimierten Schülertätigkeiten. Aber jedermann weiß, daß es unterhalb der Ebene der offiziellen Schülertätigkeiten eine mindestens ebenso breite, buntscheckige Palette produktiver und unproduktiver Nebentätigkeiten gibt, die den Unterrichtsablauf nachhaltig beeinflussen. Es gibt in jeder Klasse, wie dies von Jürgen Zinnecker (1978) beschrieben worden ist, sozusagen eine »Vorder«- und eine »Hinterbühne«. Auf der Hinterbühne spielen sich die Nebentätigkeiten der Schüler ab. Es kann dann passieren, daß die Nebentätigkeiten so störend oder so umfangreich werden, daß der Lehrer den »normalen« Unterricht abbricht und die Störung thematisiert. In diesem Augenblick wird dann die Hinterbühne zur Vorderbühne – und dies finden die Schüler fast immer sehr spannend und interessant; auch jene Schüler, die vorher kurz vorm Einschlafen waren, sind plötzlich alle hellwach dabei! (Mehr dazu im Exkurs über Unterrichtsstörungen, S. 226 ff.)

Die Nebentätigkeiten der Schüler sind in den letzten Jahren genauer erforscht und in ihrer Bedeutung für den Schulbetrieb interpretiert worden.[3] In der untersten Zeile der DIDAKTISCHEN LANDKARTE Nr. 4 werden diese Tätigkeiten angedeutet. Schon durch die von den Schülern übernommene Wort-

---

3 Ein *Standardwerk* ist das Buch »Life in Classrooms« von Jackson (1968); genaue Analysen von Hauptschulklassen liefern Klink (1974), Kuhlmann (1975) und Wünsche (1972); eine Fallstudie zum Gesamtschulunterricht bieten Diederich/Wulf (1979), zur englischen Sekundarstufe Rutter u. a. (1980, S. 91f.).
Umfassende Auflistungen und Interpretationen zum Thema finden Sie auch in der auf S. 229 ff. aufgelisteten Literatur zum Thema Disziplinschwierigkeiten/Unterrichtsstörungen.
Eine methodologisch aufwendige, inhaltlich höchst interessante Analyse der »Neben-Kommunikation« in der Schule findet sich bei Baurmann/Cherubim/Rehbock (1981). Essays und Studien zu *Einzelaspekten* kommen hinzu:

- ☐ *Kommunikationsstrukturen* im Frontal- und Gruppenunterricht bei Diegritz/Rosenbusch (1977, S. 93–140)
- ☐ *Schülerbriefchen* bei Cherubim (in: Baurmann/Cherubim/Rehbock 1981, S. 107–168)
- ☐ *Schulgraffiti* und Tischkritzeleien bei Blume (in: Baurmann/Cherubim/Rehbock 1981, S. 169–198), bei Udo Bracht (1978)
- ☐ *alternative Lernorte* (Schulhof/Pause/Schülertoilette/Schulbus/Straße) bei Reinert/Zinnecker (1978) und bei Kraft (1979)
- ☐ *Schülertaktiken* im Unterricht bei Heinze (1980)
- ☐ *Schülerrezepte* bei Hoferichter (1980)
- ☐ *Lebens- und Überlebensstrategien* im Schulalltag bei Willis (1979) und Kahl (1983).

Wohlfeile Vermarktungen von Schülerrezepten, Schülertaktiken und *Schummel-Strategien* liefern:

- ☐ Brockmann (1984; 1985)
- ☐ Heckenschütz (1984)
- ☐ politisch selbstbewußt und empfehlenswert aus dieser Sorte Literatur: Andersen/Hansen/Jensen: Das kleine rote Schülerbuch (1970).

Theoretische Klassifikationsrahmen für Nebentätigkeiten haben Thomas Heinze (1980, S. 83–99) und Helmut Rehbock (1981, S. 54–78) vorgestellt.

wahl zur Kennzeichnung dieser Tätigkeiten wird zum Ausdruck gebracht, daß es sich um vermeintlich oder tatsächlich »subversive«, die Arbeit des Lehrers behindernde Tätigkeiten handelt:

☐ Schummeln, Täuschen, Trödeln, Schwatzen, Labern, den Lehrer Auflaufen-Lassen, Chaotisieren usw.

Die Schüler bringen für diese Nebentätigkeiten größtes Interesse auf: Über die eigenen Nebentätigkeiten wird mit Stolz berichtet; die der Mitschüler werden mit reger Aufmerksamkeit verfolgt. Nebentätigkeiten sind Gegenstand langfristiger Vorbereitung oder spontaner Eingebungen. Sie werden wie lustvolle Hobbies gepflegt und verfeinert. Die Mehrzahl dieser Nebentätigkeiten macht einen verdeckten, manchmal auch einen offenen Machtkampf mit dem Lehrer erforderlich, wodurch sie erst richtig interessant werden. Die folgende Auflistung stützt sich auf eine Sammlung von Wolfgang Fichten (Fichten, unveröff. Manuskript Oldenburg 1986), auf eine Befragung von 200 Schülern aus 10 Klassen der Sekundarstufe I durch Jürgen Baurmann (1981, S. 30–34) sowie auf eigene Beobachtungen und Befragungen:

- mit dem Nachbarn schwatzen; durch die Klasse rufen; sich nach hinten umdrehen
- Briefe, Liebesbriefe, Botschaften schreiben und als Stafette durch die Klasse schicken; dabei die Bankreihen unter den Augen des Lehrers überbrücken
- Witze erzählen, Grimassen schneiden; den Lehrer imitieren; andere Schüler nachäffen
- mit dem Stuhl kippeln; mit dem Stuhl durch die Klasse wandern; mit Absicht vom Stuhl fallen
- Hefte, Heftränder, Buchseiten, Buchdeckel, Federetuis, Nietenhosen, Handrücken und andere Körperteile, Schuhsohlen bekritzeln
- Texte und Bilder in Schulbüchern und Arbeitsmaterialien ausmalen, verfremden, parodieren, übermalen; Comic-Sprechblasen eintragen
- Muster auf Papier malen; Karokästchen ausmalen; Flächen auf Abbildungen schraffieren; große Buchstaben ausmalen
- Gegenstände durch die Klasse werfen
- Comic-Figuren, Cartoons, Karikaturen nachzeichnen und verschicken
- mit dem Tischnachbarn, mit Vorder- und Hintermännern bzw. -frauen Absprache über Pausenspiele, über Mannschaftsaufstellungen, über Nachmittagsbeschäftigungen treffen

Jörn-Guy S. – Klasse 8

- rhythmisch klopfen, summen, singen, trällern (allein, zu mehreren oder mit der ganzen Klasse); aufstoßen, laut rülpsen; auf Kommando husten; auf der Tischplatte, auf anderen Geräten Trommelsolo veranstalten
- während der Stunde den Tisch/den Tornister/das Federetui aufräumen; Sachen putzen; Bleistifte spitzen; Filzstifte in Ordnung bringen; Hefte sortieren
- Kugelschreiber, Filzstifte oder Strohhalme in Blasrohre umbauen: Tempo-Taschentücher zerkauen, daraus kleine Kügelchen formen, sie mit dem Blasrohr an die Zimmerdecke pusten und abwarten, bis sie wieder herunterfallen; einen Stecknadelkopf mit Wattebausch umwickeln und durch ein Blasrohr verschießen
- essen, Bonbons lutschen, trinken; Kaugummi kauen, das Kaugummi unter die Bank oder unter die Stuhlplatte kleben; auf Bleistiftenden oder Kuli- und Filzstiftkappen herumkauen; Papierfetzen zerkauen
- sich kämmen, sich schminken, sich im Handspiegel betrachten; Zöpfe lösen und flechten
- Namen in die Tischplatte schnitzen; Symbole für beliebte Popstars oder Musik-Bands in die Platte einkratzen
- Nägel kauen, reinigen, schneiden; Haare auszupfen (eigene und fremde), kratzen, jucken
- abschalten, dösen, träumen, aus dem Fenster schauen; Fliegen beim Flug beobachten
- in der Nase pulen, aus Popel Plastiken herstellen
- sich in den Lehrer/die Lehrerin, Mitschüler/Mitschülerinnen verknallen; schmachtende Blicke werfen; andere dabei beobachten; schwärmen
- sexuellen Träumereien nachgehen; Tischnachbarn umarmen; mit den Füßen Körperkontakt suchen; das Glied bzw. die Scheide berühren; onanieren; sexuell getönte Zeichnungen anfertigen und weitergeben; sexuell interpretierbare Parolen ausgeben; sexuelle Witze über die Lehrer machen
- den Lehrer vom Thema ablenken; ihn auf seine Lieblingsthemen und Hobbies hinlenken; ihn vom Stellen der Hausaufgaben abbringen; ihn von der Bestrafung eines Mitschülers abbringen; um die nochmalige Erläuterung der Aufgabenstellung bitten, obwohl man sie längst verstanden hat; Schein-Dispute führen; Streitigkeiten simulieren

»Der Moralprediger« von Peter Gaymann. Aus: M. Klant (Hrsg.): Schulspott. © Fackelträger-Verlag, Hannover 1983

- Comics, BRAVO, MAD, WERNER, Heimatromane, Kickers usw. lesen; private Post lesen und beantworten; in den Schulbüchern des gerade unterrichteten Faches und in denen der übrigen Fächer lesen
- Hausaufgaben erledigen: vergessene Hausaufgaben nachholen; die neuen Hausaufgaben erledigen
- sich auf eine Klassenarbeit in einer der darauffolgenden Stunden vorbereiten

- Spiele unter der Bank durchführen: Schiffe versenken; Spielen mit mitgebrachtem Spielzeug; »Käseecken«; Briefmarken, Münzen, Sammelbilder tauschen; Schach spielen; Skat spielen
- Papierschwalben falten und fliegen lassen; Botschaften auf diese Schwalben schreiben und verschicken
- Geheimschriften erfinden und erproben; Kreuzworträtsel lösen; eigene Kreuzworträtsel erfinden
- Zigaretten drehen; heimlich Alkohol trinken (soll's auch bei Lehrern geben!)
- Walkman-Kassetten anhören; mit dem Taschenrechner spielen; Unterrichtsstunden auf Tonband aufnehmen und den Ablauf während der Stunde didaktisch kommentieren
- während der Stunde mehrfach zum Klo gehen; zum Papierkorb gehen, um dem Vordermann ein freundliches Wort zu sagen; mehrfach das Fenster öffnen und wieder schließen; die Mitschüler und/oder den Lehrer in einen Streit darüber verwickeln
- Tisch-Fußball mit Murmel und Geo-Dreiecken spielen
- Schlafen (eigentlich eher eine Haupt- als eine Nebentätigkeit!)
- Stricken, Häkeln, Prökeln usw.
- mit dünnen Papierstreifen Webmuster herstellen
- Milch- oder Butterbrottüten aufblasen und zerknallen
- den Tornister, das Heft, das Federetui eines Mitschülers klauen, verstecken und erst mit Verspätung wieder rausrücken; Tornister, Schulbücher usw. vertauschen
- sich mit Vorder-, Hinter- oder Nebenmännern raufen, prügeln, zwicken, Fußtritte geben

Mit 93 Pullis zum Abitur

SCHWEINFURT, 8. Juli (dpa). Eine bestrickende Bilanz haben Abiturientinnen an einem Schweinfurter Gymnasium vorgelegt. Während ihrer letzten beiden Schuljahre strickten und häkelten sie während der Unterrichts- und Wartezeiten 93 Pullis, 17 Pullunder, elf Paar Handschuhe, zehn Jacken, vier Paar Socken und drei Schals.

Aus: Frankfurter Rundschau vom 9. 7. 1986

- Schummeln; Vorsagen; anderen beim Schummeln helfen; absichtlich falsch vorsagen
- sich einen Lehrer-Kalender besorgen und eine private Statistik der Klassenarbeiten führen
- mit Streichhölzern, Feuerzeugen, Brenngläsern unter der Bank kokeln, z. B. mit beiden Händen einen Hohlraum bilden, ihn mit Hilfe eines Gasfeuerzeugs mit Gas füllen und das Gas in den geöffneten Händen anzünden
- mit Gummibändern flitschen; Kugelschreiberteile durch die Klasse flitschen
- einen Phantom-Schüler erfinden, ihm Entschuldigungszettel schreiben, ihn zum Elternsprechtag anmelden und ihm in Sport und Kunst zu Zensuren verhelfen

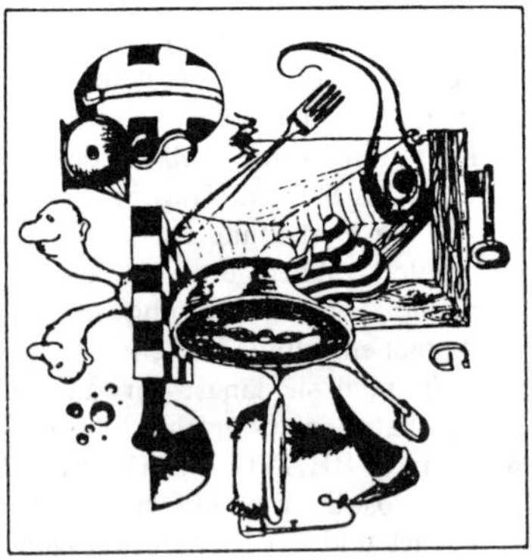

Karsten F. – Klasse 10

Ich denke, daß die Lektüre dieser Auflistung bei Ihnen eine ganze Reihe von Erinnerungen an die eigene Schülerzeit geweckt hat; vermutlich fallen Ihnen weitere Beispiele ein. – Im folgenden möchte ich aber keine weiteren Tricks, Kniffe, Regeln und Rezepte erörtern, sondern Motive, Ursachen und Funktionen der Nebentätigkeiten diskutieren. Jürgen Baurmann hat in der genannten Erhebung (1981, S. 33f.) die *Motive* der Schüler für diese Nebentätigkeiten erfragt. 575 Teilantworten wurden erfaßt:

- □ 73 Schüler gaben an, daß der Lehrstoff zu langweilig sei;
- □ 81 Schüler hatten »Lust, Spaß, Interesse« an den Nebentätigkeiten;
- □ 28 wollten Ablehnung oder Kritik gegenüber dem Lehrer äußern;
- □ 36 Schüler nannten persönliche Bedürfnisse wie Hunger, Durst, Müdigkeit, Bewegungstrieb;
- □ 22 Schüler hatten Probleme mit dem Lehrstoff und mit der Unterrichtsgestaltung durch den Lehrer;
- □ 18 Schüler wollten »sich die Unterrichtszeit vertreiben« usw.

Schüler wollen den offiziellen Unterrichtsablauf verbal und motorisch kommentieren, kritisieren und parodieren. Sie wollen die Spielräume testen, die ihnen der Lehrer läßt, und sie wenn möglich ausweiten. Langeweile gegenüber dem vom Lehrer vorgegebenen Thema und Interesse an dem in der Nebentätigkeit selbst geschaffenen Thema sind die mit Abstand am häufigsten genannten Motive. Dieses Ergebnis stellt keine Überraschung dar. Seit jeher ist über Langeweile geklagt worden.[4] Schon Herbart schrieb im Jahre 1806: »Langweilig zu sein, ist die ärgste Sünde des Unterrichts« (Herbart 1965, S. 61). Und bei fast allen Schülerbefragungen über ihre Einschätzung von Unterricht oder über die Gründe für Störungen kehrt dieses Motiv wieder (Heinze 1980, S. 121; Kahl 1983; Garelli 1984). Nebentätigkeiten sind ganz offensichtlich ein wirksames Gegengift gegen diese »Unterrichtskrankheit«. Die Langeweile der Schüler darf übrigens nicht mit dem verwechselt werden, was Schüler *Gammeln* nennen. Gammeln ist eine aktive, sozial integrative und lustbetonte Tätigkeit im und außerhalb des Unterrichts.[5]

---

4 Vgl. z. B. Luther (1957, S. 126); Comenius (1960, S. 214); Diesterweg (1873, Bd. 1, S. 282); Karstädt (1921, S. V); Dietz (1965, S. 89ff.), Weinrich (1981).
Konstruktive Vorschläge zum Abbau von Langeweile finden Sie bei Oelkers/Prior (1982, S. 83ff.)

5 Im Juni 1981 war ich in Aurich auf einer Lehrerfortbildungs-Woche, in der wir so etwas wie ›handlungsorientierte Lehrerfortbildung‹ betrieben haben. Wir hatten uns vorgenommen, im Rahmen des Themas »Freizeitverhalten von Jugendlichen« auch eine Unterrichtseinheit über das »Gammeln« zu entwerfen (was uns aber nur in ersten Ansätzen gelungen ist). Wir haben einen ganzen Tag lang Schüler beim Gammeln beobachtet: An den Flipperautomaten, bei den Telespielen im Kaufhaus, vor der Pommes-frites-Bude, auf den Parkbänken auf dem Markt, in den Pausenhöfen der IGS, am Portal des Gymnasiums. Fast alle der befragten Schüler erklärten, daß Gammeln eine lustvolle Tätigkeit

Nebentätigkeiten der Schüler werden vom Lehrer, soweit sie nicht unbemerkt geblieben sind, als *Störungen* und in der Mehrzahl der Fälle auch als direkte oder indirekte Kritik seiner Unterrichtsführung wahrgenommen. Es fällt den meisten Lehrern schwer, die Nebentätigkeiten »sine ira et studio« zu bewerten. Eine pauschale Verurteilung wird der Vielschichtigkeit des Problems jedoch nicht gerecht:

- ☐ Einerseits *binden Nebentätigkeiten die Aufmerksamkeit*, die Energie und Phantasie der Schüler, die der Beschäftigung mit dem »eigentlichen« Unterrichtsthema zwangsläufig entzogen werden müssen.
- ☐ Andererseits können Schüler – zumindest bei einem Teilbereich dieser Tätigkeiten – *sehr viel lernen*. Nebentätigkeiten haben eine kaum zu unterschätzende Bedeutung für die Entwicklung der sozialen und methodischen Handlungskompetenzen der Schüler. Sie können zu sprachlichen, dramaturgischen, bildnerischen, mimisch-gestischen und praktisch-produktiven Meisterleistungen führen, sie können das soziale Klima positiv und negativ beeinflussen, sie können der Steigerung des Selbstwertgefühls einzelner Schüler sowie des ganzen Klassenverbands dienen und die Feinmotorik und die Körpersprache der Schüler herauszubilden helfen.

Nebentätigkeiten machen den Unterricht für die Schüler interessanter. Das Durchsetzen der Nebentätigkeiten gegen den Willen des Lehrers dient der Bildung von Ich-Stärke und Selbstvertrauen. Der Lehrer ist, ob er dies begrüßt oder nicht, der »Scheuerpfahl«, an dem sich die Schüler reiben, um ein glattes Fell zu bekommen. Nebentätigkeiten können unter Umständen sogar als »Gütezeichen eines lebendigen, angstfreien und kreativen Unterrichts« (Rehbock 1981, S. 36) interpretiert werden. Dies alles heißt, daß ihre Bedeutung für die Entfaltung methodischer Handlungskompetenzen der Schüler nicht länger geleugnet werden kann.

These 7.3: Nebentätigkeiten können helfen, die methodische Handlungskompetenz der Schüler zu fördern und zu entfalten.

---

sei, die sie auf keinen Fall gegen »pädagogisch wertvolle« Freizeitbeschäftigungen mit Erwachsenen-Supervision tauschen wollten:

- ☐ Gammeln innerhalb und außerhalb des Unterrichts wird vor allem dann schön, wenn es in den Freundschaftscliquen erfolgt;
- ☐ Gammeln zeichnet sich durch vielfältige und differenzierte verbale und non-verbale Kommunikation aus (also: Einsatz von Mimik, Gestik und Körpersprache);
- ☐ während der Gammelphasen werden normative Orientierungen (z. B. Modetrends, Einschätzungen von Mitschülern, Lehrern, Direktoren, Entscheidungen über Taschengeld-Verbrauch usw.) vermittelt.

Das Gammeln hat eine wichtige kompensatorische Funktion gegenüber dem stromlinienförmig auf das Erreichen der Lehrziele ausgerichteten normalen Unterricht. Dies sollte bedacht werden, wenn Schüler z. B. in Gruppenarbeitsphasen oder im Unterricht disziplinschwacher Lehrer zum Gammeln übergehen.

Die Bedeutung der Nebentätigkeiten für den Lernprozeß muß deshalb auf verschiedenen Ebenen unterschiedlich beurteilt werden:

- Nebentätigkeiten können Ausdruck schierer *psycho-physischer Bedürfnisbefriedigung* sein; sie stellen dann keine gezielte Aktion gegen den Lehrer dar, sondern sind Ausdruck von motorischer Unruhe, Konzentrationsschwäche usw.; sie dienen der Psychohygiene des Schülers.
- Nebentätigkeiten können *institutionelle Ursachen* haben. Sie stellen den Versuch dar, die *Tabuisierung* bestimmter Tätigkeiten gezielt zu unterlaufen: Essen während des Unterrichts ist z. B. in nahezu allen Schulen grundsätzlich verboten[6], obwohl es nur für einen kleinen Ausschnitt von Schüler-Arbeit eine ernsthafte Behinderung des Lernprozesses darstellt. Die Beschäftigung mit dem eigenen und mit fremden Körpern muß ebenfalls kein Lernhindernis sein, verletzt aber für viele die Grenzen des guten Geschmacks. Das altersgemäße Ausleben von Sexualität dient der Persönlichkeitsentwicklung, aber die Schule verbannt es in Ecken und Nischen und hätte es am liebsten ganz verboten. Das Träumen und Dösen, das Rivalisieren mit Mitschülern, das Kritisieren und Parodieren des Lehrers sind keine unmoralischen Tätigkeiten, aber sie scheinen den Bestand der Schule als Institution zu bedrohen und werden konsequent in Pausen und auf Nebenbühnen verdrängt.
- Nebentätigkeiten können *didaktisch-methodische Ursachen* haben. Der Unterrichtsinhalt kann eine Über- oder eine Unterforderung darstellen, er kann langweilig sein, weil er zu fremd ist oder weil er seit langem vermeintlich oder tatsächlich vertraut ist.[7] Der Unterricht kann stärker verkopft sein, als dies die Lehrpläne und/oder institutionellen Rahmenbedingungen sowieso schon nahelegen. Der Umfang der Nebentätigkeiten im Unterricht steht also in unmittelbarem Zusammenhang mit der oben beschriebenen »methodischen Monostruktur« des Unterrichts.
- Nebentätigkeiten können eine Folge der *inneren Widersprüchlichkeit* des methodischen Handelns des Lehrers sein: Er soll die Schüler mit Gewalt zur Selbständigkeit führen (vgl. S. I, 55) – also muß er sie immer wieder zwingen, etwas zu tun, was sie alleine anders oder gar nicht getan hätten, aber während er sie zwingt, muß er ihnen dennoch Freiräume für selbsttätiges Handeln lassen, weil ohne diese Selbsttätigkeit das übergeordnete Ziel der Selbständigkeit nicht erreicht werden kann.

Die Vielfalt dieser Ursachen macht deutlich, daß Lehrer nur begrenzte Möglichkeiten haben, auf die Nebentätigkeiten der Schüler gezielt zu reagieren:

- Die häufigste Reaktion auf Nebentätigkeiten dürfte darin bestehen, daß der Lehrer sie möglichst *geräuschlos einzudämmen* oder abzustellen versucht: Das Schülerbriefchen wird kommentarlos oder allenfalls mit einem strafenden Blickkontakt bzw. einem Seufzer fortgenommen; der motorisch unruhige Schüler wird fixiert, der Lehrer stellt sich direkt neben ihn, er legt ihm die Hand auf die Schulter.

---

6 Schon im Jahre 1787 schrieb der Rektor eines Duisburger Gymnasiums in seine Schulordnung: »Das Essen in der Schule fällt als unanständig gänzlich weg, auch alles Spielen mit anderen Dingen, wodurch die Aufmerksamkeit gestöhret wird, ist verboten.« (Gohlke 1981, S. 248)

7 Eine Oldenburger Religionslehrerin berichtete, daß sie in der 5. Klasse die Gleichnisse Jesu durchnehmen wollte, bei den Schülern aber scharfen Protest erntete: »Jesus hatten wir schon!«

- □ Die zweithäufigste Reaktion dürfte in einem zwischen Lehrer und Schülern abgekarteten *Ignorieren* bestehen. Der Lehrer nimmt die Nebentätigkeiten einfach nicht offiziell zur Kenntnis. Denn wenn er jede solche »Störung«, bei der er einen Schüler erwischt, jedesmal thematisieren wollte, so hätten die Schüler ein sicheres Mittel in der Hand, jeglichen geregelten Unterricht unmöglich zu machen, wenn sie dies nur wollen.
- □ Die von manchen Lehrern versuchte Lösung des Nebentätigkeitenproblems durch eine *Legalisierung* dieser Tätigkeiten führt nur teilweise zum erwünschten Erfolg. Denn der Witz und Reiz der Nebentätigkeiten besteht ja gerade darin, daß sie verboten sind. Würden sie erlaubt, wie dies einige Lehrer im Blick auf das Stricken, auf das Kaugummi-Kauen usw. versucht haben, so pendeln sich in der Regel diese Nebentätigkeiten in einem für Lehrer und Schüler objektiv erträglichen Umfang ein – neue Nebentätigkeiten an anderen »Fronten« des Verbotenen (Essen, sich Kämmen usw.) wachsen aber nach. Spätestens beim Einkratzen von Hakenkreuzen in die Wandtafel ist dann die Toleranz des Lehrers vorbei.
- □ Ein beträchtlicher Teil der Nebentätigkeiten wird vom Lehrer überhaupt *nicht wahrgenommen*, weil er nicht vollständig unter Kontrolle halten kann, was zwanzig oder dreißig Schüler ober- und unterhalb der Tischplatte treiben – selbst wenn er das wollte. Ein Lehrer, der in einer neuen Klasse seine Schüler mit dem Hinweis »Ich sehe alles!« einzuschüchtern versucht, wird über kurz oder lang Lügen gestraft werden; außerdem leistet er einen ungewollten Beitrag zur Verfeinerung der Nebentätigkeiten der Schüler.

Nur auf einen Teil der Ursachen von Nebentätigkeiten der Schüler hat der Lehrer direkten Einfluß. Er kann die Schule nicht abschaffen, und er kann die Lehrpläne nicht im Alleingang ändern. Bloßes Ignorieren oder Eindämmen der Nebentätigkeiten reicht als Antwort auf die Schwierigkeiten jedoch nicht aus. Das Legalisieren eines Teils dieser Nebentätigkeiten (z. B. Strikken, Essen, Musikhören) kann – begrenzt auf jene Unterrichtsinhalte und -phasen, in denen Störungen durch diese Tätigkeiten nicht zu erwarten sind – einen ersten konstruktiven Schritt zur Lösung darstellen, aber hier sind sehr enge Grenzen gezogen. Eine konstruktive, nicht beim Kurieren der Symptome stehenbleibende Lösung muß in zweierlei Richtung gesucht werden: Die institutionellen Rahmenbedingungen müssen geändert werden, und das didaktisch-methodische Konzept des Lehrers sollte schrittweise ausgeweitet bzw. geändert werden:

> **These 7.4:** Der Anteil sinnlich-ganzheitlicher Handlungsmuster des Unterrichts und der Grad der Mitbestimmung der Schüler im Unterrichtsprozeß müssen erhöht werden, um das Ausmaß der unproduktiven und/oder störenden Nebentätigkeiten zu verringern.

Völlig verschwinden sollten die Nebentätigkeiten nicht. Sie machen die Schule lebendig!

2. Der historische Wandel methodischen Handelns

2.1 Überblick und Fragestellung

Der folgende Kasten enthält einen Kurz-Überblick über die Entwicklung der Unterrichtsmethodik; zusätzliche Informationen können Sie in der VIERTEN LEKTION finden!

1500–1800 dominierte eine *Pauk- und Memorierschule,* die wesentlich von den Interessen der Kirche bestimmt war (Auswendiglernen von Liedern und Bibeltexten, Kleiner und Großer Katechismus; elementare Schreib- und Rechenkenntnisse; Latein nur für den Klerus und die Führungsschichten).

Aus: Emil Reicke: Magister und Scholaren. Leipzig 1901. Photomechan. Nachdruck Diederichs Düsseldorf–Köln 1971, S. 56

1750–1800 Die *»Schule der Aufklärung«* entsteht – mit ihrer häßlichen Variante in Form von Industrieschulen und ihrer schönen Variante in Form der Philanthropine. *Philanthropen* (= Menschenfreunde) nannten sich am Ende des 18. Jahrhunderts aufgeklärte Reformer (Salzmann, Campe, Wolke), die eine Abkehr von der »Buchschule« propagierten und z. B. Rollenspiele, Schülerdiskussionen, Erkundungsgänge, Exkursionen und das Schreiben von Schüler-Büchern zum festen Bestandteil ihres Methodenrepertoires machten (vgl. Blankertz 1982, S. 79–82).

ab 1800 Zeitalter der *Klassik* und des *Neuhumanismus.* Die *Allgemeine Schulpflicht* wird schrittweise durchgesetzt (vgl. Herrmann 1977; Herrlitz u. a. 1981). Wilhelm von Humboldt, Pestalozzi, Herbart, Schleiermacher u. a. entwickeln eine von der Theologie und Philosophie emanzipierte Bildungstheorie und eine auf schulischen Unterricht bezogene Didaktik. Pestalozzis Elementarmethode (vgl. S. I, 164) findet viele Anhänger.

ab 1850 Die *Herbartianer* entwickeln eine auf die Jahrgangsklasse bezogene Theorie des Lektionen-Haltens – dadurch wird der lehrerzentrierte, stark verkopfte Frontalunterricht endgültig zur Normalform des Schule-Haltens (vgl. S. I, 170).

um 1900 Aus vielfältigen Ausbruchs- und Aufbruchsversuchen entsteht die *Reformpädagogik*, die in Alternativschulen, Klüngeln und Sekten, in Arbeitervereinen und Künstlerkolonien eine Pädagogik »vom Kinde aus« (Gläser 1920) propagiert, die das Lernen mit Kopf, Herz und Hand wieder möglich machen soll. *Berthold Otto* (1859–1933) erfindet den Gesamtunterricht, eine Art anarchisch-lehrerzentriertes freies Unterrichtsgespräch; *Johannes Langermann* (1910; 1916) erprobt an einer Hilfsschule seinen »Handelnden Unterricht«. *Georg Kerschensteiner* (1854–1932) und *Hugo Gaudig* (1860–1923) sind bekannte Vertreter der sogenannten »Arbeitsschulbewegung« (siehe S. 416 u. I, 212). *Célestin Freinet* (1896–1966) bosselt in Südfrankreich an seinem Druckerkasten, am Freien Aufsatz und an der Klassenkorrespondenz und entwickelt dabei unter der Hand ein bis heute theoretisch interessantes Konzept der Verknüpfung von Arbeit und Schule. *Adolf Reichwein* (1898–1944), von den Nazis wegen seiner sozialistischen Vergangenheit entlassener Hochschullehrer, erprobt in Tiefensee bei Berlin sein Konzept eines ganzheitlich-handlungsorientierten Unterrichts. 1944 wurde Reichwein wegen seiner Beteiligung am Attentatsversuch auf Hitler (20. Juli) von den Nazis festgenommen, vor den »Volksgerichtshof« gestellt und anschließend ermordet.

Die Reformpädagogen waren übrigens nicht samt und sonders fortschrittlich oder gar politisch links; progressive Methoden konnten sich durchaus mit reaktionären, kriegs- und völkerverhetzenden Inhalten vermengen (z. B. bei dem Musikpädagogen Jöde 1913/14; vgl. Ott 1986).

1918–1933 In der *Weimarer Republik* setzen sich nur einige wenige Ideen der Reformpädagogen durch: z. B. die gemeinsame Volksschul-Grundstufe, die heutige Grundschule, als erste deutsche Gesamtschule! Viele Reformer gründen eigene Schulen. Es gibt heftige, aber fruchtbare bildungstheoretische und unterrichtsmethodische Kontroversen um die »Schule der Zukunft« (Kerschensteiner-Gaudig/Östreich/Bernfeld/u. v. a. m.)

1933–1945 *Drittes Reich:* Einerseits offener Rückfall in die *Kasernenhof-Methodik*, eine Betonung des Führungsauftrags des Lehrers, eine zum Teil oberflächliche, zum Teil aber auch unter die Haut gehende völkische und rassistische Uminterpretation traditioneller Unterrichtsinhalte und Lehrformen, andererseits eine feste *Einbindung* der Schule in den politischen Apparat und zugleich ein versteckter *Konkurrenzkampf* zwischen Schule und Jugendarbeit (Hitler-Jugend, Bund Deutscher Mädchen usw.), den die Schule häufig verliert.

Hans Schemm, der Vorsitzende des Nationalsozialistischen Lehrerbundes, schreibt in einer Rede über die nationalsozialistische Unterrichtsmethodik: »Ich war in der vergangenen Zeit ein Feind des Wortes und des Begriffs Methode. Nichts habe ich mehr gehaßt als die Methodiker und die Forderung, daß man sie studieren sollte, denn damals galt die Form und das Formale als das Wesentliche des deutschen Erziehens. . . Man soll keinen Lehrer zwingen, nach einer bestimmten Methode zu unterrichten, denn die Methode ist das Instrument, und dieses wird von einem lebendigen Lehrer gehandhabt. Er ist es, der die personifizierte Methodik darstellen muß. Weil aber jeder Lehrer anders ist, wird auch die Methode eines jeden Lehrers anders sein müssen. Es sollte nur die Methode der eigenen Lehrerpersönlichkeit geben. . . Wenn freudige, rassisch hochwerte, charakterlich hochstehende, dem Kinde in Liebe zugeneigte deutsche Lehrerpersönlichkeiten das Herz des Kindes aufgeschlossen haben, so daß die Tore des geistigen Lebens des Kindes empfangsbereit geöffnet sind und über ihnen ein großes ›Willkommen‹ steht, dann kann die formale Lehrmethode Mängel aufzeigen, es wird doch ein viel höheres Ziel erreicht werden als bei der besten Methode, bei der die Herzen verschlossen bleiben. Im Dritten Reich muß jeder Lehrer nach seiner eigenen, persönlichen Methode unterrichten, denn das *größte Mittel und Instrument der Erziehung ist und bleibt allein die ein-*

drucksvolle, gewaltige, auf dem Wege nach oben sich befindende, mitreißende Erzieherpersönlichkeit.« (Gamm 1964, S. 182–184; vgl. Tenorth 1986 u. Keim 1988)

nach 1945 *Restauration* des dreigliedrigen Schulwesens; Rückgriff auf die Didaktik und Methodik der Zeit vor 1933; Wiederbelebung der Geisteswissenschaftlichen Pädagogik; Nachdruck der wichtigsten Veröffentlichungen der Zeit vor 1933; halbherzige Entnazifizierungsversuche in Schule und Hochschule (vgl. Klafki 1985c).

um 1970 *Bildungsreform: Öffnung der Schulen* angesichts von Studenten- und Schülerrevolte; *»Erfindung« des Rollenspiels*; Abkehr von sozialtechnologischen Ideen der weitgehenden Programmierung des Unterrichts; Konzepte erfahrungsbezogenen Lernens.

1982 Produziert die sogenannte *»Wende in Bonn«* auch einen Umschwung in der Unterrichtsmethodik? Die Lern- und Paukschule ist bei einigen wieder »in«. Der Elite-Anspruch des Gymnasiums wird wieder offensiver vertreten und auch zur Legitimation der konventionellen unterrichtsmethodischen Gestaltung des Gymnasiums genutzt. Gesamtschulen mit ihren Konzepten »integrativer Didaktik« sind in die Defensive geraten. (Vgl. Helmut Fends Studie zur »Pädagogik des Neokonservatismus«, 1984)

Ein solcher Kurz-Überblick vermittelt leicht den falschen Eindruck, als ob sich die Schule fortwährend und in mehr oder weniger rasantem Tempo den gesellschaftlich-politischen Verhältnissen angepaßt habe. Auf der Oberfläche stimmt dieser Eindruck. (Man kann dies z. B. am Auswechseln der Fibel-Illustrationen von 1870 bis 1950 vortrefflich studieren.) Das, was in der Literatur als »Strukturwandel« der Schule beschrieben wird, vollzieht sich demgegenüber sehr viel langsamer. Es ist überraschend, eine wie große curriculare und methodische Kontinuität z. B. der gymnasiale Fremdsprachen- und Mathematikunterricht gewahrt hat (vgl. Schmidt 1986; Keitel 1986). Dennoch hat es weitreichende Veränderungen der Methodenkultur gegeben, die wir gemeinhin als Fortschritt betrachten: Die Pauk- und Memorierschule, die schon Luther bekämpft hat, ist weitgehend überwunden, weil sie für die Meisterung komplexerer Lernaufgaben offensichtlich nicht ausreicht. Fachdidaktiken (die früher und in der DDR bis heute ›Methodiken‹ genannt wurden bzw. werden) sind entstanden; sie haben zur Entwicklung schulfachspezifischer Methodeninstrumentarien beigetragen; auch die Medien- und Materialausstattung in den Fächern hat sich entschieden gebessert. Der Kasernenhofton ist aus den Schulen noch nicht vollständig, aber doch weitgehend verschwunden; zumindest hat sich die Bewertung dieses Tonfalls durch Vorgesetzte, Eltern und Kollegen deutlich gewandelt; nur noch wenige Unverbesserliche begrüßen ihn, die große Mehrzahl lehnt ihn ab.

Viele aktuelle Entwicklungen in der Schule und in ihrem Umfeld wirken trotz dieses offensichtlichen langfristigen Fortschritts bedrohlich: Die Schüler sind immer schwerer auf die Lernaufgabe zu konzentrieren; viele wirken egoistisch, bei vielen ist die sogenannte Frustrationstoleranz ausgesprochen niedrig; der Anteil verhaltensauffälliger Schüler wächst; es gibt immer wieder Schüler, die einen aggressiven Tonfall und ruppige Umgangsformen in den Unterricht hineintragen, wodurch gerade jene Lehrer, die sich um ein freundschaftliches und herzliches Verhältnis zu den Schülern bemühen, verunsichert und verletzt werden können. Der vom einzelnen Lehrer zu leistende Verwaltungsaufwand (Tabellen, Konferenzen usw.) wird größer; die Unterrichtsarbeit wird anstrengender; die Versuchung, den Lehrerberuf nur noch als Job zu betrachten, wächst bei manchem. Kurz und gut: Vieles an der Schule von heute müßte schleunigst abgestellt, anderes dringend verbessert werden. Aber wer einmal eine Koranschule in Anatolien[8], ein Gymnasium in Frankreich oder eine Dorfschule in Peru besucht hat und die dort vorherrschende Drill- und Paukmethodik erleben konnte, lernt das im deutschen Schulwesen erreichte Niveau der Auseinandersetzung zwischen Lehrern und Schülern neu zu schätzen. Trotz aller Kritik an den Schulen »dieses unseres Landes« möchte man mit Lehrerstellen in diesen anderen Ländern kaum tauschen (schon gar nicht, wenn man das dort übliche Gehalt bekommen sollte). Undifferenziertes Jammern über die »Schule von heute« ist deshalb m. E. unangebracht. Vielmehr ist es erforderlich, *die Struktur und die Tendenz der in den Schulen stattfindenden langfristigen Veränderungen* zu erfassen, um ein Gesamturteil über die heutige Qualität des methodischen Handelns von Lehrern und Schülern abgeben zu können. Diese Frage soll im folgenden ansatzweise erörtert werden.

2.2 »Tornister-Analysen«

Die Schule findet nicht in der von Johann Wolfgang Goethe (»Wilhelm Meister«) und Hermann Hesse (»Das Glasperlenspiel«) beschriebenen pädagogischen Provinz statt. Schule ist eine Veranstaltung des Staates; sie ist von den politischen, gesellschaftlichen, ökonomischen, wissenschaftlich-technischen und soziokulturellen Rahmenbedingungen abhängig. Weil sich diese Rahmenbedingungen ändern, ändert sich auch der Unterricht, und zwar sowohl im Blick auf die durch die Richtlinien nahegelegten Ziele und Inhalte wie auch auf die – durch die Methodenfreiheit scheinbar freien – Formen und Verfahren methodischen Handelns.

These 7.5: Das methodische Handeln von Lehrern und Schülern unterliegt einem gesamtgesellschaftlich geprägten beständigen Formwandel.

8 Ich war 1965 in Konya/Türkei in einer Koranschule. Ich verstand kein Wort – aber seither weiß ich, was mit der in der Literatur genannten »Memoriermethode« gemeint ist!

Die Richtigkeit dieser These dürfte kaum zu bestreiten sein; wenn die Schule insgesamt jeweils ein »Kind ihrer Zeit« ist, dann muß dieser Tatbestand auch Rückwirkungen auf das methodische Handeln haben. Interessant und umstritten ist nur die Frage, wie direkt oder wie vermittelt gesellschaftliche Entwicklungen in die Schule hineinwirken.

Ich möchte die Tendenz der Veränderung methodischen Handelns zunächst an einem scheinbar nebensächlichen, ja trivialen Thema erläutern, nämlich am Inhalt des Schulranzens bzw. Tornisters. Der Tornister ist die »Werkzeugkiste« des Schülers – und am Werkzeug kann innerhalb gewisser Grenzen abgelesen werden, welche Tätigkeiten die Schüler im Unterricht ausführen müssen.

Früher brachten die Schüler in den Unterricht *kleine Lederranzen* mit, in denen als wichtigstes Utensil die Schiefertafel steckte: auf der Vorderseite liniert für's Schreiben, auf der Rückseite kariert für die Rechenaufgaben; an der Tafel der Wischlappen; später auch Plastikdosen mit einem feuchten Schwamm zum Naßmachen des Wischlappens; ein Griffelkasten mit ein oder zwei Griffeln, die leicht brachen und deshalb in den Kasten gehörten; vielleicht noch ein Federhalter und ein oder zwei Federn; Lesebuch, Rechenbuch, ein Schreibheft, ein Rechenheft; ein Butterbrot in Pergamentpapier, nach dem Kriege noch eine Blechdose mit Drahthenkel, in die dann die Schulspeisung (Buttermilchsuppe, Rosinenbrei, Milchreis oder Haferschleim) gefüllt wurde; vielleicht noch ein Taschentuch und zwei oder drei Glanzbilder zum Tauschen. Mein auf dem Flohmarkt in Oldenburg neu zusammengesuchtes Exemplar eines solchen Ranzens wiegt mit Inhalt genau 2,5 kg.

Schreiben, Rechnen und Lesen dürften die mit Hilfe dieser Materialien zu erbringenden Haupt-Tätigkeiten der (Grund-)Schüler gewesen sein. Das Zuhören und Nachsagen, Katechisieren und Memorieren kamen hinzu. Auch früher war der Unterricht also einseitig an intellektuell-kognitiven Tätigkeiten orientiert. Die Musterlektion zum Märchen »Fundevogel«, die ich in der VIERTEN LEKTION (S. I, 173 f.) dargestellt und kritisiert habe, paßt zu diesem Ranzen-Inhalt!

Heute benötigen schon Grundschüler voluminöse und teure (50,- bis 120,- DM) *Großbehälter*, in denen ich sämtliches Gepäck für eine Dienstreise nach Grönland unterzubringen wüßte. Der Tornister unserer jüngsten Tochter Tale (5. Klasse) wiegt voll gepackt 6,5 kg. Was ist in solchen »modernen« Tornistern enthalten?

- Vier, fünf oder sechs *Schulbücher*, ein Atlas, Arbeitsmappen, Hefte aller Sorten und Formate;
- überdimensionierte, zwei- oder dreilagige *Federetuis* mit zahllosen Filzstiften (mit und ohne Kappe), mit gespitzten und mit abgebrochenen Blei- und Buntstiften, mit Kulis, Füllern, Tintenkillern, Filzstift-Killern und Radiergummis;
- *Zirkel*, *Tuschkasten*, später der Taschenrechner;
- *persönliche Utensilien* zur Humanisierung des Arbeitsplatzes: ein Portemonnaie mit Geld für den Pausen-Joghurt; Tempo-Taschentücher gegen den Schnupfen, das Poesie-Album, Klebe-Bilder und Fußballer-Fotos zum Tauschen;
- schließlich, in der untersten Schicht des Containers, eine dicke Lage zerknautschter *Arbeitsblätter* und Matrizenabzüge, die eigentlich in die Arbeitsmappen gehören, Mitteilungen an die Eltern, die abzugeben vergessen wurden, usw.

Was sagt der Inhalt des Tornisters über die von den Schülern im Unterricht zu erbringenden Leistungen? Der Anteil rein kognitiver, auf Wissensvermittlung und -reproduktion bezogener Tätigkeiten ist sehr hoch, dürfte sich in der Menge aber nur wenig von dem unterscheiden, was in vergangenen Jahrhunderten üblich war. Die Fülle der mitgebrachten Medien und Materialien kann jedoch als Zeichen für eine zunehmende *Verschriftlichung*, *»Verbildlichung«* und *»Verwissenschaftlichung«* der Unterrichtsarbeit genommen werden:

- Wo früher der Lehrer vor der Klasse stand und etwas *vor*gegeben, *vor*gesagt, *vor*gemacht, *vor*gesungen hat, wo er memoriert und katechisiert hat und wo die Schüler *nach*gesagt, *nach*gemacht, *nach*gesungen haben, sind heute Medien und Materialien zwischengeschaltet. Dadurch wird es für die Schüler einfacher, *kritische Distanz* zum Unterrichtsinhalt zu entwickeln, es besteht aber auch die Gefahr, daß der Umgang mit den vielfältigen Medien und Materialien *unverbindlicher* wird.
- Wo früher ab- und schöngeschrieben wurde (Schönschreiben war ein eigenes Fach im Stundenplan!), wird heute ausgefüllt, ergänzt, problematisiert, also der *Umgang mit schriftlichem Material* eingeübt.
- Das früher im Mittelpunkt der Lehrerarbeit stehende *Erzählen* ist durch das neu in den Mittelpunkt gerückte *gelenkte Unterrichts*gespräch abgelöst: Die Schüler besprechen Texte, sie vergleichen, interpretieren, formulieren Hypothesen und problematisieren.
- Das, wovon im Unterricht die Rede ist, haben die Schüler häufiger als früher in der Hand – aber nicht als realen Gegenstand, sondern in symbolisch vermittelter Form, also als *Text, Bild, Computerprogramm.*
- Die früher übliche Unterscheidung von ›schulbuchfähigen‹ Hauptfächern und ›schulbuch*un*fähigen‹ Nebenfächern geht zurück; jedes Fach beansprucht für sich, wissenschaftlich ernst genommen zu werden. Und die Qualität der *Schulbücher* hat sicherlich zugenommen, so daß viele Schüler ihre Bücher mit großem Spaß und oft lange bevor sie im Unterricht »durchgenommen werden«, gelesen haben. Aus der früher vom Lehrer mitgebrachten und zum *Vor*lesen genutzten Bibel ist heute ein problemorientiertes Reli-

gions-Sachbuch geworden, das zum Hypothesenbilden und zur Gesellschaftskritik einlädt; aus dem Gesangbuch früherer Zeiten ist das Musik-Buch geworden, das zur Analyse der auditiven Ästhetik anleitet; und selbst das spröde lateinische Text- und Übungsbuch ist zu einem länderkundlich-sprachlichen Arbeits- und Übungsbuch mit Bildern, Comics und vielem anderen mehr geworden.

Die hiermit neu in die Unterrichtswissenschaft eingeführte »Tornister-Analyse« darf nicht überinterpretiert werden. Es gibt viele Schüler-Tätigkeiten, die ganz ohne Materialien und Medien ausgeübt werden; viele Bücher und Hefte werden auch wochen- und monatelang mitgeschleppt, ohne je zum Einsatz zu kommen. Aber die Tendenz zur Visualisierung und zum verstärkten Medieneinsatz im Schulalltag ist deutlich – und sie korrespondiert mit der wachsenden Bedeutung der Medien in der Gesellschaft: Das, was die Schüler lernen sollen, wird mundgerecht zubereitet, hier und dort mit einem Comic oder Kreuzworträtsel garniert, durch vertraulichen oder hemdsärmeligen Tonfall seiner Steifheit und Sprödigkeit beraubt; vermutete oder tatsächliche Lernwiderstände werden auszuräumen versucht. Und auch in Studium und Berufsausbildung ist diese Tendenz zu beobachten: Sie brauchen sich nur dieses Methoden-Buch anzuschauen!

2.3 Die neue Unübersichtlichkeit schulischen Lernens

Die am Tornister-Inhalt verdeutlichte Tendenz zur Visualisierung und zu ausuferndem Medieneinsatz beim Lernen kommt den Lernvoraussetzungen vieler Schüler offensichtlich entgegen, aber sie muß in didaktischer Hinsicht nicht zwangsläufig einen Fortschritt darstellen. Die *Form der Medien*, die der Lehrer im Unterricht einsetzt, wird für die Schüler immer wichtiger – die Bedeutung der mit diesen Medien transportierten Inhalte wird beliebiger: »Das Medium ist die Botschaft – nicht der Inhalt« (McLuhan 1970).

Der in unserer Überflußgesellschaft trotz neuer Armut finanzierbar gebliebene Medien- und Materialverschleiß findet – von Fach zu Fach und von Lehrer zu Lehrer sicherlich in unterschiedlichem Umfang – auch in der Schule statt. Nicht nur im Kunst- und Arbeitslehreunterricht, sondern auch in Deutsch, Religion, Geographie und Sozialkunde werden kurzlebige Produkte erstellt und schnell wieder weggeworfen; halbfertige Wandzeitungen hängen ein, zwei Wochen im Klassenraum, dann wandern sie in den Papierkorb; dicke Lehrprogram-

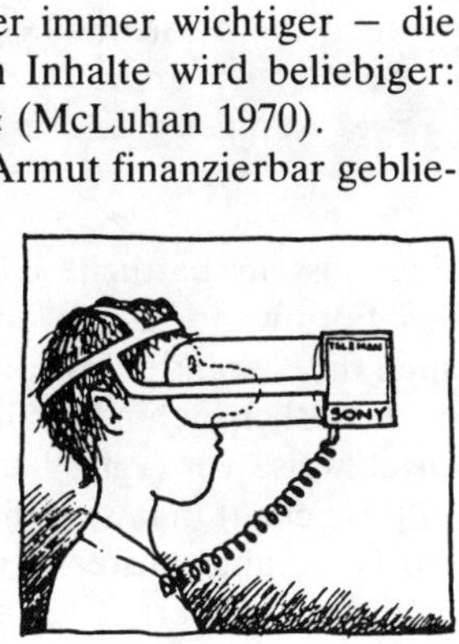

me werden einmal durchgearbeitet und dann weggestellt; die Schulbücher können wegen der integrierten Übungsaufgaben nicht mehr an die jüngeren Geschwister vererbt werden; der Papier- und Filzstiftverbrauch ist bei einigen Schülern ungeheuerlich; Arbeitsmappen werden angelegt und schon wegen des häufigen Lehrerwechsels so gut wie nie in späteren Schuljahren wieder herangezogen – welcher Gymnasiallehrer interessiert sich schon für die Sachunterrichtsmappe seiner ehemaligen Grundschüler? Selbst die früher üblichen Zeugnishefte sind einer Loseblattsammlung gewichen.

In einer polemischen Betrachtung der hier skizzierten Entwicklung des Medien- und Materialverbrauchs in der Schule könnte man zu dem Schluß kommen, daß die Schule einerseits durch die »Wegwerf-Gesellschaft« zum immer häufigeren Einsatz von »Wegwerf-Medien« verführt wird und andererseits durch ihren Umgang mit den Medien die Schüler unbeabsichtigt auf diese Gesellschaft vorbereitet. Das Problematische dieser Entwicklung liegt darin, daß die Kurzlebigkeit der Medien eine Beliebigkeit der Inhalte zur Folge haben kann. Aus den Wegwerf-Medien wird dann das Wegwerf-Lernen; letzte Station in dieser polemischen Hochrechnung wäre der Wegwerf-Lehrer. In Gestalt des »Kurzzeit-Pädagogen« (vgl. Peter/Sünker/Willigmann 1982), der als Veranstalter von Politik-Seminaren, als Animateur im Feriendorf, als Akteur im Mitmachzirkus, als sozialpädagogischer Straßenarbeiter oder als kommerzieller Schullaufbahnberater tätig ist, kündigt sich dieser Trend bereits heute an. Er wird durch den berechtigten Wunsch vieler arbeitsloser Lehrer verstärkt, Nischen für eine pädagogisch sinnvolle, bezahlte Arbeit auszukundschaften.

Ohne die leicht als Kulturpessimismus auszulegenden kritischen Untertöne kann diese Entwicklung folgendermaßen charakterisiert werden:

> **These 7.6:** Das Lernen ist für die Schüler abwechslungsreicher, aber auch unübersichtlicher und unverbindlicher als früher geworden. Die Schüler lernen heute immer mehr und immer schneller, aber auch immer weniger gründlich.

Eine wissenschaftliche Überprüfung dieser These darf nicht auf die Analyse des Formwandels der unterrichtlichen Medien begrenzt werden. Sie muß auch die Veränderungen im Bereich der *Sozialformen* und *Handlungsmuster* in den Blick nehmen. Genauere vergleichende Analysen liegen bisher nur ansatzweise vor (vgl. Hausmann 1959; Petrat 1979; Kriss-Lettenbeck/Liedtke 1985). Schaut man sich die auf der DIDAKTISCHEN LANDKARTE Nr. 4 aufgelisteten Handlungsmuster in ihrer historischen Entwicklung an, so ist keine einheitliche, sondern eher eine *widersprüchliche Tendenz zur Ausdifferenzierung des methodischen Handelns* zu beobachten:

- ☐ Die in der Mitte der LANDKARTE plazierten *Handlungsmuster des Frontalunterrichts* sind seit Jahrhunderten und Jahrtausenden bekannt: Lehrervortrag, Geschichtenerzählen, Unterrichtsgespräch, Memorieren, Katechisieren, Textarbeit und Tafelarbeit waren am Ende des 19. Jahrhunderts bereits voll entwickelt (vgl. Adl-Amini/Neumann/Oelkers 1979a und b; H. Geißler 1979, S. 46ff.).
- ☐ Ohne diese Handlungsmuster des Frontalunterrichts wäre es kaum möglich gewesen, die Allgemeine Schulpflicht flächendeckend durchzusetzen (vgl. S. 186).
- ☐ Bis heute hat der Frontalunterricht seine Vormachtstellung gewahrt, aber immer weniger Lehrer praktizieren in ihm die »Brüll-und-Schrei-Pädagogik«, also den autoritär-lehrerzentrierten Unterrichtsstil; die Mehrheit bemüht sich vielmehr um schülerfreundliche und -aktivierende Methoden.
- ☐ Der überraschend hohe Anteil des (gelenkten) *Unterrichtsgesprächs* am heute praktizierten Frontalunterricht könnte als Beleg für diese Entwicklung angesehen werden. Das Gespräch ist das einer demokratisierten Gesellschaft am besten entsprechende Handlungsmuster. Es wäre allerdings voreilig, aus der offensichtlichen Zunahme von Unterrichtsgesprächen sofort auf die Demokratisierung des Schulalltags zu schließen. Gerade das Unterrichtsgespräch ist – wenn es seinem Namen gerecht werden soll – eines der schwierigsten und anspruchsvollsten Handlungsmuster überhaupt. Die Gefahr, daß es sich hier um eine Pseudo-Demokratisierung handelt, daß also die Lehrerlenkung immer noch sehr hoch ist, aber in die Gesprächsführung »verpackt« wird, läßt sich nicht von der Hand weisen (siehe S. 282 ff.).
- ☐ Durch das gelenkte Gespräch werden die Schüler in die Verantwortung für den Unterrichtsablauf eingebunden; sie können Einfluß nehmen; sie dürfen kritisieren. Die früher vorherrschende klare Frontenbildung zwischen dem befehlenden und kontrollierenden Lehrer vorn und den gehorchenden und/oder widerspenstigen Schülern in den Sitzbänken verliert an Gewicht.

Einen deutlichen historischen Wandel hat es auch auf der linken und auf der rechten Seite der LANDKARTE Nr. 4 gegeben. Die rechts plazierten Handlungsmuster sind zum Teil sehr jung, weil sie erst durch neuere wissenschaftlich-technische Entwicklungen möglich geworden sind. Aber auch die links plazierten Handlungsmuster und die methodischen Großformen (zum Begriff siehe S. I, 143) verändern sich fortwährend im Blick auf ihre Form, ihre Bedeutung für die Schüler und den Umfang ihres Einsatzes:

- ☐ *Neue Gesprächs- und Diskussionsformen*, die zum Teil aus den Medien übernommen oder im nachhinein durch sie geprägt werden, gelangen in die Schulen: Debatte, Streitgespräch, Hearing, Interview, Befragung, Pro-und-Contra-Gespräch; Workshop.
- ☐ Handlungsmuster, die dem Bedürfnis der Jugendlichen nach Selbstdarstellung und Identitätsbildung entgegenkommen, nehmen zu: Vom *Rollenspiel* haben hier und dort bereits die Philanthropen am Ende des 18. Jahrhunderts gesprochen; eine nennenswerte Rolle spielt dieses Handlungsmuster jedoch erst seit gut 20 Jahren, also genau seit jener Zeit, in der nach dem Abschluß der Restaurationsphase in der Bundesrepublik im Zuge von Studentenrevolte und Bildungsreform viele traditionelle Rollenverständnisse aufbrachen und entsprechende Rollenunsicherheiten zunahmen, so daß die Thematisierung des ›Eine-Rolle-Spielens‹ im Unterricht nahelag (vgl. Scheller 1986a, S. 202).
- ☐ Die Begeisterung, die die meisten Schüler selbst für saumäßig vorbereitete und durchgeführte *Projektwochen* aufbringen, könnte im selben Interesse an Selbstdarstellung begründet sein.

- ☐ *Ganz links* auf der LANDKARTE ist die Abhängigkeit schulischer Handlungsmuster von gesamtgesellschaftlichen Entwicklungen noch deutlicher: Hier lassen sich Anleihen bei der studentischen Protestbewegung der 70er Jahre, bei den Arbeitsformen von Bürgerinitiativen, bei der Ökologie- und Friedensbewegung nachweisen.

Der *Stil der Kommunikation* zwischen Lehrern und Schülern und die zwischen ihnen aufgebauten Beziehungsstrukturen haben sich offensichtlich in den letzten Jahren deutlich gewandelt. Der Unterricht ist offener und herzlicher geworden. Eine Mitbestimmung der Schüler ist in Ansätzen möglich; selbständiges Handeln von Schülern wird deutlich häufiger als früher gefordert und auch höher bewertet. Die klare Frontenbildung zwischen Lehrern und Schülern ist verschwunden. Deshalb wird der Unterricht für die Schüler nicht unbedingt angenehmer oder gar einfacher! Es wird schwieriger, in der Schule von heute den Lehrer zum »Scheuerpfahl« für die eigene Identitätsbildung zu machen; es erfordert mehr eigene Initiative und mehr Durchhaltevermögen, um die 10 bis 13 Jahre lange, weitgehend formalisierte und zum Teil auch anonymisierte Leistungskonkurrenz erfolgreich durchzustehen.

Früher galt als selbstverständlich, daß die Schule die »staatsbürgerliche Erziehung« (Kerschensteiner 1901) zu besorgen habe – heute funktioniert sie nicht mehr reibungslos! Sie ist undurchsichtiger, indirekter und oft auch weniger erfolgreich, als dies vermutlich am Ende des 19. und zu Beginn des 20. Jahrhunderts noch der Fall war. Aber sie findet immer noch statt, auch wenn sie nicht mehr an die Symbole und Autoritäten des Staatsapparats und auch nicht mehr an die sogenannte Amtsautorität des Lehrers gebunden werden kann. Denn bis heute vermittelt die Schule gerade an leistungsstarke Schüler das Gefühl, daß sich der Einsatz lohne und daß man sich mit dem Staat und seinen Repräsentanten arrangieren könne, während sie an leistungsschwächere Schüler offensichtlich bis heute das Gefühl vermittelt, daß man zwar »Pech« mit der Auswahl seiner Lehrer haben könne, daß es aber insgesamt in der Schule gerecht zugehe und daß man es sich selbst, also seiner fehlenden Begabung und seinem fehlenden Fleiß zuzuschreiben habe, wenn der Erfolg ausgeblieben ist.[9]

Wie kommen die hier nur grob skizzierten Veränderungen der Unterrichtsgestaltung zustande? Es greift zu kurz, sie als unterrichtsmethodische Modeströmungen zu interpretieren. Offensichtlich ist die in einer historischen Epoche mögliche – von Schule zu Schule und von Lehrer zu Lehrer in unterschiedlichem Umfang verwirklichte – Methodenkultur enger an den erreichten Stand der gesamtgesellschaftlichen Entwicklung gebunden, als dies

9 Die von der Arbeitsgruppe Schulforschung (Klaus Hurrelmann u. a. 1980) herausgegebene empirische Untersuchung über die subjektiven Erklärungsmuster von Haupt- und Gymnasialschülern sowie von Haupt- und Gymnasiallehrern über die Ursachen von Erfolg und Versagen in der Schule gibt einen differenzierten Einblick in diese Mechanismen.

den im Unterricht handelnden Subjekten bewußt zu werden pflegt. Dies gilt auch für jene engagierten Lehrer, die einen methodisch fortschrittlichen Unterricht gegen den Widerstand von Vorgesetzten, Kollegen und Eltern sowie im Widerspruch zur Fachtradition durchzusetzen versuchen.

Dies heißt, daß Reformen im Bereich der Unterrichtsmethodik nur dann bleibenden Erfolg haben, wenn sie an kollektive Lernprozesse, also an *Entwicklungsschübe im Zivilisationsprozeß* anknüpfen können, wie sie z. B. durch die Reformation im 16. Jahrhundert, durch die Französische Revolution am Ende des 18. Jahrhunderts, durch die Industrielle Revolution und durch die Überwindung des wilhelminischen Kaiserreichs zu Beginn unseres Jahrhunderts ausgelöst wurden. Unterrichtsmethodische Neuerungen treten nicht zwangsläufig ein. Sie müssen irgendwann und irgendwo von irgend jemandem ausgedacht und in der Unterrichtspraxis erprobt worden sein, bevor sie sich im Lande ausbreiten können. Aber die Richtung, die diese Neuerungen nehmen, scheint vorbestimmt zu sein. Im Exkurs über die »Austreibung der Sinnlichkeit« (S. 392 ff.) wird diese Frage wieder aufgegriffen.

2.4 *Veränderungen der Lernumwelt*[10]

Die Sozialisations- und Lebensbedingungen der Schüler verändern sich in schnellem Tempo. Die Rückwirkungen dieser Veränderungen auf die Unterrichtsarbeit sind jedem Lehrer bekannt. Die Tendenz der Veränderungen deckt sich m. E. mit den im letzten Abschnitt skizzierten innerschulischen Entwicklungen: *Die normativen Orientierungen und Identifikationsangebote, die die Gesellschaft für die heranwachsende Generation bereithält, werden diffuser.* Die Kinder und Jugendlichen haben heute vielfältige, durch den relativen Wohlstand begünstigte, durch die Medien kanalisierte *Erlebnisse*, aber es wird für sie immer schwieriger, diese Erlebnisse, denen sie in einer oft schon als aufdringlich zu bezeichnenden Reizflut ausgesetzt sind, zu *Erfahrungen* und *Haltungen* zu verarbeiten (vgl. S. I, 199). An die Stelle fest vor-

---

10 Dieser eher rhapsodische Abschnitt ist nicht gründlich durchgearbeitet – andere, vor allem auch differenziertere Analysen sind geboten! Einen interessanten Ansatzpunkt für einen theoretischen *Rahmen* liefert die von Urie Bronfenbrenner entwickelte *ökologische Lerntheorie* (Bronfenbrenner 1981; vgl. Schulze 1983; Kutscha 1986); einen Überblick über den Stand der Sozialisationsforschung finden Sie bei Hurrelmann (1986).
Eine umfassende *empirische Dokumentation* der Veränderungen der Lebenswelten von Jugendlichen enthalten die beiden SHELL-Studien »Jugend '81« und »Jugend + Erwachsene '85«; eine aufschlußreiche *theoretische Interpretation* liefern Ziehe/Stubenrauch (1982) mit ihrem Buch »Plädoyer für ungewöhnliches Lernen«.
Für Studenten und Referendare gut geeignete Einführungen und Überblicksdarstellungen hat Dieter Baacke in mehreren Büchern geliefert (Baacke 1976; 1984; Baacke/Heitmeyer 1985).

geprägter, durch die soziale Schichtzugehörigkeit, die regionale Struktur und die Berufs- und Arbeitswelt bestimmter Erziehungs- und Bildungswege treten immer häufiger offene, »zweite«, »dritte«, »vierte« und »fünfte« Bildungswege, die mit individuellen Strategien des Sich-Durchwurstelns gemeistert werden müssen:

- ☐ Kinder und Jugendliche sehen, hören und erleben heute schon in jungen Jahren sehr viel mehr als ihre Eltern und ihre Großeltern. Sie fahren durch die halbe Welt – und die andere Hälfte bringt ihnen der Fernseher ins Haus. Aber diese moderne Form der »Erfahrung« von Welt erschwert den sinnlich-ganzheitlichen Umgang mit Personen und Dingen und reduziert ihn immer öfter auf Belehrungen, auf das emotionale Einlullen und auf die Einübung in das Konsumieren.
- ☐ Die Rolle der Medien, vor allem des Fernsehens, wird immer größer. Die Kinder sind dadurch einer Reizfülle ausgesetzt, die fast zwangsläufig zur Gewöhnung und Abstumpfung führen muß (vgl. von Hentig 1984). Einige Kinder und Jugendliche nutzen die neuen Medien (Video, Computer) aber auch zu kreativem Spielen (vgl. Meder 1985).
- ☐ Kinder und Jugendliche haben einen oft erfrischend ehrlichen Umgangston mit ihren Eltern und anderen Erwachsenen. Die *Beziehungen* zu den Eltern, Klassenkameraden, zum anderen Geschlecht werden sehr *wichtig* genommen; sie werden aber zugleich auch *zerbrechlicher*; sie sind, wie Ziehe/Stubenrauch (1982, S. 25ff.) dies formuliert haben, zugleich überhitzt und unterkühlt.
- ☐ Die *Berufs- und Studienperspektiven* werden schlechter und komplizierter; es wird schwieriger, genaue Vorhersagen über zukünftigen Bedarf zu machen. (Sämtliche langfristigen Prognosen, die z. B. die Kultusminister der Länder in den letzten 30 Jahren zum Lehrerbedarf abgegeben haben, haben sich als falsch erwiesen – in anderen Berufsfeldern sind die Rahmenbedingungen für verläßliche Prognosen jedoch noch schlechter.)
- ☐ Traditionelle, zu guten Teilen noch aus vorbürgerlichen Epochen stammende *Normen und Handlungsorientierungen* (Arbeitstugenden, Klassenzugehörigkeiten, Geselligkeitsformen) sind, wie Jürgen Habermas (1973, S. 111; 1985) herausgearbeitet hat, einer *nicht umkehrbaren Erosion* ausgesetzt. Sie werden durch einen diffusen spätbürgerlichen Individualismus abgelöst, der zwar die Entstehung neuer Subkulturen und Protestbewegungen fördert, aber keine dauerhaften neuen Muster der Identitätsbildung bereithält (vgl. Döbert/Habermas/Nunner-Winkler 1977; Ziehe/Stubenrauch 1982; U. Beck 1985; Baethge 1985).
- ☐ Die *Grenzen zwischen der Kinder- und Erwachsenenwelt verschwimmen*: Die Privilegien, an denen früher die Kinder den Erwachsenenstatus wahrnahmen, verlieren ihren Privileg-Charakter: Auch Kinder und Jugendliche verfügen heute oft schon über beträchtliche Geldsummen; auch Kinder und Jugendliche machen weite Reisen; sie sehen häufig schon länger als ihre Eltern die Abendprogramme des Fernsehens; sie können häufig mit Computern besser als ihre Eltern umgehen; der Anteil von Jugendlichen, die schon früh sexuelle Erfahrungen haben, ist angestiegen – ob die AIDS-Gefahren Änderungen bringen, ist noch offen. Man kann vom *»Verschwinden der Kindheit«* (Postman 1983), aber auch von einer *»Verkindlichung der Erwachsenenwelt«* (Lenzen 1985) sprechen.
- ☐ Aus der sozial ungerechten, aber klar konturierten Klassengesellschaft wird heute immer stärker eine sozial diffuse *»Risiko-Gesellschaft«* (U. Beck 1986). Anonyme, sinnlich nicht mehr zu erfahrende Katastrophen wie die Ausbreitung der *AIDS-Seuche* oder der Unfall im Atomkraftwerk von *Tschernobyl* beschäftigen heute auch schon Kinder und bedrohen ihre Zukunftsperspektiven.

Diese Veränderungen der Sozialisations- und Lebensbedingungen haben selbstverständlich weitreichende Rückwirkungen auf das Lebensgefühl und die Weltbilder der Jugendlichen sowie auf ihre Einstellungen zur Schule, zur Arbeit und zum Beruf:

- Die *Zukunftserwartungen* der Jugendlichen spiegeln nicht mehr den naiven Fortschrittsglauben früherer Generationen; die Grenzen des Wachstums, die Umweltzerstörung, die »neue Armut« und das Wissen um die Overkill-Kapazitäten der Weltmächte werden schon von sehr jungen Menschen sehr bewußt wahrgenommen und resignativ (vgl. Heinzen/Koch 1985) oder – selbst im Leiden und Sterben – konstruktiv gewendet (vgl. Gesine Wagner 1985).
- Die Verlängerung der Jugendphase führt zum weiteren Ausbau einer eigenständigen *Jugendkultur* (Hartwig 1980). Jugendliche erproben immer früher das Zusammenleben in Wohngemeinschaften; sie entwickeln eine eigenständige Ästhetik, die zumeist jedoch sehr schnell von den Medien wieder vereinnahmt wird (Pop, Punk, Alternativ-Reisen, usw.).
- *Subjektivität und Emotionalität* erhalten im Leben vieler Jugendlicher einen immer größeren Stellenwert. Die »neue Sinnlichkeit«, die »neue Religiosität«, die Wiederbelebung der Fantasy-Literatur und die Aussteiger-Träume sind die eine Seite dieser Entwicklung, die scharfe Kritik am Fortschrittsglauben der technisch-wissenschaftlichen Zivilisation, am Rüstungswahnsinn und an der Wissenschaftsgläubigkeit der Erwachsenen die andere Seite (vgl. Ziehe/Stubenrauch 1982 und das Themenheft »Neue Sinnlichkeit«, H. 11/1985 von Westermanns Pädagogische Beiträge).
- Viele Jugendliche und junge Erwachsene haben sich damit abgefunden, kurz-, mittel- und vielleicht auch langfristig ohne feste Arbeit zu sein; sie versuchen, trotz dieser eigentlich unzumutbaren Bedingungen ihr Leben entsprechend einzurichten.

Innerhalb und außerhalb der Schule findet eine *Freisetzung* von Denkgewohnheiten und Verhaltensmustern statt, die es den Kindern und Jugendlichen ermöglicht, individuelle Schwerpunkte in ihren Interessen und Entwicklungen zu setzen.

Die grundsätzlich positiv zu beurteilende Freisetzung zu selbständigem Handeln wird nun allerdings in wachsendem Umfang durch eine Entwicklung unterlaufen, die von Jürgen Habermas und einigen anderen als *»innere Kolonialisierung«* des Menschen bezeichnet worden ist (Habermas 1981, Bd. 2, S. 489): Die private Lebenswelt wird immer stärker durch anonyme Großorganisationen, durch Staatsapparate, durch Medien, Markt und Moden kontrolliert; Wohnung, Kleidung, Reisen, Arbeit, Essen, Freizeit, Geschlechter- und Generationsbeziehungen werden neu formiert (vgl. Pazzini 1983), und dies bleibt nicht ohne Auswirkungen auf das Denken, Träumen und Fühlen. Diese Entwicklung eröffnet den Jugendlichen nicht nur neue Spielräume, um den aufrechten Gang zu proben – sie produziert auch die Qual der Wahl und damit neue, sehr viel schwerer zu durchschauende Abhängigkeiten. Die *Auslieferung* an Moden und Medien und ein immer heftigerer Wunsch nach *Selbstbehauptung* gegenüber der Erwachsenenwelt gehen Hand in Hand (vgl. *SHELL*-Studie '85, Bd. 1, S. 189ff.).

These 7.7: Es wird schwieriger, Kind zu sein und Erwachsener zu werden, weil die Sozialisations- und Lebensbedingungen anregungsreicher, aber auch unübersichtlicher und unverbindlicher geworden sind.

Die hier nur skizzierten Entwicklungen haben zur Folge, daß auch für die *Lehrer* das Unterrichten schwieriger und anstrengender wird. Es kostet mehr Kraft und Mühe, in Konkurrenz zu den hochperfektionierten außerunterrichtlichen Medien und Freizeitangeboten interessanten Unterricht zu machen. Die Schule ist für viele Schüler langweilig – aber es gibt für sie keine gesellschaftlich akzeptierte Alternative, obwohl doch das Lebensprinzip unserer spätkapitalistischen Gesellschaft eben darin besteht, bei Langeweile und Überdruß den Konsum auf neue, wenn auch immer schneller verschlissene Alternativen umstellen zu dürfen.

3. Funktionswandel der Schulen

Den Schulen werden fortwährend neue Aufgaben zugeschoben (vgl. die Auflistung S. I, 62), die in den meisten Fällen gar nicht oder allenfalls unzulänglich aufeinander abgestimmt sind. Die neuen Aufgaben stehen häufig auch im Widerspruch zu den traditionellen Grundfunktionen der Qualifikation, der Selektion und der Loyalisierung der Schüler: Die Schulen sollen nicht nur präzise Rechtschreib- und Rechenkenntnisse vermitteln, sie sollen nicht nur die sprachliche Gewandtheit und das logische Denken schulen. Schulen sollen auch die Arbeitsmoral ihrer Schüler trotz drohender Arbeitslosigkeit hochhalten, sie sollen einen Beitrag zur Bekämpfung der Ausländerfeindlichkeit, des Neofaschismus, der Staatsverdrossenheit leisten; sie sollen das Umweltbewußtsein wecken, den Antisemitismus bekämpfen, zu einem vernünftigen Umgang mit den neuen Medien erziehen und vieles andere mehr.

These 7.8: Die Schulen werden in Zukunft in wachsendem Umfang kompensatorische Aufgaben zugewiesen bekommen. Ob sie diese Aufgaben erfüllen können, ist offen.

Mehrere Fragen drängen sich auf: Müssen die Schulen die genannten neuen Aufgaben *zwangsläufig* übernehmen, oder können sie bestimmte Aufgaben bevorzugt aufgreifen und andere zurückweisen? Wie soll die Schule mit widersprüchlichen Forderungen umgehen? Soll die Schule gesamtgesellschaftlich wirksame Entwicklungstendenzen aufnehmen und verstärken, oder kann sie ihnen entgegenwirken? Diese Fragen können erst dann vernünftig beantwortet werden, wenn die in den Schulen durch die Gesellschaft belassenen *Handlungsspielräume* bei der Bewältigung der traditionellen sowie der neu hinzugekommenen Aufgaben genauer bestimmt worden sind.

Handlungsspielräume können auf verschiedenen *Ebenen* bestimmt werden. Ich schlage vor, mindestens die drei folgenden zu unterscheiden:

- □ Auf einer *ersten Ebene* werden die *unterrichtspraktisch wirksamen Spielräume* und Behinderungen des methodischen Handelns von Lehrern und Schülern erfaßt. In der subjektiven Sicht von Lehrern und Schülern ist diese Ebene vermutlich die wichtigste: Die tausenderlei Verzögerungen, Versäumnisse, Engpässe, Ausfälle, Pannen und Mißverständnisse, mit denen man/frau täglich zu kämpfen hat, behindern die effektive Unterrichtsarbeit: Z. B. die Tatsache, daß auch nach wochenlangen Vorankündigungen und Ermahnungen immer noch nicht alle Schüler ihren neuen Zirkel, die Borstenpinsel oder die Schreibhefte mit den kleineren Linien mitgebracht haben. Eine Behinderung besteht darin, daß z. B. mancher Rektor dem engagierten Teil seines Kollegiums eher Knüppel zwischen die Beine wirft als ihm dabei zu helfen, etwas Neues auszuprobieren. Eine Begrenzung der Handlungsspielräume findet aber auch schlicht deshalb statt, weil die Zeit fast immer knapp ist, weil die Motivation engagierter Lehrer erlöschen und die Kraft erlahmen kann.
- □ Auf einer *zweiten Ebene* müssen die *organisatorisch-institutionellen Spielräume* und Begrenzungen methodischen Handelns analysiert werden. Sie geraten angesichts der ärgerlichen und sinnfälligen Aufdringlichkeit der auf der ersten Ebene analysierten Behinderungen leicht aus dem Blick. Neue, vor allem auch schülerorientierte methodische Arbeitsformen können schon deshalb nicht in nennenswertem Umfang verwirklicht werden, weil dann der Schulbetrieb in weiten Bereichen zusammenbrechen dürfte. So ist z. B. die Monopolstellung des Frontalunterrichts kein pädagogisches Versehen oder ein Betriebsunfall, der mit ein klein wenig Aufklärung und dem guten Willen aller zu beheben wäre, sondern eine durch die Jahrhunderte gewachsene, in der Architektur der Gebäude ebenso wie in unserer Ausbildungsstruktur und im unterrichtspraktischen Entwicklungsstand der Schulfächer verankerte Grundlage des Schulbetriebs.
- □ Auf einer *dritten*, noch schwerer zu durchschauenden *Ebene* müssen die *gesamtgesellschaftlichen Voraussetzungen* methodischen Handelns analysiert werden. Im THEORIE-TEIL sind diese Voraussetzungen schon an mehreren Stellen (z. B. S. 57 und 63 ff.) angesprochen worden. Es empfiehlt sich allerdings, auf eine pauschale Etikettierung der dritten Ebene zu verzichten und nicht von »der« Gesellschaft zu sprechen, sondern mindestens drei gesellschaftliche Subsysteme zu unterscheiden: Das *ökonomische System*

umfaßt die historisch gewachsenen, vom wissenschaftlich-technischen Fortschritt abhängigen Produktionsverhältnisse. Das *politisch-administrative System* umfaßt die politischen Interessengruppen, Instanzen und staatlichen Apparate. Das *soziokulturelle System* umfaßt den kulturellen und sozialen Traditionszusammenhang einer Gesellschaft einschließlich ihrer tragenden Institutionen (Familie, Kirchen, Gewerkschaften, Wissenschaften usw.).

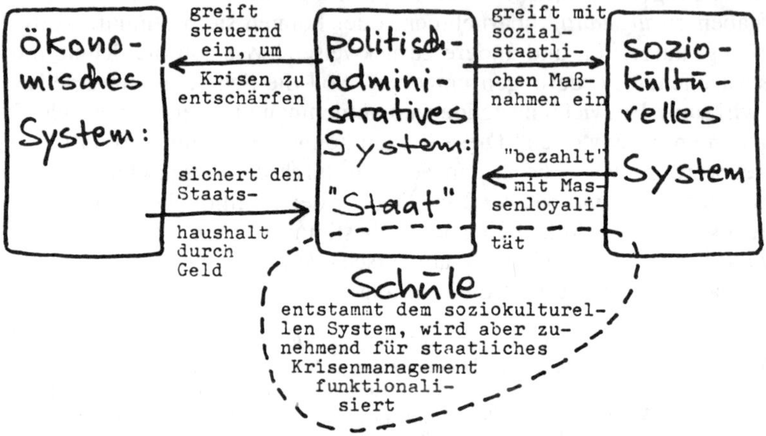

Das von Jürgen Habermas und Claus Offe übernommene, oft zitierte Schema[11] soll deutlich machen, daß das Schulwesen *ein Zwitter* zwischen dem soziokulturellen, dem politisch-administrativen und zum Teil auch dem ökonomischen System ist. Die Schulen sind in den vergangenen Jahrzehnten und Jahrhunderten immer stärker aus der geistlichen und kommunalen Schulaufsicht in die Verantwortung des Staates gerückt – aber Schulen zehren davon, im soziokulturellen System beheimatet zu sein und die dort tradierten Normen und Kulturbestände übernehmen zu können. Schulen haben seit jeher die Aufgabe gehabt, die heranwachsende Generation auf die Arbeit im ökonomischen System vorzubereiten, also sie für vielfältige Aufgaben fachlich zu qualifizieren und ihre Arbeitstugenden herauszubilden – aber dieser Tatbestand hat keineswegs zur Folge gehabt, daß die Schulen immer enger in das ökonomische System integriert worden wären. Vielmehr ist eine gegenläufige Tendenz zu beobachten: Je anspruchsvoller, abstrakter und theoretischer die im ökonomischen System erforderlichen Qualifikationen geworden sind, umso stärker ist die Ausbildung aus dem Arbeitsprozeß herausgelagert und

11 Vgl. Habermas (1973, S. 15); der oval-krumme Kreis »Schule« ist von mir sinngemäß ergänzt worden. Das Schema leistet eine extreme Vereinfachung der in Wirklichkeit sehr viel komplexeren Beziehungen (vgl. dazu Zedler 1979, S. 24ff.).

in betrieblichen und überbetrieblichen Ausbildungsstätten, in Lehrgängen und Vollzeitschulen institutionalisiert worden.

Die Schulen sitzen sozusagen »zwischen allen Stühlen«, aber dies macht sie nicht zwangsläufig machtlos. Innerhalb eng gezogener Grenzen sind Schulen vielmehr in der Lage, bestimmten Erwartungen des ökonomischen Systems zu widersprechen, bestimmte Versuche der Vereinnahmung durch den Staat abzuwehren und bestimmten Zersetzungserscheinungen im soziokulturellen System entgegenzuwirken. In der akademischen Diskussion werden diese Fragen zu dem Schlagwort: *»Relative Autonomie der Schulen – ja oder nein?«* zusammengefaßt. Die These der relativen Autonomie ist umstritten,[12] meines Erachtens sprechen aber mehr Argumente für als gegen sie:

- Schulen haben über Jahrhunderte, zum Teil über mehr als tausend Jahre eine curriculare und unterrichtsmethodische *Kontinuität* gewahrt (z. B. in der Beibehaltung der Alten Sprachen am Gymnasium), die die Vorstellung einer *völligen* Determination der Schule durch die politisch-ökonomischen Verhältnisse Lügen straft. Gerade der Lehrplan des Gymnasiums hat sich im 19. Jahrhundert durch eine besondere Ferne zur ökonomischen und gesellschaftlichen Realität der bürgerlich-kapitalistischen Gesellschaft ausgezeichnet (vgl. Blankertz 1969; 1975b).
- Die Vertreter des *ökonomischen Systems*, also Arbeitgeber und Arbeitnehmer, sind entgegen traditioneller Lehrmeinung oft nicht in der Lage, genaue Prognosen über den zukünftigen Qualifikationsbedarf zu machen. Ihre Forderungen an die Schulen und an die Lehrplangestaltung beschränken sich dann auf so lapidare Feststellungen wie die, daß die Schüler rechnen, schreiben und lesen können sollen, daß sie mit Technik kreativ und selbständig umgehen können, politisch aber eher angepaßt und brav sein sollten. Claus Offe spricht deshalb von der *»Unterdeterminiertheit«* (= geringen Bestimmtheit) der Erwartungen des ökonomischen Systems an die Schulen (Offe 1975).
- *Staatliche Instanzen*, also vor allem die Kultusministerien der Länder, versuchen zwar – gedrängt von gesellschaftlichen Interessengruppen – immer häufiger, steuernd und kontrollierend in den Unterricht einzugreifen, aber es wäre naiv, aus einem wachsenden Steuerungs- und Kontroll*bedarf* dieser Instanzen auf eine tatsächlich zunehmende Steuerungs- und Kontroll*fähigkeit* zu schließen. Das Schicksal der zahllosen Eingriffsversuche des politisch-administrativen Systems während der Phase der sozial-liberalen Bildungsreform bestätigt vielmehr das Gegenteil: Die Handlungsspielräume des Staates bei der Durchführung der Schulreform sind eher kleiner geworden: Die Steuerungs- und Kontrollmechanismen werden komplizierter und dadurch zumeist auch lahmer; die Finanzierungsmöglichkeiten haben sich verschlechtert; die Bereitschaft der »Basis« zur Mitwirkung bei staatlichen Innovationen ist eher gesunken.
- Die zunehmende *Verrechtlichung* des Schulwesens hat inzwischen auch kleinere Eingriffe der Schulverwaltung in die Arbeit der Schulen vor Ort zu aufwendigen, nur mittelfristig zu lösenden Aufgaben werden lassen.

Der Staat muß die Schulen stärker als früher in die Schadensbegrenzung gesellschaftlicher Krisenerscheinungen einbinden, aber er kann dies nur, indem er die Schulen und ihre Kollegien stärker an der Problemformulierung

12 Vgl. Bourdieu/Passeron 1971, S. 190; Lenzen/Meyer 1975b, S. 167; Meerten 1983.

und -lösung beteiligt. Denn die Mehrzahl der genannten Probleme ist weder durch viel Geld noch durch eine Verbesserung der Planungs- und Kontrollkapazitäten der Schulaufsicht, sondern nur durch den persönlichen, die didaktisch-methodische Phantasie herausfordernden Einsatz der Lehrer »vor Ort« zu lösen.

These 7.9: Schulen können mit einer relativen Autonomie von politisch-administrativen und auch von ökonomischen Vorgaben rechnen, weil das ökonomische System auf ein funktionierendes Schulwesen angewiesen ist und weil die Planungs- und Kontrollkapazitäten des politisch-administrativen Systems begrenzt sind.

Die relative Autonomie der Schule ergibt sich aber nicht zwangsläufig und von selbst – sie muß erarbeitet und erkämpft werden. Sie ergibt sich nur dann, wenn es gelingt, die Arbeit in der Schule für Lehrer und Schüler *aus sich heraus subjektiv sinnvoll und auch objektiv vernünftig* zu machen. Der Unterricht muß auch dann einen Sinn behalten, wenn die am Ende der Schulzeit vergebenen Abschlüsse wenig wert sind und wenn die Normen, die das Zusammenleben von Lehrern und Schülern regeln, sich außerhalb der Schule nicht oder zumindest nur teilweise bewähren.

These 7.10: Schulen können die ihnen zugewiesenen neuen kompensatorischen Aufgaben dann erfüllen, wenn sie ihre Handlungsspielräume gegenüber dem Staat und der Gesellschaft nutzen, um die Unterrichtsarbeit aus sich heraus sinnvoll und befriedigend zu machen.

Schule hatte schon immer die Aufgabe, den Schülern Orientierungs- und Identifikationsangebote zu machen und so einen Sinnhorizont aufzubauen, der – möglichst – ein Leben lang vorhielt. Heute wird es immer schwieriger, diese Aufgabe zu erfüllen, weil traditionelle Sinnstiftungen zersetzt und verschüttet sind, während neue, in jugendlichen Subkulturen entwickelte Sinnstrukturen zumeist keine gesellschaftliche Anerkennung finden. In den Schulen muß versucht werden, die verschütteten Zugänge zu subjektiv verbindlichen Sinnstiftungen freizulegen – aber diese Aufgabe kann nicht durch die schlichte Reaktivierung der von den Wende-Politikern und -Pädagogen gepredigten Normen der Groß- und Urgroßväter[13] gelöst werden, sondern nur

13 These 7.10 ist also keine Wiederholung der vom Bonner Forum »Mut zur Erziehung« (zur Kritik vgl. Benner 1978) gepredigten Rückbesinnung auf die Tugenden der bürgerlichen Gesellschaft. »Es gibt keine administrative Erzeugung von Sinn«, schreibt Jürgen

dadurch, daß die von den Schülern mitgebrachten subjektiven Sinndeutungen aufgearbeitet und durch neue, im Unterricht erarbeitete Sinndeutungen ergänzt werden. Die schon 1806 von Johann Friedrich Herbart aufgestellte Forderung, die Allgemeine Didaktik »aus dem Zweck der Erziehung abzuleiten« (vgl. S. I, 166), erhält damit eine neue, radikalisierte Bedeutung! Ein wenig erinnert die Situation an die des Barons von Münchhausen, der mit seinem Pferd im Sumpf eingesackt war und sich an seinen eigenen Haaren herauszuziehen vermochte. Aber ich sehe keine andere Perspektive, um unter den gegebenen gesellschaftlichen Verhältnissen Schule menschlich zu machen.

Ich fasse das Ergebnis dieser Bestandsaufnahme zur Methodenpraxis in fünf Sätzen zusammen:

(1) Die Monopolstellung des *Frontalunterrichts* ist ungebrochen.
(2) Innerhalb des Frontalunterrichts dominiert das *gelenkte Unterrichtsgespräch*. Andere, attraktive Handlungsmuster des Frontalunterrichts vom Geschichtenerzählen bis zum Schülerexperiment werden demgegenüber nur sehr selten eingesetzt.
(3) Aufgrund dieser methodischen Monostruktur ist mit einem unverändert hohen Grad der *Lehrerzentriertheit* und mit einer ebenfalls ausgeprägten *Verkopfung* des Unterrichts, d. h. mit einer einseitig kognitiven Zielausrichtung des Unterrichts zu rechnen.
(4) Die Lebens- und Lernbedingungen außerhalb der Schule sind durch eine zunehmende *Unübersichtlichkeit* gekennzeichnet, die es immer schwieriger macht, Kind zu sein und Erwachsener zu werden.
(5) Deshalb muß in Zukunft mehr als bisher angestrebt werden, die in den Schulen zu leistende Arbeit so zu gestalten, daß sie für Lehrer und Schüler *aus sich heraus sinnvoll* wird und auch unter ungünstigen außerschulischen Rahmenbedingungen subjektive Zufriedenheit verschaffen kann.

Habermas in seiner Analyse spätkapitalistischer Legitimationsprobleme (1973, S. 99). Die Einsicht in die Sinnhaftigkeit administrativer Maßnahmen muß vielmehr vorliegen, bevor diese greifen können. Dies gilt auch für die Schule. Wenn Reformmaßnahmen gar nicht um der Schüler willen, sondern zur Kaschierung staatlicher Planungs- und Legitimationsdefizite ergriffen werden, so wirkt ein solcher Versuch zur Legitimationsbeschaffung selbstzerstörerisch. Man sollte also nicht bei jedem Reformvorhaben gleich nach »Vater Staat« rufen, sondern erst einmal vor Ort eine eigene Anerkennungsbasis zu schaffen versuchen.

Inhalt + Ziel

Theoretiker und Praktiker des Unterrichts sind sich darüber einig, daß der Unterrichtsprozeß einen gegliederten, einsichtigen und auch für die Schüler nachvollziehbaren Aufbau haben solle. Was damit gemeint ist und wie eine solche Forderung unterrichtspraktisch verwirklicht werden kann, wird in dieser ACHTEN LEKTION erörtert. Es empfiehlt sich, vorher oder zwischendurch die VIERTE LEKTION zu studieren, wo der historisch-systematische Theoriehintergrund dieser Fragestellung aufgearbeitet worden ist.

Diese Lektion wendet sich im wesentlichen an *Studien-* und *Berufsanfänger*, ich vermute aber, daß auch mancher Routinier durch die Thesen dieses Textes zum Überdenken der eigenen Unterrichtspraxis herausgefordert werden könnte.

1. Der sogenannte geplante Unterrichtsverlauf

1.1 Methoden-Kreuz

Studenten, Referendaren und anderen Berufsanfängern wird während ihrer Ausbildungszeit abverlangt, möglichst für jede gehaltene Stunde – mindestens jedoch für jene Stunden, in denen Fachleiter, Seminarleiter oder Hochschullehrer dabei sind – den sogenannten geplanten Stundenverlauf zu Papier zu bringen und ihn dann – je nach Naturell der Ausbilder – flexibel oder pingelig genau auszuführen. Etwa so:

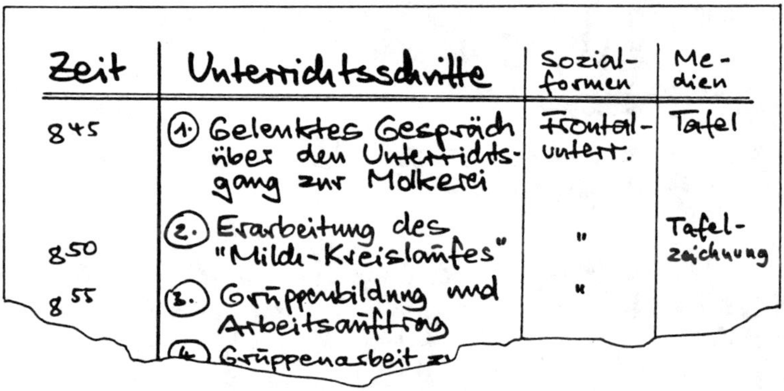

Wegen seines schablonenhaften Äußeren, aber auch wegen der leicht unterlaufenden Fehler in der Kategorienwahl und -zuordnung wird dieses Planungsraster vom Anfänger zumeist wenig geliebt. Auch in den allgemeindidaktischen Modellen wird es eher stiefmütterlich behandelt, was seiner Bedeutung jedoch nicht gerecht wird: Das Austüfteln des geplanten Stundenverlaufs kann eine *organisierende Kraft* für die Auswahl- und Gestaltungsentscheidungen in den übrigen Feldern der Unterrichtsvorbereitung erhalten. Deshalb ist er häufig das, was als erstes »steht«; erst danach geht man daran, die Ziel- und Inhaltsentscheidungen zu präzisieren, die Lernvoraussetzungen der Schüler zu bestimmen und die fachwissenschaftlichen Voraussetzungen zu klären. Woran liegt das? Es ist erforderlich, *das Prinzip zu durchschauen*, nach dem diese geplanten Stundenverläufe angelegt werden. Fast immer werden in ihnen zwei »Achsen« oder »Dimensionen« unterschieden, die zu so etwas wie einem »Methoden-Kreuz« kombiniert werden können:

- ☐ Es gibt eine *Zeitachse*, auf der die Abfolge der einzelnen Unterrichtsschritte festgehalten wird.
- ☐ Und es gibt so etwas wie eine *Handlungs- oder Interaktionsachse*, auf der notiert wird, was Lehrer und Schüler miteinander tun.

Die Zeitachse wird in fast allen Rastern in der Senkrechten und die Handlungsachse in der Waagerechten abgebildet:

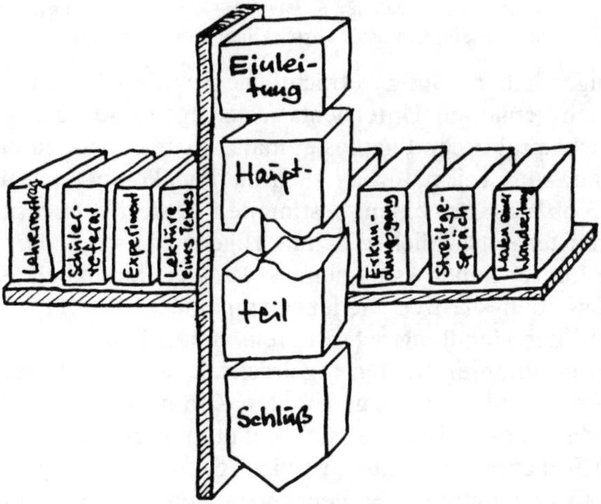

Beim Austüfteln einer Stundenplanung geht es darum, die beiden »Balken« des abgebildeten Kreuzes so lange vor dem geistigen Auge hin- und herzuschieben, bis plausible Kombinationen von Schritten und Handlungsmustern gefunden worden sind. Dabei gibt es typische Kombinationen von Schritten und Handlungsmustern, jedoch keine zwingenden Verknüpfungen:

- □ Es ist üblich, aber keineswegs zwingend, den Lehrervortrag, die Wiederholung, die Hausaufgabenkontrolle usw. an den Anfang der Stunde zu setzen. Ein Lehrervortrag kann aber hier und dort auch am Stundenschluß oder gar während der Gruppenarbeit in einer Kleingruppe Sinn machen.
- □ Ein Streitgespräch oder ein Rollenspiel kann an den Anfang einer Unterrichtsphase gesetzt werden, um bei den Schülern Problembewußtsein für das Thema zu wecken, es kann aber ebenso sinnvoll am Stundenschluß als eine anspruchsvolle Form der Ergebnissicherung verwandt werden.

Bei genauerer Betrachtung voll ausgefüllter Raster für den Stundenverlauf (vgl. das Beispiel S. 277) wird deutlich, warum ihnen die oben behauptete organisierende Kraft für die Gesamtplanung zukommt. In ihnen werden nämlich *sämtliche fünf Dimensionen methodischen Handelns* (vgl. S. I, 222) sinnfällig integriert. Der Lehrer, der den Stundenverlauf endgültig festlegt, muß alle wesentlichen didaktisch-methodischen Probleme seiner Unterrichtsführung ausgelotet haben:

- □ Er muß das *Thema* der Stunde festgelegt haben,
- □ und er muß vorgeklärt haben, welche *Lehrziele* er durch die Aufarbeitung des Themas erreichen will;

- ☐ er muß sich überlegen, welche *Handlungsmuster* in Frage kommen;
- ☐ er muß klären, in welchen *Sozialformen* diese Handlungsmuster am besten verwirklicht werden können,
- ☐ und er muß entscheiden, in welcher *Reihenfolge*, *durch wen* und mit welchen *Hilfsmitteln* (Medien) die Handlungsmuster verwirklicht werden sollen.

Berufsanfänger haben häufig beträchtliche Schwierigkeiten, die Schrittfolge des von ihnen geplanten Unterrichts festzulegen und zu begründen. Ihnen fehlt unterrichtspraktische Phantasie, manchmal der Mut zu unkonventionellen Lösungen, zum Teil natürlich auch die Fachkompetenz, um entscheiden zu können, ob das für einen bestimmten Unterrichtsschritt vorgesehene Handlungsmuster tatsächlich die ihm zugedachte Aufgabe erfüllen kann. Routinierte Lehrer haben es da zumeist leichter. Sie haben – um das obige Bild des Methoden-Kreuzes wieder aufzunehmen – die beiden Balken mit der Zeit- und der Handlungsachse bereits derart häufig hin- und hergeschoben, daß an bestimmten Stellen regelrecht Scharten und Dellen entstanden sind, die immer wieder zu den gewohnten Kombinationen einladen (vgl. den Überblick über diese »Trampelpfade« methodischer Phantasielosigkeit auf S. I, 135). Mit dieser Feststellung ist nicht gesagt, daß die Dellen und Scharten immer an den richtigen Stellen entstanden sind. Es gibt routiniert gehandhabte Fehlentscheidungen, die ein ganzes Lehrerleben überdauern können und mit der Maxime »Das hab ich schon immer so gemacht, und das hat auch immer geklappt« der Reflexion entzogen werden.

1.2 Übungsaufgabe

Wenn Sie Studentin oder Student, Referendarin oder Referendar sind, bitte ich Sie, eine provisorische Stundenplanung zu einem von mir vorgegebenen Thema vorzunehmen. Ich komme auf dieses Beispiel mehrfach zurück! Es geht um eine *Doppelstunde* im Fach Sozialkunde/Politik. Die Stunde könnte in einer 9. oder 10. Realschul- oder Gymnasialklasse gehalten werden:

- ☐ *Thema der Doppelstunde*: Greenpeace und die Auseinandersetzung um die Dünnsäure-Verklappung in der Nordsee durch die Firma Kronos-Titan in Nordenham
- ☐ *Ziel*: Die Schüler sollen eine eigene Position im Interessenkonflikt um die Dünnsäure-Verklappung entwickeln.
- ☐ *Der Vorgang*: Ein Greenpeace-Schiff hat ein Tankschiff der Firma Kronos-Titan, das Dünnsäure in der Nähe von Helgoland verklappen soll, am Auslaufen gehindert.

Wenn Sie berufserfahrener Lehrer sind und Ihre Ausbildungsphase lange hinter sich gebracht haben, werden Sie sich an die Nöte des Planens »ohne Netz und doppelten Boden« erinnern: Sie sitzen an Ihrem Schreibtisch, kauen auf dem unangenehm schmeckenden Plastik des Filzstifts herum, Sie machen sich Notizen, streichen sie wieder durch, Sie werfen das Blatt Umweltschutzpapier in den Papierkorb und fangen wieder von vorne an. Das, was an Gedankensplittern durch Ihren Kopf saust, will sich nicht in Reih und Glied bringen lassen. Auch didaktische Theorien nehmen Ihnen diese Arbeit nicht ab! Ohne eine kluge und phantasievolle Idee, wie man das Thema anpacken könnte, kommen Sie mit dieser Aufgabe nicht weiter. Im Kasten auf S. 100 habe ich das Planungsproblem jedoch dadurch vereinfacht, daß ich eine bunte Palette in Frage kommender Handlungsmuster vorgebe:

- Suchen Sie bitte jene Handlungsmuster aus, die Ihnen für das oben genannte Stundenziel der Doppelstunde »Greenpeace/Kronos-Titan« geeignet zu sein scheinen, und bringen Sie sie in eine *plausible Reihenfolge*!
- Sie können sich neue Handlungsmuster ausdenken und hinzufügen!
- Achten Sie darauf, nicht zu viel in die 90-Minuten-Stunde zu packen!
- Lassen Sie die rechte Spalte frei! Ich komme darauf zurück.

Der Lehrer führt ein gelenktes Unterrichtsgespräch über die Vorkenntnisse der Schüler zum Thema Greenpeace.

Der Lehrer hält einen Lehrervortrag über Ziele und Aktionsformen von Greenpeace.

Der Lehrer verteilt ein Arbeitsblatt mit Informationen über die ökologischen Folgen der Dünnsäure-Verklappung für die Nordsee.

Die Schüler führen ein Streitgespräch mit verteilten Rollen (Arbeitgeber/Arbeitnehmer/Greenpeace-Sprecher/Bürgerinitiative/Fremdenverkehrsindustrie)

Lehrer und Schüler organisieren ein Auswertungsgespräch über das Ergebnis der Doppelstunde.

Die Schüler machen Erkundungsgänge zum Werksgelände/zum Hafen/zur Hafenpolizei/zur Zeitungsredaktion usw.

Der Lehrer hält einen Lehrervortrag über die chemischen Eigenschaften von Dünnsäure und über die Produktionsprozesse, in denen Dünnsäure anfällt.

Der Lehrer macht eine Pro- und Contra-Abstimmung über die Bewertung des Greenpeace-Vorgehens durch die Schüler.

Der Lehrer verteilt Zeitungsberichte über die Greenpeace-Aktion im Hafen von Nordenham.

Der Lehrer bespricht einen Beobachtungsauftrag für diejenigen Schüler, die nicht am Streitgespräch teilnehmen.

Die Schüler studieren die verteilten Materialien.

Der Lehrer führt einen vom Werk Kronos-Titan produzierten Lehrfilm über Umweltschutzmaßnahmen der Firma vor.

Der Lehrer erteilt einen Arbeitsauftrag.

Der Lehrer verteilt eine Tabelle mit Daten zur ökonomischen und arbeitsmarktpolitischen Bedeutung von Kronos-Titan für die Stadt Nordenham.

Es müssen nicht sieben Schritte sein!

Unterrichtsschritte

1.
2.
3.
4.
5.
6.
7.

Wie sind Sie an die Lösung dieser halbprogrammierten Aufgabe herangegangen? Sie haben sicherlich die im oberen Kasten enthaltenen Beispiele studiert, einige interessant gefunden, bei anderen den Kopf geschüttelt und dann irgendwann eine kluge Idee gehabt, wie das Ganze ablaufen könnte: Sie haben vielleicht zuerst eine Entscheidung über den Unterrichtseinstieg getroffen und sich dann bis zum Stundenschluß durchgearbeitet. Vielleicht haben Sie auch zuerst eine vorläufige Entscheidung über den Schlußschritt getroffen und sich dann wieder von hinten nach vorn gehangelt.

Man könnte das Hin- und Herschieben verschiedener Unterrichtsschritte stundenlang weiterführen und doch in der Sachklärung keinen Schritt weiterkommen. Die entscheidende, bei jeder Planungsaufgabe zu lösende Frage ist nämlich noch gar nicht gestellt. Sie lautet: *Welche Funktion bzw. welche Funktionen sollen die einzelnen Schritte für das Ganze erfüllen*?

- ☐ Vielleicht haben Sie zu Beginn der Doppelstunde einen Lehrervortrag angesetzt. Er könnte die Funktion haben, eine allgemeine Orientierungsgrundlage für den Schüler herzustellen; vielleicht dient er zusätzlich der Motivation der Schüler.
- ☐ Vielleicht haben Sie in einer mittleren Phase der Doppelstunde Einzel-, Gruppen- oder Partnerarbeit angesetzt, die Ihrer Vorstellung nach der vertiefenden Erarbeitung von Sachfragen dienen soll.
- ☐ Als letzter Schritt mag ein gelenktes Gespräch, eine Tafeltext-Erarbeitung, eine problembezogene Anwendung oder ähnliches vorgesehen sein. Dieser Schritt dient dann der Zusammenfassung des Erarbeiteten, der Festigung und Vertiefung oder dem Transfer.

> Schauen Sie sich bitte die von Ihnen vorgenommene Lösung der Übungsaufgabe noch einmal an, und tragen Sie in der rechten Spalte ein, welche Funktion bzw. welche Funktionen jeder der von Ihnen gewählten Schritte haben soll!

In der Ausbildungspraxis sind ganze *Begriffsketten* entwickelt worden, mit denen diese Funktionen gekennzeichnet werden:

- ☐ *Einstieg/Erarbeitung/Ergebnissicherung* (ein Allerwelts-Konzept, das deshalb auch der NEUNTEN LEKTION als Gliederungsschema zugrunde gelegt werden wird);
- ☐ *Vorbereitung/Darbietung/Verknüpfung/Zusammenfassung/Anwendung* (wenn Sie den THEORIE-TEIL dieses Buches gründlich gelesen haben, wissen Sie hoffentlich sofort, wes Geistes Kind diese Begriffskette ist!);
- ☐ *Aneignung* von Erfahrungen/*Verarbeitung* von Erfahrungen/*Veröffentlichung* von Erfahrungen (ein noch wenig gebräuchliches, ebenfalls im THEORIE-TEIL vorgestelltes Schema!).

Durch die Wahl der einzelnen Begriffe und der Begriffsketten wird angedeutet, welches didaktische Konzept bei der Planung der Stunde verfolgt wird. Geht es mehr darum, präzise Sachinformationen zu vermitteln, oder darum, eigene Erfahrungen der Schüler aufzuarbeiten, oder darum, Einstellungen zu verändern? Hier wird deutlich, daß in der scheinbar schlichten Zuordnungs- und Sortieraufgabe eine Reihe von komplizierten unterrichtspraktischen und lerntheoretischen Fragen steckt. Um begründet entscheiden zu können, welches Handlungsmuster in welchem Unterrichtsschritt ausgewählt und wie die Reihenfolge der Schritte bestimmt werden soll, benötige ich *Hypothesen über die Lerngesetzmäßigkeiten der Schüler.* Ich müßte eigentlich genauer wissen, was die Schüler während eines Lehrervortrags lernen können; ich müßte genauer wissen, welche Themenbereiche am besten in Gruppenarbeit erledigt werden und wo die Einzelarbeit vorzuziehen ist. Vor allem aber müßte ich wissen, ob eine bestimmte Schrittfolge besonders günstig ist:

- ☐ Lernen Schüler dann am besten, wenn ihre Erfahrungen und Vorkenntnisse zum Thema zu Beginn der Unterrichtsarbeit aktiviert werden?
- ☐ Oder lernen Schüler dann am besten, wenn der neue Lernstoff in kleine Mini-Häppchen aufgeteilt und schrittweise erlernt wird (wie dies die Lerntheorien des Programmierten Unterrichts vorschreiben)?
- ☐ Wird der Lernerfolg erhöht, wenn die Schüler selbsttätig an die Arbeit gehen, oder besteht bei der komplexen Thematik der Doppelstunde die Gefahr, daß sie sich verzetteln?
- ☐ Vielleicht lernen Schüler aber ja auch nur dann effektiv, wenn der neue Lernstoff verfremdet wird, wenn es eine Distanz zu überwinden gilt, die die Neugier auf das Fremde, noch Unbegriffene weckt?

Um die Frage nach dem schrittweisen Aufbau des Unterrichts differenziert beantworten zu können, benötigen wir also nicht nur einen Überblick über die im Schulalltag verfügbaren Sozialformen und Handlungsmuster (vgl. dazu die DIDAKTISCHE LANDKARTE Nr. 4), sondern auch eine *Theorie des Lern- und Aneignungsprozesses* der Schüler.

These 8.1: Theoretischer Bezugspunkt für die zeitliche Untergliederung des Unterrichtsverlaufs sind Annahmen über wiederkehrende, für alle Schüler gleiche Gesetzmäßigkeiten des Lehr-/Lernprozesses.

Und wie komme ich zu solchen Annahmen über Lehr-/Lerngesetzmäßigkeiten? In der VIERTEN LEKTION ist eine ganze Reihe von Stufen- und Phasenschemata vorgestellt worden, die eben diesen Anspruch stellen: eine theoretisch begründete Schrittfolge des Unterrichts zu liefern (vgl. den Überblick auf der DIDAKTISCHEN LANDKARTE Nr. 2). Diese Schemata sind jedoch auf so hoher Abstraktionsstufe formuliert, daß sie für die konkrete Unterrichtsarbeit zumeist nur schwer »auszumelken« sind. Die Frage, mit welcher Einstiegsform man den Unterricht über Greenpeace beginnen sollte, wird dort natürlich nicht beantwortet. Es wird nicht einmal gesagt, ob es von Unterrichtsfach zu Unterrichtsfach typische Veränderungen solcher Phasenkonzepte gibt. Deshalb ist es nicht weiter verwunderlich, daß die wenigsten Lehrer im Schulalltag bewußt ein theoretisch begründetes Stufen- oder Phasenkonzept anwenden. Sie versuchen, ihre Unterrichtsstunden klar und deutlich zu untergliedern, aber sie berufen sich dabei nicht auf die Herbartianer, auf Heinrich Roth oder Pjotr Galperin, sondern auf ihre eigenen Erfahrungen im wiederholten Umgang mit ähnlichen Unterrichtsthemen. Sie entwickeln vielmehr wiederkehrende *Verlaufsformen des Unterrichts*: individuelle Strickmuster der Phasierung, die durch das Temperament und den Fachbezug ein wenig eingefärbt werden können, insgesamt jedoch überraschend gleichförmig gestaltet werden (vgl. S. I, 133).

Wir müssen also zur Kenntnis nehmen, daß der »geplante Unterrichtsverlauf« auf recht unterschiedlichen Theoretisierungs-Niveaus formuliert werden kann:

- ☐ Der *Berufsanfänger*, der die dritte, vierte oder fünfte Unterrichtsstunde seines Lebens plant, ist zumeist bereits zufrieden, wenn er eine halbwegs plausible Reihenfolge hinbekommt.
- ☐ *Referendare*, die sich auf ihre unterrichtspraktischen Prüfungen vorbereiten, sollten langsam anspruchsvoller sich selbst und den Schülern gegenüber geworden sein. Sie sollten die diffusen Vorstellungen im Hinterkopf zu einer ansatzweise theoretisch begründeten und in der didaktischen Literatur lokalisierten Position weiterentwickeln (Die DIDAKTISCHE LANDKARTE Nr. 2 kann Ihnen für diese Aufgaben den Orientierungsrahmen liefern!)
- ☐ *Routinierte Lehrer* sollten zwar ungefähr wissen, auf welchen theoretischen Hintergrund die von ihnen praktizierten Verlaufsformen aufbauen, bei ihnen kommt es aber gerade darauf an, daß sie sich vom Theoriewissen abgenabelt haben, um situationsangemessen und zügig im Unterrichtsprozeß planen und korrigieren zu können (vgl. S. 26).

Letzte Meldung zum Thema aus der "Nord-West-Zeitung" vom 16.12.1988:

Dünnsäureschiff wird umgebaut

Elsfleth. Das Verklappungsschiff „Kronos" des Nordenhamer Weißpigmentherstellers Kronos Titan wird zur Zeit auf der Elsflether Werft umgebaut. Das Schiff soll in der Wesermarsch-Stadt so ausgerüstet werden, daß es künftig seine Ladung – Dünnsäure – an Land pumpen kann, wo sie zu Gips neutralisiert werden soll. Bis vor kurzem hatte die „Kronos" die Dünnsäure noch in die Nordsee verklappt.

2. Methodischer Gang

2.1 Einleitung/Hauptteil/Schluß: Grundrhythmus des Unterrichts?

Nicht trotz, sondern wegen der im letzten Abschnitt benannten theoretischen Schwierigkeiten der Rechtfertigung des Unterrichtsverlaufs haben sich in den Schulen über die Jahrhunderte hinweg bestimmte *formale Strukturen der Untergliederung* herausgebildet, die auch von jenen Lehrern praktiziert werden, die sich nie in ihrem Leben mit den im THEORIE-TEIL aufbereiteten Stufen- und Phasenkonzepten beschäftigt haben. Diese formalen Strukturen finden sich in den individuell ausgeprägten Verlaufsformen, aber auch in Lehrplänen, Schulbüchern und Unterrichtsmaterialien. Fast alle diese Strukturen lassen sich auf den folgenden, bis in die antike Rhetorik verweisenden (vgl. Geißner 1978, S. 32) und auch aus der Aufsatzlehre bekannten Dreischritt zurückführen:

Es handelt sich hier um so etwas wie einen *methodischen Grundrhythmus*[1] schulisch institutionalisierter Lehre. Diese These darf nicht so mißverstanden werden, als ob es um ein »Naturgesetz« des Unterrichts ginge – Unterricht ist immer künstlich! Der Dreischritt ist vielmehr Ausdruck unseres gestaltenden, oft auch gewaltsamen Zugriffs auf den Lernweg der Schüler. Dieser gestaltende Zugriff ist nicht beliebig, sondern in die europäisch-abendländische Denktradition eingebunden, in der ähnliche Dreischritte auch in vielen anderen Kultur- und Kunstbereichen vorkommen. Er paßt deshalb insbesondere auf alle Formen eines thematisch orientierten, vorwiegend sprachlich vermittelten Unterrichts, der nach allem, was in der Bestandsaufnahme der SIEBTEN LEKTION festgestellt worden ist, ungefähr drei Viertel des gesamten Unterrichts ausmacht. Der Dreischritt paßt weniger gut auf selbstorganisierte und auf zufällige oder nebenherlaufende Lernprozesse.

1 Einen erschöpfenden Überblick über die in der Pädagogik entwickelten Varianten dieses Dreischritts finden Sie bei Vogel (1975) und Wiederholt (1981); vgl. auch Aebli (1976, S. 304–324), Stöcker (1970, S. 298) oder Fuhrmann (1987, S. 13 ff.).

These 8.2: Thematisch orientierter Unterricht erhält einen einsichtigen und nachvollziehbaren Aufbau, wenn er dem methodischen Grundrhythmus von Einstieg/Erarbeitung/Ergebnissicherung folgt.

These 8.2 ist freilich so trivial, daß es schon beinahe wieder weh tut! Wer wollte bestreiten, daß der Unterricht irgendwie und von irgendwem eingeleitet werden muß, daß es in ihm eine mittlere Phase gibt und daß er irgendwann (meistens durch das Klingelzeichen!) zum Abschluß gebracht wird? Die wirklichen Fragen an die Methode beginnen erst eine Etage tiefer – dort, wo gefragt wird, welche *gesetzmäßigen Beziehungen* zwischen den einzelnen Schritten bestehen.

In den von Lehrern und Schülern verinnerlichten *Unterrichtsbildern* über die Struktur des Unterrichtsverlaufs sowie in den in der Geschichte der Pädagogik entwickelten *Modellvorstellungen* zum Bildungsprozeß finden sich sehr unterschiedliche Deutungen der Gesetzmäßigkeit dieser Beziehungen:

- *Das Bild der Straße:* Die Schüler marschieren oder wandern eine mehr oder weniger gerade Straße vom Start bis zum vorgegebenen Ziel. Sie machen mehr oder weniger große Schritte; der Lehrer begleitet sie auf ihrer Wanderung, vielleicht macht er auch Mut, wenn die Beine lahm geworden sind.

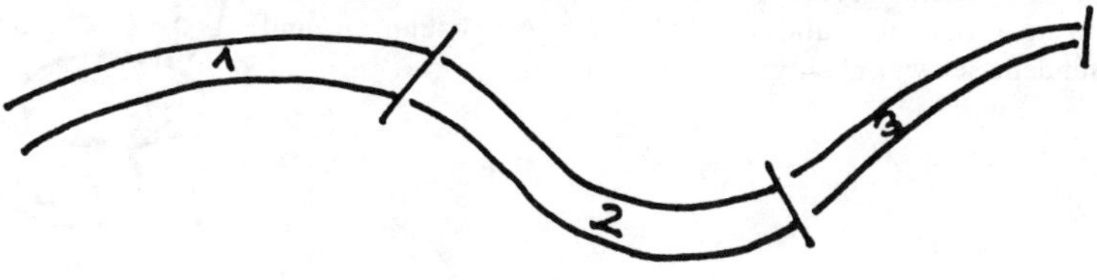

- *Das Bild der Treppe:* Die Schüler müssen eine Treppe mit vielen Stufen hochsteigen. Der Lehrer hat vorher dafür gesorgt, daß die Stufenfolge gleichmäßig ist, so daß möglichst kein Schüler stolpert. Von Stufe zu Stufe werden die den Schülern abverlangten Leistungen anspruchsvoller.

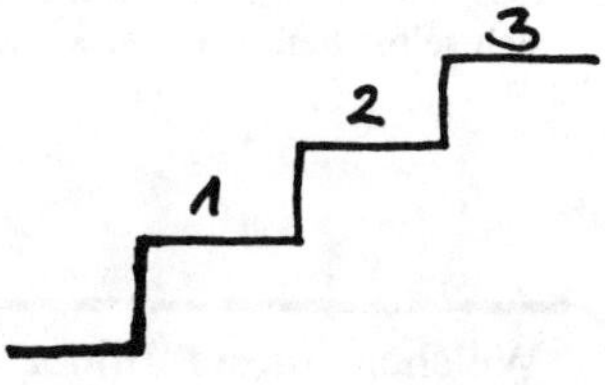

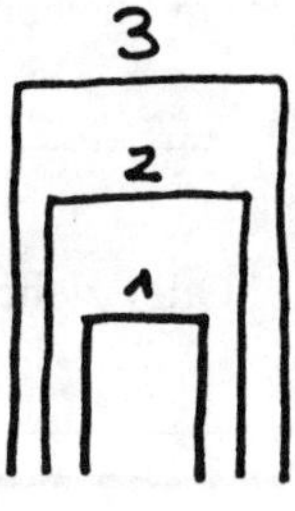

- *Das Bild ineinander geschachtelter Kartons:* Der Bildungsprozeß der Schüler wird als eine ineinander verschachtelte Schrittfolge immer anspruchsvollerer Leistungen interpretiert. Es entsteht ein hierarchisch gestufter Bildungsprozeß, in dem auf der nächsthöheren Bildungsstufe jeweils die Beherrschung der auf den vorausgegangenen Stufen eingeübten Kompetenzen vorausgesetzt und neu aktualisiert wird.

□ *Errichtung von Plattformen:* Die Schüler verweilen bei bestimmten Lerngegenständen, lernen sie gründlich kennen und beherrschen und können dann von diesem festen Grund aus – wie im Fluge – zur nächsten Plattform gelangen. Exemplarische Vertiefung und Mut zur Lücke gehören in diesem Bild vom Lernprozeß zusammen!

□ *Vertiefung und Besinnung:* In diesem Bild wird der Unterrichtsprozeß als ein methodisch bewußt herbeigeführter Wechsel von vertiefenden und zur Besinnung führenden Phasen interpretiert. Unterricht ist dann wie Ein- und Ausatmen; er wechselt zwischen Konkretion und Abstraktion, zwischen Beispiel und Gesetz, zwischen Handeln und Denken.

□ *Das Bild der Spirale:* Der Unterrichtsprozeß kann kreisförmig und in sich ruhend gedacht werden, aber dennoch einen Fortschritt an Problembewußtsein, Fülle der Anschauungen und wachsendem Schwierigkeitsgrad enthalten.

□ *Das Bild der Pflanze:* Der Bildungsprozeß wird in Analogie zu der sich schrittweise aus sich selbst heraus entwickelnden Pflanze gedacht (vgl. S. I, 157).

Welchem dieser Bilder entspricht Ihr eigenes Unterrichtsverständnis am ehesten?

____

Oder ziehen Sie ein weiteres, noch nicht benanntes Bild vor?

____

Bilder können uns gerade dann gefangen halten, wenn sie besonders anschaulich sind. Sie können den Blick auf die wirkliche Struktur des Unterrichtsprozesses verbergen. Deshalb ist eine Kritik dieser Bilder und die Überprüfung ihrer inneren Stimmigkeit wichtig:

- □ Das *Bild der Straße* ist trivial. Es ist nicht falsch, aber es schafft auch keinen Erkenntnisgewinn.
- □ Das *Bild der Treppe* ist differenzierter, aber ebenfalls noch mißverständlich. Es könnte den falschen Eindruck wecken, als ob es im Unterricht immer nur bergauf ginge. Es geht aber oft auch nur in die Breite, manchmal in die Tiefe und hier und dort auch bergab (z. B. bei der Entwicklung von Spontaneität und Neugier, von körperlicher Beweglichkeit, von Sangeslust und Zeichenfertigkeiten).
- □ Das Bild der ineinander geschachtelten *Kartons* enthält eine sehr wichtige Einsicht: Komplexe Schülerleistungen können nur dann erfolgreich bewältigt werden, wenn zuvor alle weniger komplexen Leistungsstufen erfolgreich gemeistert worden sind. Diese auch in den von Benjamin Bloom u. a. entwickelten Lernziel-Taxonomien verwandte und empirisch untermauerte Hierarchie-Hypothese (vgl. Meyer 1975, S. 103) wird von jedem berufserfahrenen Lehrer beachtet. Aber die Hierarchie-Hypothese ist nicht geeignet, die Abfolge einzelner Unterrichtsschritte zu begründen. Es ist nicht möglich, aus dem Schwierigkeitsgrad einer Aufgabe die Schrittfolge des Unterrichts herzuleiten. Davor haben auch die Erfinder der Lernziel-Taxonomien ausdrücklich gewarnt (vgl. S. I, 160). Das folgende *Beispiel* mag dies verdeutlichen: Wenn die Schüler einer Klasse einen Aufsatz schreiben sollen, so gibt es im Unterrichtsverlauf, in dem das Thema vom Lehrer gestellt, kurz besprochen, dann in Einzelarbeit ausgeführt (zunächst skizziert, dann vor- und reingeschrieben), danach kontrolliert wird, ein fortwährendes Auf und Ab des Schwierigkeitsgrades der vom Schüler zu erbringenden Lernleistungen.
- □ *Errichtung von Plattformen:* Dieses von Martin Wagenschein (1975, S. 10) übernommene Bild ist geeignet, das Auswahlprinzip angesichts der immer größer werdenden Stofffülle und -überfrachtung zu verdeutlichen. Es ist ein realistisches Bild vom Lernprozeß. Denn auch Experten in ihrem Fach überblicken so gut wie nie die gesamte Wissenschafts- oder Fachlandschaft. (Die letzten »Enzyklopädisten« (= Alleswisser) sind im 18. Jahrhundert ausgestorben!) Das Bild gibt aber keine Antwort darauf, wie denn nun der Schüler von der einen zur anderen Plattform gelangen soll: im Hubschrauber des Lehrers? Oder schwimmend?
- □ *Vertiefung und Besinnung:* Diese im Rückgriff auf Herbart formulierte Bestimmung des Bildungsprozesses (vgl. S. I, 166) ist sicherlich nicht auf alle Unterrichtsprozesse anzuwenden, aber sie macht es möglich, zu einem ansatzweise *dialektischen Unterrichtsverständnis* vorzustoßen.
- □ *Spirale:* Während im Bild der Treppe unser europäisch-abendländisches, zum Teil naives Fortschrittsdenken auf den Bildungsprozeß übertragen wird, kommt im Bild der Spirale ein komplexeres Bildungsverständnis zum Ausdruck, in dem das Fortschrittsbild und die Vorstellung eines in sich ruhenden, kreisförmigen (z. B. aus fernöstlichen oder indianischen Denkvorstellungen bekannten) Bildungsprozesses miteinander versöhnt werden.

  Im Bild der Spirale wird eine sehr anspruchsvolle, u. a. von Jerome Bruner vertretene Bildungsvorstellung auf den Begriff gebracht. Bruner und nach ihm viele andere Curriculumkonstrukteure haben versucht, ein umfassendes *»Spiral-Curriculum«* zu entwikkeln, in dem an immer wieder identischen Grundbegriffen und -strukturen immer komplexere Einsichten entwickelt werden sollen (vgl. Bruner 1970).

- Völlig ungeeignet für die Interpretation des Bildungsprozesses ist das zuletzt genannte Bild, das der *Pflanze*. Denn in ihm wird der Lehrer auf die Rolle des Gärtners reduziert, der nur noch ein wenig den Boden lockert und fleißig gießt – alles andere ergibt sich aufgrund einer genetisch programmierten Entwicklungsgesetzmäßigkeit.

Eine genauere Betrachtung der in den Bildern ausgedrückten Modellvorstellungen vom Bildungsprozeß macht also deutlich, daß sie nur teilweise oder gar nicht taugen, die alltägliche Planungsarbeit des Lehrers zu leiten. Sie sind einseitig auf die Lerngesetzmäßigkeiten des *einzelnen* Schülers fixiert. Sie sehen allesamt davon ab, daß schulisches Lernen überwiegend im Klassenverband stattfindet und daß auch der Lehrer mit seinen Lehrzielen und Handlungsmöglichkeiten den Unterrichtsprozeß bestimmt:

> **These 8.3:** Eine *allgemeingültige* lerntheoretische Begründung des Unterrichtsganges ist unmöglich. Die richtige Schrittfolge muß vielmehr für jedes Unterrichtsthema und für jede Schulklasse neu und unter Beachtung der Handlungsspielräume des Lehrers bestimmt werden.

Was folgt aus dieser These für die konkrete Planungstätigkeit von Lehrern? Negativ betrachtet die Tatsache, daß kein Lehrer von einer Lerntheorie – welcher Art und Vollkommenheit auch immer – erwarten kann, daß sie ihm die Arbeit der unterrichtsmethodischen Strukturierung seines Unterrichts abnimmt. Positiv betrachtet die befreiende Einsicht, daß die methodische Phantasie des Lehrers zwar durch Theoriewissen angeregt, aber nicht ersetzt werden kann!

Der methodische Grundrhythmus von Einleitung/Hauptteil und Schluß stellt also nicht mehr als eine grobe Richtschnur für die vorläufige Strukturierung thematisch orientierten Unterrichts dar. Der wirkliche Ablauf des Unterrichts ist viel, viel komplexer; er kennt Neben- und Hauptbühnen, er kennt Überlappungen, Stauungen, Unterbrechungen, Verschachtelungen, Schleifen und Neuanfänge, lockere und streng gegliederte Phasen. Die Kunst der guten Unterrichtsführung besteht darin, diesen breiten Strom von Lehrer- und Schüleraktivitäten konstruktiv zu wenden.

Keine Stunde ohne Methodenwechsel? Dieses weitverbreitete Unterrichtsrezept ist – für sich genommen – wenig wert. Es gibt kein Prinzip, das Methodenwechsel oder Methodenkontinuität vorschreiben könnte, vielmehr muß in jedem Fall neu entschieden werden, ob ein Methodenwechsel angesichts der Ziele und Inhalte der Stunde sowie der Lernvoraussetzungen der Schüler und der Methodenkompetenzen des Lehrers am Platze ist. Es gibt Lehrer, die höchst erfolgreich unterrichten, aber dennoch stunden-, ja wochenlang dieselbe Sozialform und dasselbe Handlungsmuster einsetzen. Im Blick auf die Praxis des Unterrichts, insbesondere von Berufsanfängern, ist die Forderung nach häufigerem Methodenwechsel jedoch zumeist berechtigt!

Das eigentliche Problem, das in dieser ACHTEN LEKTION zur Diskussion steht, liegt nicht in der Frage, *welche* Raster und Schemata einen optimalen und welche einen weniger optimalen Ablauf des Lernprozesses garantieren, sondern darin, wie *Ruhe und Muße* (= griechisch: scholé) für einen von den Schülern mitbestimmten, ihren individuellen Lernrhythmen entgegenkommenden Lehr- und Lernprozeß gefunden und gesichert werden können. Wir sollten uns immer wieder in Erinnerung rufen, daß die gewaltsame Zerstückelung des Schulvormittags in den 45-Minuten-Takt der Schulstunde und die mit ihr einhergehende Aufsplitterung der Unterrichtsinhalte kein Ergebnis pädagogischer Setzung und Reflexion, sondern eine Folge der in unserer Zivilisation üblichen Form der Institutionalisierung des Lehrens und Lernens ist. Die Zerstückelung der Sachbeziehungen innerhalb und zwischen den Fächern und die mit ihr einhergehende teilweise Zerstückelung der Sozialbeziehungen der Schüler kann pädagogisch nicht gerechtfertigt werden. Sie ist vielmehr ein Teil des *heimlichen Lehrplans* der Schule als Institution. Dieser Lehrplan lehrt, daß nichts so spannend sein darf, daß es nicht nach 45 Minuten unterbrochen werden könnte. Die in den gängigen didaktischen Modellen und auch in den Prüfungsordnungen der Zweiten Phase gemachte Unterstellung, daß praktisch jeder Lehrstoff in den Schulstundenrhythmus gepackt werden könne, ist auf jeden Fall falsch. Und selbst die noch grundlegendere Unterstellung, daß es möglich und sinnvoll sei, den anarchisch-lebendigen Lernprozeß von 20 oder 30 Schülern »über einen Kamm zu scheren« (sprich: im Klassenverband zu organisieren), ist trotz ihrer für den Schulbetrieb konstitutiven Bedeutung kein ehernes Gesetz, sondern eine problematische, immer neue Schwierigkeiten produzierende Annahme.

2.2 Dialektik von Führung und Aneignung

Die im letzten Abschnitt skizzierten Bilder über die gesetzmäßige Abfolge von Unterrichtsschritten dienen lediglich einer ersten Orientierung. Die Forderung, Einleitung, Hauptteil und Schluß zu unterscheiden, sagt ja nichts darüber aus, *welche* Handlungsmuster im Unterricht ausgewählt werden sollen und *wann* die Gliederung sinnvoll bzw. richtig und wann sie ungeschickt oder falsch ist. Die Antwort auf diese Frage kann nur dann gegeben werden, wenn es gelungen ist, die Ziele, Inhalte und Methoden des Unterrichts »auf einen Nenner zu bringen«, wenn also eine *innere Folgerichtigkeit* der vielen Einzelschritte hergestellt worden ist. Der äußerlich beobachtbare Stundenverlauf und seine innere Struktur müssen also in Übereinstimmung gebracht werden. Im THEORIE-TEIL ist dies als methodischer Gang des Unterrichts bestimmt worden (siehe S. I, 130). Ich wiederhole die Arbeitsdefinition wegen ihrer Wichtigkeit:

Definition Nr. 13: Der methodische Gang beschreibt die Prozeßstruktur des Unterrichts. Er ergibt sich aus der Wechselwirkung zwischen dem methodischen Handeln des Lehrers und dem der Schüler. Der methodische Gang hat eine äußere, in der zeitlichen Abfolge der Unterrichtsschritte vorliegende und eine innere, aus der Folgerichtigkeit dieser Schritte zu erschließende Seite.

In der Geschichte der Pädagogik sind zum Teil sehr unterschiedliche, oft sich im Gegensatz ergänzende Muster des methodischen Ganges erarbeitet worden:

- ☐ Der methodische Gang kann, wie dies schon von Johann Friedrich Herbart als grundlegende Unterscheidung beschrieben worden ist, entweder *synthetisch* (also viele Teile zu einem Ganzen zusammensetzend) oder *analytisch* (also das Ganze in seine Teile zergliedernd) verlaufen. So kann z. B. im Leselehrgang mit einem ganzen Satz begonnen werden, der dann in seine Teile zerlegt wird, oder man sucht den Anfang bei den einzelnen Buchstaben bzw. Lauten, die zu einem Wort und dann zu einem Satz zusammengesetzt werden.
- ☐ Der methodische Gang kann vom *Einfachen* zum *Komplizierten* oder umgekehrt führen (wobei das logisch Einfache nicht unbedingt das psychologisch Einfache ist).
- ☐ Er kann vom *Vertrauten* zum *Fremden*, Abstoßenden oder Verwirrenden führen und umgekehrt.
- ☐ Er kann vom *Eindeutigen* und Gewissen zum *Zweideutigen*, Ungewissen, Widersprüchlichen und Paradoxen führen oder umgekehrt vom Staunen, Zweifeln und Verwirrtsein zur Sicherheit und Klarheit lenken.
- ☐ Er kann vom *Abstrakten* zum *Konkreten* oder umgekehrt vom Konkreten zum Abstrakten führen; er kann z. B. von einer Fallstudie zur Ermittlung allgemeiner Gesetzmäßigkeiten führen, er kann aber auch vom Gesetzeswissen zu verdeutlichenden Fallbeispielen führen.
- ☐ Er kann eher *deduktiv* sein, also von einer grundsätzlichen Klärung des Unterrichtsthemas zu vielfältigen Beispielen und Anwendungen fortschreiten; er kann auch *induktiv* sein, also aus Einzelheiten und konkreten Anwendungen auf das Allgemeine schließen.
- ☐ Der methodische Gang kann *kreisend* (zyklisch) sein; er kann aber auch *spiralförmig* angelegt sein, also immer wieder gleiche Themenstellungen auf jeweils höherem Kompetenzniveau aufarbeiten.
- ☐ Er kann mit einer hohen *Lehrerdominanz* beginnen und mit einer entsprechend hohen Schüleraktivität enden; er kann umgekehrt von der *Selbsttätigkeit* der Schüler zur lehrerzentrierten Ergebnissicherung führen.

- ☐ Er kann von *materiellen*, konkret ausgeführten Tätigkeiten schrittweise zu geistigen, *verinnerlichten Tätigkeiten* führen und umgekehrt (wie dies z. B. beim Aufbau des Zahlbegriffs in der Grundschule praktiziert wird).
- ☐ Er kann von einer gefühlvollen, *ganzheitlichen* Einbindung der Schüler in das Thema zu einer *rational-begrifflichen Klärung* voranschreiten; er kann umgekehrt mit der rationalen Klärung beginnen und mit einem moralischen Appell enden.

Gerade Anfänger im Lehrgeschäft neigen dazu, die Planung des methodischen Ganges mit der Zergliederung des Lehrstoffes in Sacheinheiten zu verwechseln! Die Kunst der rechten Vorbereitung besteht aber gerade darin, die Inszenierung des Unterrichtsthemas so vorzubereiten, daß die Schüler nicht zu Statisten, sondern zu den Hauptdarstellern werden.

Der Lehrer sollte für ein ausgewogenes Verhältnis von lehreraktiven, eher darbietenden und schüleraktiven, der Selbsttätigkeit Raum lassenden Unterrichtsphasen sorgen. Im methodischen Grundrhythmus von Einleitung, Hauptteil und Schluß ist dieser Wechsel angelegt, auch wenn er in den Zwängen des täglichen Schulbetriebs und manchmal auch in der Bequemlichkeit der Lehrer und Faulheit der Schüler untergehen kann:

- ☐ In der *Einleitung* muß der Lehrer dafür Sorge tragen, daß eine gemeinsame Orientierungsgrundlage für den zu erarbeitenden Sach-, Sinn- oder Problemzusammenhang hergestellt wird. Dies macht nicht immer, aber doch in vielen Fällen eine *führende Rolle des Lehrers* erforderlich.
- ☐ Im *Hauptteil* sollen sich die Schüler in den neuen Sach-, Sinn- oder Problemzusammenhang einarbeiten. Dies ist ohne ein hohes Maß an Eigentätigkeit der Schüler kaum zu schaffen. *Die Schüler erhalten eine führende Rolle.*
- ☐ Im *Schlußteil* müssen sich Lehrer und Schüler darüber verständigen, was im Unterricht herausgekommen ist und wie es weitergehen soll. Dies macht eine *gemeinsame Führung* des Unterrichtsverlaufs notwendig.

Lehrer und Schüler müssen sich im Unterricht *auseinander-setzen*, um sich wieder *zusammenraufen* zu können. Der Lehrer kann wirbeln und streiten, er kann den großen Zampano spielen – aber er kann nicht an Stelle der Schüler lernen!

These 8.4: Der methodische Gang des Unterrichts ergibt sich aus dem dialektisch zu interpretierenden Wechsel von Führungstätigkeit des Lehrers und Aneignungstätigkeit der Schüler bei der Bewältigung der gestellten Aufgabe (vgl. Klingberg 1982a, S. 220f.).

Ich möchte diese These am Beispiel der Übungsaufgabe aus Abschnitt 1.2 präzisieren. Viele verschiedene Lösungen dieser Übungsaufgabe sind denkbar; eine mögliche Lösung könnte z. B. so aussehen:

1. Schritt:	Der Lehrer klärt im gelenkten Gespräch die Vorkenntnisse der Schüler und entwickelt aus dem Gespräch heraus einen Lehrervortrag über Ziele und Aktionsformen von Greenpeace, über die Produktionsbedingungen der Chemiefabrik Kronos-Titan und über die zweitägige Blockade des mit Dünnsäure beladenen Verklappungsschiffes im Hafen von Nordenham.
2. Schritt:	Der Lehrer informiert die Schüler über das geplante Streitgespräch und über die Pro-und-Contra-Abstimmung am Stundenschluß. Er stellt einen themendifferenzierten Arbeitsauftrag für die Gruppenarbeit.
3. Schritt:	Die Schüler erarbeiten in mehreren Kleingruppen die Interessen der am Streit direkt Beteiligten (Greenpeace und Kronos-Titan) sowie der indirekt Betroffenen (Belegschaft der Firma, Stadtverwaltung, Vertreter der Tourismusindustrie). Dazu verwenden sie Zeitungsausschnitte, die der Lehrer an die Gruppen verteilt hat.
4. Schritt:	Jeweils ein Vertreter der vier oder fünf Gruppen beteiligt sich an einem Streitgespräch im Plenum. Die übrigen Schüler erhalten einen Beobachtungsauftrag.
5. Schritt:	Das Streitgespräch wird auf der Grundlage des Beobachtungsbogens ausgewertet. Zum Schluß findet eine Abstimmung darüber statt, welche Schüler das Vorgehen von Greenpeace unterstützen und welche es ablehnen.

Diese fünf Schritte lassen sich ohne Mühe auf den Dreischritt Einleitung/Hauptteil/Schluß zurückführen:

- □ Zunächst geht es um die Ermittlung der Vorkenntnisse und die Sicherung der allgemeinen Orientierungsgrundlage für Lehrer und Schüler (1. und 2. Schritt).
- □ Danach folgt eine zeitaufwendige Phase der Aufbereitung und Verarbeitung der eingegebenen Informationen (3. Schritt).
- □ Zum Schluß folgt die zweigestufte Auswertungsphase (4. und 5. Schritt).

Damit ist aber nicht mehr als der Nachweis erbracht, daß auf der *äußeren Seite* eine plausible und sicherlich auch für die Schüler nachvollziehbare Komposition von Handlungsmustern vorgenommen worden ist. Aber erst dann, wenn die *innere Seite* dieses Stundenverlaufs in den Blick genommen wird, können substantielle Urteile über die Qualität der Stunde abgegeben werden. Wenn das erklärte Ziel des Lehrers darin bestand, den Schülern zu einer reflektierten eigenen Position in der Auseinandersetzung um das Problem »Dünnsäure-Verklappung in der Nordsee« zu verhelfen, dann können *zwei Strukturlinien* ausgemacht werden, durch deren Verfolgung der Lehrer sein Ziel zu erreichen versucht:

- □ Die *erste Linie* bezieht sich auf die Präsentation der Inhalte. Der Lehrer versucht hier, *induktiv* vorzugehen. Er nutzt das konkrete Beispiel der Nordenhamer Hafen-Blockade dazu, allgemeine Fragestellungen und Probleme im Interessenkonflikt von Politik, Arbeitsplatzsicherung und Umweltschutz zu verdeutlichen.

☐ Die *zweite Linie* des methodischen Ganges dieser Stunde kommt dann in den Blick, wenn nach der Qualität der Schüler-Handlungen gefragt wird. Hier ist ein *schrittweiser Übergang* von einer zunächst stark *lehrerzentrierten*, rezeptiven und verbal orientierten Eingangsphase zu einer *schüleraktiven*, jedoch ebenfalls der Arbeit am Text- und Bildmaterial gewidmeten zweiten Phase zu beobachten, die dann im 4. Schritt zu einem rollenspiel-ähnlichen aktiven Erproben der neu erarbeiteten Position weiterführt, um dann im 5. Schritt wieder von der Aktion zur Reflexion zurückzufinden, die diesmal jedoch nicht durch den Wissensvorsprung des Lehrers bestimmt wird, sondern der Aufarbeitung der von den Schülern selbst gemachten Erfahrungen dient.

Ich halte fest: Es ist ungenau, von »dem« methodischen Gang einer Stunde oder Unterrichtseinheit zu sprechen. In Wirklichkeit lassen sich in jeder Stunde bzw. Einheit mehrere Strukturlinien nachweisen. Der methodische Gang dieser Doppelstunde könnte deshalb erstens als induktiv, zweitens als schüler-aktivierend bzw. handlungsorientiert und sicherlich auch als »ganzheitlich« charakterisiert werden. Schaut man sich die (in einem Seminar zur Unterrichtsmethodik erarbeitete) Stundenplanung mit den Augen eines Routiniers an, so werden allerdings mindestens *zwei problematische Stellen* der Planung deutlich, durch die die innere Folgerichtigkeit des methodischen Ganges gefährdet wird:

☐ Es hängt sehr viel davon ab, ob die vom Lehrer mitgebrachten Zeitungsartikel tatsächlich das hergeben, was für den methodischen Gang unverzichtbar ist, nämlich eine differenzierte Analyse der Interessen der Beteiligten und der Betroffenen. Angesichts des plakativen und oft auch verschleiernden Charakters von Zeitungsartikeln sind hier Zweifel angebracht.

☐ Es wird in einer 10. Realschul- oder Gymnasialklasse sicherlich keine Schwierigkeiten geben, die Schüler für das Streitgespräch zu gewinnen. Aber je lustvoller und engagierter die Schüler diskutieren, um so größer ist die Gefahr, daß sie gar nicht mehr die vorher angeeigneten neuen Argumentationsstrukturen einüben, sondern in ein klischeehaftes Reproduzieren der gängigen Vorurteile über Greenpeace und über die chemische Großindustrie verfallen.

☐ Deshalb kommt dem letzten Schritt der Doppelstunde, der Auswertungsphase, entscheidendes Gewicht zu. Nur dann, wenn Lehrer und Schüler einen Moment innehalten und darüber nachdenken, was sie bei dem lustvollen Schlagabtausch während des Streitgesprächs neu lernen konnten, kann das Ziel dieser Stunde erreicht werden. Die vorgesehene Schlußabstimmung darf deshalb nicht zu einem Wettbewerb zwischen »Siegern« und »Verlierern« ausarten! Es muß deutlich werden, daß mehrere begründete Positionen in dieser strittigen Frage möglich sind!

Endete diese Stunde mit dem Streitgespräch, so hätte ihr methodischer Gang einen Bruch! Gelänge es den Schülern nicht, die Argumentationsstruktur des »Gegners« ein Stück weit zu durchschauen und auch nachzuvollziehen, so wäre die Stunde problematisch! Es reicht nicht aus, »action and fun« zu machen. Vielmehr kommt es darauf an, neue Erkenntnisse zu gewinnen und zu sichern sowie methodische Handlungskompetenzen der Schüler aufzubauen. Der Erkenntnisgewinn dieser Doppelstunde könnte in einer vertieften Einsicht in den Zusammenhang von Konzernmacht und Arbeitsmarktpolitik sowie in die Ursachen der ökologischen Bedrohung der Nordsee liegen. Der methodische Kompetenzzuwachs könnte darin bestehen, daß sich die Schüler besser als vor dieser Stunde in ihnen fremde Rollen einfühlen können und daß sie die Spielregeln des Handlungsmusters »Streitgespräch« erlernt bzw. weiter verfestigt haben.

Die Frage, ob der methodische Gang dieser Doppelstunde in sich schlüssig ist, kann hier nicht definitiv entschieden werden: zum einen deshalb nicht, weil wir nur über die Stundenplanung sprechen und nicht über wirklichen Unterricht, zum anderen, weil die innere Seite des methodischen Ganges grundsätzlich nur durch eine *hermeneutische Interpretation* des Gesamtzusammenhanges erschlossen werden kann (siehe S. I, 130 f.). Die Einzelschritte müssen in einen *Begründungs- und Sinnzusammenhang* eingeordnet werden, den der unterrichtende Lehrer, die unterrichteten Schüler oder auch jeder hinzukommende Beobachter an eine solche Stunde herantragen. Jeder, der ein Urteil über diese Stunde abgibt, konstruiert einen solchen Begründungs- und Sinnzusammenhang. Denn erst dann, wenn eine »Idee vom Ganzen« vorliegt, kann ein Urteil über die Folgerichtigkeit oder Widersprüchlichkeit der einzelnen Schritte dieser Stunde getroffen werden. Diese Idee vom Ganzen hat der Lehrer im Verlauf seiner Berufssozialisation entwickelt; sie ergibt sich aus seinen verinnerlichten Bildern vom guten Unterricht. Für die Schüler und Unterrichtsbeobachter gilt das Gleiche: Der Sinnzusammenhang, aus dem heraus die Stunde interpretiert, gelobt oder kritisiert wird, ist kein materialisierter Gegenstand, sondern eine Projektion der Teilnehmer dieser Stunde. Dies macht die Bestimmung des methodischen Ganges schwierig, aber nicht willkürlich. Sie muß sich in der Veröffentlichung der von den Urteilenden zugrunde gelegten Unterrichtsbilder als vernünftig ausweisen lassen.

Ich fasse zusammen: Der methodische Gang des Unterrichts konstituiert sich dadurch, daß Lehrer und Schüler in konkreten Handlungssituationen (also kurzen Unterrichtsszenen, die vom Lehrer und von den Schülern mit subjektivem Sinn belegt sind) interagieren. Aus mehreren Handlungssituationen bzw. Szenen werden die komplexeren Handlungsmuster zusammengesetzt, und aus der Abfolge und inneren Zielgerichtetheit der Handlungsmuster ergibt sich der methodische Gang. Es geht, wie dies in der Zeichnung S. 115 angedeutet wird, um *sich überlagernde, immer abstrakter werdende Betrachtungsebenen* des Unterrichtsprozesses:

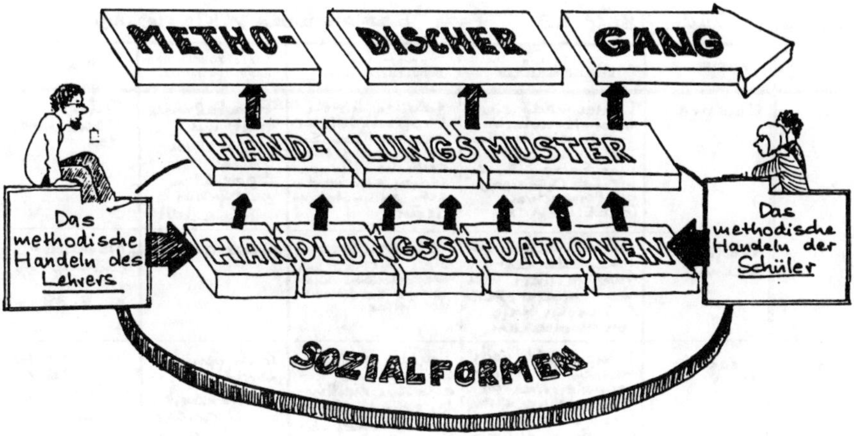

3. Anhang: Raster-Fahndung

Studenten und Referendare werden während ihrer Ausbildung genötigt, ihre Verlaufsplanung vor Beginn der Stunde schriftlich festzulegen. Dies soll dem Auszubildenden helfen, während der Stunde den Kopf freizuhalten für Unvorhergesehenes, für Schwierigkeiten und Neuigkeiten, für all das, was nicht so läuft, wie man es sich gedacht hatte. Wird diese *Orientierungsfunktion* der Raster betont, so ist zu fordern, daß sie:

- ☐ möglichst einfach und übersichtlich gestaltet werden,
- ☐ keine Informationen zu enthalten brauchen, die »nur« der Rechtfertigung des Stundenverlaufs gegenüber dem Ausbilder dienen,
- ☐ ruhig individuell variiert werden können.

Diesen Ansprüchen genügt das folgende *Standard-Raster,* das so oder mit geringfügigen Variationen überall in der ersten und zweiten Phase der Lehrerbildung verwandt wird:

Doppelstunde 18.11.88 - Fach Sozialkunde / Klasse 10

ZEIT	PHASEN	geplantes LEHRERVERHALTEN	erwartetes SCHÜLERVERHALTEN	SOZIALFORMEN und HANDLUNGSMUSTER	MEDIEN
10'	Einstieg	Lehrer macht einen informierenden Unterrichtseinstieg (Tafel!) und sagt einige Sätze über Ziele und Organisationsformen von GREENPEACE.	Schüler hören (hoffentlich interessiert!) zu. Sie werden aufgefordert, die Informationen stichwortartig zu protokollieren.	Frontalunterricht mit: - Lehrervortrag - gelenktem Gespräch - Tafelarbeit	Tafel; Schülerkladden
5'	Problematisierung	Lehrer verteilt fotokopierte Zeitungsartikel über die GREENPEACE-Aktion im Hafen von Nordenham.	Schüler lesen den Artikel und unterstreichen ihnen wichtig erscheinende Sätze.	Einzelarbeit	Nordwest-Zeitungs-Artikel vom 16.8.88
40'	Erarbeitung	Lehrer läßt nach kurzem Unterrichtsgespräch über die Fragestellung drei Gruppen bilden und gibt ihnen themendifferenzierte Arbeitsaufträge.	Schüler bilden 3 Gruppen und erarbeiten die Hintergründe des Nordenhamer Interessenkonflikts: - Position von KRONOS-Titan - Position von GREENPEACE - Interessen der Tourismus-Industrie	Gruppenunterricht mit: - Textarbeit - und Schülerdiskussion	vom Lehrer bereitgestellte Hilfsmittel: - Umwelt-Lexikon - Chemie-Lexikon - Informationsbroschüren von GREENPEACE und KRONOS-TITAN
20'	Ergebnissicherung	Lehrer kündigt an, ein Streitgespräch über den Interessenkonflikt durchzuführen und besetzt die Rollen (gemäß Gruppenzugehörigkeit!)	Je 2 Schüler vertreten eine Position; die Schüler werden ermuntert, die Ergebnisse der Gruppenarbeit einzubringen	Frontalunterricht mit: - Streitgespräch - gelenktem (Auswertungs-)Gespräch Sitzordnung ändern!	—
10'		Kurzes Auswertungsgespräch			

Im folgenden sollen die einzelnen Spalten des Rasters für Studienanfänger und Referendare kurz erläutert werden:

- **ZEIT-Spalte:** Ab und an wird darüber gestritten, ob diese erste Spalte überhaupt erforderlich sei. Ich meine: ja! Denn die verfügbare Zeit ist fast immer knapp. Deshalb sollte man sich schon vorher überlegen, wie realistisch die Zeitplanung ist. Die manchmal von Seminarleitern erhobene Forderung, auf die Minute genau anzugeben, was wann zu geschehen habe, finde ich jedoch überzogen und gefährlich. Denn so exakte Zeitangaben sind nur dann einzuhalten, wenn der Unterricht starr und lehrerzentriert abläuft und wenn jede nicht-erwartete Schülerinitiative abgeblockt wird.

Sie sollten deshalb als Berufsanfänger ganz gelassen bleiben, wenn Sie mit Ihren Prognosen über den Zeitbedarf danebentippen. Auch berufserfahrene Lehrer vertun sich dabei immer wieder – sie sind jedoch geschickter im Korrigieren einer durcheinandergeratenen Zeitplanung. Sie können ein Unterrichtsgespräch strecken oder kürzen; sie haben auch gelernt, die Arbeit am Thema so rechtzeitig abzubrechen, daß in der nächsten Unterrichtsstunde ein vernünftiger neuer Einstieg möglich bleibt usw.

- **PHASEN-Spalte:** Diese Spalte wird manchmal weggelassen. Das halte ich jedoch für falsch! Das Ausfüllen dieser Spalte zwingt Sie, sich Klarheit über die didaktische Funktion des jeweiligen Unterrichtsschrittes zu verschaffen – und das ist immer gut!

  Auf S. 101 sind einige Begriffe zur Kennzeichnung der Phasen aufgelistet. Selbstverständlich können Sie sich auch eigene Begriffe ausdenken; Sie sollten dann aber darauf achten, daß das gewählte Wort die von dem Schritt erhoffte didaktische Funktion deutlich zum Ausdruck bringt. Bei den Begriffen wie »Problemformulierung«, »Stufe der Motivation«, »Anwendung« oder »Transfer« ist dies gewährleistet. Bei Begriffen wie »Gruppenarbeitsphase«, »Spontanphase«, »Schluß« o. ä. bleibt jedoch unklar, was dieser Schritt bewirken soll. Deshalb rate ich, solche Begriffe zu vermeiden. (Der Begriff »Spontanphase« ist auch deshalb ungeeignet, weil er unterstellt, man könne Spontaneität verplanen.)

- **GEPLANTES LEHRERVERHALTEN/ERWARTETES SCHÜLERVERHALTEN:** Diesen zwei Spalten ist zu Recht der meiste Platz im Raster vorbehalten. Denn hier geht es darum, realistisch und genau zu planen, welche Handlungsschritte der Lehrer gehen will und wie er sich die Beteiligung der Schüler vorstellt. Berufserfahrene Lehrer, die ihre Klassen lange kennen, haben zumeist wenig Mühe, die Spalte mit dem »erwarteten Schülerverhalten« auszufüllen. Sie »kennen ihre Pappenheimer«. Berufsanfänger haben hier größere Schwierigkeiten. Oft fällt es ihnen leichter, aufzuschreiben, was die Schüler möglichst *nicht* tun sollten. (Die Spalte müßte dann in »*befürchtetes* Schülerverhalten« umbenannt werden!) Aber schon nach wenigen Wochen eigener Unterrichtspraxis legt sich diese Anfänger-Unsicherheit, ja man kann dann mit seinen Kommilitonen stundenlang darüber palavern, was dieser oder jener Schüler wohl tun wird, wie Heike reagiert, was Paul dazu sagt . . .

  Die Aufteilung in zwei Spalten ist, wie die Beispiele von S. 96 und S. 277 zeigen, nicht zwingend. Wichtig ist lediglich zu bedenken, daß zwischen den guten Absichten des Lehrers und dem tatsächlichen Handeln der Schüler beträchtliche Unterschiede bestehen können.

- **SOZIALFORMEN und HANDLUNGSMUSTER:** In den gängigen Rastern wird an dieser Stelle oft auch von »Unterrichtsmethoden« und von »Unterrichtsformen« gesprochen. Das ist nicht falsch, aber ungenau (siehe THEORIE-BAND, S. 125). Ich rate Ihnen deshalb, die Sozialform einzutragen und zusätzlich zu vermerken, welche Handlungsmuster bzw. Aktionsformen der Lehrer und/oder seine Schüler in dem durch die Sozialformen abgesteckten Rahmen nutzen sollen.

- **MEDIEN:** Diese Spalte soll so etwas wie eine Erinnerungsstütze sein: »Was muß ich an Materialien, Folien usw. in die Stunde mitbringen? Welche Geräte müssen vorher aufgebaut werden?«

  Die Bedeutung der Medien im Unterricht hat sicherlich zugenommen. Gerade Studenten und Referendare kommen ab und an wie hochgerüstete Pioniere in den Unterricht: mit Arbeitsblättern, Wandzeitungen, Hellichtschreiber-Folien und vielem anderen mehr. Dabei gerät leicht aus dem Blick, daß das wichtigste Medium, das der Lehrer in den Unterricht mitbringt, er selbst ist! (Siehe auch S. I, 149)

- Manche Raster enthalten eine weitere Spalte, die mit »DIDAKTISCHER KOMMENTAR« o. ä. überschrieben ist. Ich halte diese Spalte für entbehrlich, weil sie während des Unterrichtens keine zusätzliche Orientierungshilfe liefert, sondern »nur« der Begründung der getroffenen Entscheidungen dient. Deshalb gehört der Kommentar entweder in den schriftlichen Entwurf der Stunde oder in das Auswertungsgespräch.

Die Orientierungsfunktion der Raster ist allerdings nur die eine Seite der Medaille. Raster dienen immer auch der Gängelung und Kontrolle des Auszubildenden. Sie haben eine *Disziplinierungsfunktion*! (Deshalb gibt es in Ausbildungsseminaren auch öfter Konflikte zwischen Seminarleitern und Referendaren über die Anlage dieser Raster!) Oft genug wird dem Anfänger in der Nachbesprechung sein eigener »geplanter Verlauf« unter die Nase gehalten:

- □ »Warum sind Sie ausgerechnet an dieser Stelle von Ihrer Planung abgewichen?«
- □ »Ihr Lehrervortrag kam doch viel zu spät! Die zehn Minuten, die Sie für das gelenkte Gespräch benötigt haben, waren doch vertane Zeit!«
- □ »Warum haben Sie hier in der Rubrik ›Sozialformen‹ die Partnerarbeit eingetragen, dann aber doch die Schüler Einzelarbeit machen lassen? Oder haben Sie das gar nicht bemerkt?«
- □ »Das war doch ganz unrealistisch, daß Sie hier nur 7 Minuten für die Gruppenarbeitsphase eingetragen haben! Das hätte ich Ihnen gleich sagen können, daß das nicht reicht!«

Auswertungsgespräche dieser Art bleiben oberflächlich, weil in ihnen lediglich die äußere Seite des methodischen Ganges erfaßt und problematisiert wird. Es ist aber notwendig, bis zur inneren Folgerichtigkeit vorzudringen. Dies kann nur dann gelingen, wenn alle Teilnehmer am Gespräch ihre eigene »Idee vom Ganzen« veröffentlichen, wenn sie also den Sinnzusammenhang beschreiben, aus dem heraus sie zu ihrem Urteil über die Stunde gekommen sind.

Auswertungsgespräche der oben skizzierten Art werden von Studenten und Referendaren zu Recht gefürchtet. Wenig fair ist der Tatbestand, daß sich ja nur der Student bzw. Referendar *vor* Stundenbeginn eindeutig festlegen muß und dann hinterher »genagelt« werden kann, während Fachleiter, Seminarleiter und Hochschullehrer davon profitieren können, daß man hinterher immer klüger als vorher ist. Ein im Blick auf den methodischen Gang der Stunde begründetes Abweichen vom geplanten Stundenverlauf sollte vielmehr als ein besonderes Qualitätsmerkmal der Methodenkompetenz dieses Anfängers betrachtet werden. Deshalb ist es sinnvoll, ja notwendig, *offenere Planungsraster* zu entwickeln, die die wünschenswerte Orientierungsfunktion erfüllen, aber die Abhängigkeit des methodischen Ganges vom Handlungsspielraum des Lehrers sowie den Lernvoraussetzungen und Interessen der Schüler betonen. Man kann z. B. *Planungsalternativen*, Reserve- und Puffer-Schritte und Problembeschreibungen in das Raster integrieren:

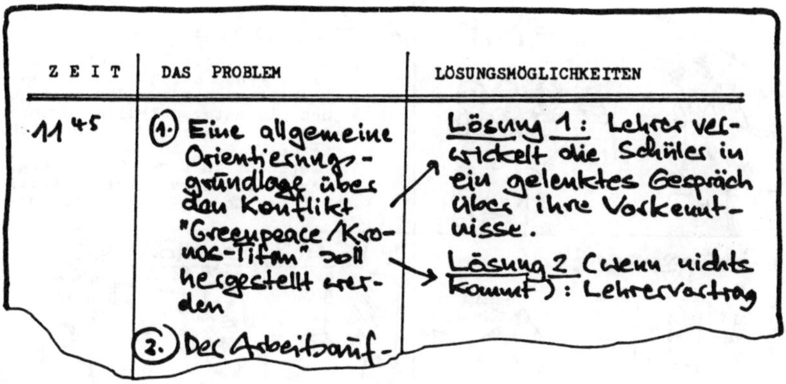

Man kann das übliche Spalten-Schema auch durch das folgende *Kästchen-Schema* ersetzen, in dem durch die Plazierung und Größe der Kästchen zugleich das Gewicht und der Zeitbedarf des jeweiligen Unterrichtsschrittes angedeutet wird:

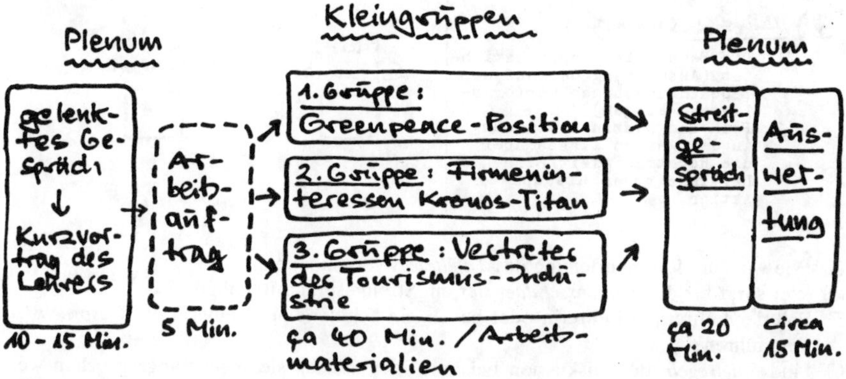

Man kann auch versuchen, den »geplanten Stundenverlauf« in Strichmännchen-Manier zu *zeichnen*, wobei es selbstverständlich nicht auf Schönheit ankommt! Dabei gelingt es aus naheliegenden Gründen zumeist gut, die Sozial- und Handlungsdimension des Unterrichts zu erfassen, während die Ziel- und Inhaltsdimension schwerer zu integrieren ist (s. Abb. auf S. 120).
Die zeichnerische Vorwegnahme des geplanten Unterrichts kann, wenn sie ein wenig geübt worden ist, für den Berufsanfänger eine deutliche Orientierungshilfe liefern. Sie dient der Einfühlung in die Lehrerrolle und der Vergegenständlichung der Schülerrolle. Zugleich trägt das Zeichnen dazu bei, ansonsten leicht übersehene Planungsprobleme aufzudecken:

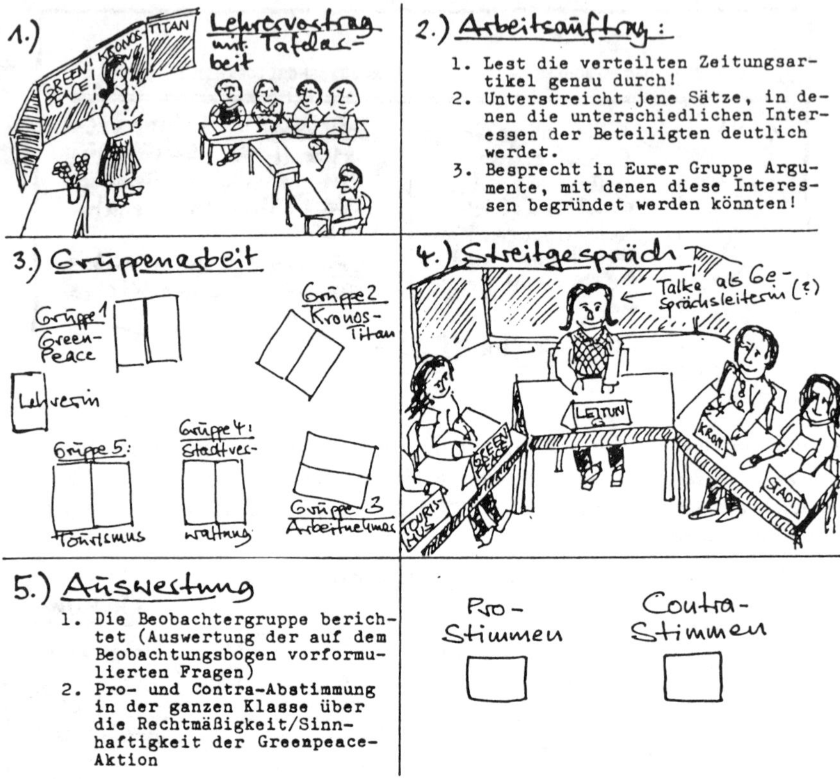

- ☐ Wie wird die Raumaufteilung des *Tafeltextes* vorgenommen?
- ☐ Wer sorgt für die *Namensschilder* der am Streitgespräch Beteiligten?
- ☐ Soll der Lehrer/die Lehrerin oder besser ein Schüler/eine Schülerin die *Gesprächsleitung* führen?
- ☐ Sind *Spielregeln* der Diskussion bekannt oder müssen sie vorher abgesprochen werden?

Berufserfahrene Lehrer benutzen die im Studium und Referendariat üblichen Raster der Unterrichtsplanung so gut wie nie mehr (vgl. S. 404 und Meyer 1980, S. 174ff.). Sie haben sich im Verlauf ihrer Routinebildung eigene, auf die individuellen Bedürfnisse zugeschnittene Formen der Unterrichtsvorbereitung erarbeitet. Aber auch Routiniers müssen sich immer wieder anstrengen, um bei neuartigen Themenstellungen oder in schwierigen Klassen eine deutliche Artikulation des vorgesehenen Unterrichtsablaufs zustande zu bringen. Dazu benutzen sie *Spickzettel*, *Grob-* und *Umrißplanungen*, die im Prinzip nichts anderes als die den Studenten und Referendaren abverlangten Stundenverläufe darstellen.

NEUNTE LEKTION:

Inhalt + Ziel

Einstieg, Erarbeitung und Ergebnissicherung bilden so etwas wie den methodischen Grundrhythmus schulisch institutionalisierter Lehre. Dieser Grundrhythmus legt nahe, nach einer lehreraktiven Einstiegsphase eine lange und gründliche Phase der schüleraktiven Verarbeitung folgen zu lassen, die dann in die vom Lehrer und den Schülern gemeinsam geleistete Ergebnissicherung mündet (vgl. die ACHTE LEKTION).

In dieser sehr lang geratenen NEUNTEN LEKTION werden für jeden dieser drei Grundschritte die didaktischen Funktionen bestimmt, aus den Funktionen didaktische Kriterien abgeleitet und dann durch eine bunte Palette konkret beschriebener Beispiele erläutert. Dabei werden konventionelle, im wesentlichen sprachlich vermittelte Handlungsmuster den sinnlich-ganzheitlichen, die Selbsttätigkeit der Schüler herausfordernden Handlungsmustern gegenübergestellt.

1. Unterrichtseinstieg

1.1 Theoretische Funktionsbestimmung

Der Unterrichtseinstieg ist – wie der Name sagt – dazu da, den Schülern den Einstieg in ein neues Thema bzw. eine neue Lernaufgabe zu erschließen. Er ist sozusagen das »Tor«, durch das der Schüler in die neue Lern-Landschaft hinauswandert, oder die »Hefe«, die den angerührten Teig zum Aufgehen bringt.

Der Begriff bezeichnet einen bestimmten Schritt bzw. eine Stufe oder Phase des Unterrichts – in diesem Falle den ersten. Man könnte begrifflich und inhaltlich zwischen dem »Stundeneinstieg« und dem »Einstieg in ein neues Thema« unterscheiden. Aus reinen Platzgründen wird darauf in dieser Lektion verzichtet. Es geht im folgenden also sowohl um Stundenanfänge wie auch um Einstiege in größere Themenkomplexe.

Der Einstieg soll das neue Thema für die Schüler auf- oder erschließen. In der didaktisch-methodischen Literatur[1] wird diese *Grundfunktion des Erschließens* in eine Reihe von Teilfunktionen aufgeschlüsselt:

- ☐ Der Einstieg soll bei den Schülern eine *Fragehaltung* wecken.
- ☐ Er soll die Schüler *neugierig* machen.
- ☐ Er soll das *Interesse* und die *Aufmerksamkeit* auf das neue Thema, auf das zu lösende Problem, auf die zu erwerbende Qualifikation lenken.
- ☐ Er soll die Schüler über den geplanten Unterrichtsverlauf *informieren*.
- ☐ Er soll die *Vorkenntnisse* und *Vorerfahrungen* zum Thema in Erinnerung rufen.
- ☐ Er soll die *Verantwortungsbereitschaft* der Schüler wecken; sie sollen die Chance wahrnehmen, mitzuplanen und mitzureden.
- ☐ Der Einstieg kann unter Umständen auch aus einer *Provokation* der Schüler bestehen. Dann hat er die Funktion, vertraute und liebgewordene Vorstellungen zu *verfremden*.
- ☐ Häufig hat der Einstieg zusätzlich die Funktion, das, was schon bekannt ist, mit dem, was neu erarbeitet werden soll, zu verknüpfen. Der Einstieg leistet dann eine *Vernetzung von Ergebnissicherung und Neuanfang* (z. B. in der übenden Wiederholung oder in der Hausaufgabenkontrolle zu Stundenbeginn).

Der Einstieg hat nicht nur eine kognitive, sondern auch eine affektive (= auf Gefühle, Einstellungen und Werthaltungen bezogene) und manchmal auch eine psychomotorische (= auf die Verbindung von Kopf- und Handarbeit zielende) Dimension. Dies machen auch die in diesem Buch über Unterrichtsmethoden enthaltenen Einstiege (z. B. die der DIDAKTISCHEN LANDKARTEN oder das zu Beginn der VIERZEHNTEN LEKTION vorgeschlagene Experiment zur Körpersprache) deutlich:

---

1 H. Roth (1963, S. 124–128); Stöcker (1970, S. 319–324); Aschersleben (1974, S. 31–33); Grell/Grell (1979, S. 134–171); Klingberg (1982a, S. 319–322); Prange (1983, S. 169–183); Wagenschein (1975, S. 14f.).

These 9.1: Der Unterrichtseinstieg soll – mit unmittelbarer oder mittelbarer Hilfe des Lehrers – die Schüler für das Thema und das Thema den Schülern erschließen.

Es geht um einen Prozeß der *doppelseitigen Annäherung* (vgl. Klafki 1963, S. 44 u. S. 134): Einerseits soll das Thema so aufbereitet werden, daß die Schüler in den Stand versetzt sind, es möglichst selbsttätig anzueignen; andererseits sollen sich auch die Schüler auf das Thema zubewegen; sie sollen neugierig und kribbelig auf das werden, was da auf sie zukommen könnte.

In den seltenen Glücksstunden der Schule kann es auch passieren, daß sich *die Schüler selbst* einen Einstieg in ein neues Thema erarbeiten, so daß der Lehrer »nur« noch die Moderation des Lernprozesses übernehmen muß. *Friedrich Copei* (1902–1945), ein Schüler des Geisteswissenschaftlers Eduard Spranger, hat in seinem bis heute lesenswerten Buch »Der fruchtbare Moment im Bildungsprozeß« eine solche Situation beschrieben:

Auf eine Schulwanderung hat einer der Jungen eine Büchse kondensierte Milch mitgebracht, die, den meisten Landkindern etwas Neues, schon mit Interesse betrachtet wird. Feierlich öffnet der Besitzer die Büchse, indem er an einer Stelle ein Loch in den Büchsendeckel bohrt. Er will die Milch ausgießen – aber keine Milch fließt heraus! Nur beim Schütteln spritzen einige Tropfen. Alles staunt: Wie kommt das nur? Die anderen raten ihm: »Du mußt das Loch größer machen«. Er tut's – ohne merklichen Erfolg. Einer vermutet: »Die Milch ist wohl dick geworden, vielleicht ist das Loch verstopft« – aber eine Verstopfung ist nicht zu entdecken. Die anderen wenden auch ein:»Wir haben ja ganz flüssige Milchtropfen herausspringen sehen!« Der Junge beharrt: »Da muß aber doch etwas davorsitzen, sonst flösse die Milch doch heraus!« Andere sagen ihm: »Aber es sitzt doch nichts davor«. Der Lehrer wirft ein »Nichts?« ein. Antwort: »Nur Luft, sonst nichts, wir haben's ja probiert«. Da meldet sich einer der Jungen zu Hilfe. Er schlägt ein zweites Loch in die Büchse, so wie er das schon irgendwo gesehen hat. Allgemeines Staunen, denn plötzlich fließt die Milch in schönem Strahl glatt aus der einen Öffnung. Aber sie fließt nur, solange die Büchse schräg gehalten wird. Als man die Büchse senkrecht hinstellt, damit die Milch zugleich aus beiden Löchern kommen solle, hört das Fließen wieder auf, und nur wenige Tropfen kommen. Die Kinder sind verblüfft. Man läßt sie mit ihren Fragen, wie das nur kommen könne, vielleicht ruhig erst einmal heimgehen. Man hat sich die Aufgabe gestellt, morgen in der Schule zu überlegen, wie das wohl komme. – Am anderen Tage werden die Versuche noch einmal gemacht und dann in der Besinnung nebeneinander gestellt. Zuerst werden die beiden Fälle überlegt, in denen keine Milch herauskam. Schematische Zeichnungen verdeutlichen sie. Wieder wird die Verwunderung darüber ausgesprochen, daß die Milch nicht herauskommt und daß ihr doch etwas im Wege stehen müsse. Das kann aber nur die Luft sein, denn nichts steht sonst im Wege. Also muß wohl im ersten Falle die Luft die Milch nicht ausfließen lassen. »Und im zweiten Falle?« – »Da steht auch vor der zweiten Öffnung nur die Luft; auch hier kann nur die Luft die Milch zurückhalten.« – »Wer ist nun ›stärker‹, die Milch oder die Luft?« – »Die beiden sind gleich stark, denn die Milch kann ja nicht heraus.« – Und nun der dritte Fall: »Wann fließt es?« – »Wenn die Büchse schräg gehalten wird.« – »Wer ist nun der Stärkere?« – »An dem einen Loch die Milch, und zwar unten, denn da kommt sie heraus.« – »Und am oberen Loche?« – »Da kann die Milch nicht der Stärkere sein, da kommt sie nicht heraus, obwohl sie vor dem Loche steht.« – Da meldet sich auch einer, der das Glucksen der eindringenden Luft gehört hat: »Da ist die Luft stärker gewesen«. – »Wie kam das?« – An der Skizze wird festgestellt, daß die Milch, wo sie unten zusammenfließt, besonders stark drücken muß und daß oben nur wenig Milch ist, die herausdrückt. – »Wer ist da also stärker?« – »Die Luft.« – Jetzt verstehen die Kinder plötzlich die doppelte Druckbewegung der ausströmenden Milch und der einströmenden Luft. Jetzt sehen sie auch ein, warum die Milch so glatt fließen kann, wenn das andere Loch offen ist. Die Luft drückt ja dahinter. Noch einmal wird

probiert, ob die Vermutungen stimmen, etwa so, daß man das Loch beim Ausfließen der Flüssigkeit aus dem anderen Loche wieder zuhält. Richtig, sobald wir mit dem Finger das Luftloch zuhalten, hört das schnelle Fließen auf. Alle die Versuche lassen sich mit demselben Ergebnis auch bei Wasser wiederholen. Was wir also nur notgedrungen vermutet hatten, stimmt. Die Luft kann wirklich im Wege stehen, die Luft übt einen Druck aus. – Jetzt melden sich auch Jungen, welche ähnliche Dinge vom Ausschütten einer vollen Flasche erzählen, und leicht kommt man auch hier und bei jedem anderen herangezogenen Beispiel zur Lösung, kennt man doch jetzt die Druckwirkung der Luft.

Die Stadien des Prozesses sind deutlich zu erkennen: Stutzen, Fragen, Vermutungen, Probieren und Beobachten, Ordnen der Fälle, Analyse der Einzelfälle, Vergleich, Feststellungen des ganzen Prozesses, dann Einsicht in den Zusammenhang, der in der Frage gesucht wurde. Man wird die Nachprüfung hier schnell durchführen können, das Herantragen der anderen Beispiele gibt ja auch Gelegenheit, das Prinzip des Luftdrucks auf breiter Basis auszuprobieren.

Der Lehrer hat nur wenig eingegriffen. Er hat nur den Anstoß, den ein Zufall gab, wirksam ausgenutzt.

Aus: Friedrich Copei: Der fruchtbare Moment im Bildungsprozeß. 3. Aufl. Quelle & Meyer Verlag, Heidelberg · Wiesbaden (1955, S. 103 f.)

Man mag die ländliche Idylle und die heile Welt kritisieren, die in diesem 50 Jahre alten Beispiel zum Ausdruck kommt. Aber auch dann behält das Beispiel seine Bedeutung. Es verdeutlicht im Kontrast die Schwäche vieler Vorschläge und Konzepte für den Unterrichtseinstieg, die in der allgemein- und fachdidaktischen Literatur gemacht werden: Sie denken vom Thema und/oder vom Lehrer aus. Aber erst dann, wenn der Einstieg vom Schüler aus gedacht wird, wird er gut!

1.2 Praktische Funktionsbestimmung

Zwischen den ausgeklügelten, manchmal auch didaktisch überfrachteten Unterrichtseinstiegen, die in Prüfungsstundenentwürfen und didaktischen Materialien angeboten werden, und den in langen Jahren der Unterrichtspraxis eingeschliffenen Stundeneröffnungen besteht oft ein himmelweiter Unterschied. Man kann nicht warten, bis *alle* Schüler motiviert und bei der Sache sind; es ist schier unmöglich, *sämtliche* relevanten Vorkenntnisse der Schüler zu ermitteln und dann auch in der Einstiegsphase zu reaktivieren, usw. Aber die in der Theorie entwickelten Modellvorstellungen und die in der Praxis eingeschliffenen Muster des Unterrichtseinstiegs haben eines gemeinsam: An den Vorschlägen zur Gestaltung des Unterrichtseinstiegs lassen sich die Charakteristika und Akzentsetzungen dieser Modelle *wie durch ein Brennglas vergrößert* studieren.[2] Und auch aus der Art und Weise, in der ein routinierter Praktiker seine Unterrichtseinstiege zu gestalten pflegt, können deutliche Rückschlüsse auf das Fachverständnis und die Fachkompetenz, auf das Unterrichtsverständnis und Schülerbild dieses Praktikers gezogen werden:

- ☐ Der eine Lehrer verzichtet auf jeden Motivations-Rummel, kommt sofort zur Sache, überfällt die Schüler förmlich mit dem Thema und erzwingt so ihre Aufmerksamkeit.
- ☐ Der andere Lehrer kommt ruhig und gelassen in die Klasse, erkundigt sich erst einmal nach diesem oder jenem, macht diesen oder jenen Exkurs, um dann reichlich spät, aber dafür in aufgeräumter Atmosphäre, mit der eigentlichen Unterrichtsarbeit zu beginnen.

---

2 In der *Bildungstheoretischen Didaktik* stand die Frage im Vordergrund, *an welchen Inhalten*, Frage- oder Problemstellungen der Bildungsprozeß des Schülers am sinnvollsten ansetzen könne: »Welches sind die besonderen Fälle, Phänomene, Situationen, Versuche, Personen, Ereignisse, Formelemente, in oder an denen die Struktur des jeweiligen Inhaltes den Kindern dieser Bildungsstufe, dieser Klasse interessant, fragwürdig, zugänglich, begreiflich, ›anschaulich‹ werden kann«, fragte Wolfgang Klafki in der fünften und letzten Frage seiner Didaktischen Analyse (Klafki 1963, S. 140).
Sehr viel einfacher machen es sich die Vertreter der *Lernzielorientierten Didaktik*: Man möge doch, bitte schön, den Schülern die Lernziele nennen, dann würden sie schon wissen, wohin der Hase läuft: »Wenn Sie jedem Lernenden eine Ausfertigung Ihrer Lernzielbeschreibung geben, werden Sie selbst nicht mehr viel zu tun haben«, schreibt Robert

- ☐ Der eine Lehrer hat ein *deduktives*, der andere ein *induktives* Vorgehen verinnerlicht; ersterer wird also mit begrifflich-abstrakten Vorklärungen, mit Gesetzesformulierungen oder Grundstrukturen einsteigen; letzterer wird mit Beispielen, Fällen, Anwendungsbezügen o. ä. beginnen.
- ☐ Der eine Lehrer hat sich angewöhnt, bei der Einführung in ein neues Thema erst einmal ein *gelenktes Gespräch* anzuzetteln und so lange raten und fabulieren zu lassen, bis ein Schüler das neue Thema genannt hat, das dann an der Tafel als Überschrift festgehalten wird. Der andere beginnt praktisch jede Stunde mit einer knappen Information über den geplanten Stundenverlauf.

Lehrer entwickeln individuelle Stile der Phasierung des Unterrichts, die deutlich machen, daß die in der Allgemeinen Didaktik in Jahrzehnte langer Diskussion erarbeitete These der Wechselwirkung von Ziel-, Inhalts- und Methodenentscheidungen (vgl. S. I, 92) in der Praxis nur unter Vorbehalt gilt: Wenn immer wieder ähnliche Einstiegsformen gewählt werden, obwohl sich die Inhalte fortwährend ändern, so verliert die Wechselwirkungsthese an Gültigkeit. Dies dürfte daran liegen, daß aus Ziel- und Inhaltsentscheidungen keine strengen Ableitungen zu treffen sind, vor allem aber daran, daß der Unterrichtseinstieg mindestens ebenso deutlich durch die institutionellen Rahmenbedingungen und die Lernvoraussetzungen der Schüler bestimmt wird. Ich möchte diese These an einem krassen Beispiel verdeutlichen. Es geht um den Einstieg in eine Sportstunde in der Grundschule. Dieser Einstieg ist nicht frei erfunden, sondern er gibt wieder, wie der Autor selbst vor 20 Jahren an einer niedersächsischen Volksschule unterrichtet hat.

Sportunterricht – Klasse 4

Die Sportstunde beginnt bereits in der Pause: Die Mehrzahl der Schüler drängelt sich schon minutenlang vor der auf dem Schulgelände befindlichen Turnhallentür.

- ☐ Es klingelt. Der Klassen- und Sportlehrer Meyer kommt zur Tür. Er schließt die Tür auf, ermahnt dabei einzelne Schüler: »He, Egon, wie oft soll ich dir das noch sagen, daß an der Tür nicht so gedrängelt wird!«
- ☐ Die Schüler stürmen in die Umkleideräume, knallen ihren Turnschuhbeutel auf

---

Mager, der Apostel der Lernziel-Fetischisten. – Jeder berufserfahrene Lehrer weiß, daß diese Vorstellung naiv ist!

Im *Erfahrungsbezogenen Unterricht* (Scheller 1981, vgl. S. I, 198) wird die Aneignung der je subjektiven Schülererfahrungen an den Anfang gerückt, weil das übergeordnete Ziel dieses Konzeptes anders gar nicht erreicht werden könnte.

In stärker *wissenschaftsorientierten Ansätzen*, z. B. dem von Jerome Bruner vorgeschlagenen Konzept der »Struktur der Disziplin«, wird von der ersten Unterrichtsstunde an mit den zentralen Strukturbegriffen einer Fachdisziplin gearbeitet (vgl. Bruner 1970; Ford/Pugno 1972; Tütken/Spreckelsen 1970).

Und in dem in diesem Buch favorisierten *Handlungsorientierten Unterricht* wird vorgeschlagen, schon in der Eingangsphase einen handelnd-erprobenden Umgang mit dem neuen Thema zuzulassen.

die Bänke und ziehen sich blitzschnell um. (Nur eine kleinere Gruppe läßt sich Zeit, trödelt, freut sich, wenn die stürmischeren Schüler raus sind.)

□ Der Lehrer verschwindet im Lehrerraum, kommt einen kurzen Augenblick später mit Trillerpfeife und drei oder vier Bällen unter dem Arm wieder.

□ Die ersten in die Halle stürmenden Schüler erhalten die Bälle. Alle rennen durcheinander, einige Schüler turnen durch das Geräteabteil, um die verlorenen Bälle wieder zu holen. Die Trödler kommen in die Halle. Der Lehrer pflaumt sie an: »Los, los! Seht zu, daß ihr auf Trab kommt!«

□ Nach drei oder vier Minuten pfeift der Lehrer einmal kurz auf der Trillerpfeife, sagt kein weiteres Wort. Die Schüler laufen weiter, formen aber einen Kreis und machen die Hoch- und Strecksprünge nach, die ihnen der Lehrer vormacht. Es folgen Variationen des Laufstils und einige gymnastische Übungen.

□ Nach abermals drei Minuten läuft der Lehrer in die Mitte der Halle und hebt nur leise die Hand: Die Schüler sammeln sich langsam um ihn herum, hocken sich hin und heben ebenfalls eine Hand. Sie haben rote Gesichter, sind außer Puste.

□ *Lehrer:* »So, wir machen heute Bodenturnen. Holt bitte die Matten aus dem Geräteschuppen!«

Ein bestimmtes fachdidaktisches Konzept ist in diesem Einstiegs-Beispiel nicht zu erkennen. Der Einstieg spottet, wie man so schön sagt, jeder Beschreibung. Kein Wunder – denn der Autor und Lehrer hatte nie in seinem Leben irgendwelche sportpädagogische Ausbildung genossen. Dennoch hat er jahrelang – und dies zur Zufriedenheit der überwiegenden Zahl seiner Schüler – immer wieder, also zweimal jede Woche, denselben Einstieg praktiziert. Warum? M. E. ist dieser Einstieg so »erfolgreich« gewesen, weil er institutionelle Erfordernisse und die Bedürfnisse der Schüler auf einen Nenner gebracht hat:

□ Der Einstieg ist hochgradig *ritualisiert.* Er funktioniert gerade deshalb so gut, weil er immer wieder gleich abläuft. Der Lehrer schont dabei seine Stimme und seine Nerven, und die Schüler wissen, was auf sie zukommt und können jede Sekunde nutzen, um sich endlich auszutoben.

□ Die diffuse Voreinstellung der Schüler, daß der Kopf für den Sportunterricht überflüssig oder sogar hinderlich sei, wird durch diesen Einstieg verfestigt, statt daß sie abgebaut würde. Sport-Treiben als *tendenziell bewußtloses Toben* drückt zugleich ein bestimmtes Verhältnis von Lehrer und Schülern zum eigenen Körper aus. Sportunterricht dieser Art fördert nicht die sinnlich-ganzheitliche Körper-Seele-Entwicklung, sondern verschärft die durch Medienindustrie, kommerzialisierten Freizeitsport und Körperfeindlichkeit der Gesellschaft produzierte *falsche kompensatorische Funktion* des Sports: Er soll den ansonsten vorherrschenden verkopften und entsinnlichten Unterricht erträglich machen.

- ☐ Dieser Einstieg spricht die *Gefühle* der Schüler an! Er sichert die emotionale Umorientierung der Schüler vom üblichen Frontalunterricht mit seinem Zwang zum Stillsitzen und Aufmerksamsein zum Turnhallen-Unterricht mit seinen deutlich anderen Sozialformen und Kommunikationsstrukturen. Die feste Erwartungshaltung der Schüler, jetzt erst einmal laufen, schreien, toben, klettern, rangeln und schubsen zu dürfen, wird durch den Einstieg befriedigt.
- ☐ Der Einstieg *diszipliniert* die Schüler durch die Freigabe ihres Bewegungsdranges. Der in der Pause beim langen Warten und Drängeln vor der Turnhallentür entstandene Handlungsstau kann sich entladen. Es gab in den ersten Minuten dieser Sportstunden ein geradezu explosionsartig ausbrechendes Toben, Kreischen und Rasen. Die »eigentlich« vorgesehene Bodenturn-Übung wäre nur mit drakonischen Disziplinierungsmaßnahmen als Einstieg realisierbar gewesen. Erst Minuten später, nachdem sich die Schüler schnaufend, pustend und kurzfristig erschöpft um den Lehrer versammelt hatten, waren sie bereit, sich auf neue Übungen und Sportarten einzulassen.

Dieses Beispiel macht die in These 9.1 aufgestellte allgemeine Funktionsbestimmung für Unterrichtseinstiege nicht hinfällig – aber es macht deutlich, daß die »Erschließung« der Schüler für das neue Thema zunächst einmal in einem handfest-banalen Sinne darin bestehen muß, sie zu dirigieren, zu formieren und zu disziplinieren. Sportunterricht hat in dieser Hinsicht nur scheinbar einen Sonderstatus. In vielen anderen Fächern finden sich im Prinzip gleiche *»Schrotschuß-Einstiege«*:

- ☐ Die 5 Minuten Kopfrechnen, mit denen viele Mathematiklehrer in der Grundschule und in der Sekundarstufe I den Unterricht einleiten, dienen nicht nur der Übung von Rechenfertigkeiten, sondern auch der Disziplinierung und der geistigen Umorientierung der Schüler auf das Fach.
- ☐ Das übende Wiederholen, das Vokabel- oder Geschichtszahlenabfragen, das Singen eines Liedes haben eine vergleichbare Funktion; vielleicht kann sogar die in regelmäßigen Abständen wiederholte »Standpauke« des Lehrers das gleiche ausrichten.

Von einer *gezielten* Vorbereitung auf das neue Thema kann bei diesen Einstiegsformen keine Rede sein; vielleicht funktionieren sie gerade deshalb so gut, weil sie unspezifisch sind. Solche Einstiege haben eher die Aufgabe, den Seelen-, Körper- und Pausenschutt beiseitezuräumen, der den »eigentlichen« Beginn der Arbeit behindert.

> **These 9.2:** Unterrichtseinstiege dienen der Formierung der Sinne und der Stillstellung der Schüler-Körper. Sie haben sowohl eine Erschließungs- als auch eine Disziplinierungsfunktion.

Deshalb ist der skizzierte Einstieg in die Sportstunde gar nicht so übel, wie es auf den ersten Blick erscheinen mag: Solange die institutionellen und curricularen Rahmenbedingungen des Unterrichts ein sinnlich-ganzheitliches, selbsttätiges und ansatzweise selbstbestimmtes Lernen der Schüler über weite Strecken unmöglich machen, kann auf die Disziplinierungsfunktion und auf die Ritualisierung des Unterrichtseinstiegs kaum verzichtet werden.

1.3 Didaktische Kriterien für einen guten Unterrichtseinstieg

Zwischen den in der Theorie entwickelten didaktisch-methodischen Ansprüchen und den in der Praxis vorgefundenen Arbeitsbedingungen bestehen – wie die beiden letzten Abschnitte deutlich machen sollten – beträchtliche Unterschiede. Der Lehrer muß also immer wieder Kompromisse machen. Die in den Beispielen angedeuteten Ansprüche und Kriterien für gute Einstiege werden damit aber nicht hinfällig oder weniger wichtig! Man könnte sogar umgekehrt argumentieren, daß sie unter schwierigen Arbeitsbedingungen noch wichtiger sind als sonst. Kriterien dürfen per definitionem nicht mit der Wirklichkeit selbst verwechselt werden. Sie sind vielmehr der Maßstab, an dem vorliegende didaktische Entwürfe bzw. beobachtete Unterrichtsstunden beurteilt werden können.

Ich schlage vor, folgende fünf Kriterien für die Planung und Beurteilung von Unterrichtseinstiegen zugrunde zu legen:

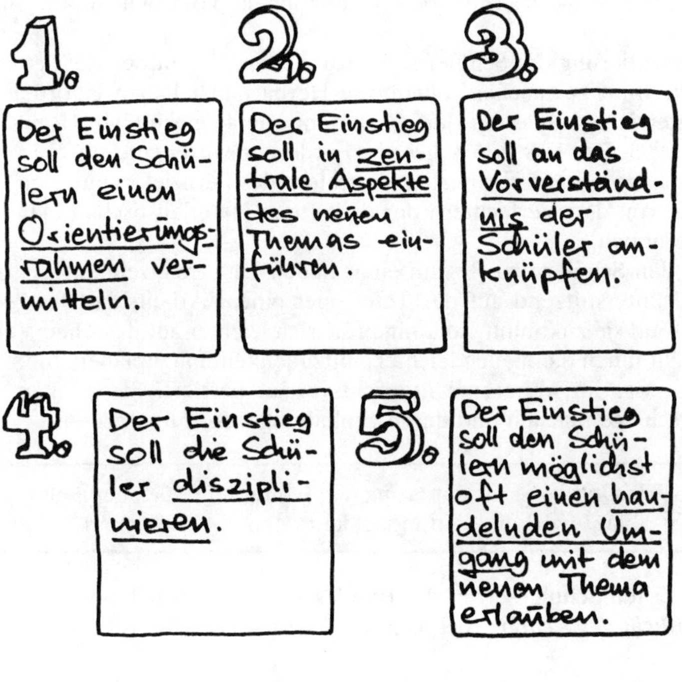

Kurz gefaßt: der Unterrichtseinstieg dient der *Reduktion von Komplexität.* Er macht das neue Thema für den Lehrer und die Schüler griffig und bearbeitbar.

(1) Einen Orientierungsrahmen schaffen

Die Schüler haben einen Anspruch darauf, vom Lehrer gezeigt zu bekommen, wie *er* mit dem neuen Unterrichtsthema umzugehen gedenkt. Er muß die Schüler über den Umfang, die Aspekte und Dimensionen des neuen Themas informieren; er sollte zeigen, mit welchen Methoden und Verfahren am Thema gearbeitet werden kann.

> Für Studenten und Referendare, die erstmalig vor eine Klasse treten, hat der Einstieg zusätzlich die Bedeutung einer *Visitenkarte*: Sie sagen damit, wer Sie sind, was Sie können und was Sie wollen.

Da bei der Mehrzahl der in der Schule vorgeschriebenen Unterrichtsthemen nur der *Lehrer* einen ausreichenden Überblick über die Gesamtthematik haben kann, heißt dies, daß er in der ersten Phase des Einstiegs in der Regel eine *führende und aktive Rolle* übernehmen muß. Es gibt allerdings bei genauerem Hinsehen viele Themen, bei denen auch die Schüler sehr viel zur einführenden Strukturierung beitragen können! (Beispiele dafür im Abschnitt 1.4)

Die Orientierung der Schüler soll dazu dienen, sie mit der *Zielstellung* der Stunde vertraut zu machen. Schon die Herbartianer haben gefordert, jede neue Unterrichtsstunde mit der »Zielorientierung« einzuleiten (Rein/Pickel/Scheller 1903, Bd. 1, S. 126); dieselbe Forderung wird heute sowohl von den verhaltenstheoretisch orientierten Vertretern des Lernzielorientierten Unterrichts wie von den Verfechtern der dialektisch-materialistischen Handlungstheorie erhoben.

Wenn den Schülern zu Beginn einer neuen Unterrichtseinheit gesagt und eventuell unterstützend auf der Tafel oder einem Arbeitsblatt festgehalten wird, was auf sie zukommt, so können sie sich leichter auf das Thema einstellen. Es fällt ihnen dann auch leichter, mitzudenken, mitzuplanen und zu kontrollieren, was im weiteren Unterrichtsverlauf passiert. Sie können Änderungsvorschläge machen und deren Einhaltung besser überprüfen.

> **These 9.3:** Durch die Orientierung der Schüler über den geplanten Unterrichtsablauf wird die Verbindlichkeit der Arbeit gesichert.

In den meisten Schulgesetzen der Bundesländer ist deshalb auch eine *Informationspflicht des Lehrers* rechtlich festgeschrieben:

□ § 61, Abs. 3 des Niedersächsischen Schulgesetzes lautet z. B. »Inhalt, Planung und Gestaltung des Unterrichts sind mit den Klassenschülerschaften zu erörtern« (Niedersächsisches Schulgesetz 1980, S. 37). – Wer die Schulen von innen kennt, weiß, daß sehr viele Lehrer Tag für Tag dieses Gesetz brechen! Selbstverständlich wird dem Lehrer durch das Schulgesetz nicht vorgeschrieben, zu welchem Zeitpunkt er seiner Informationspflicht nachzukommen hat. Es kann unter bestimmten Bedingungen durchaus sinnvoll sein, die eigenen Absichten ein Stück weit zurückzuhalten. In aller Regel wird der Lehrer jedoch *zu Beginn* einer Unterrichtsphase mit den Schülern über die Ziele, Inhalte und Methoden des Unterrichts sprechen.

Es muß aber auch die *Gefahr* gesehen werden, die Schüler durch eine zur Routine erstarrte, rein verbale Information über den weiteren Unterrichtsverlauf zu *überfordern*. Gerade leistungsschwächere Schüler können mit der Information über den geplanten Unterrichtsverlauf oft wenig anfangen; noch weniger hilft es ihnen, wenn der Lehrer nichts anderes tut, als die Lehrziele der neuen Unterrichtseinheit auf abstraktem Niveau zu erläutern. Es kann bei entsprechenden Schülereinstellungen und Lernvoraussetzungen auch immer wieder passieren, daß die Information über den neuen Inhalt statt der erhofften Motivation und Neugier eher Desinteresse und Langeweile (»Jesus hatten wir schon!«) oder gar aggressive Ablehnung (»Bloß keine Algebra!«) hervorruft.

Die Forderung des ersten Kriteriums darf also nicht auf eine rein kognitive Orientierung verkürzt werden. Die Orientierung muß vielmehr so oft wie möglich zu einer *ganzheitlichen, sinnlich-anschaulichen und/oder schüleraktiven Einführung* genutzt werden.

(2) Zum Kern der Sache kommen

Der Einstieg soll, wenn irgend möglich, ins *Zentrum* des Sach-, Sinn- oder Problemzusammenhanges führen, den es neu zu erschließen gilt. Es ist nicht gut, wenn wegen eines kurzfristigen Motivationseffektes der Einstieg an ein zwar interessantes, aber doch äußerlich oder nebensächlich bleibendes Detail geheftet wird. Dies *muß* bei den Schülern über kurz oder lang Unbehagen, ja Aggressionen wecken, weil sie sich vom Lehrer verschaukelt und getäuscht fühlen. Ein gut gemachter Einstieg führt ins Zentrum; er ist so etwas wie eine *Schlüsselszene*, von der aus das ganze neue Lerngebiet erschlossen werden kann.

Sie können sich das mit dem zweiten Kriterium Gemeinte am Bild der *Russischen Puppe* verdeutlichen – jenen buntbemalten Holzpuppen, die, fünf- oder sechsmal ineinander verschachtelt, doch immer wieder die gleiche, wenn auch unterschiedlich große Form und

dasselbe Bild zum Vorschein bringen: Jede Puppe ist wie jeder ideale Unterrichtsschritt in sich vollständig ausgebildet und geformt, aber erst gemeinsam ergeben sie das Ganze.

Es geht bei diesem zweiten Kriterium um das, was in der Bildungstheoretischen Didaktik als das *Exemplarische*, das *Elementare* oder das *Fundamentale* bezeichnet worden ist (vgl. S. I, 210).

(3) Das Vorverständnis der Schüler beachten

Seit jeher ist in der Pädagogik gefordert worden, »den Schüler dort abzuholen, wo er steht«. Der Grundsatz stammt ursprünglich nicht einmal aus der Pädagogik, sondern aus der Predigtlehre. (Deshalb kann man z. B. bei Martin Luther sehr gut studieren, was damit gemeint ist.)

> »Mein Mentor sagte immer, daß man die Schüler dort abholen solle, wo sie stehen. Aber bisher habe ich keinen kennengelernt, der mir sagen konnte, *wo* meine Schüler stehen.« (Gabriele Lehmann, Berufsschullehrerin)

Ich schlage vor, mit dem Begriff Vorverständnis das Gesamt an Vorkenntnissen, Einstellungen, Interessenlagen und Haltungen der Schüler zu verstehen, die ihr Denken, Fühlen und Handeln im Unterricht steuern (vgl. auch Hauke 1987). Auch sehr subjektive und eher zufällige bzw. situationsabhängige Faktoren wie Zahnschmerzen, die in der Stunde vorher ausgeteilte und schlecht ausgefallene Klassenarbeit, föhniges Wetter, Pausenstreitereien und vieles andere mehr beeinflussen das Vorverständnis.

Die praktische Umsetzung der Forderung, vom Vorverständnis auszugehen, bereitet beträchtliche Schwierigkeiten. Heinrich Bauersfeld und Jörg Voigt (1986) haben gezeigt, wie leicht sich Lehrer etwas in die Tasche lügen, wenn sie mit Hilfe des sogenannten gelenkten Unterrichtsgesprächs die Vorkenntnisse ermitteln wollen. Mit der Frage »Was interessiert euch denn am Thema?« ist es zumindest nicht getan (vgl. S. 414). Deshalb sollte bei der Umsetzung des dritten Kriteriums auf folgende Punkte besonders geachtet werden:

1. Der Lehrer soll sich auf die Vor*kenntnisse* der Schüler beziehen.
2. Der Lehrer soll sich auf die *Sprache*, die Denk- und Weltbilder der Schüler beziehen (was nicht heißt, daß er die Sprache seiner Schüler imitieren, sondern daß er selbst sie erst einmal verstehen lernen soll).
3. Der Lehrer soll sich in die *Handlungslogik* der Schüler hineindenken, aber dennoch deutlich machen, daß er eigene und für sinnvoll gehaltene Lehrziele verfolgt.
4. Der Lehrer soll ein *Unterrichtsklima* schaffen, in dem sich die Schüler wohl- und angenommen fühlen, so daß sie bereit sind, ihr Vorverständnis zum neuen Thema zu artikulieren.

(4) Eine disziplinierte Arbeitshaltung herstellen

Der Unterrichtseinstieg hat oft, wenn auch nicht immer die Aufgabe, die Schüler in eine disziplinierte Arbeitshaltung zu bringen und Motivations-, Frustrations- und Pausenschutt beiseitezuschieben. Gerade Berufsanfänger neigen dazu, diese Funktion des Einstiegs zu verdrängen – sie ist aber unverzichtbar und auch grundsätzlich legitim. Es fragt sich bloß, was unter »Disziplin« zu verstehen ist.

Die Disziplin des Schülers hat eine *äußere*, beobachtbare und eine *innere*, nur aus dem Verhalten zu erschließende *Seite*. Bei der äußeren geht es um die ruhige, sachbezogene, manchmal auch neugierig-aufgeregte Bereitschaft, sich auf das Thema der Stunde einzulassen. Die innere Seite bezeichnet die innere Ruhe, Spannung und Neugier, das Sich-Öffnen gegenüber dem neuen Thema. Innere und äußere Seite zusammen ergeben das, was wir *»Arbeitshaltung«* des Schülers nennen.

Solange sich die Schüler nur deshalb diszipliniert verhalten, weil sie vom Lehrer unter Strafandrohung dazu gezwungen werden, kann von der »Arbeitshaltung« noch nicht geredet werden! Es muß also das Ziel des Lehrers sein, die *Fremd*disziplin schrittweise in *Selbstdisziplin* zu überführen. Denn nur dann, wenn die Schüler von sich aus eine sachbezogene Arbeitshaltung entwickeln, kann der Lehrer seine Schüler selbständig und mündig machen. Selbstdisziplin bezeichnet die Fähigkeit der Schüler, sich durch eigene Kraft auf das Thema der Stunde einzustellen und sich weder durch unerwartete Schwierigkeiten noch durch äußere Ablenkungen davon abbringen zu lassen (vgl. Bohnsack u. a. 1984, S. 401).

Disziplin ist eine typisch deutsche Tugend mit weltweit negativem Beigeschmack. Sie darf auf keinen Fall zum Selbstzweck gemacht werden. Sie ist nur insofern zu rechtfertigen, wie sie dem Schüler zur Selbständigkeit verhilft. Dies heißt, daß in einem lehrerzentriert verlaufenden Unterrichtseinstieg *Selbst*disziplin der Schüler kaum zu vermitteln ist. Sie kann hier nur vorbereitet werden – die eigentliche Bewährungsprobe kommt dort, wo die Schüler ohne unmittelbare Aufsicht des Lehrers arbeiten!

(5) Einen handelnden Umgang mit dem neuen Thema ermöglichen

Die Schüler sollen, wann immer und wo immer dies möglich ist, im handelnden Umgang mit dem neuen Thema *an sich selbst erfahren und erproben* können, wo das neue Thema für sie interessant ist, wo sie eigene Stärken oder Schwächen haben, wo sie noch etwas Neues lernen, wo sie Vertrautes in Erinnerung rufen können. Dieses Selbst-Erproben-Können kann nicht durch Inaktivität des Lehrers erreicht werden. In vielen Fächern und bei vielen Themen ist es erforderlich, mögliche Umgangsformen *vorzumachen*. Handlungssituationen werden vom Lehrer dadurch hergestellt, daß er die ausgetretenen und phantasielosen Bahnen der rein verbalen Vergegenständlichung des Unterrichtsthemas verläßt. Der Lehrer sollte möglichst oft:

- ☐ vorspielen, vormachen, vorsingen,
- ☐ dramatisieren, experimentieren, zerlegen und zusammensetzen,
- ☐ Modelle, Landkarten, Friese, Wandzeitungen, Collagen anfertigen,
- ☐ Experten ins Klassenzimmer holen, zu Experten gehen und das Klassenzimmer verlassen,
- ☐ verfremden, provozieren, vernebeln,
- ☐ aber auch anschaulich machen, vergrößern, vergröbern, überspitzen, verballhornen und verdrehen.

»Alle methodische Kunst liegt darin beschlossen, tote Sachverhalte *in lebendige Handlungen rückzuverwandeln*, aus denen sie entsprungen sind: Gegenstände in Erfindungen und Entdeckungen, Werke in Schöpfungen, Pläne in Sorgen, Verträge in Beschlüsse, Lösungen in Aufgaben, Phänomene in Urphänomene« (Heinrich Roth, Die »originale Begegnung« als methodisches Prinzip, in: Roth 1963, S. 116).

Ein handlungsbezogener Unterrichtseinstieg schafft, wenn's gut geht, eine *offene* Unterrichtssituation, die das genaue Gegenteil der frustrierenden »Leere-Blatt-Situation« darstellt. Nichts kann tödlicher sein als die leere Tafel, der große, weiße, unbeschriebene Papierbogen, die unstrukturierte Lehrerforderung: »So, nun sagt doch mal, was ihr machen wollt!« Kreativität und Phantasie der Schüler entstehen nicht aus dem hohlen Bauch heraus, sie setzen vielfältige Anregungen des Lehrers voraus!

1.4 Beispiele

Die folgende, bunt durcheinandergewürfelte Liste mit Einstiegsbeispielen bringt zunächst (1) konventionelle, zumeist stark lehrerzentrierte und verkopfte, dann (2) sinnlich-anschauliche, aber immer noch vorrangig auf die kognitive Information über das neue Thema ausgerichtete Beispiele; erst die dritte Gruppe (3) führt Beispiele vor, in denen die Schüler durch ihr Handeln in die Themenerschließung eingebunden, allerdings stark vom Lehrer gelenkt werden; die vierte und letzte Gruppe zeigt (4) schüleraktive Einstiegsmuster, bei denen die inhaltliche Lenkung des Lehrers in den Hintergrund tritt. Die im Abschnitt 1.3 formulierten didaktischen Kriterien werden also nur von einigen der Beispiele voll erfüllt. Zunächt also die **(1)** konventionellen, stark lehrerzentrierten und verkopften Einstiegsformen:

● Übende Wiederholung

Die mündliche Wiederholung des in der letzten Stunde Durchgenommenen ist wahrscheinlich, rein quantitativ betrachtet, die allerwichtigste Einstiegsform! Wiederholungen machen aus dem Unterricht so etwas wie einen *Fort-*

setzungsroman, bei dem ja auch jeweils eine Kurzinformation über den bisherigen Romanablauf vorausgeschickt wird. Wiederholungen sollen die durch den 45-Minuten-Takt des Schulvormittags entstandene *Zerstückelung* der Sachbezüge ein Stück weit kompensieren. Diese Aufgabe erfüllen sie aber nur dann, wenn wirklich alle Schüler zuhören. Professionelle Schüler hören oft aber nur so lange zu, bis der Lehrer entschieden hat, wer mit dem Wiederholen dran ist. Danach wenden sie sich wieder ihren Nebentätigkeiten zu. Deshalb folgende Ratschläge:

- ☐ Sorgen Sie dafür, daß die Wiederholung nicht zu einem *Disziplinierungsritual* verkommt, sondern für möglichst viele Schüler Neugier und Interesse am neuen Thema weckt.
- ☐ Versuchen Sie, statt der üblichen, phantasielosen verbalen Wiederholungen (»Wo waren wir letztes Mal stehengeblieben?«) einen *konstruktiven Dreh* in Ihre Wiederholung hineinzubringen, so daß er auch für die leistungsstärkeren Schüler der Klasse interessant wird und zugleich auf das neue Stundenziel vorbereitet.
- ☐ Versuchen Sie, wie dies von Heinrich Roth formuliert worden ist, *tote Sachverhalte in lebendige Handlungen rückzuübersetzen*, indem Sie eine sprachliche Darstellung in eine bildliche Darstellung, eine bildliche Darstellung in einen Handlungsprozeß, einen Handlungsprozeß in ein Handlungsprodukt übersetzen, indem sie eine Wirkung auf die Ursache zurückverfolgen, indem sie ein Mittel zu einem Zweck, ein Argument für eine Argumentationskette bestimmen lassen, indem Sie ein Beispiel für eine These oder eine These für ein Beispiel, ein Gesetz für einen Fall oder einen Fall für ein Gesetz suchen lassen.
- ☐ Sie können auch – aber bitte sparsam und gekonnt – absichtlich *einen Fehler konstruieren* und dann suchen lassen, etwa so:

> Die Studentin Gabi Schesna baute in der 8. Klasse des Gymnasiums Cuxhaven mit den Schülern im Werkunterricht aus Papp-Bögen eigene, einfache *Lochkameras*.
>
> Als Einstieg in eine neue Stunde hat sie – für alle deutlich sichtbar – das Film-Einlegen vorgeführt und den Apparat betriebsbereit gemacht. Sie hat aber das Einstellen der Blende absichtlich weggelassen. Blitzschnell waren *alle* Finger hoch, um auf den *Fehler* zu verweisen.
>
> Hätte Gabi die übliche Wiederholungsform gewählt (»Worauf muß man achten, wenn . . .«), so hätte sie statt 30 Sekunden vermutlich 4 oder 5 Minuten benötigt und auch dann nur von einigen und nicht von allen Schülern gewußt, daß sie den Stoff beherrschen!

● Hausaufgabenkontrolle

Eine Variante der übenden Wiederholung ist die Hausaufgabenkontrolle zu Stundenbeginn. Sie ist dann sinnvoll, wenn die Hausaufgaben so gestellt wurden, daß sie ohne Umwege auf das neue Stundenziel hinführen. Sie wird dann problematisch, wenn bei der Kontrolle viele Fehler zutage treten, die dann zu längeren Wiederholungen und Richtigstellungen zwingen. Sie wird erst richtig problematisch, wenn sie lediglich zur Demonstration der Macht des Lehrers genutzt wird. Immer dann, wenn die Hausaufgaben keinen unmittelbaren Bezug zum neuen Thema haben, sollte ihre Kontrolle außerhalb der Unterrichtsstunde stattfinden! Diese Forderung ist wenig populär, weil sie den Lehrer viel Zeit kostet, die investierte Mehrarbeit lohnt sich aber fast immer! Sie können *in Ruhe* überprüfen, welchen Leistungsstand die Schüler erreicht haben. Die Phase der Hausaufgabenkontrolle ist oft auch ein willkommener Anlaß für unruhige und undisziplinierte Schüler, Unsinn zu treiben. (Lehrer, die während der Stunde einen großen Anteil organisatorischer Aufgaben erledigen, haben mehr Disziplinschwierigkeiten als jene, die zügig zur Erarbeitung des neuen Stoffes übergehen – vgl. S. 65!)

● Informierender Unterrichtseinstieg

Der Lehrer ist *verpflichtet*, seine Schüler über die vorgesehenen Unterrichtsinhalte und über den geplanten Unterrichtsverlauf zu informieren (s. o.)! Ich habe mir in der Schule angewöhnt und dann auch im Hochschul-Lehrbetrieb aufrecht erhalten, jeweils einige Minuten vor Sitzungsbeginn in den Seminarraum oder Hörsaal zu kommen und an der Tafel den geplanten Sitzungsverlauf festzuhalten. Etwa so:

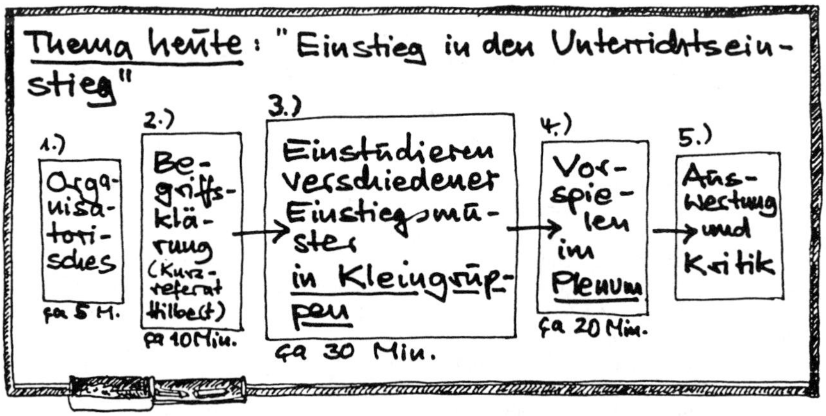

Die Rückmeldungen der Studentinnen und Studenten zu diesem »Hauch von Glasnost« waren regelmäßig positiv. Man wußte, woran man war; auch die zu spät Kommenden konnten sich schnell informieren; praktisch alle schrieben diesen Überblick in ihre Kladde ab. Auch mein Hinweis, daß ich durch diese Einstiegsform Macht ausübe und sehr stark steuere, was im folgenden passiert, brachte die Studenten nicht von der positiven Bewertung ab.

Jochen und Monika Grell (1979, S. 134–171) bezeichnen eine solche Vorgehensweise als »Informierenden Unterrichtseinstieg«. Sie geben insbesondere den Berufsanfängern im Lehrgeschäft den dringenden Ratschlag, nicht so viel Motivationsschnickschnack und Brimborium zu machen, sondern möglichst bald zur Sache zu kommen. Der Lehrer soll den Schülern knapp, präzis und ohne Schnörkel sagen,

- ☐ was das Thema der Stunde ist,
- ☐ was sie tun und lernen sollen
- ☐ und was sie davon haben, wenn sie die gestellte Lernaufgabe lösen.

Das Konzept des Informierenden Unterrichtseinstiegs ist *einseitig kognitiv* orientiert. Dies ist seine Stärke und Schwäche zugleich. Er bietet sich bei älteren und leistungsorientierten Schülern an. Er kann aber bei jüngeren, bei leistungsschwächeren oder bei undisziplinierten Schülern auch schnell zu einem routinierten Ritual verkommen, das nur noch dem Lehrer hilft, seine Maßnahmen durchzudrücken, ohne den Schülern eine echte Chance zu geben, sich in die gestellte Lernaufgabe hineinzudenken. – Es muß also ein Klima geschaffen werden, in dem die Schüler zur Überprüfung und Kritik der Planungsvorgaben geradezu provoziert werden.

(2) Die nun folgenden fünf Beispiele für Einstiege sind immer noch einseitig auf die *Information* des Schülers *über* den neuen Unterrichtsstoff bezogen, sie verpacken diese Information jedoch in lebendige, visuell anregende Formen.

● Interview

Experten (Eltern, andere Lehrer, Fachleute vor Ort, Bildungspolitiker usw.) werden zu Beginn einer neuen Unterrichtseinheit eingeladen und von den Schülern »nach Strich und Faden« ausgefragt. Dies kann viel Spaß machen, wenn die Schüler Vorerfahrungen und Interessen mitbringen. Dies funktioniert selbstverständlich nicht, wenn das Thema für die Schüler völlig fremd ist (vgl. Wallrabenstein 1975; Bayer 1977).

● Reportage

Der Lehrer, noch besser: einige Schüler zusammen mit dem Lehrer haben sich schon einige Tage vorher in das neue Unterrichtsthema eingearbeitet und nach dem Muster von Rundfunk-Reportagen eine Kurzinformation zum Thema zusammengestellt, vielleicht auch einen Experten oder Zeitzeugen interviewt. Vielleicht haben sie auch – z. B. bei historischen oder geographischen Themen – einen fiktiven *Dialog* geführt, in dem das neue Thema zur Sprache kommt.

Eine Alternative stellt die Zeitungs-Reportage dar: Der Lehrer produziert ein Arbeitsblatt mit Fotos/Zeitungsartikeln/Interviews usw., das die Neugier und Fragehaltung der Schüler zu wecken erlaubt.

● Thematische Landkarte

Die vier diesem Buch beigefügten DIDAKTISCHEN LANDKARTEN sind Beispiele für diese Einstiegsform. Nun muß es nicht immer um so aufwendige Muster gehen. Man kann eine einfache, ohne große zeichnerische Talente ausgeführte Zeichnung machen und dann den Schülern wie eine *Speisekarte* vorlegen:

Ein solcher Einstieg kann mehrere didaktische Funktionen erfüllen:

- ☐ Er gibt einen ersten informativen Überblick über die Thematik.
- ☐ Er kann sehr viel genauer als jedes Lehrbuch auf die Lernvoraussetzungen und Interessen des Lehrers und der Schüler zugeschnitten werden.
- ☐ Das, was im Lehrervortrag hintereinander gesagt (und oft entsprechend schnell vergessen) wird, ist nun zeitgleich sichtbar und deshalb leichter zu hinterfragen und zu beurteilen.
- ☐ Differenziert gezeichnete Karten können witzig, interessant, einladend sein; sie erhalten einen ästhetischen Reiz, können im Klassenzimmer oder zu Hause am Arbeitsplatz an die Wand gepinnt werden.
- ☐ Die Karte kann in späteren Phasen der Unterrichtseinheit immer wieder herangezogen werden, um die Auswertung zu strukturieren oder um kurze Planungsbesprechungen über das weitere Vorgehen zu machen.

Anhand der thematischen Karte können die Schüler aber vor allem differenziert *ihre eigenen Interessen artikulieren!*

● Comics, Cartoons, Karikaturen

Gute *Comics, Cartoons und Karikaturen* bringen ein Problem komprimiert, provokativ und zumeist auch witzig-ironisch auf den Punkt. Deshalb bieten sie sich in vielen Fällen für einen Einstieg in ein neues Thema an.

Michael Luttmer, ein Oldenburger einphasig ausgebildeter Student, hat seine unterrichtspraktische Prüfung in einem Sozialkunde-Kurs einer 13. Gymnasialklasse zu dem Thema *»Der heimliche Lehrplan der Schule«* mit dem nebenstehenden Kurz-Comic eingeleitet.

Im schriftlichen Entwurf schreibt er: »Eingeleitet wird die Stunde durch die Projektion eines Peanuts-Comics von Schulz, der die inhaltliche Dimension des heimlichen Lehrplans auf der Alltagsebene darstellt und das eigentliche Problem somit verfremdet. Ich strebe mit diesem Vorgehen sowohl eine inhaltliche Hinführung als auch eine lustvolle Motivierung der Schüler an. Die kurze Bildfolge soll im gelenkten Unterrichtsgespräch interpretiert werden; der Begriff ›heimlicher Lehrplan‹ wird dabei vom Lehrer eingeführt und an der Tafel festgehalten.«

Die Hoffnungen des Examenskandidaten sind übrigens in Erfüllung gegangen. Der Einstieg lief großartig!

➧ Ein weiteres Beispiel für diese Einstiegsform finden Sie auf S. 272 f.!

➧ Die Karikatur im Unterricht wird behandelt bei Grünewald (1979) und Uppendahl (1978).

● Lehrfilm

Es gibt kein Schulfach und kaum ein Unterrichtsthema, zu dem nicht inzwischen hochwertige Lehrfilme existierten. Sie haben den Vorteil, dem Lehrer viel Arbeit in der Materialaufbereitung abzunehmen, sie haben den Nachteil, nie hundertprozentig auf die jeweiligen Lernvoraussetzungen der Schüler zugeschnitten zu sein.

Lehrfilme sind Medien; und Medien sind im THEORIE-TEIL (S. I, 150) als »tiefgefrorene Ziel-, Inhalts- und Methodenentscheidungen« definiert worden. Sie müssen also im Unterricht durch das methodische Handeln des Lehrers und der Schüler »aufgetaut« werden, um einen Beitrag zum Lernerfolg bringen zu können. (Allenfalls in Vertretungsstunden ist es zu rechtfertigen, Filme »einfach so« einzusetzen.)

(3) Ein qualitativer Sprung in der Gestaltung von Unterrichtseinstiegen liegt bei den nun folgenden Beispielen vor: Es wird nicht nur mündlich, schriftlich oder bildlich darüber *informiert,* was der Inhalt der neuen Unterrichtseinheit ist, sondern durch einen schüleraktiven, handelnden Umgang die Gelegenheit gegeben, an sich selbst zu *erfahren*, worum es beim neuen Thema geht.

● **Einen Widerspruch konstruieren**

Man kann zu Beginn der Erarbeitung eines neuen Themas einen scheinbaren, aufgrund fehlender Vorkenntnisse der Schüler nicht sofort lösbaren Widerspruch konstruieren und die Neugierde der Schüler nutzen, um das Thema in den Fragehorizont der Schüler zu rücken. Ein Beispiel finden Sie auf S. 321.

● **Verrätseln**

Rätselraten macht Spaß – für Lehrer wie für Schüler. Und es ist oft – nicht immer – lehrreich! (Die Lehrerfrage: »Rate mal, was du in der Mathearbeit hast!« weckt zwar Gefühle, aber lehrt nichts!)

- ☐ Das *Kreuzworträtsel* am Ende des THEORIE-TEILS soll ein Beispiel für diese lustbetonte Methode (allerdings dort mit der Funktion der Ergebnis*sicherung*) sein.
- ☐ In *Märchen, Mythen* und *Symbolen* stecken verschlüsselte Botschaften, die uns häufig mehr sagen als die klare Logik einer Programmiersprache oder die banale Botschaft der »Tagesschau«.
- ☐ Und jeder *Kriminalroman* ist nichts anderes als die Verrätselung einer Denkaufgabe!

Jürgen Henningsen (1974, S. 134) schreibt dazu: »Klartext wird zur Kenntnis genommen; man nickt. Rätsel müssen, manchmal mühsam, entschlüsselt werden. Das erfordert eine geistige Leistung, Selbsttätigkeit. ... In Rätseln zu sprechen ist riskant; der Spielraum für Verrätselung ist eng. Das Einmaleins wird niemand verrätseln. Aber in den Weinberg einen Schatz hineinzuchiffrieren, den die Söhne schwitzend als Einsicht hoben, soll sich gelohnt haben.«

Ein überzeugendes Beispiel für das Lernen durch Verrätselung liefert Reiner Friedrichs: In seinem Beitrag »Mister-X-Rallye. Schüler auf den Spuren Goethes« (1986a) beschreibt er eine großangelegte, über mehrere Runden laufende Rate-Rallye, bei der die Schüler spielend und im Fluge Goethe-Texte literarisch erfahren, Goethe biographisch ein wenig kennenlernen und im Kontext von Zeitzeugnissen als geschichtliche Person erleben konnten.

630 von 850 Schülern beteiligten sich an dieser Rallye. »Diese Erfahrung motivierte die Schüler und stiftete ein auf Dauer verändertes Sozialverhalten der Jugendlichen an dieser Schule« (a. a. O., S. 9).

Das Brückenproblem

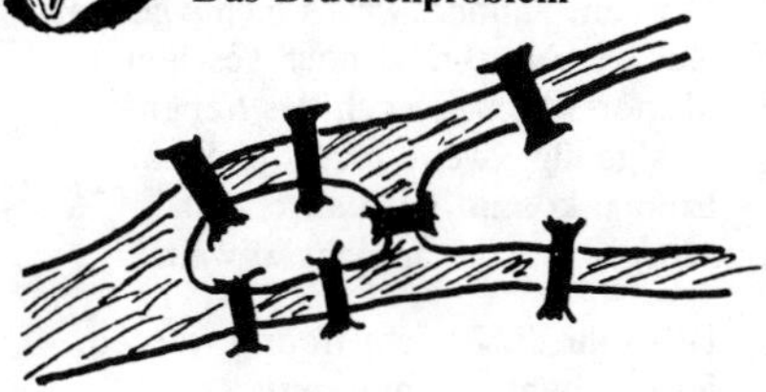

Die verschiedenen Stadtteile einer Stadt, die an den Ufern und auf einer Insel eines Flusses liegt, sind durch sieben Brücken verbunden. Die Bürger dieser Stadt hatten beim Sonntagsspaziergang das folgende Problem: den Spaziergang so zu planen, daß man auf einem Rundgang jede Brücke, und zwar genau einmal, überquert.)
(Wenn Sie mit diesem Rätsel nicht klarkommen, wenden Sie sich bitte an Eva Pilz, ZI 7 der FU Berlin!)

● Verfremden

Verfremdung ist nur dort möglich, wo etwas vertraut, lieb und alt bekannt ist. Der Lehrer, der einen Sachverhalt oder eine Fragehaltung seiner Schüler verfremden will, muß ihre Alltagserfahrung, ihre Deutungsmuster und Klischeevorstellungen genau kennen: »Neue Inhalte zu verfremden, ist unökonomisch oder sogar unmöglich: verfremden sollte man, wenn überhaupt, was, wie Hegel gesagt hat, *bekannt,* aber eben deshalb nicht *erkannt* ist. Verfremdung ist vornehmlich ein Instrument, um Selbstverständliches kaputtzumachen« (Henningsen 1974, S. 136). Deshalb ist pädagogischer Takt erforderlich, wenn man im Unterricht mit Verfremdungen arbeiten will.

In der Literatur, in der Bildenden Kunst und der Musik ist die Verfremdung ein seit langem bekanntes künstlerisches Mittel. In Bertolt Brechts Schriften zum epischen Theater können Sie genauere Erläuterungen finden. Einen für den Unterricht zugeschnittenen Leitfaden zur Schulung des »verfremdenden Blicks« hat Horst Rumpf (1986b) vorgelegt. Für die Verfremdung als Mittel gegen die Langeweile im Sprachenunterricht plädiert Harald Weinrich (1981).

Erich Kästner
Weihnachtslied, chemisch gereinigt
(Nach der Melodie: »Morgen, Kinder, wird's was geben!«)

Morgen, Kinder, wird's nichts geben!
Nur wer hat, kriegt noch geschenkt.
Mutter schenkte euch das Leben.
Das genügt, wenn man's bedenkt.
Einmal kommt auch eure Zeit.
Morgen ist's noch nicht so weit.

Doch ihr dürft nicht traurig werden.
Reiche haben Armut gern.
Gänsebraten macht Beschwerden.
Puppen sind nicht mehr modern.
Morgen kommt der Weihnachtsmann.
Allerdings nur nebenan.

Lauft ein bißchen durch die Straßen!
Dort gibt's Weihnachtfest genug.
Christentum, vom Turm geblasen,
macht die kleinsten Kinder klug.
Kopf gut schütteln vor Gebrauch!
Ohne Christbaum geht es auch.

Aus: Gesammelte Schriften für Erwachsene. Atrium Verlag, Zürich 1969.

Im nebenstehenden Gedicht von Erich Kästner wird der (Unterrichts-)Inhalt verfremdet. Man kann aber auch die *Methoden* der Aneignung von Inhalten verfremden:

- ☐ *Rollentausch Junge/Mädchen bzw. Mann/Frau* (vgl. das Unterrichtsbeispiel S. 274).
- ☐ *Rollentausch Lehrer/Schüler:* Oft erprobt und immer ein nachdrückliches Erlebnis: Der Lehrer übergibt einem Schüler die Regie und setzt sich auf dessen Platz; die Schüler karikieren dann zumeist ihren Lehrer und spielen den »starken Mann«.
- ☐ *Verfremdung der Spielregeln der Kommunikation:* Man kann bestimmte Kommunikationskanäle ausblenden und dabei erfahren, welche Rolle z. B. der Blickkontakt spielt (ein Beispiel liefert das zu Beginn der VIERZEHNTEN LEKTION beschriebene Experiment zur Körpersprache) .

● Provozieren

Das Provozieren ist eine Variante der Verfremdung. Nicht der Inhalt oder die Methode seiner Aneignung werden verfremdet, sondern *die Schüler selbst!*

Horst Kruse, damals Student in der Einphasigen Lehrerausbildung in Oldenburg, machte seine Prüfungsstunde zum Thema *»Manipulation mit Hilfe von Medien – Das Bild in der Presse«* in einer 7. Realschulklasse:

- ☐ Drei Wochen vor der Prüfungsstunde war Horst mit seiner Schulklasse in den Schloßgarten der Kleinstadt Rastede gegangen und hatte dabei unbemerkt fotografiert, wie eine größere Anzahl seiner Schüler, statt durch das Tor zu gehen, über einen hohen Zaun in den Park geklettert war.
- ☐ Die Prüfungslektion startete Horst mit einer *gezielten Provokation:* »Zwei von euch sind erwischt worden, als sie beim Schloßgarten über den Zaun geklettert sind: Meike und Rosita!« Bei den Schülern entstand Unruhe: »Das waren doch noch viel mehr! Das stimmt nicht usw.«
- ☐ Horst holt eine *Ausschnittsvergrößerung* aus der Tasche, auf der klar zu erkennen ist, wie Meike und Rosita über den Zaun klettern. Es wird weiter debattiert,

bis Horst eine *zweite Kopie* des Negativs hervorholt, auf der alle Schüler zu erkennen sind, die über den Zaun geklettert waren.

- ☐ Danach wurde dann – mit Erfolg – in fünf Arbeitsgruppen das Foto mit der Gesamtaufnahme aus der Sicht verschiedener Personengruppen (Gärtner/Rentner/Schüler) im Stil eines Zeitungsartikels kommentiert.

Eine ausführlichere Analyse der Provokation als Methode finden Sie bei Hermann Giesecke (1973, S. 66–74).

● Bluffen und Täuschen

Das Bluffen und Täuschen ist eine intensivierte und durchaus riskante Steigerungsform des Provozierens. Die Schüler werden absichtlich hereingelegt, um ihnen *»einen Denkzettel zu verpassen«*. Dies funktioniert aber nur unter günstigen Umständen.

Das folgende Beispiel eines gelungenen Bluffs, der die ganze Stunde zu einem intensiven Erlebnis machte, stammt aus dem Hochschulbereich. Eine Seminarsitzung zum Thema *»Ritualbildung* im Unterricht« habe ich folgendermaßen eingeleitet (zum Ritualbegriff siehe S. 190 f.):

Schon einige Tage vorher habe ich gemeinsam mit zwei Studenten ein *fiktives Protokoll* vom Anfang der Sitzung verfaßt und in ausreichender Anzahl vervielfältigt. Im Protokoll wurde mit genauer Beschreibung der wörtlichen Rede und der Körpersprache vorhergesagt, wie sich die Studenten verhalten dürften, wenn sie – im Gegensatz zur sonstigen Praxis dieses Seminars – aufgefordert werden, ein *Sitzungsprotokoll* zu schreiben:

- ☐ Nach der Eröffnung der Sitzung melde ich mich gleich wieder zu Wort: »Ich habe da noch eine kleine Bitte. Zwei Studentinnen, die heute leider verhindert sind, die aber ihre Examensarbeit über das Thema der Sitzung schreiben wollen, haben mich gebeten, ein Protokoll verfertigen zu lassen. Wer von euch wäre bereit, das Protokoll zu schreiben?«
- ☐ Im selben Moment senkt die Mehrzahl der Studenten die Köpfe, vermeidet jeden Blickkontakt mit mir, beginnt, in der Tasche zu kramen, das Schreibzeug zu ordnen usw. Nur diejenigen, die in den vorausgegangenen Sitzungen bereits einen Beitrag geliefert haben, trauen sich, mir in die Augen zu schauen.
- ☐ Ich wende mich unmittelbar an einen Studenten: »Jörg, wie wär's! Du tätest deinen Kommilitoninnen wirklich einen Gefallen!« Jörg lehnt ab: »Ich würd's ja tun, aber ich hab' wirklich keine Zeit!«
- ☐ Ich spreche einen weiteren Studenten an, nehme Blickkontakt mit mehreren Studentinnen auf, die es nicht mehr durchhalten, wegzublicken. Es ist eine peinliche Stimmung im Raum.
- ☐ Noch fünf Sekunden Wartezeit: Dann meldet sich eine Studentin: »Ich mach's.« – Allgemeine Erleichterung. Auf der Stelle kehrt die normale Seminaratmosphäre zurück.

Nach dieser Szene verteilen wir, ohne ein weiteres Wort zu verlieren, das vorbereitete Protokoll dieser Szene: Es stimmt bis in die Details mit dem tatsächlichen Ablauf überein. Es wurden genau jene Verhaltensweisen und sprachlichen Entschuldigungsformeln realisiert, die im Protokoll festgehalten waren. *Die Verblüffung ist groß.* Uta kommentiert: »Das ist schon herb: Du sitzt im Seminar und denkst, du bist ein freies Individuum – und dann kriegst du hier ein Protokoll, in dem haargenau das steht, was du getan hast – und sogar noch das, was du nur gedacht, aber nicht gesagt hast!«

Das Provozieren, das Verwirren, Bluffen und Täuschen stellen riskante Formen des Unterrichtseinstiegs dar, weil hier mit den Gefühlen der Schüler gespielt wird. Die Gefahr der Verärgerung und, in ihrem Gefolge, der Lernblockierung der Schüler ist entsprechend groß. Man muß seine Schüler sehr gut kennen, mit Fingerspitzengefühl vorgehen und bereit sein, den Einstieg bei unerwarteten Reaktionen der Schüler vorzeitig abzubrechen.

(4) Die im letzten Block genannten Beispiele für Unterrichtseinstiege erlauben den Schülern zwar einen handelnden bzw. erfahrungsbezogenen Umgang mit dem neuen Thema, sie sind jedoch stark lehrerzentriert; der Lehrer hält alle Fäden in der Hand; er überrascht, ja überrumpelt die Schüler mit seiner Fragestellung. In den nun folgenden Beispielen ist dies anders: Sie sind *so konstruiert, daß die Schüler einen großen Einfluß* darauf *haben,* welche Fragen gestellt und welche Inhalte thematisiert werden.

● Vorkenntnisse abfragen

Die *langweiligste Form,* einen solchen Einstieg zu gestalten, besteht darin, daß der Lehrer die Vorkenntnisse der Schüler erfragt und in Stichworten an der Tafel festhält. Diese Einstiegsform erfordert wenig Vorbereitung des Lehrers. Sie ist einfach zu handhaben, bleibt aber problematisch, weil nahezu unweigerlich beim Festhalten der Stichworte an der Tafel vom Lehrer (oder vom dazu abkommandierten Schüler) eine mehr oder weniger willkürliche Auswahl vorgenommen wird. Zusätzlich tritt ein »Egalisierungseffekt« ein: Schüler, die eigentlich abweichende Informationen oder Einstellungen haben, unterdrücken ihre Veröffentlichung, weil sie aus den bereits vorliegenden Informationen der Mitschüler entnehmen, daß ihre eigene Meinung abwegig oder inopportun sein könnte.

● Karteikarten-Spiel

Beim Karteikarten-Spiel werden die oben genannten Schwierigkeiten vermieden:

- □ Der Lehrer verteilt an alle Schüler Karteikarten und fordert sie auf, ihre eigene Meinung zum Thema oder das, was sie schon von dem Thema wissen, vielleicht auch das, was sie noch gern wissen würden, gut leserlich aufzuschreiben (also: mit dickem Filzstift!).
- □ Die fertig beschriebenen Karten werden nach vorn gebracht und mit Tesaband an die Tafel geklebt.

- ☐ Entweder der Lehrer oder auch Lehrer und Schüler gemeinsam gehen dann daran, diese Karten thematisch zu ordnen, Pro- und Contra-Argumente herauszufiltern, Überschriften zu sammeln usw.
- ☐ Dazu bilden die Schüler einen Halbkreis um die Tafel, damit alle Karten auch tatsächlich gelesen werden können.

● Themenzentrierte Selbstdarstellung

Bei vielen sozialkundlichen, historischen, politischen, philosophischen und religiösen Themenstellungen kann erwartet werden, daß die Schüler schon vor Beginn der Unterrichtsarbeit eine mehr oder weniger differenzierte (oft aber auch einseitige oder dogmatische) Einstellung zum Thema haben. Es ist wichtig, daß diese Einstellung unverzerrt auf den Tisch kommt und so dokumentiert wird, daß an ihr weitergearbeitet werden kann. Dazu dient die themenzentrierte Selbstdarstellung:

- ☐ *mündlich*: Jeder Schüler erhält den Auftrag, sich selbst vorzustellen und seine Interessen oder auch Abneigungen zum neuen Thema kurz zu erläutern; z. B. zum Thema: »Wie ich mir meinen Beruf im Jahre 2000 vorstelle«/»Was ich von der Prüfung erhoffe – was ich befürchte«/»Ich würde gern in die Gewerkschaft eintreten, weil . . .«/»Ich will nicht eintreten, weil . . .«/»Als Mädchen meine ich, daß . . .«/»Als Junge meine ich, daß . . .«
- ☐ *schriftlich:* Die Schüler schreiben einen Aufsatz über das Thema; besser noch: Sie machen eine Collage, vielleicht auch eine Wandzeitung, auf der sie ihre Interessen zum Thema festhalten.
- ☐ *spielerisch:* Die Schüler machen ein Standbild oder ein Rollenspiel zum Thema (vgl. S. 352 ff.).
- ☐ *bildnerisch:* Die Schüler zeichnen, schreiben, malen oder collagieren einen Selbstdarstellungs-Bogen zu einem vorgegebenen Thema.

In Klassen bzw. Kursen oder Projektgruppen, die neu zusammengesetzt worden sind, kann die Selbstdarstellung der Person und ihrer Biographie im Vordergrund stehen; dort, wo sich Lehrer und Schüler schon lange kennen, wird die subjektive Sicht auf das neue Unterrichtsthema in den Vordergrund zu rücken sein.

Wichtig ist dabei, daß ein Unterrichtsklima geschaffen wird, in dem kein Schüler befürchten muß, aufgrund der Veröffentlichung seiner Gefühle und Träume kritisiert oder gar lächerlich gemacht zu werden. Wichtig ist aber auch, daß der Lehrer im Verlauf einer solchen Unterrichtseinheit möglichst oft auf diese Selbstdarstellung zurückkommt; dadurch, daß er sie konstruktiv aufnimmt, zeigt er, daß er sie ernst nimmt.

● **Vergleichen und Kontrastieren**

Der Unterrichtseinstieg soll anregungsreich sein. »Leere-Blatt-Situationen«, in denen die Schüler aus dem Nichts differenzierte Problemformulierungen oder Fragen entwickeln sollen, stellen fast immer eine Überforderung dar (s. o.). Es ist sinnvoller, den Schülern ein anregungsreiches, vielfältiges Material vorzugeben, anhand dessen sie ihre eigenen Vorlieben, Interessen und Fragestellungen entwickeln können.

Der Einstieg in eine vielleicht 12-stündige Unterrichtseinheit »Was ist Frieden?« könnte z. B. folgendermaßen gestaltet werden:

- □ Der Lehrer hat aus Zeitschriften und Illustrierten *Fotos und Bilder* zum Thema Krieg und Frieden und Aggression und Friedfertigkeit ausgeschnitten und sie auf Pappkartons aufgeklebt. Diese Fotos und Bilder werden in der ersten Stunde der neuen Unterrichtseinheit auf einem vorn in der Klasse durch Zusammenschieben der Tische hergestellten großen Tisch ausgelegt. Die Schüler schauen sich die bunt durcheinander liegenden Bilder an.
- □ Der Lehrer stellt folgenden *Arbeitsauftrag:* (1.) Suche dir *ein Bild* aus, das dir besonders gut gefällt! Suche dir ein *zweites Bild* aus, das du schrecklich oder grausam findest. (2.) Gehe an deinen Sitzplatz zurück und denke dir Sprechblasen aus, mit denen ausgedrückt wird, was die auf den Bildern dargestellten Menschen und/oder Tiere denken und fühlen könnten. (3.) Klebe dein fertiges »schönes Bild« mit Tesaband an die rechte Hälfte der Wandtafel, das »grausame Bild« an die linke!
- □ Wenn alle Schüler fertig sind, versammeln sie sich mit dem Lehrer vor der Wand, an der die Bilder aufgehängt worden sind. Einzelne Schüler können vorlesen, was sie in die Sprechblasen geschrieben haben, und dann erläutern, warum sie das Bild ausgewählt und die Sprechblase so und nicht anders formuliert haben. Die Schüler können Rückfragen stellen.

Bei diesem Einstieg kommt es natürlich darauf an, daß die vom Lehrer mitgebrachten Fotos und Bilder geschickt ausgewählt sind: Sie müssen einerseits die Interessen und Vorkenntnisse der Schüler aufgreifen, sie müssen andererseits die Bandbreite der vom Lehrer vorgesehenen Thematik dieser Unterrichtseinheit abdecken.

● Sortieren/Auswählen/Entscheiden

Eine methodisch anspruchsvollere Variante der oben skizzierten Karteikarten-Spiele liegt dann vor, wenn die Schüler den Auftrag erhalten, *Ordnung in eine vom Lehrer produzierte Unordnung* zu bringen.

Das folgende komplexe Beispiel einer solchen *halb-programmierten Sortieraufgabe* stammt aus der Sitzung eines Didaktik-Seminars zum Thema »Schriftlicher Stundenentwurf«. Der Hochschullehrer bzw. Seminarleiter bringt drei Packen (oder bei größeren Seminaren noch mehr!) mit identisch beschrifteten Karteikarten mit. Er läßt im Seminar entsprechend viele Kleingruppen bilden und gibt ihnen folgenden, für alle Gruppen gleichen *Arbeitsauftrag:*

> Stellt Euch vor, daß Ihr eine Vorführstunde gründlich schriftlich vorbereiten sollt! Überlegt Euch bitte, welche *Schritte* für diese Vorbereitung erforderlich sind und verständigt Euch darüber, in welcher *Reihenfolge* diese Schritte am besten angeordnet werden können. Zu diesem Zweck erhaltet Ihr 15 Karteikarten, auf denen mögliche Schritte der Unterrichtsvorbereitung bereits formuliert sind.

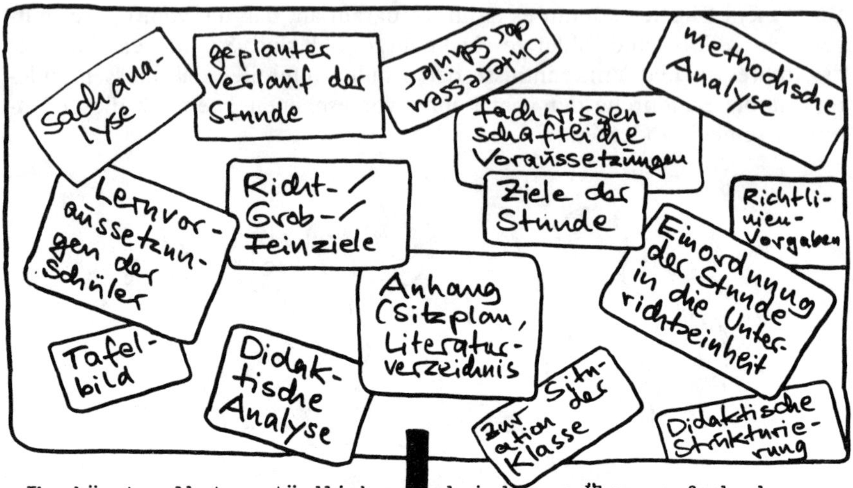

Ihr könnt selbstverständlich bei dieser Übungsaufgabe bestimmte Gliederungspunkte aus dem obigen Kasten fortlassen; Ihr könnt auch neue Gliederungspunkte hinzufügen!

Name: 25.11.1983
Thema der Stunde:

Gliederung des Entwurfs:

1.

Der Sinn dieses Karteikarten-Spiels besteht darin, den Studenten dazu zu verhelfen, ihre eigenen Vorkenntnisse im argumentativen Aushandeln der gewünschten Reihenfolge von Planungsschritten zu aktivieren. Zugleich geht es aber auch darum, das sicherlich bei jedem Lehramtsstudenten vorhandene geheime Bild vom idealen Unterricht bewußt zu machen. Denn die Zuordnungsentscheidungen sind zugleich Prioritätensetzungen!

Der themengleiche Arbeitsauftrag hatte in diesem Fall den zusätzlichen Effekt, daß die Studenten die von den anderen Arbeitsgruppen vorgestellten Arbeitsergebnisse leichter durchschauen und vor allem auf der Folie der eigenen Lösung kritisch hinterfragen konnten. – Es gab eine sehr intensive Auswertungsdiskussion!

Erst nach einer solchen Einführung in die Fragestellung sollte der Seminarleiter erläutern und begründen, welches Ordnungsmuster ihm selbst das sinnvollste zu sein scheint. (Die von mir favorisierte Lösung dieser Aufgabe finden Sie auf S. 408!)

(5) Die Vorstellung, daß der Einstieg in ein neues Thema immer unmittelbar vor Beginn der Hauptarbeitsphase liegen müsse, ist falsch. Er kann wochen-, ja monatelang vorher erfolgen! (Auch der Hefeteig muß nach dem Zusatz der Hefe erst noch eine Zeitlang gehen!) Gelegentliche *Vorwegnahmen und Verfrühungen* in der systematischen Ordnung des Lehrgangs machen den Unterricht lebendig und perspektivenreich (vgl. Meyer 1968):

● **Programmvorschau**
Es ist in vielen Fällen sinnvoll, lange vor Beginn der Arbeit an einem neuen Thema eine Voraus-Information zu starten, um die Schüler zu orientieren, was in den nächsten Wochen und Monaten auf sie zukommt. Die neuen Themen werden sozusagen leicht »angebrütet«. Dies hat den Vorteil, daß neugierige Schüler schon mal außerhalb des Unterrichts nach verwandten Themenbereichen, nach Fernseh- oder Zeitungsberichten zum Thema, nach praktischen Anwendungsbezügen Ausschau halten können.

● **Vorwegnahme**
Der Lehrer produziert bzw. besorgt einen knappen, informierenden Überblick über das neue Thema und gibt ihn den Schülern einige Tage vor Beginn der Arbeit am neuen Thema an die Hand:

- ☐ Er besorgt einen Leitartikel einer Zeitung für ein Sozialkunde-Thema.
- ☐ Er verteilt einen Quellentext (z. B. über den Zunftstreit im Mittelalter).
- ☐ Er bringt ein Produkt der chemischen Industrie mit, verteilt es an die Schüler und fordert sie auf, in den nächsten 14 Tagen zu klären, worum es sich wohl handeln könnte.
- ☐ Er fordert die Schüler auf, zu einem in Kürze folgenden Thema in der Natur/in den Medien/bei den Großeltern/im Informationsbüro der Stadt Informationen zu sammeln.

● **Themenbörse**
Der Lehrer will bestimmte Themen in Form von Schülerreferaten, Erkundungsaufträgen oder freiwilligen Hausaufgaben vergeben. Er bündelt alle diese Aufträge und veranstaltet eine Themenbörse:

- ☐ Die in Frage kommenden Themen werden auf Karteikarten notiert/eventuell mit untergliedernden Stichworten und Lesehilfen ergänzt.
- ☐ Die Karteikarten werden ausgelegt/an die Wand gepinnt.
- ☐ Die Schüler suchen sich in Ruhe aus, was sie interessiert; sie können sich überlegen, ob sie in Gruppen zusammenarbeiten.

● Schnupperstunde

In jenen Fächern, in denen die Richtlinien und Schulbücher größere Freiräume lassen, kann der Lehrer in einer Extra-Stunde mögliche neue Themen kurz vorführen und die Schüler schnuppern lassen, was da auf sie zukommen könnte. Je nach Alter und Motivationslage der Schüler sollte diese Schnupperstunde unterschiedlich methodisch gestaltet werden:

- □ Bei älteren Schülern kann die Mitteilung und knappe verbale Erläuterung möglicher Themen ausreichen;
- □ bei jüngeren Schülern sollte die Chance zum sinnlich-anschaulichen Begreifen des Themas gegeben werden (z. B. durch Mitbringen eines Modells, durch Fotos, durch eine frei erzählte Geschichte, durch ein Experiment).

Danach werden die Schüler befragt, welche der angebotenen Themen sie am meisten interessieren.

● Völliger Verzicht auf den Unterrichtseinstieg?

Man kann in einer Reihe von Fällen auf eine formal ausgegrenzte Einstiegs*phase* verzichten. Erst recht kann in vielen Fällen auf eine *lehrerzentrierte* Einstiegsphase verzichtet werden:

- □ Wenn die Schüler schon Feuer und Flamme sind, bevor der Unterricht richtig angefangen hat, ist eine umständliche Motivationsphase wirklich unangebracht;
- □ wenn ein Thema »vom Schwanze aus aufgezäumt wird«, wenn also die Übungsphase an den Anfang rutscht oder wenn ein eigentlich für die Ergebnissicherung vorgesehenes Anwendungsproblem zu Beginn der Beschäftigung mit dem neuen Thema von den Schülern eingebracht wird, kann ein Lehrer, der sich fachlich und methodisch sicher fühlt, seine ganze Planung blitzschnell umdrehen. Dann wird jedoch die sogenannte Anwendung zum Einstieg!

Ein wirklicher Verzicht auf die Erschließung des Themas liegt in all diesen Fällen aber nicht vor! Die Erschließung erfolgt nur an anderem Ort und zu anderer Zeit und mit anderen Beteiligten.

2. Erarbeitung

2.1 Begriff, Funktionen und Kriterien

»Erarbeitung« soll hier als Sammelbegriff für die in allen Stufen- und Phasenschemata wiederzufindende mittlere Phase des Unterrichtsprozesses verstanden werden. Andere, verwandte Begriffe lauten z. B.:

- □ Verarbeitung
- □ Aufarbeitung
- □ Vertiefung (Herbart)
- □ Verknüpfung (Herbartianer)
- □ Stufen der Lösung, des Tuns und der Ausführung (Roth)
- □ Stufe der Gestaltung
- □ Arbeit an der Lernaufgabe.

In der Erarbeitungsphase soll sich der Schüler unter mehr oder weniger direkter Anleitung und Kontrolle des Lehrers in die gestellte Lernaufgabe einarbeiten. Dabei soll er Kenntnisse erwerben bzw. Fähigkeiten und Fertigkeiten entwickeln, die ihn dazu qualifizieren, solche oder ähnliche Aufgaben in Zukunft ohne fremde Hilfe zügig zu erledigen.

Bei der Funktionsanalyse des Unterrichts*einstiegs* ist zwischen den offiziellen und inoffiziellen didaktischen Funktionen unterschieden worden. Eine ähnliche Differenzierung bietet sich auch hier an. Ich schlage vor, zwischen *manifesten* (= auf der Hand liegenden) und *latenten* (= verborgenen) didaktischen Funktionen der Erarbeitungsphase zu unterscheiden:

- □ Die Erarbeitungsphase hat die Funktion, dem Schüler durch die Einarbeitung in einen neuen Sinn-, Sach- oder Problemzusammenhang zum Aufbau von *Sach- bzw. Fachkompetenz* zu verhelfen.
- □ Sie hat weiterhin die Funktion, durch die Einübung von Arbeitstechniken sowie von Organisations- und Reflexionsroutinen die *Methodenkompetenz* des Schülers zu entfalten.
- □ Sie hat schließlich die Funktion, durch die Einübung in gemeinsames Arbeiten und Sich-Verständigen die *soziale* und *kommunikative Kompetenz* der Schüler zu fördern.

Diesen manifesten stehen z. B. folgende latente Funktionen gegenüber:

- □ Die Erarbeitungsphase dient der *sozialen und leistungsbezogenen Differenzierung* der Schüler, z. B. dadurch, daß immer nur einige aktiv werden können und drankommen; dadurch, daß in dieser Phase häufig Kleingruppen oder Partnerschaftsgruppen gebildet werden; dadurch, daß eine versteckte oder offene Leistungsdifferenzierung vorgenommen wird, die auf die soziale Hackordnung im Klassenverband abzufärben pflegt.
- □ Die Erarbeitungsphase kann – wie die Einstiegsphase auch – zur *Disziplinierung* der Schüler genutzt werden. In eingespielten Klassen fällt dies nicht weiter auf. Aber mancher Student oder Referendar benutzt diese Phase geradezu als »Notbremse«, um in unruhigen und disziplinschwierigen Klassen ein Bein auf den Boden zu bekommen: Er stellt eine umfangreiche, möglichst schriftlich und in Einzelarbeit zu erledigende Aufga-

be, um dann mit voller Kraft und Konzentration einzig und allein auf die Disziplin achten zu können.

In der Erarbeitungsphase sollen die Schüler zu einer disziplinierten Sachbeziehung finden. Dieses Ziel ist durch eine rein rezeptive, also auf das Zuhören, Beobachten, Nachdenken oder Nachahmen beschränkte Rolle des Schülers kaum zu erreichen. Die Erarbeitung des in der Einstiegsphase erschlossenen Sach-, Sinn- oder Problemzusammenhangs setzt vielmehr die *Selbsttätigkeit* der Schüler voraus. Der Aufbau von Sach-, Sozial- und Sprachkompetenzen ist immer ein aktiver, das Lernen mit Kopf, Herz, Händen und allen Sinnen erfordernder Vorgang. (Man kann zehn oder auch zwanzig Jahre lang Jehudi Menuhin beim Geigen zuhören und zusehen und wird doch, wenn man das erste Mal eine Geige in die Hand gedrückt bekommt, kaum eine einfache Tonleiter rauf und runter spielen können!)

Ich schlage aufgrund dieser Vorüberlegungen vor, die folgenden didaktischen Kriterien für die Erarbeitungsphase zugrunde zu legen:

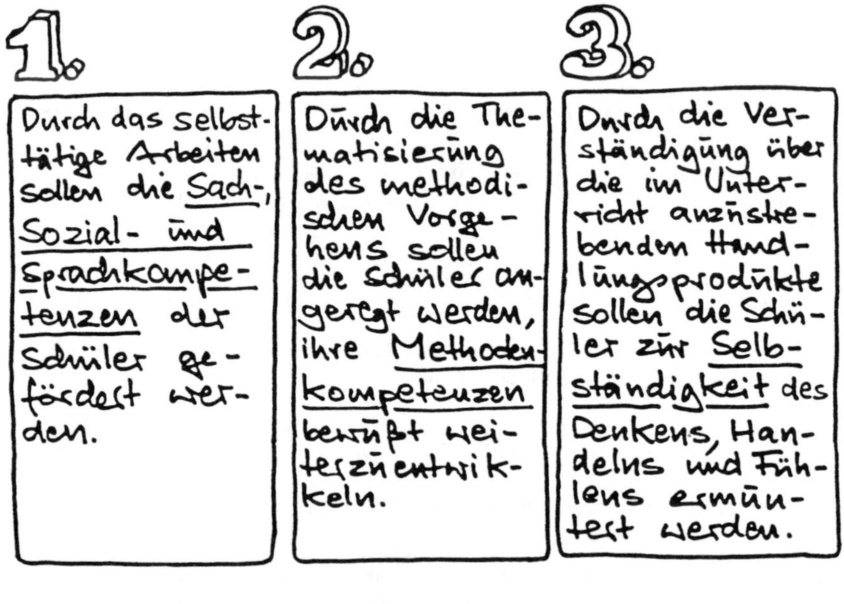

Das erste der drei Kriterien ist zwar sehr schwer zu erfüllen, aber im Grunde selbstverständlich und in der didaktischen Diskussion unbestritten – wozu sonst sollte Schule gut sein? Ich verzichte deshalb auf weitergehende Begründungen (vgl. auch S. I, 106). Die anderen beiden Kriterien ergeben sich nicht von selbst. Deshalb sollen sie in den beiden folgenden Abschnitten begründet und vor allem mit vielen Beispielen veranschaulicht werden.

2.2 Aufbau der Methodenkompetenz der Schüler

Lehrer sollen das Kunststück fertigbringen, einerseits ihre Schüler zur möglichst selbsttätigen Aneignung der sie umgebenden natürlichen und gesellschaftlichen Wirklichkeit zu führen, andererseits für sachlich-fachlich korrekte, den Zeit- und Arbeitsaufwand rechtfertigende Lernergebnisse Sorge zu tragen. Dieses anspruchsvolle, sich an sich selbst reibende Doppelziel kann nicht durch noch so gut gemeinte verbale Ermahnungen der Schüler und ebensowenig dadurch erreicht werden, daß der Lehrer den Schülern die Selbsttätigkeit befiehlt und bis ins kleinste Detail hinein vorgibt, was zu tun ist. Er muß sie vielmehr anleiten, selbst methodisch zu denken und zu handeln:

These 9.4:
Schüler müssen lernen, im Unterricht methodisch bewußt, zielstrebig und ökonomisch zu handeln.

Dieses Ziel ist im THEORIE-TEIL (S. I, 107) als *Methodenkompetenz* der Schüler definiert worden. »Methodenkompetenz« bezieht sich auf die im Unterricht aufgebauten Sach-, Sozial- und Sprachkompetenzen, geht aber über die bloße Fähigkeit zur Reproduktion dieser Kompetenzen hinaus. Gemeint ist das bewußte Wahrnehmen des Methodischen im methodischen Handeln.

Methodenkompetenzen dürfen nicht isoliert von inhaltlichen Fragestellungen und Aufgaben »gepaukt« werden. Sie sollen aus der gestellten Lernaufgabe heraus plausibel gemacht werden. Dies schließt ein lustbetontes, wiederholendes und vertiefendes Üben einzelner Qualifikationen in keiner Weise aus (siehe auch S. 168). Der Lehrer sollte aber immer im Auge behalten, daß mit »Methodenkompetenz des Schülers« mehr als eine bloße Addition jederzeit abrufbarer Arbeits- und Verfahrenstechniken gemeint ist. Methodenkompetenz soll den Schüler zum aufrechten Gehen in unübersichtlichem Gelände befähigen – es geht also um ein ganzheitliches, Kopf- und Handarbeit integrierendes Begreifen, Beurteilen und Bewältigen von Handlungssituationen.

Die Methodenkompetenz des Schülers setzt sich aus einer Fülle mehr oder weniger gut beherrschter Einzelqualifikationen zusammen. Der folgende *»Steinbruch«* solcher Einzelqualifikationen soll dies verdeutlichen. Er ist unvollständig und ungeordnet. Er muß nach schulfach-, schulform- und schulstufenspezifischen Gesichtspunkten entfaltet werden (vgl. Planungskommission Kollegschule NW 1972, S. 28; Geppert/Preuß 1980, S. 112 ff. u. S. 142 ff.; Bohnsack u. a. 1984; Semmerling/Kitz/Plaggenborg 1985):

- ☐ *Arbeiten nach Arbeitsanweisungen:* Leseaufgaben/Unterstreichen/Heraussuchen; Schreibaufgaben; Umgang mit Arbeitsblättern, mit Schulbüchern
- ☐ *Nachschlagen:* mit Buchstabenkarten umgehen; das Inhaltsverzeichnis des Lesebuchs benutzen; das ABC erlernen und zum Nachschlagen nutzen; ein eigenes Wörterbuch anlegen; den Kinder-Duden benutzen; lernen, mit dem Atlas, der Logarithmentafel, mit Wörterbüchern und Lexika, mit der Grammatik umzugehen; das Telefonbuch, das Adreßbuch, den Fahrplan benutzen
- ☐ *Niederschriften/Protokolle verfassen:* Abschreiben von der Tafel lernen; Überschriften erfinden; Lückentexte ausfüllen, Geschichten zu Ende schreiben; Geschichten in Stichpunkten aufschreiben; Experimente/Aktionen des Tischnachbarn beobachten und in Stichworten beschreiben; Beobachtungsergebnisse eines Erkundungsgangs hinterher selbständig aufschreiben
- ☐ *Zeichnen:* Umgehen mit Blei-, Bunt- und Filzstiften; Gewöhnung an den Schriftsatz (Zeilen, Rand); Umgang mit dem Zirkel; Übertragen von Erzählungen und Berichten in Zeichnungen
- ☐ *Techniken der Information und Dokumentation entwickeln:* Befragungen und Interviews durchführen; Skizzen, Zeichnungen usw. anfertigen; ein »Brain-Storming« organisieren; Gesprächsstrategien entwickeln; eine Tabelle selbständig anfertigen
- ☐ *begrenzte selbständige Aufgaben erledigen:* eine Arbeitsmappe im Sachunterricht anlegen und kontinuierlich weiterführen; eigene Lernspiele/Rätsel/Kopfnüsse erfinden und den Mitschülern aufgeben; »Ämter« übernehmen und kontinuierlich führen
- ☐ *Texte selbständig besorgen, studieren und aufarbeiten;* die Ergebnisse anderen mitteilen
- ☐ *selbständig üben:* Ausdauer im Üben entwickeln; selber Übungsaufgaben ausdenken und ausführen; lernen, den Übungserfolg zu beurteilen
- ☐ *handwerkliches Geschick entwickeln:* die Feinmotorik schulen; lernen, mit Holz, Papier, Stein, Kunststoff usw. kreativ umzugehen
- ☐ *räumliches und zeitliches Vorstellungsvermögen entfalten:* Skizzen maßstabsgerecht zeichnen, Modelle planen und herstellen; mit verschiedenen Maßstäben umgehen
- ☐ *Arbeitsschritte selbständig planen* und realisieren: Arbeitsergebnisse mit anderen Schülern und mit dem Lehrer absprechen; den Zeitbedarf für einzelne Schritte/Tätigkeiten abschätzen; mit Arbeitsmaterialien (den eigenen ebenso wie fremden bzw. vom Lehrer mitgebrachten) sparsam und behutsam umgehen
- ☐ *Arbeitsergebnisse* sachlich korrekt, methodisch geschickt und ästhetisch ansprechend im Klassenplenum *veröffentlichen*
- ☐ *Verantwortungsgefühl* für die eigene Arbeit, für die Arbeit der Kleingruppe oder für die der ganzen Klasse entwickeln; lernen, die Arbeitsergebnisse auch nach außen zu vertreten
- ☐ Lernen, genau zu *beobachten,* zu *kontrollieren* und zu *berichten:* mit Kontrollkarten, Lückentexten, schriftlichen Arbeitsanweisungen umgehen; eigene Arbeiten in Partnerarbeit kontrollieren
- ☐ Lernen, *mündliche und schriftliche Zusammenfassungen* zu geben: wiederholen, was die bei einem Erkundungsgang Befragten gesagt haben; zusammenfassen, was als Ergebnis der Gruppenarbeit herausgekommen ist

- ☐ *Sprachkompetenzen entwickeln:* einen eigenen Standpunkt vertreten; sich überzeugen lassen; andere überzeugen; sich an die Gesprächsordnung halten; eigene Arbeitsergebnisse im Plenum vorstellen, erläutern, verteidigen
- ☐ *wissenschaftspropädeutische Kompetenzen entwickeln:* wissenschaftliche Erkenntnismethoden kennen- und bewerten lernen (hermeneutische und empirische, deduktive und induktive, verifizierende und falsifizierende Verfahren; lernen, Hypothesen zu formulieren, zu operationalisieren, zu begründen oder zu widerlegen); lernen, wissenschaftliche Ergebnisse in Frage zu stellen; falsche Ehrfurcht vor Buch- und Expertenwissen abbauen; lernen, Experten zu befragen; den Wechselbezug von Disziplinarität und Interdisziplinarität erkennen, in verschiedenen Unterrichtsfächern nachweisen; gesellschaftliche Hintergründe und erkenntnisleitende Interessen erkennen lernen
- ☐ *Selbstbewußtsein und Selbstdisziplin entwickeln:* lernen, die eigene Auffassung auch bei Widerständen durchzuhalten; eine aufrichtige Haltung entwickeln; lernen, die eigenen Gefühle angemessen auszudrücken
- ☐ *Soziale Kompetenzen entwickeln:* sich in eine Gruppe einordnen; zuhören; andere befehlen lassen, selbst befehlen; eine Meinung haben und anderen vortragen; die Meinungen anderer anhören, sie gelten lassen; Toleranz gegenüber den Vorstellungen und Rollen anderer entwickeln
- ☐ *sich in Rollen, Standpunkte, Perspektiven anderer einfühlen,* die Rollen nachspielen, kreativ weiterentwickeln, sprachlich gestalten und kritisieren
- ☐ *die Spielregeln verinnerlichen,* die in komplexeren Handlungsmustern wie Rollenspiel/Planspiel/Schülerdiskussion/Debatte gelten
- ☐ *Neugier, Offenheit, Spontaneität und Kreativität entwickeln* (genauer: die in der Kindheit vorhandene Neugier, Offenheit usw. bewahren und entfalten lernen)
- ☐ *Ausdauer und Geduld* entwickeln; nicht gleich klein beigeben; Tagträume und Phantasien in die Tat umsetzen; sachbezogenen Fleiß entwickeln

Die Schüler sollen lernen, nicht einfach draufloszuwurschteln, sondern den eigenen Lernweg bewußt zu planen, zu steuern und zu kontrollieren. Der Lehrer muß seinen Schülern dabei helfen, indem er ihnen bewußtes methodisches Arbeiten vorlebt, z. B.

- ☐ dadurch, daß er den Schülern *das Methodische an seinem Vorgehen erläutert* (z. B. während der Einstiegsphase, bei der Einführung eines neuen Mediums, bei unerwartet auftauchenden Lernschwierigkeiten, bei Störungen oder Planungskorrekturen);
- ☐ dadurch, daß die oben aufgelisteten *Arbeitstechniken* direkt zum Thema einer Unterrichtsstunde gemacht, geübt und mehrfach wiederholt werden – solange, bis sie »sitzen«;
- ☐ dadurch, daß die Schüler *schriftliche Arbeitsanweisungen* erhalten und sie bei ihrem ersten Einsatz gründlich besprechen (zwei Beispiele für solche Arbeitsanweisungen finden Sie in der ELFTEN, einige weitere in der ZWÖLFTEN LEKTION);
- ☐ dadurch, daß der Lehrer den Schülern den *methodischen Aufbau von Unterrichtsmaterialien erläutert*[3];

3 Hartmut Wenzel berichtet über einen erfolgreichen Versuch, im Englischunterricht der 9. Klasse einer Hauptschule die Mitbestimmung der Schüler dadurch herzustellen, daß die Lehrerin mit ihnen zusammen das Lehrerhandbuch zum Lehrbuch durchgenommen hat (Wenzel 1984, S. 343 ff.).

- ☐ dadurch, daß er ihnen *Übungstechniken* bewußtmacht und sie einübt (siehe S. 169);
- ☐ dadurch, daß der Lehrer die Schüler bewußt lehrt, mehrere verschiedene Arbeitstechniken *auszuprobieren* und ihre Effektivität zu *vergleichen;*
- ☐ dadurch, daß er ihnen öfter Freiraum gibt, im *Versuch-und-Irrtum-Verfahren* selbst auszuprobieren, welche Technik für sie die beste ist (dabei gilt der Grundsatz, daß man nicht durch Schaden allein klug wird, sondern nur dadurch, daß man darüber redet!);
- ☐ dadurch, daß der Lehrer einzelnen Schülern die *Leitung von Kleingruppen* überträgt oder daß er den Kleingrupen beibringt, wie sie *selbst einen Gruppenleiter* bestimmen[4];
- ☐ dadurch, daß der Lehrer *den Schülern planmäßig Lehraufgaben überträgt* und sie zur methodisch geschickten Gestaltung anhält (z. B.: Schülerreferat halten; eine selbsterfundene oder nacherzählte Geschichte erzählen; den Chor oder das Orchester selbst dirigieren; ein Experiment in eigener Regie aufbauen, es dem Rest der Klasse erläutern);
- ☐ dadurch, daß ältere Schüler in jüngeren Schulklassen Lehraufgaben übernehmen *(Helfersystem).*

Liebe Leserin! Lieber Leser! Ich fürchte und vermute, daß Ihnen beim Durchlesen dieses langen Abschnitts über Methodenkompetenzen der Schüler angst und bange geworden ist, wann, wo und wie denn dies angesichts der übervollen Lehrpläne noch alles geleistet werden soll. Vielleicht befürchten Sie auch, daß die Schüler (und der Lehrer!) durch die fortwährende Reflexion von Methodenfragen die Fähigkeit verlieren, sich lustvoll, intensiv und selbstvergessen in die Sache zu versenken. Diese Gefahr ist gegeben, und sie muß auch sehr ernst genommen werden. Sie kann m. E. dann in Grenzen gehalten werden, wenn der schon im Jahre 1802 von Johann Friedrich Herbart aufgestellte Grundsatz beachtet wird, zwischen vertiefenden und zur Besinnung führenden Unterrichtsphasen regelmäßig zu wechseln (siehe S. I, 166):

> **These 9.5:** Der methodische Gang des Unterrichts erfordert einen regelmäßigen Wechsel von inhaltlicher Vertiefung und methodischer Besinnung.

4 Ruth Cohn schreibt dazu (1975, S. 124): »Gruppenleiten ist eine wichtige Arbeitsfunktion, die gelernt werden kann, und nicht ein hierarchisches Statussymbol.«

2.3 Handlungsorientierung im Unterricht

Was tun Schüler normalerweise im Unterricht? Die empirische Erhebung von S. 64 gibt erste Hinweise darauf, daß sie sehr viel häufiger mit verkopften, sprachlich vermittelten Tätigkeiten befaßt sind als mit sinnlich-ganzheitlichen, das Lernen mit Kopf, Herz, Händen und allen Sinnen herausfordernden Arbeiten. Sie müssen zuhören, laut oder leise lesen, reden, diskutieren, schreiben, rechnen, auf andere warten, etwas einsammeln oder verteilen; seltener dürfen sie werken, spielen, zeichnen, experimentieren, fotografieren, Erkundungen machen usw. Die zuerstgenannten Tätigkeiten haben den entschiedenen Nachteil, das *gemeinsame* Handeln von Lehrer und Schülern eher zu behindern als herauszufordern. Sie haben von ihrer Struktur her fast zwangsläufig einerseits eine Tendenz zu hoher Lehrerdominanz, andererseits zu einem hohen Anteil von Einzelarbeit der Schüler zur Folge:

- ☐ Es kann immer nur einer reden – die anderen müssen zuhören, oder der andere kann nicht mehr verstanden werden.
- ☐ Es kann jeweils immer nur einer seine Lese-, Rechen- oder Schreibfähigkeiten im Klassenplenum vorführen.
- ☐ Und auch das (leise) sinnerfassende Lesen, das Schreiben oder Rechnen kann man immer nur alleine machen, während Spielen, Experimentieren, Modellieren usw. von ihrer Struktur her besser und häufiger von mehreren Schülern auszuführen sind.

Solange der Sach-, Sinn- oder Problemzusammenhang, der im Unterricht erarbeitet werden soll, überwiegend sprachlich dargeboten und vermittelt wird, ist diese polarisierende Doppeltendenz zur hohen Lehrerdominanz einerseits, zu viel Einzelarbeit andererseits kaum zu korrigieren. Zumindest erfordert es sehr viel methodisches Geschick, Phantasie und zumeist auch intensi-

ve Vorarbeiten, um in einem Klassenverband mit zwanzig oder gar dreißig Schülern viele oder gar alle Schüler aktiv reden, lesen und diskutieren zu lassen. Tritt dagegen das Spielen, Agieren, Inszenieren, Experimentieren und Organisieren in den Vordergrund, so wird es sehr viel einfacher, einen hohen Anteil von Selbsttätigkeit und Aktivität für viele Schüler zu sichern. Dies geht, wie im 3. Kriterium von Seite 152 behauptet wurde, am besten dadurch, daß sich Lehrer und Schüler zu Beginn eines neuen Unterrichtsabschnitts oder einer ganzen Einheit über das zu erstellende Handlungsprodukt verständigen.

Definition Nr. 25: Handlungsprodukte sind die veröffentlichungsfähigen materiellen und geistigen Ergebnisse der Unterrichtsarbeit.

Handlungsprodukte werden durch das gemeinsame Handeln von Lehrer und Schülern *inszeniert* (Rollenspiel/Planspiel/Streitgespräch/Aufführung usw.) oder *hergestellt* (Wandzeitung/Collage/Modell/Schülerbuch/Klassenkorrespondenz usw.); sie können zu größeren *Vorhaben* und *Projekten* (Elternabend, Feste und Feiern, Exkursion, Klassenfahrt, Ausstellung, Wettbewerb) ausgeweitet werden. Der Begriff Handlungsprodukt wird also in einem sehr weiten, Kopf- und Handarbeit integrierenden Verständnis benutzt.

Die folgende *»Ideenkiste für Handlungsprodukte«* ist, ähnlich wie der im letzten Abschnitt gelieferte »Steinbruch für Methodenkompetenzen«, unvollständig und in vielerlei Hinsicht zufällig zusammengestellt. Sie soll Anregungen für die Planungsarbeit des Lehrers geben. Die eigentliche Entscheidung über ein Handlungsprodukt sollte jedoch erst gemeinsam mit den Schülern getroffen werden.

- ☐ Zeitungen oder Zeitschriften machen/Nachrichten, Kommentare, Reportagen machen/Wandzeitungen, Flugblätter, Protokolle machen/Einladungen, Programme, Anträge, Briefe schreiben
- ☐ bildliche Darstellungen schaffen: Fotografieren/Fotomontagen machen/einen Video-Film drehen/Bildszenen, Comics, Karikaturen herstellen
- ☐ mit der Schreibmaschine schreiben/mit dem Taschenrechner rechnen/ein Buch schreiben und selbst binden/skizzieren/Konstruktionszeichnungen machen
- ☐ Unterricht »so wie früher« machen/in Gruppen einzelne Epochen aufarbeiten, inszenieren und dann im Plenum vortragen
- ☐ eine Ausstellung vorbereiten und durchführen; einen Elternabend vorbereiten und durchführen; ein Happening machen
- ☐ einen Klassenausflug machen und ihn in Gruppen vorbereiten; eine Erkundung/eine Betriebsbesichtigung vor- und nachbereiten
- ☐ die Lokalzeitung besuchen; an einer Stadtrats- bzw. Gemeinderatssitzung teilnehmen

- □ einen Grundriß der Schule anfertigen; ein Modell des Stadtteils oder des Dorfes aus Pappe/Sand/Papier herstellen
- □ nach Musik malen, tanzen, spielen; einen Mitmach-Zirkus einstudieren; Zauberstücke einstudieren; Pantomime, Revue, Kabarett inszenieren
- □ ein Lied erfinden, ein Gedicht schreiben; selbst ein Hörspiel schreiben; lokale »Tagesschau« auf Video aufnehmen; eine Kurzgeschichte in eine Spielszene übertragen; eine Foto-Reportage zu einem Sachthema/zur Geschichte der Schule/zu sich selbst anfertigen
- □ Masken herstellen; Kasperletheater spielen, Marionetten bauen; Schauspieler in den Unterricht holen und mit ihrer Hilfe ein Stück inszenieren
- □ das Modell eines Staudamms, einer Wassermühle, einer Windmühle, eines Sonnenenergiekollektors, einer Dampfmaschine, eines Seismographen usw. bauen
- □ Spiele mit oder gegen den Taschenrechner ausführen; Statistiken, Tabellen usw. aus der Presse im Mathematikunterricht auswerten; einen Zufallsgenerator bauen (z. B. ein Galton-Brett)

- □ eine Arbeitsmappe anlegen; von zu Hause mitgebrachte Sammlungen vorführen; Sammlungen neu anlegen
- □ eine Schulversammlung organisieren; eine Eingabe beim Schulleiter/bei der Regierung/bei politischen Interessenvertretern machen; Politiker besuchen
- □ ein Konzept für die Schulhofgestaltung erarbeiten; die Stadtteil-Sanierung studieren, diskutieren und kritisieren; die Freizeit-Möglichkeiten einer Region erforschen; eine Bestandsaufnahme zur Umweltverschmutzung machen
- □ mit Karte und Kompaß umgehen lernen; einen Orientierungslauf organisieren
- □ einen Flohmarkt/Basar organisieren
- □ Karneval vorbereiten und feiern, eine Schatzsuche veranstalten; ein Geländespiel vorbereiten; ein Sportfest vorbereiten
- □ die Bibliothek der Schule/des Ortes aufsuchen; den Hausmeister interviewen;
- □ gemeinsam ein im Frontalunterricht zu haltendes Referat vorbereiten
- □ in der Gruppe ein Rollenspiel/eine Pantomime/ein Standbild einüben und im Plenum vortragen
- □ ein Streitgespräch vorbereiten
- □ ein Planspiel vorbereiten
- □ eine Geschichte in einen Dialog übertragen; einen Text in eine Zeichnung übertragen
- □ Aktionen, Planspiele, Simulationen machen/bekannte Spiele (Monopoly) in neue verwandeln

- ☐ Unterricht über die mitgebrachten Haustiere der Schüler machen
- ☐ den Bahnhof, den Flugplatz, den Hafen besuchen und mit den dort getroffenen Ausländern Englisch sprechen
- ☐ Rollenklischees »vor Ort« studieren, indem öffentlicher Rollentausch geprobt wird (Jungen benehmen sich wie Mädchen, Mädchen wie Jungen)
- ☐ wie *Robinson* ohne fremde Hilfe mit selbstgemachtem Werkzeug und selbst hergestelltem Essen überleben; selbst einen Faustkeil, ein Steinbeil, eine Woll- oder Fellweste herstellen

Die Handlungsorientierung des Unterrichts darf nicht zu einem blinden Aktionismus, zu »action and fun« verkommen! Die Handlungsbezüge sollten vielmehr sorgfältig vorbereitet und behutsam in den Unterrichtsprozeß integriert werden:

- ☐ Es ist sehr wichtig, für *ein ausgewogenes Verhältnis von lehrgangsmäßig geordneten und handlungsorientiert organisierten Unterrichtsphasen* zu sorgen, und zwar im Großen wie im Kleinen: Im »normalen« Frontalunterricht sollten immer wieder kurze Handlungsphasen integriert – und in größere Vorhaben und Projekte immer wieder eher lehrerzentrierte Phasen der Wissensvermittlung und -aneignung eingebettet werden.
- ☐ Das *wiederholende Üben* von Fähigkeiten und Fertigkeiten muß gesichert werden. Hier handelt es sich allerdings um ein Problem, das nicht nur im handlungsorientierten, sondern praktisch in jeglichem konventionellen und unkonventionellen Unterricht wachsende Probleme schafft (s. u.).

Der Lehrer muß sich also, wenn er solche Handlungsbezüge in den Unterricht integriert, klarmachen, welche didaktischen Funktionen damit erfüllt werden sollen, und dann über ihren Umfang entscheiden: Soll der Handlungsbezug lediglich die Motivation der Schüler sichern? Soll er der Veranschaulichung abstrakter Probleme oder Gesetzmäßigkeiten dienen? Soll er zur Einführung neuer Arbeitstechniken dienen? Soll er die Ergebnissicherung des Unterrichts vorbereiten und beflügeln? Oder sollen die Handlungsbezüge so weit gehen, daß der gesamte Unterricht eher zu einem Vorhaben oder Projekt wird?

3. Ergebnissicherung

3.1 Begriffsklärung

Der Begriff »Ergebnissicherung« wird hier als Sammelbezeichnung für eine schillernde Vielfalt jeweils unterschiedlich akzentuierender Begriffe und Vorstellungen über den Abschluß des Unterrichtsprozesses genommen:

- »Methode« (Herbart)
- »Anwendung« (Herbartianer)
- »Stufe des Behaltens und der Bereitstellung« (H. Roth)
- »Veröffentlichung« (I. Scheller)
- »Lernzielkontrolle« (Lernzielorientierte Didaktik/Chr. Möller)
- Auswertung
- Übung
- Zusammenfassung
- Festigung
- Transfer
- usw.

Hinter jedem dieser Begriffe steckt ein anderes Unterrichtskonzept und Schülerbild, aber alle haben gemeinsam, einen von seiner didaktischen Funktion her zu identifizierenden, formal ausgrenzbaren Schritt zu fordern, wie er auch in den Stufen- und Phasenschemata der DIDAKTISCHEN LANDKARTE Nr. 2 angedeutet wird.

Neben der unmittelbaren und direkten Ergebnissicherung, die nach der Durchnahme eines thematisch begrenzten Stoff- oder Lernpensums angesetzt wird, gibt es sowohl im Unterrichtsprozeß selbst wie auch außerhalb des Unterrichts und der Schule eine fortdauernde indirekte, zufällige, absichtlich oder auch unabsichtlich betriebene Form der Ergebnissicherung:

- Berufserfahrene Lehrer machen immer wieder Vor- und Rückgriffe in der Ordnung des Lehrgangs (vgl. Meyer 1968).
- Zwischen den Fächern gibt es – zumeist unkoordinierte, nur selten planmäßig herbeigeführte – Überlappungen: Rechtschreibkenntnisse werden nicht nur in Deutsch geübt; Sach- und Problembewußtsein wird umgekehrt in Deutsch vorausgesetzt und angewandt.
- Schüler sehen im Fernsehen unterrichtsrelevante Sendungen; sie lesen Bücher, die bestimmte Themen vertiefen.
- Schüler sprechen mit Ausländern oder fahren ins Ausland und festigen ihre Sprach- und Geographiekenntnisse.
- Sie sprechen mit Freunden, Eltern und Bekannten über den Inhalt des Unterrichts usw.

Die folgenden Thesen und Beispiele beziehen sich nur auf die direkte Ergebnissicherung im Unterricht.

Art, Umfang und Durchführung der direkten Ergebnissicherung sind von mehreren Faktoren des Unterrichtsprozesses abhängig: von der Struktur des

Unterrichtsinhalts, von den Lehrzielen des Lehrers sowie den Richtlinienvorgaben, von den institutionellen Rahmenbedingungen, den Lernvoraussetzungen und Handlungszielen der Schüler und – last, not least – von der verfügbaren Zeit! Sehr häufig unterbleibt die Ergebnissicherung, oder sie muß auf kümmerliche Restphasen reduziert werden, weil das Stoffpensum nichts anderes zuläßt. Dies hat oft zur Folge, daß die Ergebnissicherung in die Hausaufgaben oder mit dem drohenden Hinweis auf die nahende Klassenarbeit in zusätzliche private Hausarbeit und in Nachhilfestunden verlagert wird.

Der Begriff »Ergebnissicherung« ist leicht mißzuverstehen. Er könnte den falschen Eindruck erwecken, als ob *alles,* was in der Einstiegs- und Verarbeitungsphase behandelt, gelernt und angezettelt worden ist, in der Schlußphase gesichert werden sollte. Dies ist natürlich nicht der Fall! Nur ein kleiner Teil wird thematisiert – vieles bleibt unerwähnt und unberührt:

- ☐ Vornehmlich die kognitiven, sprachlich zu vermittelnden Ergebnisse werden noch einmal zusammengefaßt, protokolliert und beurteilt; die affektiven, sozialen und psychomotorischen Ergebnisse bleiben zumeist unbeachtet oder werden nur indirekt thematisiert.
- ☐ Das, was als *»heimlicher Lehrplan«* der Schule bezeichnet wird (S. I, 64 f.), kommt höchst selten zur Sprache.
- ☐ Vieles könnte, selbst wenn der Lehrer dies wollte, schon deshalb nicht im Unterricht gesichert werden, weil eine angemessene Beherrschung nur außerhalb der Schule zu überprüfen ist. (Wie wollen Sie überprüfen, ob Ihr Sexualkundeunterricht seine Ziele erreicht hat? Wie wollen Sie sicherstellen, daß die Ostergeschichte, die Sie im Religionsunterricht erzählt haben, richtig »angekommen« ist?)

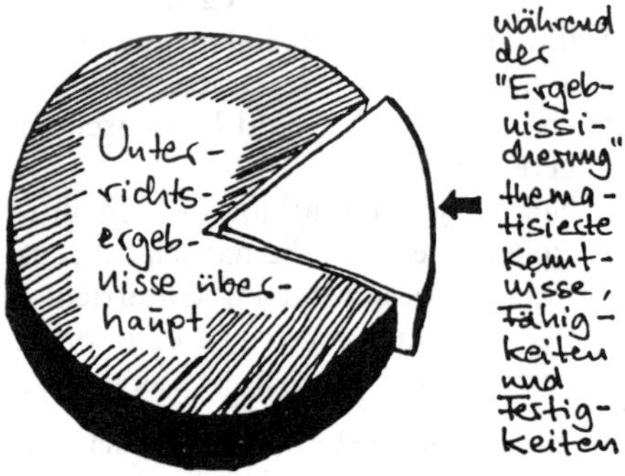

Wer alles, was in der Schule angezettelt wird, in den Griff bekommen will, müßte die Schule zum Gefängnis machen, aber er würde sein Ziel dennoch verfehlen!

> **These 9.6:** Die eigentliche Bewährungsprobe kommt erst im Leben selbst. Oder: The proof of the pudding is in the eating.

Das, was in der Schule als Ergebnissicherung bezeichnet wird, ist also in nahezu allen Fällen eine radikale Verkürzung dessen, was tatsächlich bewirkt worden ist – im Guten wie im Bösen!

3.2 Funktionen

Fragt man nach den in der didaktischen Literatur benannten[5] und den in der Unterrichtspraxis beobachtbaren Funktionen der Ergebnissicherung, so ist, ähnlich wie beim Problem des Unterrichtseinstiegs und der Erarbeitung, eine Unterscheidung von manifesten, für pädagogisch wertvoll gehaltenen und latenten, eher als anrüchig erachteten oder überhaupt nicht wahrgenommenen Funktionen festzustellen. Zu den *manifesten Funktionen* zählen:

- ☐ *Protokollierung und Dokumentation:* Der vorausgegangene Unterrichtsabschnitt wird in der Phase der Ergebnissicherung zusammengefaßt, wiederholt, vertieft, auf Wesentliches verkürzt und an der Tafel, im Heft oder auch nur im Gedächtnis festgehalten – die Verbindlichkeit der Unterrichtsarbeit wird gesichert (s. o.).
- ☐ *Auswertung und Kritik:* Die gemeinsam oder in Gruppen erarbeiteten Unterrichtsergebnisse werden gewichtet, beurteilt, kritisiert und gelobt. (Dabei besteht allerdings die große Gefahr, daß das subjektive Urteil der Schüler einfach nur durch die Zensur des Lehrers verdrängt wird; s. u.)
- ☐ *Ergänzung und Vervollständigung:* Insbesondere dann, wenn der Ergebnissicherung eine Phase der Einzel-, Partner- oder Gruppenarbeit mit themendifferenzierten Arbeitsaufträgen (vgl. die ZWÖLFTE LEKTION) vorausgegangen ist, soll in der Ergebnissicherung zugleich aus den Einzelteilen ein Ganzes gemacht werden. Dies führt zu einer Relativierung bei gleichzeitiger Anreicherung des Arbeitsergebnisses jedes einzelnen Schülers.
- ☐ *Korrektur und Ersatz:* Oft wird während der Ergebnissicherung deutlich, daß einzelne Schüler oder ganze Gruppen etwas unvollständig, fehlerhaft oder mißverständlich aufbereitet haben. Dann dient die Phase der Ergebnissicherung dem Ausputzen und Nachholen des Versäumten. Die Gefahr einer schlechten Lehrerzentriertheit dieses Nachholens ist sehr groß!
- ☐ *Übung:* Die Ergebnissicherung kann die Übung des Gesicherten vorbereiten oder schon selbst zum ersten Schritt des Übens werden, weil jede Wiederholung zugleich eine Festigung darstellt.
- ☐ *Veröffentlichung:* Anspruchsvollere Formen der handlungs- und produktbezogenen Ergebnissicherung (Schreiben eines Schülerbuchs, Arbeit mit Wandzeitungen, Collagen, Ausstellungen, szenischem Spiel usw.) können zur Vorbereitung oder als erster Schritt der Veröffentlichung der Unterrichtsarbeit genutzt werden.
- ☐ *Leistungsbeurteilung:* Häufig werden Leistungskontrollen an die Ergebnissicherung angekoppelt. Oft genug wird aus diesem Huckepack-Verfahren auch eine Verselbständigung der Leistungskontrolle: Es geht dann gar nicht mehr darum, den Schülern einer Klasse dabei zu helfen, das Erarbeitete zu festigen und zu vertiefen, sondern nur noch darum, zu zensieren und zu selegieren.

Zu den *latenten,* unerwünschten und/oder unbemerkten Funktionen der Ergebnissicherung zählen:

5 Odenbach (1974); Bönsch (1974); Stöcker (1970, S. 125–143); Aebli (1976, S. 238–255); Potthoff (1981); Scheller (1981); Eisenhut/Heigl/Zöpfl (1981); Klingberg (1982a, S. 328–338); Prange (1983, S. 212–224); Steindorf (1985, S. 176–197); Henningsen (1974, S. 118–121); Hepp/Benz (1987).

- *Zeitraffung:* Weil es zur »Natur« der Ergebnissicherung gehört, den erarbeiteten Unterrichtsinhalt zusammenzufassen, ihn zu komprimieren und zu abstrahieren, kann in dieser Phase eher als in anderen Zeit gespart werden, die vorher – zumeist aus gutem Grund – verplempert worden ist. Der Schwarze Peter wird bei diesem Vorgehen allerdings den Schülern und unter ihnen insbesondere den leistungsschwächeren zugeschoben. Sie müssen das, was da im Zeitraffer-Tempo an ihren Köpfen vorbeisaust und halbverdaut ins Heft übertragen worden ist, zu Hause in einer häufig sisyphusartigen Puzzle-Arbeit wieder entwirren.
- *Disziplinierung:* Der Disziplinierungseffekt hat eine gute und eine schlechte Seite: (1) Die Schüler werden schon in der Erarbeitungsphase darauf hingewiesen, daß sie am Schluß der Stunde bzw. Unterrichtseinheit ein akzeptables Arbeitsergebnis vorzuweisen haben. Schüler, die dies nicht schaffen, werden in der Ergebnissicherungsphase kontrolliert, zensiert und oft auch bloßgestellt. Das unfruchtbare Herumlabern (siehe S. 280) kann ein wenig in Grenzen gehalten werden; ausufernde und auseinanderdriftende Diskussionen können doch noch auf den Punkt gebracht werden. *Die Ergebnissicherung zwingt zur Prägnanz und Kürze.* (2) Dieser Zwang kann die Schüler aber auch am Lernen hindern. Oft sind gerade die vermeintlichen Um-, Irr- und Holzwege der Schüler das Interessante und Weiterführende. Sie fordern die Selbständigkeit des Denkens, Fühlens und Handelns heraus; sie laden dazu ein, sich am Widerständigen abzuarbeiten. Lehrer, die es schaffen, auch diese Um-, Irr- und Holzwege für die Ergebnissicherung fruchtbar zu machen und in die Weiterarbeit zu integrieren, sind wahre Meister ihres Faches!
- *Kanonisierung:* Fast alle Schüler haben im Verlauf ihrer Schülersozialisation eine fatale Einstellung entwickelt. Sie gehen davon aus, daß private Phantasien, Thesen und Arbeitsergebnisse erst dann »richtig« und »relevant« sind, wenn sie vom Lehrer offiziell bestätigt worden sind. Die fast immer lehrerzentriert ablaufende Ergebnissicherungsphase leistet eben dies: Sie sorgt für die Kanonisierung und Heiligsprechung des Erarbeiteten. Das subjektive, vermeintlich weniger wertvolle Denken und Meinen der Schüler wird durch die Kodifizierung des Lehrers zum *Schulwissen.* Erst mit diesem Güte-Stempel ist es für viele Schüler akzeptabel, wahr, richtig und in späteren Klassenarbeiten verwertbar!

Die auf der Didaktischen Landkarte Nr. 4 aufgelisteten Handlungsmuster erfüllen die hier genannten didaktischen Funktionen in unterschiedlichem Umfang und – je nach der Qualität ihrer Inszenierung – in unterschiedlicher Intensität. Die ganz rechts notierten Handlungsmuster dienen vornehmlich der Übung und Kontrolle; die in der Mitte notierten dienen vornehmlich der Protokollierung und Dokumentation; die links notierten sind eher für sinnlich-ganzheitliche, auf die Veröffentlichung zielende Formen der Ergebnissicherung geeignet.

3.3 Kriterien

Alle genannten Funktionen – auch die inoffiziellen – sind für die Gestaltung des Unterrichts unverzichtbar. Pädagogisch legitim werden sie jedoch erst dadurch, daß im Prozeß der Ergebnissicherung eine Annäherung oder gar ein Ausgleich zwischen den Lehrzielen des Lehrers und den Handlungszielen der Schüler geleistet wird.

> **These 9.7:** Übergeordnetes Ziel der Ergebnissicherung ist die konstruktive Aufarbeitung der Differenz zwischen den Lehrzielen des Lehrers und den Handlungszielen der Schüler.

Mit Hilfe der *konventionellen* Formen der Ergebnissicherung (Zusammenfassung des Lehrers/gelenktes Gespräch/Tafeltext/Hausaufgaben) ist dieses Ziel nur schwer zu erreichen. Sie leisten einer schlechten Lehrerzentrierung der Ergebnissicherung einerseits, einem Abschieben in die private Verantwortung der Schüler andererseits Vorschub. Diesen Gefahren kann nur dadurch begegnet werden, daß Formen der Ergebnissicherung genutzt bzw. neu entwickelt werden, in denen Lehrer *und* Schüler gemeinsam und verantwortlich die zuvor erarbeiteten Ergebnisse festigen, vertiefen, üben und kontrollieren. Die folgenden *drei Kriterien für eine gute Ergebnissicherung* sollen diesen pädagogischen Maßstab verdeutlichen:

Die in den Kriterien benannten Funktionen der Ergebnissicherung lassen sich nicht auf die formell ausgegliederte Phase der Ergebnissicherung begrenzen. Dies wäre auch gar nicht sinnvoll. Vielmehr bilden Einstieg, Verarbeitung und Ergebnissicherung eine *Funktionseinheit,* bei der Anfang und Ende ineinander verwoben sind (vgl. Klingberg 1982a, S. 227 und 328).

(1) Die Verbindlichkeit der erreichten Ergebnisse sichern

Durch die Dokumentation und Protokollierung der Unterrichtsergebnisse wird sozusagen die »Geschäftsgrundlage« der weiteren Unterrichtsarbeit geschaffen. Der Lehrer dokumentiert, was er für wichtig und was er für entbehrlich hält. Die Schüler wissen nun, woran sie sind. Sie können sich, wenn sie etwas nicht richtig verstanden haben, wenn sie krank waren oder fehlten, beim Lehrer oder bei Klassenkameraden schlau fragen. Sie können sich aber auch im Konfliktfall (z. B. dann, wenn nach einer Klassenarbeit Uneinigkeit über bestimmte Aussagen und Wissensinhalte entstanden ist) auf diese Unterrichtsdokumente berufen und eventuell nachweisen, daß nicht sie, sondern der Lehrer einen Fehler gemacht oder sich unklar ausgedrückt hat. Unterrichtsprotokolle und -dokumentationen sind, wenn sie gewissenhaft angefertigt werden, keine Privatsache des einzelnen Schülers, sondern öffentlicher Besitz der Klasse!

Die Ergebnissicherung ist schlecht, wenn sie nichts anderes als die Exekution und Verschriftlichung der Unterrichtsvorbereitung des Lehrers darstellt. Die Ergebnissicherung ist ebenfalls als schlecht zu bezeichnen, wenn sie nur ein Schüler-Brain-Storming liefert, also lediglich dokumentiert, was schon zu Beginn der Stunde in den Köpfen der Schüler gesteckt hatte. Die Ergebnissicherung ist gut, wenn sie dokumentiert, wie sich Lehrer und Schüler an der gestellten Lernaufgabe abgearbeitet haben, was sie dabei an Neuem gelernt oder an Altbekanntem in neues Licht gerückt haben.

(2) Die erzielten Ergebnisse üben, festigen und vertiefen

Im Bewußtsein von Lehrern und Schülern steht sicherlich das Üben, Festigen und Vertiefen im Vordergrund. Deshalb nimmt sich auch der Lehrer immer wieder das Recht heraus, die Ergebnissicherung sehr stark zu lenken – oft sehr viel mehr als angebracht!

Im *Strukturgitter* der ZWEITEN LEKTION (S. I, 104 f.) sind die Gegenstandsbereiche systematisiert, auf die sich die Übung und Festigung von Kompetenzen beziehen können. Im nachfolgenden *Exkurs* werden einige Gesetzmäßigkeiten und Regeln des Übens formuliert.

(3) Die erzielten Ergebnisse kritisch bewerten

Die nüchterne Verständigung über das Erreichte ist im Grunde die wichtigste Aufgabe der Ergebnissicherung. Sie schließt Lob ebenso wie Kritik, konstruktive Veränderungsvorschläge ebenso wie Abbruchentscheidungen ein.

Dadurch, daß sich Lehrer und Schüler über den Erfolg, aber auch über die Mißerfolge und Schwierigkeiten des Lernprozesses nach *gemeinsam erarbeiteten Kriterien* verständigen, entsteht so etwas wie eine »Klassenöffentlichkeit«, in der eine demokratische Kontrolle von Planungs-, Mitbestimmungs- und Arbeitsprozessen eingeübt werden kann:

> **These 9.8:** Die Ergebnissicherung dient, wenn sie entsprechend gestaltet wird, der Einübung der Schüler in die demokratische Kontrolle des schulischen Gewaltverhältnisses.

Nur dann, wenn der Lernprozeß ab und an unterbrochen wird, wenn Lehrer wie Schüler einen Moment innehalten und sich fragen, »Warum machen wir das eigentlich?«, kann jener Grad an Reflexion und Kritik gesichert werden, der für das Ziel aller Unterrichtsarbeit, nämlich die Befähigung zum aufrechten Gang (vgl. S. I, 97) erforderlich ist.

Der Lehrer wird damit nicht aus seiner Lehrerrolle entlassen. Er behält die Verantwortung für die Inhalts- und Methodenwahl, für die Zensierung und Disziplinierung der Schüler. Aber er hat die Pflicht, die Maßstäbe seines Handelns offenzulegen und sie dort, wo begründete Einwände kommen, zu ändern – so, wie dies auch den Schülern fortwährend abverlangt wird.

3.4 Exkurs zum Thema »Üben«

Es wird immer schwieriger, in der Schule sinnvoll zu üben. Dies liegt an einer ganzen Reihe von Gründen, die sich überlagern und verstärken:

- ☐ Wegen der *Stoffülle* der Lehrpläne wird das Übungspensum immer größer, die verfügbare Zeit dagegen eher knapper.
- ☐ Viele Lehrer verknüpfen die Übung mit der *Leistungsbewertung.* Dies ist aus Zeitgründen oft nicht zu vermeiden, muß aber für die Schüler zwangsläufig zu einer Belastung werden – zumindest dann, wenn Leistungsbeurteilung auf »Fehler-Fahndung« beschränkt wird.
- ☐ Die Bereitschaft und/oder Fähigkeit der Eltern, die in der Schule nicht geleistete Übung in *Hausarbeit* wettzumachen, sinkt. (Es ist darüber hinaus sehr problematisch, das Üben aus der Schule zu verdrängen, weil dies zu sozialschichtspezifischen Benachteiligungen führt. Hausaufgaben werden schnell zum »Hausfriedensbruch«, s. u.)

- Die *Konzentrations- und Motivationsschwierigkeiten* der Schüler wachsen – zumindest nach der Meinung der Mehrzahl der Beteiligten. Dies liegt sicherlich auch an der Reizfülle, der die Schüler außerhalb der Schule ausgesetzt sind (Fernsehen/Freizeitindustrie).
- Weil einfache lernpsychologische Gesetzmäßigkeiten mißachtet werden, passiert es immer wieder, daß sich der Leistungsstand der Schüler *durch Üben verschlechtert* (eindrucksvolle Beispiele dafür liefert Horst Speichert, 1985a, S. 13 ff.).
- Offensichtlich fehlt es in vielen Fällen aber auch an der *methodischen Phantasie* in der Gestaltung der Übungsphasen.

Vorrangig bei den letzten beiden Punkten muß eine Erneuerung der Übungspraxis im Unterricht ansetzen, weil es dabei um jene geht, die der Lehrer auch kurzfristig beeinflussen kann. Dazu muß ein *pädagogisches* Verständnis des Übens entwickelt werden, das in der Fülle der verfügbaren lernpsychologischen Rezepte zur Übungsgestaltung unterzugehen droht. Fritz Loser (1976) hat in einem spannend zu lesenden Aufsatz analysiert, daß und warum die Pädagogen solche Schwierigkeiten haben, ein klares Verhältnis zum Thema Üben zu entwickeln. Als hauptsächliches Hindernis betrachtet Loser die weitverbreitete, dennoch falsche Vorstellung, das Üben sei ein an den »eigentlichen« und »interessanten« Hauptteil der Themenerschließung und -verarbeitung anzuhängender, lästiger Zusatz. Dem widerspricht er mit folgenden Thesen:

1. *Das Üben setzt nicht zwangsläufig die Einsicht in den Gesamtzusammenhang voraus.* Es kann umgekehrt dazu beitragen, diesen Sinn-, Sach- oder Problemzusammenhang zu erschließen. Im intensiven Üben kann den Schülern bei vielen Themen die Struktur des Lerngegenstandes besser erschlossen werden als in dem mit viel Motivationsschnickschnack aufgeputzten, gerade dadurch stark lehrerzentrierten konventionellen Unterrichtseinstieg.
   Deshalb ist es zulässig, auch dort punktuelle Übungen vorzunehmen, wo die trainierten Fähigkeiten und Fertigkeiten noch nicht in eine Gesamtkompetenz integriert werden können.
2. *Das Üben setzt nicht zwangsläufig die Motivation und Konzentration der Schüler voraus.* Es kann umgekehrt dazu beitragen, diese Konzentration und Motivation herzustellen!
   Deshalb ist es sinnvoll, die Zeit zu opfern, um auch und gerade in unruhigen und gering motivierten Klassen intensive Übungsphasen anzusetzen.

Der *Erfolg des Übens* hängt von einer ganzen Reihe von Faktoren ab, die miteinander eng verknüpft sind (vgl. Foppa 1968; Vester 1975; Aebli 1976, S. 238 ff.; Steindorf 1985, S. 176 ff.). Die folgenden 12 Regeln orientieren sich an der Zusammenfassung von Rosenbusch (1980, S. 145 ff.). Dabei geht es im wesentlichen um die Sicherung von *Wissen,* also um kognitive Lernziele. Leider fehlt – wenn ich nichts übersehen haben sollte – eine entsprechend aufwendige empirische Lernforschung, die die im Handlungsorientierten Unterricht favorisierten ganzheitlichen Ziele, Inhalte und Methoden des

Unterrichts unter die Lupe nimmt und entsprechende Lerngesetzmäßigkeiten herausarbeitet.

1. Der Erfolg des Übens wird erhöht, wenn der Gegenstand der Übung für den Schüler *subjektiv bedeutsam* ist. Es ist eine Binsenwahrheit, daß Schüler ebenso wie Lehrer dasjenige besser behalten, was sie interessiert:
   - Es passiert immer wieder, daß Schüler bestimmte kognitive Lernleistungen trotz jahrelangen Übens nicht erbringen, aber der Struktur nach völlig gleiche Lernleistungen in Windeseile bringen, wenn es um ein Hobby geht: Die lateinischen Namen sämtlicher Zierfischsorten lernt der Aquarianer sehr schnell – aber die Verben für den Lateinunterricht wollen nicht in den Kopf.
2. Der Erfolg des Übens wird erhöht, wenn es mit einem hohen Grad von *Selbsttätigkeit* verknüpft ist:
   - Schon *lautes Hersagen* des zu übenden Stoffes statt des leisen Lesens hilft.
3. *Sinnvolle und strukturierte Zusammenhänge* werden leichter gelernt und bleiben besser im Gedächtnis haften als zusammenhanglose Informationen:
   - Ein gereimtes Gedicht lernt sich entschieden leichter als ein Prosatext;
   - eine Check-Liste mit Ja/Nein-Alternativen lernt sich besser als eine Problemanalyse;
   - in Zweiergruppen aufgeteilte Telefonnummern bleiben besser im Gedächtnis haften als ungegliederte Zahlenfolgen.
   - Die diesem Buch beigefügten DIDAKTISCHEN LANDKARTEN sollen, wenn auch auf sehr abstrakter Ebene, ähnliche Strukturierungshilfen bieten.
4. Das Üben fällt leichter und der Lernerfolg ist höher, wenn zuvor *Gesetzmäßigkeiten, Oberbegriffe, Prinzipien, logische Verknüpfungen* des anzueignenden Sinn-, Sach- oder Problemzusammenhanges erarbeitet worden sind:
   - Wenn Sie das Prinzip der Unterscheidung der »inneren« und der »äußeren« Seite methodischen Handelns durchschaut haben, dürfte es Ihnen sehr viel leichter fallen, sich das Strukturmodell methodischen Handelns vom Ende der FÜNFTEN LEKTION einzuprägen.

   Die sogenannten *Eselsbrücken* (»333 – Issus-Keilerei«) helfen dem Lernenden, unstrukturierte Inhalte doch noch mit einem subjektiven, wenn auch objektiv belanglosen Sinn zu versehen. (Praktische Hilfen zur Arbeit mit Eselsbrücken finden Sie bei Speichert, 1985a, S. 209 ff.)
5. Das Behalten des Gelernten wird erleichtert, wenn es mit bekannten älteren Wissensbeständen bzw. Kompetenzbereichen *verknüpft* worden ist:
   - Deshalb habe ich in dieses Buch für Kollegen, die in den 50er und 60er Jahren ausgebildet worden sind, immer wieder Hinweise auf damals aktuelle Autoren aufgenommen (z. B. Erich Weniger, Heinrich Roth, Karl Stöker u. v. a.).
6. Das Einprägen des neu zu Behaltenden wird *erschwert,* wenn parallel dazu oder gleich danach ähnlich strukturierte Inhalte gelernt werden sollen. Dies wird als Gesetz der *»Ähnlichkeitshemmung«* bezeichnet (Speichert 1985a, S. 13 ff.)
   - Kein erfahrener Lehrer wird in derselben Stunde das Multiplizieren und Dividieren einführen (obwohl bzw. gerade weil die Struktur der Operationen recht ähnlich ist).
7. Das Behalten des Gelernten wird *erschwert,* wenn gleich danach interessante und aufregende neue Inhalte zur Kenntnis genommen werden.

- Wenn Sie gleich nach dem Vokabel-Lernen einen »Tatort« im Fernsehen angucken, vergessen Sie sehr viel!
- Das Beste wäre, wenn Sie gleich nach dem Lernen schlafen gingen!

8. Der Erfolg des Übens wird erhöht, wenn die Übungsphasen in *regelmäßigen* Abständen angesetzt werden. Üben gestalte man wie Doornkaat-Trinken: am besten mäßig, aber regelmäßig!
9. Es gibt Schüler (und Erwachsene), die besser lernen, wenn sie das zu Lernende *hören* (= auditiver Lerntyp); andere lernen besser, wenn sie das zu Lernende sehen (= visueller Lerntyp). Die meisten Menschen lernen besser, wenn sie *sowohl* auditiv wie visuell unterstützt werden. Deshalb empfiehlt es sich, unterschiedliche Medien im Unterricht einzusetzen. Es ist auch gut, das zu Lernende laut herzusagen.
10. Beim *Vergessen von Gelerntem* spielen dieselben Faktoren eine Rolle: Strukturierte und sinnvolle Informationen werden länger behalten als unstrukturierte, sinnlose. Ungefähr 70 Prozent des neu Gelernten ist, wenn es nicht in der Zwischenzeit wiederholt wurde, nach fünf Tagen vergessen. Deshalb empfiehlt es sich, neu Gelerntes schon am nächsten oder übernächsten Tag zu wiederholen.

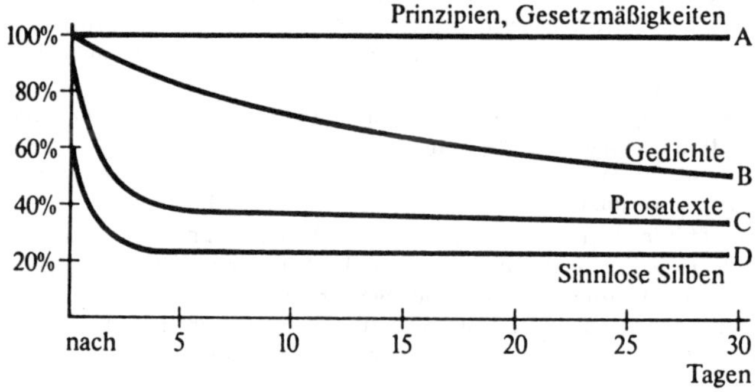

Behalten und Vergessen von Gelerntem. Aus: Maddox (1963); zit. nach Rosenbusch (1980, S. 146)

11. Nur das wird dauerhaft behalten oder gekonnt, was immer wieder *reaktiviert* und *angewandt* wird. (Für Musiker und Sportler ist diese Einsicht selbstverständlich.)
12. In der Mittagszeit lernt sich's am schlechtesten!

Die 12 Übungsregeln zeigen, daß *Schulunterricht* im Blick auf das Üben *falsch konstruiert* ist: Der fortwährende Fächerwechsel bei gleichbleibender, einseitiger Fixierung auf möglichst viel Wissensvermittlung muß die in Regel 6 genannte Ähnlichkeitshemmung fast zwangsläufig auslösen; Regel 7 ist ebenfalls schwer zu verwirklichen, weil ja kein Lehrer aufgefordert werden kann, von der zweiten Unterrichtsstunde des Schulmorgens an absichtlich langweilig zu unterrichten. Fachunterricht, der nur einmal wöchentlich gegeben wird, ist nach Regel 10 schierer Unsinn!

Das *Werbefernsehen* hat es da einfacher und leichter. Mit Ausnahme der Nummern 2 und 7 werden dort alle Regeln mit Witz, Phantasie und Fachverstand beherzigt. Stünde es in der Hand der Fernseh-Werber, würden sie auch noch die Regeln 2 und 7 integrieren!

Übungsfrage: Welche der 12 Übungsregeln wurde(n) in dem eben erfolgten Hinweis auf das Werbefernsehen beherzigt?

....

Man kann nur das üben, was man zumindest einmal gehört, gesehen oder ausprobiert hat. Aber dies bedeutet nicht, daß das Üben immer erst nach der »eigentlich« interessanten Einstiegs- und Erarbeitungsphase anzusetzen ist. Es kann ebensogut an den Anfang oder in den Mittelteil eines thematischen Abschnitts gerückt werden.

Das Üben kann darüber hinaus als *»Erkundung nach innen«* betrachtet werden: Wer übt, erprobt seine Leistungsfähigkeit und seinen Leistungswillen. Er lernt aber auch den Gegenstand besser als beim erst- und einmaligen Zurkenntnisnehmen kennen.

These 9.9: Erst im Üben wird der Lerngegenstand endgültig erschlossen.

Deshalb ist es sinnvoll, Gesetzmäßigkeiten des Übens mit den Schülern zu besprechen und ihnen so eine »Übungskompetenz« zu vermitteln.

Lesehinweise: Praktische Anleitungen zur Gestaltung von Übungsphasen finden Sie in vielen Fachdidaktiken und Fachzeitschriften (z. B. im Sonderheft 5/Nov. 1986 von »Praxis Grundschule«) und bei Odenbach (1974); Eisenhut/Heigl/Zöpfl (1981); Pallasch/Zopf (1980); Aebli (1976, S. 240 ff.).

Eine für Eltern geschriebene, gerade deshalb auch für Lehrer und selbst für ältere Schüler sehr gut geeignete, wissenschaftlich fundierte und hochschuldidaktisch großartig aufbereitete Anleitung zum Üben hat Horst Speichert verfaßt: »Richtig üben macht den Meister« (1985a).

Zur Übungsfrage vom Beginn dieser Seite: Der Hinweis auf das Werbefernsehen beherzigte m. E. die 5. und 11. Regel.

3.5 Beispiele

Sämtliche der in der DIDAKTISCHEN LANDKARTE Nr. 4 aufgelisteten Handlungsmuster können grundsätzlich auch zur Ergebnissicherung genutzt werden. Die folgende Auflistung weiterer Beispiele und die Skizzierung ihrer Vor- und Nachteile soll Anregungen zum Durchdenken der eigenen Unterrichtspraxis liefern. Konventionelle (seit jeher übliche und überwiegend stark lehrerzentrierte) sowie alternative (methodisch anspruchsvolle, schüleraktivierende, aber oft medial aufwendige) Formen der Ergebnissicherung folgen aufeinander.

● **Mündliche Zusammenfassung am Stundenschluß**
Sie wird sehr viel häufiger vom Lehrer als von den Schülern gemacht – schon deshalb, weil die Schüler zumeist noch gar nicht in der Lage sind, eine solche Komprimierung des ganz frisch Erlernten vorzunehmen.

Die Gefahr dieses Vorgehens liegt darin, daß der Lehrer in die kurze Zusammenfassung all das reinpackt, was aus Zeit- oder Sachgründen vorher nicht recht deutlich geworden ist (s. o.).

● **Gelenktes Unterrichtsgespräch**
Diese Form der Ergebnissicherung wird sehr häufig praktiziert, sie ist aber mindestens ebenso problematisch wie die Zusammenfassung durch den Lehrer. Der Lehrer kann zwar erste Hinweise darauf erhalten, ob das vorher Erarbeitete halbwegs verstanden worden ist, aber die Gefahr und der Nachteil bestehen darin, daß immer nur wenige Schüler am gelenkten Gespräch beteiligt werden können, so daß auf keinen Fall ein flächendeckender Überblick über den erreichten Leistungsstand zu bekommen ist. Ein weiteres Problem liegt darin, daß leistungsschwächere Schüler Fehler machen, die dann die Sicherung und Festigung des Erarbeiteten für die anderen Schüler erschweren.

● **Schriftliche Zusammenfassung durch Tafeltext oder Lehrerdiktat**
Schon während der Erarbeitungsphase wird von vielen Lehrern in vielen Fällen ein Tafeltext erstellt. Die Schüler müssen ihn dann zum Stundenende abschreiben. Dieses Vorgehen hat den Vorteil, daß alle Schüler (falls sie schnell genug geschrieben haben!) den Text getrost mit nach Hause nehmen können. Der Nachteil liegt wiederum darin, daß der Lehrer überhaupt nicht kontrollieren kann, ob das, was da ins Heft geschrieben wird, tatsächlich verstanden worden ist.

● **Protokollieren durch Schüler**
Ein manchmal schon in der Sekundarstufe I, im wesentlichen jedoch in der Sekundarstufe II praktiziertes, durchaus anspruchsvolles Verfahren. Wenn

Sie Protokolle von Schülern anfertigen lassen, so müssen Sie deren Erstellung auch formal und inhaltlich betreuen:

- ☐ Gegebenenfalls direkt nach Stundenschluß wichtige Punkte/offene Fragen besprechen;
- ☐ vor dem Verlesen des Protokolls zu Beginn der nächsten Stunde selbst kontrollieren, ob Schwierigkeiten zu erwarten sind;
- ☐ den vortragenden Schülern Hilfestellungen für eine methodisch anspruchsvolle Präsentation des Protokolls geben (betontes Lesen/Hinweise auf Wichtiges/Verknüpfung mit vorher Durchgenommenem);
- ☐ im Protokoll enthaltene Fehler entweder während oder nach der Stunde beheben;
- ☐ für die Vervielfältigung der Protokolle sorgen/eine sprachlich und formal ansprechende Gestalt des schriftlichen Protokolls sichern.

● Simultan-Protokoll

Eine methodisch anspruchsvolle Alternative zum ungeliebten schriftlichen Protokoll besteht darin, simultan zum Unterrichtsprozeß an einer *Wandzeitung* den Unterrichtsverlauf zu protokollieren.

Diese Protokollform bietet sich vor allem dort an, wo in Gruppen mit unterschiedlichen Arbeitsaufträgen gearbeitet worden ist, also z. B. bei der Schlußsitzung eines Projekts oder beim Abschluß komplexer handlungsbezogener Unterrichtseinheiten.

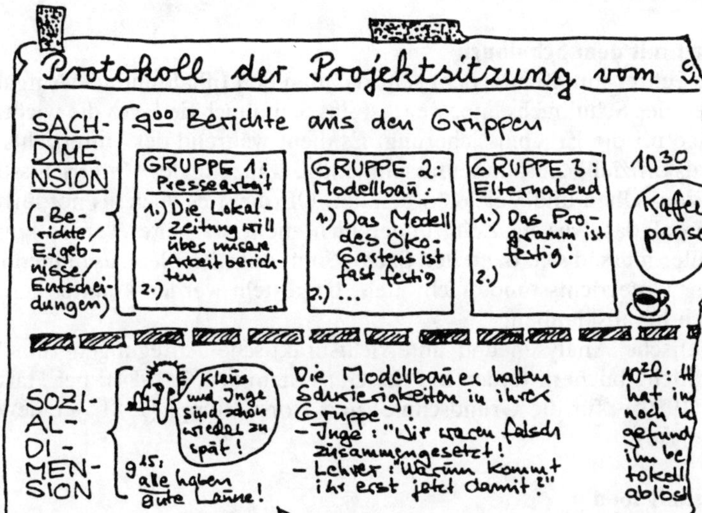

- ☐ Man kann eine mehrfache Dimensionierung dieses Protokolls einführen und z. B. die Sach- oder Problemdimension von der Sozial- oder Bewertungsdimension unterscheiden.
- ☐ Man kann kürzere Texte, schriftliche Arbeitsergebnisse, aber auch Zeichnungen, Zeitungsausschnitte oder Fotos in das Protokoll kleben.

- Man kann zusätzlich einführen, daß jeder – Schüler wie Lehrer – das Recht hat, während der Erstellung des Protokolls auf der Sozial- oder Bewertungsdimenion Ergänzungen vorzunehmen oder eigene Kommentare einzutragen.

So entsteht das Protokoll unter den Augen aller und mit der Chance zur Beteiligung aller!

● Abfragen & »Verhören«

Bis heute kann vor allem in den »Paukfächern« auf das Verhören, also das übende Abfragen der zuvor angeeigneten Kenntnisse nicht verzichtet werden. Man sollte sich jedoch darüber im klaren sein, daß dieses Abfragen häufig lediglich einen *symbolischen* Stellenwert hat: Es dient eher dazu, den Schülern noch einmal nachdrücklich vor Augen zu führen, *daß* sie üben müssen – das Üben selbst wird aber in die Hausarbeit abgedrängt.

Anders ist es mit dem »kollektiven« Verhören, das vor allem in der Grundschule immer noch einen Stellenwert hat. Es dient dem Einüben von Texten, Liedern und Gedichten und hat eine wichtige Funktion im körperlichen Einschwingen der Schüler in Rhythmus und Intonation der Texte.

Ein anschauliches Beispiel für das aus der Geschichte bekannte »Verhören«, was nichts anderes als Abfragen war, finden Sie auf S. 75! (Vgl. auch Henningsen 1974, S. 55 ff.)

● Arbeit mit dem Schulbuch

Da viele Lehrer ihren Unterricht sehr dicht an den Inhalt und die Aufgabenstellungen des Schulbuchs anpassen, ist das Schulbuch de facto die wichtigste Grundlage für die Ergebnissicherung. Es dient während des Unterrichts und danach als offizielle Zusammenfassung und Ergänzung des Unterrichtsstoffs. Es wird zum Üben und Vertiefen benutzt. Oft dient es auch als notdürftiger Behelf für all das, was aus Zeitgründen nicht mehr erarbeitet werden konnte. Die Schüler müssen sich dann den Sach-, Sinn- oder Problemzusammenhang, der in der Unterrichtsstunde nicht mehr hergestellt werden konnte, aus dem Schulbuch herausklauben.

Theoretische Analysen und unterrichtspraktische Anregungen zum Umgang mit Schulbüchern finden Sie bei Gerd Stein (1979; 1984); bei Hartmut Hacker (1980 – für die Grundschule) und Horst Rumpf (1981 – eine kritische Analyse).

● Hausaufgaben

Die gebräuchlichste Form der Ergebnissicherung besteht darin, sie in die Hausaufgaben zu verlagern. Die empirischen Untersuchungen über die Effektivität der Hausaufgaben ergeben jedoch ein diffuses und oft auch widersprüchliches Bild. Es läßt sich zwar belegen, daß bei einem Teil der Schüler regelmäßiges Hausaufgaben-Erledigen und hohe Lernleistungen korrelieren (= zusammentreffen), aber damit ist nicht bewiesen, daß die Hausaufgaben die Ursache für diese höheren Lernleistungen sind – es könnte auch genau umgekehrt sein (vgl. Gage/Berliner 1986, S. 535). Leichter ist es nachzuweisen, daß Hausaufgaben einen *Disziplinierungseffekt* haben. Sie gewöhnen die Schüler an das regelmäßige, fremdbestimmte Arbeiten, und sie vermitteln, sofern der Lehrer auf die Heftführung achtet (vgl. S. 221), Arbeitstugenden wie Gewissenhaftigkeit, Genauigkeit, Fleiß, Ordentlichkeit und Formgefühl.

Wer als Student oder Referendar neu in ein Kollegium kommt, kann nicht gleich am zweiten Tag die Hausaufgaben abschaffen, ohne ernsthafte Konflikte mit den Eltern und Kollegen zu riskieren. Diese Frage kann nicht individuell gelöst werden. Sie muß in ein pädagogisches Konzept der hausaufgabenfreien Schularbeit eingebettet und vom gesamten Kollegium getragen werden. Deshalb gilt für mich bis auf weiteres die Maxime: Wenn schon, denn schon! Also: wenn schon Hausaufgaben, dann bitte phantasievoll und durchdacht! Dabei können Sie sich, solange Sie noch keine eigene durchdachte Hausaufgabenpraxis entwickelt haben, an folgende *Faustregeln* halten:

1. Hausaufgaben müssen für die Schüler *subjektiv sinnvoll* sein: Wenn sie dem übenden Wiederholen dienen, muß im Unterricht für alle, also auch die leistungsschwächeren Schüler geklärt sein, was zu üben ist.
2. Hausaufgaben, die mißbraucht werden, um zu Ende zu bringen, was in der Stunde – aus welchen Gründen auch immer – nicht mehr geschafft wurde, stellen *Hausfriedensbruch* dar!
3. Die Schüler müssen *Rückmeldungen* erhalten, ob der Lehrer mit den Hausaufgaben zufrieden ist. Der Lehrer sollte sich davor hüten, immer nur das schlecht Gemachte zu kritisieren; er muß auch das gut Gemachte loben.
4. Berufsanfänger sollten ab und an die *Hausaufgaben selbst erledigen,* weil man sich als Anfänger sehr leicht im Schwierigkeitsgrad und Zeitaufwand der Hausaufgaben verschätzt.
5. Versuchen Sie, ein *ausgewogenes Verhältnis* zwischen schriftlichen, mündlichen und produkt- oder projektbezogenen Hausaufgaben herzustellen.
6. Die Schüler müssen erfahren, daß das, was sie in der Hausarbeit – oft unter beträchtlicher Mühe und Qual, seltener in lustbetonter Arbeit – geleistet haben, einen *produktiven Beitrag* für den kollektiven Lernprozeß der Klasse darstellen kann.
7. Viele Lehrer haben sehr gute Erfahrungen mit *freiwilligen* Hausaufgaben gemacht. In vielen Fällen reicht es auch, wenn wenige Schüler bestimmte Aufgaben (besonders gründlich) erledigen und dann im Unterricht vortragen.
8. Viele Lehrer haben gute Erfahrungen mit *kollektiv erledigten* Hausaufgaben gemacht.

Die Praxis des Hausaufgaben-Stellens steht in unmittelbarem Zusammenhang mit dem vom jeweiligen Lehrer realisierten Unterrichtskonzept. Wenn der Unterricht einseitig verkopft und stark lehrerzentriert ist, bleibt kaum etwas anderes übrig, als die üblichen langweilig-reproduzierenden Hausaufgaben zu stellen. Ist der Unterricht selbst produkt- und handlungsorientiert, so bieten sich viele Möglichkeiten für produktive, themendifferenzierte, freiwillige Hausaufgaben.

Lesehinweise: Es herrscht kein Mangel an empirischen Erhebungen und praktischen Anleitungen zur Hausaufgabengestaltung: vgl. Wittmann (1964; 1983); Geißler/Plock (1981); Kamm/Müller (1975); Winkeler (1977); Eigler/Krumm (1979); Boßmann (1979); von Derschau (1979); Schwemmer (1981); Speichert (1985b).

Eine schülerorientierte, gut lesbare, vor allem auch praktisch orientierte »Praxis produktiver Hausaufgaben« hat Horst Speichert (1982) vorgelegt.

Ein *qualitativer Sprung* in der Form der Ergebnissicherung liegt dann vor, wenn die im Unterricht erarbeiteten Kenntnisse, Fähigkeiten und Fertigkeiten in neuen Lern- und Handlungssituationen produktiv erprobt, geübt und überprüft werden. Häufig findet dabei eine Umwandlung von der einen (z. B. sprachlich vermittelten) zur anderen (z. B. bildnerisch-ästhetischen, körpersprachlichen, quantifizierend-mathematisierenden oder spielerischen) Symbolisierungsform statt (mehr dazu in der ELFTEN LEKTION).

● **Produktives Schreiben**

Das Schreiben hat seit jeher in der Schule einen übergeordneten Stellenwert gehabt. Viele Lehrer halten es – völlig zu recht – für den *Königsweg der geistigen Aneignung von Lehrinhalten.* Dies gilt aber nur dann, wenn es zu einer aktiven, kreativen und selbstbestimmten Tätigkeit gemacht wird. Einige Beispiele für produktive, schrittweise zur Selbständigkeit führende Formen des Schreibens hat Ingo Scheller (1981, S. 129–154) vorgelegt. Vor allem bei Célestin Freinet finden Sie vielfältige Anregungen zum Schreiben, zum Drukken, zur Klassenkorrespondenz usw. Einen Neugier weckenden und Mut zum Nachahmen vermittelnden ersten Überblick über Freinets Pädagogik finden Sie in dem Buch »Pädagogische Texte« (Freinet 1980; vgl. auch H. 2/1986 von Westermanns Pädagogischen Beiträgen); eine gründliche theoretische und praktische Einführung bei Kuhl (1988).

● **Schülerbuch/Schülerlexikon/Klassenzeitung**

Ein *Schülerbuch* ist ein von den Schülern unter Anleitung des Lehrers selbst geschriebenes Buch, das sie für sich selbst, für die Eltern, aber auch für die schulinterne Öffentlichkeit, also z. B. für eine Parallelklasse oder für eine nachrückende Klasse schreiben. Die TVIND-Schule in Dänemark hat eine

Reihe solcher Bücher veröffentlicht; weitere Beispiele sind vom Zentrum für pädagogische Berufspraxis der Carl-von-Ossietzky-Universität (Adresse: Postfach, 29 Oldenburg) veröffentlicht worden.

Ein *Schülerlexikon* ist ein thematisch begrenztes, von Lehrer und Schülern gemeinsam erstelltes kleines Lexikon mit Fachbegriffen, Definitionen, Personen-, Orts-, Zeit-, Fremdworterläuterungen usw.

- □ Wenn ein neues Thema begonnen wird (»Die Germanen«, »Carmina Burana«, »Moped-Führerschein«, »Kurzgeschichten«, »Flächenberechnung«), werden die wichtigsten, schwierigsten oder unbekanntesten Begriffe systematisch gesammelt (z. B. von zwei dazu ausgeguckten Schülern),
- □ am Ende der Unterrichtseinheit zu einem kleinen Lexikon zusammengefaßt, das für alle Schüler vervielfältigt wird
- □ und eventuell sogar bei der nächsten Klassenarbeit benutzt werden darf.

Konkrete Anregungen für die Gestaltung einer *Klassenzeitung* finden Sie bei Dorothee Markert (1976) für die Sonderschule, bei Ingeborg Engel (1982) für die Sekundarstufe I. Über die Arbeit mit einem *Schultagebuch* mit einer 6. Hauptschulklasse berichtet Raimund Zink (1980). Einen aktuellen Bericht über die von Freinet propagierte *Klassenkorrespondenz* liefern Ingrid Dietrich und Gaby Geschefsky (1986). Über das Illustrieren und Drucken informiert Peter Vöge (1987).

Auch die *Schülerzeitung* gehört in diesen Block. Sie sollte aber nur dort, wo die Schüler ohne Lehrerhilfe nicht in die Gänge kommen, zum Unterrichtsinhalt gemacht werden. Gerade die Schülerzeitung dient der Herstellung einer – sei's pubertär-unbedarften oder auch substantiell-kritischen – *Gegenöffentlichkeit* der Schüler gegen die Übermacht der den Lehrern zur Verfügung stehenden Ordnungsmittel (vgl. Gerster 1982).

● **Wandzeitung**

Wandzeitungen sind gut geeignet, um die in Kleingruppen erstellten Arbeitsergebnisse im Plenum zu veröffentlichen. Wenn die Schüler wenig Erfahrung mit diesem Medium haben, sollte der Lehrer Hilfestellungen geben und z. B. die formale Anordnung lenken. Bei jüngeren Schülern empfiehlt es sich, Inhalt und Form vorzuprogrammieren.

Wandzeitungen sind heutzutage für viele Schüler ein bekanntes, manchmal auch über Gebühr eingesetztes Arbeitsmittel. Schludrig ausgeführte, halbfertig aufgehängte Wandzeitungen sollten schleunigst vervollständigt oder aus dem Verkehr gezogen werden.

Eine pragmatische, in vielen Fällen ausreichende Alternative besteht darin, die *Wandtafel* in drei oder vier Felder zu unterteilen und jeder Kleingruppe ein Feld zur Protokollierung ihrer Arbeitsergebnisse zuzuweisen.

● Fries

Der Fries ist seit der Antike immer auch ein *Lehrmittel* gewesen. Es gibt heute interessante, kommerziell vertriebene Friese, die auch in der Schule eingesetzt werden können (z. B. Jörg Müller: »Alle Jahre wieder saust der Preßlufthammer nieder«, 1973). Besser ist es natürlich, wenn Lehrer und Schüler gemeinsam einen Fries herstellen und dabei ihre Unterrichtsergebnisse noch einmal durchdenken und aufarbeiten. Man kann in Grundschulklassen einen Eisenbahnzug, einen Wal, eine Kamel-Karawane, ein Haus mit vielen Zimmern, einen Karnevalszug, eine Kuh-Herde, einen Schrank mit vielen Schubladen zeichnen, die den Rahmen für die Protokollierung der erarbeiteten Details abgeben. Man kann auch die folgende *Schlange* zeichnen. In ihren vielen Mägen hat sie verschluckt, was vorher durchgenommen wurde:

- □ Der Lehrer legt sechs oder sieben große Pappbogen (DIN A 2) in der Mitte des Klassenzimmers auf den Fußboden und klebt die Blätter zusammen.
- □ Der Lehrer zeichnet die Umrißlinien der Schlange, des Wales o. ä. mit Filzstift vor.
- □ Die Schüler malen das Bild in einem lustbetonten, kollektiven Prozeß zu Ende. (Wichtig: die Schlange muß so lang sein, daß wirklich alle Schüler mitzeichnen können!)

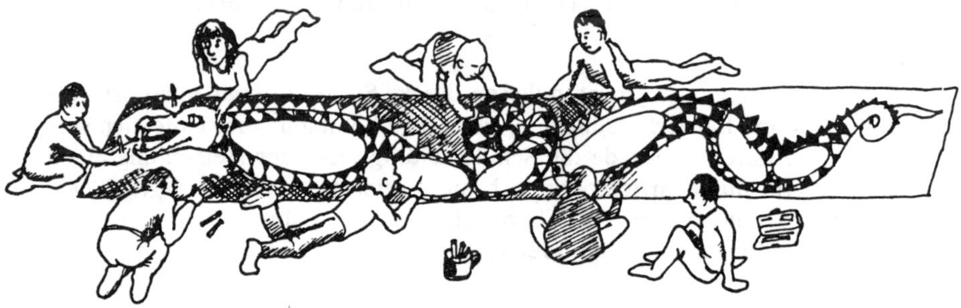

- □ Die fertiggemalte und ausgefüllte Schlange wird dann an die Klassenwand oder auf den Flur gehängt.

● Zeitleiste

Zeitleisten gehören seit jeher zum Medienrepertoire der Grundschule, sie können aber selbstverständlich in jeder Altersstufe eingesetzt werden. Ein Beispiel für die Sekundarstufe II finden Sie auf S. 300. Entscheidend für die Qualität der Ergebnissicherung ist wiederum die Beteiligung der Schüler am Herstellen der Zeitleiste. Sie muß vor ihren Augen und unter ihren Händen von Stunde zu Stunde wachsen und vervollständigt werden. Es ist gut möglich, Protokolle, Fotografien, Zitate usw. in die Zeitleiste zu integrieren.

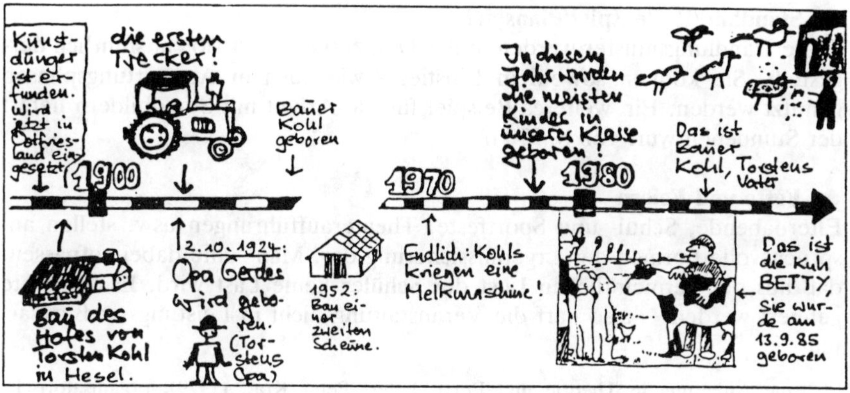

Ratschläge zur Erarbeitung von Geschichtsfriesen (= Zeitleisten) im Gruppenunterricht liefert Ernst Meyer (1975, S. 94 ff.).

● Film/Video/Hörspiel

Viele Schulen haben inzwischen Super-8-Filmgeräte und mehr oder weniger vollständige Video-Apparaturen (die oft genug ungenutzt herumstehen, kaputt sind oder in private Nutzung hinüberrutschen). Man kann damit:

- ☐ für den Elternabend eine lokale *»Tagesschau«* mit den neuesten Nachrichten aus dem Stadtteil machen; oder regelmäßig *»Seniorenfernsehen«* (de Ahna u. a. 1987);
- ☐ man kann in einem fächerübergreifenden Projekt Deutsch/Kunst/Musik eine eigene *Revue* oder eine *Parodie* auf Fernsehsendungen inszenieren;
- ☐ man kann mit den Schülern einen eigenen *Krimi* drehen (darüber berichtet z. B. Allerkamp 1986);
- ☐ man kann mit Grundschülern einen *Film über den Hausmeister* (vgl. Purmann 1982) machen oder das Thema »Angst« durch die Vertonung einer Gruselgeschichte oder einen Video-Film aufarbeiten (Autorengruppe Grundschulprojekt Gievenbeck 1986).
- ☐ Ein *Fotobuch* haben Kinder und Lehrer des Grundschulprojekts Gievenbeck ebenfalls zum Thema »Angst« hergestellt, indem sie eine Fotoserie zu einem in Pappmodellen dargestellten Kampf zwischen Rittern und Spinne herstellten (Autorengruppe Grundschulprojekt Gievenbeck 1986, S. 171 ff.).

Über die Planung und Durchführung von Projekten, in denen *Hörspiele* und *Features* mit Hauptschülern hergestellt wurden, berichten Reiner Friedrichs (1982; 1986b), Barbara u. Dieter Chilla (1980), Everling (1980).

● Streitgespräch/Diskussion

Ein Beispiel für diese Form der Auswertung liefert die zu Beginn der ACHTEN LEKTION skizzierte Doppelstunde »Greenpeace/Kronos-Titan«, in der die Schüler die während der Gruppenarbeit angeeigneten Kenntnisse in einer simulierten Podiumsdiskussion erproben und vertiefen können.

● Standbild/Rollenspiel/Planspiel

Diese Handlungsmuster werden in der DREIZEHNTEN LEKTION ausführlich dargestellt. Sie können sowohl in Einstiegs- wie auch in Auswertungsphasen genutzt werden. Ein weiteres Beispiel für die Arbeit mit Standbildern liefert der Stundenentwurf von S. 270 ff.

● Feste und Feiern

Elternabende, Schul- und Sportfeste, Theateraufführungen usw. stellen anspruchsvolle Formen der Ergebnissicherung dar. Man sollte dabei aufpassen, daß aus der vermeintlichen Lust der Schüler keine Last wird. Es soll feste gefeiert werden – also darf die Veranstaltung nicht in Leistungsstreß ausarten!

□ Eine Anleitung in Theorie und Praxis liefert Peter Kraft (1979); organisatorische Ratschläge gibt Hermann Busch (1986).

□ Über einen erfolgreichen Versuch, durch Feste und Feiern verhärtete Fronten zwischen deutschen und türkischen Schülern aufzubrechen, berichten Will Lütgert und Karin Kleinespel (1986).

□ Über die Selbstorganisation eines Sportfestes durch eine 4. Grundschulklasse berichtet Ursel Petersen (1980).

● Ausstellung/Dokumentation

Arbeits- und materialaufwendig, aber für Lehrer und Schüler fast immer ein großes Ereignis ist die Organisation einer Ausstellung, in der die während einer größeren Unterrichtseinheit oder in einer Projektwoche erarbeiteten Produkte ausgestellt werden. Über eine Ausstellung zum Thema Atomkraft in der Sekundarstufe I berichtet Wolfgang Linsenmaier (1982), über zwei Ausstellungen zur Stadtteilgeschichte berichten Anne Köhler/Antje Mittelberg (1986); Ratschläge zur Organisation bei Hermann Haas (1985).

● Selbständige Alleinarbeit

Es ist heilsam für jeden Lehrer, ab und an in Erwägung zu ziehen, daß Schüler auch ganz allein sinnvolle Arbeit leisten können. Hugo Gaudig hat die freie Hausarbeit des Schülers als sinnvollen, ja krönenden Abschluß der Erziehung zur Selbsttätigkeit bezeichnet (Gaudig, in: Reble 1963, S. 78/79).

□ Man kann freiwillige zusätzliche *Hausaufgaben* geben und sie in die Unterrichtsarbeit zu integrieren versuchen.

□ In vielen Schulformen sind auch die sogenannten *Fach- oder Hausarbeiten* üblich, bei denen häufig erstaunliche Leistungen erzielt werden.

□ *»Jugend forscht«* als ein leider arg konkurrenzorientierter, dennoch sinnvoller Ansatz zur Allein- oder Partner- und Gruppenarbeit ist hier ebenfalls zu nennen.

Eindrucksvolle Berichte über die Befähigung zur selbständigen Alleinarbeit finden sich bei Alexander S. Neill (1969). Anregungen zur didaktisch-methodischen Gestaltung finden Sie bei Geppert/Preuß (1980).

ZEHNTE LEKTION

FRONTAL-UNTERRICHT

Inhalt + Ziel?

Aus: Johannes Hickel: Sanfter Schrecken. © Quelle und Meyer Verlag, Heidelberg · Wiesbaden

1. »Warum ist der Frontalunterricht so schön?«

1.1 Steckbrief und Arbeitsdefinition

Die Begriffe Frontalunterricht und Klassenunterricht werden in diesem Buch gleichbedeutend verwandt, obwohl eine Differenzierung möglich wäre: »Klassenunterricht« als rein formale Beschreibung der Sozialstruktur, »Frontalunterricht« als Wertung und Kritik an der häufig vorherrschenden Lehrerzentriertheit dieser Sozialform. Ich verzichte auf eine solche Unterscheidung, weil sie den falschen Eindruck erwecken könnte, als ob das Problem zu hoher Lehrerlenkung im Gruppenunterricht, in der Partner- und Einzelarbeit (wo entsprechende Begriffsdifferenzierungen fehlen!) nicht gegeben sei! Der Begriff »Klassenunterricht« ist auch zu eng: Es gibt an Hochschulen und in der Weiterbildung, in ein- und zweiklassigen Dorfschulen, im Kurssystem der gymnasialen Oberstufe usw. vielfältige Formen des Frontalunterrichts ohne Bezug zu einer Jahrgangsklasse.

STECKBRIEF

□ Im Frontalunterricht übernimmt der *Lehrer* die wesentlichen Steuerungs-, Kontroll- und Bewertungsaufgaben.

□ Die direkte Zusammenarbeit der Schüler untereinander wird nur begrenzt zugelassen – die *Kommunikation zwischen dem Lehrer und den Schülern* steht im Vordergrund der Aufmerksamkeit.

□ In der Mehrzahl der Fächer müssen die Schüler den größeren Teil der Zeit *sitzend* zubringen und dabei *nach vorn* zum Lehrer an die Tafel bzw. in das Heft oder Schulbuch schauen.

□ Frontalunterricht ist überwiegend *thematisch* orientiert. Dies heißt, daß eine *kognitive Strukturierung* des Unterrichtsablaufs vorherrscht.

□ Die Wirklichkeit, die durch das methodische Handeln von Lehrer und Schülern im Unterrichtsprozeß hergestellt wird, ist überwiegend sprachlich, nur zum Teil bildlich und kaum über aktive Schülerhandlungen vermittelt. Dabei ist der Sprechanteil des Lehrers regelmäßig höher als der aller Schüler einer Klasse zusammen (vgl. Spanhel 1971 und S. 203).

□ Der *typische Ablauf einer Frontalunterrichtsstunde* könnte folgendermaßen aussehen:

- Stundeneröffnung (Begrüßung, Organisatorisches)
- Unterrichtseinstieg (oft in Form der Wiederholung oder Hausaufgabenkontrolle)
- Darbietung neuen Stoffs
- Arbeit am neuen Stoff

- Ergebnissicherung (Tafeltext, wiederholende Übung, Zusammenfassung durch Lehrer oder Schüler usw.)
- Stellen der neuen Hausaufgaben

Weitere Ablaufbeschreibungen finden Sie bei E. Meyer/Okoń (1983, S. 31 ff.; vgl. auch Prange 1983, S. 108).

☐ Typische *Medien* sind Tafel, Schulbuch, Arbeitshefte, Overhead-Projektor, Anschauungstafeln usw.

☐ Eine fest institutionalisierte *Unterrichtskritik* ist selten. Eher wird während oder nach Konflikten die Qualität des Unterrichts und der Lehrerarbeit thematisiert.

In dem fast immer lehrgangsmäßig aufgebauten Frontalunterricht herrscht ein Macht- und Kompetenzgefälle zwischen dem Lehrer und »seinen« Schülern. Dies muß zwar nicht grundsätzlich so sein, ist im Schulalltag jedoch die Regel. Dabei ist es nicht erforderlich, daß der Lehrer immer physisch anwesend ist oder immer vorn steht, redet und handelt. Er kann sich vielfältige Stellvertreter suchen: Er kann einen Schüler beauftragen, ein Referat zu halten; er kann einen Film vorführen usw.

Definition Nr. 26: Frontalunterricht ist ein zumeist thematisch orientierter und sprachlich vermittelter Unterricht, in dem der Lernverband (die »Klasse«) gemeinsam unterrichtet wird und in dem der Lehrer – zumindest dem Anspruch nach – die Arbeits-, Interaktions- und Kommunikationsprozesse steuert und kontrolliert.

Frontalunterricht hat – wie jede andere Sozialform auch – eine äußere und eine innere Seite. Die *äußere Seite* ist im Steckbrief skizziert worden. Die *innere Seite* erschließt sich dann, wenn nach den didaktischen Funktionen des Frontalunterrichts gefragt wird.

☐ Frontalunterricht ist *gut geeignet,* um sachliche Zusammenhänge, Probleme und Fragestellungen aus der Sicht des Lehrers darzustellen.

☐ Deshalb ist es konsequent, den Frontalunterricht dann einzusetzen, wenn eine allgemeine *Orientierungsgrundlage* hergestellt, wenn ein neues *Wissensgebiet dargestellt* werden soll, wenn *Arbeitsergebnisse gesichert* und wenn *Leistungsstände* der Schüler *überprüft* werden sollen.

☐ Frontalunterricht erzieht aber fast zwangsläufig zur *Passivität und Anpassung,* zum *Ruhe-, Ordnung- und Disziplinwahren.* Er ist seiner Struktur nach konservativ – auch dort, wo die vom Lehrer vermittelten Inhalte und Einstellungen fortschrittlich oder gar revolutionär sein sollten.

Pointiert formuliert:

> **These 10.1:** Frontalunterricht erzieht zum obrigkeitsstaatlichen Denken und Fühlen.

Die Stärke des Frontalunterrichts ist damit zugleich seine Schwäche:

> **These 10.2:** Frontalunterricht ist besser als andere Sozialformen geeignet, einen Sach-, Sinn- oder Problemzusammenhang aus der Sicht und mit den Mitteln des Lehrers darzustellen. Es ist kaum geeignet, die Selbständigkeit des Denkens, Fühlens und Handelns der Schüler zu entfalten.

Frontalunterricht ist dann am Platze, wenn eine Wissens- oder Problemstruktur begriffen und nachvollzogen werden soll. Gerade weil die Möglichkeiten der Steuerung des Interaktions- und Kommunikationsprozesses für den Lehrer hoch sind, hat er auch die Macht, *seine* Sicht der Dinge darzustellen. Dabei können freilich *die äußere und die innere Seite des methodischen Handelns des Lehrers auseinanderfallen:* Weil dem Lehrer der Sachzusammenhang klar vor Augen steht, muß seine Präsentation dieses Sachzusammenhangs nicht für die Schüler gleichermaßen verständlich sein:

- ☐ Viele Schüler neigen dazu, sich im Unterricht zu *maskieren* (vgl. Jackson 1975, S. 28). Sie heucheln Aufmerksamkeit, Interesse und Verständnis, sie melden sich zum Schein, sie spielen die Rolle des Profi-Schülers recht erfolgreich. Eben deshalb ist es für den Lehrer so schwierig, realistische Rückmeldungen über das Ausmaß des Verstehens zu bekommen. (Handfeste Rückmeldungen kommen dann in den Klassenarbeiten – aber da ist's eigentlich viel zu spät!)
- ☐ Die *Gefahr* ist groß, daß der Lehrer gemeinsam mit den drei, vier oder fünf Leistungsträgern einer Klasse auf der *Vorderbühne* (vgl. S. 67) des Unterrichts einen Sinn-, Sach- oder Problemzusammenhang inszeniert, dem die leistungsschwächeren Schüler nicht mehr folgen können, ohne daß dies vom Lehrer bemerkt wird.

Viele Lehrer täuschen sich immer wieder über den Umfang ihres Lehrerfolgs (vgl. Voigt 1984; Thiemann 1985, S. 65 ff.; Bauersfeld/Voigt 1986). Würde in der Schule weniger Frontalunterricht, dafür aber mehr Gruppen-, Partner- und Einzelarbeit gemacht, gäbe es vermutlich weniger Illusionen über den Lernerfolg der Schüler. Der Lehrer will im Frontalunterricht möglichst alle Arbeits-, Interaktions- und Kommunikationsprozesse steuern und kontrollieren. Dies bezieht sich aber nur auf das, was *offiziell* zur Sprache kommt. Was in den Köpfen, Herzen und Körpern der Schüler vorgeht, hat der Lehrer nicht unter Kontrolle. Dies ist gut so! Denn erst die Differenz zwischen dem Bemühen des Lehrers, einen Sach-, Sinn- und Problemzusammenhang herzustellen, und den Bedürfnissen und Interessen der Schüler, die vom lustvollen

Mitverfolgen bis zu produktiven und unproduktiven Nebentätigkeiten reichen, macht aus dem Frontalunterricht mehr als nur ein Marionettentheater des Lehrers!

1.2 Geschichtliche Entwicklung

Frontalunterricht gibt es seit gut 4 000 Jahren, vielleicht auch noch länger. Denn man kann davon ausgehen, daß überall dort, wo Teile der heranwachsenden Jugend zum Zwecke der Belehrung zusammengeholt wurden, diese Belehrung aus einem Wechsel von frontaler Anweisung und individuellem Nachmachen und Üben bestand.[1] Frontalunterricht in dem uns geläufigen Sinne des Klassenunterrichts gibt es aber erst seit der Erfindung der Jahrgangsklassen im Barockzeitalter. Wolfgang Ratke (1571–1635) und vor allem sein Zeitgenosse Johann Amos Comenius (vgl. S. I, 162) forderten mit viel Pathos, endlich den unglückseligen Zustand der aus dem Mittelalter überkommenen Schule zu beenden, der heute in manchen Reformschriften als neues Ideal gepriesen wird: daß nämlich die Schüler in den einzelnen Lehrgängen, Fächern oder »artes« ganz unterschiedlich weit vorangeschritten sein konnten und dadurch die Organisation des Unterrichts sehr kompliziert machten. Endgültig durchgesetzt wurde das Jahrgangsprinzip – vor allem auf dem Lande – aber erst in der zweiten Hälfte unseres Jahrhunderts. (Mein erstes »Landschulpraktikum« machte ich 1962 in Arle/Ostfriesland in der Oberklasse (5.–8. Schuljahr) der Volksschule!)

Im *Frühkapitalismus,* also am Ende des 18. und zu Beginn des 19. Jahrhunderts, wurde die Idee des Frontalunterrichts zu der beklemmenden Vision eines *fabrikmäßig rationalisierten Massenunterrichts* weiterentwickelt;

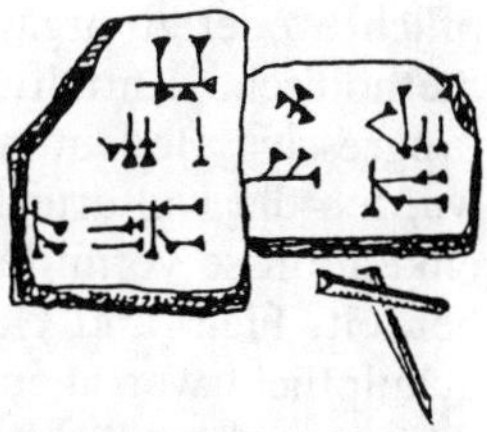

1 Bei Ausgrabungen im Zweistromland sind Bruchstücke sumerischer Tontäfelchen gefunden worden, auf denen offensichtlich Schüler ihre Schularbeiten gemacht haben. Auf einer der Tafeln findet sich folgender Text (zit. nach Schiffler/Winkeler 1985, S. 7): *»Sohn des Tafelhauses,* wohin bist du seit deinen frühesten Tagen gegangen?« – »Ich ging ins Tafelhaus.« – »Was hast du im Tafelhaus gemacht?« – »Ich las meine Tafel, aß mein Frühstück, machte eine neue Tafel, beschrieb sie und machte sie fertig. Dann bestimmten sie meine mündliche Arbeit und am Nachmittag bestimmten sie meine schriftliche Arbeit. Als das Tafelhaus geschlossen wurde, ging ich nach Hause und sah dort meinen Vater sitzen. Ich erzählte meinem Vater von meiner schriftlichen Arbeit, dann habe ich meine Tafel vorgelesen; mein Vater war damit zufrieden . . . gebt mir Wasser zu trinken . . . gebt mir Brot zu essen . . . ich will gleich schlafen. Am frühen Morgen weckt mich, ich will nicht zu spät kommen, sonst schlägt mich mein Meister.«

T. IV.

Ansicht des Innern der Haupt-Knaben-Schule der Brittisch-ausländischen Schulgesellschaft.

Aus: Rutschky (1977); das Bild ist dem Buch von J. Hamel: Der gegenseitige Unterricht, Paris 1818, entnommen.

man machte Pläne für Schulgebäude, in denen ein Lehrer zwei Klassen in zwei Etagen gleichzeitig über eine beide Räume verbindende Empore mit Treppe unterrichten sollte. In den sogenannten »Industrieschulen« wurden diese Pläne zum Teil verwirklicht, dauerhaft durchsetzen konnten sie sich aber nicht.

Erst im 19. Jahrhundert wurde die im 18. Jahrhundert geforderte *Allgemeine Schulpflicht* mehr oder weniger vollständig und häufig gegen den Willen der Eltern durchgesetzt (Leschinsky/Roeder 1983). Mit anderen Sozialformen als mit Frontalunterricht und Einzelarbeit wäre diese Allgemeine Schulpflicht weder zu organisieren noch zu finanzieren[2] gewesen. Die unterrichtsmethodische Entfaltung des Frontalunterrichts hatte mithin eine politisch progressive Bedeutung für die Bildung der Massen: Im Frontalunterricht wurden die Kulturtechniken eingeübt, das Sprachvermögen geschult, Realienkenntnisse vermittelt, aber auch Arbeitstugenden wie Pünktlichkeit, Sauberkeit, Fleiß und Gehorsam trainiert. Die Durchsetzung der Allgemeinen Schulpflicht war aber nicht nur ein Akt der politischen Emanzipation, sondern in widersprüchlicher Wechselbeziehung auch ein Schritt zur politischen Disziplinierung der Massen und zur Erziehung zum Obrigkeitsstaat. Weil der Einfluß der Kirchen langsam geringer wurde, weil die Privatheit der Familie

2 Dieses Argument gilt auch heute noch: Frontalunterricht ist die *billigste* Form der Unterweisung der heranwachsenden Generation (vgl. Gage/Berliner 1986, S. 460).

im bürgerlichen Zeitalter zunahm, erhielt die Schule eine wachsende Bedeutung als »Sozialisationsagent«. In den historischen Dokumenten zum Frontalunterricht vom Ende des 19. Jahrhunderts, also aus dem Wilhelminischen Reich, wird dieser Funktionswandel deutlich: Die Lehrer sollten nicht nur Fachkompetenzen, sondern auch die Treue zu Gott, König und Vaterland vermitteln. Die Lehrer sollten nicht nur dafür sorgen, daß die Schüler etwas Vernünftiges lernen, also gute Arbeitskräfte abgeben, sondern auch verhindern, daß zu viele von ihnen studieren wollen (daß sie »nicht alle Secretairs werden wollen«, wie schon Friedrich der Große befürchtet hatte), und vor allem, daß sie nicht den Irrlehren der Sozialdemokratie verfielen. Diese politische Indoktrination fand, da andere Sozialformen praktisch keine Rolle spielten, im Frontalunterricht statt – und die von den Herbartianern entwickelten Kulturstufen- und Formalstufentheorien (vgl. S. I, 170) lieferten dazu das theoretische Korsett:

These 10.3: Der Frontalunterricht hat im historischen Prozeß sowohl eine progressive, die Bildung der Massen ermöglichende, als auch eine restaurative, die politische Indoktrination erleichternde Funktion gehabt.

Heute hat der Unterricht die Funktion einer *direkten* politischen Manipulation weitgehend verloren – aber auch heute dienen Schulen der Selektion der Schüler, und sie sorgen durch ihre Organisationstruktur dafür, daß diese Selektionsmaßnahmen von den betroffenen Schülern und Eltern weitgehend anerkannt werden (vgl. Fend 1980, S. 29ff.): In der Schule geht es um gute Zensuren und darum, versetzt zu werden: Der für diese Zensierung erforderliche Wettbewerb setzt einen »freien Markt« voraus, wie ihn der Frontalunterricht darstellt. Nur in Einzel- oder Gruppenarbeit wäre das *Gefühl* einer transparenten und gerechten Zensurengebung kaum herzustellen (was nicht heißt, daß tatsächlich gerecht zensiert werden muß).

1.3 Gründe für die ungebrochene Vorherrschaft

Frontalunterricht ist die häufigste aller vier Sozialformen; mit ihm werden hierzulande drei Viertel oder mehr des gesamten Unterrichts bestritten. Im krassen Widerspruch zur Spitzenstellung dieser Sozialform im Schulbetrieb steht seine geringe Wertschätzung bei Studenten, Referendaren und auch bei vielen Lehrern. Auffällig ist auch die Vernachlässigung seiner wissenschaftlichen Analyse: Es gibt Hunderte von Veröffentlichungen zum Gruppenunterricht, zur Projektarbeit oder zum Programmierten Unterricht – aber bis heute nur drei Monographien[3] zum Frontalunterricht (Wragge-Lange 1983; E. Meyer/Okoń 1983; Aschersleben 1985). Es wäre jedoch naiv, die ungebrochene Vorherrschaft des Frontalunterrichts einfach als Betriebsunfall zu betrachten. Wie in der SIEBTEN LEKTION nachzuweisen versucht wurde, ist in der Schule so gut wie nichts dem Zufall zu danken, sondern Ergebnis gesellschaftlicher Funktionszuweisungen sowie institutionsspezifischer Gesetzmäßigkeiten, die den Rahmen für die Lehrer-Schüler-Interaktion vorgeben.

These 10.4: Die ungebrochene Vorherrschaft des Frontalunterrichts ist kein Betriebsunfall und auch kein pädagogisches Versehen, sondern ein durch die gesamtgesellschaftlichen, die juristischen, curricularen und institutionell-organisatorischen Voraussetzungen bedingter Konstruktionsfehler der Schule.

Die Gründe, warum trotz einleuchtender und seit langem bekannter wissenschaftlicher Kritik[4] die Vorherrschaft des Frontalunterrichts ungebrochen ist, sollen im folgenden erörtert werden.

(1) Das von Lehrern am allerhäufigsten genannte *Argument für die Beibehaltung* des Frontalunterrichts lautet: »Ich komme sonst mit meinem Stoff nicht durch!«

These 10.5: Frontalunterricht ist die vermeintlich effektivste Form der Stoff*vermittlung,* tatsächlich aber nur eine geeignete Form der *Darstellung* von Sach-, Sinn- und Problemzusammenhängen.

---

3 Es gibt natürlich sehr viele Studien und Untersuchungen, in denen Frontalunterricht indirekt thematisiert wird: z. B. in Studien zur Lehrersprache, zum lehrerzentrierten Unterricht, zur Gesprächsführung im Unterricht usw. (siehe S. 203 ff.). Ein umfassender Bericht über empirische Untersuchungen zu Vortragsmethoden und zu erklärenden Darstellungen im Frontalunterricht findet sich bei Gage/Berliner (1986, S. 459–593), Hinweise zur Geschichte des Frontalunterrichts bei Aschersleben (1985, S. 9–28).

4 Diese Bedenken werden explizit oder implizit z. B. bei Hartmut von Hentig (1965, S. 36ff.; 1968), bei Horst Rumpf (1981; 1986a) oder Hermann Giesecke (1985, S. 111) formuliert – kaum zu finden sind sie bei Autoren wie Theodor Wilhelm (1969) oder Erich Geißler (1982).
Die von einigen konservativen Erziehungswissenschaftlern, z. B. von Karl Aschersleben (1985) herbeigeredete sogenannte *Renaissance* des Frontalunterrichts halte ich demgegenüber für ideologische Verbrämung und Wunschdenken: Von einer inhaltlichen Erneuerung kann heute keine Rede sein, und das quantitative Argument sticht nicht – rein quantitativ betrachtet, hatte der Frontalunterricht in den letzten 400 Jahren eine fortwährende »Renaissance«!

Auch wenn dieses Argument empirisch nicht zu belegen ist (vgl. S. I, 141) und durch die entmutigenden Erhebungen über das bei Erwachsenen verbliebene Schulwissen fortwährend desavouiert wird, scheint es doch ganz tief im Alltagswissen der meisten Lehrer verinnerlicht zu sein. Es kommt in der häufigen Gleichsetzung von »Unterrichtsmethode« und »Art und Weise der Stoffvermittlung« (vgl. S. I, 43) ebenso zum Ausdruck wie in den Konkurrenz- und Minderwertigkeitsgefühlen vieler Lehrer gegenüber jenen Kollegen, die »im Stoff schon weiter sind«. Aber die Gewißheit eines Lehrers, er sei mit dem Stoff »durchgekommen«, sagt doch noch gar nichts darüber aus, ob der Stoff auch bei den Schülern »angekommen« sei. Die Angst, mit dem Stoff nicht durchzukommen, ist das entscheidende Hindernis für die innere Schulreform! Man müßte Zeit wie Heu haben – und wer hat das schon?

Die Vorstellung, daß es im Unterricht im wesentlichen um die »Stoffvermittlung« zu gehen habe, ist richtig und falsch zugleich: Sie ist richtig, weil die in der Schule und die bei den »Abnehmern« durchgeführten Leistungskontrollen weitgehend stofforientiert erfolgen. Wer ein gutes Gedächtnis hat, hat es bei Eingangstests zum Medizin-Studium, in den Multiple-Choice-Prüfungen der Industrie- und Handelskammern, im Theorieteil der Führerscheinprüfung, in Geschichtsklausuren und bei Sprachtests leicht! Aber das hier abgeprüfte Wissen wird zumeist nur kurzfristig angelernt und ebenso schnell wieder vergessen. Auf Dauer zählt nur jenes Wissen, das mit Kopf, Herz und Hand angeeignet und in Handlungskompetenzen übertragen worden ist!

Es ist fatal, daß viele Schüler schon nach wenigen Schuljahren dasselbe Stoffvermittlungs-Denken verinnerlicht haben wie viele ihrer Lehrer. Viele fragen schon nach wenigen Tagen projektförmigen Unterrichts »Wann haben wir wieder richtigen Unterricht?« Viele geben bei Befragungen zur Beliebtheit von Sozialformen (vgl. Fichten/Meyer 1986, S. 151; Aschersleben 1985, S. 35 ff u. 119) den Frontalunterricht als beliebteste Sozialform an. Er sei zwar langweilig, aber eben »lehrreich«. Die Schüler haben mit ihrer Einschätzung meistenteils sogar recht. Denn in den Klassenarbeiten und mündlichen Leistungsprüfungen zählt fast immer nur das zum verbindlichen, zensierten Wissen, was im Frontalunterricht erarbeitet oder zumindest in Phasen der Ergebnissicherung kanonisiert und »heiliggesprochen« worden ist (vgl. S. 164).

(2) Ein zweites, oft genanntes Argument für die Beibehaltung des Frontalunterrichts lautet in etwa: »Nur hier habe ich meine Pappenheimer unter Kontrolle!«

These 10.6: Frontalunterricht erleichtert eine oberflächliche Disziplinierung der Schüler.

Nur im Frontalunterricht kann die Masse der Schüler jederzeit kontrolliert werden, nur hier kann der Lehrer jederzeit Blickkontakt aufnehmen, jemanden zur Rede stellen oder zum Schweigen auffordern. Nur hier kann er jederzeit das Arbeitstempo beschleunigen oder verlangsamen; er kann korrigieren, loben, tadeln, ermuntern und unterbrechen.

Aber bei dieser Form der Schüler-Disziplinierung handelt es sich lediglich um ein Laborieren an den Symptomen: Die Schüler sind solange bei der Sache, wie sie sich beaufsichtigt fühlen. Versteht man unter »Disziplin« jedoch den Aufbau *disziplinierter Sach- und Sozialbeziehungen* der Schüler, so werden im Frontalunterricht allenfalls gewisse Vorleistungen für das Erreichen dieses Ziels erbracht: Die Schüler können unter Anleitung des Lehrers lernen, sich sprachlich sachangemessen auszudrücken; sie können lernen, auf die Mitschüler zu hören und die Arbeits- und Regieanweisungen des Lehrers zu verinnerlichen – die eigentlich wünschenswerte *Selbst-Disziplin* der Schüler ist im Frontalunterricht aber weder herzustellen noch zu überprüfen! Erst dort, wo die Schüler selbsttätig und selbständig arbeiten, können sie auch lernen, sich den Sachansprüchen der Lernaufgabe auszusetzen und sie zu meistern.

(3) Ein dritter Grund für die Vorherrschaft des Frontalunterrichts liegt m. E. darin, daß er die *Ritualisierung* des Unterrichts erleichtert und damit die immer wieder gefährdete Machtbalance zwischen dem Lehrer und den Schülern sichert:

These 10.7: Frontalunterricht ist die Bühne für die Inszenierung von Unterrichtsritualen.

Was sind Unterrichtsrituale? Es handelt sich um *geronnene Verkehrsformen* im institutionellen Kontext der Schule. Lehrer und Schüler liefern sich sinnlich-anschaulichen Inszenierungen des schulischen Gewaltverhältnisses. Sie spielen mit- und gegeneinander vor, wer Herr im Hause ist. Da bei manchem Lehrer die Autorität abhanden gekommen ist, können es auch die Schüler zur Meisterschaft in der Ritualbildung bringen.

Ritualisiertes Handeln läuft in stereotyper, immer wieder ähnlicher Art und Weise ab. Es ist verkürztes, routinisiertes Handeln, das vielfach mit symbolischen Andeutungen des Gemeinten auszukommen vermag.

Neunte Klasse eines Gymnasiums, Stundenschluß. *Lehrer:* »So, ich muß noch schnell eben die Hausaufgaben nennen. Holt mal euer Sprachbuch ...« Zwischenrufe, empört-gespielte Aufschreie. Ohs, Achs und Wehs auf Schülerseite: »Wir haben in Mathe und Englisch schon so viel aufbekommen!« *Lehrer:* »Jetzt reicht's mir aber! Immer wieder dieselben Sprüche. Wann kapiert ihr endlich, daß in Deutsch gearbeitet werden muß!« *Schüler:* »Aber nicht so viel, wir schaffen das nicht!« *Lehrer:* »Wenn noch einer dazwischenquatscht, gibt's doppelt so viel!« *Schüler* zischeln sich gegenseitig zu: »Ruhe jetzt!«

Welche Funktion haben Unterrichtsrituale? In der wissenschaftlichen Literatur zum Thema (Goffman 1967; Wellendorf 1973; Ulich 1976, S. 75–77; Rumpf 1976, S. 113–128) wird betont, daß Rituale eine Doppelfunktion haben. Sie dienen sowohl der sozialen Differenzierung zwischen Lehrern und Schülern als auch – scheinbar paradox – ihrer sozialen Integration. Unterrichtsrituale sind Ausdruck einer *Dialektik von sozialer Differenzierung und Integration.* Sie schaffen kalkulierbare Verhaltenserwartungen für Lehrer und Schüler, sie dienen der Demonstration der Macht der Institution, aber auch der Kanalisierung der Triebpotentiale des Lehrers und der Formierung und Unterdrückung der Interessen, Phantasien und motorischen Bedürfnisse der Schüler.

Es wäre unsinnig, die Ritualisierung des Frontalunterrichts vollständig abbauen zu wollen, weil dies unter den gegebenen Verhältnissen nicht geht. Solange Schulen eine Selektions- und Disziplinierungsfunktion haben, wird es auch Rituale geben. (Auch in Projektwochen werden neue Rituale der Präsentation der Ergebnisse, der Beteiligung der Eltern, des Lobs der Schüler geschaffen.) Es kommt jedoch darauf an, die aus dem Obrigkeitsstaat stammenden Rituale einseitiger Demonstration der Machtfülle des Lehrers abzubauen und durch neue, die Beteiligungschancen aller Schüler am Unterrichtsablauf sichernde Rituale zu ersetzen. Es müßte möglich sein, ritualisierte Formen des Einspruchs und der Mitsprache von Schülern zu entwickeln, die auch vom Lehrer anerkannt werden können.

(4) Die Mehrheit der knapp 600 000 Lehrerinnen und Lehrer in der Bundesrepublik erträgt die Vorherrschaft des Frontalunterrichts ohne großes Murren. *Warum, so ist zu fragen, ist der Frontalunterricht so schön?* Es gibt ein weiteres, viertes Argument, das oft nur ganz verschämt und hinter vorgehaltener Hand zugegeben wird: *Frontalunterricht macht Spaß!* Trotz Zeit-

druck, Stofffülle, Zensierungselend und vielem anderen mehr macht es Spaß, die Schüler mit Geschick und Phantasie dazu zu bringen, komplizierte Sachverhalte zu kapieren, befriedigt es, ihnen eine Geschichte zu erzählen, die »ankommt«, ist es schön, wenn eine Unterrichtsstunde rund und stimmig, interessant und auf hohem Niveau verlaufen ist. – Frontalunterricht schafft offensichtlich für viele Lehrer mehr Lustgewinn als der ungeliebte Gruppenunterricht oder die Partnerarbeit, weil die Lehrer dabei sinnlich-anschaulich und in direkter Rückmeldung erfahren können, was die Schüler *bei ihnen* gelernt haben.

These 10.8: Frontalunterricht wird von engagierten und leistungsstarken Lehrern als befriedigend und sinnvoll erlebt, weil er (tatsächliche oder auch nur vermeintliche) direkte Rückmeldungen des eigenen Lehrerfolges liefert.

Gegen ein solches Gefühl der Befriedigung ist überhaupt nichts einzuwenden – im Gegenteil muß betont werden, daß die Erfolgserlebnisse des Lehrers das entscheidende Motiv für die engagierte Weiterarbeit und auch für die Verfeinerung des eigenen Methodenrepertoires darstellen. Mißerfolg ist ein schlechterer Lehrmeister! Sehr leicht gerät bei der Begeisterung über den eigenen Lehrerfolg jedoch aus dem Blick und kurz darauf auch aus dem Bewußtsein, daß sich der Lehrer über die Ergebnisse von Gruppenunterricht, von selbständiger Einzelarbeit oder von projektförmigem Unterricht ebenso, wenn nicht noch mehr freuen könnte. Denn diese Erfolge haben eine noch weitaus qualifiziertere Lehrerarbeit zur Vorraussetzung! Viele Lehrer haben Angst, die Schüler freizugeben. Aber nur derjenige Lehrer, der sich über die Abnabelung seiner Schüler von sich selbst freut, ist ein guter Lehrer!

Es besteht die Gefahr, daß ein Lehrer vor lauter Selbstdarstellungsdrang und Schauspielerei die Schüler aus den Augen verliert. Und dann kippt das positive Bild des engagierten, starken Lehrers unversehens um in das negative Bild der *narzißtischen Persönlichkeit*[5] – des Lehrers, der von seinen Schülern geliebt werden will, aber selbst nicht lieben kann, der fortwährend neue

5 Vom Narzißmus wird hier nicht im medizinischen oder psychoanalytischen Sinne gesprochen (vgl. dazu Ziehe 1975), sondern im umgangssprachlichen, an die griechische Sagengestalt Narziß und seine Nymphe Echo anknüpfenden Sprachgebrauch. Ein Musterbeispiel für solch eine narzißtische, auf der Oberfläche liebevoll-patriarchalische, im Untergrund aggressive und darüber hinaus politisch konservative Lehrerpersönlichkeit hat Walter Kempowski – offensichtlich ungewollt und unbegriffen – in seinem halbbiographischen Lehrer-Report »Unser Herr Böckelmann« (1985) beschrieben.

Objektbindungen sucht, aber sie doch immer wieder verliert, der fortwährend im Kollegium von den tollen Leistungen »seiner« Schüler redet, aber in Wirklichkeit in diesen Berichten nur sein eigenes Lehrgeschick widerspiegeln will. Lehrer sollten ins Gelingen, nicht in sich selbst verliebt sein!

1.4 Folgerungen

Die seit der Reformpädagogik vom Beginn dieses Jahrhunderts geläufige, keineswegs originelle Kritik am Frontalunterricht hat eine schwierige Situation geschaffen: Für die Theoretiker ist der Frontalunterricht weitgehend uninteressant (s. o.) – die Praktiker betreiben ihn notgedrungen, aber oft mit schlechtem Gewissen und ohne didaktisch-methodische Impulse der Theorie. So ist eine *Verkümmerung der Methodenkultur des Frontalunterrichts* entstanden, die dringend korrigiert werden sollte! Frontalunterricht ist nicht zwangsläufig etwas Schlechtes, so wie Gruppenunterricht oder Projektarbeit nicht zwangsläufig und für jede Unterrichtssituation gut sind. Es gibt guten und schlechten Gruppenunterricht ebenso wie guten und schlechten Frontalunterricht. Deshalb der entschiedene Ratschlag:

These 10.9: So wenig Frontalunterricht wie möglich – aber wenn schon, dann bitte ohne schlechtes Gewissen und mit didaktisch-methodischer Phantasie!

Frontalunterricht ist akzeptabel, wenn er zu einer konzentrierten, sinnlich-anschaulichen Darstellung des von den Schülern anzueignenden Sach-, Sinn- oder Problemzusammenhangs genutzt wird, dessen eigenständige Erarbeitung durch die Schüler zu viel Zeit beanspruchen oder zu fehlerhaft verlaufen würde. Er ist weiterhin akzeptabel, wenn er zur lustbetonten Veröffentlichung der in Gruppen-, Partner- oder Einzelarbeit zustande gekommenen Arbeitsergebnisse genutzt wird. Er ist unverzichtbar für eine vergleichende mündliche Leistungsbeurteilung. Frontalunterricht ist jedoch schlecht, wenn dabei den Schülern vorgegaukelt wird, sie hätten das Zepter in der Hand. Der Lehrer sollte zu seinem Gewaltmonopol im Frontalunterricht stehen – aber er sollte sparsam davon Gebrauch machen!

Die Vorstellung manches Berufsanfängers, man könne, ja man müsse den Frontalunterricht vernachlässigen, damit der Gruppenunterricht und die Projektarbeit gelinge, ist auf jeden Fall unsinnig! Die beste Voraussetzung für das Gelingen des Gruppenunterrichts ist ein gut gemachter Frontalunterricht!

2. Handwerkszeug des Frontalunterrichts

2.1 Begriffsklärung

Guter Wille, methodische Phantasie, Witz und Ich-Stärke sind unverzichtbare Voraussetzungen für den Lehrerberuf, aber sie allein reichen nicht aus, um guten Frontalunterricht zu machen. Man muß – gerade im Frontalunterricht – auch sein Handwerkszeug beherrschen:

- ☐ Der Lehrer muß *Melde- und Drannehmtechniken* beherrschen und dafür sorgen, daß alle Schüler in der Gruppen- oder Stillarbeitsphase wissen, was sie tun wollen.
- ☐ Er muß mit der *Tafel* umgehen können; er muß lernen, im richtigen Augenblick die richtige Form der Ergebnissicherung auszuwählen.
- ☐ Er muß ein Gespür dafür entwickeln, wann er seine Schüler über- und wann er sie *unterfordert.*
- ☐ Er muß ein *Zeitgefühl* entwickeln.
- ☐ Er muß lernen, sinnvolle *Hausaufgaben* zu stellen.

In der akademischen Theoriediskussion kommt das Wort »Handwerkszeug« nicht vor, auch in den gängigen Didaktiken wird es kaum zur Sprache gebracht. Die Frage, welches Handwerkszeug nötig ist, bleibt weitgehend eine Sache des schulischen Erfahrungs- und Betriebswissens (Terhart 1980), das allenfalls in der Ratgeber- und Kompendienliteratur (Grell/Grell 1979; Meyer 1980; Pallasch/Zopf 1980) dokumentiert wird. Ich halte den Begriff »Handwerkszeug« für geeignet, eine *grundlegende Schicht unterrichtsmethodischer Handlungskompetenz* zu beschreiben, die wegen ihrer engen Verknüpfung mit dem »heimlichen Lehrplan« der Schule (Zinnecker 1975) vielen Hochschullehrern verdächtig ist, deren Beherrschung jedoch die Voraussetzung für die Arbeit mit anspruchsvolleren Unterrichtskonzepten ist.

> **Definition Nr. 27:** Das Handwerkszeug des Lehrers besteht in der sicheren Beherrschung der Spielregeln für die Lehrer-Schüler-Interaktion. Es ist historisch gewachsen und sichert sowohl den Bestand der Institution als auch die »ökonomische Haushaltsführung« des Unterrichtsprozesses.

Diese Spielregeln transportieren – ähnlich wie die Unterrichtsrezepte (vgl. S. 19) – *Erfahrungen anderer im Umgang mit schwierigen Situationen.* Diese Erfahrungen können nicht beliebig verallgemeinert werden – sie bleiben an ihren Entstehungskontext gebunden. Deshalb gilt für alle Ratschläge, Regeln und Rezepte dieses Praxis-Bandes, daß sie vor Ort auf ihre Gültigkeit überprüft und gegebenenfalls variiert, in einigen Fällen vielleicht sogar ins Gegenteil verkehrt werden müssen.

2.2 Verkehrsformen

● Stundeneröffnung

Bei den meisten Lehrern verläuft die Stundeneröffnung nach einem immer wieder gleichen, stark ritualisierten Muster ab. Dies ist grundsätzlich richtig, solange die übliche Pausen- und Stundeneinteilung und der fortwährende Lehrerwechsel nicht abgebaut werden können.

Diese Eröffnungsrituale sind einem historischen Formwandel ausgesetzt:

- ☐ Früher begannen sehr viele Lehrer den Unterricht mit dem Morgengebet und einem *Kirchenlied.* Ich glaube kaum, daß den Schülern und auch den Lehrern dabei sonderlich feierlich zu Mute gewesen ist – aber ein markantes Signal war gesetzt, mit dem die körperliche und geistige Umorientierung der Schüler vom lauten Schulhofbetrieb zur sachbezogenen Unterrichtsarbeit eingeleitet wurde.
- ☐ Dann trat an die Stelle des Gebetes das mit kräftiger Stimme vorgetragene und mit Dompteursblick begleitete *»Guten Morgen, Kinder!«*
- ☐ Die letzte Schwundstufe in diesem Erosionsprozeß von Eröffnungsritualen ist mit den heute üblichen Kurzeröffnungen *»So!«*, »Seid ihr soweit!«, »Können wir anfangen!« erreicht.[6]
- ☐ Es gibt hier und dort auch Lehrer, die einen *offenen Unterrichtsbeginn* praktizieren: Sie kommen in die Klasse, setzen sich ans Pult, beginnen auf dem Pult zu räumen und sind in den ersten Minuten offen für all die vielen kleinen Sozialkontakte, die an einem Schulvormittag zwischen Lehrer und Schülern erforderlich sind (Loben, Tadeln, Hefte Nachsehen, nach den kranken Geschwistern fragen usw.). Aus dieser Kontakt- und Anwärmphase heraus wird dann erst einige Minuten später der offizielle Start des Frontalunterrichts oder aber die Fortführung der Gruppen- und Stillarbeit eingeläutet. Solch ein Stundenbeginn ist in methodischer Hinsicht anspruchsvoller, er setzt aber voraus, daß der gesamte Unterricht in dieser Klasse schon ein hohes Niveau von Selbsttätigkeit erreicht hat!

Studenten und Referendare sollten sich die Mühe der Stundeneröffnung nicht vom Mentor abnehmen lassen. Viele Schüler denken sonst, daß sie nur eine Marionette des Lehrers sind.

● Schüler beim Namen nennen

Schüler haben einen Anspruch darauf, beim Namen genannt zu werden. »Du da, im roten Pullover, was meinst Du dazu?« ist schlechter Stil, der Ihren Anspruch, die Schüler jeden für sich ernst zu nehmen, leicht unglaubwürdig

---

6 Spannend wird es natürlich erst, wenn die Schulklasse auf Ihr markiges »So!« überhaupt nicht reagiert. Das Rezept älterer Kollegen, solange kein Wort mehr zu sagen, bis alle Schüler still geworden sind, reicht beim Berufsanfänger meist nicht aus! Ich halte es für sinnvoller, in einer solchen Situation kein langes Disziplinierungsritual zu beginnen (das neue motorische Unruhe und emotionalen Widerstand der Schüler weckt), sondern mit dem Einstieg zu beginnen und während dieses – hoffentlich die Aufmerksamkeit bindenden – Einstiegs gezielt einzelne Schüler durch Blickkontakt, durch namentliches Ermahnen oder dadurch zu disziplinieren, daß Sie sich direkt neben den oder die Unruhestifter stellen.

werden läßt. Gerade an der Forderung, die Schüler beim Namen zu nennen, wird aber auch der im THEORIE-TEIL herausgearbeitete Doppelcharakter von Unterrichtsmethoden deutlich: Das Beim-Namen-Nennen ist nicht nur ein Schritt zur Humanisierung der unpersönlichen Schulsituation, sondern immer auch ein Beitrag zur Disziplinierung der Schüler. Die Kenntnis der Namen gibt ein Stück weit Macht (vgl. Bollnow 1966).

Was kann man als *Anfänger* tun, um sich die Namen der Schüler einer neuen Klasse zügig einzuprägen?

- ☐ Schon vor dem Unterrichtsbeginn die Namen vom Klassenlehrer geben lassen und auswendig lernen – genauso, wie man Vokabeln lernt.
- ☐ In der ersten Stunde von einem Mitstudenten einen Klassenspiegel anfertigen lassen; Eselsbrücken zum Verknüpfen von Namen und Gesicht bilden.
- ☐ Namensschilder aufstellen lassen.
- ☐ In Phasen der Einzelarbeit herumgehen und jene Schüler, deren Namen einem noch nicht einfallen, leise fragen, wie sie heißen.
- ☐ Technisch aufwendig, aber auch für andere Aspekte der Unterrichtsarbeit zu nutzen ist ein von vielen Studenten und Referendaren mit Erfolg erprobtes Vorgehen: In der ersten oder zweiten Stunde in der neuen Klasse Polaroid-Fotos machen (jeweils zwei, drei oder vier Schüler auf einem Bild) und dann die Schüler sofort ihren Namen zu ihrem Bild hinzusetzen lassen. (Kürzlich kam eine Achtkläßlerin amüsiert und erbost zugleich aus der Schule nach Hause: Ihr Physiklehrer hatte nach anderthalb Schuljahren begonnen, die Namen der »schweigenden Mehrheit« ihrer Klasse zu erlernen – mit gutem Erfolg! Der einzige Schönheitsfehler in den Augen der Schüler: Er hatte schon zweimal Zeugniszensuren gegeben!

© *Marie Marcks*. Aus: Marie Marcks: Krümm dich beizeiten! Quelle & Meyer Verlag, Heidelberg · Wiesbaden

● Duzen oder Siezen des Lehrers?

Du darfst dir nicht einbilden, daß durch eine schnelle Einführung des gegenseitigen Duzens die Schüler vom Hocker zu reißen sind! Die Nagelprobe kommt für die Schüler beim Zensieren, nicht bei der Wahl der Anredeform. Du solltest also zunächst jene Anredeformen aufrechterhalten, die an deiner Praktikums- oder Ausbildungsschule üblich sind. Die Einführung des »Du« setzt ein langsam gewachsenes Vertrauensverhältnis zwischen Lehrer und Schülern voraus und sollte nicht als Überrumpelung durchgesetzt werden.

● Lernen, persönliche und sachbezogene Probleme zu unterscheiden

Lehrer müssen lernen, die vielfältigen Rückmeldungen der Schüler zu ihrer Art und Weise der Unterrichtsführung und zu ihrer Person angemessen zu »dekodieren«. Lehrer sollen ihren Schülern mit *professioneller Distanz* begegnen. Sie dürfen sich durch Frechheit, Faulheit oder Widerborstigkeit einzelner Schüler nicht persönlich verletzen lassen. Sie sollten den langen Atem haben, Schülern auch einmal ein oder zwei Jahre zu gestatten, in denen sie nicht so spuren wie von der Erwachsenenwelt verordnet.

● Gefühle zeigen

Die Forderung nach professioneller Distanz darf nicht als Forderung nach gefühlsfreier Sachbezogenheit des Lehrers mißverstanden werden. (Auch jene Lehrer, die sich vermeintlich nur um die Sache kümmern, handeln ja nicht gefühlsfrei, sondern vermitteln ihren Schülern das Gefühl der Gefühlsarmut.) Vor allem Berufsanfängern fällt es oft schwer einzusehen, daß sie nicht nur mit dem Mund, sondern auch mit dem Herzen und dem ganzen Körper sprechen. Aber auch berufserfahrene Lehrer haben sich häufig *Kopf- und Körperpanzerungen* zugelegt, mit denen sie sich vor vermeintlich gefährlichen Gefühlsäußerungen schützen wollen. Als Lehrerin oder Lehrer sollten Sie lernen, Ihre Gefühle so zu zeigen, daß die Schülerinnen und Schüler damit umgehen können:

- ☐ Sie sollten sowohl *Begeisterung* wie auch *Enttäuschung* deutlich zum Ausdruck bringen. Es ist nicht verboten, einem Schüler zu sagen »Ich mag dich!« Es ist auch nicht verboten, ihn zu umarmen oder zu streicheln. Aber Sie dürfen sich keine Lieblingsschüler heranziehen, und Sie dürfen auch nicht enttäuscht sein, wenn die Schüler andere Interessen entwickeln, als Sie selbst sie haben.
- ☐ *Sie sollten lernen, Ihre Schüler aus vollem Herzen und reichlich zu loben.* (Sie wissen doch, wie gut Ihnen selbst ein Lob tut – komme es von den Schülern, vom Mentor oder Kollegen!) Ein kleines Beispiel für die Institutionalisierung des Lobs: Kürzlich kam ein Lehrer verspätet in den Klassenraum (weil er zwischen zwei Schulen pendeln mußte). Die 5. Klasse saß ruhig im Klassenraum, einige lasen, andere arbeiteten. Der Lehrer war überrascht, sagte aber zunächst kein Wort, sondern griff sich das Klassenbuch und trug darin ein, daß sich die ganze Klasse vorbildlich benommen habe. – Bis heute sind diese Schüler auf ihren Klassenbucheintrag stolz!

- ☐ *Sie sollten lernen, Ihre Schüler zu lieben,* ja geradezu ein erotisches Verhältnis zu ihnen zu entwickeln. Eine solche Forderung kann leicht mißverstanden werden. Es gibt Lehrerinnen und Lehrer, die in ihre Schüler geradezu vernarrt sind und alles tun, um ihnen zu helfen. Ein solches Verhältnis kann nicht herbeigezwungen werden – aber es sollte dann, wenn es eingetreten ist, nicht aus falschen Befürchtungen heraus künstlich unterdrückt werden.
- ☐ Es kann passieren, daß einem Lehrer *einzelne Schüler* oder gar eine ganze Gruppe von ihrer Haltung her zutiefst *zuwider* sind. Dies ist schlimm, weil die Erwartungshaltung des Lehrers das soziale Klima und die Leistungsbereitschaft entscheidend prägt (s. u.). Ein solcher Lehrer wird kaum in der Lage sein, durch eine rationale Analyse der Ursachen diese Abneigung zu überwinden. Aber er ist zumindest verpflichtet, diesen nicht geliebten Schülern mit Achtung für ihre eigene Identität zu begegnen.

> **Wenn Herr K. einen Menschen liebte**
>
> »Was tun Sie«, wurde Herr K. gefragt, »wenn Sie einen Menschen lieben?«
> »Ich mache einen Entwurf von ihm«, sagte Herr K., »und sorge, daß er ihm ähnlich wird.«
> »Wer? Der Entwurf?«
> »Nein«, sagte Herr K., »der Mensch.«
>
> *Bert Brecht*

Gefühle sind nicht nur eine Zutat zum Lernprozeß, sondern ihre unverzichtbare Voraussetzung (vgl. Cohn 1975). Deshalb ist die Forderung, im Unterricht Gefühle zu zeigen, eigentlich eine Selbstverständlichkeit.

● Raumregie

Lehrer sollten lernen, sich so im Klassenzimmer zu bewegen, daß der jeweilige Aufenthaltsort und die Körperhaltung der Sozialform und dem Stand des Unterrichtsablaufs entspricht. Das klingt komplizierter, als es in Wirklichkeit ist. Die meisten Lehrer und auch schon die Studenten und Referendare suchen sich intuitiv den richtigen Standort und wählen dann eine Körperhaltung, die dem Handlungsmuster, das der Lehrer inszenieren will (Lehrervortrag/Tafelarbeit usw.), Nachdruck verleiht. Einige Ratschläge für Studenten und Referendare:

- ☐ Wenn Sie im Frontalunterricht alle Schüler ansprechen wollen, müssen Sie auch von allen gut gesehen werden. Also vorn vor die Klasse neben das Lehrerpult oder vor die Tafel stellen!
- ☐ Wenn Sie ein Gespräch lenken oder einen Vortrag halten wollen, sollten Sie sich hinter das Lehrerpult oder noch besser auf das Pult setzen! (Mir selbst ist dieser Platz der liebste. Man sitzt, schafft also keine zusätzliche Unruhe, sitzt aber ein Stückchen höher, so daß man die Schüler gut sehen kann, aber nicht bedrohlich wirkt, sondern Entspannung signalisiert.)
- ☐ Während der Einzel- oder Partnerarbeit sollte man zunächst vorn am Pult bleiben, um auch äußerlich sichtbar Ruhe einkehren zu lassen; erst deutlich später sollte man herumgehen, einzelnen Schülern helfen und sich vergewissern, wie weit die Schüler sind und welche inhaltliche Richtung sie beim Erledigen des Arbeitsauftrags einschlagen! (Das ist z. B. wichtig, um nach der Einzelarbeit einzelne Schüler gezielt drannehmen zu können, die die Arbeit besonders gut erledigt haben oder an deren Fehlern noch offene Fragen erörtert werden können.)

Aufmerksame Beobachter können aus der Raumregie eines Lehrers ebenso wie aus seinen Aufruf- und Drannehm-Techniken sehr präzise Rückschlüsse über das Verhältnis des Lehrers zu einzelnen Schülern (zu den Lieblingen einerseits, zu den Angstpartnern andererseits) ziehen. Auch die Bevorzugung bzw. Benachteiligung von Jungen oder Mädchen ist der Raumregie des Lehrers (erst recht natürlich seiner Körpersprache, s. u.) abzulesen (vgl. auch Henley 1988, S. 49–70).

● **Stundenbeschließung**

Die meisten Schüler beginnen einen Machtkampf mit ihrem Lehrer, wenn dieser in die Pause hinein unterrichtet. Und dies zu Recht! Dennoch muß unter gegebenen Rahmenbedingungen klar sein, daß der Lehrer und nicht die Schüler das Recht hat, die Stunde zu beschließen. Ein einfacher Trick zur Regulierung dieses Problems: Versprechen Sie Ihren Schülern, daß diese immer dann, wenn Sie in die Pause hinein unterrichten mußten, keine Hausaufgaben bekommen! Das entschädigt die Schüler und zwingt Sie, fünf Minuten vor Stundenschluß auf die Uhr zu schauen!

2.3 Aufrufen & Drannehmen/Sich Melden & Drankommen

Das Aufrufen und Drannehmen ist eine der wichtigsten, pädagogisch zu formenden Lehrertätigkeiten überhaupt – das Sich Melden und Drankommen die korrespondierende Schülertätigkeit. Die Art und Weise, in der der Lehrer die Schüler drannimmt, beeinflußt entscheidend das *soziale Klima* im Klassenzimmer, sie hat darüber hinaus einen empirisch nachgewiesenen Einfluß auf die *Leistungsbereitschaft* und *Intelligenzentwicklung* der Schüler.

● **Pygmalion-Effekt**

Robert Rosenthal und Lenore Jacobson (1971) haben in einer berühmten empirischen Untersuchung den sogenannten *Pygmalion-Effekt* im Unterricht entdeckt:

- ☐ Die beiden Forscher nannten den Lehrern mehrerer Klassen jeweils einige Schüler, von denen sie behaupteten, daß diese aufgrund der von ihnen vorgenommenen psychologischen Untersuchungen im nächsten Schuljahr überdurchschnittliche Leistungssteigerungen und Intelligenzentwicklungen zeigen würden.
- ☐ Acht Monate später zeigten diese Ausnahme- oder »Wunder«-Kinder eine signifikant größere Zunahme des Intelligenzquotienten als die übrigen Kinder der Grundschulklassen, die den Lehrern nicht empfohlen worden waren.
- ☐ Das Frappierende an diesem Experiment war nun, daß die Forscher die Lehrer getäuscht hatten: Sie hatten die »Wunder«-Kinder gar nicht im Blick auf ihre Intelligenz oder ihre Leistungsbereitschaft ausgewählt, sondern nach dem *Zufallsprinzip.*

Rosenthal und Jacobson folgerten daraus, daß die *Erwartungshaltung* des Lehrers (die sich u. a. in der Verbal- und Körpersprache, in den Aufruf- und

Drannehmtechniken, in der Intensität der Beobachtung einzelner Schüler manifestiert) *wie eine Self-fulfilling-Prophecy wirkt* – also gerade so, wie dies in der griechischen Sage des Pygmalion beschrieben wird: Der eigentlich dem holden Geschlecht abgeneigte Bildhauer Pygmalion schnitzt eine Elfenbeinstatue, die so schön ist, daß er sich in sie verliebt. In der modernen Fassung dieses Themas, in »My fair Lady«, ist es die Frau, die erst in dem Augenblick, in dem sie sich in ihren Sprachprofessor verliebt hat, die »Lehrziele« dieses Professors erreichen kann. Sie legt ihr Cockney-Englisch ab und haucht in feinstem Oxford-Englisch »Es grünt so grün . . .«

Die einzelnen Daten der Pygmalion-Studie sind wegen methodologischer Probleme nicht unumstritten (vgl. Elashoff/Snow 1972), aber die Grundthese ist in vielen Folgeuntersuchungen immer wieder bestätigt worden (Brophy/Good 1976, S. 48ff.; Wagner u. a. 1976, S. 248ff.; vgl. auch die gründliche Teilstudie zum Englisch-Anfangsunterricht von van Buer/Achtenhagen/Oldenbürger 1986).

● **Pädagogisch falsche Routinebildung**

Die *Mechanismen,* die beim Aufrufen & Drannehmen eine Rolle spielen, sind inzwischen recht genau empirisch untersucht worden. Die Untersuchungen zeigen, wie problematisch die von vielen Lehrern entwickelten *Routinen* des Aufrufens und Drannehmens sind. Ich skizziere diese Routinen im folgenden in enger Anlehnung an den Forschungsbericht von Jere Brophy und Thomas Good (1976, S. 295–297 und S. 303/304):

1. Lehrer neigen dazu, bei leistungsschwächeren Schülern *weniger Geduld* zu haben als bei leistungsstärkeren, obgleich das Gegenteil pädagogisch geboten wäre. Sie drängeln mehr, brechen die Befragung schneller ab, um den nächsten Schüler dranzunehmen.
2. Lehrer gehen mit *falschen Antworten* der für leistungsschwach gehaltenen Schüler anders um als mit falschen Antworten leistungsstarker Schüler: Sie geben seltener helfende Hinweise, und sie wiederholen die gestellte Frage seltener als bei leistungsstarken Schülern.
3. Lehrer *tadeln* leistungsschwache Schüler häufiger als leistungsstarke Schüler, und zwar nicht nur in absoluten Zahlen (was angesichts der Leistungsstärke der zweiten Schülergruppe ja noch einleuchten könnte), sondern auch in Relation zur Gesamtzahl der gegebenen falschen Antworten eines Klassenverbandes.
4. Einige Untersuchungen haben ergeben, daß schwache Schüler bei einer richtigen Antwort seltener *gelobt* werden als starke. Für die leistungsschwächeren Schüler einer Klasse hat dies fast zwangsläufig zur Folge, daß sie beschließen, den Mund zu halten. Denn die Wahrscheinlichkeit, vom Lehrer getadelt zu werden, ist für sie größer als die, ein Lob zu erhalten.
5. Einige Lehrer *bestätigen* richtige Antworten leistungsschwacher Schüler *seltener* als richtige Antworten leistungsstarker – auch dies eine pädagogisch falsche Verhaltensweise!

6. Manche Lehrer gehen betulich-übertrieben auf Fehler leistungsschwacher Schüler ein und beeinflussen damit deren soziale Stellung im Klassenverband in negativer Weise.
7. In vielen Untersuchungen ist ermittelt worden, daß Lehrer Schüler *mit hohem Leistungsniveau aufmerksamer und differenzierter beobachten* ale jene mit niedrigem Leistungsniveau. Sie lächeln sie auch häufiger an und haben häufiger Augenkontakt als mit den leistungsschwachen.
8. *Leistungsstarke Schüler* werden insgesamt *häufiger* als leistungsschwache aufgerufen. Diese Tendenz wird in höheren Klassen noch ausgeprägter als in niedrigen.

Brophy und Good interpretieren dieses Lehrerverhalten nach dem Argumentationsmuster des Pygmalion-Experiments: Weil der Lehrer von den leistungsstarken Schülern mehr erwartet, nimmt er sie häufiger dran und gibt ihnen mehr Hilfen, gute Antworten zu produzieren, so daß diese guten Antworten dann auch erfolgen. *Der gute Schüler belohnt den Lehrer, der schlechte bestraft ihn!* Deshalb ist es kein Zufall, sondern ein Resultat des heimlichen Lehrplans der Schule, daß Lehrer im Durchschnitt die »hart arbeitenden, abhängigen Schüler mit großem Mitarbeitseifer und hohem Leistungsniveau« (a. a. O., S. 304) bevorzugen.

● Sexismus im Unterricht

Ein wichtiges Teilproblem des Meldens und Drannehmens wird bei Brophy/ Good nicht thematisiert: Es gibt deutliche *geschlechtsspezifische Unterschiede* beim Drankommen von Jungen und Mädchen:

- □ Jungen sind lauter; sie drängeln sich vor; sie stören häufiger, wenn sie nicht drankommen. Mädchen sind – in der Regel – ruhiger, stiller, höflicher.
- □ Dies führt dazu, daß Jungen *regelmäßig bevorzugt* werden. Diese Bevorzugung spiegelt sich auch in ihrer Wahrnehmung des Drankommens wider: Wenn Jungen im Verhältnis zu Mädchen gleich oft drankommen, haben sie subjektiv das Gefühl, ungerecht behandelt worden zu sein.
- □ Diese schiefe Wahrnehmung schlägt sogar auf die Lehrerinnen und Lehrer durch: Dale Spender (1985, S. 94) berichtet, daß selbst solche Lehrerinnen und Lehrer, die sich absichtlich vorgenommen hatten, Jungen und Mädchen gleich oft dranzunehmen, das *Gefühl* einer gerechten Behandlung schon dann hatten, wenn sie lediglich 38 % der verfügbaren Zeit den Mädchen widmeten. (Weitere Belege bei Brehmer 1982.)

Dies heißt, daß Lehrerinnen und Lehrer *Mädchen beim Drannehmen absichtlich* bevorzugen sollten!

● Konsequenzen

Diese zum Teil deprimierenden Forschungsergebnisse sind *kein Anlaß zur Resignation.* Gerade die Aufruf- und Drannehmtechniken des Lehrers können durch bewußte Handhabung entschieden verbessert werden. In der Ausbildung von Studenten und Referendaren wird darauf ja auch geachtet. Bei berufserfahrenen Lehrern können sich aber sehr leicht die skizzierten schlechten Routinen einschleichen. Es ist dann kaum möglich, sie ohne fremde Hilfe – also ohne Supervision eines Kollegen – ins Bewußtsein zu heben. Folgende Ratschläge könnten eine Kultivierung der Aufruf- und Drannehmtechniken fördern:

- □ Der Lehrer soll – notfalls mit Hilfe fremder Beobachter und/oder schriftlicher Notizen – dafür sorgen, daß alle Schüler ein *gerechtes Maß an Aufmerksamkeit* erhalten. Dabei können die im Anschluß an Brophy/Good skizzierten 8 Fehlerquellen als Richtschnur der Aufmerksamkeit dienen.
- □ Der Lehrer sollte mit seinen Schülern eine *Vereinbarung* darüber treffen, *ob, wann und wie sie sich melden.* Dabei ist eine Differenzierung geboten: In vielen, aber nicht in allen Unterrichtssituationen sollten sich die Schüler durch Handaufzeigen zu Wort melden. Bei der Gruppenarbeit, im Kreisgespräch oder in intensiven Diskussionsphasen kann auf das Melden verzichtet werden. Oft reicht der Blickkontakt zwischen Lehrer und Schüler, um deutlich zu machen, wer gerade dran ist. (Die noch vor zwanzig, dreißig Jahren bei älteren Lehrern übliche Praxis, jeden Schüler, der zu Wort kommt, aufstehen zu lassen, ist Gott sei Dank weitgehend beseitigt.)
- □ Gerade Studenten und Referendare sollten zusätzlich darauf achten, daß ein *Schweigen der Schüler* nicht in jedem Fall bedeuten muß, daß sie keine Antwort zu geben wissen. Manchmal signalisieren sie durch Schweigen, daß ihnen die Frage langweilig und trivial ist. Gegenüber den Mitschülern wäre es ihnen peinlich, mit einer Antwort auf eine derart billige Frage Punkte beim Lehrer zu sammeln.
- □ Ein Problem sind sowohl für routinierte Lehrer wie auch für Anfänger die *leistungsstarken Schüler,* die sich sehr viel melden, die auch gute Beiträge liefern, aber zwangsläufig die schlechteren und/oder stilleren Schüler hemmen. Solche Schüler sollten gebremst werden! Gerade Anfängern fällt dies schwer, weil sie über jede richtige Schülerantwort verständlicherweise glücklich sind. Es kommt hinzu, daß diese Oftmelder regelmäßig einen falschen Eindruck von der Häufigkeit ihres Drankommens haben. Sie kommen überdurchschnittlich oft zum Zuge, haben aber immer noch das Gefühl, zu wenig dranzusein. Es ist erforderlich, diese Schüler bewußt seltener dranzunehmen. Man kann mit diesen Schülern aber Kompensationen vereinbaren: ein Schülerreferat; eine statt der Hausaufgaben zu liefernde Facharbeit; Beteiligung am Vorlesen und Vortragen von Texten usw.

Aus der Sicht des Lehrers ist das Sich Melden der Schüler zumeist eine unmittelbare Reaktion auf seine Fragen oder Impulse. Aus der Sicht der Schüler geht es jedoch um mehr, nämlich um einen *komplizierten Balance-Akt* zwischen sachlichen Interessen, Leistungsdruck, Wahrscheinlichkeitsberechnungen und Wahrung der Schüleridentität. Schon nach wenigen Schuljahren haben die meisten Schüler die soziale Komplexität des Lebens im Klassenzimmer durchschaut. Sie werden geradezu Profis in der Wahrnehmung der Schülerrolle und haben ein feines Gespür dafür, ob der Lehrer das Drannehmen schludrig gestaltet oder nicht, ob er den Schülern helfen will oder ob er unehrlich mit ihnen umgeht oder gar einzelne Schüler reinlegen und bloßstellen will (vgl. Hoferichter 1980).

● **Schülerrezepte zum Melden**

□ »Zu Beginn der Stunde einmal melden – dann hat man für den Rest der Stunde Ruhe vor plötzlichen Rückfragen des Lehrers.«

□ »Wenn sich sehr viele Schüler melden, einfach mitmelden, auch wenn man die gesuchte Antwort nicht weiß – das Risiko reinzufliegen, ist gering.«

□ »Lieber gezielt dort melden, wo man etwas weiß – dann riskierst du nicht, ohne Meldung drangenommen zu werden.«

2.4 Techniken der Gesprächsführung

Weil zwei Drittel des Frontalunterrichts in Form von Lehrer-Schüler-Gesprächen erfolgt, gehören Techniken der Gesprächsführung[7] zu den wichtigsten Elementen des Handwerkszeugs überhaupt. In der ZWÖLFTEN LEKTION werden deshalb mehrere Gesprächsformen ausführlich dargestellt. Hier geht es »nur« um die Formen und Verfahren, mit denen der Lehrer den Unterrichtsprozeß in Gang setzt und am Laufen hält:

● **»Gesetz der zwei Drittel«**

Der amerikanische Unterrichtsforscher Flanders (1967, S. 285) hat das »Gesetz der zwei Drittel« formuliert: In praktisch allen empirischen Erhebungen zum Verbalverhalten im Unterricht ist herausgekommen, daß der Lehrer zwei Drittel, die Schüler dagegen ein Drittel der Sprechanteile bestreiten. »Durchschnittsunterricht setzt sich zu 68 Prozent aus Lehreräußerungen, zu 20 Prozent aus Schüleräußerungen und zu 11 bis 12 Prozent aus ›Schweigen und Durcheinander‹ zusammen« (Grell 1975, S. 62, nach Flanders 1970, S. 101). Zusätzlich wurde – auch in allen deutschsprachigen Erhebungen – festgestellt, daß:

□ das *Verbalverhalten des Lehrers* durch eine umfassende Lenkung und Kontrolle des Denkens, des Fühlens und Handelns der Schüler gekennzeichnet ist; daß es ein Übermaß an eng gehaltenen, direkten Fragen und Impulsen gibt,

---

7 Es handelt sich hier um einen empirisch besonders intensiv erforschten Problembereich. Auch an theoretischen Analysen besteht kein Mangel. Zum Einstieg empfehle ich das informative, gut verständliche Buch von Thiele (1981); auch die Arbeiten von Ritz-Fröhlich (1973; 1982) sind sehr praxisnah gestaltet (für die Grundschule!). Eher grundlagenorientierte Arbeiten stammen von Bollnow (1966); Loch (1970); Priesemann (1971); Spanhel (1971); Bellack u. a. (1974); Watzlawick/Beavin/Jackson (1969); Kneller (1966); Baurmann/Cherubim/Rehbock (1981). Weitere praxisnahe Anleitungen stammen von Holstein (1976); Dahms (1979); Backhaus/Wagner (1978); Sommer (1981); Behme (1977).

- ☐ während das *Verbalverhalten der Schüler* durch einen verschwindend geringen Sprechanteil des einzelnen Schülers (knapp 30 Prozent verteilt auf alle Schüler einer Klasse!), durch geringe Selbständigkeit, Eigeninitiative und Kreativität und weitgehend reaktives Verhalten gekennzeichnet ist, was die Ausdifferenzierung der kommunikativen Kompetenzen der Schüler stark behindert (vgl. die Zusammenfassung bei Ritz-Fröhlich 1973, S. 45).

Dies heißt im Klartext, daß der Frontalunterricht über weite Strecken wie eine *Einbahnstraße* strukturiert ist.

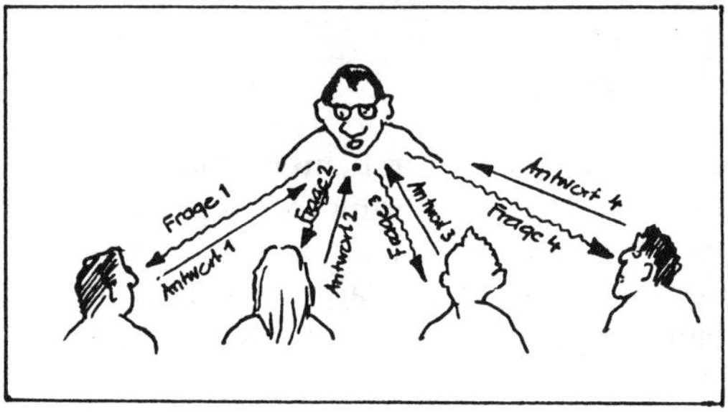

Es läuft fast immer so . . .

. . . nur selten so . . .

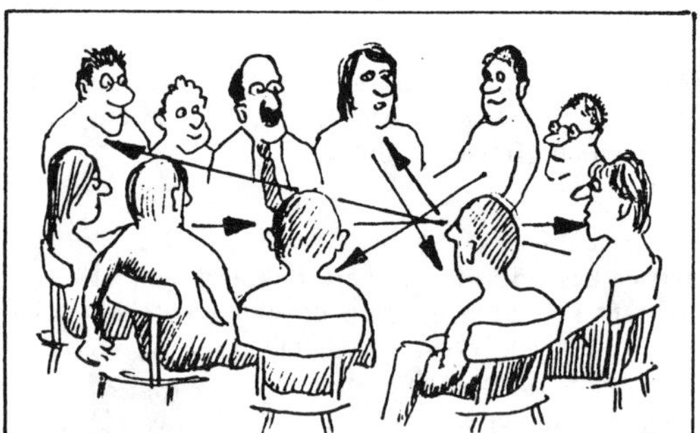

. . . so gut wie nie so!

In der von Klaus Hage u. a. (1985) durchgeführten Erhebung wurden lediglich 2 Prozent »Schülerdiskussion« gegenüber 49 Prozent gelenktem Gespräch und 7 Prozent Katechisieren festgestellt (siehe S. 61).

● Die Lehrerfrage – Skandal oder Selbstverständlichkeit?

Die »natürliche« Frage in der alltäglichen Kommunikation ist dadurch gekennzeichnet, daß der Fragende etwas wissen will. In der Schule ist dies anders. Der Lehrer fragt nicht, weil er etwas nicht weiß, sondern weil er will, daß die Schüler aufgrund seiner geschickten Fragetechnik etwas lernen, was sie vorher noch nicht wußten bzw. nicht konnten. Die Lehrerfrage ist durch eine unnatürliche Künstlichkeit gekennzeichnet:

□ In der ersten Klasse einer Oldenburger Grundschule wird das Thema »Die Stadt« durchgenommen. Die Lehrerin kommt auch auf die Hunte zu sprechen – ein kleinerer, aber mitten durch die Stadt hindurchführender Fluß:
Lehrerin: Das ist ein richtiger breiter Fluß!«
Schüler: »Der Orinoko ist aber noch viel breiter!«
Lehrerin: »Ja, Onno, wenn du das so gut weißt – kannst du noch mehr davon erzählen?«
Schüler: »Frau Kehrer, wenn Sie das wirklich wissen wollen, dann müssen Sie mal im Atlas unter ›Südamerika‹ nachgucken!«

Die Lehrerfrage soll den Schüler in eine produktive Verlegenheit bringen und dadurch seinen Lernprozeß anregen und leiten. Fragt sich bloß, ob sie dies wirklich tut. Die Befürworter der Lehrerfrage können sich auf eine lange, bis auf Sokrates zurückweisende Tradition berufen (siehe S. 288). Bis heute wird seine »Hebammenkunst« zur Rechtfertigung des fragend-entwickelnden Unterrichts ge- und mißbraucht. Die Herbartianer haben die Lehrerfrage weiterentwickelt zur »Disputiermethode«, die vorzüglich in ihr lehrerzentriertes und verkopftes Unterrichtskonzept paßte (vgl. S. I, 176). Erst die Reformpädagogen – allen voran *Hugo Gaudig* – haben sich dann polemisch und radikal gegen die Lehrerfrage ausgesprochen. In seinen »Didaktischen Präludien« (1908, S. 13f.; zit. nach Gaudig 1963, S. 45/46) schreibt er:

Das fragwürdigste Mittel der Geistesbildung

Die *Frage* des Lehrers ist dies fragwürdigste Mittel. An eine Gesundung unseres deutschen Schulwesens vermag ich nicht mehr zu glauben, ehe nicht der Despotismus der Frage gebrochen ist. Wenn man wenigstens anfinge, den Wert der Frage in Frage zu ziehen! Was ist gegen die Frage (und zwar zunächst die Einzelfrage) zu haben? 1.) Wenn der Lehrer fragt, so ist es der Lehrer und nicht der Schüler, der das Problem aufstellt. 2.) Der Antrieb zur Denkarbeit geht bei der Frage vom Lehrer und nicht vom Schüler aus. 3.) Die Frage zwingt den Schüler in eine bestimmte Denkrichtung und nimmt ihm so die Freiheit der geistigen Bewegung. 4.) Die Frage ist nach einer bekannten, allerdings nicht eben erfreulichen Begriffsbestimmung ein unvollständiges Urteil mit der Forderung, das absichtlich noch unbestimmt Gelassene zu bestimmen: Jedenfalls läuft das Frage- und Antwortspiel auf ein Zusammenwirken des Lehrers und Schülers hinaus; für den Schüler ist es »halbe Arbeit«; halb ist dabei übrigens, glaube ich, ein zu hoch gegriffener Durchschnittswert; vermutlich liegt er im allgemeinen erheblich tiefer. 5.) Die Frage ist ein zu starker Denkreiz, der gegen die Denkreize, die in dem Unterrichtsstoff selbst liegen, leicht abstumpft.

> 6.) Die Frage des Lehrers erstickt den Fragetrieb des Schülers, einen der wertvollsten Triebe des jugendlichen Intellekts, und schädigt so eine der wertvollsten lebendigen Kräfte des Geistes. 7.) Die Frageform ist eine künstliche Form der Erregung geistiger Energie; eine Schulform, die das Leben so gut wie gar nicht kennt.

In einer neueren sprachwissenschaftlichen Untersuchung zur Frage hat Ronald Bodenheimer sogar von der »Obszönität des Fragens« (1984) gesprochen:

- Wer fragt, will nicht nur etwas wissen – er lenkt auch zumeist von sich selbst ab.
- Wer fragt, bedrängt den Befragten und stellt ihn häufig bloß!
- Schon die schlichte Frage »Liebst du mich?« wäre besser nicht gestellt. Denn sie ist nur dann am Platze, wenn Zweifel angebracht sind!

Und auch in Lehrveranstaltungen an der Hochschule oder im Seminar ist die an einen langen Exkurs angehängte, flüchtige Frage »Hat noch jemand eine Frage?« ein tödlich sicheres Mittel, weitere Fragen abzublocken!

● Faustregel

Trotz dieser Kritik ist die Lehrerfrage bis heute das wichtigste Instrument zur Steuerung der Aufmerksamkeit der Schüler, zur Weckung von Problembewußtsein, zur Disziplinierung, Überprüfung und Ergebnissicherung geblieben. Zumindest im Frontalunterricht wäre der Versuch, die Lehrerfrage abzuschaffen, illusorisch, weil dies der Abschaffung des Frontalunterrichts gleichkäme. Ein frag-loser Unterricht ist unter den heute vorherrschenden Rahmenbedingungen weder möglich noch sinnvoll. Nicht die Tatsache, daß die Lehrer überhaupt Fragen stellen, ist deshalb zu kritisieren, sondern der Sachverhalt, daß sie dies im Übermaß und oft auch wenig zielorientiert tun. Die Kunst des rechten Fragens besteht gerade darin, mit ganz wenigen Fragen sehr viel zu bewirken. *Martin Wagenschein* liefert für diese Sparsamkeitsregel folgendes beeindruckende Beispiel:

> »Ein erprobter Einstieg in die Mechanik ist die harmlos aussehende Frage: »Wohin fällt ein Stein, der aus dem Fenster eines Turmes gehalten und losgelassen wird?« Anfangs trivial erscheinend, verwirrt sie sich sofort in einer höchst fesselnden Weise, wenn einem dabei Erdkrümmung und Rotation einfallen, und entwirrt sich im Nachdenken wieder und legt frei: das Trägheitsgesetz, das Unabhängigkeitsprinzip, einen Beweis für die Erdrotation und vor allem – die Denkweise des Physikers« (Wagenschein 1975, S. 15).

Deshalb die folgende, für das ganze Buch gültige Faustregel:

> **Mehr sagen – weniger fragen!**
> **Mehr zeigen und vormachen – weniger bereden und problematisieren!**

● Funktionen

Wenn man seine eigenen Fragetechniken im Frontalunterricht verbessern will, so muß man sich zunächst einmal Klarheit darüber verschaffen, welche Funktion[8] die gestellte Frage erfüllen soll:

- □ Der Lehrer stellt z. B. Fragen, um bei Beginn eines neuen Unterrichtsschritts die *Vorkenntnisse* der Schüler zu *ermitteln.*
- □ Er stellt Fragen, um ihre *Aufmerksamkeit* zu wecken.
- □ Er stellt Fragen, um die Schüler *zum Nachdenken zu provozieren.*
- □ Er stellt Fragen, um die Schüler zu *disziplinieren.* Diese Disziplinierungsfragen sind zumeist keine echten Fragen, sondern in Frageform verkleidete Appelle, Belobigungen oder Tadel.

Der Spieß kann auch umgedreht werden: Die Schüler haben etwas von sich aus zu berichten und der Lehrer stellt Fragen, um sich selbst schlau zu fragen (z. B. dann, wenn die Schüler dem Lehrer einen Computer oder das Frisieren eines Mopeds erklären).

● Formen

Erst wenn geklärt ist, welche Funktion eine Frage haben soll, kann überlegt werden, welches ihre angemessene Form ist. Man kann z. B. unterscheiden zwischen:

- □ *inhalts-/prozeß-/beziehungsbezogenen Fragen:* »Wer kennt eine Definition für ›Handlungsmuster‹?«/»Seid ihr jetzt endlich fertig?«/»Was ist eigentlich heute mit dir los?« (Vgl. auch S. 377)
- □ *Wissensfragen* (»Wer ist Alfred Hrdlicka?«) und *Denkfragen* (»Wie könnte ein Denkmal für Friedrich Engels gestaltet werden?«)
- □ *Offene* (»Wer weiß noch mehr darüber?«) und *geschlossene* Fragen (»Wie heißt die Hauptstadt von Frankreich?«)
- □ *Konvergente* und *divergente* Fragen: Beim »konvergenten« Denken wird bereits Bekanntes und Vertrautes auf neue Probleme oder Situationen angewendet bzw. weiterentwickelt. Beim anspruchsvolleren »divergenten« Denken müssen neue Sach-, Sinn– oder Problemzusammenhänge durchschaut oder aufgebaut werden, die zum Teil oder ganz im Widerspruch zum bisher Bekannten stehen. (Diese Begriffsbildung stammt von dem Psychologen Guilford.)
- □ *»Schrotschuß«-Fragen:* Sie sind absichtlich unscharf. Sie zielen nur ungefähr in die Richtung, in die der Lehrer das Gespräch lenken will. Sie sollen dazu führen, daß sich möglichst alle Schüler der Klasse angesprochen fühlen und beteiligen können: »Einige von euch haben doch sicherlich zu Hause ein Haustier? Erzählt doch mal!«
- □ *»Ballon«-Fragen:* Sie greifen in der Ordnung des Lehrgangs vor und dienen dazu, eine neue Lernlandschaft zu erkunden. Der Lehrer testet, wie weit er gehen kann, z. B.: »Wißt ihr, was 'ne Anti-Baby-Pille ist?«

---

8 Umfangreiche wissenschaftliche Analysen der Funktionen und Formen von Lehrerfragen finden Sie bei Dieter Spanhel (1973, S. 236f.), Jochen Grell (1975, S. 47ff.), Christian Salzmann (1977).

Welche Form der Frage jeweils angebracht ist, hängt vom konkreten Unterrichtsverlauf ab. Es gibt aber eine Reihe typischer *Fehlformen,* die sowohl Berufsanfängern wie Routiniers unterlaufen können:

- *Ketten-Fragen:* Der Lehrer stellt mehrere Fragen unmittelbar hintereinander und vermengt sie zumeist noch mit Sachinformationen.
- *Suggestiv-Fragen:* Der Lehrer will von den Schülern gar nichts Neues wissen, sondern verpackt seine Aufforderung, zuzustimmen, in Frageform: »Sind Sie jetzt auch, so, wie ich Ihnen den Sachverhalt erläutert habe, der Meinung, daß der Euro-Scheck ein praktisches Zahlungsmittel ist?« (Was sollen die Schüler darauf wohl antworten?)
- *Echo-Fragen:* Viele Lehrer neigen dazu, Schüler-Antworten zu wiederholen. Diese Wiederholung wird dann oft noch in Frageform verpackt: »So, meinen die anderen auch, daß Paris die Hauptstadt von Großbritannien ist?«
- *Nase-Pul-Fragen:* Der Lehrer stellt eine diffuse Frage, erwartet aber eine ganz präzise Antwort. Da diese längst nicht immer auf der Stelle folgt, pult und bohrt er so lange, bis die erwünschte Antwort da ist. (Das Unterrichtsprotokoll von S. 283 liefert mehrere Beispiele.) Bei der Nase-Pul-Technik handelt es sich sicherlich um die häufigste und für die Schüler zugleich lästigste Fehlform der Lehrerfrage (vgl. Grell 1975, S. 49 ff.).

- *Schein-Fragen:* In Frageform verpackte Tadel oder Belobigungen, Ironisierungen, Anbiederungen usw.

- ☐ *Killer- oder Fangschußfragen:* Der Lehrer hat bemerkt, daß ein Schüler träumt, stört oder mit Nebentätigkeiten beschäftigt ist. Er nimmt ihn dran, um ihn bloßzustellen: »Na, Heiner, kannst du uns die Aufgabe noch mal erklären? Du paßt ja grade so prima auf!«

Schüler registrieren sehr genau, welche Fragetechniken einzelne Lehrer beherrschen oder nicht beherrschen. Und sie registrieren auch, welche Haltung hinter der Fragetechnik steckt. Ironische Scheinfragen oder in Frageform verpackte zynische und Kommentare müssen wirklich unterbleiben! (Bei Studenten und Referendaren rutschen sie auch allenfalls dann heraus, wenn die Angst vor den Schülern übergroß geworden ist.)

Die Kultivierung der Lehrerfrage ist die *eine* der möglichen Maßnahmen zur Verbesserung der Gesprächsführung – die verstärkte *Arbeit mit alternativen Gesprächs- und Interaktionsformen* die *zweite!* In der Literatur wird eine ganze Palette solcher Alternativen beschrieben. Sie haben durchweg zum Ziel, den Schülern mehr Freiräume zu verschaffen, um ihre eigenen Erfahrungen, Bedürfnisse und Interessen im Gespräch einzubringen:

● Impuls

»Im Unterricht verstehen wir unter Impuls eine neben und meist an Stelle der Lehrerfrage wirksame sprachliche, mimische oder gebärdenhafte Beeinflussung der Schüler durch den Lehrer« (Ritz-Fröhlich 1973, S. 7). Ein Impuls ist also von seiner Funktion her definiert: Alles, was die Schüler zum Nachdenken oder zum Handeln bewegen kann, kann von einem Lehrer mit differenzierter Verbal- und Körpersprache zum Impuls gemacht werden:

- ☐ die hochgezogene linke Augenbraue des Lehrers, mit der er Erstaunen oder Unzufriedenheit signalisiert,
- ☐ sein leises Stöhnen bei einer falschen Antwort,
- ☐ sein Schweigen,
- ☐ das Foto, das er ohne jeden weiteren Kommentar hochhält,
- ☐ die Provokation, die Gegenthese, die Verfremdung, mit der er vermeintlich sicheres Wissen in Frage stellt.

Der Impuls ist zumeist offener als die Lehrerfrage (vgl. Ritz-Fröhlich 1973, S. 18; vgl. auch Salzmann 1977):

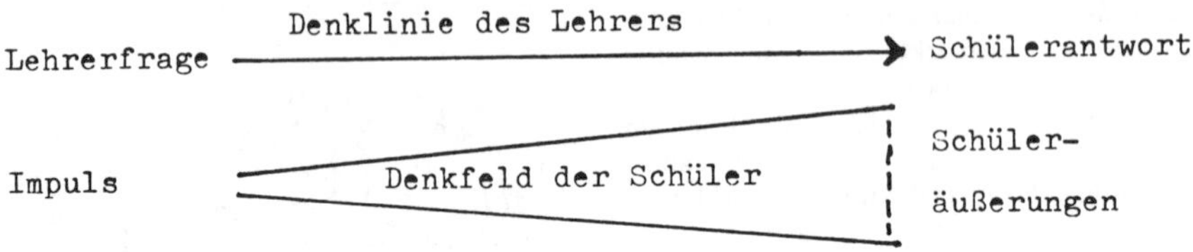

● Aktives Zuhören

Der Lehrer, der diese Gesprächstechnik nutzen will, bemüht sich um die »Spiegelung« der Schüleräußerungen in seinen eigenen Fragen und Kommentaren. Er formuliert keine Gegenpositionen, sondern hilft dem Schüler, das, was dieser sowieso schon ausdrücken will, besser und bestimmter zu formulieren. Der Lehrer arbeitet also mit einer Echo-Technik. Er gibt die Schülersätze – oft wörtlich identisch, jedoch mit neuer emotionaler Bewertung und/oder inhaltlicher Akzentuierung – zurück. Der Lehrer versucht, sich den Denkbewegungen der Schüler möglichst eng anzuschmiegen. Er verzichtet auf die stromlinienförmige Durchsetzung seiner eigenen Sicht der Dinge (vgl. Gordon 1972).

● Beteiligungs-Rituale

Schon in Grundschulklassen können bestimmte Techniken der planmäßigen Beteiligung von Schülern am Gespräch eingeführt und geübt werden. Die folgenden Begriffe sind zum Teil selbst ausgedacht – die Sache, um die es geht, natürlich nicht:

- □ Man sollte schon in der Grundschule die zumeist als »Brain-Storming« (Clark 1973; Staudte 1985) bezeichnete Technik der phantasievollen Ideensammlung üben. Ich schlage vor, sie als *»Kopfsalat«* zu bezeichnen. Beim Kopfsalat sind alle Assoziationen zulässig – keiner darf mit dem Argument »Das gehört hier nicht hin« am Ideenproduzieren gehindert werden. Dabei ist die Form der Dokumentation wichtig: Die Schüler erhalten z. B. einen Zettel oder eine Karteikarte, und jeder schreibt in Stichworten auf, was ihm zum gestellten Thema bzw. zu der Frage einfällt. Die Karten werden eingesammelt, geordnet und diskutiert (vgl. die auf S. 144 ff. vorgeschlagenen Karteikartenspiele). Man kann ebensogut eine große Wandzeitung auf den Fußboden legen und dann alle Schüler auf der Karte eintragen lassen, was ihnen dazu einfällt.
- □ Mit *»Konferenz«* meine ich ein mit den Schülern einzuübendes Verfahren der Konsensbildung: Die Schüler sitzen im Kreis bzw. um die zusammengerückten Tische. Jeder Schüler formuliert seine Position zu einem bestimmten Problem. Erst dann wird darüber verhandelt, ob es einen Konsens gibt oder ob Dissens festgestellt werden muß.
- □ *»Blitzlicht«* – dieser Begriff stammt von Ruth Cohn und bezeichnet eine Reihum-Gesprächsrunde. Jeder Schüler muß zu einem Thema seinen persönlichen Kommentar geben. Kritik an den Kommentaren der Mitschüler ist nicht zulässig.
- □ *»Einspruch«* – auch hier stelle ich mir eine standardisierte Form des Protests von Schülern gegen Entscheidungen des Lehrers oder der Mitschüler vor.

● **Schweigen**
Wer Fragen stellt, muß auch abwarten und schweigen können – und das können längst nicht alle Lehrer! Das Schweigen des Lehrers ist nicht nur eine Tugend, sondern eine didaktisch zu planende Arbeitsform. Man muß sich sehr konzentrieren, um als Lehrer im Unterricht schweigen zu können. Schon Wartezeiten von 10 oder 15 Sekunden sind für manchen Lehrer (insbesondere für Berufsanfänger) belastend. Durch das Schweigen kann aber auch Betroffenheit ausgedrückt werden, z. B. dann, wenn ein schlimmes, unmenschliches Thema wie etwa die Judenverfolgung zum Unterrichtsgegenstand gemacht wurde oder wenn ein Schüler über schwer lösbare häusliche Probleme berichtet (vgl. auch Netzer 1972, S. 131–135).

Die Erfahrung lehrt übrigens, daß es vor allem schlecht vorbereiteten Lehrern (und Hochschullehrern!) schwerfällt, im Unterricht (bzw. Seminar) zu schweigen.

2.5 Techniken zur Erschließung der Unterrichtsinhalte

Das Fragen-Stellen ist nur eine, wenn auch die am häufigsten eingesetzte Lehrer-Technik zur Erschließung des Unterrichtsinhalts. Es gibt vielfältige weitere Techniken, die im THEORIE-TEIL (S. 118 f.) als »Inszenierungstechniken« zur methodischen Gestaltung von Handlungssituationen beschrieben worden sind. Auch in der NEUNTEN LEKTION sind solche Techniken bei der Auflistung verschiedener Einstiegsformen schon zur Sprache gekommen (siehe S. 140–149).

Jeder Lehrer, der einige Jahre Schulpraxis hinter sich hat, dürfte ein bestimmtes, von seinen Vorlieben und fachdidaktischen Orientierungen abhängiges *Repertoire dieser Inszenierungstechniken* aufgebaut haben. Die folgende Auflistung soll den Anfänger anregen, sich Schritt für Schritt solche Techniken anzueignen, und den Routinier dazu bringen, neue Inszenierungstechniken in sein Repertoire aufzunehmen:

● **Vormachen/Vorführen/Vortragen**
Eigentlich handelt es sich hier um das »natürlichste« methodische Gestaltungsmittel, das man sich denken kann. Die Schüler sollen etwas Neues lernen – also macht ihnen der Lehrer vor, wie's geht.

Vielen Lehrern fällt es allerdings schwer, diese Vormacher- und Vorbildrolle wahrzunehmen. Sie sind Weltmeister im Reden und Problematisieren, wahre Verbalradikalisten, aber ärmlich im eigenen, lustbetonten Tun: im Vortragen eines Gedichtes, im Vorsingen eines Liedes, im Vorspielen einer Pantomime, eines Zaubertricks, eines Experiments. Dies rührt nicht nur daher, daß solche Kompetenzen heute in der Ausbildung nicht mehr vermittelt werden, sondern auch aus der Veränderung der pädagogischen Normen und Einstellungen. Weil eine nahezu unbegrenzte Fülle von Medien zur Verfügung steht, haben alle Lehrer entsprechend viele günstige Gelegenheiten, sich aus ihrer Vormacherrolle davonzustehlen. Oft wird dies noch hinter dem Schlagwort einer »schülerorientierten« Unterrichtsführung versteckt – die Schüler sollen dann all jene Inszenierungskunststücke vollführen, die der Lehrer selbst nicht vorzuführen wagt oder nicht einmal vorzuführen versteht.

● Zeigen/Hinweisen/Demonstrieren

Der Lehrer, der in den Klassenraum kommt und sagt »Ich hab euch etwas mitgebracht« oder »Ich zeig euch mal, wie das funktioniert«, kann der Aufmerksamkeit der Klasse fast immer sicher sein! Deshalb sollten gerade Berufsanfänger diese Inzenierungstechnik möglicht häufig nutzen!

Die Büchertaschen der meisten Lehrer sind viel zu klein. Sie bräuchten eigentlich einen Seesack, einen Arztkoffer, eine große Werkzeugkiste und eine Einkaufstasche, um all das mitzuschleppen, was den Unterricht bereichern könnte: die eigene Briefmarkensammlung, die ehrfurchtsvoll bestaunt wird, altes Werkzeug vom Großonkel, Modelle, Museumsstücke, einen alten Brief vom ausgewanderten Landwirt aus Oregon, eine Marionette zum Geschichtenerzählen, eine Käthe-Kruse-Puppe, Warenproben, die an Umweltgiften verendete Schleiereule...

Lehrer müßten Weltmeister im Sachensuchen sein – so wie Pippi Langstrumpf; sie sollten keine Angst haben, den Klassenraum zur Rumpelbude zu machen – der Hausmeister wird schon dafür sorgen, daß es nicht ins Uferlose geht!

Das Zeigen ist übrigens so etwas wie eine pädagogische »Ur-Geste«. Man kann sicher sein, daß die ersten bewußt vorgenommenen Erziehungsmaßnahmen in grauer Vorzeit darin bestanden, daß die erfahrenen Alten den heranwachsenden Jungen – ohne viele Worte – gezeigt haben, wie's gemacht wird (vgl. Giel 1965; Aebli 1976, S. 85–94).

● Identifizieren

Es gibt viele Gelegenheiten, bei denen die Identifizierung des Lerngegenstandes durch die Schüler zugleich die Erschließung des Themas und die Motivation der Schüler zu leisten vermag:

□ Der Lehrer bringt ein Zitat, eine Quelle, ein Objekt usw. in die Stunde mit und verwikkelt die Schüler in Fragen und Hypothesen über deren Herkunft, Alter, Beschaffenheit usw. Anbei eine Identifizierungsübung nicht für Schüler, sondern für den aufmerksamen Leser dieses Buches: Von welchem Autor stammt das folgende Zitat?

> »Erfahrung und Umgang machen uns wahrlich oft *Langeweile,* und zuweilen müssen wir es ertragen. Aber niemals muß der Zögling das vom Lehrer zu leiden haben. Langweilig zu sein ist die ärgste Sünde des Unterrichts! Sein Vorrecht ist es, Steppen und Moräste zu *überfliegen*; kann er nicht immer in angenehmen Tälern wandeln, so übt er dagegen im Bergsteigen und belohnt durch die großen Aussichten.«
> Die Auflösung findet sich auf S. 71.

Identifikationsübungen als Methode machen aber nur dann einen Sinn, wenn die Schüler schon Vorwissen zum Thema haben. *Blindes* Raten macht keinen Spaß (allenfalls der Rätselsteller ergötzt sich an der Unkenntnis der Ratenden)!

● Beschleunigen und Verlangsamen

Die Wahrnehmungsintensität und das Arbeitstempo der Schüler können durch das methodische Handeln des Lehrers künstlich beschleunigt und verlangsamt werden: »Warte noch ein bißchen!«, »Mach es noch einmal, aber ganz langsam!«, »Jetzt noch einmal, aber bitte ein bißchen dalli, dalli!« Auch in der Mediendidaktik wird mit solchen Techniken gearbeitet: Die Entwicklung einer Blüte kann mit der *Zeitraffer*-Technik gefilmt und dann den Schülern vor Augen geführt werden; das Zerplatzen eines Wassertropfens oder das Aufschlagen einer Gewehrkugel kann in der *Zeitlupe* sichtbar gemacht werden.

Die Gefahr, daß Schüler zu schnell hinschauen, nur oberflächlich beobachten und vorschnell abstrahieren, ist heute sicherlich sehr viel größer als die Gefahr, daß die Schüler sich zu sehr in die Betrachtung einer Sache oder eines Problems vertiefen. Deshalb ist die Verlangsamung der Wahrnehmung heute wichtiger als die Beschleunigung:

□ *Horst Rumpf* (1986b, S. 48) hat eine solche Einübung in das langsame Sehen mit einem klugen methodischen Trick realisiert: Er hat die Teilnehmer einer Seminarsitzung zum Thema »Genetisches Lehren im Geschichtsunterricht« dadurch verblüfft, daß er einen Gegenstand in das Seminar mitbrachte, ihn aber unter einem Handtuch verbarg und dann die eine Gruppe von Studenten mit den Händen tasten ließ, worum es sich handeln könnte, die andere Gruppe mit den Augen schauen ließ und dann die unterschiedlichen Wahrnehmungsweisen miteinander verglich: Durch das verfremdende Ertasten des Gegenstandes wurde eine völlig andere, viel intimere Beziehung zu ihm hergestellt als durch das distanzierende Anschauen. Erst nach dieser Einstiegsphase wurde die »Identität« des Gegenstandes gelüftet: Ein todbringender Geschoßrest aus dem Ersten Weltkrieg!

Die Lehrer befinden sich im Unterricht fast immer in Zeitnot. Gerade deshalb fällt ihnen die Kunst der Verlangsamung der Wahrnehmung wahrscheinlich so schwer. Daran hat zum Teil auch die didaktische Theoriebildung schuld. Viele von ihr ausgedachte Techniken sind nichts anderes als Beschleunigungsmaschinerien des Lernens – die Frage, ob eine solche Beschleunigung heute noch Sinn macht, wird von diesen Didaktiken aber kaum gestellt und schon gar nicht beantwortet.

● Vergrößern und Verkleinern

Vergrößern und Verkleinern sind beliebte Techniken zur Erschließung eines Sachverhalts:

- ☐ Der Blick durchs *Mikroskop* weckt Neugier – erst recht, wenn der darunter gelegte Wasserfloh gerade Junge kriegt.
- ☐ In der Grundschule soll die *Webtechnik* eingeführt werden. Der Lehrer macht die Schüler der Klasse zum »Rahmen«; sie müssen die Ketten-Fäden halten. Ein kleiner Schüler spielt den »Schuß« – er muß sich durch die hoch und niedrig gehaltenen Fäden hindurchmühen.
- ☐ Im Physikunterricht soll das *Thema »Fliehkraft«* durchgenommen werden. Der Lehrer legt zur Veranschaulichung des Problems zwei Stükke Schokolade auf den Plattenteller – das eine Stück in die Mitte, das andere an den Rand. Er stellt den Spieler an und fragt die Grundschüler: »Welches Schokoladenstück bewegt sich schneller?« Bernhard Hauke (1987, S. 195) hat dieses Experiment mit mehreren Kindern durchgeführt; ich habe es ebenfalls ausprobiert: Sie werden von Ihren Schülern alle möglichen richtigen und falschen Antworten erhalten: »Die müssen doch gleich schnell sein!«, »Das äußere Stück ist schneller/langsamer!« Vielen Schülern werden auch die Worte fehlen, um das, was sie ausdrücken wollen, angemessen zu formulieren.

  Machen Sie nun mit den Kindern ein zweites Experiment: Nehmen Sie einen Besenstiel, dessen eines Ende den Mittelpunkt und das andere den Rand des Plattentellers darstellen soll. Lassen Sie nun die Kinder selbst rotieren. – Den meisten Kindern, gerade auch den leistungsschwächeren, wird es nun sehr leicht fallen, die eingangs gestellte Frage zu beantworten, weil sie den Sachverhalt im handelnden Umgang *am eigenen Leibe* erfahren haben!
- ☐ *Verkleinern* ist immer dann am Platze, wenn die Schüler in der Gefahr stehen, den Wald vor lauter Bäumen nicht mehr sehen zu können; verkleinert wird z. B. in der Geographie bei Überblickskarten; in allen wissenschaftlich-technischen Bereichen bei der Anfertigung von Übersichtsskizzen und Modellen; in der Astronomie bei der Darstellung einer Sonnen- oder Mondfinsternis.

● Zerlegen und wieder Zusammensetzen

Das Zerlegen (Analysieren) und das Zusammensetzen (Synthetisieren) gehört zu den klassischen methodischen Gestaltungsmitteln.

- □ Friedrich Froebel, Maria Montessori und Célestin Freinet haben bis heute benutztes Lernspielzeug entwickelt, das den »natürlichen« Spieltrieb der Kinder nutzt.
- □ Im Leselehrgang werden Sätze in Wörter und Wörter in Buchstaben zerlegt, und danach wieder zusammengesetzt.
- □ Im Technikunterricht beim Zerlegen und Zusammensetzen von Maschinen und Modellen, in der Informatik beim logischen Zergliedern von Programmen, in der Chemie und Physik – überall wird das Zerlegen und Zusammenfügen als Lern- und Erkenntnismethode benutzt.

● Montieren

Die Montage ist nicht nur in technischen Fächern ein wichtiges Konstruktionsverfahren im Unterricht, sie kann auch in sprachlichen und ästhetischen Fächern genutzt werden:

- □ Schüler erhalten im Deutschunterricht den Auftrag, aus einem längeren Gesetzestext, aus einem Literaturstück oder aus der Schulordnung Zitate herauszuklauben und sie neu *zu einer Parodie zu montieren.*
- □ Schüler erhalten den Auftrag, im Musikunterricht mit Hilfe verschiedener Musik-Kassetten und eines Mischpultes ein neues Stück zu montieren.
- □ Schüler machen im Kunstunterricht eine *Collage,* die z. B. den Kontrast zwischen einer zerstörten und einer unzerstörten Landschaft enthält oder in der Bildelemente aus Werken der klassischen Malerei in moderne Werke integriert werden.

● Abstrahieren und Konkretisieren

Durch eine geschickte Verknüpfung von Abstraktions- und Konkretisierungsmaßnahmen kann der Lehrer eine sich aufschaukelnde Klarheit über die Struktur des Gegenstandes herstellen:

- □ Beim *induktiven Vorgehen* wird an konkreten Beispielen oder Fällen eine inhaltlich entfaltete, oft auch gefühlsmäßig ansprechende Problemsicht entwickelt und dann aus mehreren Beispielen der übergreifende Sinnzusammenhang abstrahiert (von lat. abstrahere – abziehen).
- □ Bei bestimmten Themen und bei einem Teil der Schüler kann aber auch das *deduktive Vorgehen* am Platze sein. (In diesem Buch ist übrigens die Mehrzahl der Lektionen deduktiv aufgebaut, jedoch durch vielfältige konkretisierende Beispiele immer wieder unterbrochen.)

Die Abstraktionsfähigkeit der Schüler ist für den Erfolg ihrer Schullaufbahn von ausschlaggebendem Gewicht; sie entscheidet häufig über den Besuch weiterführender Schulen. Bei manchen Schülern kann eine hochentwickelte Abstraktionsfähigkeit aber auch zu einer Abstumpfung und zur Vermeidung einer inhaltlich-gefühlvollen Auseinandersetzung mit dem Unterrichtsthema führen: Das Thema wird in Windeseile analysiert, auf den Begriff gebracht und abgehakt. Auch hier sollte der Lehrer ein Stück weit gegensteuern und oberflächliche Abstraktionskünste der Schüler stoppen.

● Kontrastieren und Vergleichen

Kontrastbildung ist in der Literatur, Musik, Bildenden Kunst, im Journalismus und auch in der Wissenschaft ein beliebtes Mittel zur Verdeutlichung des Gemeinten: Erst durch die *Ausleuchtung des Hintergrundes* bzw. der abgelehnten Gegenposition wird endgültig klar, was gemeint ist:

- ☐ Im Erdkundeunterricht wird Nah und Fern, im Geschichtsunterricht die Gegenwart mit der Vergangenheit, in der Physik der Aufbau der Atome mit dem des Universums verglichen.
- ☐ Die Besonderheiten der *wissenschaftlichen* Betrachtungsweise eines Themas werden dadurch verdeutlicht, daß sie dem alltäglichen Erfahrungswissen gegenübergestellt werden.
- ☐ Die Notwendigkeit des Friedens wird herausgearbeitet, indem man die Schrecken des Krieges vor Augen führt.
- ☐ Die Bedeutung des Wassers wird durch die Analyse der Lebensbedingungen in der Wüste erarbeitet, typische Probleme hochzivilisierter Gesellschaften werden mit einer kurzen Unterrichtseinheit über das Leben bei den Netsilik-Eskimos kombiniert.
- ☐ Von Bert Brecht (1967, S. 343) kommt die Technik der *»Fixierung des Nicht-Sondern«:* Ein Text wird dadurch interpretiert, daß die Schüler beschreiben, was die handelnden Personen hätten tun können, aber nicht getan haben (vgl. Scheller 1986b, S. 64).

Das Kontrastieren und Vergleichen ist eine Vorform des Verfremdens. Die Struktur des Vertrauten wird häufig erst dadurch verständlich, daß es mit dem Fremden und Ungewöhnlichen verglichen wird.

Die Auflistung dieser Inszenierungstechniken ist unvollständig. Es gibt viele weitere, teils konventionelle (dann zumeist sprachlich vermittelte), teils unkonventionelle (dann häufig ganzheitlich-körperbezogene, ästhetische, produktive, meditative u. a.) Varianten. Für alle diese methodischen Gestaltungsmittel gilt, daß sie grundsätzlich auch *von den Schülern* erlernt werden können. In der Beschreibung der produktiven und unproduktiven Nebentätigkeiten aus der SIEBTEN LEKTION (S. 68 ff.) finden sich denn auch die meisten dieser Techniken wieder! Es kommt jedoch darauf an, den Schülern zu zeigen, wie sie diese Techniken durch bewußte Handhabung zum Bestandteil ihrer *Methodenkompetenz* machen können.

2.6 Tafelarbeit

Die Wandtafel ist das wichtigste Medium der Schule, die Tafelarbeit das Rückgrat des Frontalunterrichts!

> »Hätte ich unter alten und neuen Unterrichtsmitteln ein einziges zu wählen, ich wählte die Tafel und Kreide.« *Hartmut von Hentig* (1984, S. 22)

Trotz zahlreicher technischer Neuerungen (vom Hellicht-Schreiber alias Overhead-Projektor bis zu vorgefertigten Arbeitsblättern) ist der Spitzenplatz der Wandtafel unbestritten. Die Wandtafel wird nicht sonderlich geliebt, aber kaum ein Lehrer, der mehrere Jahre Schulpraxis hinter sich gebracht hat, kann sich einen Unterricht ohne Tafel vorstellen. Auch in der Seminarausbildung spielt die Tafelarbeit bei den meisten Mentoren, Fach- und Seminarleitern eine große Rolle. Manche übertreiben es allerdings auch ein wenig. Es gibt wichtigere Dinge als den Tafelschwamm! Dennoch haben die Praktiker zumeist recht: Man kann sich viel Ärger und unnütze Arbeit ersparen, zugleich gerade den schwächeren Schülern die tägliche Schulqual erleichtern, wenn man auf ein pedantisch ordentliches Tafelbild achtet.

● Funktionen

Die Tafelarbeit kann viele verschiedene Funktionen haben. Je nach Funktion ändern sich die Ansprüche an die Qualität und Gestaltung dieser Arbeit.

- ☐ Der Lehrer kann die Tafel zu Beginn einer neuen Unterrichtsstunde nutzen, um einen *»informierenden Unterrichtseinstieg«* zu gestalten (vgl. das Beispiel S. 136).
- ☐ Der Lehrer kann die Tafel *wie eine Kladde* benutzen. Sie dient dann dazu, wichtige Stichworte festzuhalten, ein Wort mit schwieriger Rechtschreibung zu notieren, Strafarbeiten oder Hausaufgaben festzuhalten usw. Solche Kladden-Texte sollten nicht von den Schülern abgeschrieben werden. Deshalb sind die Ansprüche an die formale Gestaltung niedrig.
- ☐ Die Tafel kann zum *lustvollen Zeichnen* genutzt werden. Vor allem jüngere Schüler haben großen Spaß daran, an der Tafel (möglichst mit farbiger Kreide!) malen zu dürfen. Und auch der Lehrer sollte die Tafelzeichnung kultivieren: Technische Details, Arbeitsaufträge, Regieanweisungen und vieles andere mehr sind häufig durch eine einfache Zeichnung schneller und eindeutiger zu vermitteln als durch viele Worte. Im Mathematik- und Naturwissenschaftsunterricht ist dies selbstverständlich, es gilt aber praktisch für jedes Schulfach! Keiner, der Lehrer werden will oder es schon ist, soll mir mit dem Satz kommen »Ich kann nicht zeichnen«. Jeder kann zeichnen! Die psychischen Hemmungen sind nur unterschiedlich groß. (Ich bin als junger Lehrer am Nachmittag in meine Schulklasse gegangen und habe das Zeichnen geübt und häufig Zeichnungen, Schautafeln usw. sofort auf der Tafel stehen lassen; die Zeichnungen waren dilettantisch, aber liebevoll – und die angeblich durch die Medien verwöhnten Schüler waren begeistert.)

- ☐ Ein Tafelbild kann zum Angelpunkt einer ganzen Unterrichtsstunde werden, wenn es die Aufgabe erhält, den Sach-, Sinn- oder Problemzusammenhang der Stunde grafisch (in Schrift und Bild) darzustellen. Dann entsteht *das »große«, dramaturgische Tafelbild*, das viele Lehrer sehr gründlich vorbereiten und entsprechend sorgfältig abschreiben lassen. Es hat im wesentlichen die Funktion der Ergebnissicherung (s. Abb. unten).
- ☐ Die Tafelarbeit hat immer auch eine *Disziplinierungsfunktion:* zum einen in direktem Sinne als Mittel, mit dem der Leistungsstand des an die Tafel gerufenen Schülers kontrolliert wird, zum anderen auf indirektem Wege durch die Lenkung der Aufmerksamkeit aller Schüler, durch die Kanalisierung und »Reinigung« der als Unterrichtsergebnis festgehaltenen Schülerbeiträge und als verbindliche Normierung des Schulwissens.[9]

● Kriterien

Die folgenden Ratschläge grenzen an Pedanterie. Aber im Umgang mit der Tafel ist solche Pedanterie – anders als im Umgang mit den Schülern – geboten!

9 Die Disziplinierungsfunktion wird heute (z. B. bei Bönsch 1972) durchweg verschwiegen – die Pädagogen früherer Jahrhunderte waren da ehrlicher (vgl. August Hermann Francke (1702) 1957, S. 70; J. H. Hähn (1777), in: Rutschky 1977, S. 565).

☐ **Das Tafelbild sollte** – wo immer möglich – **vor den Augen der Schüler entstehen!**
Der entscheidende didaktische Vorzug der Tafel vor anderen Medien wie Arbeitsblättern, Overhead-Folien, Landkarten, Schulbüchern usw. besteht darin, daß der Text bzw. das Bild vor den Augen der Schüler schrittweise entfaltet werden kann. Dieser Vorzug sollte dann auch voll genutzt werden! Ein zweiter, mit dem ersten verknüpfter Vorzug besteht darin, daß das Tafelbild variiert und korrigiert werden kann. Besser als bei jedem anderen Medium (abgesehen von der Sprache!) können so die Beiträge der Schüler integriert werden.
Wenn der Lehrer während der Tafelarbeit mit den Schülern redet, sollte er auch zu ihnen hinschauen!

☐ **Das Tafelbild sollte für alle Schüler gleich gut zu lesen sein!**
Das Tafelbild sollte logisch klar gegliedert, in der Raumaufteilung ausgeglichen und ästhetisch ansprechend gestaltet werden. Zeichnungen, Skizzen und Tabellen müssen pingelig genau ausgeführt werden, weil sich Unkorrektheiten und Schludrigkeiten zumeist vergröbert in den Heften der Schüler wiederfinden. Die Lesbarkeit des Tafelbildes hängt entscheidend von der *Handschrift des Lehrers* ab. Die in der eigenen Schulzeit angeeignete, dann weiter individualisierte (oft auch versudelte) Handschrift ist für Grundschüler in aller Regel unzumutbar und auch für ältere Schüler eine erhebliche Belastung. Wer in der Grundschule unterrichtet, muß deshalb die sogenannte *Ausgangsschrift* neu zu schreiben lernen. Und dies geht kaum vom Schreibtisch aus. Dazu sollten Sie nach der letzten Stunde oder am Nachmittag in das Klassenzimmer zurückkommen und förmlich üben! Dabei kommt es bei leistungsschwachen Grundschülern auf jedes Häkchen und jede Öse an!

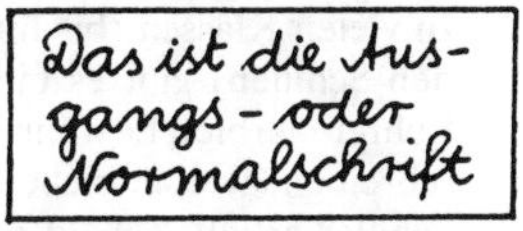

Wer ältere Schüler unterrichtet, sollte sich ebenfalls eine der Normalschrift angenäherte *Tafelschrift* zulegen, wenn die eigene Schreibschrift unregelmäßig oder zu sehr verformt ist. Die letzte Rettung für Anfänger und Praktikanten besteht darin, auf *Druckschrift* auszuweichen.
Der Lehrer sollte ab und an auf die Höhe der letzten Bankreihe gehen und kontrollieren, ob das Schriftbild zu lesen ist. (Oft gibt es Lichtspiegelungen, die von vorn nicht zu erkennen sind. Manche Lehrer schreiben zu klein; Berufsanfänger jedoch eher zu groß.)

☐ **Störungen des Unterrichtsprozesses durch die Tafelarbeit sollten vermieden werden!**
Der große Vorzug der Tafelarbeit, zeitgleich zum Unterrichtsprozeß ablaufen zu können, ist zugleich eine Quelle von Schwierigkeiten. Wenn der Lehrer während eines Lehrervortrags, während einer Demonstration oder eines Experiments den Tafeltext entstehen läßt, so muß er seine Arbeit unterbrechen, und auch die Schüler werden ihre Aufmerksamkeit zwangsläufig auf die Tafel richten (s. u.). Es besteht die Gefahr, daß das, was zur Veranschaulichung und Untermalung der Hauptlinie des Unterrichts gedacht ist, eine Eigendynamik entwickelt und zur Hauptsache wird.
Schwierig wird es vor allem dann, wenn ein *Tafeltext während des gelenkten Gesprächs* erarbeitet werden soll. Da dieses Handlungsmuster zwei Drittel des gesamten Frontalunterrichts ausmacht, sind solche Situationen sehr häufig. Wird ein Schüler zum Mitschreiben »abkommandiert«, so hat er oft noch Schwierigkeiten mit der Auswahl des Festzuhaltenden und auch mit der Rechtschreibung und Raumaufteilung. Übernimmt der Lehrer den Tafelanschrieb, so führt dies fast zwangsläufig zum Stocken des gelenkten Gesprächs. Gerade dann, wenn die Schüler noch stark auf ihren Lehrer fixiert sind,

macht man aufkeimende Schülerdiskussionen durch das gleichzeitige Mitschreiben an der Tafel regelmäßig wieder kaputt. Mein Ratschlag: Der Lehrer macht sich während des gelenkten Gespräches Notizen und überträgt sie bei Gesprächseinschnitten oder am Ende des Gesprächs an die Tafel. Wenn die Schüler diskutieren, also ein Streitgespräch, eine Debatte o. ä. machen, sollte der Lehrer die Tafel überhaupt nicht benutzen!
Ein besonderes Problem stellt die oft geübte Praxis dar, die Schüler nach vorn an die Tafel zu holen, um sie schreiben oder rechnen zu lassen, um auf diesem Wege ihre Leistungsfähigkeit zu kontrollieren. Im Mathematik- und Deutschunterricht wird dies häufig gemacht, aber nur wenige Schüler fühlen sich so sicher, daß sie dies gern tun. Die zusätzliche Belastung der leistungsschwächeren Schüler ist zumeist so hoch, daß sie kaum in der Lage sind, dort vorn an der Tafel ihre Wissens- oder Kompetenzdefizite zu erkennen und zu beheben. Sehr leicht wird aus der Demonstration der Kenntnisse eine quälende Demonstration der Unkenntnis.

☐ **Das Abschreiben des Tafeltextes durch die Schüler sollte verbindlich geregelt werden!**
In vielen Klassen (bis hin zum 13. Jahrgang des Gymnasiums bzw. in die Berufsbildenden Schulen) gibt es einen Dauerkonflikt über das Abschreiben des Tafeltextes: Der Lehrer verbietet, während des Lehrervortrags oder des gelenkten Gesprächs abzuschreiben, weil er sicherstellen will, daß alle Schüler konzentriert aufpassen. Aber die Schüler erfaßt, sobald nur das erste Wort an der Tafel steht, ein ungeheurer Schreibzwang: Auch wenn der Lehrer wiederholt und mit Nachdruck gefordert hat, die Füller und Stifte endlich wegzulegen, so nähern sich die fummelnden Finger zielstrebig wieder den Federmappen, postieren Büchertaschen und Oberarm zum Schutzwall und schon beginnt das emsige Abschreiben. Da viele Lehrer erst am Stundenschluß, dann aber fast immer in Hetze den Auftrag geben, das Tafelbild abzuschreiben, aber in Klassenarbeiten und bei der mündlichen Leistungsprüfung davon ausgehen, daß alle Schüler ausreichend Zeit gehabt hätten, den Text abzuschreiben, ist dieses Schülerverhalten nicht weiter verwunderlich! Der Schreibzwang der Schüler behindert ihre Diskussions- und Kritikbereitschaft während des Unterrichtsgesprächs, aber diese Schüler verhalten sich – gemessen an den bisher gemachten Erfahrungen – sehr rational!
Was soll der Lehrer tun? Ich denke, daß hier nach dem Alter der Schüler differenziert werden muß:

- Oberstufenschüler sind erwachsene Menschen! Ich überlasse es ihnen selbst, diese im Grunde triviale Entscheidung zu treffen, ob sie sofort mitschreiben oder nicht.
- In der Sekundarstufe I bemühe ich mich, die oben aufgelisteten Fehler zu vermeiden und dadurch die Schüler davon zu überzeugen, daß es lohnender ist, sich an die Empfehlung des Lehrers zu halten.
- In der Grundschule gebe ich genaue Anweisungen, was wann getan werden soll! Denn hier erfordert das Schreiben noch so viel Aufmerksamkeit vom Schüler, daß er auf keinen Fall parallel dazu eine Erläuterung des Lehrers voll mitbekommen kann.

Grundsätzlich muß der Lehrer so viel Zeit für das Abschreiben lassen, daß gerade auch die leistungsschwächeren Schüler den Text in Ruhe abschreiben können. Es geht nicht an, daß immer nur die schnellen Schreiber den Tafeltext vollständig und halbwegs fehlerfrei im Heft stehen haben und dadurch als Privilegierte noch mehr privilegiert werden.

● Fehler an der Tafel

Eine der von mir betreuten Studentinnen, Nicola, berichtete kürzlich über ihr Praktikum. Als sie einen Fehler an der Tafel gemacht und nach einiger Zeit wieder korrigiert hatte, sagte ihr die Mentorin in der Nachbesprechung, daß sie diese Korrektur besser unterlassen hätte: *»Was steht, das steht!«* – Ein ziemlich unsinniges Rezept! Offensichtlich meinte die Lehrerin, daß es die Schüler verunsichern könne oder daß die Autorität der Studentin gefährdet sei, wenn der Fehler zugegeben wird. Selbstverständlich müssen Fehler korrigiert und Ungereimtheiten beseitigt werden! Nach meinen Erfahrungen wird die Autorität des Studenten dadurch nicht gefährdet – im Gegenteil wird es als Zeichen von Souveränität gedeutet, wenn der Student auf Korrekturhinweise der Schüler zügig eingeht.

Der Versuch, Fehler zu kaschieren, macht den Lehrer zu einer lächerlichen Figur! (Ich erinnere mich noch daran, wie albern wir es als Schüler empfanden, daß unser Mathematiklehrer immer dann, wenn er sich verrechnet hatte, sagte: »Ich wollte bloß mal sehen, ob ihr das merkt!«)

● Heft- und Mappenführung

Wenn die Hefte und Mappen ihren Zweck erfüllen sollen (nämlich die Unterrichtsergebnisse zu sichern und für spätere Unterrichtssituationen und/oder Leistungsüberprüfungen verfügbar zu machen), dann gehört die Heftführung der Schüler mit in den Abschnitt Handwerkszeug des Lehrers!

Viele Schüler haben große Schwierigkeiten mit der Heftführung. Sie haben eine saumäßige Klaue, sie finden nicht wieder, was sie irgendwo notiert haben; sie kommen mit dem Abschreiben nicht hinterher. Die Qualität der Heft- und Mappenführung hängt nicht ausschließlich, aber doch zu einem gehörigen Teil von der Qualität der Tafelarbeit des Lehrers ab (genauer: von der Tafelarbeit aller Lehrer, die der Schüler seit seiner 1. Klasse gehabt hat!). Einige Ratschläge:

- ☐ Die Heft- und Mappenführung wird nur bei wenigen Schülern von selbst oder durch Ermahnungen ordentlich. Sie muß im Unterricht *vorgeführt und geübt werden.*
- ☐ Nur dann, wenn der Lehrer seine Tafelarbeit wichtig nimmt und wenn er die Heftführung der Schüler liebevoll und aufmerksam begleitet, werden die Schüler ihre Heftführung ebenfalls ernst und wichtig nehmen. Der Lehrer sollte sich *immer wieder auf ältere Passagen in den Heften beziehen,* damit die Schüler erfahren, daß sie von einer ordentlichen Heftführung Vorteile haben.
- ☐ Der Lehrer sollte die Heftführung regelmäßig – am besten täglich – *überprüfen.* Dies macht sehr viel Arbeit, zumal diese Heftkontrolle außerhalb der Unterrichtszeit stattfinden sollte, aber sie liefert einen exakten Überblick darüber, wieweit gerade auch die schwächeren Schüler gekommen sind. (Ich habe in meiner Grundschulklasse von jedem Schüler verlangt, zwei Schreib- und zwei Rechenhefte anzuschaffen; eines davon habe ich jeden Tag mit nach Hause genommen und durchgesehen. Eine solche totale Überwachung mag rabiat erscheinen, sie ist aber weniger rabiat als die seltenen, unkalkulierbaren Stichproben des Lehrers; außerdem finde ich es wenig fair, die Probleme der Heftführung immer nur den Müttern der Schüler in die Schuhe zu schieben.)

● Übungsaufgabe

Das folgende Tafelbild spottet, wie man so schön sagt, jeder Beschreibung; es ist aber nicht frei erfunden, sondern stammt aus einer Deutschstunde einer 11. Klasse eines norddeutschen Gymnasiums. Thema der Stunde: *Lessings Drama »Emilia Galotti«.*

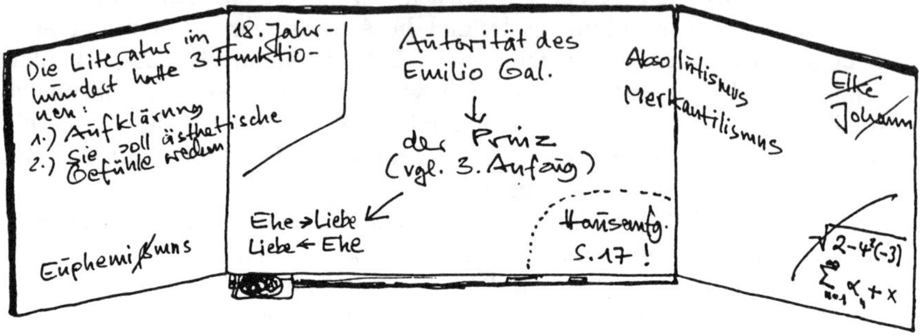

> Notieren Sie in Stichworten, welche *Fehler* und *Ungereimtheiten* das Tafelbild enthält.
>
> 1. ______________________________
> 2. ______________________________
> 3. ______________________________
> 4. ______________________________
> 5. ______________________________
> 6. ______________________________
> 7. ______________________________
>
> (Die Auflösung der Übungsaufgabe befindet sich am Schluß dieses 2. Abschnitts.)

Lesehinweise

- ☐ Pragmatische Anweisungen für verschiedene Schulformen und Fächer liefern: Bauer (1981); Bönsch (1972); Breitinger/Seipp (1966); Dauenhauer (1963); Förner (1970); Grüner (1961); Schietzel (1966); Zirk (1969); Maras (1979);
- ☐ Hinweise zur Arbeit mit dem Hellicht-Schreiber (OHP) liefert Neukirch (1985);
- ☐ einen vorzüglichen Lehrgang zum Erlernen des Tafelzeichnens bietet Bühs (1986);
- ☐ einen ersten Überblick über den Stand der Diskussionen finden Sie bei Legler/Otto (1985).

2.7 Zusammenfassung oder: Die Dialektik von Offenheit und Verbindlichkeit

Zu Beginn dieses langen Abschnittes über das Handwerkszeug des Lehrers ist darauf hingewiesen worden, daß die vielen Rezepte, Ratschläge und Regeln vor Ort noch einmal auf ihre Brauchbarkeit überprüft werden müssen. Unterrichtsrezepte sind – insbesondere in der Lehrerausbildung – nicht zu vermeiden, aber sie dürfen nicht zur Fessel der Lehrerarbeit werden. Das Handwerkszeug soll die Phantasie und Freiheit in der methodischen Gestaltung des Unterrichts fördern und nicht verhindern. Deshalb ist es erforderlich, die Technik der Unterrichtsführung noch einmal aus einer abstrakteren Zielperspektive zu betrachten und auch zu kritisieren. Die Beherrschung des Handwerkszeugs ist kein Selbstzweck, sondern die Voraussetzung für eine offene, auf die Schülerbedürfnisse und Interessen bezogene Unterrichtsgestaltung. Diese Offenheit tritt aber nicht von selbst ein – sie muß vielmehr methodisch bewußt geplant und dann auch durchgesetzt werden:

> **These 10.10:** Die wünschenswerte Offenheit der Unterrichtsführung setzt Eindeutigkeit und Verbindlichkeit des methodischen Handelns des Lehrers voraus.

Wer seinen Unterricht offen gestalten will, muß dennoch genau wissen, worauf er hinaus will! Diffusität und Unverbindlichkeit sind das genaue Gegenteil von Offenheit! (Gerade Anfänger im Lehrerberuf verwechseln »schülerorientierte« Offenheit leicht mit einem ziellosen Eingehen auf jede kleine Anmerkung oder Provokation der Schüler.) Der Lehrer hat die Aufgabe, die Schüler zur Selbständigkeit zu führen. Dieses Ziel kann er aber nur erreichen, wenn er die Lernsituationen verbindlich und notfalls auch mit Härte gestaltet. Dies ist kein Plädoyer für eine autoritäre Wahrnehmung der Lehrerrolle, sondern eine Aufforderung, die unnötige Angst vor den Schülern zu überwinden, die in Wirklichkeit eine Angst vor sich selbst ist.

Die folgenden *Regeln zur Unterrichtsführung* sollen dem Berufsanfänger einen ersten Orientierungsrahmen für den nur scheinbar widersprüchlichen Versuch geben, den Unterricht offen und verbindlich zugleich zu gestalten:

- **Sorgen Sie im Frontalunterricht dafür, daß den Schülern in jeder Unterrichtsphase klar ist, was gerade von ihnen erwartet wird!**

☐ Es muß für die Schüler klar sein, *wann eine lehrer-zentrierte Phase abläuft,* in der der Lehrer rezeptive Aufmerksamkeit erwartet, und *wann eine offene Phase beginnt,* in der die Schüler selbst initiativ werden sollen (und dann natürlich auch die Zeit bekommen müssen, ihre Initiativen zu verwirklichen)! Man kann ruhig mal sagen: »Jetzt bin ich dran!« und »jetzt seid ihr dran!« (Eine Schülerin aus meiner alten Ocholter Grundschulklasse sagte, nachdem ich ihre Klasse drei Tage lang übernommen hatte und einen Anfängerfehler nach dem anderen produzierte: »Du, ich weiß was, Herr Meyer! Immer, wenn wir reden, bist du still, und wenn du redest, sind wir still!«)

- ☐ Sie sollten sich *schrittweise* an die Gestaltung *offener Handlungssituationen* heranwagen, also z. B. am Ende der Stunde einen freien Meinungsaustausch der Schüler provozieren, ohne schon in der Planung vorentschieden zu haben, was die Schüler meinen dürfen sollen.
- ☐ Solche offenen Handlungssituationen sollten Sie den Schülern *eindeutig ankündigen,* weil sie sonst fälschlich vermuten, Sie fragten nur aus Ungeschick so ungenau. Also etwa so: »Jetzt seid ihr dran! Ihr sollt jetzt eine Hypothese zur Lösung des diskutierten Problems entwickeln! Ich habe mir natürlich ebenfalls überlegt, wie man da vorgehen könnte, aber ich weiß, daß es mehrere sinnvolle Wege geben müßte!«

- **Versuchen Sie, den methodischen Gang der Stunde für die Schüler durchschaubar zu machen!**

- **Zeigen Sie den Schülern, daß Sie neugierig darauf sind, was diese aus dem Thema der Stunde machen werden!**

- **Vermeiden Sie, sich hinter den mitgebrachten Unterrichtsmedien zu verstecken!**

- **Versuchen Sie, möglichst viele organisatorische Aufgaben vor oder nach der Stunde zu regeln oder sie so gründlich vorzubereiten, daß sie sehr schnell über die Bühne gehen können!**

Das hier skizzierte Bild vom *guten* Frontalunterricht, das sich mit dem von den meisten Schülern produzierten Bild vom guten Lehrer deckt, hat durchaus konservative Züge! Es fordert einen »starken« Lehrer, der seine Lehrerrolle aktiv wahrnimmt. Dieser Lehrer versucht nicht, das Gewaltverhältnis, in dem die Schüler zu ihm stehen, zu vertuschen, aber er hat die innere Ruhe, die Schüler in ihrem Denken und Fühlen freizugeben.

Nachtrag: Vertretungsstunden

Vertretungsstunden stellen eine alltägliche Herausforderung an das Organisationstalent und die methodische Phantasie von Lehrerinnen und Lehrern dar. Die Klasse hätte lieber »richtig frei«, der seine Kollegen vertretende Lehrer ginge auch lieber nach Hause – was kann da noch groß im Vertretungsunterricht herauskommen?

Nun, man kann Vertretungsstunden nutzen, um das zu tun, wozu man schon immer Lust hatte, was aber aus Zeitmangel unterblieben ist: eine Geschichte erzählen, ein Gespräch über den Umfang der Hausaufgaben führen, ein Lernspiel, ein Puzzle oder einen Wettkampf organisieren. Es gibt aber auch Lehrer, die die leidige Pflicht, Vertretungsstunden geben zu müssen, gezielt nutzen, um neue Unterrichtsmethoden auszuprobieren. Eine bunte Palette mit Anregungen dazu enthalten die folgenden Veröffentlichungen des Arbeitskreises Oberkircher Lehrmittel (für die Primarstufe und Sek. I; Bezug: AOL-Verlag, Waldstr. 17, 7585 Lichtenau):

- □ *Kurt Blümle/Frohmut Menze:* Vertretungsstunden Spaß und Spiel. 6. Aufl. Lichtenau 1986
- □ *Peter Fenske:* Vertretungsstunden Lachen und Lernen. 6. Aufl. Lichtenau 1987
- □ *Manfred Huth/Christoph-Joachim Schröder:* Neue Vertretungsstunden mit Pfiff. 3. Aufl. Lichtenau 1985
- □ *Katharina Flick:* Die schönsten Vertretungsstunden. 4. Aufl. Lichtenau 1988

Weitere Spielideen, Arbeitsaufträge und Sensibilisierungsübungen für den Umgang miteinander enthält das (leider sehr teure!) vierteilige Arbeitsbuch »Lehre mich nicht. Laß mich lernen!« von Sabine Alex und Klaus Vopel (1987).

Auflösung der Übungsaufgabe zur Tafelarbeit von S. 222:

1. Das Tafelbild hat keine nachvollziehbare Struktur. Wichtiges steht neben Unwichtigem, Mittel- und Seitenfelder werden nicht unterschieden.
2. Der Tafeltext ganz links ist nicht zu Ende gebracht (die 3. Funktion fehlt).
3. Der Tafeltext ganz links ist ohne Not nach rechts auf das Mittelfeld ausgeweitet.
4. Die Korrektur des Begriffes »Euphemismus« ist nur halbfertig. So, wie es nun an der Tafel steht, bleibt die Unklarheit bestehen.
5. Es ist formal störend, wenn die erste der zwei Funktionen als Substantiv notiert wird, während die zweite aus einem ganzen Satz besteht.
6. Die Pfeile im Mittelfeld suggerieren eine logische Konsequenz, die den notierten Stichworten beim besten Willen nicht mehr abzulesen ist.
7. Die Abkürzung »Emilio *Gal.*« ist unmotiviert und unschön; außerdem ist hier ein grober Fehler unterlaufen – denn das Stück heißt »Emili*a* Galotti«; es muß also heißen »Autorität der Emilia Galotti«.
8. Die Begriffe »Absolutismus, Merkantilismus« sind als Gedächtnisstütze notiert – es bleibt aber zweifelhaft, ob die Schüler mit dem bloßen Begriff viel anfangen können.
9. Die Mathematik-Rechnereien aus der vorausgegangenen Stunde hätten zu Stundenbeginn beseitigt werden sollen.

EXKURS über Unterrichtsstörungen

Unterrichtsstörungen hat es seit jeher gegeben. Sie sind in diesem Buch auch schon an mehreren Stellen besprochen worden. So habe ich die These vertreten, daß produktive und unproduktive Nebentätigkeiten von Schülern nicht nur ein Schaden sind, sondern auch dazu beitragen, den Unterricht aus Schülersicht lebendig und interessant zu machen (siehe S. 72). Früher sprach man eher von »Disziplinschwierigkeiten«. Dieser Begriff ist – zumindest in der Literatur – aus der Mode gekommen, weil in ihm eine einseitige und vorschnelle Schuldzuweisung versteckt ist. Denn Disziplinschwierigkeiten »hat« der Lehrer. Er wird mit seinen Pappenheimern nicht fertig – also macht er wohl etwas falsch? Heute ist es kein Tabu mehr, über »Disziplinschwierigkeiten« zu sprechen. Dies liegt auch daran, daß wir heute sehr viel mehr über die psychischen, sozialen und institutionellen Ursachen von Störungen wissen. Diese Öffnung der Diskussion wird mit dem neutralen Begriff »Störung« angedeutet.

● Begriffsklärung

Was sind »Unterrichtsstörungen«? Rainer Winkel (1983, S. 26) definiert sie folgendermaßen: »Eine Unterrichtsstörung liegt dann vor, wenn der Unterricht gestört ist, d. h. wenn das Lehren und Lernen stockt, aufhört, pervertiert, unerträglich und inhuman wird.« Ganz zufriedenstellend ist diese Definition noch nicht. Denn auch die Schulpause zwischen den Stunden wäre dann eine Störung! Sie ist es ja auch, aber das ist nicht gemeint, wenn wir von Störungen sprechen. Eine Störung ist immer eine *Normabweichung* – sei sie nun bewußt oder ohne Absicht eingetreten, stamme sie vom Lehrer oder von den Schülern.

Was als Normabweichung gilt, hängt sowohl von der subjektiven Wahrnehmung des Lehrers und seiner Schüler wie auch von den institutionell verankerten gesellschaftlich anerkannten Verhaltenserwartungen ab. Beide Faktoren unterliegen einem fortwährenden Wertewandel:

- Der eine Lehrer hält das Stricken seiner Schüler für eine Störung, der andere ist zwar nicht sonderlich begeistert, aber er toleriert Stricken, solange nicht zu komplizierte Muster genommen werden.
- Für den einen Schüler ist das fortwährende Kontrollieren der Schreibarbeiten durch den Lehrer eine Störung, der andere Schüler ist froh über jede Rückmeldung.
- In der einen Schule ist es verboten, wenn sich Lehrer und Schüler duzen, in der anderen wird es begrüßt.
- Erst bei schwerwiegenden Normabweichungen gibt es dann kaum mehr Zweifel, daß es um eine nicht zu akzeptierende Verhaltensweise geht: wenn ein Lehrer betrunken in den Unterricht kommt, wenn ein Schüler ein Hakenkreuz in die Tischplatte schnitzt, wenn ein Schüler einen Lehrer schlägt usw.

Was als Störung zu betrachten ist und was nicht, liegt also nicht ein für allemal fest. Es wird im Sozialisationsprozeß erlernt, es muß zum Teil aber auch jeweils neu zwischen Lehrer und Schülern ausgehandelt werden.

● Ein Beispiel

Wenn ein einzelner Schüler »aus der Rolle fällt«, so fällt es den meisten Lehrern leicht, emotional mit dieser Störung umzugehen und eine angemessene Antwort zu finden. Schwierig, ja dramatisch wird es vor allem dann, wenn die Beziehung zwischen dem Lehrer und der Mehrheit der Schüler – aus welchen Gründen auch immer – auf *Dauer gestört* ist. *Ein Beispiel!* Es handelt sich um ein Protokoll, das zwei Studenten mit Einverständnis der Lehrerin im Mathematikunterricht einer 11. Gymnasialklasse angefertigt haben:

> Die Lehrerin stellt uns vor; ein Schüler verlangt, daß sie auch mit Namen vorgestellt werden. Die Lehrerin will mit dem Unterricht beginnen, es herrscht aber Lärm. Lehrerin: »Jetzt ist aber Ruhe!« In einer Ecke werden Tische gerückt, sie schaut dorthin. Es ist laut: Unterhaltung, Gekicher. Die Lehrerin fragt nach Grenzwerten, Schüler antworten. Dabei unterhalten sich zwei Schüler in normaler Lautstärke. Die Lehrerin verteilt ein Papier aus einem Parallelkurs mit dem Lösungsweg von Grundwertaufgaben. Sofort Protest: Man könne die Schrift nicht lesen, da es nicht die Handschrift der eigenen Lehrerin sei (das Papier ist aber gut zu lesen!). Die Lehrerin schreibt eine Aufgabe an, verschreibt sich bei einem Wort und verbessert es. Obwohl der Sinnzusammenhang klar ist, protestieren die Schüler. Die Lehrerin schreibt das ganze Wort freiwillig noch einmal an die Tafel: »Mit dieser Funktion wollen wir den Lösungsweg überprüfen.« Ein Schüler: »Wollen wir? Das nervt.« Lehrerin: »Laßt das Flöten sein!« Ein Schüler rülpst. Die Lehrerin geht durch die Klasse und spricht mit einzelnen Schülern, die Klasse rechnet jetzt die angeschriebe-

ne Aufgabe. Während der Stillarbeit wird ständig gesprochen. Die Lehrerin beantwortet Fragen zur Aufgabe. Dann zeichnet sie ein Koordinatensystem an die Tafel und zeichnet die Funktion ein. Sie fragt die Schüler, ob sie fertig sind. Lehrerin: »Wir hatten uns auf drei Minuten geeinigt.« Schüler: »Nicht geeinigt, das hatten Sie vorgeschrieben.« Ein anderer Schüler: »Das ist ja hier wie in der Fabrik!« Dann wird die Funktion besprochen, einige Mädchen vor uns unterhalten sich ständig. Eine sagt ziemlich laut zu ihrer Nachbarin: »Pack mich nicht an!« Die Lehrerin zu einem Schüler, der gesprochen hatte: »Christian, ich kann Ralf so nicht verstehen!« Die Schülerin vor uns erneut zu ihrer Nachbarin: »Pack mich nicht an!« Die beiden Schülerinnen vor uns sprechen noch immer (sie planen für den Nachmittag; eine erzählt von ihrem Hund), während die Lehrerin den hereingegebenen Zettel vorliest. *Jetzt ist es zum ersten Mal richtig still in der Klasse.* Die Lehrerin beginnt einen Dialog mit den Schülern, Lärm lebt wieder auf. Lehrerin: »Christina, bitte!« Sie hatte sich umgedreht und mit dem Mädchen hinter sich gesprochen. Vom vorderen Tisch (4 Mädchen) wird ein Kinoprogramm in die nächste Reihe gereicht. Ein Mädchen vor uns liest es unter der Bank (sie hatte vorhin von ihrem Hund erzählt). Ihre Gesprächspartnerin meldet sich auf eine Frage, antwortet aber zu einer Aufgabe, die bereits vor fünf Minuten abgeschlossen worden ist. Die Mädchen vor uns unterhalten sich ständig. Lehrerin: »Gerte.« Der Ton ist bestimmt, aber nicht laut. Die Lehrerin zu dem Mädchen, das das Kinoprogramm liest: »Doris, tu das jetzt weg.« Die beiden Mädchen vor uns nehmen ihr Gespräch wieder auf und besprechen das Kinoprogramm. Die Lehrerin nimmt ihnen das Programm ohne Kommentar weg. Lehrerin: »Pscht!« zu dem Viererblock Mädchen in der ersten Reihe. Zwei Schüler neben uns formen sich mit den Händen neue Haarfrisuren, es ist aber nur eine kurze Aktion. Vor uns ruft jemand: »Fünf Minuten noch!« Wenig später beginnen einige Schüler mit dem Einpacken. Lehrerin: »Leute, seid still!« Sie stellt eine Frage zu einer stetigen Funktion. Lehrerin: »Jetzt wollen wir die Funktion noch einzeichnen.« Protest von den Schülern. Lehrerin: »Wenn ihr kein Interesse habt, lassen wir das.« Trotzdem zeichnet sie an der Tafel weiter. Lehrerin: »Ich komme von links, wo geht nun f (x) hin?« Schüler: »Nach Hause!« Ein anderer Schüler: »Nach unten.« Die Lehrerin erklärt den Grenzwert, in den letzten beiden Minuten der Stunde wird es immer lauter. Die Lehrerin beendet den Unterricht, die Schüler verlassen die Klasse.

Was macht diese Lehrerin Ihrer Auffassung nach falsch?

____

____

____

Welchen Ratschlag zur Verhaltensänderung geben Sie ihr?

____

____

Ich denke, daß Ihnen diese oder jene Ungeschicklichkeit der Lehrerin aufgefallen ist: z. B. das lediglich pauschale Ermahnen der ganzen Klasse oder die sachlich falsche Verwendung der 1. Person Plural (»Wir hatten uns geeinigt. . .!«). Aber dies sind alles nur Erscheinungen auf der Oberfläche, die insgesamt auf eine tiefgreifende Störung des Verhältnisses zwischen der Lehrerin und ihrem Mathe-Kurs hinweisen. Schüler können grausam sein. Sie nutzen jede Schwäche und Ungenauigkeit, um einen hochgradig ritualisierten verbalen und nonverbalen Kleinkrieg mit der Lehrerin zu führen.

Wer oder was hat schuld? Eigentlich sollte man die Schuldfrage gar nicht so früh stellen. Aber sie drängt sich auf, weil sie sehr eng mit der Klärung der Ursachen der Störung zusammenhängt. Die Lehrerin bettelt bei ihren Schülern um Aufmerksamkeit. Eben dies wird von den Schülern zu Recht als Schwäche interpretiert und zum Anlaß für eine weitere Eskalation der Frechheiten genommen.

Sogenannte »gestandene« Lehrer ohne eigene Disziplinprobleme neigen dazu, die Schuld an der verfahrenen Situation allein der Lehrerin in die Schuhe zu schieben: »Bei mir sollten die das mal wagen!« heißt es dann. Sie wagen es auch nicht – aber eben dies verschärft die Schwierigkeiten für diese Lehrerin. Die Schüler wollen sich einfach bei ihr davon erholen, daß sie bei anderen Lehrern konzentriert mitarbeiten und oft auch kuschen müssen. Auf jeden Fall sollten jene Lehrer, die sich wegen fehlender eigener Disziplinschwierigkeiten beruhigt zurücklehnen, einmal fragen, *warum* diese Schüler bei der geplagten Kollegin *so wenig Selbstdisziplin* zeigen: Offensichtlich haben diese Schüler, die ja immerhin schon in der gymnasialen Oberstufe angelangt sind, bei diesen disziplinstarken Lehrern alles Mögliche gelernt, bloß keine Selbstdisziplin. Sie kuschen offensichtlich nicht aus Einsicht oder Sachinteresse, sondern deshalb, weil ein Aufmucken zu risikoreich wäre.

● Rezepte? – Nein danke!

Wenn Sie in Ihrem Unterricht häufig mit Störungen zu kämpfen haben, sollten Sie als erstes den Mut haben, einen Ihnen vertrauten Kollegen um Hilfe zu bitten. Holen Sie ihn in Ihren Unterricht und geben Sie ihm einen gezielten Beobachtungsauftrag! Besprechen Sie hinterher, welche Ursachen und Konstellationen Ihr Kollege für ausschlaggebend hält. Überlegen Sie, welche der Ursachen von Ihnen selbst zu verantworten sind und welche von den Schülern stammen. Überlegen Sie auch, welche institutionellen oder organisatorisch-curricularen Ursachen vorliegen.

Besorgen Sie sich als nächstes eines der drei folgenden Bücher[10]:

---

10 Weitere theoretische und praktische Aufarbeitungen des Disziplinproblems finden Sie bei: Bärsch (1978); Döbert/Scholz (1985); Dreikurs/Cassel (1975); Fellsches (1978); Garlichs (1976); Belschner u. a. (1975); Havers (1978); Ipfling (1976); Korte (1982); Wagner u. a. (1976, S. 184 ff.); Wandel (1980); Zureck (1985). Über den Stand der US-amerikanischen Diskussion berichten Gage/Berliner (1986, S. 607–617).

- *Rainer Winkel:* Der gestörte Unterricht. Kamp Verlag Bochum (1983),
- *Ernst Cloer (Hrsg.):* Disziplinkonflikte in Erziehung und Schule. Klinkhardt Bad Heilbrunn/Obb. (1982).
- *Otto Ludwig/Botho Priebe/Rainer Winkel* (Hrsg.): Unterrichtsstörungen. Friedrich Jahresheft V, Velber 1987.

In diesen Büchern finden Sie realistische Problemanalysen und vernünftige Ratschläge zum Umgang mit Störungen. Es ist allerdings schwierig, ja gefährlich, solche Bücher wie Unterrichtsrezepte zu lesen. Unterrichtsstörungen können so vielfältige und oft auch so versteckte Ursachen haben, daß eine Ferndiagnose und Ferntherapie per Buch mit Sicherheit unmöglich ist!

Sprechen Sie als drittes mit Ihren Kollegen ab, welche *ersten Schritte* zur Besserung aussichtsreich erscheinen. Planen Sie ein, daß die Beseitigung der Störungen mit viel Mehrarbeit[11] verbunden ist: mehr Hausaufgaben-Kontrollen, mehr Einzelgespräche mit Schülern und Eltern, aufwendigere Unterrichtsvorbereitungen!

● Alles schlucken ist keine Lösung!

Gerade Berufsanfänger neigen dazu, Störungen der Schüler zu entschuldigen. Sie suchen nach Erklärungen, die die Verantwortung für die Störung auf die Verhältnisse oder auf andere Personen übertragen. Dies mag im Einzelfall richtig sein, aber es hilft Ihnen wenig, wenn Sie vor der Klasse stehen und eine blitzschnelle Reaktion auf die eingetretene Störung zeigen müssen. Sie können dann nicht so tun, als ob nichts gewesen wäre. Denn die ganze Klasse schaut gespannt zu, wie Sie wohl reagieren werden. Tun Sie nichts, so ist eine Eskalation nahezu unausweichlich. Die Schüler wollen einfach wissen, wie weit sie gehen können. Ein Beispiel:

- Sie wollen ein Diktat diktieren. Die Mehrzahl der Schüler hat keine Lust. Sie müssen mehrfach dazu auffordern, die Hefte hochzuholen, ruhig zu werden und an die Arbeit zu gehen.
- Ein Schüler verweigert die Arbeit völlig. Er dreht sich zu seinem Hintermann um. Sie gehen zu ihm hin, fassen ihn an und wollen ihn umdrehen.
- Er schreit laut und erregt auf: »Rühr mich nicht an, du Schlampe!« Er dreht sich dabei um und versetzt Ihnen einen Schlag in die Rippen.

Man könnte kluge Theorien darüber entwickeln, wie diese Eskalation zustande gekommen ist: Man darf vermuten, daß der Schüler so redet, wie er es zu Hause oder in seiner Clique gelernt hat; man sollte beachten, daß körperliche Gewaltanwendung in verschiedenen Sozialschichten unterschiedlich

---

11 Eine Grundschulrektorin, die ich nach Ursachen für Disziplinschwierigkeiten befragte, antwortete recht spontan: »Die wichtigste Ursache ist die Faulheit der Kollegen!« So pauschal ist diese These sicherlich falsch. Für jene Kollegen, die große Schwierigkeiten haben, aber jahrelang nichts Ernsthaftes dagegen unternehmen, halte ich das harte Urteil aber für berechtigt.

bewertet wird; man weiß inzwischen, daß die meisten Schüler mit einer Erhöhung des elektrisch meßbaren Hautwiderstandes reagieren, wenn der Lehrer dichter als 50 cm an sie herantritt (siehe S. 384). Dieses Wissen ändert nichts daran, daß Sie auf der Stelle reagieren müssen, und zwar so, daß die Erwartungen der Schüler an die Lehrerrolle erfüllt werden. Es wäre auf jeden Fall falsch, nun die körperliche Auseinandersetzung fortzuführen. Denn dies wäre eine Einladung, auch in Zukunft ähnlich vorzugehen. Sie müssen, ob Ihnen dies behagt oder nicht, den Verstoß gegen eines der »ehernen Gesetze« der Institution Schule ahnden. Wenn Sie routinierter Lehrer sind, werden Sie vermutlich wissen, wie Sie solche Situationen meistern. Wenn Sie Berufsanfänger sind, möchte ich Ihnen doch einen *Tip* geben: Versuchen Sie, die Situation dadurch unter Kontrolle zu bringen und zugleich zu entspannen, daß Sie eine Bestrafung ankündigen, aber nicht sofort realisieren. Etwa so:

- »Du tickst wohl nicht ganz richtig! Du kommst nach der Stunde zu mir und dann hörst du, was für Folgen das für dich haben wird.«

Dann haben Sie die Chance, sich im Rest der Stunde eine angemessene Reaktion in Ruhe auszudenken. Und der Schüler hat die Chance, sich zu entschuldigen oder durch Wohlverhalten für den Rest der Stunde ein wenig gut Wetter zu machen. Sie müssen aber *konsequent* sein! Nichts trägt mehr zur Verwahrlosung einer Klassenbeziehung bei als wiederholte, aber nicht eingehaltene Strafandrohungen!

● Verschlüsselte Botschaften entschlüsseln!

Störungen durch Schüler sind in vielen Fällen Symptome für eine tieferliegende Krise, in der sich einzelne Schüler oder eine ganze Klasse zu einem ihrer Lehrer befinden. Störungen sind *verschlüsselte Botschaften* an die Adresse des Lehrers. Vor allem Berufsanfänger müssen lernen, diese Botschaften als solche zu entschlüsseln und nicht gleich als persönliche Attacke des Schülers oder der Schüler mißzuverstehen:

- Ein Schüler, der stört, will eventuell eigene Mängel vertuschen.
- Er will die Aufmerksamkeit des Lehrers oder der Mitschüler erregen.
- Er will Kritik an der Unterrichtspraxis des Lehrers üben.
- Er reagiert auf Über- oder Unterforderungen.
- Er will sich für ungerechte Behandlung rächen.
- Er will Liebe und Anerkennung auf krummem Wege einklagen.
- Er will ausprobieren, wie weit er bei dem Lehrer gehen kann.

Häufig entstehen Störungen gar nicht durch eine absichtliche oder planvolle Intervention des Schülers, sondern durch somatische und psychosomatische Erkrankungen, durch (völlig normale) pubertäre Entwicklungsschübe, durch Schwierigkeiten im Elternhaus oder in der Clique usw.

Wenn Sie als Berufsanfänger eine Klasse neu übernehmen, sollten Sie nicht erst beim großen Knall aufmerksam werden, sondern von Anfang an auf die *leisen Störungen* achten, z. B.:

- □ gehäuftes Zuspätkommen,
- □ Nichterledigung der Hausaufgaben,
- □ ironisierendes Kommentieren der Lehrersprache,
- □ offenes Zurschaustellen der Nebentätigkeiten.
- □ Auch das dauerhafte Schweigen von Schülern muß als leise Störung verstanden werden. Viele Autoren, die sich über Unterrichtsstörungen äußern, betonen, daß Schweigen, Desinteresse und »innere Emigration« von Schülern eigentlich zu den gefährlichsten Störungen zählen. Gerade weil hier kein unmittelbarer Handlungsbedarf von seiten des Lehrers besteht, werden diese Krisen selten wahrgenommen und noch seltener zu lösen versucht.

Leise Störungen sind Vorboten offener Konflikte. Sie sollten frühzeitig mit den Schülern besprochen, eindeutig als Störung gekennzeichnet und – soweit möglich – durch didaktisch-methodische Umstellungen des Unterrichtskonzepts ausgeräumt werden. Als Berufsanfänger sollten Sie nicht erst dann, wenn das Kind in den Brunnen gefallen ist (sprich: wenn die Beziehungen zu einer Klasse zerrüttet sind), Kollegen um Rat und Hilfe ansprechen!

● **Maßnahmen einleiten!**

Wenn es richtig ist, daß Störungen Symptome für tiefersitzende Krisen sind, dann sollten Sie versuchen, durch eine gründliche Reflexion solcher Vorfälle die möglichen Ursachen zu ermitteln und dann mit professioneller Distanz zu Maßnahmen, Konsequenzen oder Lösungen zu kommen. Dabei empfiehlt es sich, folgende drei – in der Sache eng miteinander verknüpfte – Fragen Schritt für Schritt zu beantworten:

1. Versuchen Sie als erstes, *Form, Umfang und Intensität* der Störungen möglichst nüchtern zu beschreiben! Machen Sie also eine Bestandsaufnahme!

2. Versuchen Sie, die *wichtigsten Ursachen* der Störung zu ermitteln. Sie müssen so gut wie immer davon ausgehen, daß es nicht nur eine, sondern ein ganzes Bündel von Ursachen gibt. Sie sollten sich darauf beschränken, die *wesentlichen* Ursachen herauszufiltern. Dabei ist ein Gespräch mit dem oder den störenden Schüler(n) sicherlich in den meisten Fällen hilfreich.

   Überlegen Sie, welche dieser Ursachen *»hausgemacht«,* also von Ihnen persönlich mitzuverantworten und welche »importiert«, also durch das Verhalten der Eltern, anderer Lehrer, der Mitschüler usw. verursacht sind.

3. Überlegen Sie, welche unterschiedlichen *Maßnahmen* von Ihnen eingeleitet oder welche *Konsequenzen* gezogen werden können. Fangen Sie mit jenen Maßnahmen an, auf die Sie als Lehrer großen Einfluß haben (z. B. die didaktisch-methodische Gestaltung Ihres Unterrichts).

Im folgendem *Schema* sind einige der möglichen Ursachen und Maßnahmen aufgelistet. Weitere Beispiele und Erklärungsmuster finden Sie in der angegebenen Literatur.

2. URSACHEN:

bei den Schülern:

- ☐ Langeweile am offiziellen Unterricht/Spaß an Nebentätigkeiten
- ☐ Über- oder Unterforderungen; Ermüdung
- ☐ altersgemäße Entwicklungserscheinungen (z. B. Pubertät)
- ☐ Neurosen; Krankheit
- ☐ Vorurteile gegenüber dem Lehrer/der Schule

beim Lehrer:

- ☐ fehlendes Durchsetzungsvermögen
- ☐ Angst vor den Schülern
- ☐ häufiger Wechsel der Erziehungsgrundsätze
- ☐ mißverständliche Körpersprache
- ☐ falsche Sozialformen
- ☐ ungeeignete Handlungsmuster
- ☐ ungeeignete Medien
- ☐ eigener Disziplinmangel (Zuspätkommen, Bruch von Versprechen)
- ☐ ungerechte Behandlung von Schülern

bei der Institution:

- ☐ Lärm im Gebäude/auf der Straße
- ☐ zu große Klassen
- ☐ schlecht zusammengesetzte Klassen
- ☐ ungünstiger Stundenplan
- ☐ unvernünftige Hausordnung
- ☐ geringe Kooperation im Kollegium

auf Seiten der Eltern:

- ☐ Konflikte zwischen den Eltern
- ☐ Beziehungsstörungen zu den Kindern
- ☐ abweichende Normen

in der Gesellschaft:

- ☐ fehlende Berufsperspektiven/Ausbildungsplatzmangel/NC
- ☐ Unübersichtlichkeit der Leistungserwartungen

1. VORFÄLLE:

- ☐ Trödeln, Gammeln, Zuspätkommen
- ☐ Schwatzen, Konzentrationsschwäche
- ☐ motorische Unruhe
- ☐ verbale Kraftakte/Provokation/Beleidigung/Obszönitäten
- ☐ Prügeln
- ☐ Befehlsverweigerung/Arbeitsverweigerung/fehlende Hausaufgaben
- ☐ Lügen/Schummeln/Betrügen
- ☐ Zerstörung von Material/Vandalismus
- ☐ Wutausbrüche (des Lehrers wie der Schüler)
- ☐ Schwänzen

3. MASSNAHMEN:

direkte Reaktionen:

- ☐ Tadeln, Strafen, Strafe androhen
- ☐ bewußtes Ignorieren (vgl. S. 74)
- ☐ humorvolles Abwiegeln, Beruhigen des Schülers
- ☐ ironische Kommentierung (Vorsicht!)
- ☐ Änderung der Sitzordnung
- ☐ Vertagung in die Pause/Einzelgespräch
- ☐ Benachrichtigung der Eltern/des Rektors/der Konferenz (dazu: Erziehungsmittel-Erlaß beachten!)

didaktisch-methodische Maßnahmen:

- ☐ Änderung der Unterrichtsinhalte (stärkere Orientierung an den subjektiven Schülerinteressen)
- ☐ Änderung der Methoden (mehr Handlungsorientierung; Methodenwechsel)
- ☐ Übungsphasen mit hohem Anteil an motorischer Eigentätigkeit der Schüler
- ☐ »Metakommunikation«: Unterricht über die Störungen/Rollenspiele/Standbilder/Fragebogenaktion usw.

Schulsozialarbeit:

- ☐ außerunterrichtliche Bildungsangebote/Freizeitangebote/Kooperation mit Sozialarbeitern (vgl. Tillmann 1982)
- ☐ Vorhaben, Feste und Feiern (vgl. Kraft 1979)

therapeutische Maßnahmen:

- ☐ Zusammenarbeit mit der Elternberatungsstelle/mit dem Schulpsychologen (vgl. Winkel 1983)

● Konstruktiver Umgang mit Störungen und Kritik

Lehrer *und* Schüler sollten versuchen, mit Störungen und mit der in ihnen enthaltenen indirekten Kritik am Unterrichtsablauf konstruktiv umzugehen. Dies ist nicht nur eine Frage der pädagogischen Einstellung, sondern auch der methodischen Phantasie in der Umsetzung dieser Forderung. Je besser Lehrer und Schüler gelernt haben, ihr Unbehagen und ihre Kritik zu artikulieren, um so eher können leichte Krisen vermieden und schwere Krisen gemeistert werden.

Die folgenden Ratschläge sollen dazu anleiten, eine *demokratische Praxis der Unterrichtskritik fest zu institutionalisieren:*

□ Anonyme Schülerbefragung

Wer als Lehrer neu anfängt und noch gar nicht weiß, wie er an verläßliche Rückmeldungen seiner Schüler über sich selbst kommen kann, sollte einmal folgende *»Zettel-Evaluation«* ausprobieren:

- □ Der Lehrer verteilt an jeden Schüler je zwei Karteikarten.
- □ Auf der ersten Karte notieren die Schüler: »Was ich gut finde/was beibehalten werden soll«; auf der zweiten Karte notieren sie: »Was ich schlecht finde/was geändert werden soll«.
- □ Die Karten werden an der Wandtafel oder Pinnwand aufgehängt, sortiert, gruppiert und gemeinsam besprochen.
- □ Dabei kristallisieren sich zumeist bestimmte Schwierigkeiten oder Konfliktpunkte heraus, die viele oder alle Schüler betreffen. Oft deuten sich auch schon Lösungen an.

Es empfiehlt sich, dieses Karteikarten-Spiel nicht erst am Schluß eines Halbjahres oder einer Unterrichtseinheit zu machen, sondern dann, wenn sich Umstellungen in der Unterrichtsplanung oder im Verhalten des Lehrers noch direkt auszahlen können.

Wer sich vor Überraschungen sichern will, kann die anonym erstellten Zettel erst einmal mit nach Hause nehmen, in Ruhe durchlesen und dann am nächsten Tag die Auswertung vornehmen.

□ Fragebogen

In Klassen, in denen es noch nicht völlig drunter und drüber geht, können Sie einen Fragebogen einsetzen, um die subjektive Wahrnehmung von Störungen und deren vermutete Ursachen herauszubekommen. Muster für solch einen Fragebogen finden Sie bei Thomas Heinze (1980; S. 118) und bei Karl Frey (1982, S. 140).

□ Lehrerbrief

Es kann manchmal notwendig sein, daß ein Lehrer eine Korrektur seines Verhaltens vornimmt, weil er von den Schülern ausgenutzt wird. Sie verstehen Freundlichkeit als Schwäche, Liberalität als Unvermögen. Dies ist ärgerlich, aber angesichts der Wirksamkeit des heimlichen Lehrplans der Schule oft ein Fakt. Es kommt dann darauf an, die Korrektur des Verhaltens eindeutig und verbindlich mitzuteilen. Die in Wut und Rage erteilte *Standpauke* ist denkbar ungeeignet, Verbindlichkeit zu sichern, weil Schüler einplanen, daß wütende Lehrer mehr androhen, als sie hinterher verwirklichen. Deshalb eine Alternative: Der Lehrer schreibt einen Brief an seine Schüler, in dem er ihnen mitteilt, was er in Zukunft tun wird und warum er es tun wird. Dieser Brief sollte für jeden Schüler vervielfältigt werden. Ein nachdrückliches Beispiel für die Abfassung eines solchen Briefes liefert Henning Kuhlmann (1975, S. 46).

□ **Erziehungsvertrag**

Schon Jean Jacques Rousseau ließ in seinem Erziehungsroman »Emile« den Erzieher einen Vertrag mit seinem Zögling schließen. Auch heute kann dies unter bestimmten Bedingungen ein sinnvoller *Abschluß der Unterrichtsauswertung und -kritik* sein:

- Der Lehrer formuliert verbindlich, was er für die Schüler in den nächsten Wochen und Monaten tun will, welche Regeln er einhalten und welche Rahmenbedingungen er schaffen will.
- Die Schüler verpflichten sich, bestimmte Lernleistungen zu erbringen und Regeln einzuhalten.

Bei Rousseau war die Idee des Erziehungsvertrages noch mit dem Pathos des Aufklärungszeitalters vorgetragen worden. Heute sind wir sicherlich vorsichtiger geworden. Es muß vermieden werden, daß die Schüler durch einen solchen Vertrag kognitiv und moralisch überfordert werden. Der Lehrer darf nur dann einen Vertrag machen, wenn er realistische Hoffnungen hegen kann, daß die Schüler ihn einzuhalten vermögen.

Über empirische Untersuchungen zu »Verhaltensverträgen« berichten Gage/Berliner (1986, S. 539 und 546ff.).

□ **Unterricht über Unterricht**

Vom »Unterricht über Unterricht« oder vom »Meta-Unterricht« spricht man dann, wenn Lehrer und Schüler aufgetretene Probleme direkt ansprechen und zum Gegenstand einer Unterrichtsstunde oder auch einer ganzen Einheit machen. Anregungen dazu finden Sie bei Thomas Heinze (1980), bei Klaus Geppert/Eckhardt Preuß (1980, S. 90 ff.) und bei Wolfgang Fichten (1989).

Wer »Unterricht über Unterricht« macht, sollte die Gefahr sehen, seine Schüler emotional zu überfordern. Appelle an die Vernunft bewirken bei Disziplinkonflikten wenig. Wiederholtes Lamentieren über vergangene Vorfälle schadet erst recht. Hilfreicher ist es, wenn der Lehrer nach einem kurzen Gespräch klar Position bezieht und sagt, welches Verhalten er in Zukunft erwartet, dann aber den Unterricht mit einem inhaltlich interessanten und methodisch phantasievoll gestalteten Thema zügig weiterführt.

Inhalt + Ziel

In dieser Lektion werden die Struktur und die Funktionen des Gruppenunterrichts beschrieben und sein theoretischer Hintergrund angedeutet. Ziel dieser Lektion ist es, die in der didaktisch-methodischen Literatur häufig anzutreffende distanz- und kritiklose Bevorzugung dieser Sozialform zurechtzurücken. Gruppenunterricht ist für die Förderung der Selbständigkeit der Schülerinnen unverzichtbar, er ist aber auch eine besonders anspruchsvolle und schwer zu gestaltende Sozialform, in der die Widersprüchlichkeit schulisch institutionalisierter Lehre besonders deutlich wird.

☐ Im *ersten Abschnitt* werden Anspruch und Wirklichkeit der Gruppenarbeit miteinander verglichen.

☐ Im *zweiten Abschnitt* finden Sie eine Checkliste für die Vorbereitung von Gruppenunterricht sowie Regeln und Ratschläge für die Durchführung.

☐ Der *dritte Abschnitt* enthält einen vollständigen Stundenentwurf mit Gruppenarbeit.

1. Was ist Gruppenunterricht?

1.1 Theoriehintergrund

Wenn *Ernst Meyer,* der Altmeister der Gruppenpädagogik, sorgfältig recherchiert hat, dann ist der Begriff »Gruppenunterricht« von Johann Friedrich Herbart, einem der Ahnherren der Didaktik (siehe S. I, 165), geprägt worden.[1] Die Sache, um die es geht, ist noch älter. Im sogenannten Helfersystem der Reformationsschulen war Gruppenunterricht ebenso geläufig wie in den wenig gegliederten Landschulen; von den Philanthropen wurde er ebenso gepflegt wie von den Reformpädagogen. Eine umfassende theoretische Aufarbeitung und empirische Erforschung hat aber erst nach dem Zweiten Weltkrieg stattgefunden. Dabei lassen sich ganz grob *zwei Theorieschübe* unterscheiden, die den gegenwärtigen Stand der Diskussion bestimmen:

● **Erster Theorieschub: Sozialpsychologie – Gruppendynamik**
In den 50er und 60er Jahren wurde die ältere nordamerikanische Diskussion über Gruppendynamik in der BRD popularisiert (vgl. Hofstätter 1957). Der vor den Nationalsozialisten in die USA geflohene Sozialpsychologe *Kurt Lewin* (von dem die gängige Unterscheidung zwischen dem autoritären, laissez-fairigen und dem sozial-integrativen Erziehungsstil stammt) hat wichtige Impulse für die Neubewertung der Gruppe als Erziehungsinstanz geliefert: »Die Art des Verhaltens und der Einstellung, die die Erziehung zu entwickeln sucht, und die Mittel, deren sie sich bedient, hängen nicht einfach von einer abstrakten Philosophie oder wissenschaftlich entwickelten Methode ab, sondern sind im wesentlichen ein Ergebnis der soziologischen Eigenschaften der Gruppe, bei der diese Erziehung vor sich geht« (Lewin 1953, S. 22).

Psychologinnen und Soziologinnen unterscheiden zwischen *primären* und *sekundären Gruppen.* Eine primäre Gruppe ist z. B. die Familie, eine sekundäre z. B. eine Pfadfindergruppe. Sie unterscheiden weiterhin zwischen *formellen und informellen Gruppen.* Eine formelle Gruppe hat eine erkennbare Organisationsstruktur und Mitgliedschaft. Eine informelle Gruppe bildet sich durch das soziale Handeln in Institutionen schrittweise heraus; sie entsteht ohne ausdrückliche Absprachen und ist häufig gegen formelle Gruppenbindungen gerichtet; sie hilft, persönliche Interessen und Wünsche der Gruppenmitglieder zu verfolgen. Eine Schulklasse ist mithin eine formelle sekundäre Gruppe, die von der Lehrerin gebildeten Arbeitsgruppen ebenfalls; die im Klassenverband gebildeten Freundschaftscliquen sind demgegenüber informelle sekundäre Gruppen.

---

1 Ernst Meyers Standardwerk hat den Titel »Gruppenunterricht – Grundlegung und Beispiel« (hier zitiert nach der Studienausgabe 1975); Seite 19–37 bringt einen kurzen historischen Abriß; Seite 195–205 eine umfassende Bibliographie!

Folgende, insbesondere für informelle Gruppen geltende Eigenschaften wurden herausgearbeitet:

- Das Handeln in einer Gruppe zeichnet sich dadurch aus, daß es *gefühlsbezogen* ist und daß über diese Gefühle auch kommuniziert werden kann (vgl. Brocher 1967, S. 117).
- In der Gruppe zählt nicht das, was der Fall ist, sondern das, was subjektiv erlebt wird: Die *Sensibilität für die Selbst- und Fremdwahrnehmung* ist eine Voraussetzung für erfolgreiche Gruppenarbeit.
- Jedes Mitglied einer Gruppe nimmt über kurz oder lang eine bestimmte *Rolle* ein. Ziel der Gruppenarbeit muß sein, die Mechanismen der Rollenzuweisung durchsichtig zu machen und sie gegebenenfalls zu durchbrechen.
- In einer Gruppe muß ein *Grundbestand von Werten und Normen* bestehen, der von allen Gruppenmitgliedern anerkannt wird. Im Schutz der Gruppe können deshalb engere Beziehungen als außerhalb der Gruppe aufgebaut werden; weil das »Wir-Gefühl« in der Gruppe groß ist, ist es nicht so riskant, abweichende subjektive Gefühle offenzulegen.
- Eine Gruppe kann *schwierige Aufgaben besser meistern,* als dies mehrere nebeneinanderherarbeitende Einzelne könnten, weil die Mitglieder der Gruppe sich gegenseitig ergänzen.

Die entscheidende, im Begriff »Gruppendynamik« angedeutete Eigenschaft fehlt noch in dieser Auflistung: In jeder Gruppe, die im persönlichen Kontakt über längere Zeit zusammenarbeitet, entsteht eine in bestimmten Phasen ablaufende Gruppendynamik, durch die die Machtverhältnisse und persönlichen Beziehungen einer Gruppe zunächst »verflüssigt« und dann auf neuem Niveau stabilisiert werden. Eine Beschreibung dieser Phasen und ihrer typischen Abfolgen finden Sie bei Spangenberg (1969, S. 60 f.).

Beim Versuch, gruppendynamische Erkenntnisse auf schulischen Unterricht zu übertragen, entstehen allerdings Probleme:

- Schulklassen finden sich nicht freiwillig, sondern zwangsweise zusammen. Die Klasse und auch die von der Lehrerin gebildeten Kleingruppen sind zunächst formelle Gruppen – ob sie zu gefühlsmäßig zusammengehörigen, zum solidarischen Handeln fähigen Gruppen zusammenwachsen, bleibt offen (vgl. Ulich 1971).
- Die in der Kleingruppe ablaufenden gruppendynamischen Prozesse erfordern eine hohe Stabilität der Gruppe und auch sehr viel Zeit; beides ist im Schulalltag knapp.
- Es ist ab und an erforderlich, Beziehungsprobleme der Gruppe oder persönliche Schwierigkeiten des einzelnen aufzuarbeiten (»Störungen haben Vorrang«, sagt Ruth Cohn dazu; Cohn 1975, S. 122). Die Arbeit an der Sache muß dann hintangestellt werden. Dies kollidiert mit dem Leistungsdruck und den Richtlinienvorgaben schulischen Unterrichts (zumindest bei Betrachtung der kurzfristigen Effekte).
- Nur wenige Lehrerinnen haben fundierte gruppendynamische Kenntnisse; es ist aber gefährlich, gruppendynamische Prozesse ohne Kontrolle durch eine ausgebildete Trainerin einzuleiten.

Trotz dieser Schwierigkeiten behält die Gruppendynamik für die Theorie und Praxis des Gruppenunterrichts in der Schule Bedeutung. Denn die von ihr erarbeiteten Gesetzmäßigkeiten werden ja nicht dadurch hinfällig, daß es schwierig ist, günstige Bedingungen für die Entwicklung von Gruppenprozessen in der Schule zu schaffen. Die Gruppendynamik kann die Lehrerin für Gruppenprozesse sensibilisieren, die auch in ihrer Klasse ablaufen. Die Gruppendynamik macht zusätzlich deutlich, daß das Ziel solidarischen Handelns in Gruppen nicht erreicht werden kann, wenn die Lehrerin die Gruppen ihrer Klasse fortwährend – aus welchen Gründen auch immer – unter Zeitdruck setzt. Vor allem aber macht die Gruppendynamik deutlich, daß auch dort, wo kein Leitschaf den Unterricht anführt, Lernen auf hohem Niveau möglich ist!

Lesehinweise: Tobias Brocher (1967); Thomas Gordon (1972); Ruth Cohn (1975); Ernst Meyer (1977); Rittelmeyer/Baacke/Parmentier/Fritz (1980); Harm Prior (1983); zur Anwendung im Schulunterricht: Wolfgang Schulz (1980, S. 13 ff.) und Dieter Ulich (1971).

● Zweiter Theorieschub: Rollentheorie – Sozialisationsforschung – soziales Lernen

Gegen Ende der 60er Jahre kam im Gefolge von Studentinnenrevolte und Bildungsreform ein neuer Akzent in die Diskussion des Gruppenunterrichts. Es wurde »entdeckt«, daß die in fortschrittlichen Rollen- und Interaktionstheorien (vgl. Habermas 1967; Krappmann 1969; Mollenhauer 1968) enthaltenen Zielvorstellungen individueller und gesellschaftlicher *Emanzipation* im konventionellen Schulbetrieb mit seiner Vorherrschaft von Frontalunterricht und weisungsgebundenem Lernen kaum zu verwirklichen sein dürften. Um unter schwieriger werdenden gesellschaftlichen Rahmenbedingungen überleben und sich entfalten zu können, braucht der Mensch ein hohes Maß an »Ich-Stärke« oder »Identität«, die sich nicht mehr naturwüchsig ergibt, sondern den widrigen Umständen abgetrotzt werden muß. Dies erfordert den Aufbau von Kommunikations-, Interaktions- und Handlungskompetenzen (vgl. Krappmann 1969, S. 132 ff.), die nicht ausschließlich, aber doch zu gehörigen Teilen in der Schule als einer »Sozialisationsagentur« der Gesellschaft vermittelt werden sollen:

- □ Der Mensch muß *Rollendistanz* entwickeln, also die Fähigkeit und Bereitschaft, überhaupt wahrzunehmen, daß er sich in verschiedenen Rollen bewegt, daß er sie sklavisch ausfüllen oder aber konstruktiv und schöpferisch weiterentwickeln kann; er muß wahrnehmen und reflektieren, daß andere bestimmte Rollenerwartungen an ihn herantragen;
- □ dafür benötigt er *»Empathie«,* also die Fähigkeit, die Erwartungen anderer vorauszusehen und sich in sie einzufühlen – auch dann, wenn sie seinen eigenen Einstellungen und Normen widersprechen;
- □ er muß lernen, mit diesen *widersprüchlichen Erwartungen* vernünftig umzugehen, also »Frustrationstoleranz« entwickeln, soziale Konfliktsituationen aushalten und konstruktiv zu lösen lernen;
- □ dies kann er nur, wenn er gelernt hat bzw. neu lernt, seine eigene *Identität* anderen gegenüber *darzustellen* und verständlich zu machen.

Auf der Grundlage solcher theoretischer Modelle des Sozialisationsprozesses wurden schulische Konzepte sozialen Lernens entwickelt und praktisch erprobt (vgl. Keim 1973; Rolff 1974; Schulz 1980, S. 52 ff.; Oelkers/Prior 1982), in denen durch die Integration der einzelnen Schülerin in stabile Kleingruppen ihre Fähigkeit und Bereitschaft entwickelt werden sollte, Konflikte in der Gesellschaft auszuhalten und auszutragen. Die Schülerin soll lernen, die eigenen Interessen zu erkennen und zu artikulieren, soll aber auch einsehen und erfahren, daß diese Interessen nicht mit dem Kopf durch die Wand zu verwirklichen sind, sondern die Fähigkeit und Bereitschaft zu *solidarischem Handeln* mit anderen zur Voraussetzung haben. Selbstverständlich sollte dieses anspruchsvolle Ziel nicht allein und ausschließlich über Gruppenunterricht erreicht werden. Andere Unterrichtsmethoden (Projekte/Rollenspiele), neue Curricula, Alternativschulen und vieles mehr sollten ebenfalls dazu beitragen. Dennoch machen die oben genannten Zielformeln bereits den hohen und in vielen Fällen nicht eingelösten *Anspruch des sozialen Lernens* deutlich. Definiert man »soziales Lernen« als Befähigung zum Abbau überflüssiger Herrschaft, und geht man zweitens (mit Jürgen Habermas) davon aus, daß Herrschaft in unserer Gesellschaftsformation über die Organisation der Arbeit *und* der sprachlichen Interaktion ausgeübt wird, so leuchtet ein, daß die *Befähigung zum sozialen Lernen durch das gemeinsame Arbeiten und Sprechen* angezielt werden muß. Die Schülerinnen sollen lernen, im Gespräch, in der Debatte und im gemeinsamen Handeln die Gültigkeit der eigenen Normen und Ideale zu überprüfen und mit den anderen Gruppenmitgliedern zum Konsens zu bringen. Sie sollen lernen, daß im Unterricht und auch danach nicht das Recht des Stärkeren, sondern das des besseren Arguments zu gelten hat.

Auch beim Versuch, diesen zweiten Theorieschub von der Theorie in die Praxis zu übertragen, entstanden sehr große Schwierigkeiten. Sie lassen sich zu dem einen Satz zusammenfassen: Die Leistungsfähigkeit der Schule wird überstrapaziert, wenn sie im Alleingang die Reform der Gesellschaft vorantreiben soll – wenn schon, so müssen Schul- *und* Gesellschaftsreform Hand in Hand gehen.

Lesehinweise: Eine theoretisch gründlich reflektierte, zugleich praxisnahe Einführung in dieses Verständnis von Gruppenunterricht liefert *Rolf Gutte* in dem empfehlenswerten Buch »Gruppenarbeit: Theorie und Praxis sozialen Lernens« (1976). Weitere Aufarbeitungen finden Sie bei Prior (1976), bei Oelkers/Prior (1982), bei Richter (1972; 1974); Fend (1969); Rolff u. a. (1974); zusammenfassend: Heursen (1983b).

In den 80er Jahren hat es, wenn ich nichts übersehen haben sollte, noch keine neuen theoretischen Impulse für den Gruppenunterricht gegeben. Dies ist kein Malheur, sondern vielleicht ein guter Anlaß, die längst noch nicht ausreichend für die Schulpraxis durchdachten Impulse der ersten zwei Theorieschübe in Erinnerung zu rufen. Angesichts sinkender Schülerinnenzahlen und der damit vielleicht möglich werdenden räumlichen und zeitlichen Entlastungen der Schule, aber auch als Antwort auf zunehmende Verhaltensauffälligkeiten vieler Schülerinnen bestehen gewisse Chancen, den Gruppenunterricht aus seinem Kümmerdasein zu befreien.

Ich fasse zusammen: Anders als beim Frontalunterricht, der eher mit dem Hinweis auf die institutionellen Rahmenbedingungen entschuldigt, aber kaum theoretisch begründet werden kann, gibt es im Blick auf den Gruppenunterricht eine Fülle von psychologischen, sozialisationstheoretischen und politischen Rahmentheorien, deren Umsetzung in praktikable Modelle der Gruppenarbeit an Schulen jedoch beträchtliche Schwierigkeiten bereitet. Praktische Arbeit in Gruppen kann nicht einfach aus den Theoriemodellen hergeleitet werden, aber die in diesen Modellen entwickelten Zielvorstellungen sind so etwas wie der Stachel im Fleisch. Es schmerzt, daß wir von ihrer Verwirklichung noch so weit entfernt sind.

1.2 Arbeitsdefinition und Strickmuster

In der Regelschule dient der Gruppenunterricht vorrangig der methodischen Auflockerung des Frontalunterrichts. Damit wird er zwar unter Wert verkauft, aber dennoch bestehen auch bei einer solchen Krüppelform von Gruppenunterricht immer noch gute Chancen, die Unterrichtsgestaltung stärker als üblich an den Bedürfnissen und Interessen der Schüler auszurichten. Die Definition und die in den folgenden Abschnitten gegebenen Ratschläge zur Unterrichtsgestaltung beziehen sich auf diese Krüppelform; Konzepte für eine weiterreichende Verselbständigung der Gruppenarbeit werden in der FÜNFZEHNTEN LEKTION angesprochen.

Definition Nr. 28: *Gruppenunterricht* ist eine Sozialform des Unterrichts, bei der durch die zeitlich begrenzte Teilung des Klassenverbandes in mehrere Abteilungen arbeitsfähige Kleingruppen entstehen, die gemeinsam an der von der Lehrerin gestellten oder selbst erarbeiteten Themenstellung arbeiten und deren Arbeitsergebnisse in späteren Unterrichtsphasen für den Klassenverband nutzbar gemacht werden können.

Gruppenarbeit ist die in dieser Sozialform von den Schülerinnen und der Lehrerin geleistete zielgerichtete Arbeit, soziale Interaktion und sprachliche Verständigung.

Der Gruppenunterricht hat, wie jede andere Sozialform auch, eine äußere und eine innere Seite. Die *äußere Seite* besteht in der spezifischen Regelung der räumlich-sozial-kommunikativen Situation des Unterrichts. Die Lehrerin tritt als Leiterin in den Hintergrund, bleibt aber für die Organisation der Lernsituation verantwortlich. Alle, die an der vereinbarten Aufgabe arbeiten, haben – zumindest im Prinzip – das Recht, an inhaltlichen Entscheidungen über den Arbeitsablauf, über die Gestaltung des Arbeitsergebnisses und seine Präsentation mitzuwirken. Die *innere Seite* besteht in der Vermittlung und Aneignung von Methodenkompetenzen, die die Schülerinnen zum selbstbestimmten, gemeinsamen und kreativen Handeln befähigen (siehe S. 153).

Es liegt in der Logik des auf S. 111 skizzierten methodischen Grundrhythmusses von Einleitung, Hauptteil und Schluß, daß Gruppenarbeit insbesondere in der mittleren, der *Erarbeitungsphase* angesetzt wird. Auf die zumeist lehrerinnenzentrierte Einstiegsphase im »Plenum« folgt eine schülerinnenaktive Phase der Verarbeitung, Vertiefung, Übung oder Anwendung und danach dann wieder die Auswertung der Arbeitsergebnisse im Plenum. Wer Gruppenarbeit regelmäßig durchführt, hat also ein mehr oder weniger festes »Strickmuster« verinnerlicht, das im Schaubild auf S. 244 festgehalten wird.

Ausnahmen bestätigen die Regel: Selbstverständlich kann es bei bestimmten Themen und bestimmten Lernvoraussetzungen der Schülerinnen sinnvoll sein, auch einmal die Gruppenarbeit – z. B. als Übungsphase – an den Schluß eines Unterrichtsblocks zu setzen; Gruppenarbeit kann auch – aber nur bei gruppenunterrichtsgeübten Schülerinnen – der einführenden Erarbeitung einer Problemstellung dienen.

1. Das neue Unterrichtsthema wird vorgestellt: — Plenum

- zumeist durch die Lehrerin selbst (z.B. durch Lehrerinnenvortrag, durch gelenktes Gespräch, Tafelarbeit, durch Vormachen und Vorzeigen);
- seltener durch ein Referat oder einen Impuls der Schülerinnen.

2. Der Arbeitsauftrag für den Gruppenunterricht wird festgelegt — Plenum

- zumeist durch die Lehrerin, seltener in gemeinsamer Problemformulierung von Lehrerin und Schülerinnen, noch seltener in eigener Regie der Schülerinnen;
- häufig themengleich für alle Gruppen, seltener thematisch differenziert,

3. und die Gruppen werden gebildet.

4.

5. Die Ergebnisse der Gruppenarbeit werden zusammengetragen: — Plenum

- zumeist durch mündliche oder mündlich vorgetragene schriftliche Berichterstattung;
- seltener durch sinnlich-ganzheitliche Präsentation von Handlungsmustern (Wandzeitung, Streitgespräch, Vorführen und Vorzeigen von Arbeitsergebnissen).

6. Die Ergebnisse werden ausgewertet, und die Weiterführung der Arbeit wird besprochen.

1.3 Funktionen und Ziele

Gruppenunterricht kann von seiner Struktur her einige Funktionen erfüllen, die ihn deutlich vom Frontalunterricht abgrenzen:

- □ Im Gruppenunterricht können sich mehr Schülerinnen *aktiv* am Unterrichtsprozeß beteiligen als im Frontalunterricht.
- □ Sie können sich, falls sie nicht durch ein ungünstiges soziales Klima daran gehindert werden, *ohne Scheu äußern* und erst einmal »ins Unreine« reden.
- □ Sie können ein *Zusammengehörigkeitsgefühl* in der Gruppe entwickeln und festigen.
- □ Sie können, falls die Arbeitsaufträge entsprechend gestaltet und die Lernvoraussetzungen gegeben sind, relativ *selbständig* arbeiten.
- □ Sie können *Lernumwege* und *Seitenpfade* betreten, die im Frontalunterricht aus Zeit- und Kompetenzgründen zumeist blockiert werden.
- □ Sie können ihre *Neugierde* ausleben; sie können neue, von der Lehrerin nicht vorhergesehene Aspekte des Themas einbringen und bearbeiten.
- □ Gruppenunterricht erlaubt es der Lehrerin, ihre Schülerinnen genauer, mit mehr Muße und in anderen Rollen als im Frontalunterricht zu *beobachten.*
- □ Gruppenunterricht erfordert allerdings, kurzfristig gesehen, zumeist *mehr Zeit* als Frontalunterricht. Die Schülerinnen brauchen länger, um einen Sach-, Sinn- oder Problemzusammenhang in eigener Regie zu erarbeiten. Langfristig zahlt sich dieser Mehraufwand jedoch durch wachsende *Methodenkompetenzen* aus.

Ich fasse zusammen: Gruppenunterricht ist, wenn er zielstrebig gestaltet wird, geeignet, die Selbständigkeit und Solidarität der Schülerinnen zu fördern. Zunächst zur ersten Funktion:

These 11.1: Gruppenunterricht ist geeignet, die Schülerinnen durch einen didaktisch begründeten Wechsel der Handlungsmuster und der Symbolisierungsformen zum selbständigen Denken, Fühlen und Handeln zu ermutigen.

Das klingt komplizierter, als es in Wirklichkeit ist. Im Theorieteil (S. I, 83) ist festgestellt worden, daß die im Unterricht mit Hilfe der Unterrichtsmethoden inszenierten Unterrichtsinhalte grundsätzlich symbolisch vermittelt sind:

- □ Lehrerinnen und Schülerinnen sprechen z. B. über eine Kurzgeschichte von Tucholsky oder über die Entstehung der Erdkruste. Die gemeinsame *Sprache* ist dann die in diesem Falle gewählte (und im Unterricht geradezu monopolartig bevorzugte) Symbolisierungsform.
- □ Lehrerin und/oder Schülerinnen könnten aber auch ein plastisches Modell der Erdkruste anfertigen – dann wäre das *handwerklich-bildnerische Gestalten* die Symbolisierungsform; sie könnten die Kurzgeschichte in ein Rollenspiel übertragen – dann wäre das *Spielen* die Symbolisierungsform.

Solange die im Unterricht verwandten Symbolisierungsformen gleich oder doch sehr ähnlich bleiben (also z. B. lediglich zwischen mündlicher und schriftlicher Sprachgestaltung hin- und herpendeln), ist die Wahrscheinlichkeit sehr groß, daß die Schülerinnen lediglich nachmachen, was ihnen die Lehrerin an Problemlösungsmustern, an Denk- und Handlungsgewohnheiten vormacht. In vielen Fällen ist dies ja auch ausdrücklich angestrebt – die Schülerinnen sollen es genauso machen, wie es die Lehrerin vorführt (siehe S. 211). Aber durch bloßes Nachäffen – so kunstvoll es auch im einzelnen sein mag – ist noch niemand selbständig, konstruktiv und schöpferisch geworden. Erst dann, wenn die Lehrerin auf vorprogrammierte Lösungen verzichtet, haben die Schülerinnen die Chance zu zeigen, was in ihnen steckt! Eben dies ist in einem entsprechend gestalteten Gruppenunterricht sehr gut möglich. Ein *Beispiel:*

1. Die Lehrerin liest in der Einführungsphase die köstliche Geschichte von Kurt Tucholsky »Ein Ehepaar erzählt einen Witz« vor:

«Herr Panter, wir haben gestern einen so reizenden Witz gehört, den *müssen* wir Ihnen... also den muß ich Ihnen erzählen. Mein Mann kannte ihn schon... aber er ist zu reizend. Also passen Sie auf.

Ein Mann, Walter, streu nicht den Tabak auf den Teppich, da! Streust ja den ganzen Tabak auf den Teppich, also ein Mann, nein, ein Wanderer verirrt sich im Gebirge. Also der geht im Gebirge und verirrt sich, in den Alpen. Was? In den Dolomiten, also nicht in den Alpen, ist ja ganz egal. Also er geht da durch die Nacht, und da sieht er ein Licht, und er geht grade auf das Licht zu... laß mich doch erzählen! das gehört dazu!... geht drauf zu, und da ist eine Hütte, da wohnen zwei Bauersleute drin. Ein Bauer und eine Bauersfrau. Der Bauer ist alt, und sie ist jung und hübsch, ja, sie ist jung. Die liegen schon im Bett. Nein, die liegen noch nicht im Bett...»

«Meine Frau kann keine Witze erzählen. Laß mich mal. Du kannst nachher sagen, obs richtig war. Also nun werde ich Ihnen das mal erzählen.

Also, ein Mann wandert durch die Dolomiten und verirrt sich. Da kommt er – du machst einen ganz verwirrt, so ist der Witz gar nicht! Der Witz ist ganz anders. In den Dolomiten, so ist das! In den Dolomiten wohnt ein alter Bauer mit seiner jungen Frau. Und die haben gar nichts mehr zu essen; bis zum nächsten Markttag haben sie bloß noch eine Konservenbüchse mit Rindfleisch. Und die sparen sie sich auf. Und da kommt... wieso? Das ist ganz richtig! Sei mal still..., da kommt in der Nacht ein Wandersmann, also da klopft es

Die Fortsetzung finden Sie im Rowohlt Taschenbuch »Panter, Tiger & Co« von Kurt Tucholsky (Reinbek 1986, S, 33–35)

2. Normal, aber phantasielos wäre es nun, nach dem ein- oder zweimaligen Vorlesen die Geschichte in bewährter Manier, also nach bestimmten »Leitfragen« (Helmers 1966, S. 269) zu analysieren: Die gestalterischen Mittel werden her-

ausgearbeitet, der in der Geschichte enthaltene Spannungsbogen wird bestimmt, die Pointe analysiert usw. Man nennt dies »gelenktes Unterrichtsgespräch«.

Ich halte es für besser, nicht lange über die Geschichte zu reden, sondern möglichst bald vier, fünf oder sechs Kleingruppen zu bilden, in denen die Schülerinnen den Arbeitsauftrag erhalten, die Geschichte in eine andere Symbolisierungsform zu übertragen und dabei auf die Pointe zu achten!

Dies kann natürlich nur dann klappen, wenn die erforderlichen Methodenkompetenzen für die Verwirklichung der verschiedenen Handlungsmuster schon weitgehend vorhanden sind, also in vorausgegangenen Unterrichtsphasen schrittweise angeeignet worden sind. (Es ist nicht erforderlich, sofort 6 verschiedene Handlungsmuster zu wählen – nur wird die Auswertungsphase durch die Vielfalt interessanter.)

3. In der Auswertungsphase führen die Gruppen der Reihe nach vor, was sie erarbeitet haben. Die Wandtafel dient als Kulisse. Die Textstruktur, die gestalterischen Mittel usw. werden vom Lehrer an der zweiten Tafel protokolliert.

In diesem planvollen Wechsel der Symbolisierungsformen (und dem sich dabei von selbst einstellenden Wechsel der Handlungsmuster) steckt *der Schlüssel zum Erfolg des Gruppenunterrichts!* Solange die Gruppenarbeit lediglich eine Fortsetzung der schon im Frontalunterricht und in der Einzelarbeit vorherrschenden, die Schülerinnen langweilenden Handlungsmuster und Symbolisierungsformen liefert, ist es nicht weiter verwunderlich, wenn die Schülerinnen die im Gruppenunterricht existierenden Handlungsspielräume mißbrauchen, Nebentätigkeiten nachgehen oder gammeln.

Nun ist der skizzierte Wechsel der Symbolisierungsformen nicht auf den Gruppenunterricht beschränkt. Er kann auch im Frontalunterricht, in der

Partner- und der Einzelarbeit stattfinden (vgl. Otto 1974, S. 328 ff.). Die zweite Aufgabe des Gruppenunterrichts ist demgegenüber nirgendwo sonst zu erfüllen. Sie ergibt sich aus der schlichten Tatsache, daß mehrere Schülerinnen zusammenarbeiten und darauf angewiesen sind, sich zu verständigen:

These 11.2: Das übergeordnete, theoretisch begründete Ziel des Gruppenunterrichts besteht darin, die Schülerinnen durch die gemeinsame Arbeit an der gestellten Lernaufgabe zum solidarischen Handeln zu befähigen.

Solidarität entsteht nicht von selbst und schon gar nicht durch verbale Belehrungen. Sie kann nur dort wachsen, wo Menschen gemeinsam arbeiten, interagieren und sprechen. Es ist ein beglückendes Gefühl, eine schwierige Aufgabe gemeinsam gemeistert zu haben – dieses Glücksgefühl ist der eigentliche Motor für die Entwicklung von Solidarität im Unterricht. (Solidarität durch gemeinsames Leiden gibt es auch – aber dies sollte nicht zum Ziel des Unterrichts umdefiniert werden!) Die zweite These macht den *utopischen Überschuß* deutlich, der im Begriff des Gruppenunterrichts enthalten ist. Nicht jede bunt zusammengewürfelte Schülerinnenschar ist eine Gruppe. Von »Gruppen« dürfte eigentlich erst dann gesprochen werden, wenn durch beständiges und erfolgreiches Zusammenarbeiten eine Solidargemeinschaft entstanden ist, die die schwächeren Schülerinnen einzubinden und die stärkeren zu nützlicher Hilfestellung anzustacheln weiß.

Dieses anspruchsvolle Ziel ist nur dann zu erreichen, wenn sowohl die Lehrerin wie auch die Schülerinnen bereit und in der Lage sind, *ihre Rollen neu zu definieren.*

Die *Lehrerin* ist im Gruppenunterricht nicht so sehr die Wissens- und Kompetenzvermittlerin, sie ist auch nicht in erster Linie der Scheuerpfahl, an dem sich die Schülerinnen zum Zwecke ihrer Identitätsbildung reiben können, sondern vorrangig die *Moderatorin des gemeinsamen Lernprozesses.* Dies kostet, wie alle gruppenunterricht-erfahrenen Lehrerinnen bestätigen, nicht weniger, sondern mehr Kraft, Mühe und vor allem auch Vorbereitungszeit, als dies für die meisten Varianten des Frontalunterrichts der Fall ist. Während des Unterrichts liegt der Schwerpunkt der Arbeit der Lehrerin nicht in der Darstellung und Vermittlung eines Sach-, Sinn- oder Problemzusammenhanges, sondern in der Formulierung von Arbeitsperspektiven, im Beobachten und Interpretieren, im Ermutigen und Stabilisieren der Schülerinnen, im Bereitstellen von Materialien und in der Lenkung der Auswertung. Die Lehrerin muß *neu lernen:*

- ☐ zuzuhören, abzuwarten, zu beobachten;
- ☐ zu beraten, Hilfen zur Selbsthilfe zu formulieren, Mut zu machen;
- ☐ den Lern*prozeß* mindestens so wichtig wie die Lernergebnisse zu nehmen;

- □ Lernum-, -irr- und -holzwege zuzulassen;
- □ Materialien aufzubereiten, Kontakte herzustellen; Spiel- und Arbeitsformen vorzuleben;
- □ Arbeitsergebnisse zu bündeln, zu strukturieren, zur Veröffentlichung im Plenum vorzubereiten.

Die Lehrerin muß *verlernen,*

- □ jedes auftauchende Problem in der Kleingruppe oder im Plenum verbalisieren zu wollen;
- □ alles möglichst schnell und umfassend in die eigenen Hände nehmen zu wollen;
- □ den eigenen Wissens- und Kompetenzvorsprung bei jeder sich bietenden Gelegenheit demonstrieren zu wollen;
- □ Druck und Tempo zur zügigen Fertigstellung von Arbeitsergebnissen zu machen.

Die Lehrerin muß eine Tugend entwickeln, die der herkömmlichen Rollendefinition widerspricht:

> **These 11.3:** Die Lehrerin, die Gruppenunterricht machen will, muß wagen, ihre Schülerinnen ein Stück weit allein zu lassen.

Dies fällt vielen Lehrerinnen schwer, und zwar weniger wegen der rechtlichen Bedenken, die unbegründet sind[2], als aus psychischen Gründen.

Auch die *Schülerinnen* müssen im Gruppenunterricht ein neues Rollenverständnis entwickeln – sie dürften damit aber weniger Schwierigkeiten als die Lehrerinnen haben. Sie müssen *neu lernen:*

- □ selbständig zu denken, zu fühlen und zu handeln;
- □ sich mit den Mitschülerinnen zu verständigen und zusammenzuraufen;
- □ Selbstkritik zu üben; konkrete Phantasie zu entwickeln;
- □ Arbeitsschritte zu planen;
- □ Arbeitsergebnisse zu sichern, zu dokumentieren oder zu protokollieren;
- □ in Solidarität mit der Gruppe auch eine schlechtere Note hinzunehmen als die, die alleine herauszuholen gewesen wäre.

Die Schülerinnen müssen *verlernen:*

- □ die Verantwortung für jeden Lernschritt der Lehrerin zurückzuschieben;
- □ sich in der Gruppe nach vorn zu drängeln;
- □ für alles und nichts eine Note haben zu wollen.

Die Schülerinnen müssen ein hohes Maß an Selbstdisziplin entwickeln, um Gruppenunterricht erfolgreich werden zu lassen. Da dies im Frontalunterricht kaum einzuüben ist, sollte die Lehrerin auch dann, wenn eine Klasse

---

2 Die Aufsichtspflicht der Lehrerinnen wird dann erfüllt, wenn sich die Schülerinnen beaufsichtigt *fühlen* – die physische Anwesenheit ist nicht immer erforderlich. Die Lehrerin darf die Schülerinnen also nach entsprechender Belehrung in den Werkraum schikken, um Werkzeug zu holen, in die Stadt schicken, um ein Interview zu machen usw.

eigentlich noch nicht »reif« für Gruppenunterricht ist, das Risiko eingehen und ihre Schülerinnen ein Stück weit freigeben. Die Schülerinnen müssen an sich selbst, also im praktischen Handeln erfahren können, was es heißt, den Lernprozeß selbst zu organisieren.

These 11.4: Die Schülerinnen müssen lernen, sich ihres Verstandes ohne Anleitung anderer zu bedienen.

1.4 Didaktische Kriterien für guten Gruppenunterricht

Die Lehrziele der Lehrerin und die Handlungsziele der Schülerinnen sind im Gruppenunterricht nicht identisch. (Dies ist nichts Besonderes – im Frontalunterricht ist's ebenso!) Die Lehrerin will arbeitsfähige Kleingruppen bilden – die Schülerinnen wollen in Freundschaftscliquen zusammensein, selbständiger und lockerer als normal arbeiten können und sich ein Stück weit der unmittelbaren Kontrolle der Lehrerin entziehen. Die Lehrerin muß deshalb das Kunststück fertigbringen, einerseits die Schülerinnen zum selbständigen und solidarischen Handeln zu ermuntern, andererseits für einen auch in fachlicher Hinsicht befriedigenden, den erhöhten Zeitaufwand rechtfertigenden Unterrichtserfolg zu sorgen. Dieses schwierige Ziel ist m. E. dadurch zu erreichen, daß die Lehrerin

- ihren Schülerinnen von Anfang an die für Gruppenarbeit erforderlichen *Methodenkompetenzen* vermittelt,
- sie nicht nur als einzelne, sondern *als Gruppe* anspricht und fordert,
- einen regelmäßigen *Wechsel der Handlungsmuster und Symbolisierungsformen* praktiziert,
- sich mit ihren Schülerinnen über konkrete *Handlungsprodukte* verständigt, die die Organisation des Lernprozesses lenken können (siehe S. 158).

Gruppenunterricht ist von allen vier Sozialformen sicherlich die anspruchsvollste. Es ist nicht gut, ihn »einfach so« anzusetzen, weil er doch so wichtig sei. Vielmehr müssen die Voraussetzungen für die Gruppenarbeit sehr genau geklärt werden. Die Lehrerin sollte überprüfen,

- ob die erforderlichen *Lernvoraussetzungen* gegeben sind oder während der Gruppenarbeitsphase vermittelt werden können,
- ob das *Thema* für ein selbständiges Erarbeiten geeignet ist
- und ob die Erarbeitung des Themas *in Gruppen* tatsächlich aufs Ganze gesehen mehr zu erbringen verspricht als die Erarbeitung im Frontalunterricht oder in Einzel- oder Partnerarbeit.

Ich fasse diese Überlegungen und Begründungsversuche zu den folgenden drei Kriterien zusammen:

Die Nähe dieser drei Definitionen zu den in der NEUNTEN LEKTION (S. 152) bestimmten Kriterien für die Erarbeitungsphase ist kein Zufall. Sie ergibt sich zwangsläufig aus der Ähnlichkeit der didaktischen Funktionen.

1.5 Realisierungsschwierigkeiten

In der akademischen Diskussion[3] ist der Gruppenunterricht eine attraktive, nahezu einhellig befürwortete Sozialform. In der Schulwirklichkeit sieht freilich vieles anders aus. Die Tatsache, daß nur 5 bis maximal 10 Prozent des Unterrichts an Regelschulen in Form von Gruppenunterricht erfolgt (vgl. S. 62), spricht für sich. Gruppenunterricht ist bei der großen Mehrzahl der Lehrerinnen und auch der Schülerinnen unbeliebt. Er wird oft mehr aus pädagogischem Pflichtgefühl denn aus innerer Neigung angesetzt. Wer sich offensiv zum Gruppenunterricht bekennt, betont gerade deshalb die praktischen Realisierungsschwierigkeiten:

3 Stöcker (1970, S. 253–275); Gutte (1976); Scheller (1981, S. 110f.); Klingberg (1982a, S. 292ff.); Peterßen (1982, S. 326ff.); Aschersleben (1974, S. 166–182); Vohland (1982, S. 132ff.); Gebauer u. a. (1977b, S. 75ff.); Kösel (1973, S. 18ff.); Vogel (1975, S. 26ff.); Trzeciok (1978) – vor allem aber: E. Meyer (1975). Ältere, immer noch interessante Darstellungen stammen von Slotta (1954); Jannasch/Joppich (1959, S. 134–141); Huber (1972, S. 166–173); Petersen (1951).

Eine Grundschullehrerin: »Ich mache viel und gerne, zum Teil auch gegen die erklärten Wünsche der Eltern, Gruppenunterricht! Frontalunterricht ist im Ansatz politisch reaktionär. Aber meine guten Absichten, viel Gruppenunterricht zu machen, brechen immer wieder zusammen, weil er mehr Vorbereitung als Frontalunterricht erfordert. Wenn's dann auf die Zeugnistermine losgeht, wenn ich das fünfte Mal im Monat meine Kollegin vertreten muß, wenn ich durch den vielen Kleinkram der Schule gestreßt und genervt bin, dann falle ich immer wieder in den für mich bequemeren, aber für die Schüler sicherlich weniger hilfreichen Frontalunterricht zurück.«

Ab und an kommen dennoch Ergebnisse zustande, die die vorherrschende Skepsis Lügen strafen und die Verfechterinnen des Konzepts motivieren:

- Einzelne Schülerinnen, »denen man dies nie zugetraut hätte«, entpuppen sich als versierte und zielstrebige Gruppenarbeiterinnen, die mit Geschick und Phantasie Lösungen für die gestellten Aufgaben produzieren, auf die die Lehrerin so nie gekommen wäre.
- Einzelne Schülerinnen und ganze Gruppen entwickeln eine Arbeitsenergie, die sie in keiner anderen Sozialform aufbringen; sie arbeiten zu Hause vor; sie spannen ihre Eltern ein; sie bringen halbfertige Arbeitsergebnisse in den Unterricht mit; sie arbeiten lange nach Abschluß der Gruppenarbeit freiwillig weiter.
- Oft genug treten dabei die den Frontalunterricht dominierenden Klugschwätzerinnen in den Hintergrund, und die leisen, aber gewissenhaften Schülerinnen »schmeißen den Laden.«

Wie sind diese widersprüchlichen Erfahrungen mit Gruppenunterricht zu erklären? Gruppenunterricht liefert zwar gewisse Spielräume für ein freies und selbstbestimmtes Lernen der Schülerinnen, aber die in der ERSTEN und ZWEITEN LEKTION beschriebene Widersprüchlichkeit des institutionellen Rahmens schulischen Unterrichts wird damit nicht aufgehoben. Schule leidet insgesamt an dem Widerspruch, einerseits eine fortwährende individuelle Leistungsbeurteilung und Selektion der Schülerinnen zu betreiben, andererseits Selbständigkeit und Solidarität der Schülerinnen zu einem wichtigen Erziehungsziel zu machen. Im Frontalunterricht wird diese Widersprüchlichkeit durch das methodische Handeln der Lehrerin eher geglättet und übertüncht, in projektförmigen Lehrveranstaltungen wird sie wegen des Verzichts auf Zensierung ein Stück weit außer Kraft gesetzt, aber im Gruppenunterricht tritt sie offen zutage:

These 11.5: Die übergeordneten Ziele des Gruppenunterrichts, nämlich die Förderung der Selbständigkeit und Kreativität sowie die Entwicklung solidarischen Verhaltens, können unter den gegebenen institutionell-organisatorischen und personellen Rahmenbedingungen schulischen Unterrichts nur widersprüchlich und halbherzig verfolgt werden.

Gruppenunterricht ist, was die Gestaltung des schulischen Gewaltverhältnisses betrifft, weder Fisch noch Fleisch. Er gibt die Schülerinnen ein Stück weit, aber nicht völlig frei; er setzt die Selektionsfunktion der Schule ein Stück weit, aber nicht völlig außer Kraft; er fördert das solidarische Handeln der Schülerinnen, gibt aber kaum Gelegenheit, es ernsthaft auf die Probe zu stellen (es sei denn, die Schülerinnen probten den Aufstand und handelten solidarisch gegen ihre Lehrerin).

Nun wäre es unsinnig und unlogisch, wegen dieser Schwierigkeiten auf Gruppenunterricht zu verzichten. Denn der Gruppenunterricht produziert die skizzierte Widersprüchlichkeit nicht, sondern liefert nur den Rahmen, sie offener als in den übrigen Sozialformen zum Vorschein kommen zu lassen. Durch eine Rückkehr zum Frontalunterricht würden die Schwierigkeiten nicht behoben, sondern verschleiert. Das bei vielen Lehrerinnen vorhandene Negativ-Image des Gruppenunterrichts ist also leicht zu erklären, aber nicht theoretisch zu rechtfertigen. Nun kann es aber nicht durch theoretische Belehrungen (wie sie in dieser Elften Lektion geliefert werden) behoben werden. Das Negativ-Image bleibt als subjektive Einstellung m. E. solange handlungsleitend, bis es durch bessere eigene Erfahrungen mit dieser Sozialform abgelöst worden ist und so die von jeder Lehrerin verinnerlichten Unterrichtsbilder korrigieren konnte. Deshalb kann ich jene Lehrerinnen, die selten oder nie Gruppenunterricht machen, nur bitten, es einmal mit einer gezielt vorbereiteten Serie kleiner Gruppenarbeitsphasen zu versuchen. – Es lohnt sich! Gruppenunterricht kostet mehr Vor- und Nachbereitungszeit als Frontalunterricht, er ist risikoreicher, aber er ist auch lebendiger, interessanter und letztlich befriedigender.

> *Ein Hauptschullehrer:* »Ich könnte mir meinen Unterricht ohne einen beträchtlichen Anteil von Gruppenunterricht gar nicht mehr vorstellen. Da geht's zwar manchmal fetzig zu – aber langfristig kommt etwas dabei heraus! Ich ertrag das gar nicht mehr, wenn die stundenlang vor mir sitzen und nichts anderes tun als zuzuhören, mitzuschreiben und ab und an dazwischenzuplatzen.«

2. Ratschläge zur Unterrichtsgestaltung

2.1 Checkliste zur Vorbereitung von Gruppenunterricht

Gruppenunterricht muß gründlicher und aufwendiger als Frontalunterricht oder Einzel- und Partnerarbeit vorbereitet werden, weil während der Gruppenarbeit möglichst wenig interveniert werden sollte. Einige kritische Punkte, an denen immer wieder Probleme entstehen, sind im letzten Abschnitt bereits genannt worden. In der nun folgenden Checkliste werden sie in eine systematische Reihenfolge gebracht und ausführlich erläutert.

- **Ist das Thema für Gruppenunterricht geeignet? Wenn ja, soll es themengleich oder themendifferenziert erarbeitet werden?**

Themengleicher Gruppenunterricht liegt dann vor, wenn in allen Arbeitsgruppen dasselbe Thema behandelt wird. Themendifferenzierter Unterricht liegt dann vor, wenn jede Kleingruppe einen anderen Auftrag erhält (vgl. E. Meyer 1975, S. 108ff.). Eine Mischform wurde im Unterrichtsbeispiel von Abschnitt 1.3 vorgeführt: Die Schülerinnen arbeiten alle am selben Thema, haben aber den Auftrag, unterschiedliche Handlungsmuster zu benutzen.

□ Für themengleichen Gruppenunterricht sind jene Themen gut geeignet, die von ihrer Struktur her die *Selbsttätigkeit* der Schülerinnen nahelegen, besser noch erzwingen: die Durchführung eines Experiments, für das mehr als zwei Schülerinnen erforderlich sind; die Einübung eines Stegreif- oder Rollenspiels, die Anfertigung einer Collage usw.

□ Gut geeignet sind für themengleichen Gruppenunterricht *konstruktive Anwendungsversuche:* Die zuvor im Frontalunterricht erarbeiteten Grundkenntnisse oder Kompetenzen werden an phantasiereich variierten neuen Inhalten überprüft, erprobt und gefestigt.

□ *Übungsphasen,* die von manchen Lehrerinnen in Form von Gruppenarbeit inszeniert werden, sind häufig verkappte Partner- oder Einzelarbeiten! – Dann sollten sie auch so genannt werden, um keine falschen Vorstellungen über Gruppenunterricht zu wecken.

Themendifferenzierter Gruppenunterricht bietet sich dort an, wo verschiedene Aspekte oder Ebenen oder Dimensionen ein- und desselben Themas in den Kleingruppen erarbeitet und dann im Plenum gemeinsam ausgewertet werden können:

- ☐ Die verschiedenen Rollen eines Rollenspiels werden in Kleingruppen getrennt erarbeitet, um dann im Plenum mit den Vertretern der anderen Kleingruppen durchgespielt zu werden. Pro- und Contra-Diskussionen, Planspiele usw. können ähnlich vorbereitet werden.
- ☐ Inhalte, die nicht zum Grundwissen gehören, sondern sich exemplarisch variieren lassen, werden an Kleingruppen vergeben und dann im Plenum vorgestellt: Im Geographieunterricht wird der Nord-Süd-Konflikt erarbeitet – gemeinsame Fragestellungen werden im Plenum formuliert, danach nimmt sich jede Kleingruppe ein anderes Land vor, um die gestellten Fragen zu beantworten.

Die Planungsqualität themendifferenzierten Gruppenunterrichts erweist sich erst in der *Auswertungsphase.* Die von den Kleingruppen erarbeiteten Teile sollten sich dort in einer für alle Schülerinnen nachvollziehbaren Weise wie zu einem Puzzle zusammenfügen. Die Schülerinnen sollten sinnfällig erfahren können, daß das Ganze mehr als die Summe seiner Teile ist. (In dieser Hinsicht ist das Planungsbeispiel aus Abschnitt 1.3 noch unbefriedigend.)

Themendifferenzierter Gruppenunterricht ist noch anspruchsvoller als themengleicher. Er setzt eine gründliche didaktische Analyse, genaue Kenntnis der Methodenkompetenzen der Schülerinnen und viel methodische Phantasie voraus. Wer ihn einschließlich der Auswertung hinbekommt, hat sozusagen die Meisterinnenprüfung im Lehrberuf bestanden.

● Haben die Schülerinnen die erforderlichen Lernvoraussetzungen für die Gruppenarbeit?

Haben die Schülerinnen die erforderlichen *Vorkenntnisse?* Haben sie die erforderlichen *Methodenkompetenzen?* (Methodische Überforderungen führen fast zwangsläufig zum Scheitern des Unterrichts; inhaltliche Vorwegnahmen und Verfrühungen können demgegenüber – wohl dosiert – eine Belebung des Unterrichts schaffen; siehe S. 149) Haben die Schülerinnen die richtige *Einstellung* zum Gruppenunterricht?

Wenn Sie wissen oder befürchten müssen, daß die Schülerinnen aufgrund schlechter früherer Erfahrungen mit der Gruppenarbeit eine negative Einstellung gegenüber dieser Sozialform haben, sollten Sie mit Ihren Schülerinnen darüber sprechen, woran dies gelegen hat und wie die Schwierigkeiten bei einem neuen Anlauf vermieden bzw. überwunden werden können. Eine schlichte Anfrage (»Wollen wir mal wieder Gruppenunterricht machen?«) bringt dabei nicht viel. Besser ist es, eine gelungene 20-Minuten-Kostprobe für Gruppenarbeit zu machen und danach eine Diskussion anzuzetteln, ob in Zukunft wieder mehr Gruppenarbeit gemacht werden kann.

Innerhalb gewisser Grenzen können die Voraussetzungen für Gruppenarbeit *im Frontalunterricht erarbeitet* werden. Dies gilt insbesondere für den Aufbau gruppenunterrichts-förderlicher *Methodenkompetenzen:*

- ☐ Im Frontalunterricht müssen *Spielregeln der Gesprächsführung* eingeübt werden. Die Lehrerin sollte darauf achten, daß die »Dauerschwätzerinnen« gebremst und die Stillen im Lande gefördert werden. Die Schülerinnen müssen lernen, das Wort zu erteilen und es zu entziehen; sie müssen verinnerlichen, daß die Gesprächsleiterin ihren Posten nicht dazu mißbrauchen darf, sich selbst und ihre eigene Meinung in den Vordergrund zu schieben.
- ☐ Die Anfertigung von *Arbeitsprotokollen* ist für Schülerinnen ähnlich unbeliebt wie für Studentinnen und Lehrerinnen. Kein Wunder, daß die Protokollpflicht in der Gruppenarbeit – wenn sie einmal eingeführt worden ist – Gegenstand beständiger Querelen ist. Deshalb empfiehlt es sich, im Frontalunterricht und in der Einzelarbeit methodisch interessante Varianten einzuüben: Wandzeitung, Simultanprotokoll, Tonband-Protokoll, Fotodokumentation usw. (siehe S. 173 ff.).
- ☐ Es bietet sich im Frontalunterricht hier und da an, die Schülerinnen in zwei »Lager« zu unterteilen und sie eine Pro- und eine Contra-Position einnehmen zu lassen. Dies ist zugleich eine vorbereitende Übung für das Streitgespräch und die Debatte. Die Schülerinnen sollen dabei erfahren, daß sie gemeinsam die von ihnen gewählte Position besser als alleine verteidigen können.

Ein anderer Teil von Methodenkompetenzen kann auch in der Partnerinnenarbeit vorbereitet werden:

- ☐ Wiederholungen
- ☐ Formulieren von Fragen für das anstehende Unterrichtsgespräch
- ☐ Überprüfen von Hausaufgaben
- ☐ Sammeln von Fakten/Beispielen/Stichworten
- ☐ gemeinsame Bearbeitung von Übungsaufgaben
- ☐ Aufträge zur Konsensbildung (die Partnerinnen müssen zu einem kontroversen Punkt/zu einem Problem eine gemeinsame Position erarbeiten)
- ☐ gemeinsame Arbeit an Handlungsprodukten (Zeichnungen, Modelle, Experimente, Tonband-Interviews usw.)
- ☐ Spiele zu zweit.

Die in der Literatur immer wieder aufgestellte These, die Partnerinnenarbeit sei eine unmittelbare Vorbereitung auf die Gruppenarbeit, ist allerdings empirisch kaum zu belegen! Fast immer handelt es sich nur um eine bloße Variation der Einzelarbeit! Deshalb die Faustregel:

Die beste Vorbereitung auf Gruppenarbeit ist eine gelungene Gruppenarbeit!

● Wie soll der Arbeitsauftrag für die Gruppenarbeit formuliert werden?
Ein unklar formulierter Arbeitsauftrag ist fast immer ein Indiz für eine insgesamt unklare Zielbestimmung. Wer nicht genau weiß, wo er hinwill, braucht sich nicht zu wundern, wenn er anderswo ankommt als gedacht! Unklare Arbeitsaufträge sind grundsätzlich ein Übel – einerlei, ob der Arbeitsauftrag von der Lehrerin vorgegeben wird oder ob er von den Schülerinnen selbst erarbeitet worden ist. Deshalb wiederum einige Rezepte (vgl. auch Scheller 1981, S. 99ff.).

Es empfiehlt sich, zwischen *geschlossenen, offenen* und *freien* Arbeitsaufträgen zu unterscheiden:

□ **Geschlossene Arbeitsaufträge**

Die Lehrerin legt verbindlich und konkret fest, was die Schülerinnen wann und wie tun sollen. Geschlossene Arbeitsaufträge sind vor allem dann unverzichtbar, wenn eine Klasse neu an die Gruppenarbeit herangeführt wird oder wenn die Lehrerin (bzw. Studentin/Referendarin) sich neu in diese Sozialform einarbeiten will:

- Anfängerinnen sollten dabei den Arbeitsauftrag in der Unterrichtsvorbereitung *schriftlich vorformulieren* und möglichst mit der Mentorin bzw. Fachleiterin vorbesprechen.
- Wenn der Arbeitsauftrag nicht auf einem Arbeitsblatt aufgeschrieben worden ist, sollte er zur Unterstützung der mündlichen Bekanntgabe *an die Tafel geschrieben* werden!
- Der Arbeitsauftrag muß deutlich machen, *was* die Schülerinnen tun sollen und *wie* sie es tun sollen. Er muß also handlungsorientierend sein. Abstrakte Arbeitsaufträge (»Machen Sie sich Gedanken über...«, »Versuchen Sie, das Problem... zu lösen, wie...«) sind vor allem dann, wenn eine Klasse neu in die Gruppenarbeit eingeführt werden soll, in aller Regel eine Überforderung.

□ **Offene Arbeitsaufträge**

Offene Arbeitsaufträge sind nicht gleichzusetzen mit unverbindlichen oder schwammigen Aufträgen! Auch die Offenheit muß sprachlich verständlich und inhaltlich eindeutig formuliert werden:

- »Denkt euch ein eigenes Beweisverfahren für den Satz vom ... aus!«
- »Spielt eine Szene der Kurzgeschichte in Form einer Pantomime nach!«
- »Versucht, mit Hilfe der mitgebrachten Arbeitsmaterialien eine eigene Technik zum Zermahlen von Getreide-Körnern zu entwickeln!«
- »Machen Sie aus folgenden Texten eine Text-Collage, die Sie für ein Zeitungstheater verwenden können!« (Vgl. Boal 1979, S. 28)

Wenn der Arbeitsauftrag *schriftlich* vorgelegt wird (Matrizenabzug/Kopie), sollte er auch äußerlich ansprechend gestaltet werden:

Arbeitsauftrag: Grundkurs Deutsch/ 11.11.81

Sie haben in den vergangenen drei Stunden drei verschiedene Kurzgeschichten kennengelernt. Diese Kurzgeschichten haben, wie dies ja auch schon besprochen worden ist, einen identischen formalen Aufbau (Beschreibung eines Prozesses, der zu einem Höhepunkt mit abruptem Schluß führt).

1. Versuchen Sie bitte, diese verbale Beschreibung in eine graphische Darstellung zu übertragen! Ein Bogen Papier und Filzstifte liegen dafür bereit!
2. Besprechen Sie in Ihrer Gruppe, mit welchem Kommentar Sie Ihr Arbeitsergebnis im Plenum vorstellen wollen!

Sie haben für die Gruppenarbeit 20 Minuten Zeit!

Viel Spaß,
H.M.

Solche offenen Arbeitsaufträge sollten aber erst dann gestellt werden, wenn die Schülerinnen mehrfach und mit Erfolg geschlossene Aufträge erledigt haben.

□ **Freie Arbeitsaufträge**
Sie sind eigentlich gar keine Arbeits*aufträge,* sondern verbindliche *Vereinbarungen* über die Einleitung oder Fortsetzung der Gruppenarbeit:
– »Gruppe Rosa übernimmt die Vorbereitung der Klassenraum-Dekoration für den Elternabend! Gruppe Lila sorgt für die Bewirtung!«
– »Macht bitte einen ersten Entwurf für das Einleitungskapitel des Schüler-Buchs, das wir schreiben wollen!«
– »Bereitet euch in eurer Gruppe auf die Klassenarbeit vor! Entscheidet selbst, was ihr üben wollt!«

Erst diese freien Arbeitsaufträge entsprechen der theoretischen Zielbestimmung des Gruppenunterrichts aus These 11.4! Die Gefahr, die Methodenkompetenzen der Schülerinnen zu überfordern, ist bei diesen Aufträgen aber sicherlich groß. Deshalb können freie Aufträge erst dann gegeben werden, wenn sich eine Gruppe gefunden hat und mehrfach mit offenen Aufträgen erfolgreich war.

● Kriterien für die Gruppenbildung

Es gibt eine Reihe zum Teil miteinander konkurrierender Kriterien, die die Lehrerin flexibel berücksichtigen sollte:

□ Es ist wünschenswert, *stabile Kleingruppen* zu bilden, um die im Abschnitt 1.1 skizzierten Zielstellungen (gruppendynamische Prozesse/soziales Lernen) verfolgen zu können. Es ist sinnvoll, existierende Freundschaftsgruppen (= informelle Gruppen) zu berücksichtigen, aber es ist auch wichtig, schwierige Schülerinnen und Außenseiterinnen zu integrieren. Es kann passieren, daß Gruppen »im eigenen Saft schmoren« und deshalb getrennt werden sollten; es gibt Themen, bei denen absichtlich Schülerinnen mit unterschiedlichen Einstellungen und Interessen gemischt werden (z. B., um Rollenklischees zwischen Jungen und Mädchen aufzubrechen).

- ☐ Die Größe und Zusammensetzung der Gruppen sollte von den *Zielen* und *Inhalten* des Unterrichts abhängig gemacht werden: Für die Durchführung eines Schülerinnenexperiments sind manchmal bereits drei Schülerinnen eine zu viel; bei der Erkundung eines Waldlauf-Parcours können sieben oder acht Schülerinnen gut zusammenarbeiten; bei der Erarbeitung und Diskussion von Texten und Thesen sind sieben oder acht zumeist schon zu viele. In der Mehrzahl aller Fälle ist eine Gruppengröße von vier bis fünf Schülerinnen optimal.
- ☐ Bei der Festlegung der Gruppengröße sollte bedacht werden, daß die Arbeitsergebnisse hinterher im Plenum *ausgewertet* werden sollen. Es ist wünschenswert, möglichst sämtliche Ergebnisse zu berücksichtigen. Dies ist bei konventionellen Auswertungsprozeduren (siehe S. 172) oft jedoch zu zeitaufwendig und vor allem dann, wenn nur mündlich berichtet wird, schrecklich langweilig. Hier sind aber methodische Alternativen der Ergebnissicherung vorhanden, die eine zügige und parallele Auswertung von Arbeitsergebnissen gestatten (vgl. die Beispiele aus der NEUNTEN LEKTION, S. 176 ff.).
- ☐ In bestimmten Fächern und bei bestimmten Themen ist eine *leistungsdifferenzierte Gruppenbildung* üblich:
  - *Homogene (= leistungsgleiche) Leistungsgruppen* sind vor allem dann notwendig, wenn über längere Zeiträume ein differenziertes und möglichst individuell auf bestimmte Lerndefizite oder Lern-Stärken ausgerichtetes Unterrichtsprogramm durchgeführt werden soll.
  - *Heterogene (= leistungsdifferenzierte) Leistungsgruppen* sind vor allem dort sinnvoll, wo kein themengleicher Gruppenunterricht gemacht wird und wo die schwächeren Schüler in die heterogene Gruppe so integriert werden können, daß sie nicht drangsaliert werden.

Es ist kaum möglich, in *einer* Unterrichtsstunde alle genannten Kriterien auf einen Nenner zu bringen. Deshalb schlage ich folgendes *Mischverfahren* vor:

1. Bilden Sie in Ihrer Klasse *stabile Kleingruppen,* die möglichst eng an die informelle Gruppenbildung anknüpfen, aber Außenseiterinnen integrieren. Diese Gruppen werden für alle ziel- und inhaltsneutralen Gruppenarbeiten herangezogen.
2. Bilden Sie von Thema zu Thema neue *Ad-hoc-Gruppen,* deren Zusammensetzung Sie als Lehrerin bestimmen oder aber nach vorher besprochenen Kriterien den Schülerinnen übertragen! Diese Gruppen arbeiten solange zusammen, bis der Arbeitsauftrag erfüllt ist.

Viele Lehrerinnen betreiben die Gruppenbildung achtlos: Sie teilen die Schülerinnen der Bequemlichkeit halber nach ihren Sitzplätzen in Gruppen ein, oder sie überlassen die Gruppenbildung den Schülerinnen. Letzteres ist grundsätzlich positiv zu beurteilen, aber die Lehrerin muß unter Kontrolle halten, was bei diesem »methodischen Sozialdarwinismus« herausgekommen ist. Häufig bleiben nämlich zwei, drei Schülerinnen übrig, die niemand haben will und die dann in einem peinlichen Bittgang von der Lehrerin in bereits gebildete Gruppen geschubst werden. Deshalb ist es wichtig, den Schülerinnen in vorhergehenden Gesprächen deutlich zu machen, daß es bei der Gruppenbildung sowohl um personenbezogene als auch um inhaltliche Kriterien geht. Ich halte es allerdings für illusorisch und auch für pädagogisch sinnlos, von den Schülerinnen zu erwarten, daß sie die Gruppenbildung ausschließlich nach inhaltlichen Gesichtspunkten vornehmen. (Wir Erwachsene tun dies schließlich auch nicht!)

● Räumliche Voraussetzungen klären

Da nur an wenigen Schulen gesonderte Gruppenarbeitsräume zur Verfügung stehen, geht es im wesentlichen darum, den Klassenraum so herzurichten, daß er zur Gruppenarbeit einlädt!

Es ist sehr wichtig, daß *jede Schülerinnengruppe einen festen Platz für die Gruppenarbeit hat* und diesen Platz auch symbolisch und real besetzen darf. Die Gruppe muß sich mit »ihrer« Ecke im Klassenzimmer identifizieren können. Dies kann sie nur, wenn sie sozusagen ihre Duftmarken hinterlassen darf. Bei der folgenden Sitzordnung kann der Gruppenunterricht ohne jede Umräumerei von der einen zur anderen Sekunde beginnen:

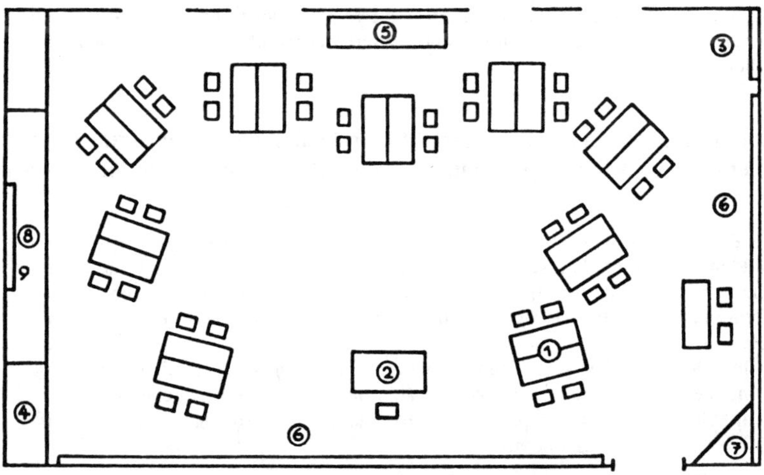

Heutige Raumgestaltung

①Gruppentische (meist Zweiertische gegeneinandergesetzt)
②Lehrertisch
③Eingebauter Klassenschrank
④Gruppenschränke (1 m hoch)
⑤Raum f. Ausstellgst., Werkb., Sandk., Klavier (je nach Bed.)
⑥Tafelflächen an der Wand
⑦Kunstecke, Anschlagbrett u. ä.
8 Große Vase
9 Großes Gemälde

Aus: Ernst Meyer: Gruppenunterricht. Grundlegung und Beispiel. © Ernst Wunderlich Verlagsbuchhandlung, Oberursel/Ts., 8. Aufl. 1983, S. 40.

Weitere Anregungen zur Raumgestaltung finden Sie bei: Burk/Haarmann (1979), Buschbeck u. a. (1982), Kraft (1985), Alers/Wellmeyer (1985).

Ein lernfreundlicher Arbeitsplatz, an dem die Lehrerin und die Schülerinnen auch einmal länger als unbedingt erforderlich bleiben mögen, ist weniger durch Nippes, Vasen und Poster als durch leicht greifbare unterrichtsrelevante Medien und Materialien gekennzeichnet:

- ☐ eine Leseecke mit Lesesofa und Bücherborten oder Regalen
- ☐ eine Spielecke für szenisches Spiel (oder eine leicht freizuräumende Fläche in der Mitte des Raums)
- ☐ große Tafeln; Pinnwände oder Flächen für Wandzeitungen, Collagen
- ☐ ein abschließbarer Schrank (für technische Geräte und Medien; Radio, Video)
- ☐ ein Sessel, der symbolisch »besetzt« werden kann: als Geburtstags-Gratulationssessel, als Vorlese- und Erzählsessel
- ☐ ein Regal mit Scheren, Klebstoff, Papier, Knete usw.
- ☐ Borten, Regale, Flächen für Anschauungsmittel, Objekte
- ☐ Platz für private Dinge der Schülerinnen.

Wer auf die für den Frontalunterricht günstigere *U-förmige* Sitzordnung nicht verzichten will, sollte mit seinen Schülerinnen das zügige *Umstellen der Sitzordnung für den Gruppenunterricht üben.* Gut eingespielte Klassen können die Sitzordnung in 45 Sekunden vom Frontal- auf Gruppenunterricht umräumen (und haben sich dabei körperlich bewegt, was auch kein Fehler ist!) – schlecht eingespielte oder demotivierte Klassen mißbrauchen das Umräumen zum Mistmachen. Durch den Verzicht auf die Änderung der Sitzordnung wird das Problem aber nicht gelöst, sondern eher noch verschärft. Denn ein Unterricht, in dem die praktizierte Sozialform nicht mit der Sitzordnung harmoniert, ist noch störanfälliger als normal! Die Schüler müssen die Hälse recken, um die Tafel oder die Lehrerin zu sehen; sie rennen hin und her, um an ihre Büchertasche zu gelangen usw.

In der Grundschulpädagogik hat es sich inzwischen herumgesprochen, wie wichtig eine lernfreundliche Einrichtung des Klassenraumes ist. Die Fachräume in der Sekundarstufe I und II sind zumeist ebenfalls interessant und anregungsreich; die Klassenräume in der Sek. I und II sind jedoch auch heute noch sehr häufig von einer tödlich-langweiligen Leere und Häßlichkeit, deren einzige Nutznießerin die Hausmeisterin ist.

2.2 Ratschläge für die Durchführung von Gruppenunterricht

Im Gruppenunterricht müssen die Schülerinnen lernen, ohne die steuernden und kontrollierenden Eingriffe der Lehrerin klarzukommen. Deshalb müssen sie mehr als im Frontalunterricht über die *Spielregeln,* über die *Ziele,* den *Ablauf* und die *Arbeitstechniken* der Gruppenarbeit aufgeklärt werden. Dazu werden im folgenden einige Ratschläge gegeben.

● Spielregeln der Gruppenarbeit einüben

Die Schülerinnen sollen themenzentriert interagieren. Dazu benötigen sie eine hohe Sensibilität gegenüber den Mitschülerinnen, gegenüber dem Thema und gegenüber sich selbst. Ruth Cohn (1975) hat in ihrem Konzept der *Themenzentrierten Interaktion (TZI)* solche Regeln beschrieben und ausdrücklich auch auf das Lernen im Klassenverband bezogen. Der Schlüssel zum Erfolg themenzentrierter Arbeit liegt ihrer Erfahrung nach in der »achtungsvollen Einstellung zur Gefühlswelt und zum persönlichen Befinden des einzelnen« (1975, S. 112). Ein gutes Gruppenklima ermutigt die Teilnehmer, eigene Gefühle auszudrücken und die Gefühle der anderen wahrzunehmen und auf sie zu reagieren. Eine Mißachtung der Gefühlsdimension der Gruppenarbeit mag kurzfristig eine schnellere Erledigung der Arbeitsaufträge zur Folge haben, langfristig zerstört sie jedoch die Arbeitsfähigkeit der Gruppe. Deshalb formuliert Ruth Cohn zwei Postulate[4] und mehrere Hilfsregeln, die bei der themenzentrierten Interaktion zu berücksichtigen sind:

Postulate und das themenzentrierte interaktionelle System (TZI)

1. Sei dein eigener Chairman

Als mein eigener Chairman bin ich der »Vorsitzende meiner inneren Gruppe«, meiner verschiedenen Bedürfnisse und Bestrebungen. Ich versuche, sie mir auch in der Gruppensitzung bewußt zu machen: die körperlichen Empfindungen, die wechselnden Gefühle und die tief verankerten Grundstimmungen, die Wahrnehmung im Gruppengeschehen, die gedanklichen Eingebungen, Phantasien, Intuitionen, Urteile, Wertungen, Absichten. Ich akzeptiere mich, wie ich bin — was meine Wünsche, mich selbst zu ändern, einschließt. Ich mache mir meine Gefühle bewußt und wäge ab, mein »ich soll« gegen mein »ich möchte«; und ich versuche, meine Entscheidungen auch von körperlichen Fähigkeiten und Begrenztheiten abhängig zu machen, denen ich ebenso unterliege wie anderen natürlichen und sozialen Gegebenheiten: Menschen, Natur, sozialer Wirklichkeit.

Die Aussage »sei dein eigener Chairman« in interaktionellen Gruppen bedeutet: Übe dich, dich selbst und andere wahrzunehmen, schenke dir und anderen die gleiche menschliche Achtung, respektiere alle Tatsachen so, daß du den Freiheitsraum deiner Entscheidungen vergrößerst. Nimm

4 Ruth Cohn wehrt sich dagegen, von »Spielregeln« zu sprechen, weil es nicht um auswechselbare Regeln, sondern um »Klarstellungen existentieller Phänomene« gehe (1975, S. 123). Der mit den Schülern eingeübte Sprachgebrauch kann von diesem richtigen Hinweis m. E. aber absehen!

dich selbst, deine Umgebung und deine Aufgabe ernst. Mein eigener Chairman zu sein bedeutet, daß ich mich als einzigartiges psycho-biologisches autonomes Wesen anerkenne — begrenzt in Körper und Seele, in Raum und Zeit und lebendig im lernenden, schaffenden Prozeß. Ich bin verantwortlich für meine Anteilnahme und meine Handlungen, nicht aber für die des anderen. Ich kann anbieten und biete an, so gut ich kann.

2. Störungen haben Vorrang

Störungen haben de facto den Vorrang, ob Direktiven gegeben werden oder nicht. Störungen fragen nicht nach Erlaubnis, sie sind da: als Schmerz, als Freude, als Angst, als Zerstreutheit; die Frage ist nur, wie man sie bewältigt. *Antipathien und Verstörtheiten können den einzelnen versteinern und die Gruppe unterminieren; unausgesprochen und unterdrückt bestimmen sie Vorgänge in Schulklassen, in Vorständen, in Regierungen.* Verhandlungen und Unterricht kommen auf falsche Bahnen oder drehen sich im Kreis. Leute sitzen am Pult und am grünen Tisch in körperlicher Gegenwart und innerer Abwesenheit. *Entscheidungen entstehen dann nicht auf der Basis von realen Überlegungen, sondern unterliegen der Diktatur der Störungen* — Antipathien zwischen den Teilnehmern, unausgesprochenen Interessen und persönlichen depressiven und angstvollen Gemütsverfassungen. Die Resultate sind dementsprechend geist- und sinnlos und oft destruktiv. Die unpersönlichen »störungsfreien« Klassenzimmer, Hörsäle, Fabrikräume, Konferenzzimmer sind dann angefüllt mit apathischen und unterwürfigen oder mit verzweifelten und rebellierenden Menschen, deren Frustration zur Zerstörung ihrer selbst oder ihrer Institutionen führt.

Das Postulat, daß Störungen und leidenschaftliche Gefühle den Vorrang haben, bedeutet, daß wir die Wirklichkeit des Menschen anerkennen; und diese enthält die Tatsache, daß unsere lebendigen, gefühlsbewegten Körper und Seelen Träger unserer Gedanken und Handlungen sind. Wenn diese Träger wanken, sind unsere Handlungen und Gedanken so unsicher wie ihre Grundlagen.

Aus: Ruth Cohn: Von der Psychoanalyse zur themenzentrierten Interaktion. © Klett-Cotta, 6. Aufl., Stuttgart 1983, S. 121 f.

Die beiden Postulate oder Grundregeln werden dann durch insgesamt 9 *»Hilfsregeln«* ergänzt, die insgesamt die Themen- *und* Subjektzentrierung der Interaktion in der Gruppe stützen sollen, z. B.: »Vertritt dich selbst in deinen Aussagen; sprich per ›Ich‹ und nicht per ›Wir‹ oder per ›Man‹.« – »Wenn du eine Frage stellst, sage, warum du fragst und was deine Frage für dich bedeutet. Sage dich selbst aus und vermeide das Interview.« – »Halte dich mit Interpretationen von anderen so lange wie möglich zurück. Sprich statt dessen deine persönlichen Reaktionen aus.« – »Sei zurückhaltend mit Verallgemeinerungen.«

Im Kontext dieses Abschnittes macht Ruth Cohn deutlich, daß es um alles andere als um Rezepte zur Interessendurchsetzung geht. Es geht vielmehr darum, eine *»dynamische Balance«* zwischen den Gefühlen und Interessen aller herzustellen. In ungeübten Gruppen ist diese Balance gefährdet. Deshalb muß dort die Gruppenleiterin Sorge tragen, daß sie erhalten bleibt bzw. neu hergestellt wird. Die Gruppenleiterin ist aber nicht nur Organisatorin, sondern immer auch Mitglied der Gruppe. Sie »leitet als Person, *als Ich,* unter Einsatz ihrer Gedanken und Gefühle, die sie wie jede andere Teilnehmerin hat – das heißt als ihr eigener Chairman« (1975, S. 123).

Die Herkunft der TZI aus der Psychoanalyse und der in ihr entwickelten Therapieformen wird an den zwei Postulaten und 9 Hilfsregeln deutlich: Sie beziehen sich auf eine überwiegend *sprachlich* vermittelte Gruppenarbeit, wie sie auch in der Therapie dominiert; Kopf- und Gefühlsarbeit stehen im Vordergrund – Handarbeit spielt kaum eine Rolle. Die Postulate und Hilfsregeln können deshalb – zumindest für das in diesem Buch bevorzugte handlungsorientierte Unterrichtskonzept – nicht nahtlos übernommen werden. Die in den Regeln ausgedrückte menschliche Haltung kann jedoch eine Richtschnur für die Entwicklung eigener, schulfach- und schulformspezifischer Regeln abgeben!

● Den Ablauf der Gruppenarbeit besprechen/Arbeitstechniken einüben

Vor Beginn der Gruppenarbeit in der Schule müssen die Spielregeln, die Arbeitsabläufe und Arbeitstechniken besprochen und eingeübt werden. Es empfiehlt sich, eine halbe oder vielleicht sogar eine ganze Frontalunterrichtsstunde dafür zu verwenden. Für Schülerinnen der Sekundarstufe I sollten die Absprachen zusätzlich schriftlich fixiert werden. Dazu sollen die beiden folgenden *Arbeitsblätter* dienen. Das erste Arbeitsblatt (S. 266) ist von Ruth Cohns TZI inspiriert (s. S. 262).

Das folgende Beispiel auf S. 267 für die Einführung in den Ablauf und die Informations- und Dokumentationstechniken der Gruppenarbeit stammt von Wolfgang Fichten, Oldenburg. Er hat es im Welt- und Umweltkunde-Unterricht der 5. Klasse einer niedersächsischen Orientierungsstufe eingesetzt. Die Thematisierung der Gruppenarbeit erfolgt im Rahmen einer Unterrichtseinheit über das *Leben der Eskimos:*

- ☐ Eine der Gruppen soll das *Modell eines Hundeschlittens* herstellen und drumherum eine kleine Ausstellung organisieren. Diese Gruppe besteht aus fünf Schülern.
- ☐ Die übrigen Gruppen der Klasse, die andere Arbeitsaufträge haben, erhalten dasselbe Arbeitsblatt und müssen es *sinngemäß* auf ihren Arbeitsauftrag *übertragen*.

(Bitte dieses Blatt in der Arbeitsmappe abheften!)

H.M., März 1987

SPIELREGELN DES GRUPPENUNTERRICHTS

1. Du bist erstens für Dich und zweitens für Deine Gruppe verantwortlich.
2. Wenn Dich etwas stört, sag es den anderen Gruppenmitgliedern deutlich und verständlich. Hör Dir aber auch in Ruhe an, was die anderen Dir zu sagen haben.
3. Versteck Dich nicht hinter anderen. Wenn Du etwas willst, sag deutlich: "Ich will das so, weil..." Achte auf die Argumente der anderen und bezieh Dich in Deinen Begründungen darauf.
4. Wählt Euch eine Gruppenleiterin. Sie ist für Absprachen mit der Lehrerin und mit den anderen Gruppen zuständig. Sie regelt die Gesprächsführung, sie achtet darauf, daß die Arbeitsplanung eingehalten und daß gemeinsame Arbeiten (Protokollschreiben, Berichterstattung im Plenum usw.) gerecht auf alle Gruppenmitglieder verteilt werden.
5. Wenn Ihr Konflikte habt, versucht, sie selbst zu lösen. Die Lehrerin darf nur dann zu Hilfe gerufen werden, wenn alle anderen Möglichkeiten, den Konflikt beizulegen, erschöpft sind.
6. Sprecht mit der Lehrerin einen Namen für Eure Gruppe ab!
7. Geht sparsam und pfleglich mit Arbeitsmaterialien um.
8. Achtet auf die Zeit. Wenn Ihr seht, daß Ihr vermutlich nicht bis zum abgesprochenen Zeitpunkt fertigwerdet, meldet dies der Lehrerin rechtzeitig.
9. Jede Gruppe muß selbst dafür sorgen, daß die Arbeitsergebnisse festgehalten werden. Ihr sollt sie nach der Gruppenarbeit in der Klasse vorzeigen, vorführen oder vorlesen. Wenn im Arbeitsauftrag nichts anderes festgelegt worden ist, könnt Ihr Euch selbst aussuchen, wie Ihr die Arbeitsergebnisse festhaltet (z.B. durch ein schriftliches Protokoll, durch eine Wandzeitung, durch Fotos usw.).

Viel Spaß bei der Arbeit wünscht Euch

H.M.

(Bitte dieses Blatt in der WUK-Sammelmappe abheften!) W.F. Mai '85

ABLAUF DER GRUPPENARBEIT

1. Diskutiert in Eurer Gruppe in Absprache mit dem Lehrer, welchen Arbeitsschwerpunkt Ihr wählen wollt (Thema)! Legt das Ziel und die gewünschten Ergebnisse der Gruppenarbeit fest.

2. Sammelt die Informationen, die Ihr für die Bearbeitung des ausgewählten Schwerpunkts braucht:
   - Ihr könnt z.B. in die Bücherei gehen und Material sichten (Lexika, Geographie-Bücher usw.)
   - Schreibt Euch die Namen der Bücher auf und notiert, auf welcher Seite Ihr etwas gefunden habt.
   - Überlegt, ob irgendwo ein Fachmann ist, der Euch mehr zum Thema sagen kann!

3. Kehrt in Eure Arbeitsgruppe zurück und besprecht, was Ihr gefunden habt:
   - Welche Informationen haben wir? Was fehlt uns noch?
   - Welche Materialien haben wir? Was fehlt uns noch?

4. Diskutiert und entscheidet, wie Ihr Euer Thema untergliedern wollt und legt fest, wer welche Arbeiten macht. Macht Euch einen schriftlichen Arbeitsplan, z.B. so:

Arbeitsplan: "Der Hundeschlitten"

1. Historisches	2. Material	3. Hunde	4. Verwendung
Seit wann gibt es Hundeschlitten? Wie haben sich Bauformen und Materialien verändert?	Auswahl von Material (Draht/Fell?) Konstruktionszeichnung	Warum überhaupt Hunde? Welche Rasse? Welche Nahrung? Dressur?	Wofür werden die Hundeschlitten benützt? Geschwindigkeit? Reichweite? Gewicht? Auch auf Eisschollen?
Manfred	**Thilo/Klaus**	**Fabian**	**Christian**
↓ Zeichnungen mit Erläuterungen	↓ Bau eines Schlittens (Modell)	↓ Poster mit Fotos und Text	↓ Anfertigung einer Karte mit Reiseroute

5. Fragt den Lehrer, wieviel Zeit für die Gruppenarbeit vorgesehen ist. Besprecht zwischendurch, wo Ihr Euch gegenseitig helfen könnt.

6. Bereitet die Vorstellung Eurer Arbeitsergebnisse im Klassenplenum vor!

● Ruhe in den Unterrichtsablauf tragen!

Mit »Ruhe« ist nicht jene Friedhofsruhe gemeint, die manche Lehrerinnen ihren Schülerinnen vor allem während der Einzelarbeit abverlangen, sondern eine dem jeweiligen Arbeitsauftrag entsprechende, durch halblautes Reden auf die anderen Rücksicht nehmende Atmosphäre.

Oft ist es die Lehrerin, die die Schülerinnen bei der Arbeit stört! Gerade zu Beginn einer Gruppenarbeitsphase sollte sie ihren Schülerinnen die Chance geben, sich erst einmal selbständig in den (hoffentlich präzis formulierten!) Arbeitsauftrag und in das neue Thema einzuarbeiten.

Gerade engagierte Lehrerinnen übersehen leicht, welche Folgen ihre physische Nähe zu den Schülerinnen in aller Regel hat: Die Diskussionen kommen zum Erliegen; die Schülerinnen werden verleitet, Rückfragen zu stellen und die Verantwortung für den Arbeitsablauf an die Lehrerin zurückzugeben. Gerade dies soll nicht sein! Deshalb halte ich es für besser, wenn sich die Lehrerin (in der Zeichnung ist's leider ein Lehrer!) erst einmal ans Lehrerinnenpult zurückzieht und nur nach Aufforderung zu den Gruppen kommt.

Erst auf halber Strecke kann die Lehrerin einmal herumgehen und in allen Gruppen nachschauen, ob es irgendwo Schwierigkeiten gegeben hat und wie die Arbeit fortschreitet. Erst am Schluß sollte sie auf jeden Fall einmal herumgehen und nachschauen, was herausgekommen ist, um die Auswertung der Arbeitsergebnisse im Plenum besser steuern zu können.

● **Die Schülerinnen beobachten**

Die Lehrerinnen haben während des Frontalunterrichts, der immerhin drei Viertel des gesamten Unterrichts ausmacht, kaum Ruhe und Gelegenheit, ihre Schülerinnen differenziert zu beobachten. Und das, was zu beobachten ist, beschränkt sich weitgehend auf die sogenannte »Vorderbühne« des Unterrichts (vgl. S. 67). Im Gruppenunterricht kann die Lehrerin demgegenüber beobachten, wie die Schülerinnen miteinander und mit der Aufgabenstellung umgehen, wenn sie nicht fortwährend dirigiert und kontrolliert werden.

In dem mehrfach zitierten Buch von Rolf Gutte (1976, S. 93) werden folgende Beobachtungspunkte vorgeschlagen:

- ☐ Gibt es Spannungen zwischen einzelnen?
- ☐ Dominiert einer und macht die anderen Gruppenmitglieder zu seiner Hilfstruppe?
- ☐ Wo wird ein einzelner von seiner Gruppe nicht akzeptiert?
- ☐ Wo gibt es Rivalitäten, die das gemeinsame Lernen paralysieren?
- ☐ Welche Normen bestimmen die gemeinsame Arbeit einer Kleingruppe?
- ☐ Wer wendet sich häufig Aufmerksamkeit suchend an die Lehrerin?
- ☐ Wer organisiert die Aktivitäten in der Gruppe?
- ☐ Wer übt soziale Kontrolle in der Gruppe aus?
- ☐ Wer ist nicht in der Lage oder nicht bereit, sich mit »seiner Gruppe« zu identifizieren?
- ☐ Bekommen schwächere Gruppenmitglieder Hilfe von anderen?
- ☐ Gibt es eine starre Rollenverteilung in der Gruppe?
- ☐ Wie grenzen sich einzelne Kleingruppen von anderen ab?

● **Hilfen zur Stabilisierung der Kleingruppen geben**

Die Schülerinnen sollen sich mit ihrer Gruppe und mit den von dieser Gruppe erarbeiteten Ergebnissen identifizieren können. Dies wird durch die Beachtung folgender Regeln und Kriterien gefördert:

- ☐ Die Gruppe sollte von der Lehrerin als Gruppe verstanden, akzeptiert und angeredet werden. Dies macht die Erfindung eines Gruppennamens nötig. Dabei kann die Sprecherin einer Gruppe den Namen abgeben (was aber den Nachteil hat, daß diese Sprecherin zu sehr exponiert wird), oder es wird ein sach- oder raumbezogener Name ausgesucht.
- ☐ Möglichst viele organisatorische und inhaltliche Entscheidungen müssen der Gruppe überlassen werden: die Wahl einer Sprecherin, die Bestimmung der Protokollantin, die Gesprächsleitung, Umgang mit Medien und Materialien, ein Stück weit auch die Raum- und Zeiteinteilung der Gruppe.

- ☐ Die Lehrerin sollte sich im weiteren Unterrichtsprozeß mit Lob und Kritik auf die Arbeitsergebnisse bzw. die Arbeitsschwierigkeiten der ganzen Gruppe beziehen; sie darf nicht in das individualisierende Ansprechen einzelner zurückfallen.
- ☐ Die Lehrerin sollte, soweit dies rechtlich zulässig ist und ein kleines Stückchen auch darüber hinaus, die Arbeitsergebnisse der Gruppe kollektiv zensieren und dabei das »Mitziehen« schwächerer Schülerinnen sowie die Hilfestellung stärkerer Schülerinnen besonders positiv bewerten.

Die Lehrerin soll also die *Verbindlichkeit der Gruppenarbeit herstellen und sichern.*

● **Die Auswertung der Gruppenarbeit vorbereiten**

Die Lehrerin soll dafür Sorge tragen, daß die Arbeitsergebnisse möglichst aller Gruppen im Plenum in einer methodisch phantasievollen Art und Weise vorgestellt werden können. Es ist ein Unding, im Plenum immer nur verbal über die Ergebnisse und Schwierigkeiten der Gruppe berichten zu lassen. Vor allem bei themengleichem Gruppenunterricht hört dann schon in der dritten Runde kaum mehr jemand zu. Deshalb sollten Sie möglichst häufig auf die in der NEUNTEN LEKTION skizzierten ganzheitlichen und handlungsorientierten Formen der Ergebnissicherung zurückgreifen (S. 176 ff.).

3. Ein Stundenentwurf mit Gruppenarbeit

Der folgende Stundenentwurf zum Thema *»Hausmann/Hausfrau«* verwirklicht eine ganze Reihe der in den vorausgegangenen Abschnitten aufgestellten Forderungen an Gruppenunterricht; er fügt sich auch genau in das im Abschnitt 1.2 skizzierte Strickmuster des Gruppenunterrichts ein. Er kann als erfahrungsbezogen und handlungsorientiert charakterisiert werden; er erfordert von einem Teil der Schüler einen ganzheitlichen, körperbezogenen Einsatz. Der gekürzt wiedergegebene Entwurf stammt von *Heino Ebel,* Lüneburg/Oldenburg, der damit am 15. 12. 1981 am Schulzentrum Langen bei Bremerhaven seine unterrichtspraktische Prüfung absolviert hat. Es handelte sich um eine 8. Realschulklasse.

Im Mittelpunkt der Stunde steht die *Arbeit an Standbildern.* Was Standbilder sind, wird auf S. 352 ff. erläutert. Standbilder eignen sich für das Thema der Stunde deshalb, weil soziale Erfahrungen, aber auch Vorurteile und Klischees der Rollenwahrnehmung im Standbild für alle sinnlich-anschaulich dargestellt und im Auswertungsgespräch reflektiert werden können (vgl. auch Scheller 1981, S. 196).

1. Zur Situation der Klasse

Die Schüler haben sich im großen und ganzen zu einer Gemeinschaft zusammengefunden. Sie wurden im letzten Schuljahr überwiegend frontal unterrichtet und zeigten lehrerzentriertes Verhalten. Nach einigen Wochen habe ich damit begonnen, verschiedene Spielformen in der Klasse zu erproben. Schwerpunktmäßig habe ich mit den Schülern szenisches Spiel, Gruppenunterricht, Kreis- und Streitgespräche durchgeführt. Bei der Gruppenarbeit gab es zu Beginn große Probleme. Ich mußte oftmals eingreifen, um den Arbeitsprozeß in Gang zu setzen und einen Leistungsabfall einzelner Schüler zu verhindern. Beim szenischen Spiel, insbesondere beim Rollenspiel, beteiligen sich die Schüler unterschiedlich intensiv. Einige haben gegenüber dieser Unterrichtsform aufgrund ihrer derzeitigen Entwicklungsphase eine ambivalente Einstellung: einerseits den großen Wunsch nach gezielter sprachlicher und körperlicher Selbstdarstellung, andererseits Hemmungen, den in der Pubertät befindlichen Körper als Verständigungsmittel gezielt einzusetzen.
Der Klassenraum ist eigentlich für die Durchführung von szenischem Spiel viel zu klein. Es fehlt vor allem Platz für eine ungestörte Vorbereitung in Kleingruppen. Im allgemeinen beteiligten sich die Jungen mehr als die Mädchen an diesem Sozialkunde-Unterricht.

2. Ziele der Unterrichtseinheit - bisheriger und weiterer Verlauf

Das Thema der Unterrichtseinheit lautet "Typisch weiblich?Typisch männlich?" und ist auf 8 bis 10 Unterrichtsstunden angelegt. Ich habe dieses Thema gewählt, weil es von den Richtlinien nahegelegt wird und weil es im Erfahrungs- und Lebenszusammenhang der Schüler eine große Rolle spielt. Im Rahmen dieser Unterrichtseinheit will ich den Schülern im Sinne eines erfahrungs- und handlungsorientierten Unterrichtskonzepts die Möglichkeit geben, ihre eigenen Vorstellungen, Phantasien, Ängste und Fragen zur Geschlechterrollen-Problematik zu artikulieren und dann auch zu verarbeiten. Das gemeinsam erstellte Produkt am Ende dieser Unterrichtseinheit soll die Vorführung von Standbildern und Rollenspielen vor einer Parallelklasse sein.
In der Aneignungsphase dieser Unterrichtseinheit haben die Schüler eine Collage mit Hilfe von Illustrierten-Photos usw. angefertigt, mit der sie ihre Erlebnisse, Erfahrungen und Vorstellungen zum Thema "Typisch weiblich?Typisch männlich?" artikulieren konnten. In der zweiten Stunde wurden Rollenklischees in der Sprache erarbeitet.
Die heutige dritte Stunde soll dazu da sein, den Schülern die geschlechtsspezifischen Rollenerwartungen an Hausherrn und Hausfrau, ihre Rollenausformung, vor allem auch ihre Veränderbarkeit zu verdeutlichen.
In den drauffolgenden Stunden habe ich vor, die von den Schülern in der Eingangsphase genannte unterschiedliche Berufssituation von Männern und Frauen aufzuarbeiten.

3. Zur Didaktik und Methodik

Ansatzpunkt und Bildungsinhalt für den Sozialkundeunterricht sind nach meinem Unterrichtsverständnis die Sozialerfahrungen der Schüler sowie deren zukünftige reale Lebenssituationen. Der Unterricht sollte sich also möglichst oft auf die Person des Schülers beziehen lassen. Dies dürfte bei dem heutigen Stundenthema ohne Schwierigkeiten zu leisten sein (vgl. auch Rolf Schmiederer: Zur Kritik der politischen Bildung, Frankfurt a.M. 1977,S.113). Darüber hinaus hatten die Schüler selbst ein Interesse an diesem Thema artikuliert.

Die Schüler sollen in dieser Stunde geschlechtsspezifische Rollenerwartungen in der Familie kennenlernen und mit Möglichkeiten der Veränderung konfrontiert werden. Dies soll am Beispiel der Lebenssituation eines Hausmannes und einer Hausfrau geschehen. Zunächst ist es dazu erforderlich, daß sich die Schüler ihrer Einstellungen zu diesem Problemkreis bewußt werden, sie in Frage stellen und erste Orientierungen für eine neue Definition des Rollenverhaltens zur Kenntnis nehmen. Es wäre jedoch unrealistisch, von den Schülern eine Ad-hoc-Veränderung ihres Rollenverhaltens zu erwarten. Ebenfalls dürfte einleuchten, daß diese Zielstellungen kaum erreichbar sind, wenn sich der Unterricht auf die Vermittlung abstrakt-kognitiven Wissens beschränkt und lediglich verbale Zustimmung der Schüler zu Gleichheitspostulaten einklagt. Erfahrungsbezogener und handlungsorientierter Unterricht heißt in diesem Zusammenhang, daß ein ganzheitliches Lernen möglich werden muß, in dem sowohl kognitiv-abstrakte als auch sinnlich-konkrete Lernprozesse ablaufen.

Im Mittelpunkt dieser Stunde steht die Vorbereitung, Darstellung, Beobachtung und Interpretation von zwei Standbildern (vgl. Ingo Scheller, Erfahrungsbezogener Unterricht, Scriptor Königstein/Ts. 1981, S. 196). Ich habe diese Spielform gewählt, weil sie es erlaubt, in Form kleiner Experimente handfest-anschaulich divergierende Rollenverteilungen in der Familie gegenüberzustellen und dann auch zu bewerten. Ich hoffe, daß so ernsthafte Anstöße für die Auseinandersetzung mit den zu Hause und in der Nachbarschaft und Verwandtschaft erfahrenen traditionellen Rollenverständnissen möglich werden. Darüber hinaus erlaubt die Wahl der Spielform solchen Schülern, die durch das Stundenthema subjektiv stark betroffen sind, eine spielerische Distanzierung von eigenen Problemen. Die Schüler können eigene Erfahrungen und Kenntnisse einbringen, sie können in der sich entwickelnden Spielsituation aber auch ganz neue Erfahrungen machen. Sie können ihr Interesse am Spiel und an körperlicher Selbstdarstellung entfalten.

Das in didaktischer Sicht anspruchsvollere Rollenspiel setze ich nicht ein, weil dabei die zur Verfügung stehende Vorbereitungszeit überschritten werden müßte, weil der Klassenraum zu eng ist und weil mehrere Schüler noch Hemmungen haben, sich auf diese Spielform einzulassen (s.o.). Weitere methodische Alternativen für diese Stunde sind denkbar, z.B. die Weiterentwicklung einer Bildgeschichte mit offenem Ausgang oder die Lektüre autobiographischer Texte zur Hausmänner- und Hausfrauenrolle. Solche Vorgehensweisen entsprächen aber meinem Verständnis eines ganzheitlichen Lernprozesses nicht vollständig.

4. Teilschritte der Stunde

1. Nachdem ich den Schülern das Thema und den groben Stundenverlauf genannt habe, lasse ich ein Arbeitsblatt mit zwei Karikaturen zum Thema "Hausmann und Hausfrau" betrachten und interpretieren. Die Schüler sollen mit Hilfe dieses relativ offenen Mediums einen ersten individuellen Zugang zum Stundenthema finden. Meine Aufgabe besteht nun darin, die Schülereinfälle zu sammeln, keinesfalls aber ihre spontane Assoziationsbereitschaft durch inhaltliche Bewertungen zu beschneiden. Dadurch haben die Schüler die Möglichkeit, selbst erlebte familiäre Rollenerfahrungen in den Un-

terricht einzubringen, ohne Gefahr zu laufen, von Mitschülern ausgelacht oder auch nur schief angesehen zu werden. Bei einer direkten Befragung nach familiären Rollenerfahrungen könnte leicht eine Blockierung bei den Schülern eintreten und die Schüler zu unwahren Antworten gebracht werden.

BILD ①

BILD ②

2. Im zweiten Schritt erfolgt die Vorbereitung auf die Darstellung und Interpretation von zwei Standbildern an den fünf Gruppentischen. Die <u>erste Gruppe</u> bekommt den Auftrag, anhand eines kurzen Textes eine mögliche Situation aus dem Alltag einer Familie darzustellen, in der die Frau die Hausarbeiten erledigt:

<u>Arbeitsaufgaben</u> <u>ARBEITSBLATT 1</u>

1. Lest den folgenden Text allein durch.

> Von Beruf Hausfrau
>
> Seit 12 Jahren sind Jürgen und Renate Schaller verheiratet. Sie haben 2 Söhne, Martin ist 10 Jahre und Peter 11 Jahre alt, sowie eine 5jährige Tochter, die Dagmar heißt.
> Gleich nach der Geburt des ersten Sohnes hat Renate Schaller ihren Beruf als Innenarchitektin aufgegeben und widmet sich seitdem ganz ihren Kindern und der Haushaltsführung. Ihr Mann ist ebenfalls Innenarchitekt und verdient das Geld der Familie.

2. Aus diesem Text sollt Ihr ein <u>Standbild</u> formen. Einigt Euch also auf eine Situation aus dem Alltag dieser Familie, die Ihr darstellen wollt. Jeder von Euch soll dabei die Rolle eines Familienmitgliedes übernehmen.

Die zweite Gruppe soll auf dem selben Weg und mit einem parallel verteilten Arbeitsblatt eine Alltagssituation in dem Haushalt eines Hausmannes als Standbild darstellen. Um den Realitätsgehalt beider Szenen ein wenig zu erhöhen und um den Schülern kleine Hilfen bei der Inszenierung zu geben, dürfen die Schüler folgende Requisiten benutzen: Besen/Handfeger; Spiegel/Kamm/Haarbürste; Bierflasche/Pfeife/Tabakdose; Buch/2 Zeitschriften ("Spiegel" und "Brigitte")/Tageszeitung; Malkasten/Kinderzeichnung/Puppe; Spielzeugrevolver/Hammer/Spielkatze; Abwaschschüssel/Geschirrtuch/Teller/Tasse; Gabel/Löffel/Geschirrbürste/Küchenschürze. (Die Schüler werden darauf hingewiesen, daß sie aus diesen Requisiten eine Auswahl treffen sollten!

Arbeitsaufgaben ARBEITSBLATT 2

1. **Lest den folgenden Text allein durch.**

> **Von Beruf Hausmann**
> Jonas Steiner führt seit vier Jahren den Haushalt. Der gelernte Elektroingenieur versorgt seinen 5jährigen Sohn Florian, seine beiden 12jährigen Zwillingstöchter Janina und Esther und erledigt alle anfallenden Hausarbeiten. Seine Frau Anne verdient als Apothekerin das Geld der Familie. Sie ist froh, daß sich ihr Mann um den Haushalt kümmert und sie die Kinder nicht so oft "um die Ohren" hat.

2. Aus diesem Text sollt Ihr ein Standbild formen. Einigt Euch also auf eine Situation aus dem Alltag dieser Familie, die Ihr darstellen wollt. Jeder von Euch soll dabei die Rolle eines Familienmitgliedes übernehmen.

Die dritte, vierte und fünfte Schülergruppe erhält einen Arbeitsauftrag zur Vorbereitung der späteren Beobachterrolle. Aus zeitlichen, inhaltlichen und motivationalen Gründen wäre es kaum möglich und auch nicht sinnvoll, alle drei weiteren Gruppen ebenfalls ein Standbild formen zu lassen. Sie erhalten vielmehr den Auftrag, ihre Vorstellungen und Kenntnisse zur Rollenverteilung in Familien zu diskutieren und schriftlich festzuhalten (siehe Arbeitsblatt).

Die Gruppenarbeitsphase habe ich auch deshalb gewählt, weil dadurch die Schüler wenigstens für einen Teil der Stunde selbständig arbeiten, nicht immer wieder lehrerzentrierte Verhaltensweisen verstärken und weil so auch die stilleren Schüler, die im Klassenverband häufiger verbal gehemmt sind, zum Zuge kommen können:

ARBEITSBLATT GRUPPE 3/4/5

Aufgaben für die Gruppenarbeit

① Welche Aufgaben übernimmt der Mann in der Familie?

② Welche Aufgaben übernimmt die Frau in der Familie?

______________________ ______________________

______________________ ______________________

______________________ ______________________

______________________ ______________________

....

3. Der dritte Unterrichtsschritt dient der Auswertung der Gruppenarbeit im Klassenverband. Die Schüler sollen sich dazu im Halbkreis um die Tafel herumsetzen. Damit will ich bewirken, daß bei der Vorführung der Standbilder so etwas wie eine kleine Bühne vorhanden ist, die von allen Zuschauern genau beobachtet werden kann. Die beiden Gruppen bauen die vorbereiteten Standbilder auf. Die Beobachtungsgruppe 3 bis 5 werden aufgefordert, ihre Wahrnehmungen, ihr Erleben und ihre Gedanken zu dem Standbild zu äußern, eventuell Korrekturen vorzunehmen, um so die Spielszene zu beeinflussen.
Die Auswertung der zwei Standbilder soll dann im Kreisgespräch erfolgen. Hier fließen die Beobachtungsergebnisse der Beobachtergruppen mit ein, indem die auf dem Arbeitsblatt notierten Stichworte mit dem Standbild verglichen werden.
Im Anschluß daran werde ich die für die Zielstellung dieser Stunde zentrale Frage stellen, welcher Schüler und welche Schülerin später als Erwachsene die Rollen zu tauschen und Hausmann bzw. Berufstätige zu werden. Falls sich die Schüler auf diese Frage nicht einlas-

sen, werde ich versuchen, durch provokative Leitfragen doch noch eine Stellungnahme zu produzieren. Eine schriftliche Fixierung der Diskussionsergebnisse halte ich in dieser Stunde nicht für erforderlich.

5. Lernziele der Stunde

Die Schüler sollen erkennen, daß es geschlechtsspezifische Rollenerwartungen in der Familie gibt und daß diese veränderbar sind.
Dabei sollen sie im einzelnen:

- die Rollenerwartungen an Männer und Frauen in der Familie nennen und gegenüberstellen
- mit szenischem Spiel (Standbilder) zwei Arten des Rollenverhaltens in der Familie kognitiv und sinnlich-körperlich nachvollziehen
- ihr Rollenverständnis von Hausfrauen und Hausmännern in Frage stellen
- Argumente zur Beurteilung der Hausmannrolle anführen sowie Probleme und Konflikte bei einer Rollenveränderung kennenlernen
- am Beispiel der Rolle des Hausmannes eine Möglichkeit der Veränderung geschlechtsspezifischer Rollenzuweisung erkennen.

6. Literaturverzeichnis

BADINTER, Elisabeth: Die Mutterliebe. München 1981

BELGRAD, Jürgen/SCHILLING, Sybille: Die Familie. Materialien zum Lernfeld Sozialisation. Weinheim-Basel 1979

BÜRGERLICHES GESETZBUCH

COBURN-STAEGE, Ursula: Der Rollenbegriff. Heidelberg 1973

DAHRENDORF, Ralf: Homo sociologicus. Köln-Opladen 1972

FILSER, Franz (Hrsg.): Familie und Gesellschaft. Ergebnisse der Familiensoziologie. Stuttgart 1979

GRUNDGESETZ der Bundesrepublik Deutschland

MEAD, Margaret: Mann und Weib. Hamburg 1973

NIEDERSÄCHSISCHES SCHULGESETZ

SCHELLER, Ingo: Erfahrungsbezogener Unterricht. Königstein/Ts. 1981

SCHMIEDERER, Rolf: Zur Kritik der Politischen Bildung. Frankfurt/M. u. Köln 1977

"STERN"-Magazin Nr. 45/1981

WULF, Christoph (Hrsg.): Wörterbuch der Erziehung. München 1974

7. VERLAUFSPLAN

ZEIT	U.-PHASE	UNTERRICHTSSCHRITTE	U.-ORGANISATION	MAT./MEDIEN	BEMERKUNGEN
5'	1. <u>Aneignungsphase</u>	1. kurze Erläuterung der heutigen Stunde 2. Einstieg ins Thema mittels einer Bildbetrachtung und -interpretation	Lehrervortrag Einzelarbeit/ Unterrichtsgespräch	Arbeitsblatt mit 2 Karikat.	Sch. sitzen an bereitgestellten Gruppentischen in der gewohnten Zusammensetzung
15'	2. <u>Verarbeitungsphase</u>	3. Vorbereitung auf die Darstellung, Beobachtung und Interpretation zweier Standbilder - zwei Gruppe bereiten je ein Standbild vor - drei Gruppen bereiten sich auf Beobachtung und Beurteilung der Standbilder vor	Gruppenarbeit	Arbeitsblätter mit Gruppenaufträgen	L. steht zur Beantwortung von Fragen zur Verfügung
25'	3. <u>Veröffentlichungsphase</u>	4. erste Gruppe stellt Standbild dar, die anderen Sch. interpretieren und korrigieren evtl. diese Szene zur Hausfrauenrolle 5. zweite Gruppe stellt Standbild dar, die anderen Sch. interpretieren und korrigieren evtl. diese Szene zur Hausmannrolle 6. Auswertungsgespräch: - Vorstellungen und Kenntnisse zum Rollenverhalten in der Familie - individuelle Bereitschaft zum Rollentausch und zur Realisierung von Gleichberechtigung - (falls die Zeit reicht: Disk. eines Textes, der die Probleme und Konflikte bei einem Rollentausch aufzeigt)	Szenisches Spiel (Standbilder) Unterrichtsgespräch	Requisiten Text	Schüler sitzen im Halbkreis Sch. schließen den Kreis

ZWÖLFTE LEKTION:

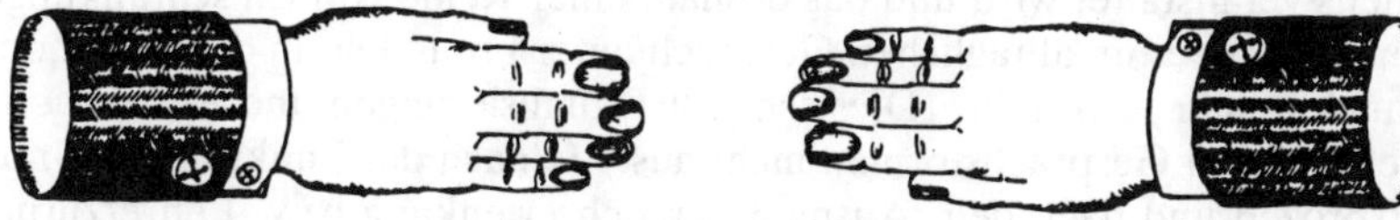

Handlungsmuster des Unterrichts

Inhalt + Ziel

Was Handlungsmuster sind, ist im THEORIE-TEIL auf S. I, 124 ff. definiert worden: Handlungsmuster bestimmen die Form, in der sich Lehrer und Schüler die natürliche und gesellschaftliche Wirklichkeit aneignen. Es sind historisch gewachsene, von den Handelnden mehr oder weniger fest verinnerlichte Modelle der Auseinandersetzung mit den Inhalten und Lernaufgaben des Unterrichts. Sie haben einen bestimmten Anfang und ein gleichsam natürliches Ende. Sie sind in sich zielgerichtet. Konkreter Unterricht stellt eine inhaltliche und methodische Variation dieser mit einem »Drehbuch« vergleichbaren Muster dar.

In dieser Lektion werden 11 Handlungsmuster ausführlich dargestellt; in der DREIZEHNTEN LEKTION kommen 4 weitere hinzu. Die Handlungsmuster sind jeweils zu »Familien« zusammengefaßt. Aus Platz- und auch aus Kompetenzgründen fehlt allerdings eine ganze Reihe weiterer Muster, die auf der DIDAKTISCHEN LANDKARTE Nr. 4 aufgelistet worden sind, die aber durch die vielen Literaturhinweise am Ende jedes Abschnittes erschlossen werden können.

1. Gesprächsformen

1.1 Begriffserklärung

Ein *Unterrichts*gespräch ist ein Gespräch, das zum Zwecke des Lehrens und Lernens veranstaltet wird und das deshalb einer Reihe von Einschränkungen unterliegt, die es im alltäglichen Gespräch unter Freunden, in der Sauna oder wo auch immer nicht gibt. (Dies schließt Ritualisierungen und Restriktionen dieser anderen Gesprächsformen nicht aus.) Je nach der Funktion im Unterrichtsprozeß und nach dem Ausmaß der Lehrerlenkung bzw. Lehrerzurücknahme werden verschiedene Gesprächsformen unterschieden. Zunächst die offenen oder »freien«, danach die gebundenen Formen:

- ☐ Die *Unterhaltung* ist die lockerste Form des Unterrichtsgesprächs: »Mindestens zwei Gesprächspartner tauschen ihre Ansichten und Meinungen aus. Dabei kann der Gegenstand beliebig wechseln. Man kommt häufig vom ›Hundertsten ins Tausendste‹. Je abwechslungsreicher ein solches Gespräch ist, umso unterhaltender und anregender ist es. Das Unterhaltungsgespräch verläuft im allgemeinen weder ausgesprochen zielstrebig noch planmäßig. Es läßt den Beteiligten völlige Freiheit, sich an einem bestimmten Thema zu beteiligen oder nicht bzw. das Thema zu wechseln« (Klingberg 1982a, S. 278).
  Für Lothar Klingberg ist die Unterhaltung *kein unterrichtliches* Handlungsmuster. Ich meine jedoch, daß sie – wohl dosiert – wichtige ausgleichende Funktionen erfüllen kann. Sie dient der Entwicklung und Pflege des sozialen Klimas der Klasse. Sie kann genutzt werden, um Konflikte zu thematisieren. Sie ist auch eine der wenigen Gelegenheiten, bei denen Schüler etwas über das Privatleben ihrer Lehrer erfahren können (und dies interessiert sie häufig sehr!).
  Als sogenannter *»Morgenkreis«* oder als fest installierte Gesprächsrunde zum Wochenende oder zum Neuanfang der Woche zählte die Unterhaltung früher – insbesondere in der Grundschule – zu den gebräuchlichen Handlungsmustern (vgl. Ritz-Fröhlich 1982, S. 23; Prior 1985, S. 156). Als historischer Vorläufer der Unterhaltung kann die »Konversation« der bürgerlichen Salons des 18. und 19. Jahrhunderts betrachtet werden (vgl. Dittmann 1979; Schmölders 1986).
- ☐ Das *Schülergespräch* ist eine Gesprächsform, in der sich der Lehrer möglichst weit zurücknimmt und den Schülern den freien Raum läßt, ihre eigenen Erfahrungen, Bedürfnisse und Phantasien zu veröffentlichen und zu reflektieren (vgl. Scheller 1981, S. 121ff.). Das von Berthold Otto (siehe S. I, 213) gepflegte *»freie Unterrichtsgespräch«*, das er aus dem familiären Tischgespräch herleiten und zum Zentrum der gesamten Unterrichtsarbeit machen wollte (Otto, in: G. Geißler 1970, S. 82; vgl. Otto 1963; Schwager 1970, S. 106), kann als historischer Vorläufer des Schülergesprächs betrachtet werden. Eine genauere Analyse, wie frei das freie Gespräch Berthold Ottos wirklich war, ist allerdings am Platze.
- ☐ Als Fehlform der Unterhaltung und des Schülergesprächs kann das *»Labern«* betrachtet werden. Es geht ebensooft vom Lehrer wie von den Schülern aus. Nach dem Zweiten Weltkrieg konnte man viele Lehrer z. B. dadurch vom Thema abbringen, daß man sie nach ihren Kriegserfahrungen befragte (»Erzählen Sie doch noch mal von Stalingrad!«), heute geht es mehr um die Hobbies und Interessen der Lehrer (»Ist Ihr Dackel wieder gesund?«). Lehrer lassen sich auf solche Schülertaktiken zuweilen ein, weil sie ihre eigenen Erfahrungen noch nicht verarbeitet haben, weil sie sich schlecht auf das Thema der Stunde vorbereitet haben oder weil sie am Thema desinteressiert sind. Schüler wissen

genau, bei welchen Lehrern sie mit solchen Rückfragen landen können. Die betreffenden Lehrer sollten aber bedenken, daß »Laberheinis« von Schülern zwar ge- und mißbraucht, aber nicht geachtet werden.

- *Diskussion, Streitgespräch, Pro-und-Contra-Gespräch, Debatte* sind stark verregelte Gespräche zur Erörterung umstrittener konsensbedürftiger Fragen und Probleme. Diese im Bewußtsein der Schüler durch die Medien geprägten Gesprächsformen dienen der Einübung in demokratische Formen der Konfliktlösung sowie der wissenschaftspropädeutischen Schulung der Argumentationsfähigkeit. Als historischer Vorläufer kann die »disputatio« des Mittelalters betrachtet werden (vgl. Klingberg 1982a, S. 279). Eine Fehlentwicklung dieser Gesprächsformen liegt dann vor, wenn sie von den Schülern zum aggressiven Ausleben ihrer Konkurrenzorientierung oder zum dümmlichen Reproduzieren von Klischees genutzt werden.

Die nun folgenden Gesprächsformen sind durch eine hohe direkte oder indirekte Lehrlenkung gekennzeichnet. Genaue begriffliche Abgrenzungen sind dabei schwierig:

- Als *gelenktes Unterrichtsgespräch* (Thiele 1981, S. 16) oder als *Lehrgespräch* (Gaudig 1963, S. 49; Stöcker 1970, S. 217) werden jene Gesprächsformen bezeichnet, in denen der Lehrer Inhalt und Ziel des Gesprächs vorgibt, aber die Schüler durch regelmäßige Zwischen- und Rückfragen (Verständnis-, Wiederholungs-, Beispiel-, Prüfungsfragen) zum aufmerksamen Nachvollziehen des Gedankenganges zwingt.
- Als *fragend-entwickelndes Gespräch* wird eine Gesprächsform bezeichnet, in der der Lehrer durch die geschickte Nutzung der Vorkenntnisse der Schüler sowie ihres logischen oder psychologischen Argumentationsvermögens einen Sach-, Sinn- oder Problemzusammenhang aus der Sicht und in der Sprache der Schüler fragend entwickelt.
- Das *sokratische Gespräch* wird zumeist als historischer Vorläufer des fragend-entwickelnden Gesprächs betrachtet (siehe Abschnitt 1.3).
- Das *Prüfungsgespräch* ist eine aus der mittelalterlichen *Katechese* entwickelte Form der Leistungskontrolle (vgl. Klingberg 1982a, S. 277, Henningsen 1974, S. 55ff.). Die Lehrerlenkung kann im Prüfungsgespräch zumeist nur punktuell zurückgedrängt werden – aber selbst dort, wo ein für beide Seiten interessantes Gespräch entsteht, bleiben eindeutig geregelte Herrschaftsverhältnisse bestehen (vgl. Prahl 1983).

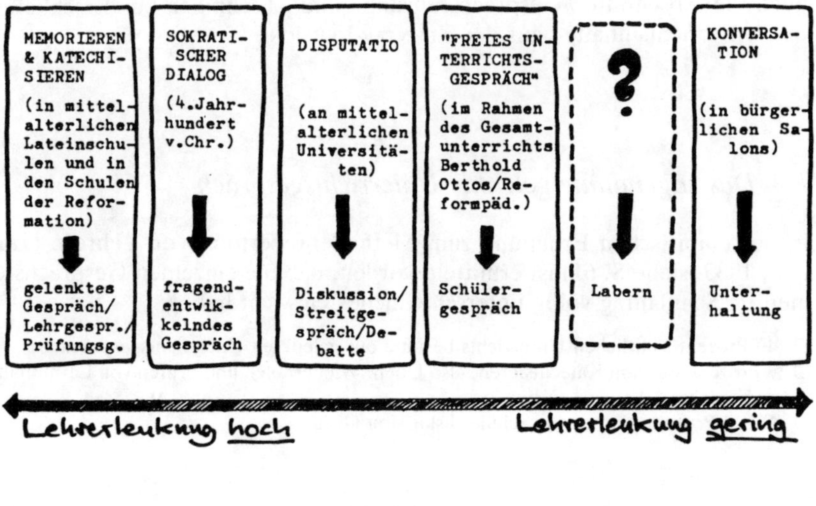

Ein Gespräch hat zumeist einen definierten Anfang, ein erkennbares Ende und eine innere Zielgerichtetheit. Es dient dem Gedanken- und Meinungsaustausch im Medium der Sprache (wobei die Verbalsprache durch die Körpersprache ergänzt wird). *Anrede* und *Erwiderung* bzw. Rede und Gegenrede können als Grundelemente des Gesprächs bezeichnet werden. Die Gesprächspartner haben – zumindest dem Anspruch nach – gleiche Rechte und Pflichten. Sie müssen ihre eigenen Thesen vortragen und begründen, sie haben aber auch die Pflicht, auf die Argumente oder Erfahrungen des Partners zu hören und sich mit ihnen auseinanderzusetzen. Das Gespräch hat eine *dialogische Struktur*.

Dies hat immer wieder zu idealisierenden Überhöhungen geführt, die zum Teil naiv auf die Möglichkeiten einer herrschaftsfreien Kommunikation im Klassenzimmer übertragen wurden. Dennoch kann und darf auf den im Gespräch enthaltenen *Anspruch* auf herrschaftsfreie, symmetrische Kommunikation nicht verzichtet werden – sonst wäre das Gespräch kein Gespräch, sondern Befehlsempfang oder Indoktrination! Selbst das rigideste, jeden Ansatz zur Selbständigkeit des Denkens der Schüler im Keim erstickende gelenkte Gespräch enthält seiner Form nach einen utopischen Überschuß. Es zielt auf die *vernünftige, diskursive Verständigung* zwischen Lehrer und Schülern. Der Lehrer, der ein Gespräch anzettelt, stellt – zumindest der Form nach – seine Befehlsgewalt über die Schüler ein Stück weit zur Disposition. Er unterstellt, daß die Schüler im Gespräch etwas lernen können, daß sie sich also *selbst belehren* können (vgl. auch die Ausführungen zum Diskursbegriff in der ZWEITEN LEKTION, S. I, 99).

Im folgenden werden einige wenige Gesprächsformen exemplarisch dargestellt. Ausführliche theoretische und unterrichtspraktische Anleitungen finden Sie bei meinem ehemaligen Oldenburger Hochschullehrer Werner Loch (1962), bei Thiele (1982), Ritz-Fröhlich (1982), Ramsenthaler (1986); vgl. auch die Abschnitte »Gesprächsführung« und »Techniken zur Erschließung der Unterrichtsinhalte« aus der ZEHNTEN LEKTION.

1.2 Das sogenannte gelenkte Unterrichtsgespräch

In der empirischen Erhebung zum Methodenrepertoire von Lehrern (Hage u. a. 1985, siehe S. 61) ist ermittelt worden, daß die einzelnen Gesprächsformen im Schulalltag völlig unterschiedliches Gewicht haben:

- 49 Prozent sämtlichen Unterrichts bestand aus gelenkten Unterrichtsgesprächen;
- 7 Prozent aus dem Katechisieren, also Üben, Wiederholen und Prüfen von Lerninhalten in Frage-und-Antwort-Form.
- Nur 2 Prozent blieben für Schülerdiskussion übrig.

Auch wenn unterstellt werden kann, daß sich unter der Kategorie *»gelenktes Gespräch«* eine Fülle von zum Teil recht unterschiedlichen Kommunikationsformen und -anlässen verbirgt, so muß doch festgehalten werden, daß es das mit weitem Abstand am häufigsten verwandte Handlungsmuster der Regelschule ist.

These 12.1: Das gelenkte Gespräch ist, rein quantitativ gesehen, das wichtigste Handlungsmuster der Schule überhaupt! Es macht die Hälfte des gesamten und zwei Drittel des Frontalunterrichts aus.

Deshalb ist es auf der Didaktischen Landkarte Nr. 4 als *Qualle* mit langen, alles umschlingenden Tentakeln gezeichnet worden.

Wie kommt dieser wahnwitzig hohe prozentuale Anteil zustande? Wer selbst Lehrer ist oder häufiger Unterricht beobachtet, weiß, daß in nahezu allen Fächern, also auch in den praktisch orientierten Fächern wie Sport, Kunst, Werken, Arbeitslehre usw., eine *fortwährende verbale Rückversicherung* zwischen dem Lehrer und den Schülern darüber stattfindet, ob die Schüler dem Unterrichtsablauf folgen oder nicht, ob sie den Arbeitsauftrag verstanden haben oder nicht, ob sie das vom Lehrer Gemeinte rekapitulieren können oder nicht. Salopp formuliert: *Das gelenkte Gespräch ist so etwas wie das »Schmieröl« für den Unterrichtsprozeß.* Es ist m. E. aber auch das problematischste Handlungsmuster, das man sich denken kann!

Ich möchte diese Behauptung an einem kurzen Unterrichtsprotokoll (Mitschnitt einer Video-Aufnahme aus dem Deutschunterricht der 7. Klasse eines Gymnasiums) verdeutlichen. Thema der Stunde ist die Kurzgeschichte »Das Nachtpfauenauge« von Hermann Hesse. Die Schüler hatten die Hausaufgabe, die Geschichte zu lesen; nun rekapituliert der Lehrer im gelenkten Gespräch, um welche Textsorte es sich handelt:

Lehrer: Ja also, wir sehen, das ist eine *Jugenderinnerung,* die er hierbei aufschreibt (schreibt das Wort an die Tafel) und. . .
Nun habe ich noch eine Frage: Wo, in welcher Art Bücher würdet ihr denn so eine . . . Erinnerung erwarten, so eine Geschichte? . . .Außer, daß es nun mal im Lesebuch drinsteht, nich?. . .
Ja, Ralf?
Ralf: Vielleicht in einem Tagebuch oder so?
Lehrer: Tagebuch? . . . (einige Schüler sagen: Nein) . . . Warum nicht, Jan?
Jan: Weil das ja über mehrere Jahre geht.
Lehrer: Nun, was schreibt man eigentlich in ein Tagebuch? . . . Von *einem* Tag? (mehrere Schüler reden) . . . Das heißt also? Ja!
Schüler: . . . daß man da nicht alle diese äußeren Handlungen da und so schreibt, sondern in einem Tagebuch das, was man empfindet, mehr dahinschreibt.
Lehrer: Ja, und worüber empfindet man es? Das, was man im Tagebuch schreibt, worüber empfindet man das?

Schüler: Über den einzelnen Tag. Man kann ja nicht. . .
Lehrer: (unterbricht den Schüler) Ja, über welchen Tag, das ist glaube ich noch nicht ganz deutlich geworden. . . (auffordernd) Im Tagebuch schreibe ich. . .? Na, nehmen wir mal als Beispiel – heute ist der 25. 10. 1986 – was könnte man im Tagebuch heute abend (wenn jemand Tagebuch führt) – was könnte man da reinschreiben? Claudia!
Claudia: Das über den Tag, was er erlebt hat.
Lehrer: Über welchen Tag?
Claudia: Heute.
Lehrer: Heute, Genau. Wir hatten aber ja festgestellt, bei unserer Geschichte, da ist ein Abstand von etwa 22 Jahren. . . Jens!
Jens: Ich glaub, in gesammelten Werken und so?
Lehrer: Mmh. Gesammelte Werke. . . Oder? Joachim?
Joachim: Vielleicht im Krimi oder so? (andere Schüler lachen)
Lehrer: Na!
Schüler: Abenteuerbuch?
Lehrer: (an die übrigen) Abenteuerbuch?
Schüler: In einem Jugendbuch?
Lehrer: Ja, ich glaube, jetzt seid ihr aufs *Raten* gekommen. Wir wollen das nochmal überlegen. Wir haben festgestellt, es handelt sich um eine Jugenderinnerung, die er etwa 20 Jahre später, wie Joachim vermutet hatte, und das war ja ganz toll, die er 20 Jahre später aufschreibt. . . Tja, wenn's nicht Tagebuch ist, weil man da *gleich* etwas aufschreibt, dann müßte es wohl etwas anderes sein. Na, Silke?

Silke: In Karl-May-Büchern, da schreibt er ja auch alles also in Ich-Form und schreibt es dann also. . .
Lehrer: (unterbricht Silke) Haben wir in dieser Geschichte Ich-Form?
Schüler: Teilweise wohl.
Lehrer: Teilweise. Ja, ist richtig. Mmh.
Schüler: Vielleicht ist es auch ein Buch, wo so'ne Lebensbeschreibung von einem Künstler, wo man dann. . .
Lehrer: (unterbricht) Ich glaube auch, nich! Das ist also nicht nur eine Jugenderinnerung, sondern es ist eine *Lebenserinnerung* (schreibt das Wort ›Lebenserinnerung‹ an die Tafel).
Schüler: Eine Geschichte aus seinem Leben vielleicht. . .
Schüler: (leise dazwischenredend) *Memoiren!*
Lehrer: Ja, und hier ist schon jemand. . .
Schüler: (zwischenrufend) Lebensgeschichte!
Lehrer: . . . ganz perfekt in Fremdwörtern und sprach von Memoiren. – Was sind das denn?
Schüler: Memoiren sind so ähnlich. . . von früheren Erlebnissen. . .

Lehrer: Ja, das sind Erinnerungen, nich, das ist ein Wort aus dem Französischen, und da sind die Erinnerungen nun aufgefaßt.

Eine Frage vorweg (ich komme darauf zurück): In diesem Gesprächsausschnitt werden insgesamt 403 Wörter gesprochen. Wieviel Prozent stammen vom Lehrer, wieviel von den Schülern?

Lehrer: _______ Prozent Schüler: _______ Prozent

Es lohnt sich, diesen Protokollausschnitt mehrfach durchzulesen, um die Struktur des gelenkten Gesprächs genauer zu erfassen. Lassen Sie sich bitte nicht durch die ab und an mißratene Syntax stören – sie weicht kaum von dem in wörtlicher Rede Üblichen ab:

- ☐ Der Lehrer will erreichen, daß die Schüler den *Begriff Lebenserinnerung* bzw. Memoiren nennen. Er arbeitet also mit dem in der ZEHNTEN LEKTION (S. 215) skizzierten gebräuchlichen Gestaltungsmittel der *Abstraktion* bzw. des Oberbegriff-Bildens. Um sein Ziel zu erreichen, stellt er jedoch eine komplizierte, in ein weiteres Sachproblem verpackte Frage (»In welcher Art Bücher würdet ihr denn. . .«)
- ☐ Die Schüler beginnen ein *Ratespiel* (nicht erst an der Stelle, an der dies vom Lehrer gesagt wird, sondern von Anfang an). Sie werfen – gelenkt durch die verbalen Anregungen und auch durch die Körpersprache des Lehrers – lockere Assoziationen in den Raum, die der Lehrer wie Ping-Pong-Bälle an die Klasse zurückschlägt.
- ☐ Dabei werden die Schülerantworten fortwährend *bewertet:* einmal direkt durch die Wiederholung in Frageform (»Abenteuerbuch?«), zum zweiten indirekt dadurch, daß der Lehrer den Schülern wiederholt ins Wort fällt und damit dokumentiert, daß er sich von dem unterdrückten Gesprächsbeitrag nichts Vernünftiges erhofft.
- ☐ Das von Silke eingebrachte Stichwort »Ich-Form« wird aufgegriffen und als *Impuls* an die Klasse zurückgegeben – aber der Impuls führt in die Irre und erzwingt neue Unterbrechungen durch den Lehrer.
- ☐ Schließlich kommt ein Schüler auf die richtige Idee – seine Antwort *»Memoiren«* wird vom Lehrer auf der Stelle durch ein Lob verstärkt (». . . hier ist schon jemand ganz perfekt in Fremdwörtern«).
- ☐ Die Schüler haben 119 Wörter gesprochen (= 27,3 Prozent), der Lehrer 284 (= 72,7 Prozent). Das auf Seite 203 formulierte *»Gesetz der zwei Drittel«* ist also mehr als bestätigt.

Wäre es im obigen Gesprächsabschnitt um nichts anderes gegangen als darum, das Wort »Memoiren« finden zu lassen, so müßte das Verhalten des Lehrers als dilettantisch bezeichnet werden. Der Lehrer ist aber nicht dilettantisch, sondern ausgesprochen routiniert und auch souverän im Umgang mit seinen Schülern (wie der Rest der Video-Konserve belegt). Der Gesprächsausschnitt macht deutlich, daß das gelenkte Gespräch *eine ganze Reihe weiterer Funktionen* erfüllt, die über die vordergründige Aufgabe der Sachklärung weit hinausgehen:

● **Einklinkfunktion**

Das gelenkte Gespräch dient dem *Aufwecken* und *Motivieren* der Schüler. Es führt zu einem *gefühls- und körperbezogenen Einschwingen* in die Themenstellung der Stunde. Bei kleineren Schülern ist dies noch deutlicher als bei den großen zu erkennen. So kann es z. B. immer wieder passieren, daß sich Schüler laut schnipsend und »hier, hier« rufend am gelenkten Gespräch beteiligen, auch wenn aufgrund der gestellten Frage bzw. des aufgeworfenen Problems klar sein müßte, daß sie die gewünschte Antwort (noch) nicht geben können. Ja selbst dann, wenn der Lehrer einen Schüler darauf hingewiesen hat, daß er die gesuchte Antwort nicht wissen könne, meldet er sich unverdrossen weiter – weil es schön ist, dranzukommen!

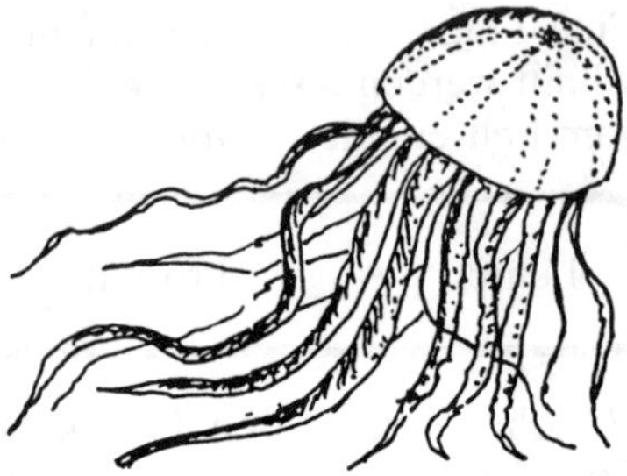

● **Rückmeldefunktion**

Das gelenkte Gespräch hat eine Informationsfunktion für den Lehrer. Er nutzt die Gesprächsbereitschaft der Schüler, um sich ein genaueres Bild über ihre Vorkenntnisse zu machen. Gerade weil Lehrer heute nicht mehr so genau wie vor 50 oder gar 100 Jahren wissen können, was ihre Schüler wissen und können, sind sie darauf angewiesen, immer wieder zu klären, welche themenspezifischen Vorkenntnisse und Defizite bestehen. Theoretisch könnte diese Informationssammlung auch mit anderen Handlungsmustern durchgeführt werden – aber das gelenkte Gespräch ist sicherlich für den Lehrer die bequemste Form.

● **Steuerungsfunktion**

Der Lehrer nutzt das gelenkte Gespräch, um den Denkprozeß seiner Schüler zu steuern. Sie müssen so lange an seiner Frage herumknabbern, bis ihnen der Lehrer signalisiert, daß sie eine akzeptable Antwort genannt haben oder zumindest in die richtige Richtung weiterraten.

● **Übungsfunktion**

Das gelenkte Gespräch dient der *Festigung* und *Wiederholung* kognitiven Wissens. Das sogenannte »Lehrerecho«, also die Wiederholung von Schülerfragen und -antworten verstärkt diese Fragen und Antworten.

● **Vorbereitungsfunktion**

Schließlich kann das gelenkte Gespräch auch als *Ersatz für die ausgefallene Unterrichtsvorbereitung* vom vorherigen Nachmittag dienen. Im oben wiedergegebenen Unterrichtsbeispiel war der Lehrer gründlich vorbereitet – aber es gibt viele andere Schulstunden, in denen die ersten Schülerbeiträge während des gelenkten Gesprächs genutzt werden, um die zu Stundenbeginn noch diffuse Zielstellung (»Wo waren wir letzte Stunde stehengeblieben?«) blitzschnell zu konkretisieren und aus den eintrudelnden Schülerbeiträgen dann ein Konzept für die nächsten Unterrichtsschritte zu entwickeln.[1]

Der sehr hohe Anteil von Unterrichtsgesprächen am gesamten Unterrichtsaufkommen ist also durch eine Analyse seiner latenten Funktionen sehr wohl zu erklären. Offensichtlich stellt das Unterrichtsgespräch ein den gegenwärtigen gesellschaftlichen Rahmenbedingungen von Schule entgegenkommendes Muster der Legitimation des schulischen Gewaltverhältnisses dar: Die Schüler dürfen mitreden, mitdenken und räsonnieren, aber sie bleiben an der langen Leine des Lehrers, der sie nicht wirklich freigibt. Der Lehrer erscheint als ein freundlicher, auf die Schüler eingehender Mensch, aber er schafft im Gespräch keine von den Schülern in Selbsttätigkeit und Selbständigkeit zu besetzenden Handlungsspielräume, sondern Spielwiesen für Probe-Denken.

Ein gründliches und dauerhaftes Lernen ist m. E. im gelenkten Gespräch kaum möglich, und zwar deshalb nicht, weil es sehr schwer ist, die derart vermittelten Unterrichtsinhalte emotional positiv zu besetzen. Gerade das, was im gelenkten Gespräch erarbeitet worden ist, wird von den Schülern auch besonders schnell wieder vergessen.[2]

These 12.2: Das gelenkte Unterrichtsgespräch ist ein unökonomisches und unehrliches, die Herrschaftsverhältnisse im Unterricht verschleierndes Handlungsmuster.

---

1 Dies ist in einer begrenzten Stichprobe auch empirisch nachgewiesen worden – vgl. Voigt (1984, S. 236).

2 Diese Behauptung steht in krassem Widerspruch zur landläufigen Auffassung vieler Praktiker und Schulverwaltungsbeamten. In der »Bestandsaufnahme Gymnasium« des Niedersächsischen Kultusministers heißt es nach Durchsicht zehntausender Seiten von Unterrichtsprotokollen (1987, S. 68): »In allen untersuchten Fächern (außer Musik und Kunst) dominierten die verschiedenen Varianten des *fragend-entwickelnden Lehrer-Schüler-Gesprächs*. Diese Form ist so weit verbreitet, weil mit ihr am raschesten die in den Rahmenrichtlinien vorgeschriebenen Lerninhalte bewältigt und Lerndefizite der Schüler abgebaut werden können. Die Effizienz, mit der Kenntnisse und Einsichten vermittelt werden, ist unbestritten ein Vorteil dieser Unterrichtsform. Allerdings kann der volle Lernerfolg nur dann als gesichert angesehen werden, wenn den Schülern ein angemessener Raum für Eigeninitiative gelassen wird.«
Die empirischen Untersuchungen zur langfristigen Stabilität von Wissen (vgl. Foppa 1966; Steindorf 1981, S. 53; Speichert 1985a, S. 22 ff.) zeigen, daß die Behauptung, das Gespräch sei besonders effektiv, ein nicht bewiesener *frommer Wahn* ist!

Deshalb sollte ein größerer Teil der von diesem Handlungsmuster besetzten Unterrichtszeit als *Manövriermasse* für den Versuch genommen werden, sinnlich-anschauliche und handlungsbezogene Unterrichtsformen einerseits, klar lehrerzentrierte, aber zeitlich begrenzte Handlungsmuster andererseits einzuführen!

Die wenigsten Lehrer sagen frei heraus, daß sie »gelenkte« Unterrichtsgespräche führen. Der Lehrer, der die im letzten Abschnitt skizzierte Hermann-Hesse-Stunde hielt, hätte auf die Frage, welche Methode er angewandt habe, vermutlich gesagt, er habe ein *fragend-entwickelndes* Unterrichtsgespräch geführt. In dieser Gesprächsform versucht der Lehrer, wie dies der Begriff andeutet, einen Sach-, Sinn- oder Problemzusammenhang aus der Sicht und Fragehaltung der Schüler heraus zu entwickeln. Der Lehrer ist sozusagen »Katalysator« für die aus eigener Kraft entwickelte Denkbewegung der Schüler. Er nutzt ihre »natürliche« Neugier, ihre Vorkenntnisse und ihre Kombinationsfähigkeiten, um sie zum einsichtigen Nachvollziehen der im Gesprächsgegenstand enthaltenen Fragen oder Probleme zu bewegen. Der Lehrer schmiegt sich förmlich den Denkbewegungen der Schüler an, er geht auf Mißverständnisse ein, er läßt Um- und Irrwege zu, ja er schlägt selbst aus diesen Um- und Irrwegen noch sein Kapital für die Problemanalyse – aber er verzichtet keineswegs darauf, den Lernprozeß der Schüler zu lenken. Ein gutes Beispiel für diese auch als »sokratisch« bezeichnete Gesprächsform[3] ist die zu Beginn der NEUNTEN LEKTION skizzierte »Milchbüchsen-Stunde« Friedrich Copeis. An diesem Beispiel wird deutlich, daß ein fragend-entwickelndes Gespräch auf günstige Umstände angewiesen ist, die vom Lehrer nicht einfach »per Knopfdruck« geschaffen werden können. Auf jeden Fall wäre es unrealistisch, damit zu rechnen, daß auch nur ein kleiner Teil der in der Regelschule stattfindenden Gespräche den von Berthold Otto, von Copei, von Wagenschein u. a. formulierten Ansprüchen genügt. Deshalb schlage ich vor, den Begriff »fragend-entwickelndes Gespräch« nur ganz selten zu verwenden und statt dessen den ehrlicheren Begriff »Lehrgespräch« zu nutzen.

3 Nahezu alle Verfechter des fragend-entwickelnden Gespräches berufen sich auf das große Vorbild Sokrates, genauer: auf die von Platon überlieferten sokratischen Dialoge (vgl. z. B. Copei 1950, S. 19; Wagenschein 1975, S. 113; Dahms 1979, S. 7 ff.; Klingberg 1982a, S. 7 ff.). Einer der wenigen, die die Dialoge erfolgreich und pietätlos gegen den Strich bürsten, ist *Jürgen Henningsen* (1970, S. 31 ff.). In einer köstlichen Parodie weist er nach, daß Sokrates an keiner Stelle seiner Dialoge auf eine straffe, ja barsche Lenkung des Denkprozesses seiner Gesprächspartner verzichtet. Die »Mäeutik« (= die in den Dialogen praktizierte Hebammenkunst) ist alles andere als ein Selbstlern-Konzept!

1.3 Lehrgespräch

Wegen der Vielfalt der Anlässe für Lehrgespräche ist es schwierig, verbindliche Strukturierungsvorschläge zu machen. In vielen Fällen wird jedoch der folgende *Dreischritt* angebracht sein, der den auf S. 111 definierten methodischen Grundrhythmus von Einleitung, Hauptteil und Schluß im Kleinen wiederholt:

1. **Der Gesprächsgegenstand wird bestimmt.** Der Lehrer macht eine deutliche thematische Vorgabe bzw. bestätigt die von den Schülern stammenden Vorschläge:

- Er stellt eine Frage.
- Er formuliert ein Problem oder eine Aufgabe.
- Er fordert auf, einen Gegenstand zu identifizieren.
- Er versucht, den Gesprächsgegenstand zu verfremden, zu verrätseln usw.

2. **Das Gespräch nimmt seinen Lauf:**

- Vorkenntnisse der Schüler werden eingebracht.
- Problemformulierungen werden überarbeitet; Problemlösungen bedacht.
- Alternativen werden diskutiert.
- Sachinformationen werden vom Lehrer bei Bedarf gegeben.

3. **Die Gesprächsergebnisse werden zusammengefaßt, gesichert und vertieft:**

- Bevorzugte Lösungen werden markiert.
- Konsens wird festgestellt bzw. Dissens bestätigt.
- Konsequenzen werden durchdacht.

Folgende *Kriterien* sollten für die Vorbereitung und Beurteilung von Lehrgesprächen beachtet werden:

● **Das Thema muß für ein Lehrgespräch geeignet sein!**
Bevor ein Lehrgespräch angesetzt wird, sollte der Lehrer pingelig genau durchdenken, ob das Thema überhaupt für die Erarbeitung im Gespräch geeignet ist. Nur dort, wo die Schüler Vorkenntnisse einbringen können und wo ihre eigene Einstellung, ihre Interessen und Meinungen wichtig sind, sollte ein Gespräch angezettelt werden:

- □ Bei der *Milchbüchsen-Stunde* von Copei ist diese Voraussetzung erfüllt. Die Schüler sind neugierig. Sie wollen wissen, warum die Milch nicht herausläuft. Sie bilden Hypothesen, und sie überprüfen ihre Hypothesen auf der Stelle durch Mini-Experimente (Schütteln, Umdrehen der Dose).
- □ In der *Hermann-Hesse-Stunde* ist diese Voraussetzung *nicht* erfüllt. Die Schüler wissen gar nicht, was der Gegenstand des Gesprächs ist. Sie raten blind und kommen erst nach fünf oder sechs Minuten auf den vom Lehrer ersehnten Fachbegriff »Memoiren«. Es wäre vernünftiger gewesen, diesen Begriff vorzugeben und die kostbare Zeit für die vielen anderen, interessanten Fragen der Stunde aufzusparen.

Das Gespräch ist nur scheinbar eine bequeme und einfache Lehrform. In Wirklichkeit handelt es sich um *die mit Abstand schwierigste und anspruchsvollste Unterrichtsmethode überhaupt.*[4] Deshalb wiederhole ich die Faustregel aus der ZEHNTEN LEKTION:

Mehr sagen – weniger fragen! Mehr zeigen und vormachen – weniger bereden und problematisieren!

Mit Sicherheit kann davon ausgegangen werden, daß in der Regelschule viele Unterrichtsinhalte im Gespräch erarbeitet werden, die besser im Lehrervortrag oder Schülerreferat, in einer Erkundung oder einem Rollenspiel, im Experiment oder in privater Lektüre erarbeitet worden wären.

● **Die Schüler müssen auf das Lehrgespräch vorbereitet werden!**
Erst nachdem der Lehrer einen Sach-, Sinn- oder Problemzusammenhang aufgebaut hat oder aber durch die Schüler mit Hilfe schüleraktiver Handlungsmuster hat aufbauen lassen, darf ein Gespräch angesetzt werden. Den Schülern sollte klar sein, daß und was sie im Lehrgespräch lernen sollen. Sie sollten wissen, ob das Gespräch einen Einstieg in ein neues Thema eröffnen (= *Einführungsgespräch*), ob es der Planung weiterer Arbeitsverläufe dienen (= *Planungsgespräch*) oder die Auswertung der geleisteten Arbeit zum Ziel haben (= *Auswertungsgespräch*) soll.

● **Der Lehrer sollte keine Scheu haben, sein Fachwissen und seine Fachkompetenz dort einzubringen, wo die Schüler nicht weiterkommen!**
Zurückhaltung ist eine Tugend – aber es macht keinen Sinn, die Schüler im eigenen Saft schmoren zu lassen, wenn sowieso klar ist, daß sie eine Frage

4 »Die fragende Lehrform ist eine Kunst, in welcher der wahre Lehrer nie auslernt, erreicht er auch das Methusalemalter. Je gewissenhafter er seinen Beruf verwalten will, desto strenger wird er es mit den Forderungen an sich selbst in betreff der Ausübung der Fragekunst nehmen« (Adolph Diesterweg, zit. nach Stöcker 1970, S. 217).

nicht mit eigenen Mitteln lösen können. Dann sollte der Lehrer durch einen kurzen Lehrervortrag oder durch Medieneinsatz (Bild, Text, Demonstration, Begriffsklärung, Wiederholung usw.) dafür sorgen, daß das Gespräch vom Fleck kommt.

Vor allem aber sollte sich der Lehrer darüber im klaren sein, daß er selbst dort, wo die Schüler das Gespräch scheinbar völlig in die eigenen Hände genommen haben, allein durch seine physische Präsenz steuernd einwirkt. *Man kann nicht lehren, ohne zu lenken* (siehe S. I, 183)!

1.4 Schülergespräch

Als Schülergespräch soll hier eine Gesprächsform bezeichnet werden, in der die Schüler ihre eigenen Erfahrungen und Phantasien zu einem Sach-, Sinn- oder Problemzusammenhang veröffentlichen, verarbeiten und bewerten. Deshalb muß das *Bewußtmachen der eigenen Erfahrungen* und ihre reflektierte Weiterentwicklung die Richtschnur für die Gesprächsleitung sein. Den folgenden Vierschritt übernehme ich, leicht variiert, von Ingo Scheller (1981, S. 127):

1. **Der Gesprächsanlaß und -gegenstand werden fixiert:** z. B. ein sozialer Konflikt im Klassenverband, ein Streit mit dem Lehrer, eine unerwartete Schwierigkeit im Unterrichtsprozeß, die Betroffenheit einzelner oder aller durch klasseninterne oder externe Ereignisse.

2. **Die eigenen (subjektiven) Erfahrungen zum Gesprächsthema werden bewußt gemacht und in der Klasse veröffentlicht:** z. B. durch einen Bericht *mehrerer* Schüler – besser jedoch durch die Mitteilung der eigenen Einstellungen/Phantasien/Befürchtungen *aller* (z. B. mit Hilfe von »Kopfsalat« oder »Blitzlicht«, siehe S. 210), durch themenzentrierte Selbstdarstellung oder Karteikartenspiele (S. 144), durch ein gemeinsam erstelltes Standbild oder Rollenspiel, durch eine Erzählung oder biographische Notiz.

3. **Die veröffentlichten Erfahrungen werden bearbeitet:** z. B. durch Vergleich mit den Erfahrungen der Mitschüler, durch die Kontrastierung mit dokumentierten Erfahrungen anderer (die der Lehrer einbringt), durch den Vergleich mit wissenschaftlichen Analysen, durch Verfremdung, durch Übersetzung in andere Symbolisierungsformen.

4. **Die im Klassenverband verarbeiteten Erfahrungen werden auf die eigenen Einstellungen, Haltungen und Erwartungen zurückbezogen:** z. B. durch eine nochmalige Reflexion möglicher Einstellungsänderungen, durch die Erprobung der neu gewonnenen Einsichten und Einstellungen in einem sich anschließenden Streitgespräch, durch eine schriftliche, szenische oder bildnerische Aufarbeitung.

Die Isolierung und Sprachlosigkeit des einzelnen im Umgang mit seinen Erfahrungen und Phantasien soll durch das Schülergespräch durchbrochen werden, und zwar so, daß die Gesprächspartner nachvollziehen können, warum der Mitschüler so und nicht anders denkt, fühlt und handelt. Das Schülergespräch verfolgt noch anspruchsvollere Zielstellungen als das Lehrgespräch! Es hat Ähnlichkeit mit der in der ELFTEN LEKTION skizzierten Themenzentrierten Interaktion.

Das Schülergespräch ist an eine Reihe von *Voraussetzungen* geknüpft, die sowohl die Struktur der Gesprächsthemen als auch die Lernvoraussetzungen der Schüler und das Lehrer-Schüler-Verhältnis betreffen:

- ☐ Alle Schüler sollten *mit dem Gesprächsthema etwas anfangen* können. Es muß so zugeschnitten sein, daß die Schüler ihre Erfahrungen auch tatsächlich einbringen können. (Schüler haben aber Anspruch auf die Achtung ihrer Privatsphäre. Nicht jedes Thema, das betroffen macht, gehört in den Unterricht!)
- ☐ Die Schüler sollten eine *eigene Zielperspektive* haben. Sie müssen wissen, warum sie zum Gespräch zusammengekommen sind; sie müssen überzeugt sein, daß die zu verhandelnde Thematik tatsächlich nur von ihnen selbst geklärt werden kann.
- ☐ Die *Form* des Schülergesprächs muß den Schülern vertraut sein. Sie müssen Spielregeln der Kommunikation kennen oder mit Hilfe des Lehrers bewußt einüben (vgl. S. 266).
- ☐ Schülergespräche setzen viel *Takt* des Lehrers und auch der Schüler untereinander voraus. Es muß ein vertrauensvolles Klima hergestellt sein; die Schüler müssen wissen, daß nicht jedes von ihnen geäußerte Wort auf die Goldwaage gelegt wird; vor allem muß klar sein, daß die im Gespräch geäußerten persönlichen Meinungen nicht zensiert werden.

Im Schülergespräch hat der *Lehrer* andere Aufgaben als im Lehrgespräch zu erfüllen:

- ☐ Der Lehrer organisiert die Lernsituation – nicht den inhaltlichen Verlauf des Gesprächs.
- ☐ Der Lehrer bemüht sich, nur wenige verbale und nonverbale Impulse einzubringen. Wenn möglich, hält er sich völlig zurück.
- ☐ Der Lehrer verzichtet auf die Bewertung der von den Schülern bezogenen Positionen. Er vermeidet ebenfalls eine sprachliche Korrektur einzelner Schüleräußerungen. Wenn erforderlich, kann er in ungeübten Klassen leistungsschwächeren Schülern helfen, ihre Position verständlich zu machen.
- ☐ Der Lehrer achtet darauf, daß vereinbarte Spielregeln eingehalten werden.
- ☐ Der Lehrer kümmert sich um die Ergebnissicherung des Gesprächs. (Er sollte aber nicht während des Gesprächs einen Tafeltext erstellen oder herumlaufen, weil dies zu sehr stört.)

Wenn es die räumlichen Verhältnisse zulassen, sollten Schülergespräche als Kreis- bzw. Rundgespräch organisiert werden. Der Lehrer setzt sich als ›gleichberechtigter‹ Gesprächspartner mit in die Runde oder hält sich ganz raus. Auf Rednerlisten und andere Formalitäten sollte möglichst verzichtet werden. Der Gesprächsleiter sorgt aber dafür, daß Schüler, die sich zu weit vorgewagt haben, nicht von anderen Schülern »überfallen« oder »fertiggemacht« werden. Insbesondere Hauptschülern fällt es oft leichter, sich als Vertreter einer Gruppenmeinung am Gespräch zu beteiligen (vgl. Scheller 1981, S. 123); dann sollte der Lehrer dafür sorgen, daß klar konturierte Gruppenmeinungen zur Diskussion stehen.

1.5 Streitgespräch

Streitgespräch und Debatte unterscheiden sich vom Schülergespräch vor allem dadurch, daß es genaue Rollenzuweisungen und ebenso genaue formale Regeln des Gesprächsablaufs gibt, die vor der Arbeit mit dieser Gesprächsform eingeführt sein müssen.

Im Streitgespräch erhalten die Schüler den Auftrag, in einer simulierten Konkurrenzsituation die von ihnen übernommenen Rollen, Positionen oder Thesen durch möglichst geschicktes Argumentieren zu vertreten. Zumeist führt dies zu einem lustbetonten, oft aber auch klischeehaften Schlagabtausch. Wenn ein Streitgespräch differenziert vorbereitet worden ist, können die Schüler aber lernen, das zuvor angeeignete Wissen in der konstruktiven Anwendung zu überprüfen und zu vertiefen. Für ein Streitgespräch sind mindestens vier verschiedene Rollen zu besetzen:

- Der *Gesprächsleiter* oder Moderator leitet das Gespräch und achtet darauf, daß die Spielregeln und Zeiten eingehalten werden.
- Der *Befürworter* verteidigt seine Position.
- Der *Gegner* versucht, das Gegenteil als richtig hinzustellen bzw. die Argumentation des Befürworters als unsinnig zu entlarven.
- Eine vierte, häufig lieblos behandelte, aber sehr wichtige Rolle haben die *Beobachter* bzw. das Publikum. Sie können so etwas wie eine Schiedsrichter- oder Auswerter-Funktion einnehmen.

Bis auf die Rolle des Gesprächsleiters können alle Rollen mehrfach besetzt werden. Es ist wichtig, die verschiedenen Rollen auch optisch und räumlich deutlich gegeneinander abzugrenzen:
Bei der Vorbereitung und Durchführung von Streitgesprächen sollte auf folgende Punkte geachtet werden:

- Das *Gesprächsthema* muß für eine Pro-und-Contra-Diskussion geeignet sein. Es muß möglich sein, zwei oder drei einander klar gegenüberstehende Positionen zu formulieren, ohne dem Thema Gewalt anzutun oder Scheinalternativen zu formulieren.
- Die Schüler müssen vor Beginn des Streitgespräches ausreichend Zeit und Gelegenheit gehabt haben, sich *in die ihnen zugedachten Rollen einzufühlen.* Dort, wo die Schüler bereits differenziertes Wissen und feste Einstellungen zum Thema besitzen, kann dies in wenigen Minuten erledigt werden, z. B. indem der Lehrer im gelenkten Gespräch einige Charakteristika der zu vergebenden Rollen anspricht oder indem er vorbereitete Rollenkarten verteilt, auf denen die im Streitgespräch einzunehmende Position skizziert wird. Dort, wo eine Thematik für die Schüler neu und unkonturiert ist, müssen sie in einer vorgeschalteten Arbeitsphase (möglichst in Gruppenarbeit, seltener in Einzel-

oder Partnerarbeit) die Position erarbeiten können und Argumente zurechtlegen (so wie dies in der Greenpeace-Stunde der ACHTEN LEKTION vorgeführt wurde).

- □ Den Schülern muß klar sein, daß sie *»nur eine Rolle«* spielen. Dazu gehört, auch solche Argumente zu vertreten, die man selbst nicht teilt.
- □ Vor Beginn des Streitgesprächs kann vereinbart werden, daß dann, wenn einer der Befürworter oder Gegner in Argumentationsnöte gekommen ist, einer der Beobachter oder auch der Lehrer selbst diesem zu Hilfe kommen kann, indem er sich hinter ihm aufstellt und als sein *»Einflüsterer«* oder *»Ghost-Speaker«* das Argumentieren ein Stück weit abnimmt. Es ist wichtig, daß der Einflüsterer wirklich hinter demjenigen steht, dem er helfen will, und nicht nur von irgendwoher dazwischenruft!
- □ Die Beobachter müssen einen klar definierten *Beobachtungsauftrag* haben; das, was sie beobachtet haben, muß auf jeden Fall in der nachfolgenden Auswertung abgerufen werden, weil sonst die Bereitschaft sinkt, beim nächsten Mal einen Beobachtungsauftrag zu übernehmen.
- □ Der *Gesprächsleiter* darf das Wort erteilen und entziehen. Er achtet darauf, daß beide Seiten gleich viel Zeit erhalten. Er achtet ebenfalls darauf, daß gesprächsgewandte Schüler die vorsichtigen, schüchternen, höflichen oder ungeschickten Schüler auf dem Podium nicht »an die Wand reden«.
  Wenn das Handlungsmuster »Streitgespräch« neu eingeführt wird, sollte der Lehrer der Gesprächsleiter sein; später kann die Aufgabe an Schüler übertragen werden.
- □ Nach dem Streitgespräch sollte in aller Regel eine *Auswertung* stattfinden. Dabei muß sich der Lehrer in der Anfangsphase mit wertenden Kommentaren zurückhalten. Es ist wichtig, daß alle Rolleninhaber noch einmal durchdenken können, wie sie sich während des Streitgespräches gefühlt haben.

Solange im Streitgespräch nicht viel mehr als das lustvolle Wiederholen von Vorurteilen stattfindet, ist es unter Wert verkauft! Die Schüler sollen lernen, zu einem begründeten Abwägen von Vor- und Nachteilen bestimmter Positionen zu gelangen.

Bedenken Sie dabei, daß viele Schüler ihr Bild von einem »richtigen« Streitgespräch aus den Pro-und-Contra-Diskussionen des Fernsehens beziehen; dies hilft für eine oberflächliche Orientierung über die Struktur dieses Handlungsmusters, kann aber auch die Tendenz zum bloßen Schlagabtausch anstelle einer begründenden Argumentation verstärken.

1.6 Debatte

Die Debatte[5] ist eine Variante des Streitgesprächs, die sich durch einen noch höheren Grad der Verregelung auszeichnet. Form und Ablauf dieses Handlungsmusters werden aus den Geschäftsordnungen politischer Entscheidungsgremien übernommen:

- □ Es muß eine klare Entscheidungsalternative geben, die z. B. in Form eines *Antrages* zur Abstimmung gestellt wird: »Wir stellen den Antrag, daß die Klassenfahrt nach Berlin gemacht wird!«, »Wir stellen den Antrag, die nächste Klassenarbeit um eine Woche zu verschieben« usw. Es ist wichtig, daß die Debatte über wirklich offene Entscheidungsprobleme geführt wird!
- □ *Ziel* der Debatte ist die Annahme, Ablehnung oder Modifizierung des Antrags bzw. der Anträge.
- □ Die zu besetzenden *Rollen* sind: der Vorsitzende (»Präsident«, »Bürgermeister«), erster und gegebenenfalls zweiter, dritter Antragsteller, einer oder mehrere Opponenten; eventuell ein Protokollführer und die sogenannte Öffentlichkeit.

Der Ablauf sieht dann ungefähr folgendermaßen aus:

1. **Der Vorsitzende eröffnet die Sitzung:** Er begrüßt die anwesenden Vertreter der »Parteien«, »Verbände« oder Interessengruppen. Er formuliert noch einmal das Thema der Debatte.

2. **Der Vorsitzende fordert den bzw. die Antragsteller auf, seinen bzw. ihre Anträge einzubringen.** Er achtet darauf, daß eine klare Entscheidungsalternative formuliert wird. Der Antrag wird gegebenenfalls an der Tafel schriftlich festgehalten. (Er kann auch schon vorher schriftlich abgefaßt und an alle verteilt worden sein.) Der Antragsteller erhält eine begrenzte Zeit zur *Begründung* seines Antrags.

5 Ich stütze mich auf die anschauliche Darstellung dieses Handlungsmusters bei Rolf Gutte (1976, S. 43 ff.); vgl. auch Giesecke (1973, S. 144/145).

3 Ein oder mehrere Opponenten werden zur **Gegenrede** aufgefordert, die nicht länger als die vom Antragsteller benötigte Zeit sein soll.

4 Der Vorsitzende eröffnet die **allgemeine Debatte** über den Antrag. Auch hier muß auf Einhaltung von Redezeiten geachtet werden. Öffentlicher Applaus der Zuschauer bzw. »Fraktionen« sowie Zwischenrufe sind zulässig. Wenn es zu unruhig wird, greift der Vorsitzende zur Klingel.

5 Der Vorsitzende läßt – mündlich oder mit Stimmzettel – über den oder die Anträge **abstimmen** (zuerst über den weitestgehenden Antrag, danach über weniger weitgehende und ggf. über Änderungsanträge) und gibt das Ergebnis der Abstimmung bekannt.

In der Debatte können die Schüler lernen,

- ☐ genau zuzuhören, abzuwarten, Aussagen des Gesprächspartners genau wiederzugeben, sie zu kommentieren, Gegenthesen zu bilden oder stützende Argumente zu finden;
- ☐ Absprachen zu treffen und einzuhalten, sich einer Teilgruppe der Gesprächsrunde unterzuordnen, sich zum Sprecher zu machen oder bewußt zu schweigen, die eigene Meinung oder die der Gruppe präzis und deutlich zu formulieren;
- ☐ einen Konsens zu bilden und diesen Konsens in der weiteren Unterrichtsarbeit durchzuhalten bzw. einen Dissens festzustellen und nach Ursachen sowie Ansätzen zur Überwindung zu suchen.

2. Vortragsformen

2.1 Lehrervortrag

Ein liebevolles Plädoyer für den Lehrervortrag enthält das schon mehrfach zitierte Buch von Jochen und Monika Grell »Unterrichtsrezepte« (1979, S. 199–231). Grells fordern, ähnlich wie sie dies auch beim informierenden Unterrichtseinstieg verlangen (S. 136), auf Schnörkel, Dekor und Motivationsschnickschnack zu verzichten und statt dessen zügig zur Sache zu kommen. Deshalb formulieren sie *vier Kriterien,* an denen die Qualität von Lehrervorträgen zu messen ist (a. a. O., S. 202):

- ☐ Ein Lehrervortrag soll möglichst *einfach* sein.
- ☐ Ein Lehrervortrag soll *übersichtlich gegliedert, geordnet* sein.
- ☐ Ein Lehrervortrag soll ein *mittleres Ausmaß von Kürze-Prägnanz* haben: er darf *nicht zu weitschweifig,* aber auch *nicht zu knapp* sein.
- ☐ Ein Lehrervortrag soll ein *mittleres Ausmaß an zusätzlicher Stimulanz* haben: er soll lebendig, anregend, humorvoll usw. sein, aber dies alles natürlich in Maßen.

Diese Kriterien werden erläutert und durch die Bestimmung von Strukturelementen des Lehrervortrags ergänzt, die ich leicht variiert wiedergebe:

1. Ein Lehrervortrag soll ein klar formuliertes *Thema* haben, das in der Regel den Schülern mitgeteilt und zumeist auch an der Tafel, auf dem OHP oder im Heft festgehalten wird.
2. Vor Beginn des eigentlichen Lehrervortrags soll der Lehrer eine *Übersichts-Bemerkung* machen, durch die der Vortrag mit dem vorher Verhandelten verknüpft wird. Dadurch wird es für die Schüler einfacher, sich in die Themenstellung des Vortrags hineinzudenken.
3. Der Lehrer soll über die *Gliederung* und die Schwerpunkte informieren, z. B. indem er bei Beginn eines neuen Abschnitts oder Gedankens kurz innehält, indem er jedem Abschnitt des Vortrags eine Unter-Überschrift oder eine Nummer gibt; indem er die wichtigsten Punkte oder Abschnitte an der Tafel notiert.
4. Der Lehrer soll am Schluß seines Vortrages eine knappe *mündliche Zusammenfassung* geben.
5. Der Lehrer soll dafür sorgen, daß die Schüler während des Lehrervortrags bzw. während des Schülerreferats *ruhig und konzentriert zuhören.* Verständnis-Rückfragen können zur Not zugelassen werden; problematisierende Zwischenfragen sollten unterbleiben.
6. Der Lehrer soll am Schluß seines Vortrags die *thematische Verknüpfung* des Vortrags mit dem darauffolgenden Unterrichtsschritt deutlich machen.

Wenn Sie Studien- oder Berufsanfänger sind, sollten Sie bei der Vorbereitung eines Lehrervortrags folgende Ratschläge beachten:

1. Machen Sie sich zu Hause einen *Spickzettel* mit den wichtigsten Stichworten, Zahlen, Gliederungspunkten.
2. Versuchen Sie, den Vortrag *auswendig zu lernen*, und üben Sie ihn zu Hause. Stoppen Sie die benötigte Zeit, und denken Sie daran, daß das Vortragen im Klassenraum meistens länger dauert.
3. Nehmen Sie während des Vortrags *Blickkontakt* mit den Schülern auf! Dann können Sie auch am ehesten spüren, ob Sie Ihre Schüler über- oder unterfordern.
4. Denken Sie daran, daß die Schüler nach erstmaligem Anhören der von Ihnen gebotenen Informations-Kost *unmöglich gleich alles kapiert* haben können! (Ein

Lerntheoretiker hat einmal ausgerechnet, daß ein Text mit normalem Schwierigkeitsgrad von durchschnittlich intelligenten Menschen insgesamt 21 × gehört werden muß, bevor die in ihm enthaltenen Informationen vollständig gespeichert sind.)

5. Überlegen Sie sich vorher, wie die *Ergebnissicherung* Ihres Vortrags gestaltet werden soll: Tafeltext? (Soll er abgeschrieben werden?) Protokoll auf Merkblatt, das der Lehrer fertig mitbringt? Mündliche Ergebnissicherung?
6. Achten Sie auf die *Altersangemessenheit der Wortwahl.* Schüler reagieren zumeist sehr sensibel, wenn ein Thema zu kindlich dargeboten wird.

Wenn Sie dieses Methodenbuch im Seminar oder in einem Kurs gemeinsam mit anderen studieren, empfehle ich Ihnen folgende *Übung:*

- Gucken Sie einen unter sich aus, der zum nächsten Mal einen *Lehrervortrag über den Lehrervortrag* von sechs oder sieben Minuten Länge hält.
- Der oder die »Auserwählte« sollte den Vortrag durch ein Tafelbild oder ein Merkblatt unterstützen.
- Zur Vorbereitung des Vortrags empfehle ich Ihnen, das entsprechende Kapitel aus dem Grell-Buch zu lesen. (Sie werden dann feststellen, daß sich die Grells an die selbstformulierten Kriterien nicht gehalten haben: Das Kapitel platzt vor Informationsfülle förmlich aus allen Nähten; und auch die Klarheit der Gliederung ist begrenzt. Aber es macht viel Spaß, den Text zu lesen!)
- Beurteilen Sie den in der nächsten Woche gehaltenen Vortrag Ihres Kommilitonen anhand der vier Grellschen Kriterien:

KRITERIEN	erfüllt	teilw. erfüllt	nicht erfüllt
1. Einfachheit und Verständlichkeit			
2. übersichtliche Gliederung und Ordnung			
3. nicht zu weitschweifig - nicht zu knapp			
4. lebendig, anregend, humorvoll			

Der größte Feind des guten Lehrervortrags, sagen Jochen und Monika Grell, ist das schlechte Gewissen des Lehrers. Das »Vortragen« gelte als rückschrittlich, ja es sei bei vielen Lehrern verpönt, weil es an vergangene, obrigkeitsstaatliche Zeiten erinnere. Deshalb hätten viele Lehrer eine merkwürdige Scheu, ihr Wissen im Vortrag vorzuführen; statt dessen hätten sie die Neigung, sich immer wieder in abschweifende Gespräche mit den Schülern verwickeln zu lassen; dadurch würde der Vortrag zu einem Pseudo-Gespräch, ja er verkomme zum Labern. Ich weiß nicht, ob die Autoren mit ihrer Ursachenanalyse richtig liegen – aber in der methodischen Bewertung stimme ich völlig überein: Kaum etwas ist ärgerlicher als ein nicht zum Ende und auf den Punkt gebrachter Lehrervortrag! Die fließenden Übergänge vom Vortragen zum Diskutieren können nicht immer vermieden werden, aber der Lehrer sollte den Schülern durch Selbstdisziplin vor Augen führen, daß ein Vortrag eine kleine, mit Liebe und methodischer Phantasie auszugestaltende Kunstform ist!

Lesehinweise: Aebli (1976, S. 43–50); Gage/Berliner (1986, S. 459–493 – mit einem Überblick über Us-amerikanische empirische Forschungen zum Thema).

2.2 Schülerreferat

Eine Stunde mit einem Schülerreferat muß gründlich vorbereitet werden. Es reicht nicht aus, an die Schüler Themen zu verteilen und dann abzuwarten, was diese wohl zustande bringen. Ein Schülerreferat soll und muß ein vollwertiger Ersatz für die sonst vom Lehrer vorgenommene Darstellung eines Sinn-, Sach- oder Problemzusammenhanges sein. Es soll die Mitschüler belehren und nicht nur dem Lehrer Anhaltspunkte für die endgültige Festlegung der Zeugniszensuren geben. Deshalb einige Ratschläge für die methodische Gestaltung:

- ☐ Sorgen Sie dafür, daß der Schüler das von ihm zu bearbeitende *Thema selbst auswählen* kann oder zumindest einen großen Spielraum bei der Konkretisierung des Themas hat.
- ☐ Setzen Sie für jedes Schülerreferat mindestens *zwei Vorbesprechungen* an: die erste Besprechung, um die Schüler in das vorgesehene Referatthema einzuführen; eine zweite auf halber Strecke, um den Fortschritt der Arbeit abzuklären und um die didaktisch-methodische Gestaltung der Referat-Stunde vorzubereiten.
- ☐ Klären Sie *vor* der Referat-Stunde mit dem Referenten, welche zusätzlichen Medien er einsetzen könnte, ob Bilder aufzutreiben sind, die das Thema illustrieren können, ob die Tafel oder der OHP eingesetzt wird, ob ein Merkblatt erstellt oder ein Strukturschema angefertigt werden kann.
- ☐ Lesen Sie das vom Schüler verfaßte Referat *vorher* durch und besprechen Sie dessen Umfang, eventuell nötige Kürzungen oder Ergänzungen. (Weigern Sie sich, ein Referat halten zu lassen, das Sie nicht vorher lesen konnten, weil der Schüler erst auf die letzte Minute fertig geworden ist!)
- ☐ Bestehen Sie darauf, daß Fremd- und Fachwörter, die dem Rest der Schüler unbekannt sein dürften, erklärt werden.

Das folgende Beispiel stammt von Inka Schoß. Als Studentin hielt sie in der gymnasialen Oberstufe der IGS Aurich einen Sozialkunde-Kurs zum Thema »Gewerkschaften«. Der Kurs bestand aus 18 Schülern – überwiegend Mädchen; alle Jungen und mehrere Mädchen waren noch sehr zurückhaltend:

- *Grobplanung des Kurses:* 1. Aufarbeitung der lokalen gewerkschaftlichen Arbeit (Besuch des Gewerkschaftshauses/Information über den letzten Streik). 2. Einführung in die Geschichte der Gewerkschaftsbewegung. 3. Vorbereitung und Realisierung eines Planspiels zum Thema »Tarifkonflikte«.
- *Grobplanung der Stunde:* Diese Schülerreferat-Stunde ist die zweite Stunde im Block »Geschichte der Gewerkschaftsbewegung«. In der ersten Stunde hatte die Lehrerin mit Lehrervortrag und Quellenmaterial eine erste Orientierung vermittelt.
- Die Referat-Stunde soll anhand einer *Zeitleiste* wichtige Etappen auf dem Weg der Legalisierung der Gewerkschaftsarbeit aufzeigen. Die Lehrerin hat sich schon 14 Tage vorher das erste Mal mit *zwei Schülerinnen* getroffen, die das Referat halten wollen (und natürlich auch 'ne gute Note haben wollen!).
- Bei der *ersten Vorbesprechung* mit den beiden Referentinnen hat ihnen die Lehrerin zwei Sachbücher zum Thema mitgegeben und grob vorbesprochen, daß eine der beiden eine Zeitleiste herstellt.
- Bei der *zweiten Vorbesprechung* wird der Inhalt des Referats besprochen, das Vortragen kurz geübt und die didaktisch-methodische Gestaltung der Stunde vereinbart.

Die Stunde selbst lief dann ungefähr so ab:

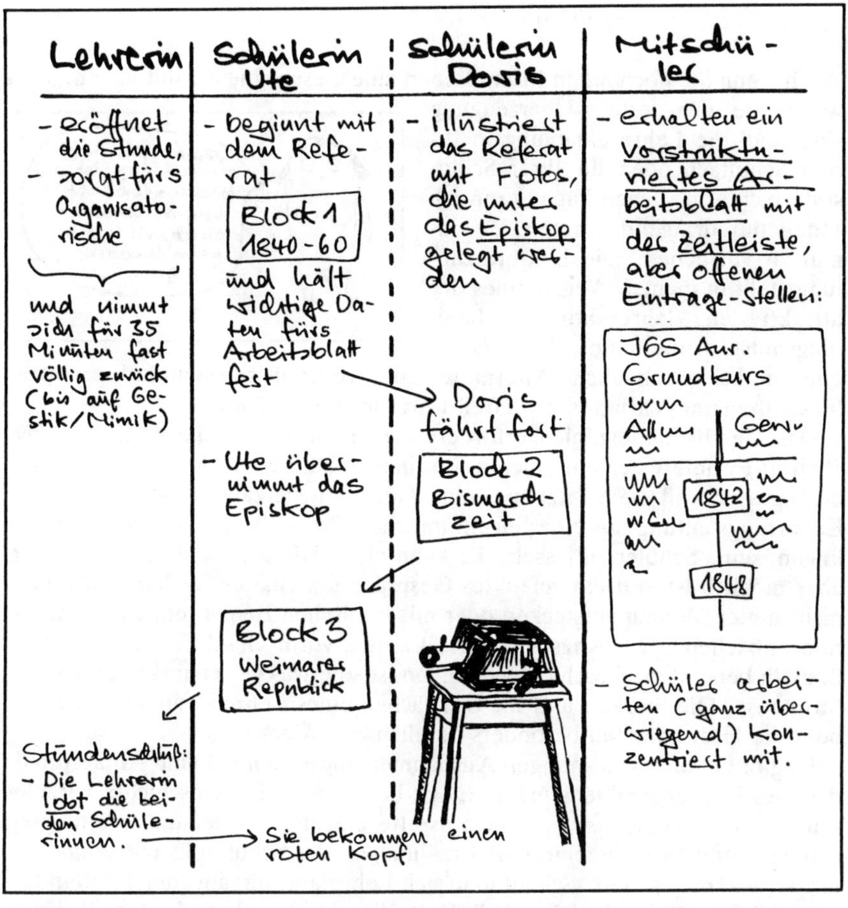

Lesehinweise: Eine Anleitung für die Hand des Schülers hat Gerd Eversberg (1978) verfaßt; eine didaktische Kommentierung liefert Hanne Henze (1977). Die für das Referathalten erforderlichen Methodenkompetenzen analysiert Hartmut Wenzel (1984, S. 335 ff.) am Beispiel des Umweltkunde-Unterrichts einer 9. Hauptschulklasse.

2.3 Geschichtenerzählen

Auch wenn Sie noch nie in Ihrem Leben eine Geschichte erzählt haben, auch wenn Sie der festen Überzeugung sind, daß die Lehrererzählung in Ihrem Schulfach oder auf Ihrer Schulstufe nichts zu suchen habe, kann ich Ihnen nur dringend anraten, es einmal zu versuchen. Die Lehrererzählung stellt in meinen Augen eines der attraktivsten lehreraktiven Handlungsmuster überhaupt dar. Es ist eine sinnlich-anschauliche Alternative zum verkopft-spröden Lehrervortrag (deshalb meine Variation des Grell-Cartoons von S. 296).

Das Geschichtenerzählen erfordert vom Lehrer den *Einsatz der ganzen Person!* Er liefert sich ein Stück weit seinen Schülern aus. Durch die Ankündigung »Ich will euch jetzt mal eine Geschichte erzählen« schafft er eine Erwartungshaltung mit einer eigentümlichen Dynamik. Es muß ihm nun gelingen, seine Schüler zu fesseln. Er kann nicht, wie dies beim Lehrervortrag eher möglich ist, auf ein gelenktes Gespräch umschalten; er kann sich auch nicht hinter Medien verstecken oder mit ironischen Bemerkungen der Situation entziehen.[6] Die Angst manches Lehrers vorm Geschichtenerzählen ist deshalb berechtigt. Geschichtenerzählen ist so etwas wie charakterologischer Striptease. Die Stärken und die Schwächen eines Lehrers, die innere Ruhe oder die Hast kommen besonders deutlich zum Vorschein.

Es gibt heute – von wenigen Ausnahmen abgesehen – keine Alltagspraxis des Geschichtenerzählens mehr. Es ist bequemer, eine Geschichte vorzulesen; noch bequemer ist es, eine Kassette einzulegen oder die (methodisch zumeist vorzüglich inszenierten) Erzählungen des Schulfunks einzuschalten. Früher war dies anders. Schaut man sich Lehrpläne vergangener Jahrhunderte an oder liest man die Pädagogik-Bestseller der damaligen Zeit (z. B. François Salignac de la Mothe Fénelons Erziehungsroman »Télemaque«, Christian Gotthilf Salzmanns »Ameisenbüchlein« oder den »Robinson« von Defoe), so kann man sich ausmalen, wie der Unterricht in einer Zeit ohne Umdrucker und Tonbandkassette gestaltet wurde.

Der Erzähler nimmt seine Zuhörer gefangen. Dies kann kaum merklich und behutsam, dies kann aber auch direkt und überwältigend geschehen – aber immer geht es darum, die Schüler in die Erzählperspektive des Lehrers

6 Als ich das erste Mal in einem Methodenseminar den Arbeitsauftrag erteilt hatte, in Gruppen eine Geschichte auszudenken und sie dann im Plenum vorzutragen, nutzte ein Viertel der Studentinnen und Studenten die Seminarpause, um sich zu verkrümeln! – Inzwischen führe ich diese Sitzungen ohne Pause durch!

einzubinden. Es ist für die Schüler schwierig, kritische Distanz zum Erzählten zu entwickeln. Dies war einer der Gründe dafür, daß unmittelbar nach dem Zweiten Weltkrieg und auch noch einmal im Gefolge der Studentenrevolte und Bildungsreform der 70er Jahre heftig darüber diskutiert wurde, ob Geschichtenerzählen in der Schule überhaupt noch zu verantworten sei: Es habe eine gegenaufklärerische, politisch indoktrinierende Funktion (vgl. von Borries 1985). Diese Kritik mag im Blick auf die damals vorgefundene Praxis des Geschichtenerzählens berechtigt gewesen sein, aber sie trifft nicht nur das Erzählen, sondern sicherlich im gleichen Umfang auch das Lehrgespräch der damaligen Zeit. Ich gehe jedoch davon aus, daß bei einer bewußt vorgenommenen Gestaltung des Geschichtenerzählens und bei einer ebenso durchdachten Einbindung in den weiteren Unterrichtsverlauf die Tendenz zur Indoktrination vermieden werden kann. Schon in vielen Erzählungen des Alten Testaments (z. B. Buch Richter, Kap. 9, Vers 7 ff.; 2. Buch Samuel, Kap. 12) wird an großartigen Beispielen vor Augen geführt, daß das Erzählen ebensogut eine gesellschaftskritische, ja subversiv-befreiende Bedeutung erhalten kann. Deshalb sollen im folgenden einige Maßstäbe formuliert und Anregungen gegeben werden, wie das Erzählen in eine methodisch anspruchsvolle Unterrichtspraxis integriert werden kann:

> Man pflegt von den Schülern zu verlangen, daß sie sich im Erzählen und Beschreiben üben sollen; aber man darf nicht vergessen, daß hier vor allem das Beispiel des Lehrers vorangehen muß. Zwar ist Überfluß an gedruckten Erzählungen und Beschreibungen; allein, das Lesen wirkt nicht wie das Hören: *Viva vox docet.** Im Knabenalter ist nicht einmal im allgemeinen auf so viel Übung und Beharrlichkeit im Lesen zu rechnen, als nötig wäre, oder, findet sich völlige Geläufigkeit, so geht das Lesen zu schnell, eilt zu sehr zum Ende oder verweilt am unrechten Orte und verliert den Zusammenhang. Höchstens kann man sehr geübte Schüler laut vorlesen lassen. Viel sicherer ist der freie Vortrag des Lehrers; aber frei muß er sein, um ungestört zu wirken.
> * Die lebendige Stimme lehrt.
> *Aus:* Johann Friedrich Herbart: Umriß pädagogischer Vorlesungen (1835/1841), Herbart 1965, Bd. III, S. 203

● Funktionen und Anlässe

Das Geschichtenerzählen ist ein Handlungsmuster mit notwendig hoher Lehrerdominanz, die allerdings regelmäßig eine hohe innere Aktivität der Schüler zur Folge hat. Zuhören kann eine sehr intensive, lustbetonte Arbeit sein. In der allgemeindidaktischen Literatur (Stöcker 1970, S. 207; Aebli 1976, S. 32) wird das Erzählen zu den »darbietenden« Unterrichtsformen gerechnet – es schließt jedoch die produktive Verbindung mit »erarbeitenden« Unterrichtsformen in keiner Weise aus, sondern fordert sie geradezu heraus. Je nach Ort und Zeit des Einsatzes sowie nach der Art und Weise der Inszenierung kann das freie Erzählen und – in geringerer Intensität – auch das Vorlesen von Geschichten folgende Aufgaben erfüllen:

- Die Erzählung kann dazu dienen, *Sachinformationen* zu vermitteln. Eine Entdeckung oder Erfindung kann nacherzählt werden. Ein vorher erarbeiteter Sach-, Sinn- oder Problemzusammenhang kann durch eine Erzählung *kommentiert* werden; mehrere Perspektiven auf ein und dieselbe Sache können in einer Erzählung dargestellt werden.
- Der Lehrer kann eine Erzählung nutzen, um seine eigenen *Gefühle, Einstellungen und Wertorientierungen* in einer glaubwürdigen, zugleich durch die Form der Erzählung ein wenig verfremdeten Art und Weise *zu Gehör zu bringen.*
- Durch das Erzählen können *Gefühle und Einstellungen, Phantasien und Tagträume, aber auch Ängste* der Schüler aktiviert werden. Schüler werden angeregt, den Faden der Geschichte weiterzuspinnen.
- Der Lehrer kann durch eine geschickt ausgewählte und vorgetragene Geschichte das *soziale Lernen* der Schüler fördern. Er kann soziale Konflikte indirekt thematisieren; er kann seine eigene Kritik, aber auch sein Lob in eine Geschichte verkleiden.
- Das freie Erzählen einer Geschichte ist nach meinen Erfahrungen auch eines der sichersten schulischen *Disziplinierungsmittel* überhaupt! Ich habe in 23 Jahren eigener oder bei Studenten und Referendaren beobachteter Unterrichtspraxis so gut wie nie erlebt, daß die Schüler gestört hätten, während der Lehrer eine Geschichte erzählt.
- Schließlich kann das Geschichtenerzählen der Schüler auch der eigenen *Erfahrungs-Sicherung* dienen. Indem wir eine Geschichte über uns selbst erzählen, vergewissern wir uns unserer eigenen Identität, teilen uns dem anderen mit und lernen umgekehrt, wer der andere ist und was er will (vgl. dazu Baacke/Schulze 1979).

Das Geschichtenerzählen schafft Nähe und Distanz zugleich: Es lädt den Zuhörenden ein in eine oft fiktive, vergangene oder ferne Welt, aber es sichert zugleich, durch den unmittelbaren Kontakt zwischen Erzähler und Zuhörer, eine sinnlich-anschauliche Lebendigkeit und Echtheit der Situation. Das Erzählen kann die auch in der Schule vorherrschende, einseitige wissenschaftlich-distanzierende Form der Weltbetrachtung durchbrechen.

Es ist klar, daß das Geschichtenerzählen je nach seiner Ausgestaltung, nach Fach, Altersstufe und Zielstellung aus recht unterschiedlichen *Anlässen* eingesetzt werden kann:

- Es kann zum *Einstieg in ein neues Thema* verwandt werden. Es hat dann sowohl eine motivierende wie auch informierende Funktion.
- Das Erzählen kann genutzt werden, um ein *Problem zu formulieren,* das von den Schülern dann weiterbearbeitet wird. (Z. B., indem der Lehrer eine Erzählung auf halber Strecke abbricht und die Schüler erarbeiten läßt, wie es weitergeht.)
- Das Geschichtenerzählen dient natürlich auch der *Spracherziehung,* und dies nicht nur in Deutsch und den Fremdsprachen, sondern überall, wo erzählt wird. Dies ist besonders dann der Fall, wenn die Schüler selbst angehalten werden, im Unterricht Geschichten zu erzählen.
- Deutlich seltener dürfte die Lehrer-Erzählung der *Ergebnissicherung* dienen. Denn die Ergebnisse sollen ja von den Schülern und nicht von dem Lehrer stammen! Ab und an wird man jedoch auch den Schülern abverlangen können, daß sie das Ergebnis ihrer Gruppen-, Still- oder Partnerarbeit in Form einer Geschichte formulieren.

- ☐ Eine sympathische *Lückenbüßer-Funktion* erfüllt das Geschichtenerzählen dann, wenn es am Ende eines arbeitsreichen Schultages oder einer ganzen Woche, in einer Vertretungsstunde oder am Zeugnistag eingesetzt wird.

● Kriterien

Die Aneignung des in der Geschichte zum Ausdruck gebrachten Sach-, Sinn- oder Problemzusammenhangs setzt die Aktivität der Schüler voraus. *Intensives Zuhören ist harte Arbeit!* Deshalb sollte der Erzähler auf folgende Kriterien achten:

- ☐ Eine Geschichte soll erstens *anschaulich und altersstufengemäß* erzählt werden. Auch ältere Schüler und Erwachsene haben größtes Vergnügen an einer erzählten Geschichte. Hier darf auch parodiert, ironisiert und karikiert werden. Dies gilt nicht für Grundschüler: Kleinere Kinder verstehen Ironie oft nicht oder falsch und werden deshalb verunsichert (siehe S. 385).
- ☐ Eine erzählte Geschichte soll zweitens *spannend* sein und möglichst einen Handlungsablauf enthalten. Was in der abstrakten Problemanalyse als Ebenen, Schichten, Aspekte oder Dimensionen auftaucht, wird in der erzählten Geschichte durch ein ›Nacheinander‹ dynamisch gestaltet.
- ☐ Eine erzählte Geschichte soll *lebendig und natürlich* vorgetragen werden. Deshalb sollte man möglichst seine Geschichte auswendig lernen (und allenfalls einen Spickzettel zu Hilfe nehmen!). Eine nur vorgelesene Schilderung hat nie die Unmittelbarkeit der frei gestalteten Erzählung.
- ☐ Gerade beim Geschichtenerzählen wird die *Körpersprache* besonders wichtig! Über Mimik, Gestik und Proxemik (= Bewegung im Raum), über Intonation, über Laut- und Leisesprechen, über das Sprechtempo und die Pausen wird eine Erzählung lebendig! (Auch Pausen können sprechen!)

● Ratschläge

Eine Geschichte sollte so erzählt werden, daß die Schüler förmlich meinen, das Erzählte mit eigenen Augen zu sehen. (In diesem aktiven Ausmalen des Gehörten steckt der Bildungswert der Erzählung!) Um dieses Ziel zu erreichen, sollten Sie erstens viel üben[7] (schon als Studentin bzw. Student!) und zweitens die folgenden drei Ratschläge beachten:

- ☐ Versuchen Sie, den Sach-, Sinn- oder Problemzusammenhang, den Sie vermitteln wollen, zu *personalisieren!* Abstrakte Vorgänge, Systeme, Strukturen und Entwicklungen müssen in Handlungen, Gefühle, Konflikte und Entscheidungen leibhaftiger Menschen rückübersetzt werden. (Wahre Meister in der Beherzigung dieser Regel sind die Autoren von Schulfunk-Sendungen!)
- ☐ Versuchen Sie, den Sach-, Sinn- oder Problemzusammenhang zu *lokalisieren!* Irgendwo – sei es im Himmel oder auf der Erde – muß Ihre Geschichte ja schließlich stattfinden!

---

7 In meiner eigenen Junglehrerzeit habe ich dies versucht. Darauf gestoßen wurde ich bei einem Unterrichtsbesuch eines kurz vor der Pensionierung stehenden Kollegen. Er behauptete, man müsse Großvater geworden sein, um richtig Geschichten erzählen zu können. Das hat mich dermaßen provoziert, daß ich ihm das Gegenteil beweisen wollte.

(Wahre Meister im Lokalisieren sind z. B. der italienische Mediävist Umberto Eco und der deutsche Theologe Gerhard Theissen. Sie haben ihre Romane »Der Name der Rose« und »Der Schatten des Galiläers« deshalb geschrieben, weil sie das Gefühl hatten, mit den üblichen Formen der akademischen Darstellung von Wissenschaft nicht mehr weiterzukommen.)

- □ Versuchen Sie, den Sach-, Sinn- oder Problemzusammenhang zu *dramatisieren!* Gefühle, Spannungen, seelische Konflikte, dramaturgische Effekte gehören in eine Geschichte!

Auch eine holprig, stockend und unvollkommen vorgetragene, frei erzählte Geschichte wird von fast allen Schülern dankbar angenommen! Sie sitzen mucksmäuschenstill da und hängen förmlich am Mund des Lehrers!

Wenn Sie Anfänger sind und das erste Mal eine Geschichte im Klassenzimmer vortragen wollen, empfehle ich Ihnen, etwas mitzubringen, an das Sie sich während des Erzählens klammern können:

- □ Sie können eine *Marionette* oder ein Stofftier mitbringen, durch dessen Mund sie sprechen!
- □ Sie können ein *Bild,* ein *Foto* oder eine der alten herbartschen *Anschauungstafeln,* die noch in vielen Lehrmittelsammlungen oder auch auf dem Dachboden der Schulen zu finden sind, als Krücke nehmen!

● Schüler-Geschichten

Wenn Sie regelmäßig Ihren Schülern eine Geschichte erzählen, werden Sie über kurz oder lang Nacheiferer gefunden haben! Auch Schüler haben größtes Vergnügen daran, eine Geschichte auszudenken oder eine gehörte Geschichte zu varriieren. Folgende Möglichkeiten bieten sich dazu an:

- □ *Endlos-Geschichte:* Der Lehrer gibt eine Rahmenbedingung vor, und die Schüler müssen diesen Rahmen reihum ausfüllen: Der Lehrer erzählt den Anfang der Geschichte eines Fünf-Mark-Stückes, das frisch aus der Münze gekommen ist und gleich einem Banküberfall zum Opfer fällt. Die Schüler spinnen die Geschichte weiter.
- □ *Reizwort-Geschichte:* Der Lehrer gibt drei, vier oder fünf Reizwörter vor – die Schüler denken sich dazu eine Geschichte aus. Z. B.: Fischkutter/Kapitän/Piraten/Schatzkiste.
- □ *»Modernisierungen«:* Der Lehrer liest ein Märchen, eine Fabel, eine Geschichte aus dem AT oder NT vor. Die Schüler machen daraus eine zeitgemäße »Story«.
- □ *Den Faden zu Ende spinnen:* Der Lehrer erzählt die erste Hälfte einer Geschichte. Die Schüler denken sich aus, wie sie zu Ende gehen kann.
- □ *Rätsel-Geschichten:* Der Lehrer denkt sich eine logisch konstruierte Geschichte (z. B. einen Krimi) aus. Die Schüler müssen die Geschichte durch ausmalende Rückfragen, auf die der Lehrer nur mit ja oder nein antwortet, rekonstruieren.

Besonders viel Spaß macht es, wenn Lehrer und Schüler um die Wette an einer *Fortsetzungs-Geschichte* basteln, in der zugleich die Höhe- und Tiefpunkte der Unterrichtsarbeit gespiegelt und kommentiert, verfremdet und relativiert werden. Eine moderne Version einer solchen Schüler-Schul-Geschichte liefert Alexander S. Neill mit seinem Buch »Die Grüne Wolke« (1971). Dieses Buch ist auch gut zum Vorlesen geeignet.

Lesehinweise

Allgemeindidaktische Darstellungen: Stöcker (1970, S. 207–213); Aebli (1976, S. 19–50); Scheller (1981, S. 132–137); Baacke/Schulze (1979; 1985); Ehlich (1980); von Borries (1985); besonders empfehlenswert: Merkel (1980)

Religionspädagogische Darstellungen: Theorie des Erzählens: Baldermann (1969, S. 157–190); Sanders/Wegenast (1983); Weinrich (1975); Theissen (1985). Praktische Anregungen: Neidhardt/Eggenberger (1984); Steinwede (1980); Ruhe/Ruhe (1984)

Geschichtsdidaktik: Kocka/Nipperdey (1979); Koselleck/Stempel (1973); Quandt/Süßmuth (1982)

Geographiedidaktik: Heyn (1973)

3. Vermischtes

In diesem dritten Abschnitt wird nicht mehr eine »Familie« von Handlungsmustern vorgestellt, sondern jeweils ein Beispiel für mehrere verschiedene Handlungsmuster exemplarisch herausgegriffen:

- □ *Umgang mit Arbeitsblättern* für die Handlungsmuster-Familie »Umgang mit Texten«;
- □ das *Experimentieren* für das kontrollierte Beobachten natürlicher und gesellschaftlicher Sachverhalte;
- □ *Erkundung/Exkursion* für die auf der Didaktischen Landkarte Nr. 4 ganz links notierten Handlungsmuster.

3.1 Umgang mit Arbeitsblättern

Im Schulalltag spielen Arbeitsblätter eine nur noch durch die Arbeit mit dem Schulbuch übertroffene, wichtige Rolle. Seit die Umdrucker und Kopiermaschinen auch in den Schulen Einzug gehalten haben, werden die Schüler in manchen Fächern und von manchen Lehrern geradezu mit Arbeitsblättern bombardiert, so daß sogar die Kultusminister unruhig werden.[8]

Ein Arbeitsblatt ist ein didaktisch strukturierter, schriftlich, rechnerisch oder bildnerisch zu lösender Arbeitsauftrag. Nur deshalb macht es einen Sinn, den

8 In einer Presseerklärung des Niedersächsischen Kultusministers vom 13. 7. 1984 heißt es: »Der Niedersächsische Kultusminister Georg-Berndt Oschatz hat die Schulen gebeten, mit dafür zu sorgen, daß die in der Gesellschaft weit verbreitete ›Kopierflut und Kopierwut‹ nicht auch in den Bildungseinrichtungen ›schlechte Schule‹ mache. Vielmehr sollten die Schulen versuchen, der grassierenden ›Kopiersucht‹ durch bescheidenen, ausschließlichen pädagogisch sinnvollen sowie notwendigen Einsatz entgegenzuwirken.« – Ausnahmsweise ist dem Minister voll zuzustimmen!

Umgang mit diesen Blättern als »Handlungs«muster zu bezeichnen. Die bloße Kopie einer historischen Quelle oder die Wiedergabe einer Kurzgeschichte oder eine Tabelle ist also noch kein »Arbeits«blatt. Erst wenn auf diesem Blatt *der Weg vorstrukturiert wird,* auf dem sich die Schüler mit dem gestellten Thema auseinandersetzen sollen, kann von einem Arbeitsblatt gesprochen werden.

● Funktionen

Arbeitsblätter können unterschiedliche *didaktische Funktionen* haben, je nachdem, an welcher Stelle im Unterrichtsprozeß sie eingesetzt werden:

- ☐ Häufig werden sie verwandt, um in einer *Verarbeitungsphase* die Schüler zu einer individuellen oder partnerschaftlichen Aufarbeitung des neuen Lehrstoffs zu bringen.
- ☐ Häufig werden sie zu Beginn der Beschäftigung mit einem neuen Thema genutzt, um ein *erstes Problembewußtsein* zu schaffen (vgl. das zweite der gleich folgenden Beispiele).
- ☐ Noch häufiger dürften sie zur *Vertiefung* und *Übung* in der Mitte und am Ende eines Unterrichtsabschnitts, manchmal auch als vorstrukturierte Hausaufgabe eingesetzt werden.
- ☐ Ab und an werden Arbeitsblätter zur *Protokollierung* und *Dokumentation* des Unterrichts verwandt (z. B. als Protokollbogen eines naturwissenschaftlichen Experiments).

Arbeitsblätter sind also eine Ergänzung, zum Teil auch ein Ersatz für das Schulbuch! Sie sollen dem Lehrer eine individuelle, phantasiereiche Variation und Konkretisierung der Lehrplan- und Lehrbuch-Vorgaben ermöglichen.

Der *massenhafte* Einsatz von Arbeitsblättern verstärkt bei den Schülern allerdings leicht den Eindruck der *Beliebigkeit der Unterrichtsinhalte.* Arbeitsblätter werden oft so lieblos vorbereitet und so achtlos abgeheftet und auf Nimmerwiedersehen vergessen, daß die theoretisch gegebenen Vorzüge einer sehr individuellen und flexiblen Unterrichtsgestaltung ins Gegenteil verkehrt werden. Wer einmal beobachtet hat, wie z. B. ein Orientierungsstufen-Schüler am Nachmittag aus seinem Großraum-Tornister die zerknüllten und zerfledderten, halb ausgefüllten Arbeitsblätter hervorkramt, der wird oft genug an die seligen Zeiten zurückdenken, wo es für jedes Schulfach ein Schulbuch und ein Heft gab – mehr nicht!

Der gerade *bei Studenten und Referendaren so beliebte Einsatz* von Arbeitsblättern ist also solange problematisch, wie nicht mit großer Beharrlichkeit, mit gehörigem Zeitaufwand und liebevoller Pingeligkeit dafür gesorgt wird, daß diese Arbeitsblätter gesammelt, geordnet, zu einem Ganzen zusammengefügt und auch in späteren Unterrichtsphasen als Dokumentation des eigenen Lernprozesses wieder herangezogen werden!

● Schulpolitischer Kontext

Arbeitsblätter hat es schon immer gegeben; gerade in den einklassigen Volksschulen haben sich manche Dorfschulmeister zu wahren Arbeitsblatt-

Künstlern entfaltet; aber auch in der Freinet-Pädagogik, in gängigen Lese- und Schreiblehrgängen, im Physikunterricht ist ihr Einsatz gebräuchlich. Der massenhafte Einsatz dieser Blätter ist aber erst seit den 60er Jahren zu beobachten, also seit Beginn der Schulreform:

- ☐ Denn erst in dieser Zeit hatten sich die *technischen Medien* zur schnellen und reibungslosen Herstellung dieser Arbeitsblätter in den Schulen durchgesetzt (Umdrucker, Fotokopierer).
- ☐ Aber genau in dieser Zeit ist auch die *Kritik an den Schulbüchern* so stark geworden, daß eine massenhafte Abkehr der Lehrer von diesen Schulbüchern gegenüber der Schulbürokratie und den Eltern durchzusetzen war.
- ☐ In vielen Fällen exitierten auch gar keine Schulbücher (in Gesamtschulen, in der Reformierten Gymnasialen Oberstufe, in neu konzipierten Unterrichtsfächern), so daß die Lehrer, ob sie wollten oder nicht, auf selbsterstellte Arbeitsblätter angewiesen waren.

In den letzten Jahren hat ein gewisses Umdenken eingesetzt: Die Klagen über den Mißbrauch von Arbeitsblättern nehmen zu, andererseits sind die Schulbuch-Verlage, die wegen schwindender Schülerzahlen und sinkender Profite in größere Nöte geraten sind, in die neuentdeckte Marktlücke gestoßen. Sie bieten inzwischen in großem Umfang kommerziell erstellte Arbeitsblatt-Sätze für fast alle Schulfächer, -stufen und -formen an. Der entscheidende Vorzug der selbsterstellten Arbeitsblätter, auf die individuelle Klassensituation Rücksicht nehmen zu können, geht dann freilich wieder verloren.

● Kriterien für ein gutes Arbeitsblatt

Es gibt eine Reihe *formaler Kriterien,* durch deren Beachtung den Schülern der Spaß am Umgang mit diesen Blättern erhalten und ihre spätere Wiederverwendung erleichtert werden kann. Arbeitsblätter sollten

- ☐ *eindeutig zu identifizieren sein* (also z. B. datiert oder numeriert sein, mit Hinweis auf das Fach, den Lehrer oder die Unterrichtseinheit versehen sein; abgebildete Quellen, Dokumente, Texte usw. sollten in der Regel einen Quellenverweis erhalten);
- ☐ *ästhetisch ansprechend gestaltet sein* (dies betrifft die Handschrift, die räumliche Aufteilung, die wörtliche Ansprache der Schüler; die Qualität des Abzugs – insbesondere bei Blaumatrizen).

Über diese formalen Ansprüche hinaus sollten Arbeitsblätter gewissen *inhaltlichen Kriterien* zumindest ansatzweise genügen:

- ☐ Das angebotene Material (z. B. Bilder, Fotos, Zeichnungen, Texte, Kreuzworträtsel, Versuchsbeschreibungen, Spiele) sollte möglichst *viele Sinne der Schüler ansprechen* und in klarer Beziehung zum vorher verhandelten Unterrichtsinhalt stehen. Das Material sollte abwechslungsreich dargeboten werden.
- ☐ Der *Arbeitsauftrag* sollte kurz, konkret und vor allem verständlich formuliert sein. Er sollte in sich gegliedert sein und nur so viele Arbeitsschritte enthalten, wie für die Bewältigung der Unterrichtsphase wirklich erforderlich ist.
- ☐ Das Arbeitsblatt sollte die *Selbsttätigkeit* der Schüler fördern und möglichst häufig eigenständige Lösungen der Schüler zulassen.

Der letzte Gesichtspunkt, der der Selbsttätigkeit der Schüler, ist eigentlich der wichtigste! Arbeitsblätter erlauben es, daß *alle* Schüler in Einzel- oder in Partnerarbeit zu einer individuellen Problemlösung gelangen können. Dabei bietet es sich an, den schon in der ELFTEN LEKTION (S. 245) beschriebenen *Wechsel der Symbolisierungsformen* zu nutzen, um die Schüler zu einer »gelenkten« Selbsttätigkeit zu bringen: Das, was vorher mündlich besprochen wurde, wird nun schriftlich wiederholt; das, was sprachlich gefaßt worden ist, wird auf dem Arbeitsblatt in eine Zeichnung übertragen, in eine Erzählung umgewandelt usw.

In thematisch begrenzten Arbeitsgebieten *können sich Schüler Arbeitsblätter,* insbesondere für Übungszwecke, auch *selbst herstellen!* Ältere Schüler, die gelernt haben, ein Computer-Programm zu schreiben, können auch aufgefordert werden, Arbeitsblätter auf dem Computer für sich und für ihre Mitschüler herzustellen.

● Beispiele

In vielen Fachdidaktiken (z. B. bei Eschenhagen/Kattmann/Rodi 1985, passim), in Schulbüchern und in Monographien zum Thema (Eckert 1980) finden Sie Anregungen zur Gestaltung. Die folgenden zwei Beispiele sollen lediglich zeigen, daß schüler-aktivierende Arbeitsblätter mit verhältnismäßig wenig Aufwand herzustellen und mit Hilfe der heute verfügbaren Reproduktionstechniken wiederholt einzusetzen sind.

Ich finde das Arbeitsblatt auf S. 311 sehr gelungen: Es kombiniert Einzel- mit Partnerarbeit; es fördert die Selbsttätigkeit durch den Wechsel der Symbolisierungsformen, und es nutzt die Freude der Kinder am Verrätseln und Erraten.

Bei der Gestaltung von Arbeitsblättern können die in der NEUNTEN (S. 140 ff.) und ZEHNTEN LEKTION (S. 211 ff.) beschriebenen *Inszenierungstechniken* genutzt werden. Man kann den für die Schüler zu erschließenden Inhalt:

- ☐ konkretisieren oder abstrakt fassen,
- ☐ ihn nahebringen oder verfremden,
- ☐ ihn in Teile zerlegen und wieder zusammenfügen;
- ☐ man kann im sogenannten Multiple-Choice-Verfahren mehrere Lösungen vorgeben und die richtige Antwort suchen lassen; man kann Anleitungen zu Experimenten und/oder Beobachtungsaufträge geben;
- ☐ man kann einen Gegenstand identifizieren lassen, man kann kontrastieren und polarisieren.

Im Beispiel auf S. 312 wird der Unterrichtsinhalt (»Der Außenseiter«) zunächst *verfremdet,* dann aber mit der dritten Frage des Arbeitsauftrages wieder *nahegebracht.*

➧ *Weitere Beispiele* für Arbeitsblätter finden Sie auf den Seiten 100, 148, 266, 267, 273, 275 und 359.

- *Kopiervorlagen* für Arbeitsblätter finden Sie z. B. bei: »Bergedorfer Kopiervorlagen«, Verlag Sigrid Persen, Dorfstr. 14, D-2152 Horneburg; Rudolf Eckert (1980); Gerhard Sennlaub (1984) und im AOL-Verlag, Waldstr. 17, 7585 Lichtenau 2.
- Eine Variante der Arbeit mit Arbeitsblättern stellen *Arbeits-Karteien* dar: Verschiedene Arbeitsblätter werden thematisch geordnet, nach dem Schwierigkeitsgrad sortiert und den Schülern zu Vertiefungs- und Übungszwecken angeboten. Ein Plädoyer für selbst hergestellte Arbeitsblätter (und den Verzicht auf kommerzielle!) liefert Herbert Hagstedt (1987).

Datum:_______ Klasse:__ **Arbeitsblatt** Name:__________

Kunst in Redensarten

a b

c

Aufgabe:
Sieh dir die Bilder genau an. Für jedes Bild gibt es eine Redensart. Du sollst sie herausfinden und unter das entsprechende Bild schreiben.

Zeichne dann in die freien Kästchen eigene Redensarten-Bilder. Tausche dann dein Blatt mit deinem Nachbar und findet die dazugehörigen Redensarten.

a b

c d

Dieses Beispiel stammt von *Paul Büchler* (aus: © Arbeitsgruppe Oberkircher Lehrmittel, Schulspaß und Schulspiele. Rowohlt Taschenbuchverlag, Reinbek 1983, S. 107).

Fach: Religion 1.4.87

Thema: "Der Außenseiter" Blatt 5

Arbeitsauftrag:

1.) Beschreibe die oben abgebildete Situation in Stichworten:

....

....

2.) Wer ist auf diesem Bild "Außenseiter" und warum?

....

....

3.) Hast Du selbst schon einmal eine vergleichbare Situation erlebt? Beschreibe sie in Stichworten:

....

....

....

3.2 Experimentieren

Das Wort Experiment stammt vom lateinischen »experiri«, d. h. versuchen, prüfen, erproben. Heute versteht man unter einem Experiment einen planmäßigen und kontrollierten Versuch zur Überprüfung einer Fragestellung oder zur Aufklärung eines unklaren Sachverhalts. Ein Experiment ist nach landläufiger Vorstellung durch folgende Eigenschaften gekennzeichnet:

- ☐ Es wird *planmäßig* durchgeführt, folgt also einem vernünftigen Aufbau;
- ☐ es wird *künstlich* hergestellt und unterscheidet sich insofern von der bloßen Beobachtung natürlicher und gesellschaftlicher Vorgänge;
- ☐ es kann beliebig oft *wiederholt* werden,
- ☐ und die beim Experiment zutage getretenen Gesetzmäßigkeiten oder Regelmäßigkeiten können *kontrolliert* werden.

Seit jeher ist gefordert worden, im Unterricht zu experimentieren, um so die Neugierde der Schüler zu wecken, um ihre Beobachtungsfähigkeit zu schulen, um ihnen einen Einblick in (naturwissenschaftliche) Forschungsmethoden zu geben usw. Die in der Wissenschaft üblichen Experimente haben freilich mit den in den Schulen praktizierten Experimenten häufig wenig gemein. Es empfiehlt sich deshalb, begrifflich zu unterscheiden:

Experiment

- **Forschungsexperiment:**
  - ☐ insbesondere in Naturwissenschaft und Technik,
  - ☐ aber auch in den Sozialwissenschaften (Psychologie, empirische Unterrichtsforschung usw.)
- **Unterrichtsexperiment**
  - Lehrerexperiment/Lehrerdemonstration
  - Schülerexperiment
  - mit unterschiedlichen didaktischen Funktionen und Zielen:
    - ☐ Einführungsexperiment
    - ☐ Anwendungs-, Kontroll- oder Bestätigungsexperiment
    - ☐ Selbsterfahrungsexperiment
- **freies Experimentiern/ Tüfteln und Erproben:**
  - ☐ technisches Experimentieren
  - ☐ Ausprobieren nach dem Versuch-und-Irrtum-Schema

● Forschungsexperiment

Das klassische Verständnis vom »Experimentieren« bezieht sich auf die planmäßige Erforschung naturwissenschaftlicher, insbesondere physikalischer und chemischer Gesetzmäßigkeiten, wie sie sich seit Beginn der Neuzeit schrittweise durchgesetzt hat und z. B. von Immanuel Kant[9] auf den Begriff gebracht worden ist:

- ☐ *Galileo Galileis* Versuche, den Fall einer Kugel dadurch künstlich zu verzögern, daß er die Kugel auf ein schiefes Brett legte, hinunterrollen ließ und dann in der Lage war, auch ohne die damals noch nicht erfundenen genau gehenden Uhren »sekundengenaue« Messungen vorzunehmen, sind ein Beispiel für solch ein klassisches Experiment.
- ☐ *Otto Guerickes* schauträchtige Experimente mit den zwei glatt aufeinander passenden Halbkugeln, die er luftleer pumpte, um dann zu testen, wie viele Pferde erforderlich sind, um die beiden Halbkugeln wieder auseinanderzuziehen, sind ein zweites bekanntes Beispiel.

Diese Experimente folgen einer von Kant analysierten, scheinbar klaren Logik der Forschung, in der die durch die menschliche Vernunft ausgedachten Gesetze zur Richtschnur für die Durchführung der Experimente gemacht werden. Dabei entsteht folgendes *rationale Ablaufschema*, das bis heute auch im naturwissenschaftlichen Unterricht als Leitlinie für die Durchführung und Auswertung von Lehrerexperimenten genommen wird:

1. **Eine Frage taucht auf**, ein *Phänomen* wird beobachtet, das für den Fragenden (noch) *nicht zu erklären* ist. Das, was beobachtet wird, steht im Widerspruch zum Bekannten.

2. **Hypothesen** zur Erklärung der Beobachtung bzw. zur Aufhebung des Widerspruchs werden formuliert.

9 In der Vorrede zur 2. Auflage seiner »Kritik der reinen Vernunft« schreibt Immanuel Kant (Werke, Bd. 2, 1956, S. 23):
»Als *Galilei* seine Kugeln die schiefe Fläche mit einer von ihm selbst gewählten Schwere herabrollen oder *Toricelli* die Luft ein Gewicht, was er sich zum voraus dem einer ihm bekannten Wassersäule gleich gedacht hatte, tragen ließ, oder in noch späterer Zeit *Stahl* Metalle in Kalk und diesen wiederum in Metall verwandelte, indem er ihnen etwas entzog und wiedergab: so ging allen Naturforschern ein Licht auf. Sie begriffen, daß die Vernunft nur das einsieht, was sie selbst nach ihrem Entwurfe hervorbringt, daß sie mit Prinzipien ihrer Urteile nach beständigen Gesetzen vorangehen und die Natur nötigen müsse, auf ihre Fragen zu antworten, nicht aber sich von ihr allein gleichsam am Leitbande gängeln lassen müsse; denn sonst hängen zufällige, nach keinem vorher entworfenen Plane gemachte Beobachtungen gar nicht in einem notwendigen Gesetze zusammen, welches doch die Vernunft sucht und bedarf. Die Vernunft muß mit ihren Prinzipien, nach denen allein übereinkommende Erscheinungen für Gesetze gelten können, in einer Hand, und mit dem Experiment, das sie nach jenen ausdachte, in der anderen, an die Natur gehen, zwar um von ihr belehrt zu werden, aber nicht in der Qualität eines Schülers, der sich alles vorsagen läßt, was der Lehrer will, sondern eines bestallten Richters, der die Zeugen nötigt, auf die Fragen zu antworten, die er ihnen vorlegt.«

3. **Ein Experiment zur Überprüfung der Hypothese(n) wird ausgedacht;** der Versuchsaufbau wird konzipiert, Kontrollverfahren werden ausgedacht; es wird Sorge getragen, daß keine störenden sonstigen Variablen den Versuchsablauf verfälschen können.

4. **Das Experiment wird durchgeführt,** und die Ergebnisse werden festgehalten.

5. **Die Ergebnisse werden mit der zuvor aufgestellten Hypothese verglichen.** Dies führt entweder zur Bestätigung (= Verifikation) oder zur Widerlegung (= Falsifikation) der Hypothese.

6. Nach wiederholten Kontrollversuchen, nach dem Vergleich mit den Ergebnissen anderer Experimente und nach der Einbindung in theoretische Konzepte wird eine **Verallgemeinerung der Ergebnisse** vorgenommen und z. B. ein physikalisches oder chemisches Gesetz aufgestellt.

Dieses Ablaufschema ist aber nicht mehr als eine *idealisierende und in logischer Hinsicht zum Teil problematische Rekonstruktion* des vermuteten Ablaufs der Forschung. In Wirklichkeit verlaufen Experimente und die mit ihr verwobenen Gesetzesformulierungen sehr viel verwickelter und »menschlicher« ab. Wir wissen inzwischen, daß (natur-)wissenschaftlicher Fortschritt immer auch politische, soziale, moralische und weltanschauliche Voraussetzungen und Hintergründe hatte, daß neue Paradigmen, d. h. grundlegend neue Sichtweisen der Forschung oft genug gegen den Augenschein und gegen die Mehrzahl der anerkannten Experimente durchgesetzt worden sind. (Dies hat Bert Brecht in seinem »Leben des Galileo Galilei« ebenso nachdrücklich vor Augen geführt wie Paul Feyerabend in seiner anarchistischen Erkenntnistheorie »Wider den Methodenzwang«, 1976). Besonders der Übergang von Schritt 5 zu Schritt 6 ist in methodologischer Hinsicht höchst problematisch. Denn aus noch so vielen Einzelbeobachtungen (z. B. der wiederholten Beobachtung, daß Schwäne weiß zu sein pflegen) kann nicht gefolgert werden, daß hier ein allgemeingültiges Gesetz vorliegt (daß z. B. alle Schwäne weiß seien, was ja, wie seit der Entdeckung Australiens bekannt ist, nicht zutrifft).

Für Kant war das naturwissenschaftliche Experimentieren das Paradebeispiel für den erwünschten »aufgeklärten« Vernunftgebrauch. Die Entzauberung der Welt durch die Aufklärung sämtlicher (natur-)wissenschaftlicher Geheimnisse wurde zum Programm der Moderne. Heute ist dieses Programm in eine Sinnkrise geraten. Die unerwarteten und unerwünschten Nebenfolgen der wissenschaftlich-technischen Weltbeherrschung werden immer unübersehbarer. AIDS und SDI, Waldsterben und Tschernobyl, Arbeitslosigkeit trotz Reichtum, Nord-Süd-Konflikt und vieles andere mehr lehren, daß der wissenschaftlich-technische Fortschritt immer zwiespältigere Folgen zeitigt (vgl. S. 423).

Schülern, denen nichts anderes als die Logik des oben abgebildeten Ablaufschemas wissenschaftlichen Experimentierens vor Augen geführt würde, müßten ein historisch falsches, forschungspraktisch illusionäres und gesellschaftspolitisch naives Bild vom Wissenschaftsfortschritt entwickeln, das von den gesellschaftlichen Krisen, die durch den derart produzierten »Fortschritt« auf uns zukommen bzw. bereits eingetreten sind, ablenkt.

These 12.3: Das Experimentieren darf nicht als bloße Technik der Erkenntnisproduktion vorgestellt werden. Es muß den Schülern in seiner historischen Bedeutung und mit seinen gesellschaftlichen, politischen und moralischen Voraussetzungen und Folgen vor Augen geführt werden.

Die Durchführung von Experimenten ist selbstverständlich nicht auf den naturwissenschaftlich-technischen Bereich begrenzt. Seit langem gibt es in allen empirisch orientierten Sozialwissenschaften eine inzwischen bedeutende Praxis wissenschaftlichen Experimentierens (z. B. in der klinischen Psychologie, in der empirischen Lernforschung, in der Werbepsychologie usw.). Das in der ZEHNTEN LEKTION (S. 199) geschilderte Experiment zum Pygmalion-Effekt ist ein Beispiel aus dem Gebiet der Unterrichtsforschung. Die methodologischen Probleme der Forschung in sozialwissenschaftlichen Disziplinen werden hochschuldidaktisch ansprechend und verständlich bei Eckard König/Peter Zedler (1983, S. 54–73) beschrieben.

● **Unterrichtsexperiment**

Im Sprachgebrauch der Schule wird der Begriff »Experiment« zumeist ein wenig weiter gefaßt, als dies in der Wissenschaft üblich ist: Beobachtungsaufgaben und Messungen (z. B. die Messung der Wachstumsgeschwindigkeit von Pflanzen, die Messung der Erhöhung der Pulsfrequenz bei körperlicher oder seelischer Beanspruchung, aber auch der in der VIERZEHNTEN LEKTION folgende kleine Versuch zur Körpersprache) werden als »Experiment« bezeichnet.

Die Vorstellung, daß insbesondere in den naturwissenschaftlichen Schulfächern häufig experimentiert würde, ist übrigens unzutreffend. In der auf S. 60 referierten empirischen Erhebung ist z. B. für die naturwissenschaftlichen Fächer ein prozentualer Anteil der »Demonstration« von 7,29 % ermittelt worden; wie hoch der Anteil der Lehrer- und Schülerexperimente daran ist, geht aus der Untersuchung leider nicht hervor.

Je nach Anlaß, Gegenstand und Durchführungsmodalitäten können Experimente im Unterricht sehr unterschiedliche Aufgaben erfüllen. Sie können als Einstiegs- oder *Einführungsexperiment* die Neugier und Fragehaltung der Schüler wecken; sie können als relativ selbständige Experimentier- und *Ent-*

deckungstätigkeit der Schüler dem Ausforschen von Objekteigenschaften, von Beziehungen und Strukturen dienen; sie können als *Kontroll-* oder *Bestätigungsexperimente* der Überprüfung vorher aufgestellter Hypothesen über gesetzmäßige Beziehungen dienen. Schließlich gibt es – im Grenzgebiet zwischen kontrollierten Experimenten und freiem Erkunden so etwas wie *Selbsterfahrungsexperimente* im sozialen Raum.

● Lehrerexperiment – Schülerexperiment

Quer zu dieser Unterscheidung verschiedener Formen und Funktionen des Unterrichtsexperiments verläuft die Unterscheidung von *Lehrer-* und *Schülerexperiment*. Lehrerexperimente sind gut – sie machen den Unterricht anschaulich und lebendig und bleiben bei den Schülern oft bis zu ihrem Lebensende im Gedächtnis haften (vor allem dann, wenn sie mißlangen)! Schülerexperimente sind besser! Sie erlauben den Schülern ein selbsttätiges Suchen, Probieren und Entdecken.

Außerhalb des Unterrichts sind viele Schüler fortwährend am Experimentieren:

- ☐ Sie entwickeln auf ihrem BMX-Rad halsbrecherische Fahrradfahr-Techniken;
- ☐ sie handeln experimentell, wenn sie sich aus Moped-Teilen ein Go-Kart zusammentüfteln und den Antrieb in einem komplizierten Versuch-und-Irrtum-Verfahren entwikkeln;
- ☐ sie experimentieren mit offenem Feuer, sie entwerfen neue Papierschwalben, neue Techniken des Anbändelns und Provozierens und vieles andere mehr.

Die Übergänge zwischen dem freien Experimentieren und Tüfteln der Schüler und dem sogenannten *»entdeckenden Lernen«* sind oft fließend (vgl. S. I, 210). Ein kleines Beispiel:

- ☐ Wenn Sie in der 4., 5. oder 6. Klasse unterrichten, sollten Sie einmal Ihre Schüler auffordern, einen *Plattenspieler nachzuerfinden*! Geben Sie ihnen einige wertlos gewordene (zerkratzte) Platten, dazu Papier als Schallverstärker, Stecknadeln, Nägel usw., und fordern Sie Ihre Schüler auf, mit diesen primitiven Hilfsmitteln der Schallplatte Töne zu entlocken. Es geht! Legen Sie dann noch eine Lupe dazu – dann können die Schüler die Rillen in der Platte studieren! Vielleicht können Sie auch einen kleinen Wettbewerb machen: Wer baut aus 1 Nadel, einem DIN A 4-Blatt und einem Filzstift (für die Halterung der Platte!) den best-funktionierenden Plattenspieler?
- ☐ Sie werden sehen, daß Ihre Schüler viel *Energie*, viel *Phantasie* und viel Bereitschaft zu unkonventionell-einfachen Lösungen haben (und nebenher eine ganze Menge über die Akustik lernen können).

Nicht nur in naturwissenschaftlich-technischen Unterrichtsfächern, sondern auch in sozialkundlichen Fächern, in Deutsch, Kunst, Sport und Musik können die Schüler selbsttätig experimentieren, wenn ihnen nur der freie Raum dafür gegeben wird. (Beispiele finden sich z. B. bei Horst Rumpf 1986a, b; bei Ingo Scheller 1981).

Im alltäglichen Unterricht geht die Experimentierlust der Schüler jedoch häufig wieder unter. Der Lehrer muß sie, ob er dies begrüßt oder nicht, weitgehend »domestizieren«. Dies folgt aus seiner Aufsichtspflicht, dies ist aber auch deshalb notwendig, weil für das freie Experimentieren viel Zeit, Raum und Material erforderlich sind. Der 45-Minuten-Rhythmus des Fachunterrichts setzt hier engste Grenzen. Dennoch sollte man als Lehrer nicht locker lassen und immer wieder versuchen, die durch die Experimentierlust der Schüler entstehende anarchische Lebendigkeit selbstgesteuerten Lernens ein Stück weit in seinen Unterricht hineinzuholen. Wenigstens in Projektwochen mit ihren größeren Handlungsspielräumen wird dieses Ziel auch immer wieder erreicht.

Das selbsttätige oder auch vom Lehrer locker geleitete Vorbereiten, Durchführen und Auswerten eines Experimentes ist auf jeden Fall eine der besten denkbaren Möglichkeiten, die *methodische Handlungskompetenz* der Schüler zu entwickeln, und zwar sowohl in kognitiver als auch in sozialer und motorisch-manueller Hinsicht.

● Ablaufschema

Auch wenn das oben wiedergegebene idealtypische Schema eines Forschungsexperiments die Komplexität der wirklichen Forschungsprozesse nicht angemessen widerspiegelt, so hat es doch eine große didaktische Bedeutung: Es reduziert die Komplexität der wirklichen Forschung auf die logische Struktur der Vorbereitung, Durchführung und Auswertung von Experimenten. Deshalb kann das Schema sehr wohl als Vorbild für die Durchführung von Experimenten im Unterricht genutzt werden:

1. **Lehrer und Schüler entwickeln eine klare Fragestellung,** eine Hypothese, ein Hypothesenbündel, eine Vermutung über eine gesetzmäßige Beziehung. Dies kann im gelenkten Gespräch, durch Lehrervortrag, durch zufällige Beobachtungen, durch eine Lehrerdemonstration, durch Schülerberichte usw. erfolgen.

2. **Der Lehrer und/oder die Schüler** (einzeln, in Partner- oder Gruppenarbeit) **denken sich ein Experiment zur Überprüfung der Fragestellung aus.** Wenn viel Zeit und Material vorhanden ist, können die Schüler ganze Versuchsserien ausdenken. Es ist dann auch sehr gut möglich, themendifferenzierten Gruppenunterricht zu machen.

3. **Das Experiment wird durchgeführt**. Der Experimentaufbau, die Durchführung und die Ergebnisse werden genau beobachtet und in der Regel schriftlich dokumentiert (schriftliche Versuchsbeschreibung, Zeichnung, tabellarische Dokumentation von Meßdaten usw.). Gerade in diesem dritten Schritt ist die Selbsttätigkeit der Schüler sehr wichtig. Es ist ein Unding, vorn am Pult ein Lehrerexperiment zu veranstalten und dann auch noch als Lehrer den Versuchsaufbau, -ablauf und die Versuchsergebnisse den Schülern ins Heft zu diktieren. Dies muß zwangsläufig zur Folge haben, daß den Schülern ihr ursprünglich sicherlich vorhandenes Fachinteresse in Windeseile ausgetrieben wird.

Die Versuchsergebnisse werden interpretiert: Sie werden auf die eingangs gestellte Frage oder Hypothese zurückbezogen; der Versuchsverlauf wird beurteilt. Es wird überlegt, ob Kontrollversuche (z. B. Blindversuche) oder Versuchsvariationen erforderlich sind. Konsequenzen des Versuchs (Anwendungsmöglichkeiten, Verallgemeinerungen, technische oder soziale Folgen usw.) werden diskutiert.

● Teilfertigkeiten und Lehrziele

Um selbständig experimentieren zu können, müssen die Schüler eine ganze Reihe von *Teilfertigkeiten* erwerben, die ich im folgenden im Anschluß an die gründlichen Analysen des nordamerikanischen Curriculumprojekts »Science – A Process Approach« (vgl. Meyer 1972, S. 113f.) skizziere. Die Schüler können beim Experimentieren lernen:

- ☐ genau zu beobachten,
- ☐ Raum-Zeit-Beziehungen herzustellen und mit ihnen zu arbeiten,
- ☐ Zahlen zu gebrauchen und mit ihnen sachbezogen zu rechnen,
- ☐ genaue Messungen vorzunehmen,
- ☐ Gegenstände oder Beobachtungsresultate zu klassifizieren, sie also Oberbegriffen zuzuordnen,
- ☐ Prognosen über den mutmaßlichen Versuchsablauf zu formulieren und die Prognosen mit dem tatsächlichen Verlauf zu vergleichen,
- ☐ Schlußfolgerungen aus den Beobachtungsergebnissen zu ziehen,
- ☐ die im Experiment ermittelten Daten zu interpretieren (und zu lernen, vorschnelle Über-Interpretationen zu vermeiden),
- ☐ Hypothesen über gesetzmäßige Zusammenhänge zu formulieren,
- ☐ Variablen zu kontrollieren (also im Experiment variierte abhängige von den unabhängigen Variablen unterscheiden zu lernen),
- ☐ Fragestellungen und Probleme zu operationalisieren, also so zu formulieren, daß sie durch Meßoperationen einer Überprüfung zugänglich werden.

Zusätzlich zu diesen kognitiven und manuellen Teilfertigkeiten gibt es eine Reihe affektiv-emotionaler Fertigkeiten (die die Amerikaner in ihrer Aufstellung vergessen haben). Schüler können beim Experimentieren:

- ☐ ihre Neugierde befriedigen,
- ☐ lernen, sich zu konzentrieren und bei der Sache zu bleiben,
- ☐ behutsam mit Materialien, mit den am Versuch beteiligten Versuchspersonen, mit der Natur umzugehen usw.

Zwischen diesen Teilfertigkeiten bestehen komplexe, zum Teil *hierarchische Beziehungen*: Wer nicht genau beobachten, wer nicht zählen und messen kann, kann auch keine Fragestellungen operationalisieren und keine Hypothesen überprüfen. Im folgenden, aus dem Curriculum »Science – A Process Approach« übernommenen Schema (s. o.) werden diese hierarchischen Beziehungen deutlich gemacht.

Die Lösung eines Problems durch Experimentieren

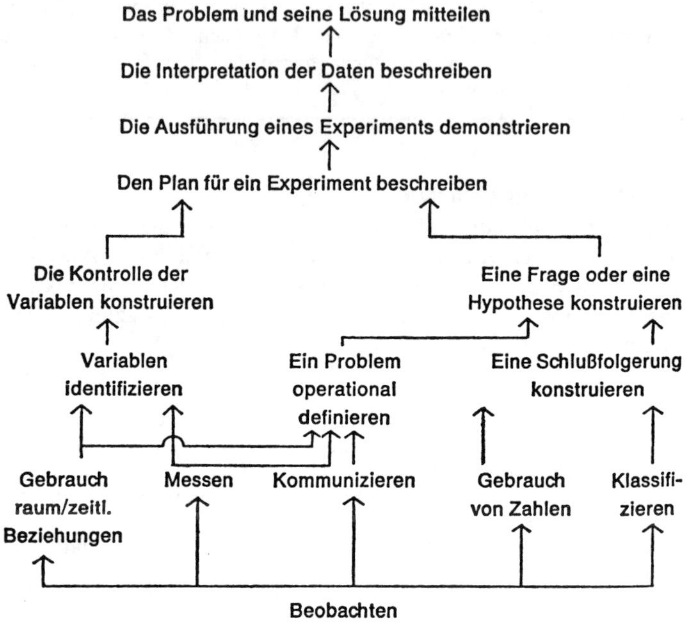

Nach: Tütken: Einleitende Bemerkungen zu den »neuen« naturwissenschaftlichen Elementarschulcurricula in den USA, zit. nach Meyer: Einführung in die Curriculum-Methodologie, © Kösel, München 1972, S. 114

Dieses Hierarchie-Modell der Experimentier-Teilfertigkeiten darf nicht so mißverstanden werden, als ob jede der Teilfertigkeiten isoliert geübt und dann zum Schluß zur Gesamtkompetenz »Experimentieren können« zusammengesetzt werden könnte. Nein, dieses Modell hat nur eine analytische Funktion. Es hilft dem Lehrer, genauer zu analysieren, was seine Schüler schon können und was sie noch lernen müssen.

Auf den folgenden Seiten werden einige *Beispiele* für Unterrichtsexperimente vorgestellt. Sie sollen nicht mehr als Appetit auf die Entwicklung einer eigenen Experimentierpraxis machen:

● Einführungsexperiment

Das *Einführungsexperiment* wird fast immer als *Lehrer*-Experiment durchgeführt. Es dient der Demonstration eines natur- oder sozialwissenschaftlichen Sachverhalts und hat die Aufgabe, die Neugierde und Fragehaltung der Schüler zu wecken.

Das folgende *Beispiel* für einen solchen Einstieg stammt von Hans Krull, Oldenburg. Es findet sich auch als Lesetext in einigen Schulbüchern, verliert dort aber jeden Reiz, weil die Lösung des Problems den Schülern wenige Zeilen später verraten wird.

Thema: »Der Auftrieb« – Physikunterricht/Sekundarstufe I

Der Lehrer hat vor Beginn der Physikstunde drei zylinderförmige Glasgefäße mit a) reinem Wasser, b) Kochsalzlösung mittlerer Konzentration und c) Kochsalzlösung starker Konzentration gefüllt.

- □ Zu Beginn der Stunde holt er drei frische Hühnereier aus der Tasche und fragt die Schüler, was wohl geschehen werde, wenn er diese drei Eier in je einen der Zylinder lege. – Die Schüler äußern sich spontan. Die Erwartung, daß etwas Besonderes passieren müsse, wird aufgebaut.
- □ Der Lehrer legt je ein Ei in einen der drei Zylinder. Das Ei im Zylinder a) sinkt auf den Boden; das in Zylinder b) schwebt; das in c) schwimmt an der Oberfläche:
- □ Die Schüler staunen – auch dann, wenn sie mit Ähnlichem gerechnet haben. Sie beginnen auf der Stelle, Hypothesen zur Erklärung des scheinbaren Widerspruchs zu formulieren. Naheliegend, aber falsch ist die Vermutung: »Die Eier sind präpariert!«

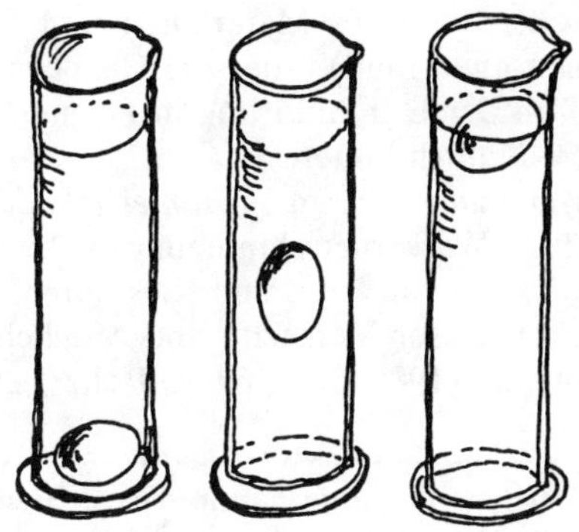

- □ Der Lehrer fordert die Schüler auf, diese Hypothese zu überprüfen. – Sie kommen nach vorn und tauschen die drei Eier aus. – Es bleibt wie zuvor.
- □ Die Schüler sind gezwungen, neue Hypothesen zu formulieren. Wenn die Schüler nicht von selbst auf die Idee kommen, fordert der Lehrer sie auf, das Wasser zu untersuchen und eventuell zu schmecken.
- □ Die Schüler finden heraus, daß die Zylinder b) und c) mit Salz versetztes Wasser enthalten. Nun beginnt die eigentliche Denkbarbeit: »Warum führt der Zusatz von Salz dazu, daß das Ei schwimmt?«
- □ Eine neue Runde der Hypothesenbildung beginnt....

Die oben skizzierte idealtypische Schrittfolge eines Forschungsexperiments wird in diesem Demonstrationsversuch deutlich verändert:

- □ Für den *Lehrer* ist sowieso alles klar – er muß nur noch darauf achten, daß der Versuch technisch klappt.
- □ Die *Schüler* werden gleich zu Beginn der Stunde förmlich überrumpelt. Sie haben nicht die Möglichkeit, auf die Anlage des Experiments Einfluß zu nehmen. Dies könnten sie auch gar nicht, weil sie noch gar keine Vorstellung der zugrunde liegenden Gesetzmäßigkeiten haben. Die Einsicht in die Gesetzmäßigkeit soll vielmehr durch das Grübeln

über das Beobachtete hergestellt werden. Ist erst einmal das Auftriebsgesetz gefunden und formuliert, können die Schüler allerdings, wenn dies die knappe Unterrichtszeit zuläßt, selbst ans Experimentieren gehen und ähnliche Experimente zur Überprüfung der aufgestellten Hypothesen vornehmen.

Die Selbsttätigkeit der Schüler hält sich bei solchen Demonstrationsversuchen in engsten Grenzen. Dennoch können sie eine Menge lernen:

- Sie erwerben Sachwissen über die Natur, die Gesellschaft und die jeweilige Fachwissenschaft;
- sie lernen, gezielt zu fragen; sie lernen, Hypothesen zu bilden und die Hypothesen in den Experiment-Aufbau zu »übersetzen«;
- sie schulen das genaue Hinschauen, das Beobachten, das Messen und Kontrollieren.

● Anwendungs-, Kontroll- und Bestätigungsexperimente

Sie sind dazu da, die zuvor gemeinsam vom Lehrer und den Schülern erarbeiteten Hypothesen oder Gesetze auf ihre Richtigkeit zu überprüfen. Auch hier ist das Ausmaß der Lehrerlenkung zumeist hoch (weil der Lehrer für die Bereitstellung der Materialien und die handhabbare technische Durchführung sorgen muß), aber die Chancen der Schüler, sich am Versuchsaufbau und an der Durchführung in Partner- oder Gruppenarbeit zu beteiligen, ist doch deutlich höher.

Man kann z. B. im *Sachunterricht der Grundschule* das Thema »Wasserversorgung/Wasserverschmutzung« behandeln und dann ein Experiment zur Filterwirkung von Sand und Kies durchführen. Über die unterrichtspraktischen Tücken dieser Versuche und Möglichkeiten ihrer Behebung berichtet Jörg Bennedik (1985, S. 68/69, © Beltz Verlag, Weinheim/Bergstr.):

> Der *erste Versuch* gehört in seinem Grundaufbau zum Standardrepertoire der Unterrichtsreihe. Es ist der vielzitierte Versuch, Schmutzwasser durch einen Filter aus Sand und Kies zu reinigen, um damit die Ursache des sauberen Grundwassers zu verdeutlichen. Ein bei Kindern beliebter Versuch, der jedoch seine Schwachpunkte hat, sofern man sich an die Vorschläge der mir bekannten Publikationen hält. Das Reinigen des Sandes, zum Beispiel, ist mit viel Aufwand und hohem Wasserverbrauch verbunden. Trotzdem ist der Effekt wenig überzeugend, da die feinen Verunreinigungen des Sandes das Wasser häufig noch stark trüben. Peinlich kann ein anderer Schwachpunkt des Versuchsaufbaus werden. Ein pfiffiger Schüler kam in meinem Unterricht auf die Idee, das Schmutzwasser einmal *nur* durch den untergelegten Papierfilter zu reinigen (– der bei der Versuchsanordnung das Durchlaufen des Sandes verhindern soll). Das Ergebnis brachte alle vorausgegangenen Versuche ins Zwielicht: Der Kaffeefilter hielt den ungelösten Schmutz allein scheinbar besser zurück, als mit einer Sandschicht beladen! Nach diesem Mißerfolg versuchte ich, den Versuchsaufbau zu verändern. Aber auch das Unterlegen von Watte, feinen Sieben oder Schaumstoff ergab denselben Effekt.
>
> Um dieses Dilemma endgültig zu beseitigen, veränderte ich den Versuchsaufbau so, daß allein die Filterwirkung des Sandes zum Tragen kam. Als Material dienten

ein Blumentopf mit dem üblichen Loch im Boden, ein Kunststoffrohr mit 45 mm Durchmesser (gewöhnliches Abflußrohr), ein Messingröhrchen mit 10 mm Durchmesser (gewöhnliche Wasserleitung) und etwas Knete oder Kaugummi. Außerdem besorgte ich mir einen Sack Quarzsand aus einem Baustoffmarkt (ca. 7 DM). Quarzsand eignet sich hervorragend für die Filterversuche. Er braucht nicht gewaschen zu werden, und seine Filterwirkung ist unvergleichlich besser als die des normalen Sandes. (Die Idee dazu bekam ich bei der Besichtigung eines Wasserwerkes: Unser Trinkwasser wird – sofern es im Wasserwerk aufbereitet wird – durch riesige Filter gepumpt, die mit Quarzsand gefüllt sind.) Der Versuchsaufbau wird anhand der Zeichnung und der abgebildeten Einzelteile deutlich: Das versickerte, gefilterte Wasser quillt von unten in das Kunststoffrohr hinein. Dabei mögen sich einzelne Sandkörnchen mit hindurchzwängen. Sie bleiben aber auf dem Grund des Gefäßes liegen, während das saubere Wasser langsam steigt, bis es die Höhe des dünnen Messingrohres erreicht, dort überläuft und in das Auffangglas fließt. Wasser und Sand trennen sich also ohne Sieb, Kaffeefilter und dergleichen. Im Versuch wird einzig die Filterwirkung des Sandes geprüft.

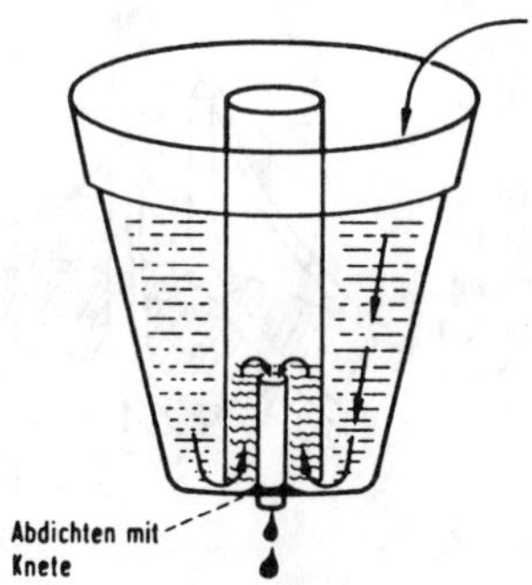

Im Unterricht demonstrierte ich den Versuchsablauf an einer großen Tafelzeichnung. Dann teilte ich das Material aus und ließ die Schüler in Gruppen den Versuchsablauf selbständig durchführen. Die Wirkung war überzeugend. Bereits nach einmaligem Filtrieren erhielten wir aus einer Schlammbrühe fast völlig klares Wasser. Das Interesse der Schüler galt nun der Frage, wo der Schmutz geblieben sei. Die Anregung eines Schülers, »nachzugraben«, wurde aufgegriffen. Wir breiteten Zeitungen aus und löffelten den Quarzsand aus dem Blumentopf. Dabei wurde sogleich deutlich, daß die oberen Sandschichten verschmutzter waren als die darunter liegenden. Mein Hinweis, daß das Grundwasser ja durch viel dickere Sandschichten müsse, stärkte das Vertrauen der Schüler auf die Sauberkeit unseres Grundwassers.

Für den folgenden Tag plante ich die Ernüchterung ein. Die Blumentöpfe hatte ich vorher mit neuem Quarzsand gefüllt und stellte sie demonstrativ neben Ölflasche und Salzpackung. Das Vorhaben, die Filterwirkung des Sandes mit Salzwasser und Öl zu prüfen, wurde schnell durchschaut und von den Schülern selbständig durchgeführt. Die Ergebnisse überraschten die Schüler. Die bisher so überzeugende Filterwirkung des Sandes blieb hier ohne Wirkung. Das Salzwasser schmeckte auch nach zweimaligem Durchlauf eindeutig salzig, und das dickflüssige Öl fand zwar langsam, aber sicher seinen Weg durch den Sand ...

● Versuch und Irrtum

Schüler haben eine »natürliche« Experimentierlust, die im Unterricht zum Lernen ausgenutzt werden kann (s. o.). Dabei können sie große Beharrlichkeit und beträchtliche Phantasie im Austüfteln unkonventioneller Lösungen entwickeln. Das folgende, schon ein wenig ältere Beispiel von Hartmut Sellin (1969) scheint mir bis heute beispielhaft dafür zu sein, wie die Experimentierlust der Schüler mit einer präzisen Erarbeitung technisch-physikalischer Gesetzmäßigkeiten verknüpft werden kann. Es geht um das Thema *»Die Überbrückung«*: Wie können mit einfachen und scheinbar wenig stabilen Materialien dennoch Überbrückungen konstruiert werden, die beträchtliche Belastungen aushalten?

- □ Die Schüler erhalten den Auftrag, eine Brückenkonstruktion aus wenig tragfähiger Pappe oder Karton herzustellen und sie selbst Belastungstests auszusetzen. Durch das geschickte Knicken und Falzen können sie dabei beträchtliche Steigerungen in der Belastbarkeit ihrer Brücken erzielen.
- □ Der Ehrgeiz, eine Pappbrücke zu konstruieren, die möglichst viel Gewicht zu tragen vermag, führt sie dabei zum selbsttätigen technischen Entwerfen im »Versuch-und-Irrtum«-Verfahren.

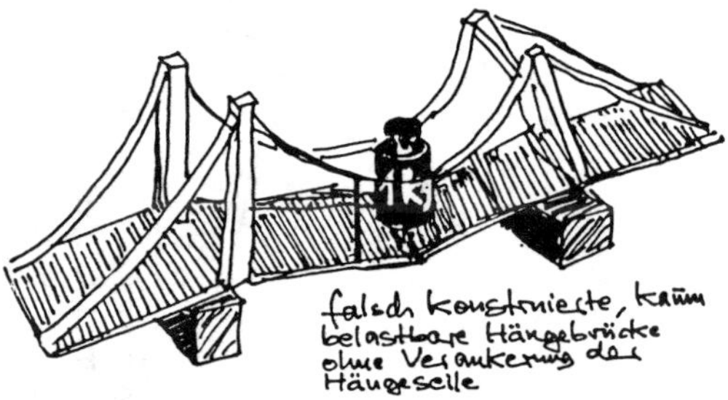

● Selbsterfahrungsexperimente

Die didaktische Literatur zum Experimentieren bezieht sich zumeist auf naturwissenschaftlich-technische Fächer. Es gibt aber auch im ästhetischen, im psychologischen und sozialpsychologischen Fächerspektrum zahlreiche Ansätze zum Experimentieren, die mit Erfolg in den Unterricht integriert werden können.

Der folgende kleine Versuch zur Demonstration des von Sozialpsychologen ermittelten *Halo-Effektes* stammt aus Herbert Gudjons »Spielbuch Interaktionserziehung« (3. Aufl. 1987, S. 66/67; © Julius Klinkhardt, Bad Heilbrunn):

Peter und Hans

1. Ziel
Demonstration des Halo-Effektes (Überstrahlung einer als dominant wahrgenommenen Eigenschaft auf andere Eigenschaften). Erfahren, wie die Art einer Charakterisierung eines Menschen durch Hervorheben einer Eigenschaft zu entsprechenden sozialen Wertungen führt.

2. Durchführung
Die Gesamtgruppe wird in zwei Untergruppen aufgeteilt. Gruppe A erhält den Bogen »Peter«, Gruppe B den Bogen »Hans« (s. u.). Auf beiden Bögen steht die Charakterisierung eines Jugendlichen, außerdem finden sich einige Fragen zur Einschätzung dieses Jugendlichen. Die Teilnehmer wissen allerdings nicht, daß beide Bögen die gleichen Eigenschaftswörter enthalten, nur in verschiedener Reihenfolge. Die Teilnehmer beider Gruppen erhalten nur den Hinweis, daß dort zwei Personen charakterisiert seien, und sie werden gebeten, die Fragen auf den Bögen schriftlich zu beantworten (ca. 3–5 Minuten).

Anschließend wird an einer Wandzeitung oder Tafel jeweils zu Frage 1.–5. das Ergebnis jeder Gruppe aufgeschrieben. (Dazu werden einfach die Ja- und Nein-Stimmen ausgezählt, bei Frage 5 wird für jede Kategorie einfach die Zahl der Meldungen notiert). Das Ergebnis ist in der Regel eine schlechtere Beurteilung von »Peter«, obwohl er die gleichen Bezeichnungen hat wie »Hans«, beginnend nur mit einer sozial negativ bewerteten Eigenschaft. – Im anschließenden Gespräch werden die Eigenschaften jetzt einmal von vorn nach hinten und einmal von hinten nach vorne gelesen, und es kann herausgearbeitet werden, wie jede Eigenschaft eine andere Nuance gewinnt, je nachdem ob mit »intelligent« oder mit »neidisch« begonnen wird. –

1. Bogen: Peter
Ein Jugendlicher, nennen wir ihn Peter, ist neidisch – hartnäckig – kritisch – impulsiv – fleißig – intelligent

1. Würdest Du ihn gern zum Freund haben?
2. Würdest Du ihn gern zum Arbeitskollegen haben?
3. Würdest Du ihn gern in der Jugendgruppe haben?
4. Handelt es sich um einen mehr »angenehmen« oder »unangenehmen« Zeitgenossen?
5. Stufe ihn auf Deiner Beliebtheitsskala ein:
   1 = sehr beliebt, 2 = ziemlich beliebt, 3 = weder beliebt noch unbeliebt, 4 = ziemlich unbeliebt, 5 = sehr unbeliebt.

2. Bogen: Hans
Ein Jugendlicher, nennen wir ihn Hans, ist intelligent – fleißig – impulsiv – kritisch – hartnäckig – neidisch.

1. Würdest Du ihn gerne zum Freund haben?
2. Würdest Du ihn gerne zum Arbeitskollegen haben?
3. Würdest Du ihn gerne in der Jugendgruppe haben?
4. Handelt es sich um einen mehr »angenehmen« oder »unangenehmen« Zeitgenossen?
5. Stufe ihn auf Deiner Beliebtheitsskala ein:
   1 = sehr beliebt, 2 = ziemlich beliebt, 3 = weder beliebt noch unbeliebt, 4 = ziemlich unbeliebt, 5 = sehr unbeliebt.

3. Auswertungshilfen
Wie wirkte sich der Halo-Effekt in der Dimension der emotionalen Einstellung aus (Freundschaft), wie auf die Dimension der Sacharbeit (Arbeitskollege), wie auf die Dimension der Gruppenfähigkeit (Jugendgruppe)? Welches war die heimliche Bewertung jeder Eigenschaft bei den verschiedenen Lesarten? Welche Eingangsinformationen über Menschen bewertet jeder Teilnehmer persönlich ziemlich hoch?

4. Materialien
Arbeitsbögen (s. o.)

5. Hinweise
Diese Übung ist ein ausgezeichneter Einstieg zur inhaltlich-thematischen Bearbeitung von Themen aus den Bereichen »Wahrnehmung«, »Kommunikation«, »Außenseiter« u. a. m.

Einige weitere Beispiele:

- □ Man kann – wie Günter Wallraff dies immer wieder meisterhaft vorführt – in die *Rolle und Verkleidung einer Randgruppe schlüpfen*, sich (als Türke, als Tippelbruder usw.) verkleiden und die Reaktionen der Mitmenschen testen.
- □ Man kann in einer Kleingruppe an öffentliche Orte gehen (z. B. in eine Gastwirtschaft) und dort typische *Geschlechtsrollen-Merkmale umdrehen*: Der Mann bzw. Schüler benimmt sich wie eine Frau bzw. Schülerin und umgekehrt. Andere Gruppenmitglieder beobachten währenddessen das Verhalten der Gastwirtschaftsbesucher.
- □ Die in der NEUNTEN LEKTION skizzierten Einstiegsformen des *Provozierens*, *Bluffens* und *Täuschens* haben ebenfalls Experimentcharakter und können deshalb als weitere Beispiele dienen.

Da es bei diesen sozialpsychologischen Experimenten häufig um Vorurteilsstrukturen geht, ist allerdings großer pädagogischer Takt erforderlich, wenn sie im Unterricht erfolgreich praktiziert werden sollen.

Lesehinweise
Eine allgemeine Einführung finden Sie bei Becker/Clemens-Lodde/Köhl (1976).

Eine praxisnahe Anleitung zum Experimentieren im Fach *Biologie* liefern Eschenhagen/Kattmann/Rodi (1985, S. 203–213); Anleitungen zur *Physik* finden Sie bei Sievert (1976, S. 220ff.) und bei Töpfer/Bruhn (1979).

Eine gründliche Aufarbeitung und praktische Orientierung für den *Sachunterricht* der Grundschule bringt Bäuml (1979); für Experimente in naturwissenschaftlich orientierten Projekten Kremer/Ständel (1987); zur Umweltchemie Blume/Bader (1989).

Ansätze für die didaktische Reflexion von *Selbsterfahrungsexperimenten* sind bei Scheller (1981), Gudjons (1983) und bei Alex/Vopel (1987) zu finden.

3.3 Erkundung

Erkundungsgänge und Schulausflüge mit biologischen und geographischen Themen zählen zu den intensivsten Erinnerungen an meine eigene Schülerzeit:

- Ich erinnere mich, in der zweiten oder dritten Klasse mit dem Heimatkunde-Lehrer ins nahe gelegene Moor gegangen zu sein, wo er uns die Fähigkeit des Torfmooses, Wasser zu speichern, vorführte. Wir sollten einen Büschel Torfmoos aus dem Boden ziehen und auspressen: ein dicker Schwall Wasser lief unsere Hände und Arme hinunter. Er erzählte uns dann noch von den Moorleichen, die man in der Nähe dieses Moores gefunden hatte. – Ich hab's bis heute behalten!
- Ich erinnere mich, in der 5. Klasse auf dem Klassenausflug nach Hamburg gekommen zu sein und das erste Mal in meinem Leben eine Großstadt gesehen zu haben. Der Fahrstuhl im alten (Fußgänger-)Elbtunnel war besonders interessant; heute weiß ich, warum: weil wir dort nicht nur gucken und staunen, sondern selbst etwas tun konnten.
- Als ich dann Lehrer einer Grundschulklasse auf dem Lande war, habe ich das Erkunden wiederbelebt: Es gab eigentlich keine Woche, in der ich nicht mindestens einmal einen Erkundungsgang machte: zu unserer »Moosstelle« im nahen Wald, die beliebter Standort zum Geschichtenerzählen war; zu den Betrieben in der Umgebung, zum Bürgermeister, zur Spechthöhle, die in der halb abgebrochenen Birke zu sehen war usw.

Ich vermute, daß die meisten von Ihnen ähnliche Erinnerungen an die eigene Schulzeit haben. Die seltenen Erkundungen und Ausflüge zählen zu den herausgehobenen Ereignissen im grauen Einerlei des Fachunterrichts. Deshalb sollten Sie diese Chance zur Verlebendigung des Unterrichts nutzen!

● Begriff

Eine Erkundung dient der sinnlich-anschaulichen, realen Begegnung mit Natur- und Baudenkmälern, mit der Landschaft, mit der Pflanzen- und Tierwelt, mit Stadt und Land, mit geographischen Besonderheiten, aber ebensogut mit den in dieser Landschaft lebenden und an diesen Arbeitsplätzen Arbeitenden, mit Experten, Kommunalpolitikern, Einwohnern, mit Institutionen, Behörden, Verkehrseinrichtungen usw. In der Erkundung geht es nicht nur um Wissenserwerb, sondern immer auch um das soziale Klima im Klassenverband und um die Selbsterfahrung im Umgang mit neuen Situationen.

Eine Erkundung ist Unterricht – aber der Klassenraum wird verlassen, um etwas anzuschauen, zu überprüfen bzw. um mit jemandem ins Gespräch zu kommen. In der Fachliteratur gibt es dafür eine Reihe unterschiedlich akzentuierender Begriffe. Man spricht von:

- Erkundung, Erkundungsgang
- Unterrichtsgang
- Exkursion
- Wandertag, Klassenfahrt, Studienfahrt
- Betriebserkundung.

Methodisch aufwendige, vorstrukturierte Varianten der Erkundung sind z. B.:

- □ Stadtrallye, Stadtspiel (= Stadterkundung in Form von Erkundungswettbewerben),
- □ Schatzsuche (z. B. auf einem Bauernhof oder im Gelände),
- □ auch ein Betriebs- oder Sozialpraktikum kann als aufwendige und längerfristige Form der Erkundung betrachtet werden.

Klassen- oder Studienfahrten sowie Betriebs- oder Sozialpraktika zählen dabei schon wegen ihrer zeitlichen Dauer eher zu den im THEORIE-TEIL (S. I, 143) beschriebenen methodischen Großformen.

● Funktionen

Erkundungen können zur *ersten Einführung* in ein neues Unterrichtsthema dienen; sie können auf halber Strecke zur *Vertiefung* und Veranschaulichung der im Unterricht aufgearbeiteten Themenkomplexe genutzt werden; sie können am Schluß einer Unterrichtsphase die Funktion der *Ergebnissicherung* erhalten.

Erkundungen stellen den schüchternen Versuch dar, die in Jahrhunderten und Jahrtausenden gewachsene institutionelle Trennung von Schule und Arbeit, Lernen und Leben punktuell wieder zurückzunehmen. Die meisten Lehrerinnen und Lehrer halten Erkundungen denn auch grundsätzlich für wichtig und positiv – aber sie führen sie dennoch selten durch, weil sich Erkundungen nur schlecht in den Zeitrhythmus der Schule einfügen lassen und weil sie umfangreiche Vorbereitungen erfordern.

● Ablaufschema

Es gibt immer wieder Anlässe für »Spontanerkundungen«: ein unerwartetes Naturereignis; eine technisch interessante Konstruktion, die in der Nachbarschaft erstellt wird, der Besuch eines Zirkus', eine thematisch zum Fachunterricht passende Ausstellungseröffnung im Museum usw.

Zumeist werden Erkundungen jedoch *langfristig geplant*, *konkret vorbereitet* und dann mit den Schülern gemeinsam *ausgewertet*. Das folgende Schema gibt einen Überblick über die dabei entstehenden Fragen und Probleme:

1. VORBEREITUNG

(1) **Der Lehrer bereitet sich langfristig auf die Erkundung vor:** Er überlegt sich, ob und wenn ja, an welchen Stellen seiner Unterrichtsplanung Erkundungen am Platze sind. Oft werden Erkundungen durch die Richtlinien angeregt. Manche Schulen haben regional abgestimmte Stoffvertei-

lungspläne, die präzise Vorschläge enthalten. Häufig muß sich der Lehrer vor der Erkundung selbst fachlich einarbeiten. Oft ist ein vorheriger Besuch der Erkundungsstätten erforderlich, um Beobachtungsschwerpunkte festzulegen, um den Zeitbedarf kalkulieren zu können, gegebenenfalls, um Experten, Fachleute vor Ort zu gewinnen, die eine Führung machen oder Rede und Antwort stehen.

(2) **Der Lehrer trifft direkte Vorbereitungen**. Dabei kann er sich z. B. an folgendem, von Eschenhagen/Kattmann/Rodi (1985, S. 324) stammendem Fragenkatalog orientieren:

- □ »Welche Unterrichtsziele sollen durch die Exkursion angestrebt werden?
- □ Welcher Exkursionsort eignet sich zum Erreichen der angestrebten Ziele (am besten)?
- □ Wie lange darf bzw. soll die Exkursion dauern?
- □ Auf welche Weise ist der Exkursionsort zu erreichen?
- □ Welche Ausrüstung erfordert der Exkursionsort (Kleidung, Schuhwerk)?
- □ Was bietet der Exkursionsort an Möglichkeiten zum Erreichen der Unterrichtsziele? (Reicht die eigene Kenntnis des Exkursionsortes aus? Welche Hilfsmittel – Karten, Prospekte, Abbildungen – können das Kennenlernen erleichtern? Welche Teilthemen bieten sich an? Lassen sich bestimmte Haltepunkte vorherbestimmen? Welche Begrenzungen gibt es in bezug auf Naturschutz? Bestehen Ablenkungsgefahren?)
- □ Wie soll die Arbeit am Exkursionsort durchgeführt werden (Demonstration durch Lehrer, Experten, einzelne Schüler, Schülergruppen; Gruppenarbeit, Partnerarbeit, Einzelarbeit)?

- □ Welche Arbeitsmittel sind notwendig (Notizheft, Arbeitsblätter, Bleistift; Sammelgefäße; Fanggeräte; Werkzeuge, z. B. Spaten, Baumschere; Meßgeräte; Bestimmungsbücher)?
- □ Was soll von der Exkursion mit nach Hause genommen werden? (Auch lebende Tiere? Lassen sich diese in der Schule leicht halten? Kann man sie später wieder an einem geeigneten Ort aussetzen?)
- □ Wie soll die Auswertung der Exkursion erfolgen? (Nachbereitung durch die Schüler in Form einer Hausaufgabe? Zusammentragen von Protokollen oder Berichten der Arbeitsgruppen? Ausstellung?)«

Für geographische, historische u. a. Exkursionen muß der Fragenkatalog natürlich variiert werden.

(3) **Die Schüler sollten** vom Lehrer **inhaltlich, methodisch und auch emotional auf die Erkundung vorbereitet werden** – besser noch: Der Lehrer nutzt die fast immer gegebene Erwartungsspannung der Schüler, um die Vorbereitung ein Stück weit in ihre eigenen Hände zu legen:

- □ Schüler sollten einen *groben Überblick über Ziele und Themen* der Erkundung erwerben. Die Vorbereitung darf sich aber nicht in inhaltlichen Informationen über den Erkundungsgegenstand erschöpfen. Diese unmittelbare Information ist vielleicht gar nicht so wichtig, ja sie kann hinderlich werden, wenn sie so lange und intensiv betrieben wird, daß den Schülern dann, wenn sie endlich am Erkundungsort angekommen sind, das Thema schon zum Halse heraushängt.
- □ Wichtiger als die unmittelbare inhaltliche Voraus-Information ist es, *Begriffe*, *Grundkategorien* und *Fragestellungen* zu vermitteln, die es den Schülern erlauben, das zu Sehende oder zu Erfragende einzuordnen. Schon von Immanuel Kant stammt der Satz: »Begriffe ohne Anschauung sind leer. Anschauung ohne Begriffe ist blind.« Nur der, der schon ein wenig weiß, kann sinnvoll fragen. Nur der, der die Begriffe im Hinterkopf mit ein wenig Anschauung zu füllen weiß, sieht etwas.
- □ Noch wichtiger als die Entwicklung von Begriffen, Kategorien und Fragestellungen ist die Vermittlung von *Methodenkompetenzen* zur Dokumentation der Erkundungsergebnisse. Grundbegriffe und Kategorien können in gewissen Grenzen auch noch während der Erkundung selbst vermittelt werden, Methodenkompetenzen so gut wie nie! Je nach Zielstellung und Gegenstand der Erkundung sind unterschiedliche Kompetenzen und Techniken hilfreich.
- □ Schüler müssen lernen, gezielt zu fragen. Dies betrifft sowohl die *mündliche Befragung* von Fachleuten vor Ort als auch die Anlage, das Ausfüllen und die Auswertung von *Fragebogen*. (Eine sehr schöne Einführung in die Arbeit mit selbstentwickelten Fragebogen durch Grundschüler liefern Andrea und Harald Schuy: Schüler befragen Schüler: »Wohnen« und »Sich erholen im Wohnumfeld«; Schuy/Schuy 1986.)

  Eine methodisch anspruchsvolle Variante in Form eines »Stadtspiels«, bei dem die Schüler Personen, Behörden usw. besuchen und sich dort schlau fragen können, aber auch Schwellenängste beim Betreten und Kontaktaufnehmen überwinden lernen, beschreibt Gabriele Teutloff (1986).
- □ Schüler sollten vor und aus Anlaß von Erkundungen lernen, geschickt zu *dokumentieren*: Sie können fotografieren; sie können Tonbandaufnahmen machen; sie können Handskizzen anfertigen. Dokumentationspflichten können vor Beginn der Erkundung an einzelne oder besser noch an Gruppen verteilt werden.

(4) Bei einigen Erkundungszielen (und im Blick auf einige Schüler) zählen **Rechtsbelehrungen, Verkehrserziehung, Fahrradkontrolle usw.** zu einem leider nicht zu umgehenden wichtigen Bestandteil der Erkundungs-Vorbereitung.

2. DURCHFÜHRUNG

(5) Die in der NEUNTEN und ZEHNTEN LEKTION beschriebenen **methodischen Gestaltungsmittel** können auch hier genutzt werden:

- ☐ Man kann auf einer Erkundung *polarisieren*, also z. B. Extreme der Umweltzerstörung und der Rekultivierung von Landschaft vor Augen führen;
- ☐ man kann eine Erkundung so anlegen, daß *Rätsel* aufgegeben werden, die im nachfolgenden Unterricht gelöst werden müssen;
- ☐ man kann eine *Verfremdung* der bei den Schülern vorhandenen Erwartungen inszenieren usw.

(6) Das Erkundungsprogramm bzw. der **»Fahrplan«** sollte so gestaltet werden,

- ☐ daß nicht zu viel auf einmal besichtigt und begutachtet werden muß;
- ☐ daß Zeit zum Luftholen, eventuell auch zum Spielen bleibt
- ☐ und daß unvorhergesehene Ereignisse oder Erkundungsgegenstände in den Fahrplan integriert werden können.

Erkundungen sind gut geeignet, um Gruppen- oder Partnerarbeit zu machen!

(7) Manche Schüler entwickeln auf Erkundungen eine unbändige *Sammelwut*. Sie wollen alles, was nicht niet- und nagelfest ist, mitnehmen. Sie sollten als Lehrer nicht zum nörgelnden Dauerverbieter werden! Das Sammeln ist eine Form der Erkundungsdokumentation, die den Handlungsmöglichkeiten der Schüler gut gerecht wird! (Die meisten Erwachsenen verhalten sich im Urlaub kaum anders: sie sammeln Souvenirs und bringen Tage damit zu, Geschenke für zu Hause zu erstehen!) Schüler sind erfinderisch im Sammeln:

- ☐ bei einer Exkursion »in die Natur« die letzten Sonnentau-Pflanzen, ein abgestoßenes Kuh-Horn, Flaschendeckel, Cola-Dosen (das Sonnentau-Rupfen muß natürlich hartnäckig verboten werden!);
- ☐ bei einer Exkursion ins Watt den Einsiedlerkrebs, die Muscheln, Seetang, ja selbst eine Qualle (wenn ein geeigneter Plastikbeutel mitgebracht wurde);
- ☐ bei einer Stadtbesichtigung Postkarten, Prospekte, Stadtpläne, Fahrkarten usw.

(8) Erkundungen produzieren bei einigen Schülern nicht zu unterschätzende **Ängste und Verhaltensunsicherheiten**. Sie regredieren dann und nehmen jene Dinge sehr wichtig, die ihnen vertraut sind: Ist die Essenspause lang genug? Wo können wir unser Taschengeld ausgeben? Wo können wir aufs Klo gehen? Neben wem sitze ich im Bus oder in der Bahn?

3. AUSWERTUNG

(9) Nicht in jedem Falle ist eine Erkundungsauswertung erforderlich. Erkundungen können auch als abschließender Höhepunkt einer Unterrichtseinheit oder Themensequenz betrachtet werden. Zumeist bietet sich jedoch eine gründliche Auswertung an:

- □ Die gewonnenen Erfahrungen werden am nächsten Schultag im Gespräch aufgegriffen, in den curricularen Zusammenhang eingeordnet, systematisiert, verschriftlicht. (Der früher übliche Pflicht-Aufsatz »Was ich bei. . . erlebte« gehört aber inzwischen wohl weitgehend der Vergangenheit an.)
- □ Aufwendigere Formen der Auswertung liegen dann vor, wenn eine Erkundungsdokumentation angefertigt wird: eine Klassenzeitung (oder ein Beitrag darin), ein Beitrag für die Schülerzeitung, eine Ausstellung, eine Foto-Reportage, Berichterstattung auf dem Elternabend usw.

Fast jeder Lehrer bezieht sich im Verlaufe der Monate und Jahre immer wieder auf die mit einer Klasse durchgeführten Erkundungen. Und auch die Schüler tun dies, wenn die Erkundung in angenehmer Erinnerung geblieben ist. Es gibt also langfristige positive Folgen fast jeder Erkundung!

● Lehrziele und Lernerfolge

Es gibt kaum empirische Erhebungen über die Lerneffektivität von Erkundungen (vgl. Eschenhagen/Kattmann/Rodi 1985, S. 321), wohl jedoch vielfältige Erfahrungsberichte, die dann allerdings zumeist nur über gelungene Erkundungen Auskunft geben. Man kann vermuten, daß Erkundungen vor allem dazu geeignet sind:

- □ den Schülern (insbesondere in der Grundschule) die *Schulumwelt sinnlich-anschaulich nahezubringen*;
- □ größere Problem*zusammenhänge* und *Wechselwirkungen* erfahren zu lassen (eine »Landschaft« wird erfahren, ein Biotop erkundet, eine Ausstellung besichtigt, ein Standortkonflikt der Industrie erarbeitet),
- □ Voraussetzungen und Konsequenzen *menschlicher Eingriffe in die Natur* zu analysieren (Umweltbelastungen, -zerstörungen und Rekultivierungen).

Erkundungen bringen Abwechslung in den grauen Schulalltag. Schon deshalb haben sie eine große Bedeutung. Sie erlauben den Schülern, Land und Leute im wörtlichen Sinne zu »er-fahren«. Sie geben sinnvolle Anlässe für die Beteiligung der Schüler an der Vorbereitung, Durchführung und Auswertung des Unterrichts. Auf Exkursionen gibt es vielfältigere und anders gelagerte Anlässe für das *soziale Lernen* der Schüler. Sie müssen aufeinander Rücksicht nehmen; ihre unterschiedlichen Interessen abstimmen; Teilverantwortung übernehmen (z. B. im Blick auf die Zeitplanung und Pünktlichkeit, auf selbständiges Erkunden in kleinen Gruppen); dies kann natürlich zur Folge haben, daß Außenseiter in ihrer Außenseiterrolle noch stärker festgebunden werden, daß Unsportliche als noch unsportlicher erscheinen, daß die »Chaoten« noch chaotischer werden.

Zusammengefaßt: Gut vorbereitete und motivierte Schüler lernen auf Erkundungen besonders intensiv und viel; schlecht vorbereitete und demotivierte Schüler lernen wenig oder aber anderes als das, was sich der Lehrer erhofft hat.

● Beispiel

Es gibt gerade in den letzten Jahren eine ganze Reihe von didaktisch-methodischen Neuerscheinungen, die Beispiele für gelungene Erkundungsthemen und Anregungen zur didaktisch-methodischen Gestaltung liefern. Die folgenden Hinweise sollen Ihnen Appetit machen, dort weiterzusuchen, z. B. zum Thema »Stadterkundung«:

»Die Erkundung eines Ortes soll eine gezielte Auseinandersetzung der Schüler mit der gebauten Umwelt und ihren Rahmenbedingungen sein. Die Klasse muß zwangsläufig in Gruppen arbeiten, lernt das beharrliche, zielgerichtete, inhaltlich stimmige Sich-Informieren. Geographische Aspekte werden im Vordergrund stehen, doch fließen auch geschichtliche, sozial- und wirtschaftskundliche, ja sogar kunsthistorische Fakten mit ein. Untersuchungsobjekt kann der eigene Heimatort, aber auch eine nahegelegene, zu den Schülern beziehungsreiche Stadt sein (z. B. die Kreisstadt). Als Themen sind u. a. denkbar: die Befragung von Menschen, die in Hochhäusern wohnen, die Erkundung von Lebenssituationen und ortsspezifischen Problemen alter Mitbürger, Verkehrsprobleme im Altstadtbereich, zentralörtliche Verflechtungen, die Analyse planerischer Vorhaben (Lage von neuen Wohngebieten, Führung einer Umgehungsstraße, Plazierung eines Jugendzentrums, eines Supermarktes), eine Nutzungskartierung der Citystraßen, der Freizeitwert von Stadtvierteln u. a. m. Denkbar ist sogar eine Abwandlung unseres ersten Vorschlages: die Zusammenstellung eines ›Stadtlehrpfades‹ zielt auf die Verortung und Erklärung stadtgeographisch relevanter Gebäude und Einrichtungen. Soll das Arbeitsergebnis ein Lernspiel sein, dann geht es vielleicht um eine ›Stadtrallye‹, die mit Hilfe von Arbeitskarten, Suchaufträgen, Bildern u. ä. Hilfsmitteln Schülergruppen durch den Heimatort leitet und sie zum genauen Betrachten und Erkunden anhält. Auch hier sind alle nur denkbaren Arbeitsmaterialien möglich, vom Stadtplan über den Fragebogen bis zur Tonbandaufnahme. Die Ergebnisse werden in der Schule zusammengefaßt und vielleicht in einem Artikel für die Schülerzeitung oder in einer Ausstellung für die ganze Schule publiziert. Denkbar ist sogar, und hier gibt es bereits nachahmens-

werte Vorbilder, die Herausgabe eines Buches mit Zeichnungen, Kartenskizzen, Fotos und erklärenden Texten, in denen nicht nur die erkundeten Fakten, sondern auch eigene Gedanken und Vorschläge Eingang finden.«

Aus: Hans Bauer: Den Schulalltag vergessen. In: Ulrike Lorenz/Heinz-Jürgen Ipfling (Hrsg.): Ideenkiste. Klinkhardt/Bad Heilbrunn/Obb. 1986, S. 26/27

Weitere Anregungen für *Stadterkundungen* finden Sie bei Gabriele Teutloff (1986), bei Andrea und Harald Schuy (1985); bei Jutta Wilhelmi (1986).

Lesehinweise

- □ *Geographische Exkursionen:* Einen Überblick über den Stand der Diskussion und ein Konzept zur Durchführung für ältere Schüler und Studenten liefert Egbert Daum (1982), vgl. auch Kroß (1974).
- □ *»Exkursion in die Geschichte«:* Eine vorzügliche Anleitung zur historischen Spurensuche im Alltag liefern Kinter, Kock und Thiele (1985). Anregungen zur Schülerarbeit im Archiv liefert H. Bauer (1986, S. 30). Erkundungen, auf denen Schüler Zeitzeugen befragen und dann die Befragungsergebnisse auswerten (z. B. zur Zeit des Nationalsozialismus und zur Nachkriegszeit), werden beschrieben bei Kinter/Kock/Thiele (1985), bei Bauer (1986, S. 31), bei Heer/Ullrich (1985), bei Thiele (1987).
  Einen mehrjährigen Lehrgang zur Stadtgeschichte mit regelmäßigen Erkundungsgängen beschreibt Ludger Stukenborg am Beispiel der Stadt Papenburg (1986).
- □ *Biologische und ökologische Exkursionen:* Eine praktische Orientierung und viele Literaturhinweise bringen Eschenhagen/Kattmann/Rodi (1985, S. 319–328); ein Projekt zum Thema »Waldsterben« mit eingelagerten Erkundungen beschreibt Manfred Wolfhard (1986).
- □ *Erkundungen im Englischunterricht* beschreiben Michael Legutke und Wolfgang Thiel in ihrem Projekt »Airport« (1982).

4. Projektwochen – Etikettenschwindel?

Projektwochen erfüllen ihrer Idee nach in anspruchsvoller, ja idealer Form die in diesem Buch aufgestellten Kriterien und Prinzipien eines Handlungsorientierten Unterrichts. Projektwochen haben in den letzten Jahren in den Schulen der Bundesrepublik eine atemberaubende Karriere durchgemacht. Ausgerechnet eine der schwierigsten und anspruchsvollsten Formen methodischen Handelns ist von Helgoland bis Passau, in A- wie in B-Ländern, an Gymnasien wie Sonderschulen zum Knüller geworden. Dies gibt zu denken und weckt Skepsis, ob das, was unter dem Etikett »Projektwoche« angeboten wird, den Namen in jedem Falle verdient. Ich bin glühender Anhänger der Projektwochen-Idee, aber ich sehe die Gefahr, daß sie zu einer billigen Modeerscheinung verkommt. Deshalb die kurze Philippika – im Interesse der Rettung der Idee!

● Begriff und Herkunft

Projektwochen stellen eine bestimmte Variante der *Projektarbeit* dar. Idee und erste Versuche zum Lernen in Projekten stammen von den US-amerikanischen Pragmatisten John Dewey und William Heard Kilpatrick (vgl. S. 178 und 213 des THEORIE-TEILS). Über die Geschichte der Projektmethode informiert Karl Frey (1982, S. 26–45). Eine Begriffsbestimmung für »Projekt« finden Sie im THEORIE-TEIL auf S. 143 f.

Die erste Gesamtdarstellung und praktische Orientierung zur Konzeption und Realisierung von Projektwochen stammt von einem Autorenteam von Gesamtschullehrern: *Albert Heller/Rüdiger Semmerling* (Hrsg.): »Das PRO-WO-Buch. Leben, Lernen, Arbeiten in Projekten und Projektwochen«. Das sehr anschaulich geschriebene Buch ist von einer liebenswürdigen Parteilichkeit für Projektwochen, gerade deshalb aber auch sensibel gegenüber Fehlentwicklungen und Überforderungen. Als Charakteristika von Projektwochen formulieren die Autoren (a. a. O., S. 47):

- *Bis zu zwei Wochen lang wird in Projekten gelernt.*
- *Die Kinder und Jugendlichen eines Jahrgangs, einer Jahrgangsstufe, einer Sekundarstufe I oder II oder auch alle Jahrgänge zusammen nehmen an einer ProWo teil.*
- *Zusammen mit Lehrern, Eltern und eingeladenen Experten lernen sie in Projekten, für die sie schon oft längere Zeit vor einer ProWo Themen und Aufgaben gesucht haben.*
- *Jeder hat dann das Thema gewählt, an dem er nun mitarbeitet.*
- *Gelernt wird dort, wo ein Thema am besten zu bearbeiten ist, und das ist oft auch weiter weg vom Schulgelände.*
- *Jede Projektgruppe hat vor einer ProWo ihren Lernplan aufgestellt und verändert ihn entsprechend ihren Arbeitserfahrungen in der ProWo.*
- *Am Ende einer ProWo gibt es einen Präsentationstag, an dem Erlebnisse, Entdeckungen, Spiele, Tänze, Musik, Besonderheiten aus der Küche und viele andere Arbeitsergebnisse vorgestellt werden und alle Schüler, Lehrer und Eltern mitmachen und mitspielen können.*

Oftmals wird ProWo-Beschreibungen noch recht engagiert hinzugefügt, was während einer Projektwoche nicht vorkommt oder nicht vorkommen sollte – z. B.:

Während einer Projektwoche gibt es nicht den sonst üblichen Unterricht, kein 45-Minuten-Raster und keinen Fachunterricht. Die Kinder und Jugendlichen werden weder nach Jahrgängen noch nach bestimmten Leistungen in Gruppen sortiert – ein deutlicher Hinweis dafür, in welcher Spannung Projektwochen-Lernen zum Lernen im alltäglichen Schulbetrieb steht.

Durch Projektwochen sollen nicht nur neue, im Fächerspektrum der Regelschule nicht vertretene Inhalte in die Schule gebracht werden; es sollen nicht nur neue Methoden ausprobiert, sondern immer auch die Beziehungen zwischen Lehrern, Eltern, Schülern und eingeladenen oder besuchten Experten verändert werden. *Die Schule soll sich öffnen*, um Leben, Lernen und Arbeiten miteinander zu versöhnen.

● Bildungspolitischer Kontext

Die Projekt-Idee ist zu Beginn dieses Jahrhunderts in Zeiten politischer und sozialer Umwälzungen entstanden. Sie ist in den unruhig-aufmüpfigen 70er Jahren wieder zu neuem Leben erweckt worden. Damals wie heute war Projektunterricht mit der Forderung verknüpft, Schülern mehr Handlungsspielräume beim Lernen zu geben und dadurch die Selbsttätigkeit und Selbstbestimmung zu fördern. Insofern ist Projektarbeit *immer ein Politikum!* Sie macht mehr Autonomie der Schüler und ihrer Lehrer gegenüber Richtlinien, Schulleitungen und Schulverwaltungen notwendig.

Ein Unterschied zur bildungspolitischen Situation um 1900 scheint mir jedoch darin zu liegen, daß Projektvorhaben nicht mehr so sehr an die Schulkonzeptionen einzelner Erzieherpersönlichkeiten (Hermann Lietz, Otto Haase, Adolf Reichwein) gebunden sind, die mit ihrem Engagement und ihrer methodischen Phantasie die Projektarbeit in die Regelschulen trugen oder eigene Versuchsschulen gründeten. Heute, in den 80er Jahren, wird die Idee der Projektarbeit stärker von Lehrergruppen, von Lehrerverbänden (z. B. der GEW) und von ganzen Schulformen (insbesondere den Gesamtschulen) getragen. *Man kann von einer »Vergesellschaftung« der Projektidee sprechen:* Die Tatsache, daß heute nahezu flächendeckend Projekte organisiert werden, hat gesellschafts- und bildungspolitische Ursachen. Projektwochen sind offensichtlich auch deshalb in vielen Kollegien durchzusetzen, weil man sich eine auf den regulären Fachunterricht ausstrahlende Motivationswirkung erhofft; Projektwochen dienen, ob sich der einzelne Lehrer dies klar macht oder nicht, immer auch der Ablenkung von der eigentlich fälligen Reform des regulären Unterrichts. Projektwochen sind auch deshalb so verbreitet, weil die großangelegte Bildungsreform der 70er Jahre in den Anfängen steckengeblieben ist! Projektwochen sind geeignet, das schlechte Gewissen angesichts der steckengebliebenen Schulreform zu beschwichtigen. Dies spricht aber nicht gegen die Durchführung von Projektwochen, sondern umgekehrt dafür, sie zu machen und die hoffentlich während der Projektwochen gesammelten kollektiven Erfahrungen einer *alternativen Lernkultur* in die Reform alltäglichen Unterrichts so gut wie eben möglich zu integrieren!

● Kriterien der Themenwahl

Die Frage der Themenwahl ist oft umstritten. Um die Projektarbeit von bloßer Werkelei abzugrenzen, sollte auf folgende vier Kriterien geachtet werden: (1.) Das Thema sollte einen *Problembezug* enthalten. (2.) Es sollte sich auf eine *gesellschaftlich wichtige Fragestellung* auslegen lassen. (3.) Das Thema sollte zum *interdisziplinären Arbeiten* herausfordern und (4.) *Kopf- und Handarbeit* verknüpfen.

● Ablaufschema

Bei Projektwochen handelt es sich um sehr große und entsprechend komplexe Organisationsformen des Unterrichts. Zumeist wird die Projektwoche schon aus stundenplantechnischen Gründen für alle Klassen einer ganzen Schule angesetzt. Umfangreiche Vorplanungen sind erforderlich:

1. In der *Gesamtkonferenz* wird über **Termin, Dauer und Themenstellung** einer Projektwoche entschieden.

2. Eine **Vorbereitungsgruppe übernimmt die Planung:** Konkretisierung des Rahmenthemas; Sammeln von Themenvorschlägen; Veröffentlichen der Themenvorschläge; Zuordnung der Schüler und der Lehrer zu einzelnen Arbeitsgruppen – eventuell an einem »Thementag« oder durch schriftlichen Aushang der Themen. Auch ältere Schüler und Eltern können Themen anbieten und zu Gruppenleitern ernannt werden.

3. Zwei bis drei Wochen vor Beginn der Projektwoche **treffen sich die Gruppen zu einer ersten Kontaktaufnahme,** um sich kennenzulernen und notwendige Vorarbeiten in die Wege zu leiten. Ein Gruppensprecher wird gewählt. Teilaufgaben werden vergeben, wenn dies durch das Gruppenthema geboten erscheint.

4. In der Zwischenzeit wird von der Vorbereitungsgruppe, die paritätisch mit Lehrern, Eltern und Schülern besetzt sein sollte, der **zeitliche und organisatorische Rahmen der Projektwoche präzisiert und** in geeigneter Form (z. B. durch ein fest installiertes Anschlagbrett oder durch einen »Themen-Baum«) **veröffentlicht.** Unter anderem müssen folgende Fragen beantwortet werden: Für welche Themen und Vorhaben sind arbeitsfähige Gruppen zustande gekommen? Gibt es Öffentlichkeitsarbeit? Welche Gruppe kann welche Räume beziehen? Wie werden Gäste empfangen und in die Arbeit integriert? Gibt es einen Präsentationstag oder eine Schlußfeier? Wer organisiert diese Feier? Bis wann müssen Beiträge für den Präsentationstag angemeldet werden?

5. **Die Projektwoche wird durchgeführt.** Die einzelnen Arbeitsgruppen arbeiten jeweils für sich, sind aber zur Abstimmung mit der Gesamtleitung verpflichtet. Entsprechend frei und individuell kann der Zuschnitt und Ablauf der Gruppenarbeit gestaltet werden. Die vier schon von John Dewey formulierten *Phasen der Projektarbeit* bieten eine Richtschnur:

a) *purposing* (= Zielsetzung): Die Arbeitsgruppe diskutiert über gemeinsame Ziele und Interessen und entwirft eine Projektidee.
b) *planning* (= Planung): Die Arbeitsgruppe entwirft einen Arbeitsplan, klärt, welche Arbeitsmaterialien und Hilfen erforderlich sind; prüft und ordnet den Arbeitsplan, nimmt mit Eltern, Experten, Institutionen usw. Kontakt auf.
c) *executing* (= Ausführung): Der Arbeitsplan wird ausgeführt.
d) *judging* (= Beurteilung): Die Arbeitsergebnisse bzw. Handlungsprodukte werden beurteilt, kritisiert, überarbeitet usw.

Der Gruppensprecher berichtet bei der Projektwochen-Leitung über den Fortgang der Arbeit und über eventuell aufgetretene Schwierigkeiten. Gruppen, die außer Haus arbeiten, sollten ab und an ein Lebenszeichen von sich geben.

Die Projektwoche wird ausgewertet. Dabei gibt es verschiedene Formen und Ebenen der Auswertung:

- ☐ Möglichst alle Gruppen stellen ihre Arbeitsergebnisse auf dem Präsentationstag vor (Vorführungen/Ausstellung/Dokumentation/Besichtigung/Beiträge zu einem Schulfest).
- ☐ Eine Presse- oder Öffentlichkeitsgruppe macht eine schulinterne »Evaluation«: Befragungen von Schülern, Lehrern und Besuchern; Informationen an die Lokalpresse usw.
- ☐ Die Projektwoche wird in der Schülerzeitung, auf Flugblättern oder in einem Projektwochen-Journal dokumentiert und kommentiert.
- ☐ In der Gesamtkonferenz berichtet die Projektwochen-Leitung oder eine zu diesem Zwecke eingesetzte Arbeitsgruppe über den Verlauf, die Ergebnisse und die Schwierigkeiten der Projektwoche. Eine Gesamtbewertung wird vorgenommen.

Ausführliche Anregungen zur Detailplanung und Organisation von Projektwochen enthält das oben vorgestellte PROWO-Buch (Heller/Semmerling 1983; für die Grundschule siehe auch Hänsel 1986).

● Fehlentwicklungen

Die zentrale Idee der Projektwoche, Leben, Lernen und Arbeiten für einen befristeten Zeitraum zu integrieren, ist so utopisch, daß Abstriche im Schulalltag unvermeidlich sind. Aber auch dann, wenn man mit nüchternen Erwartungen an die Organisation von Projektwochen geht, gibt es einige Fehlentwicklungen, die dann, wenn sie gehäuft auftreten, die Projektwochenidee ad absurdum führen:

- ☐ *Ausbeutung der engagierten Kollegen:* Oft werden Projektwochen von einer engagierten Minderheit im Kollegium durchgesetzt und dann mit beträchtlichem freiwilligen Arbeitseinsatz vorbereitet. Der andere, häufig größere Teil des Kollegiums ist innerlich dagegen, toleriert aber natürlich die freiwillige Mehrarbeit. Während der Projektwoche entstehen dann die Schwierigkeiten: Der zuletztgenannte Teil des Kollegiums ist schlecht informiert und kann mit den Zielen einer Projektwoche wenig anfangen. Entsprechend beliebig sind dann oft die Arbeitsergebnisse. Oft genug passiert es, daß innerlich ablehnend eingestellte Lehrer während der Projektwoche so gut wie nichts tun und sich dann auch noch hinterher über den dürftigen Erfolg der Projektwoche beschweren.
- ☐ *Stärken und Schwächen eines Kollegiums* kommen während einer Projektwoche wie durch ein Brennglas vergrößert zum Vorschein: Wenn es ein differenziertes, beständig gepflegtes Schulleben mit Festen und Feiern, mit einem kontinuierlichen Arbeitsgemeinschafts-Angebot und einer kollegialen Fachdiskussion an einem Schulstandort gibt, gelingen auch die Projektwochen in der Mehrzahl aller Fälle. Wenn Projektwochen durchgeboxt werden, um dieses Schul-Leben allererst herzustellen, so steht der Erfolg auf der Kippe. Häufig geht es so aus wie bei dem Ehepaar, das sich ein Haus baut, um die gefährdete Beziehung zu kitten: Am Ende ist das Haus zwar fertig, aber die Ehe endgültig zerrüttet.

☐ *Projektwochen leben von der Freiwilligkeit der Gruppenzuordnung und der Freizügigkeit der Themenwahl.* Aber an vielen Schulen, die Projektwochen veranstalten, werden diese Prinzipien – aus welchen Gründen auch immer – wieder beschnitten: Die Themen für die verschiedenen Arbeitsgruppen werden nicht von Lehrern und Schülern gemeinsam erarbeitet und allen zur freien Wahl angeboten, sondern nach dem Muster festgelegt, mit dem sonst die Arbeitsgemeinschaften zustande kommen. Die Lehrer bieten ihre Hobbies als Arbeitsgruppenthemen an und nutzen ihre hierarchische Position, um genau das durchzusetzen, was ihren eigenen Interessen und Fachkompetenzen am stärksten entgegenkommt. Dies kann zu einem projektwochen-feindlichen, bequemen Egoismus ausarten, den die Schüler zumeist sehr schnell durchschauen. Nichts gegen Lehrer-Hobbies und nichts gegen Kompromisse – aber die Bereitschaft von Schülern *und* Lehrern, sich in neue Fragestellungen einzuarbeiten, ist für die Projektwochenarbeit konstitutiv. Manche Schulen organisieren Projektwochen, bei denen Themen nur klassenweise vergeben werden. Die Projektwoche ist dann nichts anderes als Epochalunterricht im Zwangsverband.

> Kommentar einer Schülerin mit mehrfacher Projektwochen-Erfahrung (9. Klasse, Gymnasium): »Die Lehrer dürfen vor allem keine Angst haben, sich auf die Themenvorschläge der Schüler einzulassen! Auch Schüler müssen das Recht haben, Arbeitsgruppen zu leiten. Die Lehrer sollten ruhig riskieren, daß eine Projektwoche mal danebengeht – aber nicht immer diese 08/15-Projektwochen!«

☐ *Projektwochen lösen bei manchen Lehrern Ängste und Unsicherheiten aus:* Die Lehrer müssen sich auf dem »freien Markt« anbieten. Sie haben Angst, daß ihre Themen und ihre Person nicht gefragt sein könnten. (Dabei steckt in dieser Angst schon ein Mißverständnis von Projektarbeit und zumeist auch eine ungeschickte Organisationsstruktur: Nicht einzelne Lehrer bieten einzelne Themen an, sondern Lehrer und Schüler verständigen sich darüber, was in der Projektwoche gemacht werden könnte!)

☐ *Projektwochen erhalten eine Lückenbüßer-Funktion:* Es ist an vielen Schulen die Regel geworden, die Projektwochen in die Zeit zwischen der letzten Zeugniskonferenz und den Ferienanfang zu verlegen; man hofft so, die Motivationsdefizite der Schüler in dieser Zeit ohne Leistungsdruck überbrücken zu können. Im Prinzip ist dies falsch! Wenn Projektwochen und die in ihnen möglichen alternativen Lehr- und Lernerfahrungen auf den übrigen Unterricht ausstrahlen sollen, ist es sinnvoller, sie zu Beginn oder auf halber Strecke des Halbjahres zu plazieren, um den Eindruck zu vermeiden, als ob es sich hier nur um eine luxuriöse Zutat zum »eigentlichen« Unterricht handle.

Die Frage, wann eine Projektwoche als erfolgreich zu bewerten und wann sie als Mißerfolg abzubuchen ist, kann nur schwer allgemeingültig beantwortet werden. Selbstverständlich sind Kompromisse unvermeidbar; selbstverständlich muß einer Schule, die sich erstmalig an die Organisation von Projektwochen heranwagt, zugestanden werden, sich schrittweise an die Idealvorstellung eines Projekts anzunähern. Aber man sollte nicht jede Ausweitung des sowieso vorhandenen Arbeitsgemeinschafts-Angebotes als »Projektwoche« verkaufen wollen. Eine Projektwoche ist eine solidarische, von allen Schulangehörigen zu tragende Arbeit an gesellschaftlich wichtigen, die Schule und ihr Umfeld betreffenden Fragestellungen. Eine Projektwoche muß konkrete

Arbeitsergebnisse zeigen, die für Lehrer und Schüler Gebrauchswert haben und den Fach- und Klassenunterricht verändern!

● Kriterien für eine gute Projektwochenarbeit

Projektwochen-Gegner begeben sich häufig in die Rolle desjenigen, der die an eine Projektwoche zu stellenden pädagogischen Ansprüche kompromißloser verficht als die Befürworter. Dieser Streit mit vertauschten Rollen sollte von den Befürwortern durchschaut und abgebrochen werden. Didaktische Kriterien können nie hundertprozentig erfüllt werden – sie beschreiben die Richtung, in die die Schularbeit weiterentwickelt werden sollte. Folgende Kriterien für die Beurteilung der Qualität einer Projektwoche bieten sich an:

1. Projektwochen sind dann gut, wenn sie Lehrern und Schülern den Rahmen liefern, innerhalb dessen sie neu lernen können, *sich ihrer Lehr- und Lerninteressen bewußt zu werden*. Gerade in Projektwochen können Lehrer ihre heimlichen Lehr-Theorien und ihre Schüler-Bilder überprüfen. Sie können erfahren, was in den Schülern steckt, wenn sie ihren Lernprozeß in die eigenen Hände nehmen dürfen. Und auch die Schüler haben die Chance, ihre Lehrer in anderen Rollen und von anderen Seiten kennenzulernen.
2. Projektwochen sind dann gut, wenn sie Lehrern und Schülern ein Lernen *mit Kopf, Herz, Händen und allen Sinnen erlauben*. Die Tatsache, daß die meisten Schüler selbst sehr schlecht vorbereitete Projektwochen immer noch dem regulären »verkopften« Unterricht vorziehen, dürfte eben darin ihre Ursache haben, daß sie endlich einmal »etwas Praktisches« tun dürfen und dabei auch noch viele Nischen zur Selbsttätigkeit geboten bekommen.
3. Projektwochen sind dann gut, wenn es in ihnen und durch sie gelingt, eine *Schulöffentlichkeit und alternative Unterrichtskultur* herzustellen, die eine demokratische Kontrolle der Schularbeit ermöglicht.

Die Frage, welche Themen in Projektwochen bearbeitet und welche Handlungsprodukte erstellt werden, ist wichtig! Noch wichtiger ist jedoch die Frage, ob das soziale Klima einer Schule und das Zusammengehörigkeitsgefühl aller vergrößert wurde. Projektwochen stellen hohe Ansprüche an ein Kollegium. Sie erfordern *starke Lehrerinnen und Lehrer*, die die Kraft haben, ihren Schülern einen Vertrauensvorschuß zu geben, die ihnen zutrauen, in eigener Regie vernünftig zu lernen.

Lesehinweise

Auf S. I, 211 finden Sie Literaturhinweise zum Projektorientierten Unterricht. Speziell auf *Projektwochen* und gelungene Beiträge zur Realisierung beziehen sich die Beiträge von: Heller/Semmerling (1983); Hänsel (1986); einzelne Beiträge finden Sie in den Aufsatzbänden von Bastian/Gudjons (1986); Arbeitsgruppe Oberkircher Lehrmittel (1983); Lorenz/Ipfling (1986).

DREIZEHNTE LEKTION

"SPIELEN IM UNTERRICHT"

Inhalt + Ziel

Diese DREIZEHNTE LEKTION war zunächst ein Bestandteil der ZWÖLFTEN, der nur aus Umfangsgründen verselbständigt worden ist. Eine »Familie« von Handlungsmustern, nämlich die Spielformen, wird – soweit dies geht – begrifflich bestimmt und dann möglichst konkret beschrieben. Dabei werden ungebräuchliche Handlungsmuster wie z. B. das Standbild-Bauen ausführlich beschrieben, während die weithin bekannten Spielformen nur summarisch erwähnt werden.

1. Begriffsklärungen und Überblick

1.1 Merkmale des Spiels

Wir haben kaum Schwierigkeiten, uns im Alltag darüber zu verständigen, wann Menschen spielen und wann sie anderes tun, also z. B. arbeiten, nachdenken oder lernen. Es ist aber bis heute noch nicht gelungen, eine überzeugende *Definition* für »Spielen« zu liefern, mit der das allen verschiedenen Spielformen Gemeinsame auf den Begriff gebracht wird (vgl. Rittelmeyer 1983, S. 541). Auch Wissenschaftler, die sich mit dem Thema Spielen beschäftigt haben, haben keine Begriffserklärung geleistet, sondern einfach bestimmte Teilaspekte aus der Gesamtproblematik herausgelöst und zu »ihrem« Spielverständnis verdichtet.[1] Versucht man, die im Alltagswissen gegebenen und die von Wissenschaftlern herausgearbeiteten Einzelaspekte zu systematisieren, wie dies z. B. der Altmeister der Spielpädagogik, Hans Scheuerl (1954/1979, S. 68-105), oder Elke Callies (1975) getan haben, so lassen sich jedoch einige wiederkehrende Merkmale bestimmen, die auf nahezu alle bekannten Spielformen (vom Skat- und Canasta-Spielen über Computerspiele, Fußball, Puppenspielen bis zum Rollen- und Planspiel) zutreffen:

1. *Spielen erfordert einen freien Raum, weil es selbst frei von fremden Zwecken ist.* Es hat seinen Zweck in sich selbst. Wir spielen, um zu spielen, nicht um zu überleben oder um satt zu werden.
2. *Spielen ist in sich zielgerichtet.* Es produziert eine eigene Dynamik und Spannung, die die Spieler vorwärtstreibt, die aber keinen natürlichen Endpunkt hat. Spiele können immer weitergehen; auch dort, wo von der Spielidee her ein Ende gesetzt ist, kann jederzeit mit einer neuen Spielrunde begonnen werden.

---

1 Man kann natürliche und gesellschaftliche *Ursachen* für das Spielen erforschen, man kann die *Funktionen* des Spielens (Unterhaltungs-, Zerstreuungs-, Therapiefunktion usw.), die anthropologische und völkerkundliche Bedeutung ermitteln und vieles mehr:
- □ *Verhaltensforscher und Biologen* haben z. B. sehr interessante Vergleichsstudien zum tierischen und menschlichen Spielen angefertigt.
- □ *Informationstheoretiker und Mathematiker* verstehen unter »Spieltheorien« eine Weiterentwicklung der ursprünglich aus militärischen und ökonomischen Verwendungszusammenhängen stammenden normativ-analytischen Entscheidungstheorien. Spieltheorien liefern logische Modelle für die Optimierung von Entscheidungen bei ungewissen Voraussetzungen (vgl. Shubik 1965).
- □ Die *Psychologen* gehen empirisch an das Thema Spielen heran, beobachten den schrittweisen Aufbau eines Regelverständnisses im Spiel und analysieren unterschiedliche psychische Funktionen, die das Spiel für Kinder und Erwachsene haben kann (vgl. etwa Jean Piagets Untersuchungen über das Murmelspiel; Piaget 1975, Bd. 5).
- □ Die *Soziologen* untersuchen den gesellschaftlichen Zusammenhang von Arbeit, Freizeit und Konsum (vgl. Habermas 1958).

3. *Spielen findet in einer Scheinwelt statt.* Die Wirklichkeit, in der gespielt wird, ist eine bloß symbolische, in der Phantasie vorgestellte oder durch Spielmaterialien bildlich dargestellte Welt. Spielen ist »nicht das Leben selbst« – aber dies heißt nicht, daß das Spielen unwirklich wäre, sondern daß es in einer eigenen, der Spiel-Welt abläuft. Dies schließt handfeste Folgen des Spielens für die Wirklichkeit nicht aus: Das Spiel kann therapieren, belehren, krank machen, arm machen und bereichern.
4. *Spielabläufe sind mehrdeutig und offen.* Die Spannung des Spiels entsteht ja gerade dadurch, daß der Verlauf und das Ergebnis nicht eindeutig vorhergesagt werden können. Geht diese Offenheit verloren, so verlieren die Spiele ihren Reiz. Entscheidend ist nicht eine »objektive« Offenheit des Verlaufs, sondern die subjektive Wahrnehmung des Spielers.
5. *Spielen schafft eine handelnde Auseinandersetzung mit den Mitspielern oder dem Spielobjekt.* Im Unterschied zur bloß wahrnehmenden, kognitiven Verarbeitung von Wirklichkeit, wie sie beim Lesen, im Gespräch oder in der Beobachtung vorliegt, setzt das Spielen eine Aktivität der Spieler voraus, die konkrete Erfahrungen über den Spielgegenstand, die Mitspieler und über sich selbst zulassen.
6. *Spielen erfordert die Anerkennung von Spielregeln.* Auch dort, wo diese Spielregeln offen und variabel gestaltet sind, muß eine verbindliche Verständigung über die Offenheit der Regeln hergestellt werden.
7. *Im Spielen müssen gleiche Rechte und Gewinn- oder Beteiligungschancen für alle Mitspieler bestehen* – es sei denn, daß nach vereinbarten und anerkannten Spielregeln bestimmte Vorrechte für einzelne Spielrunden eingeräumt werden.
8. *Spiele erfüllen sich in der Gegenwart.* Hier und jetzt will der einzelne Spieler siegen oder die Lösung herausbekommen, die Tücke des Objekts überwinden und die Spannung lösen.
9. *Spielen macht Spaß* – zumindest solange, wie der Spieler keine krankhafte Spielleidenschaft entwickelt.

Das erste der neun Merkmale, die *Zweckfreiheit* des Spiels, ist schon in der Klassik, z. B. von Friedrich Schiller herausgearbeitet worden. Das Spiel ruht in sich selbst. Es ist auch dann sinnvoll, wenn es keinen unmittelbaren gesellschaftlichen Nutzen bringt. Dies schließt nicht aus, daß das Spielen für andere Zwecke ge- und auch mißbraucht werden kann: Es kann der Erholung und Zerstreuung dienen; es kann zu therapeutischen Zwecken genutzt werden; es kann kommerzialisiert oder didaktisiert werden. Für den sozialwissenschaftlich aufgeklärten Forscher von heute gilt als selbstverständlich, daß das Spielen in komplizierte gesellschaftspolitische und ökonomische Zusammenhänge eingebettet ist: Weil die ökonomisch bedingte Trennung von (entfremdeter) Arbeit und (kommerzialisierter) Freizeit immer wichtiger wird, weil also die »Vergesellschaftung« der Freizeit zunimmt, wird auch das in der Freizeit stattfindende Spielen immer stärker den Strukturen der Arbeitsgesellschaft unterworfen und dadurch selbst zu einem Phänomen der Entfremdung:

- ☐ Spielen erhält unter den heute herrschenden gesellschaftlichen Verhältnissen – ähnlich wie das Urlaubmachen – eine immer stärkere *kompensatorische Funktion.* Es hilft, fremdbestimmte Arbeit länger zu ertragen.

- Spielen wird immer stärker *kommerzialisiert*. Über die Medien werden *Spiel-Moden* (Surfen, Computer-Spiele, Jogging usw.) im Bewußtsein der Bevölkerung etabliert und dann von der Spielzeug-, Sport- und Bekleidungsindustrie zu Profitzwecken stabilisiert.
- *Konkurrenz- und wettkampforientierte Spiele* sind auf dem Vormarsch; traditionelle Spielformen ohne Sieger (Volkstanz, Laienspiel, Spiele auf der Straße und auf dem Schulhof) sind in die Defensive geraten.

Der Lehrer, der im Unterricht mit seinen Schülern spielen will, wird mit diesen gesamtgesellschaftlichen Entwicklungstendenzen immer wieder konfrontiert:

- Schülern fällt es immer schwerer, in ihrer Freizeit zu einem medienunabhängigen Spielen zu kommen; schon kleinste Kinder haben große Berge von LEGO und Playmobil. Ein Kettcar und Skateboard sind selbstverständlich, später dann der Computer, teure Sportspiele und vieles andere mehr.
- Die kommerzialisierte Spielpraxis außerhalb der Schule färbt auf die kindlichen Erwartungen an das Spielen in der Schule ab. Häufig sind es die Kinder selbst, die gegen den Willen des Lehrers auf einer rigiden Konkurrenzorientierung des Spielens bestehen; Wettkampfspiele sind »in«; »Spiele ohne Gewinner« sind oft nur schwer schmackhaft zu machen.
- Lustbetontes, zweckfreies und in Muße stattfindendes Spielen wird immer seltener. Gerade das, was das Spielen von der Arbeit unterscheidet, nämlich seine Ansiedelung zwischen Wirklichkeit und Traum, seine selbstvergessene Freiwilligkeit, geht verloren. Damit *schwindet* aber gerade der *utopische Überschuß* des Spielens, nämlich der Verweis auf eine Lebensform ohne Status und Übervorteilung, auf gleichberechtigte Teilhabe und symmetrische Kommunikationsbeziehungen zwischen ›Räubern und Gendarmen‹.

Lehrer, die im Unterricht spielen wollen, um dadurch das Lernen kindgemäß und menschlich zu machen, dürfen nicht übersehen, daß sie durch diese *Didaktisierung des Spielens* ebenfalls einen in sich zwiespältigen Beitrag zu der soeben kritisierten Tendenz einer gesamtgesellschaftlichen Instrumentalisierung des Spielens leisten. Selbst dann, wenn ein Lehrer ernsthaft bemüht ist, die von ihm organisierten Spielstunden von jeder Lernzielorientierung freizuhalten und sie »just for fun« durchführen will, wird ihm dies nicht gelingen! Spielen in der Schule ist auch dann, wenn es eine kompensatorische Funktion erfüllen soll, nicht zweckfrei, sondern verzweckt. Deshalb reicht es nicht aus, pauschal zu fordern, in der Schule müsse mehr als heute üblich gespielt werden. Es ist vielmehr notwendig, eine *Spieldidaktik* (Daublebsky 1973) zu entwickeln, die aus einer gründlichen Bedingungsanalyse der Lernvoraussetzungen der Schüler und der spätkapitalistischen Verformungen der Spielpraxis unserer Gesellschaft heraus die unvermeidliche und deshalb grundsätzlich positive ›Verzweckung‹ des Spielens in der Schule reflektiert.

These 13.1: Spielen im Unterricht ist nicht zweckfrei, sondern ein zielgerichteter Versuch zur Entwicklung der sozialen, kreativen, intellektuellen und ästhetischen Kompetenzen der Schüler.

1.2 Spielen und Lernen

In der Geschichte der Pädagogik ist seit jeher gefordert worden, das Lernen aus dem Spielen herzuleiten und dadurch erträglich und menschlich zu machen. *Friedrich Daniel Ernst Schleiermacher* (1768–1834) sah in der schrittweisen Ausgliederung des Übens aus dem Spielen geradezu die entscheidende methodische Idee zur Vermeidung einer pädagogisch und moralisch verwerflichen Aufopferung des Rechtes, das ein Kind auf eine erfüllte Gegenwart hat. Er betont, daß nicht jegliche Form des Spielens der Bildung des Kindes dient, sondern nur jene Spiele, durch die man »sich seiner Kräfte und der Entwicklung seiner Fähigkeiten bewußt« wird (Schleiermacher 1957, Bd. 1, S. 50).

Einiges spricht also dafür, in der Schule regelmäßig und viel zu spielen, und zwar sowohl aus Schüler- wie auch aus Lehrersicht:

- ☐ Spielend können sich die Schüler in die Welt der Erwachsenen vorwagen; sie können *Probe-Handlungen* durchführen und dabei auch noch Spaß haben.
- ☐ Sie können *soziale Erfahrungen sammeln*. Sie können ihre Klassengemeinschaft entwickeln und festigen. (Wenn der Lehrer nicht aufpaßt, können allerdings auch Außenseiterrollen zementiert werden!) Schüler können sich ihr eigenes Verhalten im Spiegel des gemeinsamen Spiels oder des Spiels der anderen bewußtmachen; im Spiel erfährt der Schüler am eigenen Leibe, was ihm weh tut und was ihm Spaß macht, wo er sich sperrt und worauf er hereinfällt.
- ☐ Spielen ist immer *ganzheitlich*. Es erlaubt ein Lernen mit Kopf, Herz und Hand. Es ist überhaupt die einzige Lernform, in der die im Sozialisationsprozeß angeeigneten Einstellungen und Haltungen verflüssigt und bearbeitet werden können (vgl. Scheller 1986a, S. 202).
- ☐ Spielen fördert die *Selbsttätigkeit* der Schüler – und das ist immer gut!
- ☐ Spielen kann, wie dies schon Schleiermacher behauptet hat und wie an mehreren Beispielen in der NEUNTEN LEKTION gezeigt worden ist, sehr gut zur *Anwendung* und zum *übenden Vertiefen* des vorher Erarbeiteten genutzt werden.
- ☐ Die *Lehrerzentrierung* des Frontalunterrichts kann durch Spielphasen abgebaut werden.
- ☐ Der Lehrer kann Spielphasen nutzen, um zu überprüfen, was die Schüler gelernt haben. Spielen kann, wenn man nur genau genug hinschaut, eine *diagnostische Funktion* erhalten.

Trotz dieser von den Spieldidaktikern immer wieder beschworenen Vorzüge des spielenden Lernens und lernenden Spiels wird im Schulalltag tatsächlich sehr wenig gespielt, wenn einmal von Randbereichen (Grundschule, Sonderschule, Sport, Musik) und Nischen (Karneval; letzter Schultag, Lehrers Geburtstag) abgesehen wird. Warum ist dies so? Die ganze Palette der in der ELFTEN LEKTION aufgeführten curricularen und institutionellen Ursachen, die einen häufigeren Gruppenunterricht verhindern, könnte nun wiederholt werden: Spielen kostet Zeit; Spielstunden erfordern viel Vorbereitung; sie sind kaum zu zensieren. Ein spezifischer Grund tritt aber noch hinzu: Spielen erfordert den Einsatz des *ganzen* Menschen; die Gefühle und der Körper spielen mit. – Eben dies scheint sich mit der verkopften, zweckrationalen Organisation des Schulbetriebs zu reiben. Wer spielt, entzieht sich ein Stück weit der Kontrolle des Lehrers und der Schule insgesamt. Wer spielt, kann seine sinnlichen Beziehungen zu den Mitschülern ausleben. Wer spielt, ist nicht verfügbar!

These 13.2: Weil Schule im Prinzip körperfeindlich konstruiert ist, fällt es so schwer, eine dauerhafte Spielpraxis im Unterricht aufzubauen.

Spiel-Räume müssen der Schule in einem immer wieder neuen Kampf abgerungen werden. Lehrer, die dies versucht und geschafft haben, sind dann aber kaum wieder vom Spielen abzubringen; sie sind förmlich süchtig geworden, und dies aus guten Gründen.

1.3 Überblick

Weil es keine allgemeingültige Definition für Spielen gibt (s. o.), gibt es auch kein in sich stimmiges, theoretisch befriedigendes Klassifikationsschema für die Fülle der heute bekannten und gebräuchlichen Spielformen (vgl. Scheuerl 1985, S. 611). Aber dies stellt für die Unterrichtspraxis kein Problem dar. Es liefert umgekehrt eine große Freiheit, unter dem Etikett »Spielen« vielfältige Experimente zum sinnlichen und ganzheitlichen Lernen durchzuführen.

Die *Überblickskarte* auf Seite 348/9 soll Ihnen eine erste Orientierung über die Spannweite der verfügbaren und grundsätzlich auch in den Unterricht zu integrierenden Spielformen geben. Ich schlage vor, im Blick auf die unterschiedlich strukturierten Spiel*gegenstände* und die unterschiedlichen Spiel*zwecke* folgende drei Großbereiche zu unterscheiden:

- ☐ *Interaktionsspiele* als eine an Spannung, Spaß und Erholung orientierte spielerische Auseinandersetzung mit den Spielpartnern;
- ☐ *Simulationsspiele* als regelgeleitete, absichtsvolle Simulation von Konflikten und Entscheidungsprozessen;
- ☐ *szenisches Spiel* als körperbezogene ästhetische Darstellung einer symbolisch vermittelten Wirklichkeit.

Die drei Oberbegriffe »Interaktion«, »Simulation«, »Szene« dürfen nicht so interpretiert werden, als ob nur bei den Interaktionsspielen Interaktion im

Spiele sei oder als ob nur in Simulationsspielen simuliert würde. Nein – Interaktion, Simulation und Inszenierung sind für Spiele jeglicher Art konstitutiv. Unterschiede ergeben sich jedoch bei der Frage, welcher Grad der Verregelung jeweils vorliegt, welche Rolle Spielvorlagen haben und welche Lern- und Reflexionsanlässe die Spielformen im Unterricht zu geben vermögen:

- *Interaktions- und Gesellschaftsspiele* haben im Kontext der Schule vorwiegend eine *Kompensationsfunktion.* Sie bringen ein wenig Leben ins graue Einerlei des Frontalunterrichts. Sie können entscheidende Impulse zur Entwicklung der Klassengemeinschaft liefern, und sie fördern das soziale Lernen.
- *Rollen-* und *Planspiele* haben die größte Nähe zum regulären Unterricht. Sie dienen der Arbeit an Haltungen und dem Entscheidungstraining. Sie setzen eine klare Unterscheidung von Spieler- und Beobachterrollen voraus, und sie zielen auf eine rationale Auseinandersetzung mit gesellschaftlicher Wirklichkeit.
- *Szenisches Spiel und Theater* sind seit jeher als »Bildungsmacht« betrachtet worden (vgl. Hausmann 1959). Es kann als lustvolles, auf die Aufführung mit Publikum zielendes Spielen den lehrgangsmäßig organisierten Unterricht in den Fächern ergänzen, es kann aber auch als Methode der szenischen Interpretation von literarischen Texten, Slogans, Begriffen usw. zu einer präzisen, sinnlich-anschaulichen Arbeitstechnik im Bereich sprachlich-ästhetischer und sozialwissenschaftlicher Fächer gemacht werden.

Spiele können nach dem Grad ihrer Verregelung klassifiziert werden. Das Wort »Verregelung« ist dabei nicht polemisch gemeint. Denn Verregelung ist nicht mit »Konkurrenz« oder »Wettkampf« identisch. *Es gibt überhaupt keine Spiele ohne Spielregeln* – nur der Grad, in dem die Spieler vor oder während des Spielens die Regeln variieren oder neue Regeln erfinden können, ist unterschiedlich ausgeprägt. Viele Schüler sehnen sich sogar nach möglichst eindeutigen Spielregeln, weil sie ihnen das Gefühl der Sicherheit und Berechenbarkeit des Spielverlaufs geben. Gerade dann, wenn Lehrer und Schüler wenig Spielerfahrungen haben, werden sie leicht überfordert, wenn gleich zu Beginn sehr offene und kreativ auszugestaltende Spielregeln vereinbart werden.

Leseempfehlungen

- *Erziehungswissenschaftliche Analysen:* Scheuerl (1979), A. Flitner (1975); A. Flitner (1978); Frommberger (1976).
- *Interaktionsspiele:* Besonders empfehlenswert sind die Bücher von Benita Daublebsky »Spielen in der Schule« (1973) und von der Arbeitsgruppe Oberkircher Lehrmittel (Hrsg.): »Schulspaß und Schulspiele« (1983). Weitere Anregungen finden Sie bei Retter (1979), Hielscher (1981), Gudjons (1983).

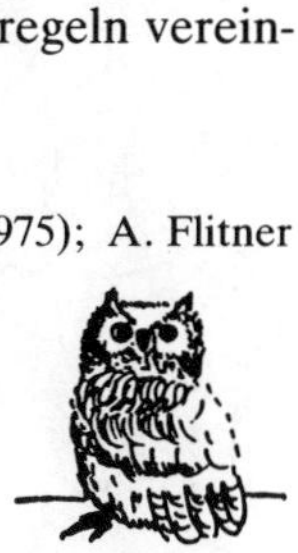

- *Simulationsspiele:* Schaftel/Schaftel/Weinmann (1973); Coburn-Staege (1977); Lehmann (1977); Kochan (1981); van Ments (1985).
- *Szenisches Spiel:* Eine gründliche historische Aufarbeitung enthält das empfehlenswerte Buch »Didaktik als Dramaturgie des Unterrichts« von Gottfried Hausmann (1959); eine aktuelle spieldidaktische Konzeption liefert Ingo Scheller (1981; Scheller/Schumacher 1984). Weitere Aufarbeitungen: Stankewitz (1979); Ritter (1979).

JNTERAKTIONSPIELE:

eher gering verregelt

"freies Spiel":

- Spielen mit Spielzeug
- Spielen im Sandkasten, auf dem Spielplatz
- Spielen mit Puppen, im Kaufmannsladen
- "Doktorspiele"
- usw.

Kindliche Simulation sozialer Wirklichkeit/noch keine bewußte Unterscheidung von "Arbeit" und "Spiel"

Spielfeste und Spielaktionen (Schulfeste, Feiern, Spielnachmittag, Schatzsuche, Rallye, Mitmachzirkus)

eher hoch verregelt – konkurrenz- und wettkampfbezogen

Sport- und Mannschaftsspiele:

- Fußball, Fußball, Fußball, Fußball, Fußball, Fuß- Fußball, Fu- Fußball, Fußba

Regelspiele:

- Räuber und Gendarm
- Plumpsack
- Verstecken
- Reise nach Jerusalem

Gesellschaftsspiele:

- Brettspiele (Monopoly usw.)
- Würfelspiele
- Kartenspiele (Skat usw.)
- Geschicklichkeitsspiele (Mikado, Scree usw.)
- Beobachtungsspiele ("Lügen-Meyer")
- Kimspiele

Denk- und Strategiespiele:

- Schach
- Knobeleien ("Turm von Hanoi", Streichholzspiele)
- Computerspiele usw.

Lernspiele:

- "Stadt, Land, Fluß"
- Memory, Puzzle usw.

Spannung, Spaß, Erholung

Alle können mitspielen; eine Unterscheidung von Spielern und Beobachtern/Zuschauern entfällt. Häufig geht es um Gewinnen oder Verlieren; "Spiele ohne Sieger und Besiegte" werden aber immer wichtiger.

SIMULATI

eher gering verregelt

Rollenspiele

- offenes Rollenspiel
- Soziodrama
- Rollengespräch
- Psychodrama
- Standbild

Spielen als Selbst erfahrung und Pro behandeln in psychosozialen Konflik situationen

Arbeit an Haltungen

Eine Unterscheidu von Spielern und B obachtern ist mögl aber nicht konsti tiv. Die Spieler sp

NSSPIELE:
eher hoch verregelt
Planspiele:
- gelenktes Rollen-Spiel
- Planspiel
- Fallmethode
- Entscheidungsspiel
- Konfliktspiel
- Unternehmensspiele
- Computersimulation
Spielen als zweckrationale Simulation politischer, sozialer oder ökonomischer Konflikte
Entscheidungstraining
ICHTER
IG METALL
n eine vorgegebene olle bzw. verfolgen ne Spielstrategie, aber ese Rolle wird durch die genen Haltungen übertunt.
SZENISCHES SPIEL:
eher lockere Anbindung an die Spielvorlage
eher enge Anbindung an die Spielvorlage
freies Darstellendes Spiel:
- Stegreifspiel
- Pantomime
- Standbild
- Statuentheater
- Zeitungstheater
- Clownspiele
- Zauberei, Gaukelei
- Tanz
Spielen als lustbetonte, kreative, körperliche Umsetzung einer Spielidee
Theater:
- Laienspiel
- Bühnentheater
- Straßentheater
- Figurentheater (Kasperle, Marionetten)
- Revue
- Kabarett
- Musical
- Hörspiel
- usw.
Spielen als szenische Umsetzung einer Textvorlage/Regieanweisung/Notation usw.
zielt auf
Aufführungen
mit gründlicher Übung und Vorbereitung und mit mehr oder weniger hohem künstlerischem Anspruch: z. B.
- Elternabende
- Schulfeiern
- Projektwochen-Präsentationen usw.
Die Unterscheidung von Spielern und Zuschauern ist konstitutiv. Es gibt eine Bühne, Requisiten, Verkleidung usw.

2. Beispiele

Im folgenden werden einige wenige Beispiele für unterrichtsrelevante Spielformen vor Augen geführt – diese wenigen Beispiele jedoch um so ausführlicher erläutert. Dabei stehen die Simulationsspiele im Vordergrund, weil sie die größte Nähe zum lehrgangsmäßig organisierten Unterricht haben.

2.1 Spielstunden

Als »Spielstunde« bezeichne ich im Anschluß an Benita Daublebsky (1973) eine in regelmäßigen oder unregelmäßigen Abständen wiederholte Unterrichtsstunde, die ganz dem Spielen gewidmet ist und nicht in einen bestimmten Lehrgang einzelner Fächer integriert wird (wie dies bei der Arbeit mit Rollen- und Planspielen, aber auch im Theater zumeist der Fall ist). In Spielstunden geht es im wesentlichen um Interaktionsspiele.

Spielstunden sollten genauso gründlich wie »normale« Stunden didaktisch vorbereitet und ausgewertet werden – vielleicht sogar noch gründlicher. Deshalb sind gruppendynamische, sozialisationstheoretische u. a. Vorkenntnisse des Lehrers sicherlich von Vorteil. Es wäre allerdings unsinnig, all denjenigen Studenten und Lehrern, die diese Kenntnisse nicht haben, von der Durchführung von Spielstunden abzuraten. Vielmehr sollte sich jeder Lehrer Stück für Stück ein eigenes *Spiele-Repertoire* aufbauen, das in der letzten Samstagsstunde, in Vertretungsstunden, auf Klassenfahrten usw. zum Einsatz kommt. Anregungen dazu finden Sie auf den Seiten 15–103 des »Handbuchs zum Schulalltag 2« der Arbeitsgruppe Oberkircher Lehrmittel (1983).

Ein Lehrer, der in seiner Klasse eine kontinuierliche Spielpraxis aufbauen will, benötigt dazu eine *Spieldidaktik,* in der die didaktischen Prinzipien, die Voraussetzungen, Ziele und Methoden des Spielens analysiert werden. Eine erste nüchterne Orientierung für eine solche Spieldidaktik liefert Benita Daublebsky (1973, S. 115–149): Lehrer sollten nicht meinen, daß sie den Schülern eine Gnade erweisen, wenn sie mit ihnen spielen, und deshalb auch ihr besonderes Wohlverhalten einklagen dürften – das Gegenteil ist häufiger der Fall. Die Schüler nutzen die Gelegenheit, die im üblichen (Frontal-)Unterricht unterdrückten Aggressionen und Konflikte auszuleben. Deshalb muß der Spielleiter versuchen, einzelnen Schülern, die von ihren Spielkameraden an den Rand gedrängt werden, zu helfen – er muß andererseits aufpassen, daß er die Schüler nicht zu stark an sich bindet. Der Spielleiter muß helfen, daß spielfähige, ungefähr gleichstarke Gruppen entstehen, wenn die Schüler nicht von selbst dafür sorgen. Er muß gegebenenfalls eingreifen, wenn sich die Schüler Spiele auswählen, die für einige oder für alle zu schwierig sind. Der Spielleiter sollte darauf achten, daß die Konkurrenzorientierung der Schüler in geregelte Bahnen gelenkt und möglichst ein Stück weit abgebaut wird. Kurz gefaßt: *Der Spielleiter soll helfen, daß sich die Schüler selbst helfen können!*

Die folgenden 7 Fragen sind so etwas wie eine Checkliste zur Vorbereitung von Spielstunden. Sie sollen Ihnen helfen, nichts Wichtiges zu vergessen:

1. *Warum will ich mit meinen Schülern spielen?* Welche kognitiven, sozialen und emotionalen Ziele will ich verfolgen? Gibt es konkrete Anlässe für eine Spielstunde?

2. *Welche Interessen könnten die Schüler am Spiel haben?* Entspricht das ausgewählte Spiel der Interessenlage dieser Altersstufe? Ist es denkbar, daß die Schüler mit dem Spiel Interessen verbinden, die den Lehrabsichten des Lehrers zuwiderlaufen?

3. *Welche Vorkenntnisse und welche Erfahrungen könnten die Schüler einbringen?* Ist zu befürchten, daß die Spielabsichten durch die Medienindustrie (Fernseh-Vorbilder) oder durch Sozialisationseffekte (Konkurrenzorientierung) verzerrt werden?

4. *Wie lauten die Spielregeln?* Sind die Spielregeln einigen oder allen Schülern bekannt/unbekannt? Müssen die Spielregeln eindeutig fixiert werden, oder können sie von den Schülern ohne langatmiges Lamentieren festgelegt werden? Dürfen die Spielregeln während des Spiels verändert werden?

5. *Wer ist Spielleiter?* Benita Daublebsky warnt ausdrücklich davor, zu früh die Spielleiterrolle auf die Schüler zu übertragen! Gerade weil so viele ›Störgrößen‹ von außen und von innen Spielstunden um ihren Erfolg bringen können, gehört viel Spielerfahrung dazu, um auch die Spielleiterrolle ganz in die Hände der Schüler zu geben.

6. *Müssen die Spielgruppen vor Spielbeginn bestimmt werden?* Wer macht das? Und nach welchen Kriterien? Wie wird verhindert,daß die Außenseiter untergebuttert werden?

7. *Welche Spielmaterialien, Geräte oder Requisiten müssen besorgt werden?* (Es ist nicht nötig, aufwendige Spielmaterialien zu besorgen; vieles kann improvisiert werden; manches kann gemeinsam mit den Schülern selbst hergestellt werden.)

Kinderspiele. Ludi pueriles.

Aus: J. A. Comenius:
Orbis sensualium pictus (1658)

2.2 Standbild-Bauen[2]

Bei der Arbeit mit Standbildern versucht ein Regisseur bzw. Standbildbauer aus ›lebenden Personen‹ Schritt für Schritt ein Bild zu komponieren, mit dem er den Zuschauern und Mitspielern seine persönliche Deutung sozialer Wirklichkeit verdeutlicht. *Standbilder liefern eine körperlich-anschauliche Darstellung der sozialen Erfahrungen, der Haltungen und Phantasien des Standbildbauers.* Sie erlauben den Mitspielern und den Beobachtern, diese Erfahrungen, Haltungen und Phantasien sinnlich-anschaulich wahrzunehmen und zu reflektieren.

● **Ablaufschema**

Wie »funktioniert« das Standbildbauen? Der Regisseur muß sich als erstes ein *Bild* von der sozialen Situation machen, die er darstellen will. Dies kann durch ein gelenktes Gespräch oder durch einen Arbeitsauftrag des Lehrers eingeleitet werden (vgl. das Unterrichtsbeispiel auf S. 272), dies kann aber auch dem Regisseur selbst überlassen werden. Danach beginnt die Arbeit:

1. Der Erbauer des Standbildes (= Regisseur) *sucht sich diejenigen Personen* aus der Gruppe *aus,* die von ihrer äußeren Erscheinung her in das Bild passen, das er vor Augen hat (also Eignung im Hinblick auf Körpergröße, Geschlecht, Haare, Statur usw.).

2. Der Regisseur baut mit den ausgewählten Mitspielern das Bild Schritt für Schritt auf, indem er *die Haltung der Mitspieler* solange *mit seinen Händen* formt, bis sie die richtige Position eingenommen haben. Der Gesichtsausdruck (die Mimik) kann vom Regisseur vorgemacht und dann vom jeweiligen Spieler nachgespielt werden. Die Mitspieler müssen sich dabei völlig passiv verhalten; sie dürfen sich nicht gegen bestimmte Haltungen sperren.

3. Während der »Bauphase« wird *nicht gesprochen.*

4. Wenn das Standbild fertig komponiert ist, *erstarren* alle Spieler für 30 bis 60 Sekunden, um sich selbst meditativ in die eingenommene Haltung einzufühlen und um den Beobachtern Gelegenheit zu geben, das entstandene Bild wirken zu lassen.

2 Dieser Abschnitt stützt sich weitgehend, zum Teil bis in wörtliche Formulierungen, auf veröffentlichte (Scheller 1981; 1985; 1986b; 1987a; 1987b; Bartels u. a. 1987) und unveröffentlichte (Scheller 1980) Arbeiten von *Ingo Scheller,* Oldenburg.

5 Danach wird das Standbild *beschrieben* und *interpretiert:* zuerst von den Beobachtern, dann von den Spielern. Dabei kommt es vor allem darauf an, die Beziehungen zwischen den Spielern zu deuten. Man kann auch versuchen, eine Überschrift oder ein Thema zu definieren, und dann den Regisseur fragen, ob er zustimmt.

6 Zum Schluß wird der *Regisseur befragt,* welche Absichten er beim Bau des Standbildes gehabt hat.

7 Wenn keine Einigkeit über die Deutung des Bildes zu erzielen ist, kann der Regisseur aufgefordert werden, *das Standbild zu verändern.* Ebensogut kann ein anderer Schüler zum Regisseur ernannt werden, der dann eine Korrektur vornimmt.

Übrigens: Dieses Ablaufschema und die in ihm enthaltenen Spielregeln haben keine absolute Geltung. Jede Regel kann verändert werden, wenn dies dem Unterrichtsziel oder den Interessen der Schüler und des Lehrers dienlich ist:

- Man kann je nach Bedarf entweder den Lehrer oder einen der Schüler den Regisseur spielen lassen.
- Man kann das Thema des Standbildes geheimhalten und nach seiner Fertigstellung von den Schülern erraten lassen.
- Man kann das Thema bzw. die Themen vorher mit allen Schülern besprechen, auf die Rolle des Regisseurs verzichten und jedem Mitglied einer Kleingruppe den Auftrag geben, selbst eine bestimmte Haltung einzunehmen.
- Man kann bei der Auswertung die Reihenfolge der Befragung ändern (erst den Regisseur, dann die Spieler, dann die Beobachter usw.).

● Beispiel

Im folgenden Beispiel wird der schrittweise Aufbau eines Standbildes zum Thema *»Angst im Fahrstuhl«* gezeichnet. (Andere Beispiele, die z. B. für Einführungssitzungen mit Studenten und Referendaren geeignet sind, lauten: »Soziale Isolierung beim Mensa-Essen«, »Mann-Frau-Beziehungen«, »Mein Ideal-Bild vom Frontalunterricht«, »Wie ich mir Disziplinschwierigkeiten im Praktikum vorstelle« usw.)

1. Der Regisseur greift sich einen Schüler, der ihm für das Standbild nach Größe, Geschlecht, Kleidung usw. geeignet zu sein scheint

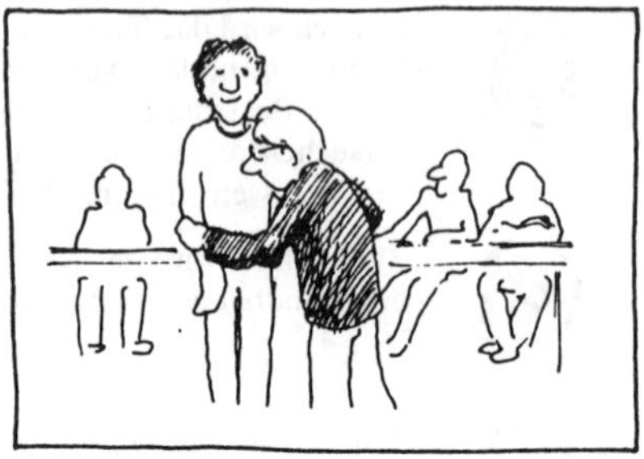

2. ... und stellt ihn, ohne dabei auch nur ein einziges Wort zu sprechen, in die gewünschte Position.

3. Er zeigt dem Mitspieler, in welche Richtung dieser schauen und welche Mimik er sich vom Regisseur abgukken soll.

4. Der Regisseur hat die kluge Idee, zwei Tische senkrecht zu stellen und dadurch das Innere des Fahrstuhls räumlich einzugrenzen.

5. Der Regisseur sucht sich weitere Mitspieler aus und stellt sie in der von ihm ausgedachten Haltung auf der Spielfläche auf – solange, bis eine Situation entstanden ist, die seinem Bild von der »Angst im Fahrstuhl« entspricht.

6. Alle übrigen treten hinzu. Die Spieler erstarren für eine knappe Minute in der ihnen zugewiesenen Haltung.

7. Die Auswertungsphase beginnt: Das aufgebaute Bild wird beschrieben und interpretiert. Wenn das Thema vorher noch nicht benannt wurde, wird es entschlüsselt. Dabei können sich Spieler und Beobachter im Gespräch ergänzen.

8. Der Regisseur berichtet, was er sich beim Standbild-Bauen gedacht hat.

● Was lernen die beteiligten Personen beim Standbild-Bauen?

Was die am Standbild-Bauen beteiligten Personen lernen, hängt von ihren Vorerfahrungen, von ihrer Sensibilität gegenüber anderen und sich selbst und natürlich auch vom Geschick und Takt des Lehrers ab:

□ *Der Standbild-Bauer* (= Regisseur): Er muß Vorstellungen in Bilder übersetzen und diese dann durch die Körperhaltungen der von ihm ausgewählten Mitspieler auszudrükken versuchen. Er muß die Körperhaltungen regelrecht formen, die Hände und Füße hin- und herschieben, die Blickrichtung der Augen fixieren usw. Der Regisseur muß sich also der Aussagekraft bestimmter Körperhaltungen bewußt sein und damit gezielt arbeiten.

□ *Die Mitspieler:* Sie werden vom Regisseur zunächst nach ihrem äußeren Erscheinungsbild ausgewählt, und zwar möglichst gut passend im Blick auf die darzustellende Situation. Dabei können sie die für manchen schmerzliche Erfahrung machen, daß sich ihr Äußeres für bestimmte Projektionen (z. B. für die Rolle des »autoritären Lehrers«) besser eignet, als einem selbst bis dahin bewußt war und als einem lieb ist. Die Spieler erfahren, daß sie von ihrer Umwelt in einer ganz bestimmten Weise wahrgenommen werden. Beim schrittweisen Aufbau des Standbilds durch den Regisseur beginnen die Mitspieler (hoffentlich!), sich langsam in die ihnen zugedachten Rollen hineinzuversetzen und sich vielleicht mit ihnen zu identifizieren. (Das Gegenteil kann selbstverständlich auch passieren: eine wachsende Aggression gegen die zugedachte Rolle; dies wäre für die didaktische Auswertung eines Standbildes vielleicht sogar sehr fruchtbar!)

Viele Mitspieler reagieren auf die ersten Standbild-Bau-Versuche sehr empfindlich. Sie sind es nicht gewohnt, von einem anderen Menschen derart angefaßt zu werden und dann auch noch in eine fremdbestimmte Haltung schlüpfen zu müssen.

□ *Die Beobachter:* Es ist wichtig, die Beobachterrolle ernst zu nehmen und durch entsprechende Aufgabenstellungen aufzuwerten! Ohne Beobachter ist ein Standbild wenig wert!

Meistens macht es den Beobachtern Spaß, das schrittweise Entstehen des Standbildes mitzuverfolgen und zu erraten, welche soziale Situation gemeint sein könnte. Oft entstehen dadurch auch spontane Vorschläge an den Regisseur, wie man eine Haltung noch besser ausdrücken könnte.

● Spieltechniken und methodische Alternativen

Oft bietet es sich an, mehrere Standbilder zum selben Thema zu bauen:

- ☐ Man kann das Thema aus *Schüler-,* aber auch aus *Schülerinnensicht* bauen lassen.
- ☐ Man kann das *Realbild* mit dem erhofften *Ideal-* bzw. *Wunschbild* kontrastieren usw.

Durch das Einüben von Spieltechniken können die Schüler für die Wahrnehmung von Körpersprache sensibilisiert und zum Ausdrücken der eigenen Gefühle und Phantasien ermuntert werden.

- ☐ Das *Einfühlen:* Der Lehrer stellt sich dicht neben den Regisseur bzw. neben einen der Mitspieler, legt seine Hand auf dessen Schulter und verwickelt ihn in ein kurzes gelenktes Gespräch:»Kannst Du Dir vorstellen, in die Haltung eines Achtzigjährigen zu schlüpfen?« »Erinnerst Du Dich noch, wie das war, als du selbst mal . . .« usw.
- ☐ Das *Vormachen:* Der Lehrer macht dem Regisseur oder auch den Mitspielern leibhaftig vor, welche Haltung sie einnehmen sollen.
- ☐ *»Hilfs-Ich«:* Der Spielleiter oder einer der Beobachter übernimmt es, die Gefühle und Gedanken eines der Mitspieler zu verbalisieren, indem er hinter ihn tritt, die Hand auf seine Schultern legt und z. B. sagt: »So komisch bin ich mir schon lange nicht vorgekommen!« oder »Eigentlich ist das ein schönes Gefühl, wenn . . .«.

  Es können auch mehrere Beobachter nacheinander zu einem der Spieler treten und »Hilfs-Ich« sein.

Variationen des auf S. 352/53 beschriebenen Ablaufschemas sind:

- ☐ *In Bilder »hineingehen«:* Ein Thema wird gestellt (z. B.: »Baut ein Standbild, in dem ihr einen Disziplinkonflikt im Frontalunterricht beschreibt«), und die einzelnen Spieler gehen nacheinander in die vorgestellte Situation hinein und nehmen jene Haltung ein, die ihnen selbst angemessen zu sein scheint.
- ☐ *Aus Bildern »herausgehen«:* Die Spieler gehen in der umgekehrten Reihenfolge, in der sie in das Bild hineingegangen sind, wieder aus dem Bild heraus und sagen den Beobachtern, was sie empfunden haben.
- ☐ *Unterbrechen von Handlungsverläufen:* Eine Darstellung oder ein Spiel (Rollenspiel, Stegreifspiel) wird unterbrochen; alle Spieler erstarren in der Pose, die sie gerade einnehmen.
- ☐ *»Verflüssigen« von Bildern:* Die Situation im Bild wird spontan weitergespielt.

● Welche didaktischen Funktionen können Standbilder erfüllen?

- ☐ *Vorstellungen klären:* Beim schrittweisen Aufbau des Standbildes können sowohl der Regisseur als auch die Mitspieler und Beobachter ihre Vorstellungen von bestimmten sozialen Situationen klären. Sie können ihre eigenen Erfahrungen verlebendigen und die Körperdimension ihrer Vorstellungswelt erfassen.
- ☐ *Begriffe veranschaulichen:* Viele Begriffe, Schlagworte, Klischeebilder sind sehr abstrakt und vieldeutig. Solange sie diese Abstraktheit bewahren, ist die Gefahr groß, daß Lehrer und Schüler im Unterricht aneinander vorbeireden. Wenn der Lehrer oder einer der Schüler seine Begriffsvorstellung im Standbild konkretisiert hat, fällt es allen

Beteiligten leichter, konkret weiterzuarbeiten und die Vorstellungs- und Interessengegensätze unmißverständlich auf den Tisch zu bringen.

□ *Haltungen untersuchen/an Haltungen arbeiten* (siehe S. 42).

Weil die Spieler beim Standbild-Bauen nicht sprechen müssen, fällt ihnen das Mitmachen zumeist leicht. Das Standbild-Bauen kann deshalb gut zur Vorbereitung auf komplexere Spielformen (wie Rollenspiel) genutzt werden.

2.3 Rollenspiel

Im *Rollenspiel* wird – wie der Name sagt – eine mehr oder weniger präzis definierte Rolle zur Richtschnur des Handelns in einer vorgestellten Situation genommen. Im *»gelenkten« Rollenspiel* sind die Vorgaben für das Handeln präzis und weitgehend festgelegt; eine Rolle muß übernommen werden (= role taking); im *»offenen«* oder *»freien« Rollenspiel* gibt es keine genauen Festlegungen der Handlungsalternativen, vielmehr kommt es darauf an, die zugewiesene Rolle kreativ und konstruktiv auszufüllen (= role making).

● **Theoriehintergrund**

Etymologisch stammt das Wort »Rolle« vom lateinischen »rotulus« (= Gedrehtes); im Mittelalter bezeichnete rolle oder rulle oder rodel eine Papierrolle (vgl. »Zunftrolle«) oder einen Teil des Mühlrades. Erst im 17. Jahrhundert wendet Gryphius diesen Begriff für die Theaterrolle an, und Lessing überträgt diesen Sprachgebrauch dann wieder auf das Alltagsleben mit dem Ausdruck »eine doppelte Rolle spielen«. Seitdem ist es sprachlich möglich, einem Mitmenschen zu attestieren, daß er seine »Rolle gut studiert habe« oder »aus der Rolle gefallen sei«.

Zu Beginn dieses Jahrhunderts wurde der Rollenbegriff dann von nordamerikanischen Soziologen (Merton, Parsons) in den Mittelpunkt der soziologischen Theoriebildung gerückt. Es wurden verschiedene *Rollentheorien* entwickelt. Der Begriff der sozialen Rolle bezeichnet die Erwartungen von sozialen Systemen (Institutionen, Gruppen, Schichten) an das Verhalten von Individuen. Jedes Individuum wird so von früher Kindheit an zum Träger verschiedener, z. T. miteinander konkurrierender oder sogar einander widersprechender Rollen (Kinderrolle, Vaterrolle, Mutterrolle, Berufsrolle).

In der Bundesrepublik, wo man es sich angewöhnt hat, amerikanische wissenschaftliche Erfindungen erst einmal gehörig auf den Begriff zu bringen und dann wissenschaftstheoretisch auseinanderzunehmen, hat man schon bald auch die Rollentheorien ideologiekritisch problematisiert: *Rollentheorien,* so die Kritik, *sind bürgerliche Ideologien zur Verschleierung struktureller Gewaltverhältnisse,* weil sie soziale Konflikte personalisieren, statt ihre politisch-ökonomischen Ursachen in den Mittelpunkt der Analyse zu stellen (vgl. Claessens 1968; Haug 1972). Diese Kritik trifft die genannten klassischen Rollentheorien von Merton, Parsons, Linton u. a., sie trifft aber nicht mehr die in Auseinandersetzung mit dieser Kritik entwickelten neueren, auf der Grundlage des Symbolischen Interaktionismus (vgl. S. I, 84) sowie kritischer Gesellschaftstheorien (vgl. S. I, 102) entwickelten Rollentheorien zu. Diese interaktionistische Rollentheorie wird z. B. von Habermas (1971), Krappmann (1972) und Dreitzel (1972) vertreten.

(1)
»Die *traditionelle Rollentheorie* geht von der Prämisse aus, Rollenhandeln sei um so funktionaler, je deutlicher Rollenvorschrift bzw. Interpretation der Rollennormen und tatsächliches Verhalten der Rollenspieler übereinstimmten. Sind die dem Rollenspieler vorgegebenen Rollennormen uneindeutig oder stellen verschiedene Bezugsgruppen unterschiedliche Erwartungen an sein Verhalten, entstehen Rollenkonflikte, die die Stabilität des sozialen Beziehungsgefüges beeinträchtigen können.«

(2)
»Aus der Sicht der *interaktionistischen Rollentheorie* kann das traditionelle Rollenkonzept nur als Grenzfall von Interaktion unter den Bedingungen höchster Repressivität aufgefaßt werden. Die interaktionistische Theorie postuliert vielmehr einen Spielraum für subjektive Interpretationen der Rollenspieler und die nicht vollständige Deckung von individuellen Bedürfnisdispositionen und institutionalisierten Rollennormen (Krappmann 1972).«

Aus: Horst Speichert: Kritisches Lexikon der Erziehungswissenschaft und Bildungspolitik (1975, S. 321)

Nur das zweite, *interaktionistische Rollenkonzept* ist für eine produktive und humane Rollenspielpraxis interessant. Denn nur dann, wenn eine kreative und zum Teil selbstbestimmte Ausfüllung und Weiterentwicklung der zu übernehmenden Rollen theoretisch untermauert werden kann, lohnt sich die Aufarbeitung dieser Rollentheorien.

● Spielregeln

Das Rollenspiel ist eine komplexe Methode zur Aneignung gesellschaftlicher Wirklichkeit. Mit seiner Hilfe können Schüler ihr eigenes Handeln besser verstehen lernen und sich auch in das Denken, Fühlen und Handeln ihrer Mitschüler, ihrer Lehrer und weiterer Bezugspersonen einfühlen. Wegen der Vielschichtigkeit von Rollenspielen ist es sinnvoll, nach dem zweiten, dritten oder vierten Spielversuch eine ganze Unterrichtsstunde der Erläuterung dieser Methode zu »opfern«. Denn nur dann, wenn den Schülern die Spielregeln dieser Methode bekannt sind, können sie bewußt damit experimentieren!

Sie können Ihren Schülern auch ein *Arbeitsblatt* an die Hand geben, auf dem die wichtigsten Spielregeln festgehalten sind. Das Muster des Arbeitsblatts auf S. 359 stammt von Erika Schulz, IGS Aurich (inzwischen: IGS Wilhelmshaven).

IGS AURICH 11. 11. 1980
Erika Schulz

GRUNDKURS »Werte und Normen«: »Frieden – Mehr als Abwesenheit von Krieg?«

Liebe Schülerinnen und Schüler!

Da wir schon einige Male im Kurs *Rollenspiele* gemacht haben, aber eigentlich wenig über das Spiel als Methode des Lernens und über die *Spielregeln* gesprochen worden ist, habe ich nun einige Informationen für Euch zusammengefaßt. Ihr könnt sie auch für andere Kurse verwenden!

1. *Zum Rollenspiel:* Das Rollenspiel ist eine Methode des Lernens. Durch das spontane oder auch stärker gelenkte Spielen werden uns Alltagssituationen deutlicher vor Augen geführt. Das Spiel symbolisiert Situationen aus dem gesellschaftlichen Leben und ermöglicht so die Auseinandersetzung mit dieser Wirklichkeit. Dabei können *alle* etwas lernen – nicht nur die Spieler, sondern auch die Beobachter!

2. *Zu den Spielern:* Jeder von uns spielt im alltäglichen Leben bestimmte Rollen, auch wenn wir uns dessen oft nicht mehr bewußt sind: die Rolle als Schüler, als Kind, als Badeanstaltsbenutzer.

   Das im Unterricht durchgeführte Rollenspiel bietet nun zusätzlich die Möglichkeit zum Üben. Ihr könnt spielerisch lernen, Euch in verschiedenen Rollen zurechtzufinden. Ihr könnt streckenweise sogar neue Züge in bestimmte Rollen hineinbringen!

   Im Spiel interpretiert jeder Schüler die Rolle, die er spielt, auf der Grundlage *seiner Erfahrungen* mit dieser Rolle. Ein Beispiel: Wenn jemand die Rolle eines Verkäufers spielt, dann wird er diese Rolle so gestalten, wie er sie in seinem Geschäft um die Ecke oder im Großmarkt kennengelernt hat. Es ist deshalb wichtig, daß Ihr das Spiel spontan spielt und Euch nicht an irgendwelche ›Drehbücher‹ haltet, weil sonst die Verknüpfung des Spielens mit diesen eigenen Erfahrungen verlorengehen könnte.

3. *Zu den Beobachtern:* Die Beobachter haben die Aufgabe, als »Echo« oder »Spiegel« des Spiels zu wirken. Sie sollen nach Ablauf des Spiels schildern, wie sie das Verhalten und die angebotenen Lösungsmöglichkeiten der Spieler beurteilen. Dabei geht es *grundsätzlich nicht um die Frage, ob ein Mitspieler im schauspielerischen Sinne gut oder schlecht gespielt hat!* Die Beobachter sind dafür verantwortlich, daß verschiedene Sichtweisen ein und desselben Problems auch tatsächlich hinterher diskutiert werden!

   (Später, wenn Ihr noch mehr Übung im Rollenspiel habt, können die Beobachter auch auf Handzeichen das Spiel unterbrechen und um Wiederholung, Verdeutlichung oder Veränderung einer bestimmten Spielszene bitten!)

4. *Zur Rolle des Spielleiters:* Der Spielleiter (meistens die Lehrerin, aber in Zukunft hoffentlich auch einmal Ihr selbst) ist für die organisatorische Vorbereitung zuständig; er muß darauf achten, daß die Zeitfristen und die Spielregeln eingehalten werden. Er muß bei Bedarf auch immer wieder über die Zielsetzung des jeweiligen Rollenspiels berichten können.

Eure Erika Schulz

● **Ablaufschema**

Es gibt in der umfangreichen Literatur zum Rollenspiel in der Schule inzwischen zahlreiche praktische Anleitungen. Das folgende Muster eines Handlungsablaufes stellt eine pragmatische Zusammenfassung dar:

1. VORBEREITUNG

(1) Der Spielleiter – bei Ersteinführungen in das Rollenspiel der Lehrer, später dann auch eine Schülerin oder ein Schüler – *bespricht mit den Schülern das Thema, die angenommene Handlungssituation und die Zielsetzung* der Arbeit mit diesem Handlungsmuster: »Wir wollen mal in Form eines Rollenspiels ausprobieren, wie das ist, wenn Ihr abends statt um 8 um 11 Uhr nach Hause kommt!« – Spielsituationen können sich auf alle vertrauten Alltagssituationen beziehen; man kann aber auch z. B. ein Rollenspiel zum Thema »Belastungen der Hausfrau« zu einer »Schneewittchen-Szene« verfremden. Wichtig ist, daß es um ein *konkretes*, mehrere Handlungsalternativen eröffnendes Problem bzw. einen Konflikt, ein Erlebnis oder einen Widerspruch geht. (Je abstrakter das gestellte Problem ist, um so risikoreicher wird das Rollenspiel und gerät dann leicht zum unverbindlichen Rollen- oder Streitgespräch.)

Beteiligungsängste, die bei älteren Schülerinnen und Schülern ohne Rollenspielerfahrungen häufig sind, werden angesprochen; oder aber (was ich noch besser finde!) der Lehrer sorgt durch Verbindlichkeit und Überzeugungskraft dafür, daß sich solche Ängste in Grenzen halten. Evtl. werden die Schüler noch einmal darauf hingewiesen, daß es hier nicht auf die schauspielerische Leistung ankommt.

Die *Spielregeln* werden den Schülern mitgeteilt oder in Erinnerung gerufen.

(2) Der Spielleiter *legt die Rollen fest* und entscheidet, welcher Schüler welche Rolle spielen soll. Dabei können die Schüler selbstverständlich mitwirken. Es wird verbindlich geklärt, wer die Beobachter-Rolle wahrnimmt.

(3) Die *Spieler* erhalten Gelegenheit, *sich in ihre Rollen einzuarbeiten.* Dafür gibt es mehrere methodische Alternativen:

- □ Der Spielleiter gibt den Schülern eine *Spielkarte*, auf der ihre Rolle knapp beschrieben wird: »Du bist der Vater; Deine Tochter will Ostern nicht zu Hause, sondern mit ihrem Freund in den Alpen verbringen. Du bist dagegen.«
- □ Lehrer und Schüler erarbeiten die Rolle im gemeinsamen *Gespräch.*
- □ Für jede Rolle wird eine *Kleingruppe* gebildet; die Gruppe hilft dem Spieler beim Argumente-Sammeln und Ausmalen möglicher Verhaltensweisen.
- □ Die Interpretation der verschiedenen Rollen *bleibt offen* – die Spieler gehen mit ihren individuellen Deutungen ins Spiel – erst in der Auswertung wird die Rollen-Ausfüllung diskutiert und kritisiert.

(4) *Der Beobachtungsauftrag wird formuliert:* Es ist sehr wichtig, den Beobachtern verständlich zu machen, daß sie keine bloße Zuschauer-, sondern eher eine Schiedsrichter- und Mitdenker-Rolle haben. Der Beobachtungsauftrag sollte deshalb möglichst genau formuliert und an der Tafel festgehalten oder auf einem vor Stundenbeginn erstellten *Beobachtungsbogen* fixiert sein.

2. DURCHFÜHRUNG

(5) *Die Spielfläche wird freigeräumt:* Tische und Stühle werden zur Seite gerückt, die Beobachter postieren sich so, daß sie die Spielfläche einsehen können; gegebenenfalls kann durch das Senkrechtstellen von ein oder zwei Tischen eine Wand angedeutet werden; als Wohnzimmertisch dient ein Schultisch usw.

(6) *Die Spielsituation wird aufgebaut,* indem der Spielleiter noch einmal an die Spielidee erinnert: »Dies ist die Wohnküche der Familie Poppinga. Hier spielt sich fast das ganze Familienleben ab; auch Oma Trientje ist dabei . . .«.

Gegebenenfalls werden – ganz sparsam einzusetzende – *Requisiten* bereitgestellt, mit denen die einzunehmende Rolle angedeutet wird: eine Bierflasche für den Vater, ein Walkman für den Sohn, eine Schürze für die Mutter . . . Für ungeübte Spieler ist es eine große Hilfe, wenn sie sich an diesen Requisiten »festhalten« können. Erfahrene Rollenspieler kommen ohne Hilfen aus.

Man kann zusätzlich jedem Spieler eine *Karteikarte mit dick aufgetragenem Namenszug* oder mit der Berufs- oder Rollenbezeichnung mit Tesaband auf den Pullover bzw. das Hemd kleben. Dies erleichtert Spielern und Beobachter, die einzelnen Rollen über längere Spielphasen hin im Gedächtnis zu behalten.

(7) *Erster Spieldurchlauf:* Dabei ist es wichtig, daß die Schüler nicht nur über das vorgegebene Thema ein Streitgespräch führen, sondern tatsächlich handeln: Der Sohn erklärt, in eine WG zu ziehen, und verläßt den Raum; der Vater verweigert die Erhöhung des Taschengeldes; die Mutter teilt mit, daß sie eine Teilzeitbeschäftigung übernommen hat . . .

Anfänger sollten beim ersten Spieldurchlauf möglichst nicht unterbrochen werden, um ihnen die Chance zu bieten, sich freizuspielen. Gerade jüngere Schüler finden aber manchmal kein Ende. Dann muß der Spielleiter das Spiel abbrechen.

3. AUSWERTUNG & WIEDERHOLUNG

(8) *Erste Auswertungsrunde:* Die Beobachter beschreiben und interpretieren den Spielablauf. Dabei ist es vor allem bei jüngeren Schülern wichtig, eine Kritik der schauspielerischen Leistungen zu vermeiden. Die *Kriterien* für das Auswertungsgespräch müssen genau erklärt werden (und stimmig zu den Lehrzielen sein), z. B.:

- ☐ Haben die Spieler eine Lösung des Problems gefunden?
- ☐ Haben die einzelnen Spieler angemessen/realistisch gespielt?
- ☐ Wie waren die Beziehungen zwischen den Spielern?

(9) Gegebenenfalls: *Zweiter Spieldurchlauf:*

- ☐ mit denselben Spielern und gleicher Spielsituation
- ☐ mit ausgewechselten Spielern und gleicher Spielsituation
- ☐ mit denselben Spielern, aber veränderter Spielidee

(10) *Zweite Auswertungsrunde* (s. o.)

● Ziele

Die Schüler sollen beim Rollenspielen spüren, d. h. am eigenen Leibe erfahren können, was »auf dem Spiel steht«, wenn man sich ernsthaft mit den Mitschülern und den von ihnen übernommenen Rollen auseinandersetzt:

- ☐ Sie können lernen, ein tieferes Verständnis für die Rollen anderer und für die diese Rollen produzierenden sozialen und ökonomischen Verhältnisse zu entwickeln;
- ☐ sie können sich selbst im Spiel besser kennenlernen; sie sollen sich ihre eigenen Erfahrungen, Einstellungen und Phantasien bewußtmachen;
- ☐ sie können durch die konstruktive und kreative Ausfüllung der übernommenen Rolle neue Verhaltensmuster studieren und ihre Wirkung kennen- und einschätzenlernen;
- ☐ sie können lernen, zwischen der realistischen Ausfüllung von Rollen und bloßen Klischeevorstellungen zu unterscheiden;
- ☐ sie haben die Gelegenheit, ihre Scheu abzulegen, sich vor anderen darzustellen;
- ☐ sie können üben, im Spiel die durch die Spielsituation ausgelösten Phantasien und Assoziationen spontan umzusetzen;
- ☐ sie können das Rollenspiel (ähnlich wie das Streitgespräch) nutzen, um neu erarbeitetes Wissen in handlungsbezogenen Anwendungssituationen zu festigen und zu überprüfen.

Durch das Rollenspiel sollen die Schüler soziale Handlungskompetenz entwikkeln. Dabei ist die Gefahr nicht von der Hand zu weisen, daß statt der erwünschten individuellen und gesellschaftlichen Emanzipation von unbegründeten Herrschaftsansprüchen und Rollenerwartungen nur eine subtile Förderung der Anpassungsbereitschaft der Schüler an geltende Normen und Wertvorstellungen stattfindet. Das Rollenspiel kann sowohl eine affirmative wie auch eine kritische Funktion erhalten (vgl. Coburn-Staege 1977). Diese Gefahr ist durch bloße Methoden-Reflexion nicht zu bannen. Nur dann, wenn die im Rollenspiel vermittelten oder neu erarbeiteten Normen *inhaltlich* zu rechtfertigen sind, ist auch die Methode des Rollenspiels legitimiert.

● Spielanlässe

Rollenspiele können sowohl in Einstiegs- als auch in Erarbeitungs- und Auswertungsphasen angesetzt werden. Die Entscheidung darüber setzt aber eine Klärung der Wechselwirkung von Zielen, Inhalten und Methoden voraus: Nur dann, wenn wirklich im Spiel eine *Fragehaltung entwickelt,* eine *Konfliktlösung erprobt* oder zuvor erarbeitete *Kompetenzen angewendet* werden können, sollte der Lehrer zu diesem Handlungsmuster greifen. Zum Beispiel:

- ☐ Schüler aus Grundschulklassen spielen im Unterricht häusliche *Alltagssituationen* vor: beim Frühstück; Streit im Spiel am Nachmittag; Streit über die Höhe des Taschengeldes usw.
- ☐ Schüler der Sekundarstufe werden vom Lehrer aufgefordert, *soziale Konflikte* zunächst im Gruppenunterricht theoretisch aufzuarbeiten und dann im Plenum eine mögliche Konfliktlösung vorzuspielen.

□ Der Lehrer will *Rollenklischees* und *Vorurteile* zwischen der Jungen- und Mädchenrolle aufarbeiten und fordert die Schüler auf, einen Rollentausch vorzunehmen. Die Jungen sollen »typische« Mädchenbeschäftigungen ausführen und umgekehrt.

● Spieltechniken

Es gibt eine Reihe von Spieltechniken, durch deren professionellen Einsatz die genannten Ziele des Rollenspiels besser verfolgt werden können. Diese Techniken dienen der Vertiefung, Variation und Verfremdung der im Rollenspiel möglichen Schüler-Erfahrungen. Ich übernehme diese Techniken aus *Ingo Schellers* Buch »Erfahrungsbezogener Unterricht« (1981, S. 197–199):

- *Doppelrolle:* Ein Spieler spielt zwei Rollen. Neben seinem öffentlichen Auftritt *(öffentliches Ich)* gibt er auch zu erkennen, was er im Verborgenen wahrnimmt, fühlt, denkt *(verborgenes Ich).* Das kann er in Form des „Beiseite-Sprechens" oder im öffentlichen Selbstgespräch machen.
- *Beiseitereden:* Während der Interaktion im Spiel wird das Spiel unterbrochen: Ein Spieler spricht zur Seite das aus, was ihn innerlich bewegt: Ängste, Erwartungen, Wünsche. (Tillmann 1977, S. 30)
- *Selbstgespräch:* Ein Spieler versucht, im Selbstgespräch die Ereignisse und Absichten, eigene Möglichkeiten und Unfähigkeiten öffentlich zu klären. (Scherf 1973, S. 119)
- *Rollentausch:* Ein Spieler wechselt ständig die Rolle mit dem Mitspieler, der die Bezugspersonen spielt. Er spielt also sich selbst und den Gegenpart. Der Mitspieler wechselt zwar auch die Rolle, spricht aber nur die Sätze des Hauptspielers nach. Damit kann der Mitspieler in die Rolle der Bezugsperson eingeführt werden, gleichzeitig erlebt sich der Hauptspieler aus der Sicht des Gegenspielers. (Beispiel: ein Junge spielt die Rolle eines Mädchens und umgekehrt.) (Tillmann 1977, S. 29 f.)
- *Rollenübernahme:* Ein Beobachter versucht, die Rolle eines Spielers so zu spielen, wie dieser sie entwickelt hat. Er gibt diesem damit die Möglichkeit, sein Verhalten und die Wirkung dieses Verhaltens auf die anderen zu beobachten.
- *Rollenwechsel:* Die Rollen eines Spielers werden nacheinander von mehreren Teilnehmern gespielt. Dadurch können unterschiedliche Verhaltens- und Reaktionsweisen, bezogen auf die gleiche Situation, sichtbar gemacht werden. Der Rollenwechsel kann auch spontan vorgenommen werden: Wer den Wunsch hat, die Rolle eines Mitspielers zu übernehmen, legt ihm die Hand auf die Schulter.
- *Einführung neuer Rollen:* Zur Rekonstruktion der Vorgeschichte von Erlebnissituationen, aber auch zur Erprobung unterschiedlicher Verhaltensweisen können neue Personen ins Spiel eingeführt werden.
- *Autodrama:* Ein Spieler übernimmt selbst alle Rollen und Personen, die in der Situation auftreten.

- *„Hilfs-Ich":* Der Spielleiter oder ein Gruppenmitglied sitzt als Hilfs-Ich hinter einem Spieler und spricht alles aus, was dieser nur denkt. „Er sagt dem Spieler, was dieser empfindet und nicht sagt (Eindoppeln) oder spricht es an seiner Stelle aus (Ausdoppeln)". (Schützenberger 1976, S. 49)
- Das Hilfs-Ich kann auch durch momentane oder permanente Rollenunterstützung die unterdrückten Anteile des Hauptspielers stärken: diese Rollenunterstützung geschieht am besten durch Einflüsterung. Schließlich kann das Hilfs-Ich die tatsächlichen Gefühle des Spielers nicht nur verbal ausdrücken, sondern es kann sich auch handelnd in das Geschehen einbringen. (Binger 1977, S. 10 f.)
- *Fragen stellen:* Der Spielleiter hilft durch Fragen, verschüttete Erlebnisse und Erfahrungen zu rekonstruieren. Er versucht, Unsicherheiten, Ratlosigkeit und Rationalisierungen durch Insistieren auf möglichst genauer Darstellung der Erlebnissituation aufzulösen. (Scherf 1973, S. 117)
- *Rollenverfremdung:* Der Spielleiter (oder ein Gruppenmitglied) reagiert auf das Spiel eines Spielers, als würde es ihn in Wirklichkeit treffen. Dadurch wird der Spieler gezwungen, über seine ‚Rolle' nachzudenken, sie zu zeigen und zu verfremden.

Darüber hinaus gibt es verschiedene Möglichkeiten für die Beobachter, direkt oder mittelbar *ins Spiel einzugreifen* durch

- *Unterbrechung* (oder Abbruch) des Spiels, weil ihnen etwas nicht klar ist, wenn die Konzentration nachläßt, wenn ein Konflikt sich festgelaufen hat usw. Der Abbruch kann etwa durch ein Handzeichen oder durch ‚Stop'-Rufe signalisiert werden. (Scherf 1973, S. 117)
- *‚Zeiger':* Die Beobachter können durch ein Signal (in die Hände klatschen, ‚Stop'-Ruf) den Spielfluß unterbrechen, wenn sie etwas zeigen wollen (z. B. eine neue Person erscheint auf der Bühne, eine bestimmte Haltung oder Geste). Die Spieler versteinern in ihrer Pose. (ebenda, S. 123)
- *Echo:* Ein Beobachter unterbricht das Spiel und wiederholt allein oder zusammen mit anderen einen Satz, den er wichtig findet. Dann geht das Spiel weiter. (ebenda, S. 125)
- *Identifizierung:* Die Mitglieder der Beobachtergruppe werden aufgefordert, sich innerlich zu Mitspielern zu machen, indem sie sich mit einem Spieler identifizieren und in der Reflexionsphase ihre Reaktionsweisen veröffentlichen. (Tillmann 1977, S. 31)
- *Personenbeobachtung:* Jeder Spieler wird von einem Zuschauer genau beobachtet.
- *Hinter dem Rücken:* Der Hauptspieler verläßt symbolisch den Raum, indem er der Gruppe den Rücken zuwendet. Die anderen schätzen sein Verhalten ein.

● **Schwierigkeiten und Fehlformen**

Grundschulkinder sind zumeist ohne alle Schwierigkeiten für lustbetonte Rollenspiele zu gewinnen; die freien Spielformen des Puppenspiels, des Spielens im Kaufmannsladen, der Doktorspiele usw. sind im Grunde nichts anderes als Vorformen des Rollenspiels! Mit Beginn der Pubertät wird dies anders. Gerade weil die Schüler sich selbst und ihren Körper betrachten, weil sie mit sich selbst unzufrieden sein können, auf jeden Fall jedoch unsicher geworden sind, ob sie auf andere so wirken, wie sie gerne wirken möchten, entstehen Widerstände gegen das Rollenspielen, die der Lehrer auf keinen Fall mit Gewalt brechen darf!

Rollenspielen verlangt von allen Beteiligten *Feingefühl.* Nicht jeder Schüler (und ebensowenig jeder Lehrer!) ist bereit, sich vor den anderen zu »produzieren«. Der eine reagiert seine Scheu durch Verweigerungen ab, der andere dadurch, daß er die zugewiesene Rolle nicht ernsthaft übernimmt, sondern sie überzogen darstellt, sie parodiert und karikiert. Dieser Gefahr ist zum einen dadurch zu begegnen, daß regelmäßig gespielt wird, so daß das Sich-Produzieren-Müssen zur Normalität werden kann, zum zweiten dadurch, daß sachbezogene Kriterien für die Durchführung und Auswertung der Spielrunden entwickelt werden.

Ist das Spiel in Gang gekommen, könnten folgende Schwierigkeiten auftreten:

- ☐ *Das Spiel könnte zu lange dauern.* (Es kann abgebrochen werden, sobald genügend Diskussionsstoff vorhanden ist, sobald die zum Nachspiel vorgeschlagenen Verhaltensweisen ausreichend klar gemacht worden sind oder sobald eine Fähigkeit/Kompetenz ausreichend eingeübt worden ist.)
- ☐ *Der Ablauf kann ins Stocken geraten,* z. B. wenn die Rollenspieler nur noch mit Hilfe von außen weiterkommen (dann eventuell auch den Spieler auswechseln?!).
- ☐ *Die Gefahr der »nur verbalen Schein-Lösung« eines Problems ist gegeben:* Es wird geredet, aber nicht entschieden und gehandelt; das Gesagte wird nicht in ein Bild bzw. Spiel übersetzt.

Häufig ist während des Rollenspiels zu beobachten, daß die Spieler die ihnen zugewiesenen Rollen *überzeichnen* und *parodieren.* Dabei ist zu bedenken, daß gerade Hauptschüler das Parodieren und Karikieren einer Rolle als »ihre« Form der Kritik wahrnehmen und nutzen. Es fällt ihnen leichter, eine Norm im überzeichnenden Spiel zu hinterfragen oder auch völlig abzulehnen als diese Kritik zu verbalisieren.

2.4 Planspiel

Das Planspiel ist – historisch betrachtet – aus militärischen Sandkastenspielen entwickelt worden. Weil es für die Herren Generäle zu teuer wurde, militärische Experimente mit lebenden Soldaten anzuzetteln (sprich: Kriegsscharmützel zu starten), spielte man im Sandkasten Entscheidungsschlachten und ganze Kriege durch. Diese Spielidee wurde dann auf ökonomische und administrative Bereiche übertragen. Investitionsentscheidungen, Katastrophenübungen zum Super-Gau, polizeilicher Umgang mit Bürgerinitiativen usw. werden bis heute immer wieder in Planspielen erprobt, um Erkenntnisse über schwache Stellen in der Verwaltung zu erhalten, um Personal zu schulen usw. Erst recht spät (in den 60er Jahren!) wurde die Planspiel-Technik für die Schulen entdeckt, und zwar zuerst in sozialkundlichen Fächern (Politik, Arbeitslehre, Wirtschaftswissenschaften, usw.).

Es ist schwierig, die Unterschiede zwischen den im letzten Abschnitt vorgestellten Rollenspielen und Planspielen theoretisch befriedigend zu bestimmen. Denn auch in Planspielen müssen von den Spielern bestimmte Rollen übernommen und dann aktiv in Auseinandersetzung mit den Mitspielern ausgefüllt werden. Planspiele sind zumeist jedoch komplexer (sie können tage- und wochenlang dauern!), sie sind zumeist stärker verregelt, und der Umfang der in das Spiel eingeführten Medien und Materialien sowie der künstlich produzierten Entscheidungszwänge ist größer. Kurz formuliert: *Planspiele sind komplex gemachte Rollenspiele mit klaren Interessengegensätzen und hohem Entscheidungsdruck:*

- ☐ Ein Planspiel setzt also voraus, daß ein halbwegs genau definierter *Konflikt* vorliegt: Soll an der Küste oder im Ruhrgebiet investiert werden? Soll eine Badeanstalt oder ein neues Rathaus gebaut werden? Soll ein Schüler von der Schule verwiesen werden oder nicht?
- ☐ Im Planspiel wird aber *nicht die ganze Wirklichkeit* und soziale Komplexität solcher Konflikte erfaßt, sondern immer nur ein bestimmter Ausschnitt dieser Wirklichkeit. Es handelt sich also um die Simulation (= Nachbildung) eines Teilausschnitts der Wirklichkeit; kurz formuliert: Der Konflikt wird *im Modell* abgebildet. Und die Erfinder des Planspiels haben deshalb das Recht, bestimmte Rollenvorgaben zu machen, Entscheidungsaufträge zu formulieren usw.! (Vgl. die unten definierten Rechte des ›Spielleiters‹.)
- ☐ Im Planspiel geht es um die *gruppenweise* Konfliktaustragung! Und dies ist ein deutlicher Unterschied zum Rollenspiel. Mehrere Gruppen mit unterschiedlich definierten Interessen stoßen aufeinander; die Gruppen benötigen Zeit, um eine interne Meinungsbildung betreiben zu können und eine Strategie des Verhaltens im Konflikt untereinander abzusprechen. (Gerade darin liegt für viele Verfechter des Planspiels dessen ›bildender Gehalt‹: Wenn's gut geht, haben die Mitspieler gelernt, aufeinander zu hören, kollektiv und solidarisch zu agieren, sich als kompromißfähig zu erweisen usw.)
- ☐ Im Planspiel soll es tatsächlich zu einer *Entscheidung* kommen: Der Konflikt soll nicht vertagt werden, nicht weiterschwelen, sondern – so oder so – gelöst werden!

Holger Reinisch (1980, S. 13/14) liefert in seiner gründlichen theoretischen Aufarbeitung des Planspiels folgende *Definition,* die sich aus drei Strukturmerkmalen zusammensetzt:

1. Ein Planspiel ist ein *Unterrichtsmedium,* d. h. es ist ein Mittel, mit dessen Hilfe gelernt werden kann. Dabei ist das Besondere dieses Mediums, daß im Planspiel ein Handlungsraum für die Akteure aufgespannt wird, so daß *Lernen durch Aktion* möglich wird.[3]
2. Planspiele sind *Rekonstruktionen* von Realsituationen oder *Antizipationen* künftig möglicher Realsituationen, in denen verschiedene *Gruppen* bei einem zu lösenden Konflikt ihre Interessen durchsetzen wollen.
3. Planspiele sind *Spiele* zwischen Gruppen, die unterschiedliche Rollen wahrnehmen und Interessen vertreten sollen. Je nach Spielaufbau können die emotional-dramatischen, die rational-strategischen oder die auf die Entwicklung von Entscheidungsprioritäten bezogenen Komponenten eines Planspiels in den Vordergrund gerückt werden. Mit den im Spiel zu treffenden Entscheidungen sind keine praktischen Risiken verbunden – Spiele haben »Als-ob-Charakter«.

● Ablaufschema

Der in diesem Praxis-Teil schon mehrfach zugrunde gelegte methodische Grundrhythmus von Einleitung/Hauptteil/Schluß bietet sich auch hier in der Dreiteilung von Vorbereitung/Durchführung/Auswertung an:

1. VORBEREITUNG

(1) *Die Schüler werden auf die Spielsituation vorbereitet:* Der Spielanlaß (z. B. die handlungsbezogene Auswertung einer längeren Unterrichtseinheit) wird benannt; die Ziele des Spiels werden angesprochen; die Spielregeln werden in Erinnerung gerufen bzw. erstmalig erläutert; die Spielidee und das dazugehörige Szenario werden benannt.
(2) *Die im Planspiel vorgesehenen Rollen werden verteilt.* Dabei ist es wichtig, die Kriterien für die Rollenverteilung offenzulegen und den Schülern Gelegenheit zu geben, bei der Rollenvergabe mitzuwirken.
(3) *Die Spielfläche wird vorbereitet.*
(4) *Requisiten und Spielmaterialien sowie schriftliches Material zur Einfühlung in die übernommenen Rollen werden ausgegeben.*
(5) *Die Schüler erhalten eine längere Zeit zur Einarbeitung* in die zugewiesenen Rollen. Sie finden sich an zugewiesenen Orten auf der Spielfläche zusammen, um Gruppenstrategien abzusprechen.

3 Die von Reinisch gelieferte Begründung für den Mediencharakter des Planspiels ließe die Definition »Planspiel ist eine *Methode*« ebensogut zu!

(6) *Der Beobachtungsauftrag für die Beobachter wird formuliert.* Wenn die Spielgruppe insgesamt so klein ist, daß alle mitspielen können, kann der Beobachtungsauftrag auch an den Spielleiter, an Reporter, an Schlichter o. ä. vergeben werden.

2. DURCHFÜHRUNG

(7) Der Spielleiter ruft die Spielgruppen bzw. Einzelspieler zusammen und erläutert noch einmal die *Spielidee* und die *Spielregeln:*

- Die angenommene *Ausgangslage* ist für alle Teilnehmer ebenso bindend wie die Festlegung der Rollen. (Ein Arbeitgeber darf z. B. nicht während der Simulation eines Tarifkonflikts beschließen, seinen Betrieb aus humanitären Gründen in die Caritas umzuwandeln.)
- *Die Entscheidungen des Spielleiters sind bindend.* Er hat das Recht, Zusatzregeln einzuführen; er kann das Spiel für kurze Besprechungen unterbrechen; er entscheidet, wann das Spiel zu beenden ist.

(8) *Der Spielleiter eröffnet die erste Spielrunde* (z. B. eine Sitzung eines Gemeinderates, einer Tarifkommission; eine Bürgerversammlung, eine Sitzung der Schülermitverwaltung usw.). Die Gruppen bzw. Rollenträger versuchen, ihre eigenen Interessen durch mündliche Begründungen, durch Flugblätter, durch Demonstrationen, durch Zweckbündnisse mit anderen Gruppen usw. durchzusetzen.

(9) Der Spielleiter kann bei Bedarf die »öffentliche« Sitzung unterbrechen und den *Gruppen* Gelegenheit zu Strategiegesprächen oder internen Verhandlungen mit anderen Gruppen geben.

(10) *Der Spielleiter sorgt für die Konfliktlösung bzw. Entscheidung:* Er organisiert eine Abstimmung; er protokolliert einen von einzelnen Gruppen vorgetragenen Kompromiß usw.

3. AUSWERTUNG

(11) *Der Spielverlauf wird rekapituliert:* Aufgetretene Schwierigkeiten werden analysiert. Die beim Spiel gesammelten neuen Erfahrungen werden reflektiert.

(12) *Das Spielergebnis wird interpretiert:* Wie realistisch ist das erzielte Ergebnis? Kann es auf die gesellschaftliche Wirklichkeit übertragen werden? Welche Konsequenzen sind aufgrund des Spielergebnisses zu ziehen?

(13) *Vorzüge, Fehler und Schwächen des Planspiels werden besprochen:* Was konnte man lernen? Reichte die Vorbereitung? Reichten die Vorkenntnisse?

● Spielanlässe

Planspiele sind so komplex, und sie erfordern so viel Zeit, daß sie nicht en passant und ohne umfangreiche Vorbereitungen durchgeführt werden können. Deshalb ist die Entscheidung, in einer Klasse oder während einer Projektwoche oder auf einer Klassenfahrt ein Planspiel zu machen, nur dann sinnvoll, wenn eine gründliche curriculare Abstimmung über die Einbindung des Planspiels in den Lehrgang vorausgegangen ist:

- ☐ Planspiele sind *sehr gut geeignet,* um eine komplexe und handlungsbezogene *Auswertung* des vorher lehrgangsmäßig aufgearbeiteten Fachwissens vorzunehmen. (Vgl. das in der Zweiten Lektion des Theorie-Teils, S. I, 88 f., skizzierte Planspiel aus dem Geographieunterricht.)
- ☐ Hier und dort kann es sinnvoll sein, ein Planspiel *anstelle* einer lehrgangsmäßig organisierten Unterrichtseinheit durchzuführen. Dann ist es jedoch sinnvoll, während des Spiels lehrgangsmäßig organisierte Phasen der Wissensvermittlung (die auch in Form von Einzel- oder Gruppenarbeit organisiert sein können) einzuschieben.
- ☐ Nur selten wird es möglich sein, ein Planspiel als *Einstieg* in ein neues Wissens- und Lerngebiet durchzuführen.

● Ziele

- ☐ In Planspielen lernt der Spieler in und mit der Gruppe, der er zugeordnet ist, Strategien zu entwickeln, schnell zu reagieren, Gruppeninteressen zu verteidigen, sich sprachlich eindeutig zu artikulieren und solidarisch zu handeln.
- ☐ Er lernt aber auch, zu taktieren, sich zu verstellen, zu mauscheln und zu paktieren. (Gerade deshalb machen Planspiele vielen Schülern soviel Spaß!)
- ☐ Er lernt, die Zusammenhänge, Organisationsstrukturen und Verwaltungsapparate von Verbänden, Interessengruppen, Gewerkschaften, Behörden usw. kennen.
- ☐ Er kann, wenn das Planspiel gut gemacht wird, eventuell erfahren, daß und wo die zumeist anonym erscheinenden Verbände, Apparate und Behörden durchschaut und ansatzweise verändert werden könnten.

● Spielregeln

Die folgende Liste mit 10 Spielregeln stammt aus einem Planspiel über die Schließung eines Jugendzentrums, das wir uns im Rahmen einer Lehrveranstaltung der Universität ausgedacht und dann auch ausprobiert haben: Die Stadtverwaltung will ein Jugendzentrum schließen – die Jugendlichen beginnen, ihren Protest zu formieren:

1. Der *Spielleiter* ist allmächtig! Er eröffnet das Spiel und er beendet es.
2. Der Spielleiter hat das Recht, das Spiel zu *unterbrechen,* um Spielregeln in Erinnerung zu rufen oder neue Spielregeln zu erlassen.
3. Der Spielleiter kann einzelnen Gruppen *Entscheidungsfristen* setzen, aber nicht die Entscheidungen selbst treffen.
4. Der Spielleiter kann Spielsituationen für einige Minuten *»einfrieren«,* damit wichtige Prozesse an anderen Stellen der Spielfläche für Mitspieler und Beobachter überschaubar bleiben.
5. Die Spielleitung ist für die *Dokumentation des Spielablaufs* zuständig und kann verlangen, daß wichtige Entscheidungen einzelner Gruppen der Spielleitung schriftlich mitgeteilt werden.
6. Die *Reporter* haben das Recht, Informationen einzelner Gruppen einzuholen und an andere weiterzugeben.
7. Die Reporter können *nicht gezwungen* werden, ihre Informationen an andere Gruppen weiterzugeben.

8. Jede Gruppe kann *Presseerklärungen,* Flugblätter usw. verfassen und veröffentlichen.
9. Die *Mitspieler* müssen ihre zugewiesenen Rollen aktiv ausfüllen; sie dürfen die Rollen nicht grundsätzlich ändern!
10. Die *Ausgangslage* des Planspiels ist bindend und kann nicht mehr verändert werden.
11. Zu Beginn wird in allen Gruppen die Ausgangssituation im Gespräch analysiert, die eigenen *Interessen* und Ziele formuliert und eine *Verhaltensstrategie* abgesprochen.

Spielregeln für Planspiele können nicht ein für allemal festgelegt werden. Sie müssen für jedes Planspiel variiert werden.

● Vorüberlegungen zur Auswertung

Nicht in jedem Fall muß die Auswertung eines Planspiels eine formell ausgegliederte Phase am Schluß darstellen. Das Spielen macht den Schülern zumeist so viel Spaß, daß die Gefahr gegeben ist, in der Auswertungsphase wieder alles zu zerreden. Eine *informelle Auswertung,* nämlich eine Reflexion aller über Höhe- und Tiefpunkte, Witz und Ergebnisse des Spiels, wird es aber immer geben.

Bei einer *formellen Auswertungsphase* könnten folgende Fragen erörtert werden:

- ☐ kurze Rekapitulation des Spielverlaufs;
- ☐ Beurteilung der erzielten vorläufigen Entscheidungs-/Verhandlungsergebnisse oder aber der eingetretenen Konfliktverhärtung;
- ☐ Beschreibung der Erfahrungen, die Spieler und Beobachter während des Spieles gemacht haben;
- ☐ Beurteilung des Realitätsgehalts des Simulationsspiels;
- ☐ Welche Vorzüge, Fehler, Schwächen hatte das Planspiel?
- ☐ Soll in absehbarer Zeit ein weiteres Planspiel durchgeführt werden? Wenn ja – wie können die Schüler an der Vorbereitung beteiligt werden?

Literaturhinweise

- ☐ Dorothea Freudenreich: Das Planspiel in der sozialen und pädagogischen Praxis, München 1979 (Kösel). Dieses Buch ist für einen ersten Einblick in Theorie und Praxis gut geeignet.
- ☐ Holger Reinisch: Planspiel und wissenschaftspropädeutische Praxis, Hochschuldidaktische Forschungsberichte des AHD, Bd. 14, Hamburg 1980 (insbesondere für Planspiele in der Sekundarstufe II geeignet)
- ☐ Jürgen Lehmann (Hrsg.): Simulations- und Planspiele in der Schule. Bad Heilbrunn/Obb. 1977 (Klinkhardt); enthält mehrere Spiel-Beschreibungen!
- ☐ Wilfried Buddensiek: Pädagogische Simulationsspiele im sozio-ökonomischen Unterricht der Sekundarstufe I. Bad Heilbrunn/Obb. 1979 (Klinkhardt)
- ☐ Jörg Ruhloff: Ein Schulkonflikt wird durchgespielt. Heidelberg 1970 (Quelle & Meyer; besonders zu empfehlen!)
- ☐ Bundesjugendwerk der Arbeiterwohlfahrt (Hrsg.): Praxismappe: Spiele für Kinder, Jugendliche und Erwachsene. Bonn 1982. (Praxisnahe Anleitung für *alle* Spielformen!)

VIERZEHNTE LEKTION

IM UNTERRICHT

Inhalt + Ziel

Die Wichtigkeit der Körpersprache im Unterricht ist unbestritten und in diesem Buch schon mehrfach erörtert worden. In dieser Lektion sollen Kategorien und Raster zur Beschreibung und Deutung der Körpersprache vor Augen geführt werden.

Die Zeichnungen stammen von Karsten Friedrichs. Der Text stützt sich im wesentlichen auf die Veröffentlichungen von Heinz Rosenbusch, der auch Korrektur gelesen hat (vgl. Rosenbusch 1985; 1986b; Diegritz/Rosenbusch 1977; Rosenbusch/Schober 1986).

Im *Anhang* wird die Thematik dieser Lektion zu einem *Exkurs* über die Austreibung der Sinnlichkeit ausgeweitet. Dieser Exkurs soll zugleich die Überleitung zu dem dann folgenden Plädoyer für eine handlungsorientierte Unterrichtsgestaltung darstellen.

1.

Der Lehrer produziert mit seinem Körper eine Sprache, die die Schüler verstehen lernen müssen, um erfolgreich durch die Schule zu kommen. Wie wichtig diese Körpersprache ist, können Sie in folgendem kleinen *Experiment* erfahren, das ich Sie vor oder während der Lektüre dieser Lektion durchzuführen bitte.

1. Sie benötigen für dieses Experiment *mindestens zwei weitere* Partner, am besten jedoch eine größere Gruppe:
   - ☐ Sie können damit eine *Seminarsitzung* über Körpersprache eröffnen!
   - ☐ Es macht auch Spaß, dieses Experiment mit einer *Schulklasse* durchzuführen!
2. Setzen Sie sich bitte so hin, daß Sie Ihre Partner nicht sehen können – also Rücken gegen Rücken, mit dem Blick zur Wand:

3. Beginnen Sie nun ein *Gespräch* über ein beliebiges Thema, z. B.: »Warum ist der Frontalunterricht so schön?« Oder: »Welche Funktionen hat die Körpersprache?«
4. Achten Sie auf die *Veränderungen in der Kommunikationsstruktur!* Was ist anders als »normal«?

In diesem Experiment ist einer der »Kommunikationskanäle« ausgefallen. *Sie können nicht sehen, was die anderen sagen.* Und dies führt, auch wenn es auf den ersten Blick widersinnig zu sein scheint, zu spürbaren Hörstörungen und Unterbrechungen. Brillenträger, die ihre Brille verlegt haben, erleben Ähnliches: Sie fühlen sich ausgesprochen unsicher, weil sie nicht sehen können, wie die Kommunikationspartner reagieren.

Auch jene Elemente der Körpersprache, auf die ein Lehrer bzw. eine Lehrerin keinen Einfluß nehmen kann, weil sie genetisch festgelegt sind oder weil sie in einem langen, nicht mehr rückgängig zu machenden Prozeß der Körpersozialisation angeeignet worden sind (z. B. der Gesichtsausdruck), beeinflussen die Kommunikation zwischen Lehrern und Schülern nachhaltig und werden dadurch zu einem Bestandteil unterrichtlicher Methodenkultur:

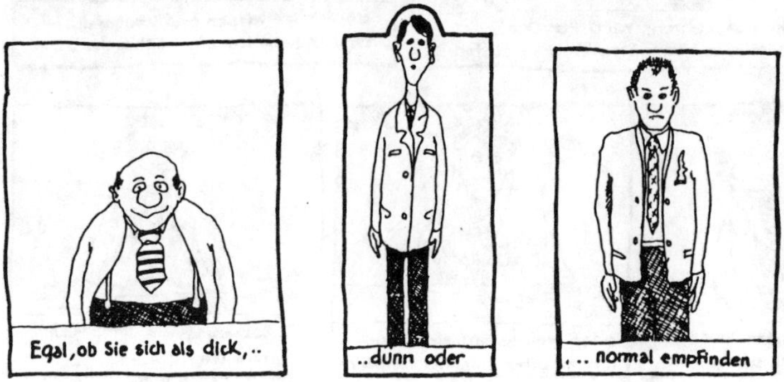

..ob Sie kurze oder lange Haare
... Fellweste oder Handgewebtes tragen
.. ob Sie sich schön ,
... häßlich
Mein Gott!
..oder ganz normal finden
Die Körpersprache von Lehrern wird von den Schülern meist eindeutig und unmißverständlich entziffert
Die Schüler wissen auch , mit welchen Vorwarngebärden ein bestimmter Lehrer..
Brüll
.. einen inszenierten Wut-anfall einzuleiten pflegt
.oder welche Signale einer verkrampften Unterrichtssituation
.. Lockerung und Entspannung einzuläuten pflegen.

3

Die Körpersprache ist eine wichtige Ergänzung und Unterstützung der Verbalsprache. Sie wirkt unabhängig davon, ob sich der Lehrer ihrer Funktionen bewußt ist oder nicht:

und zur Steuerung des Unterrichts-prozesses, z.B.
... Antreiben
... Abbremsen
... Bitte um Präzisierung
... Hinweis auf die eine ...
... oder die andere Alternative
... flehendes Betteln
... entzückendes Lob
.. oder Langeweile,

4.

Es empfiehlt sich, bei unterrichtlicher Kommunikation drei Aspekte zu unterscheiden: den *Inhalts-*, den *Beziehungs-* und den *Prozeßaspekt.* Diese drei Aspekte lassen sich sowohl in der Verbal- als auch in der Körpersprache nachweisen, wenn auch mit jeweils unterschiedlichem Gewicht. Diese These der »Allgegenwärtigkeit« der Körpersprache soll durch die Analyse der folgenden Unterrichtsszene verdeutlicht werden. Stellen Sie sich vor, daß Sie kurz nach dem Klingelzeichen in einen Klassenraum kommen. Sie gehen nach vorn zum Pult, legen Ihre Tasche ab, stellen sich vor die Schüler und sagen: »Können wir endlich mit Mathe anfangen?!« In dieser kurzen Szene sind alle drei genannten Aspekte enthalten:

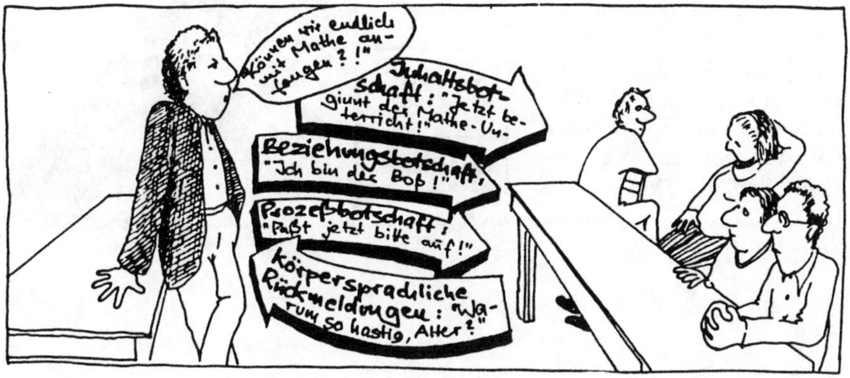

- ☐ Der Lehrer nutzt seine Körpersprache und seine Paralinguistik (s. S. 379), um seiner inhaltlichen (= syntaktischen) Aussage Nachdruck zu geben. Die Körpersprache *unterstützt* die inhaltliche Aussage. Für sich allein genommen, wäre die Frage »Können wir endlich mit Mathe anfangen?!« nämlich in hohem Maße mißverständlich. Der Satz ist zwar in Frageform gekleidet, stellt aber in Wirklichkeit einen Befehl dar. Daß dem so ist, macht der Lehrer durch seine Haltung, durch die Herstellung von Blickkontakten und durch den Tonfall, in dem er spricht, deutlich.
- ☐ Der Lehrer nutzt seine Körpersprache, um seine *Beziehung* zu den Schülern zu *regeln.* Die Beziehungsbotschaft lautet ungefähr: »Hallo, *ich* bin hier der Boß!«
  Auf diese Beziehungsbotschaft reagieren die Schüler sozusagen postwendend mit einer Beziehungs-Antwort. Sie signalisieren durch die gezeigte Körpersprache etwa: »O. K. Aber warum so hastig?« oder »Ruhig, Alter! Ich komm ja schon!« oder »Ein Glück, daß es endlich losgeht!«
- ☐ Der Lehrer nutzt seine Körpersprache, um den Unterrichtsprozeß zu steuern. Im Beispielsatz ist diese Steuerungsfunktion nicht sehr deutlich, weil ja die Verbalsprache bereits eine Regieanweisung enthält. In anderen Situationen kann der Lehrer die objektbezogenen Sachaussagen nonverbal einbetten. In der folgenden Zeichnung signalisiert er z. B. mit seinen Fingerspitzen: »So, nun paßt mal ganz gut auf! Es

kommt jetzt eine wichtige und schwierige Stelle im Text!« Vielleicht will er auch sagen: »Silke, du meinst das Richtige – aber bitte noch etwas präziser!«
In gut eingespielten Klassen kann die Prozeßsteuerung nahezu vollständig nonverbal erfolgen. Der Lehrer braucht z. B. den Satz »Können wir anfangen?« gar nicht mehr auszusprechen. – Es reicht, wenn er sich in gespannter Körperhaltung vor die Klasse stellt.

Sowohl die Verbal- als auch die Körpersprache kann also Inhalts-, Beziehungs- und Prozeßbotschaften übermitteln, die Gewichte sind aber, wie die nebenstehende Skizze deutlich machen soll, ungleich verteilt: Inhaltsbotschaften werden im alltäglichen Unterricht überwiegend über die Verbalsprache, Beziehungsbotschaften überwiegend über die Körpersprache, Prozeßbotschaften sowohl über die Verbal- als auch über die Körpersprache vermittelt.

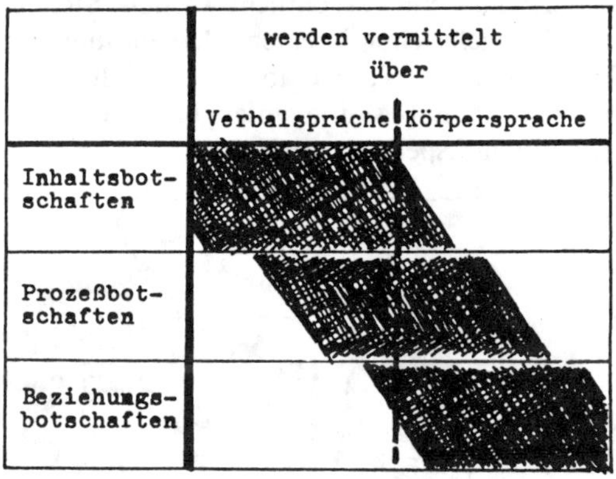

5

Die für die Unterrichtskommunikation kaum zu unterschätzende Bedeutung der Körpersprache erklärt sich vor allem dadurch, daß Verbal- und Körpersprache parallel gesendet werden, also *zeitgleich* beim Empfänger ankommen. Die Bedeutung wird zusätzlich dadurch erhöht, daß die Körpersprache über verschiedene Kanäle gesendet werden kann. Ich möchte dies am schon genannten Satz »Können wir endlich mit Mathe anfangen!« verdeutlichen. Dieser Satz ist rein verbalsprachlich nämlich gar nicht zu verstehen. Seine situative Bedeutung erhält er erst dadurch, daß der Lehrer sozusagen alle ihm verfügbaren Register der Körpersprache zieht:

- ☐ Der Lehrer nimmt eine bestimmte *Körperhaltung* ein, die Anspannung, Ruhe und Disziplin signalisiert. (In der Zeichnung aus Abschnitt 4 kommt dies nur schlecht zum Ausdruck. Der Lehrer steht dort eher so, als ob er das erste Mal in seinem Leben in einer Disco ist.)
- ☐ Er stellt sich an einen bestimmten Ort im Klassenzimmer – zumeist vor oder neben

das Lehrerpult. Die meisten Lehrer wählen den Standort also so, daß sie alle Schüler sehen und von allen gesehen werden können. Dieses Verhalten im Raum wird mit einem Fachausdruck *Proxemik* genannt.

- ☐ Der Lehrer steht zu Beginn einer neuen Unterrichtsstunde zumeist isoliert von seinen Schülern – er hat keinen *Körperkontakt*. In späteren Phasen der Stunde kann dies – je nach Alterstufe der Schüler, Thema, Sozialform sowie Naturell des Lehrers – anders werden. Er berührt z. B. einen Schüler, um ihn zu disziplinieren oder um ihn zu beruhigen oder zu ermuntern.
- ☐ Der Lehrer bedient sich einer bestimmten *Gestik*. Vielleicht hält er die rechte Hand hoch, um seine Aufforderung zur Ruhe zu bekräftigen. Vielleicht stemmt er beide Hände in die Hüften.
- ☐ Der Lehrer nimmt *Blickkontakt* zu möglichst vielen Schülern auf. Dies kann mehrere Funktionen haben: Er orientiert die Schüler auf sich, er ermuntert sie oder er diszipliniert sie. Routinierte Lehrer können in wenigen Sekunden mit allen Schülern einer Klasse Blickkontakt hergestellt haben.
- ☐ Der Lehrer entwickelt in dieser Situation eine bestimmte *Mimik*. Er guckt in der Regel freundlich, aber bestimmt in die Klasse.
- ☐ Schließlich nutzt der Lehrer für jede sprachliche Botschaft die sogenannte *Paralinguistik*. Der Lehrer kann das Sprechtempo, die Stimmhöhe und die Lautstärke variieren; er kann Pausen einlegen; er kann lachen, sich räuspern usw. Paralinguistik ist eine *vokale* nonverbale Form der Kommunikation (vgl. Rosenbusch 1986b, S. 60 f.). Sie umfaßt im wesentlichen das, was umgangssprachlich als *Tonfall* oder *Tonlage* bezeichnet wird.

Die Körpersprache hat nicht nur den Vorzug, zeitgleich mit der Verbalsprache gesendet zu werden; sie hat den weiteren, unschätzbaren Vorteil, *zugleich zum Aussenden und zum Empfangen* von Botschaften geeignet zu sein: Wer Blickkontakt mit dem Kommunikationspartner hat, kann sehen, was dieser ausdrücken will, und zugleich rückmelden, daß er diese Botschaft verstanden hat. Das gleiche gilt z. B. dann, wenn sich zwei oder mehr Menschen berühren. Bei der verbalen Kommunikation kann demgegenüber immer nur einer (Lehrer oder Schüler) senden und der andere muß empfangen.[1] Nonverbale Kommunikation läßt demgegenüber »*Gegenverkehr*« zu und erleichtert dadurch die Kommunikation zwischen dem Lehrer und den Schülern und natürlich auch vom einen zum anderen Schüler. Die Körpersprache entlastet die Verbalsprache von den sonst notwendigen zeitaufwendigen verbalen Re-

1 Viele Schüler mißachten diesen Grundsatz zwar, sie brabbeln also munter durcheinander. Aber dies hat zwangsläufig zur Folge, daß die Aussagen des einzelnen Schülers kaum mehr zu verstehen sind.

gieanweisungen. In Schulklassen mit blinden Schülern kann nur durch direkten Körperkontakt körpersprachlich kommuniziert werden – das Unterrichten ist deshalb entsprechend kompliziert und nur in sehr kleinen Gruppen möglich. Weil im Experiment am Anfang dieser Lektion die Körpersprache künstlich ausgeschaltet wurde, hatten Sie höchstwahrscheinlich große Probleme beim Wechseln der »Fahrtrichtung« der Kommunikation: Sie sind sich einerseits häufiger als sonst ins Wort gefallen; Sie hatten andererseits größere Sprechpausen; Sie hatten Mühe, sich klar auf den bzw. die Gesprächspartner zu beziehen; die Folge dürfte gewesen sein, daß Sie »monologischer« als sonst üblich diskutiert haben.

Woher kommt die Körpersprache? Ein Grundbestand körpersprachlicher Gesten und Gebärden ist angeboren und auch schon bei Tieren zu finden (vgl. Argyle 1979). Das Anspannen bestimmter Gesichtsmuskeln beim Lachen zählt zu diesen Gebärden; ebenso das Zähneknirschen und -fletschen bei Drohgebärden oder das Aufreißen der Augen in Angstsituationen. Wissenschaftler haben ungefähr 20 verschiedene Gesichtsmuskeln gezählt, mit deren Hilfe die Mimik verändert werden kann (Ellgring 1986, S. 23). Nur ein Teil dieser Muskeln kann bewußt kontrolliert werden – einige Menschen machen dies virtuos (wie Grock oder Chaplin), andere stümperhaft (wie das kleine Kind, das beim Naschen erwischt worden ist). Zu dem allen Menschen eigenen Grundbestand an Gesten und Gebärden treten weitere hinzu, die im Sozialisationsprozeß wie die Muttersprache erlernt werden: Begrüßungsbewegungen, das Umarmen, das Die-Hand-Geben; Zeichen und Gebärden, mit denen z. B. ein Autofahrer einem Radfahrer andeutet, daß er ihm die Vorfahrt läßt; das Jemandem-einen-Vogel-Zeigen oder das Spreizen zweier Finger als Zeichen für »V« gleich »Victory«.

Körpersprache erfolgt geschlechtsspezifisch. Dieser Umstand ist besonders gründlich erforscht und populärwissenschaftlich dargestellt (vgl. Morris 1983): Eine Frau sitzt und geht anders als ein Mann; ein Mädchen lächelt anders als ein Junge usw. *Körpersprache ist schichtspezifisch überformt:* Ein Arbeiter bewegt sich anders als ein Bischof. *Körpersprache ist aber auch berufsspezifisch:* Ein »Bänker« bewegt sich völlig anders als eine kleine Verkäuferin; ein Berufsschullehrer aus dem gewerblich-technischen Bereich anders als ein Altphilologe, und ein an das Dirigieren seines Chores oder Orchesters gewohnter Musiklehrer überträgt die Gesten des Dirigierens bis in die für ihn typischen Handbewegungen zur Disziplinierung einer Schulklasse.

Die Stabilität der von einzelnen Menschen entwickelten Körpersprache rührt daher, daß jeder Mensch eine individuelle *Körpergeschichte* hat, die die Eigenart der ihm möglichen körpersprachlichen Ausdrucksformen bestimmt (vgl. Nitschke 1962; Lorenzer 1970; zur Lippe 1978; Feldenkrais 1978; Scheller 1986a). Unser Körper speichert demnach von Geburt an die mit dem Körper gemachten sozialen Erfahrungen und entwickelt ein eigenes *Körpergedächtnis,* das das ganzheitliche Verhalten in Interaktionsprozessen entscheidend bestimmt:

- □ Das Körpergedächtnis kann ein vom Kopfgedächtnis abweichendes, unabhängiges Eigenleben entwickeln;
- □ es kann die frühen Mutter-Kind-Beziehungen ebenso speichern wie jede beliebige spätere Interaktionserfahrung;
- □ es kann über Raumähnlichkeiten, über Gerüche oder Gefühle aktiviert werden und dann das Kopfgedächtnis überlagern;
- □ es kann auch in Widerspruch zu den im Bewußtsein aktivierten Vorstellungsinhalten treten.

Körpersprachliche Botschaften können in Widerspruch zu den verbalen Botschaften treten, *ohne daß der Betreffende es merkt!* Auch dann, wenn jemand einen anderen täuschen will, können immer wieder körpersprachliche Signale »durchsickern«, die dem erfahrenen Beobachter die Täuschungsabsicht offenlegen.

Wie *eindeutig* ist die Körpersprache? Wie gut gelingt es Schülern, sie zu deuten? Welche Vorkenntnisse über die Person, die spricht, sowie über die Situation, in der sie spricht, sind erforderlich, um Mißdeutungen zu vermeiden? In den von Karsten Friedrichs angefertigten Zeichnungen dieses Methodenbuches sind die nonverbalen Botschaften in didaktischer Absicht überspitzt und zum Teil auch karikierend dargestellt worden. Dies erleichtert ihre Deutung:

Auf dem *Foto* im Kasten fehlt solche interpretierende Hilfestellung. Ich bitte sie, die körpersprachliche Botschaft dieses Fotos zu deuten.

Übungsaufgabe

Versuchen Sie bitte, die Körpersprache des Lehrers auf dem Foto zu entziffern.

☐ Die *Gestik* des Lehrers will sagen:

____

____

____

☐ Die *Mimik* bringt zum Ausdruck, daß:

____

____

____

☐ Die *Körperhaltung* signalisiert:

____

____

____

Foto: Manfred Vollmer, Essen

Die Körpersprache dieses Lehrers signalisiert meines Erachtens Ruhe, Konzentration und Nachdenklichkeit, wobei offen ist, ob der Lehrer selbst über eine schwierige Frage nachdenkt oder ob er die Schüler dazu ermuntern will. Dies ist aber *meine* subjektive Deutung! Einige Schüler einer 6. Klasse (Orientierungsstufe Niedersachsen) kamen zu ähnlichen, in einigen Akzenten aber auch deutlich abweichenden Kommentaren zu diesem Foto. Der Lehrer hatte vorher den Begriff »Geste« eingeführt:

- Die Geste des Lehrers hat irgendwie etwas Nachdenkliches an sich. Vermutlich hat ein Schüler gerade eine Frage gestellt, über die auch der Lehrer nachdenken muß.
- Dieser Lehrer macht eine ratlose Miene, es sieht aus, als ob er nachdenkt. Diese Geste machen viele Lehrer und auch die Schüler überlegen oft so.
- Der Lehrer macht eine typische Lehrergeste. Er hält den Zeigefinger vor den Mund und sieht sehr nachdenklich aus. Sein Gesichtsausdruck ist auch ein bißchen böse. Er hat einen Pulli mit Hemd unter an. Dieser Lehrer sieht sonst bestimmt sympathisch und freundlich aus. Ca. 35 Jahre.
- Ich finde, er sieht nachdenklich aus. Gerade so, als hätte er etwas erklärt und kommt nicht auf ein ganz bestimmtes Wort. Er hält den Zeigefinger an die Nase und schaut nach oben. Eben echt nachdenklich.

Der Lehrer schaut die Schüler nicht direkt an, sondern blickt nach oben. Solche Blickabwendung ist typisch für starke kognitive Belastungen (vgl. Ellgring 1986, S. 28). Ohne eine genauere Kenntnis der Lehrerpersönlichkeit und der konkreten Unterrichtssituation wird man aber nicht endgültig klären können, ob der Lehrer die *Pose* der Nachdenklichkeit inszeniert, um seine Schüler zur Konzentration anzuregen, oder ob er wirklich unschlüssig ist bzw. eine schwierige Frage im Moment nicht lösen kann.

Wir können also festhalten: Die *Körpersprache* von Lehrern und Schülern ist *an einen sozial-kommunikativen Kontext gebunden,* innerhalb dessen sie verhältnismäßig genau entschlüsselt werden kann. Sie bleibt aber – wie jede andere Sprache auch – an das Vorverständnis der Beteiligten gebunden, so daß unterschiedliche, vielleicht sogar widersprüchliche Interpretationen ein und derselben Botschaft denkbar sind. Auch Körpersprache wird hermeneutisch vermittelt (vgl. Anm. 6 von S. I, 130 f.).

9.

Es gibt inzwischen umfangreiche *empirische Forschungsergebnisse* zur Körpersprache im allgemeinen[2] und zur Funktion der Körpersprache im Unterricht im besonderen.[3] Weil man die Körpersprache wie jede andere Sprache erlernen muß, kann es Verzögerungen, Fehldeutungen und Mißverständnisse sowohl auf Sender- als auch auf Empfängerseite geben:

□ Es dauert verhältnismäßig lange, bis der Mensch gelernt hat, *sicher* verbal und nonverbal zu kommunizieren. Erst mit 25 bis 30 Jahren hat sich die nonverbale Dekodierungsfähigkeit voll ausgebildet (Hall u. a. 1978; vgl. Rosenbusch 1986b, S. 62). Deshalb ist es kein Wunder, daß viele Lehramtsstudenten noch mit ihrer Körpersprache zu kämpfen haben und auch die von den Schülern gesendeten körpersprachlichen Signale falsch deuten.

□ Es gibt viele Lehrer, die jedes körpersprachliche Signal ihrer Schüler zur Kenntnis nehmen und sensibel deuten. Es gibt andere, die es ihren Schülern schrecklich schwer machen, weil ihnen erst mit der Holzhammer-Methode (also z. B. durch einen Heulkrampf eines Schülers) beigebracht werden muß, was sie mal wieder übersehen oder falsch gemacht haben (Rosenbusch 1986b, S. 51).

□ *Lehrer sind keine Weltmeister* im Dekodieren der Körpersprache. In einer empirischen Untersuchung von Hall u. a. (zitiert nach Rosenbusch 1985, S. 52) ist folgende Rangliste über die Fähigkeit, Körpersprache gut lesen zu können, erstellt worden: 1. Schauspieler; 2. Wissenschaftler, die sich mit nonverbaler Kommunikation befassen (welch Wunder!); 3. Studenten der Bildenden Künste; 4. Mediziner und Collegestudenten; 5. *Lehrer* und 6. Geschäftsleute. Frauen waren in diesem Test in 80 % der Fälle besser als Männer und die Mädchen entsprechend besser als die Jungen! Nur beim Erkennen von Täuschungsversuchen waren die Männer besser als die Frauen.

□ Offensichtlich hängt die größere Sensibilität von Mädchen gegenüber der Körpersprache damit zusammen, daß sie von klein auf zu mehr Rücksichtnahme und Solidarität erzogen werden, während die Jungen stärker auf das Sich-Durchsetzen fixiert sind. Es leuchtet ein, daß der in einer sozialen Situation *Stärkere* jeweils weniger auf die Körpersprache zu achten braucht als der *Schwächere.*

□ Die *Tonlage* (Paralinguistik), in der ein Lehrer spricht, ist für Unterschichtkinder wichtiger als für Mittelschichtkinder (Blanck/Rosenthal 1982).

□ Durch die *körperliche Nähe* des Lehrers zu einzelnen Schülern signalisiert er nicht zwangsläufig Zuneigung. Von einer gewissen Nähe an (weniger als 50 Zentimeter) reagieren Menschen mit Erregung und mit der Erhöhung des Hautwiderstandes. Für Kinder ist es nicht immer eine Wohltat, wenn sich der Lehrer zu ihnen herabbeugt, sich neben sie setzt oder gar unsichtbar hinter ihnen steht. Andererseits fühlen sich Schüler während des Unterrichts mehr in den Unterrichtsprozeß einbezogen, wenn der Lehrer

2 Vgl. Watzlawick/Beavin/Jackson (1969); Argyle (1979); Scherer/Wallbott (1979); Scheflen (1976); Stangl (1977); Pazzini (1985); Henley (1988).

3 Vgl. die zu Beginn dieses Exkurses genannten Beiträge von Rosenbusch sowie Heinemann (1976); Reinert/Thiele (1977); Beck/Boehncke (1980, S. 215–339); Baurmann/Cherubim/Rehbock (1981); Heidemann (1983).

sich in ihrer Nähe befindet (und sich nicht hinter dem Lehrpult versteckt). Die Schüler verhalten sich dann eher unterrichtsorientiert, und sie beurteilen jene Lehrer, die die körperliche Nähe der Schüler suchen, insgesamt positiver. Auch nimmt die Lehrersprache bei größerer räumlicher Distanz zu den Schülern andere Formen an. Sie wird formeller und weniger vertraulich. (Vgl. Rosenbusch 1986b, S. 66 f.)

10

Es kann geschehen, daß die verbalen Botschaften eines Lehrers nicht zu seinen nonverbalen Botschaften passen, so daß sie sich gegenseitig dämpfen oder neutralisieren. Der Lehrer kann zum Beispiel einen Schüler rügen, aber durch seine Körpersprache signalisieren, daß er das Vertrauensverhältnis zu diesem Schüler aufrechterhält. Es kann aber auch sein, daß ein Lehrer verbale Botschaften sendet, die in klarem *Widerspruch* zu den nonverbalen Botschaften stehen. Dies ist eine sehr schlimme Angelegenheit, weil sie von den betreffenden Lehrern oft gar nicht bemerkt wird, aber dennoch zu schwerwiegenden Kommunikationsstörungen führen muß. Der Lehrer kann verbal Freundlichkeit oder Lob, nonverbal jedoch Aggressivität oder Ablehnung signalisieren. Er kann umgekehrt verbal kritisieren und nonverbal loben:

Wie gehen Schüler mit solchen widersprüchlichen Lehrerbotschaften um? Untersuchungen haben ergeben, daß Kinder in aller Regel »auf Nummer sicher« gehen und mit dem Schlimmeren rechnen:

- »Bei Kindern zeigte es sich, daß die Widersprüche meist so aufgelöst werden, daß das Schlimmste vermutet wird. Lehrerinnen, die lächelnd an einem Kind aus der Grundschule Kritik üben, mildern dadurch die Wirkung des verbalen Kontextes nicht ab – was bei Erwachsenen gelänge. Auch werden Ironie und Sarkasmus nicht immer als solche erkannt. Die Fähigkeiten, derart komplexe Mitteilungen zu entschlüsseln, entwickeln sich erst mit zunehmendem Alter der Schüler« (Rosenbusch 1985, S. 50).
- Es wird vermutet, daß Widersprüche zwischen Verbal- und Körpersprache unter Um-

ständen *pathogene Erkrankungen* (z. B. Schizophrenie) fördern können (Blanck/Rosenthal 1982, S. 203).

Weil der unterrichtende Lehrer mögliche Diskrepanzen zwischen seiner Verbal- und seiner Körpersprache bzw. zwischen den drei Aspekten der Körpersprache zumeist gar nicht registriert, ist eine gelegentliche Supervision jedes Lehrers geboten. Dies heißt nicht, daß solche gefährlichen Diskrepanzen allein durch ihr Bewußtmachen schon zu beheben wären.

11.

Ich fasse zusammen: Zwischen der Verbal- und der Körpersprache herrschen komplexe Wechselwirkungen. Die Körpersprache wird insbesondere zur Regelung der Beziehungsstrukturen und zur Prozeßsteuerung des Unterrichts eingesetzt, während die Verbalsprache primär der inhaltlichen Gestaltung des Unterrichtsprozesses dient, aber selbstverständlich auch prozeßbezogene und auf die Beziehungsstruktur gerichtete Botschaften enthalten kann. Die Körpersprache kann die inhaltlichen Aussagen des Lehrers unterstützen und sie bekräftigen, sie kann aber auch in Widerspruch zum Inhalt stehen und dadurch schwerwiegende Kommunikationsstörungen hervorrufen.

Körpersprache hat zwei konkurrierende, vielen Lehrern nicht immer voll bewußte *Funktionen* zu erfüllen:

- □ Die Körpersprache dient der *Kommunikationshygiene* des Unterrichts.[4]
- □ Körpersprache dient aber immer auch der *Aufrechterhaltung* des schulischen Gewaltverhältnisses, und zwar unabhängig davon, ob sich der Lehrer dessen bewußt ist oder nicht.

Die Körpersprache ist nicht nur eine wünschenswerte, zur Not aber entbehrliche Zutat zur Verbalsprache, sondern ihre umfassende leibliche Grundlage.

12.

Pädagogische Ratschläge: Was soll man als Lehrerstudent, Referendar oder Lehrer tun, um seine Körpersprache zu verbessern? Ein erster Schritt besteht darin, sich die eigenen körpersprachlichen Wirkungen bewußt zu machen,

4 Heinz Rosenbusch (1986, S. 52): »Kommunikationshygiene ist das Bemühen um Kommunikation ohne vermeidbare Unverständlichkeiten, Verzerrungen und Störungen.«

also einen Überblick über Stärken und Schwächen des körpersprachlichen Ausdrucksrepertoires zu erwerben. Diesen Überblick kann man nicht durch Bücherstudium erhalten, sondern nur dadurch, daß der eigene Unterricht von Kollegen oder Mentoren beobachtet, vielleicht auch auf Video aufgenommen und danach gründlich besprochen wird.

Wenn Sie das Thema Körpersprache im Seminar erarbeiten wollen, können Sie mit folgender kleinen *Übungsaufgabe* beginnen:

1. Bilden Sie bitte in Ihrem Seminar eine »Schüler-« und eine Beobachtergruppe. Die Schülergruppe setzt sich so in die Mitte des Raumes, als ob gleich darauf ein Klassenunterricht beginnt. Die Beobachtergruppe setzt sich im Kreis um die Schülergruppe herum.
2. Ein Seminarmitglied wird aufgefordert, einen Stundenbeginn in einem beliebigen Fach mit beliebigem Thema zu simulieren.
3. Die Beobachter protokollieren dabei die Körpersprache des »Lehrers« nach folgendem Raster:

	Lehrer kommt in das Klassenzimmer	Lehrer eröffnet das Gespräch
VERBALSPRACHE des Lehrers	"Hallo!"	"So, können wir jetzt anfangen?"
INTONATION + MODULATION	freundlich, leicht angespannt; Lehrer räuspert sich	Zittern in der Stimme!
MIMIK	schwer zu beschreiben: freundlich, aber 'n bißchen verkrampft	......
BLICKKONTAKTE mit den Schülern	L. wird von der Mädchengruppe vorn rechts angestrahlt	....
GESTIK	......	L. fuchtelt mit der linken Hand
PROXEMIK	geht zum Pult	

In einem zweiten Analyseschritt kann dann darüber diskutiert werden, ob die vom »Lehrer« gesendeten *Inhalts-*, *Prozeß-* und *Beziehungsbotschaften* stimmig zueinander waren oder nicht. Das von Heinz Rosenbusch (1985, S. 44) entwickelte, von mir leicht überarbeitete Raster kann eine Orientierungshilfe für solche Analysen liefern:

	**verbale Kommunikation**: wörtliche Rede; Paralinguistik (Intonation, Modulation)	**nonverbale Kommunikation**: Mimik; Blickkontakt; Gestik; Körperkontakt; Proxemik
Inhaltsaspekt	- Vermittlung von Informationen, Fragen, usw. - Auseinandersetzungen und Verständigung über Regeln, Begriffe, Handlungsabsichten, Sachverhalte ("Der Aorist bezeichnet im Griechischen ...")	- Unterstützung der wörtlichen Rede durch Gestik und Mimik (z.B. eine Handbewegung, mit der die Größe eines Gegenstandes angedeutet wird) - eventuell: widersprüchliche Körperbotschaften
Beziehungsaspekt	- bewußter Ausdruck der Beziehungen (z.B.: "Ich mag Dich!" - unbewußter Ausdruck (z.B. Freudsche Fehlleistungen; ungewollte Bevorzugungen oder Benachteiligungen einzelner Schüler) - Tonfall (warm, herzlich, oder distanziert, eisig)	- Ausdruck von Sympathien und Antipathien durch Gestik und Mimik (Lächeln), durch Körperzu- oder Abwendung - Ausdruck von Gefühlen (z.B. Lachen, Weinen, Trauer, Wut) - Aufrechterhaltung der Sozialbindungen (z.B. ein liebevoll-mütterliches Verhältnis durch Körperkontakte während des Unterrichts)
Prozeßaspekt 	- verbale Regieanweisungen ("Haltet jetzt endlich den Mund!") - verbale Interventionen ("Ich hab' das nicht verstanden!") - Steuerung des Unterrichtstempos durch die Intonation und das Sprechtempo	- Signale der Aufmerksamkeit (z.B. Kopf-Heben), des Verstehens (Nicken, Blickkontakt) und des Bewertens (z.B. Lächeln, Abscheugestik) - mimische oder gestische Ermahnungen (z.B. drohender Zeigefinger) und Lob; Drannehmen, Melden

13

Die *bewußte Gestaltung* der Körpersprache des Lehrers ist natürlich schwieriger als ihre Analyse – einmal deshalb, weil sich jeder Mensch nur eines Teiles seiner körpersprachlichen Wirkungen voll bewußt ist, zum anderen deshalb, weil beim Versuch einer bewußten Regulierung der Körpersprache mit dem »Tausendfüßler-Syndrom« gerechnet werden muß: Der Tausendfüßler, der vom Wissenschaftler aufgefordert worden war, doch einmal eines seiner 1000 Beine ganz bewußt zu setzen, verhedderte sich schon beim ersten Schritt ganz hoffnungslos. Gerade weil die Körpersprache erst dadurch ihren Witz und ihre Bedeutung erhält, daß sie *zeitgleich* mit der Verbalsprache entfaltet wird, ist es wenig sinnvoll, die Verbalsprache und die Körpersprache zu Übungszwecken auseinanderzudividieren. (Übungen vorm Spiegel bringen nicht viel – man kommt sich dabei bald recht albern vor!) Die Koordination von Körper- und Verbalsprache sollte deshalb in *ganzheitlichen*, der realen Unterrichtssituation möglichst nahekommenden Situationen geübt und eventuell durch Micro-Teaching mit Video-Aufnahmen unterstützt werden. Auch das szenische Spiel bietet sich als Lernform an (vgl. Nitsch/Scheller 1982). Als *Faustregel* sollte m. E. gelten, keine Angst vor körperlicher Nähe, vor Körperkontakten und vor expressiver Körpersprache zu haben:

- ☐ *Mehr Körperkontakt!* In der sterilen und weitgehend verkopften Schule von heute sollte – auch in höheren Klassen – ab und an ein liebevoller Knuff, ein In-den-Arm-Nehmen, ein Auf-den-Rücken-Klopfen gewagt werden, wenn dabei der pädagogische Takt gewahrt wird! Ich denke, daß Schülerinnen und Schüler sehr wohl zu unterscheiden wissen, was plumpe sexuelle Annäherung oder ungezügelte Aggression und was ein körperlich ausgedrücktes Einvernehmen ist. (Dazu merkt Werner Dietrich, Oldenburg, an: »Ich würde Körperkontakt nicht so unbekümmert empfehlen. Auch Lehrer sind Menschen und können im Schutz solcher Empfehlungen sublim sexuell agieren!«)
- ☐ *Mehr Körpersprache!* Wer keine differenzierte Körpersprache hat, *kann* kein guter Lehrer sein! Also sollte man vor allem als Berufsanfänger versuchen, sein körpersprachliches Repertoire bewußt zu entwickeln und auszuweiten. Probieren Sie, in einfachen, begrenzten Zeitabschnitten völlig auf die Verbalsprache zu verzichten und Ihre Lenkung des Unterrichtsverlaufs mit Hilfe der Mimik, der Gestik und eventuell der Wandtafel vorzunehmen!

Es hat allerdings wenig Sinn, die didaktisch-methodische Gestaltung des Unterrichts unverändert zu lassen und nur die Körpersprache anders zu gestalten. Gerade dann, wenn der in der nächsten Lektion skizzierte Handlungsorientierte Unterricht versucht wird, ergeben sich für den Lehrer sinnvolle Anlässe für eine Erweiterung des körpersprachlichen Repertoires!

Im folgenden Comic von Karsten Friedrichs ist diese Entwicklungsperspektive liebevoll-ironisch dargestellt.

Also ich habe langsam keine Lust mehr mit euch!
... wie geht der Lehrer jetzt mit der Situation um? Die erste Möglichkeit sieht so aus:
So! - Jetzt reichts! Strafarbeit! Zettel raus! Schreibt die ersten 30 Primzahlen auf!
Die zweite Möglichkeit sieht ganz anders aus:
Also irgendwas stimmt ja heute nicht!
Uns ist auch schon aufgefallen, daß Sie heute nicht in Form sind!
Was -- ihr meint, das liegt an mir?
Sie könnten Recht haben
Kommt, laßt uns mal darüber reden!
10 Minuten später..
KF 82

EXKURS über die Austreibung der Sinnlichkeit

Die Schule ist nicht erst heute, am Ende des 20. Jahrhunderts, zu einer weitgehend verkopften, die Stillstellung des Körpers und die Formierung der Sinne erzwingenden Institution geworden. Schule war schon immer verkopft. Dennoch ist nicht alles beim alten geblieben. Denn die *Art und Weise,* in der die seit jeher sehr hohe körperlich-geistige Disziplinierung im Klassenzimmer durchgesetzt wird, hat sich geändert: Es wird heutzutage in den Schulen weniger geprügelt, dafür um so häufiger ermahnt, erbeten und appelliert; es wird weniger geschimpft und mehr gelobt; weniger befohlen, mehr empfohlen; weniger dekretiert, mehr diskutiert. Diese Entwicklung ist grundsätzlich positiv zu bewerten. Es bleibt jedoch zu fragen, um welchen Preis dieses Kunststück fertiggebracht wird.

Norbert Elias hat in einer umfangreichen historischen Analyse (Elias 1979) den *Zivilisationsprozeß der Moderne* zu rekonstruieren und die Stoßrichtung dieses Prozesses zu bestimmen versucht: Zivilisation läuft darauf hinaus, daß die Zwänge, die ursprünglich durch direkte körperliche Gewaltanwendung des einen Gesellschaftsmitgliedes auf das bzw. die anderen ausgeübt worden sind (was mit einer heute kaum mehr vorstellbaren Grausamkeit und Härte geschah; vgl. Foucault 1976), zunehmend in Selbstzwänge umgeformt werden.

These 14.1: Äußerliche Gewaltanwendung wird im Zivilisationsprozeß der Moderne in wachsendem Umfang durch den immer früher einsetzenden Aufbau innerer Kontrollmechanismen ersetzt, die eine offene Gewaltanwendung anderer erübrigen.

Elias erläutert seine These an der Entwicklung der Eßkultur: z. B. an der Einführung von Messer und Gabel, die nicht so leicht wie der vorher benutzte Dolch zum Angriff auf den Tischgenossen mißbraucht werden können, an der Entwicklung des Schamgefühls, an der Verfeinerung der Umgangsformen und der »Verhöflichung« des brutalen Kriegers zum gepflegten Ritter und an vielem anderen mehr (Elias 1979, Bd. 2, S. 312–408).

Aus: Johannes Hickel: Sanfter Schrecken. © Quelle und Meyer Verlag, Heidelberg · Wiesbaden (1981)

Schulischer Unterricht, so kann gefolgert werden, ist *eine* der Instanzen der Gesellschaft, in denen die Verinnerlichung äußerer Zwänge in Selbstzwänge des Individuums vorangetrieben wird. Unterricht setzt voraus und arbeitet darauf hin, daß die Schüler lernen, ihre Triebe zu kontrollieren und eine geistige und sachbezogene statt einer emotionalen und tätlichen Auseinandersetzung mit den gestellten Themen und Aufgaben zu suchen. Diese Disziplinierung, Kultivierung und Theoretisierung der von »Natur« aus sinnlich-ganzheitlichen Betrachtungs- und Handlungsweisen der Kinder ist in diesem Buch als *»Verkopfung«* beschrieben worden (vgl. S. 65).

Horst Rumpf, Frankfurter Erziehungswissenschaftler, hat die Frage, wie diese Veränderungen historisch zu erklären und pädagogisch zu bewerten seien, in einer Reihe von Veröffentlichungen untersucht (Rumpf 1976; 1981; 1986a und b; vgl. auch Rauschenberger 1985). Er kommt zu dem Ergebnis, daß die ungewollten und unerwarteten, von vielen Eltern, Lehrern und Hochschullehrern nicht einmal bemerkten Nebenfolgen der »Zivilisierung« der Sinnlichkeit in den letzten Jahren und Jahrzehnten immer größer geworden sind und daß die Grenzen der Belastbarkeit der Kinder und Jugendlichen erreicht und in vielen Fällen schon überschritten sein dürften:

Horst Rumpf

- ☐ Die Schüler, so spitzt Rumpf seine Argumentation zu, bringen ihre Körper nur noch als *Prothese* für redende Münder, lesende Augen und schreibende Hände in den Unterricht ein (Rumpf 1981, S. 7).

- □ *Im Unterricht* wird die sogenannte wissenschaftliche, an Zweckrationalität und Leistungsdenken orientierte Denk- und Lebensweise eingeübt. Die Schüler lernen, analytisch-kritisch und distanziert mit jedem beliebigen Unterrichtsinhalt umzugehen.
- □ *Außerhalb des Unterrichts* brechen Subjektivität und Sinnlichkeit, Mythos und Wissenschaftsfeindlichkeit, Sektiererei und Traumtänzerei dann um so heftiger wieder hervor.

Rumpf versucht nachzuweisen, daß der schulische Unterricht nur deshalb immer noch weiterläuft, weil die Schüler von den außerschulischen Lernerfahrungen zehren können. Ohne das außerhalb der Schule stattfindende, sinnlich-handgreifliche und nicht so stark verregelte *»Eigenlernen«* der Schüler wäre der »normale«, verkopfte Unterricht schon längst zusammengebrochen.

Rumpfs Kritik liefert eine Hochrechnung möglicher und zum Teil bereits eingetretener Entwicklungen. Sie will die Grenzen methodischen Handelns verdeutlichen; sie will zeigen, daß immer raffiniertere Methodenarrangements, die als »Lernschnellwege« angeboten werden, in eine Sackgasse führen können, die den Selbstbehauptungswillen der Schüler und ihre Befähigung zur ganzheitlichen Welterfahrung verkrüppeln lassen. Da aber die außerschulischen Lebenswelten m. E. eher lernfeindlicher als lernfreundlicher werden, kann die Lösung der Probleme nicht in der Suche nach Nischen und Nebenwegen für Eigenlernen gesucht werden. Die Lösung kann nicht, wenn sie von Dauer sein soll, an den Lehrern und an den Institutionen vorbei organisiert werden. Sie muß vielmehr im *Zentrum* schulischer Arbeit gesucht werden – und dies heißt in unserem Zusammenhang: im *alltäglichen methodischen Handeln* von Lehrern und Schülern. Es muß versucht werden, in den Schulen unter alltäglichen Rahmenbedingungen etwas zu realisieren, was es in vergangenen Jahrhunderten so gut wie nie gegeben hat, was heute aber wichtiger als je zuvor geworden ist: eine sinnlich-ganzheitliche Methodenkultur, in der Kopf- und Handarbeit in ein ausgewogenes Verhältnis gebracht worden sind.

Dazu ist ein unterrichtliches *Gesamtkonzept* erforderlich, das Veränderungen in den Ziel-, Inhalts- und Organisationsstrukturen der Schule einschließt. Denn eine isolierte, von Reformmaßnahmen in anderen Bereichen der Schule abgeschottete Reform der Methodik ist gefährlich! Sie könnte auch zu einer immer subtileren Gängelung und Instrumentalisierung der Bedürfnisse, Interessen und Erfahrungen der Schüler mißbraucht werden.

15. LEKTION:

Plädoyer für eine HANDLUNGSorientierte UNTERRICHTS-GESTALTUNG

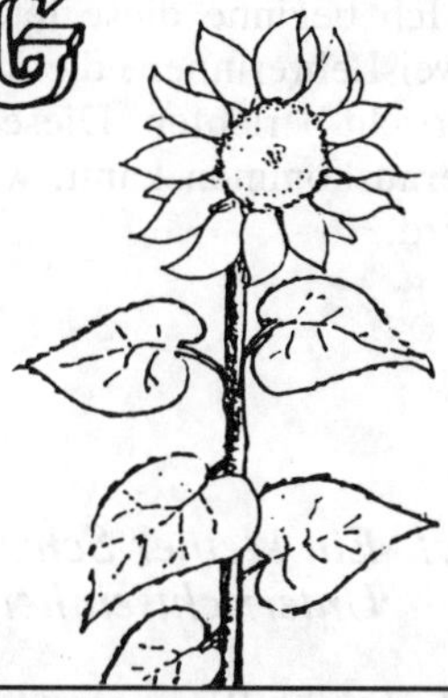

Inhalt + Ziel

Es muß versucht werden, die Arbeit in der Schule aus sich heraus für Lehrer und Schüler sinnvoll zu machen. Die in der SIEBTEN LEKTION geleistete Bestandsaufnahme hat gezeigt, in welcher Richtung nach Lösungen für diese schwierige Aufgabe zu suchen ist: Es muß versucht werden, Kopf- und Handarbeit in ein ausgewogeneres Verhältnis zu bringen und zugleich den Anteil der Selbsttätigkeit der Schüler zu erhöhen. In mehreren Lektionen dieses Bandes sind dazu bereits Anregungen formuliert worden. In dieser letzten Lektion soll ein didaktisches Konzept für ein solches Unterrichtsverständnis vorgestellt werden.

1. Zwei Beispiele vorweg

Die wenigsten Schüler haben starre unterrichtsmethodische Erwartungen. Sie sind mit vielem zufriedenzustellen, wenn's nur ordentlich gemacht wird: Sie erwarten, daß sich der Lehrer halbwegs vorbereitet, daß er pünktlich zu Stundenbeginn erscheint und auch pünktlich wieder geht, daß er gerecht zensiert und niemanden bevorzugt oder benachteiligt. Schüler erwarten vor allem Eindeutigkeit und Verbindlichkeit des methodischen Handelns – und dies ist weniger eine Sache des fachdidaktischen Konzepts als eine der Persönlichkeitsstruktur des Lehrers.

Über diese schlichten Schülererwartungen geht das nun folgende Konzept Handlungsorientierten Unterrichts hinaus: Schüler sind auch heute noch regelmäßig für ihre Lehrer und ihren Unterricht zu *begeistern,* wenn mehr und anderes getan wird, als die kostbare Zeit im gelenkten Unterrichtsgespräch zu vertun – wenn gespielt und experimentiert wird, wenn etwas hergestellt oder abgewrackt wird, wenn eine Geschichte erzählt und eine Fabel gespielt wird, wenn ein Automat erfunden oder eine Erfindung automatisiert wird, wenn auf Phasen der Anspannung und Anstrengung Phasen wirklicher Erholung, Ruhe und Meditation folgen.

Ich beginne diese letzte Lektion mit zwei Beispielen. Sie stammen von zwei Lehrerinnen, die über ihren heute (1985 bzw. 1986) abgelaufenen Unterricht berichten. Diese Beispiele sollen Mut machen. Sie zeigen, was dabei herauskommen kann, wenn der Unterricht vom Kopf auf die Füße gestellt wird.

1.1 Ein kleiner Schritt: Eine handlungsorientierte Unterrichtseinheit in Sozialkunde

Mechthild Werremeyer, Studentin der Carl-von-Ossietzky-Universität Oldenburg, gab 1985 am Gymnasium Nordenham in einer 10. Klasse Sozialkunde-Unterricht. Die Schüler waren nicht uninteressiert, aber in ihren Erwartungen an das Fach eher konservativ ausgerichtet: Sie wollten Faktenwissen über die Staatsorgane der Bundesrepublik Deutschland, über das Wahlsystem usw.; Experimente mit und durch Studenten, von denen sie schon wiederholt unterrichtet worden waren, waren sie leid.

Mechthild Werremeyer hat sich bemüht, trotz dieser eher ungünstigen Voraussetzungen einen schüleraktivierenden, im Ansatz als handlungsorientiert zu kennzeichnenden Unterricht zu geben. Darüber hat sie folgenden schriftlichen Bericht verfaßt.

1. Einige Wochen vor Beginn meiner halbjährigen Ausbildungsphase in dieser 10. Klasse hatte ich die Schülerinnen und Schüler befragt, welche *inhaltlichen Erwartungen* sie an den Unterricht hätten. Ihre Antwort: Sie wollten etwas »Richtiges« lernen. Auf die Rückfrage, was denn etwas »Richtiges« sei, kam die Antwort: »Wie der Bundestag gewählt wird«, »Wie ein Gesetz entsteht« usw. Dieser Wunsch kam zwar nur von einigen Meinungsführern in der Klasse, aber die anderen schlossen sich dieser Meinung an.
2. Ich war zunächst sprachlos und auch enttäuscht, aber mir wurde bei genauerem Nachdenken klar, daß die Schülerinnen und Schüler hier *ihr* Politikverständnis artikuliert hatten (daß man z. B. nur zu wissen brauche, wie Wahlen ablaufen, um verstehen zu können, wie Politik gemacht wird). Und dieses Politikverständnis durfte ich nicht einfach beiseiteschieben.
3. Man muß davon ausgehen, daß alle Schülerinnen und Schüler schon ihre Deutungsmuster und Ideologien zu politischen Sachverhalten im Kopf haben, so wie die Lehrer, die Politiker, die Medien andere, ebenfalls interessengebundene Deutungsmuster besitzen. Ich hielt diese Deutungsmuster der Schüler für ungenügend; ich wollte ihr verkürztes Bild von den Institutionen und vom Staat aufbrechen. Aber es hätte sicherlich nicht zum Erfolg geführt, ihre Voreinstellungen zu tabuisieren und meine Auffassungen dagegenzusetzen. (Damit kein Mißverständnis aufkommt: Es ist sehr wohl wichtig, daß die Schüler das Wahlsystem, die Aufgaben der Parteien usw. kennen. Aber mit solcher Institutionenkunde allein erkennen die Schüler noch nicht, daß die Institutionen Produkte der gesellschaftlichen Verhältnisse sind. In unserer Gesellschaft wird über diese Institutionen bürgerliche Herrschaft und Macht ausgeübt!)
4. Da die Schülerinnen und Schüler etwas »Richtiges« lernen wollten, habe ich den Unterricht erst einmal mit den Themen »Politische Willensbildung/Verfassung der Bundesrepublik Deutschland/Wahlsystem/Kandidatenaufstellung der Parteien« begonnen. Erst in einer zweiten Unterrichtseinheit habe ich versucht, ein Stück Wirklichkeit aus dem politischen Alltag in den Unterricht zu bringen, dabei an ihre politischen Alltagserfahrungen anzuknüpfen und zugleich ein Stück weit handlungsbezogen zu unterrichten.
5. Die Stadt Nordenham plant zur Zeit, unter dem Marktplatz eine Tiefgarage zu bauen. Diese Absicht hat breiten Protest hervorgerufen; es ist zur Gründung einer Bürgerinitiative gekommen. An diesem Beispiel wollte ich mit den Schülern die »Interessenvertretung« gewählter »Volksvertreter« genauer untersuchen.
6. Die Schülerinnen und Schüler wurden in feste Kleingruppen aufgeteilt und erhielten den Auftrag, sich über Zeitungsmaterialien, Flugblätter, Parteiprogramme usw. in die Position der ihnen zugeteilten Partei, Gruppe oder Organisation zum Tiefgaragenprojekt einzuarbeiten. Neben den etablierten Parteien waren dies die DKP und die Bürgeraktion Unterweser (BAU). Zu den Gruppen und Organisationen gehörten z. B. Vertreter der Geschäftswelt, Kommunalbeamte, der Verkehrsverein, einzelne Bürger. Nach der inhaltlichen Einarbeitung gingen die Schüler zu diesen Politikern und Interessenvertretern und befragten sie. Eine Kleingruppe interviewte Bürgerinnen und Bürger in der Innenstadt.
7. Nach dieser ersten Phase kam auf meine Einladung der Stadtbaurat von Nordenham in unseren Unterricht, um sich der Diskussion zu stellen. Er stellte noch einmal zusammenfassend die Haltung der Stadt zum Tiefgaragenprojekt aus seiner Sicht dar.

Die Schüler hatten die Aufgabe, die Argumente des Stadtbaurats kritisch zu hinterfragen. Und dies gelang ihnen auch hervorragend. Sie waren gut vorbereitet; sie setzten sich engagiert und sachkundig mit den einzelnen Argumenten auseinander. Es gab eine lebhafte und kontroverse Diskussion. Der Stadtbaurat, der zu Beginn der Stunde mitgeteilt hatte, daß er maximal 20 Minuten Zeit habe, blieb die ganze Stunde; und auch in der Pause gingen die Debatten weiter.

8. Den Abschluß der Unterrichtseinheit bildete eine gründlich vorbereitete Simulation einer *Podiums-Diskussion:* Der »Bürgerverein Nordenham« lud ein; die Schüler der Kleingruppen, die sich in bestimmte Positionen lange eingearbeitet hatten, schickten einen »Sprecher«.
   Es wurde mit größtem Engagement gespielt und gestritten; es trat auch genau das ein, was in »richtigen« Bürgerversammlungen regelmäßig stattfindet: Den »Politikern« ging es mehr um ihre Selbstdarstellung als um die Nähe zum Bürger und zu seinen Problemen. Diejenigen Schüler, die die Rolle des »Publikums« übernommen hatten, wurden immer unzufriedener, weil es ihnen nicht gelang, in die Debatte einzugreifen.

Was habe ich erreicht? Die Schülerinnen und Schüler dieser 10. Klasse haben sich spürbar mehr als vorher für Politik interessiert, für das Geschehen in diesem »Geschäft«, an das sie zu Beginn des Halbjahrs nicht gedacht hatten. Sie haben, was sie vorher nicht getan hatten, zu Hause die kommunalpolitische Seite der Zeitung gelesen und ihre Eltern in Diskussionen über das Tiefgaragenprojekt verwickelt. Die Distanz zur Politik ist ein Stück weit aufgebrochen worden; Politik stellte sich für die Schüler als etwas »Faßbares« dar. Sie sind zu Politikern gegangen, sie haben Engagement, Mut und die Bereitschaft gezeigt, mitzuspielen. Und diese Eigenschaften sind auch dann wichtig, wenn es darum geht, sich für seine eigenen Interessen einzusetzen.

12.9.86 Mechthild Veneuger

1.2 Ein großer Schritt: Offener Grundschulunterricht

Ursula Hinrichs ist seit 15 Jahren Grundschullehrerin in Horsten, einem kleinen Dorf in Niedersachsen. Sie hat ihren Unterricht vor einem Jahr völlig umgekrempelt und berichtet darüber unter der Überschrift *»Offener Unterricht«:*

1. Irgendwann war ich den üblichen Trott leid: Ich hab in meiner Klasse *alles* bestimmt: Wer was wann macht, welche Texte gelesen, welche Aufgaben gerechnet werden, alles. Wir wollen von den Kindern, daß sie fertige Menschen werden, aber wir kauen ihnen alles vor. Das kann ja nicht funktionieren!
   Vor drei Jahren waren wir dann mal mit der GEW zu Besuch in der Ganztags-Grundschule Gievenbeck bei Münster. Dort war Schule ganz anders, als ich es in meinen 15 Jahren Berufspraxis gewohnt war. Ich war beeindruckt von der Selbständigkeit und dem Verantwortungsgefühl, das die Kinder dort für ihren eigenen Lernprozeß entwickelt hatten. Ich habe mich zu Hause hingesetzt und gesagt: »In *die* Richtung willst du auch!« Erst stand ich ganz allein da, dann habe ich eine Kollegin gewonnen, mit der ich gemeinsam vieles ausfummeln konnte. Heute sind wir schon eine ganze Gruppe von Lehrern – und ich bin immer noch Feuer und Flamme für das neue Konzept!

2. Ohne jede weiteren Erfahrungen habe ich vor zwei Jahren einen »Freien Tag« in meinem 2. Schuljahr eingeführt. Dabei habe ich mit den Kindern Erfahrungen gesammelt. Im darauffolgenden Jahr habe ich in einem neuen 1. Schuljahr im Leselehrgang OFFENEN UNTERRICHT eingeführt, im anschließenden 2. Schuljahr dann auch in Deutsch und Mathematik. Mit Beginn des Schuljahrs 1986/87 unterrichte ich im 1. Schuljahr nur noch nach diesem Konzept.
   Die ganze Woche OFFENER UNTERRICHT – das ist ein Sprung ins kalte Wasser! Und kein Weg führt zurück! Denn die Kinder kommen begeistert zur Schule, sie lernen gern und schneller und immer mehr! Eine Umkehr ist praktisch nicht mehr möglich.

3. Ich unterscheide im Stundenplan der Schüler zwischen »Lehrerarbeit«, »Schülerarbeit« und »Freiarbeit«:
   - ☐ In der *Lehrerarbeit* (LA) bestimme ich, was die Schüler zu tun haben: welche Hefte und Bücher sie benutzen, wie sie sitzen, was sie tun – wirklich alles. Da wird den Schülern das Handwerkszeug vermittelt, damit sie mit der eigenen Arbeit vorankommen. Das ist reiner Frontalunterricht – aber der wird keine Minute länger als unbedingt nötig gemacht!
   - ☐ In der *Schülerarbeit* (SA) sollen die Schüler *selbsttätig* arbeiten, aber ich schlage ihnen vor, was sie tun sollen.
   - ☐ Die *Freiarbeit* (FA) ist wirklich frei: Da können die Schüler selbst entscheiden, was sie tun wollen. Auf der Bank liegen und faulenzen (was sie praktisch nie tun), spielen, lesen. Sie sind schon immer ganz gierig darauf. Sie wollen den Stundenplan sehen, wann wieder Freiarbeit ist. Sie bringen von zu Hause Puzzles und Sachen, die sie untersuchen wollen, mit.

4. Der *Stundenplan* für die voll umgestellte 1. Klasse sieht dann so aus:

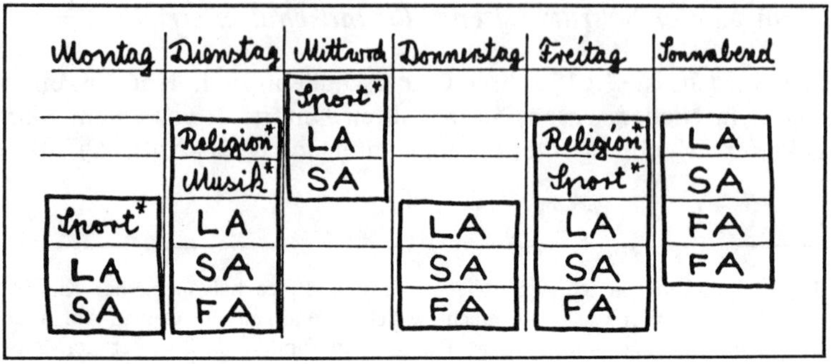

* durch Fachlehrer

5. *Arbeitsmaterial:* Um selbständiges Arbeiten zu ermöglichen, müssen *viele* Arbeitsmittel zur Verfügung stehen. Als erstes habe ich verschiedene Lehrbücher zerschnitten, habe die Seiten auf Pappe gezogen, in Sichthüllen gesteckt, sie numeriert und mögliche Lösungen auf der Rückseite eingetragen. Außerdem kann man Unmengen an Quartetts, Lotto, Memory, Domino-Spielen usw. gebrauchen. Inzwischen helfen mir die Eltern beim Beschaffen – und mein Mann trägt's mit Fassung, daß mein Arbeitszimmer zu einer »mittleren Lagerhalle« geworden ist.
6. Die Schüler sollen lernen, ihre Leistungen selbst zu kontrollieren – und sie können dies auch viel besser, als ich es mit meinen 15 Jahren Unterrichtspraxis je geglaubt hätte! Die Schüler führen ein *Auswahlheft,* in das von der Lehrerin individuelle Aufgaben zum Auswählen eingetragen werden. Die Erledigung dieser Aufgaben wird kontrolliert und mit Datum versehen. Zusätzlich haben die Schüler einen *Wochenzettel,* auf dem sie alle in der Schülerarbeit und in der Freiarbeit erledigten Arbeiten eintragen:

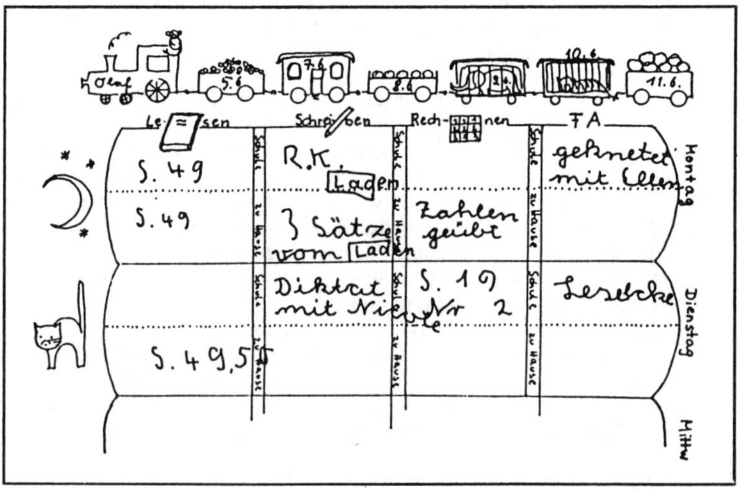

7. Ich habe den *Klassenraum* neu hergerichtet: viele Regale, Raumteiler, um ruhige Arbeitsecken herzustellen; Ausstellungsflächen, ein Sofa für die Leseecke. Der allgemeine Unterrichtsbereich kann sehr klein sein. Die Tische können ganz eng zusammenstehen, weil sie ja nur beim Frontalunterricht gebraucht werden. Wir sitzen zur Zeit mit 15 Kindern auf 12 m²:

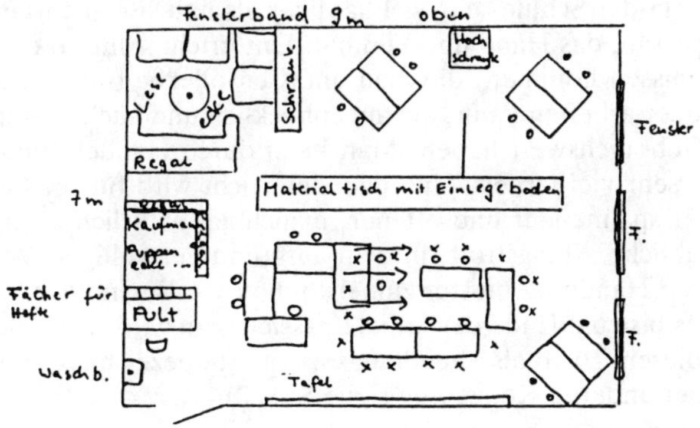

8. *Kein Schüler wird gezwungen!* Einer wollte partout nicht ans Lesen gehen. Wenn ich ihn ansprach, legte er nur die Hand schützend vor den Kopf, monatelang! Zwei Wochen vor Ostern hatte ich »Pause« an die Tafel geschrieben. Die anderen Schüler konnten das lesen und gingen in die Pause. Sven blinzelte zu mir hoch. Ich: »Na, willst du nicht doch mit Lesen anfangen?« Sven: »Ja, aber erst nach den Osterferien!« – Pfingsten konnte er lesen! Er ist kein starker Schüler, aber er kommt mit!
9. Mit den *Eltern* komme ich gut klar. Die kennen mich schon so viele Jahre, die sehen ja auch, daß etwas dabei herauskommt und daß die Kinder mit Freude dabei sind.
In 5 Wochen kommt der *Schulrat* das erste Mal vorbei, er steht dem Ganzen positiv gegenüber.
10. Nachdem nun der erste Wust an Mehrarbeit überwunden ist und ich meine Erfahrungen gemacht und geordnet habe, habe ich die Zeit und Muße zu merken, *wie schön Schule sein kann:*
   - ☐ Die Schüler haben ein ganz anderes Verhältnis zu ihrer eigenen Arbeit entwickelt. Sie sind stolz auf das, was sie geschafft haben. Sie kontrollieren die eigene Arbeit auch viel gewissenhafter.
   - ☐ Die schönen Lesetexte aus den Lesebüchern sind wirklich Texte, die die Kinder lesen, weil sie ihnen Spaß machen.
   - ☐ Früher hatte ich mir auch schon vorgenommen, die Schüler selbständig arbeiten zu lassen – aber da wurde dann immer wieder nichts draus, weil die Zeit knapp war, weil die Kinder unruhig waren usw. Heute klagen die Schüler selbst die Freiarbeit ein – schon deshalb, weil sie auf dem Stundenplan steht.
   - ☐ Auch im *Sachunterricht* habe ich es inzwischen geschafft, wirklich nur jene Sachen, bei denen alle Schüler wirklich den gleichen Informationsstand und die gleichen Lernvoraussetzungen haben, im Frontalunterricht zu machen.

Diese völlige Umstellung meines Unterrichts ist mir nicht leichtgefallen. Es gab Chaos und Rückfälle, Kritik von Eltern und Kollegen. Trotzdem: Man soll nicht aufgeben! *Es lohnt sich!*

28. 8. 86 Ursula Hinrichs

2. Was heißt »Handlungsorientierter Unterricht«?

2.1 Arbeitsdefinition

Lehrer sollten in der Schule sehr viel häufiger als üblich gemeinsam mit den Schülern etwas tun, das Hand und Fuß hat. Unterricht sollte so oft wie möglich zu Ergebnissen kommen, die man anfassen oder vorführen, mit denen man spielen oder arbeiten kann, die augenblicklich und auch später noch für die Schüler Gebrauchswert haben. Man kann durch Handeln und während des Handelns sehr viel lernen. Und der Unterricht wird für die Schüler wie für den Lehrer spannender und offener, manchmal natürlich auch risikoreicher als der übliche Alltagstrott, in dem aufgrund der völligen Vertrautheit der inszenierten Handlungsmuster zumeist schon vor Beginn der Stunde völlig klar ist, was bis zum Ende der Stunde passiert sein wird. Ein solches Konzept wird in diesem Buch als »handlungsorientiert« bezeichnet (zur Abgrenzung gegenüber anderen Konzepten siehe S. I, 214 ff.):

Definition Nr. 19: Handlungsorientierter Unterricht ist ein ganzheitlicher und schüleraktiver Unterricht, in dem die zwischen dem Lehrer und den Schülern vereinbarten Handlungsprodukte die Organisation des Unterrichtsprozesses leiten, so daß Kopf- und Handarbeit der Schüler in ein ausgewogenes Verhältnis zueinander gebracht werden können.

Nicht nur die Schüler, sondern auch die Lehrer können sich mit einem solchen Unterricht besser identifizieren – sie müssen aber, wie die zwei Beispiele aus dem ersten Abschnitt dieser Lektion gezeigt haben, bereit sein, mehr zu arbeiten, als die Schulverwaltung von ihnen verlangt. Die Frage, ob der gesamte Unterricht auf ein solches Konzept umzustellen sei, kann nicht an dieser Stelle entschieden werden. Das zweite Beispiel zeigt, daß solch ein radikaler Umbau möglich ist. Aber er bleibt an eine Reihe von Bedingungen geknüpft, die in den Beispielen angesprochen worden sind. Es besteht jedoch nicht der geringste Anlaß, vor einem Zuviel an Handlungsorientiertem Unterricht zu warnen. Alle empirischen Untersuchungen belegen dies (vgl. die SIEBTE LEKTION). Warnungen kommen denn auch häufig von Personen, die eine inhaltliche Auseinandersetzung mit dem Konzept scheuen.

Handlungsorientierter Unterricht wird aus einer Reihe von Gründen gefordert, die über die eingangs behauptete Motivationswirkung dieses Konzepts weit hinaus gehen. Diese Gründe werden im folgenden genannt. Ein wissenschaftlicher »Beweis« für die Richtigkeit dieses Konzepts wird damit aber nicht geliefert. Er wäre auch gar nicht möglich. Denn die Frage, ob ein solcher Unterricht gemacht werden oder besser unterbleiben sollte, hängt nur zum geringeren Teil vom Nachweis einer hohen Lerneffektivität eines solchen Unterrichts ab. Viel wichtiger für die Durchsetzung eines solchen Konzepts ist die Frage, ob das *Welt-, Gesellschafts- und Menschenbild* akzeptiert wird, das hinter diesem Konzept steckt. Es soll mit fünf Aspekten angedeutet werden:

1. Handlungsorientierter Unterricht geht davon aus, daß der Mensch zur *Vernunft und Freiheit,* aber auch zur Selbstzerstörung befähigt ist.
2. Handlungsorientierter Unterricht geht davon aus, daß Lernen grundsätzlich *ganzheitlich,* also mit Kopf, Herz, Händen und allen Sinnen abläuft.
3. Handlungsorientierter Unterricht baut darauf, daß Menschen (insbesondere junge Menschen) *neugierig* sind, daß sie fragen und staunen können, daß sie ihre Umwelt erfahren und auf den Prüfstand der Experimentierlust stellen wollen.
4. Handlungsorientierter Unterricht rechnet damit, daß weder die Lehrer noch die Schüler perfekte Wesen sind, sondern *Fehler machen* und versagen, daß sie aber aus Fehlern lernen können.
5. Handlungsorientierter Unterricht rechnet mit einem *gesellschaftlichen Umfeld* von Schule, das so strukturiert ist, daß ein nicht-entfremdetes Leben und Lernen in der Schule nur ansatzweise und widersprüchlich möglich ist.

Diesem Welt-, Gesellschafts- und Menschenbild entsprechen bestimmte unterrichtliche *Inszenierungsmuster* (zum Begriff siehe S. I, 81):

- ☐ *Werkstatt:* Unterricht kann – wie in einer Werkstatt – dazu genutzt werden, konkrete Produkte herzustellen, die für die Schüler subjektiv bedeutsam sind. Der Lehrer ist dann »Meister« und Fachmann, die Schüler sind die Lehrlinge, denen immer wieder einmal bei der eigenen Arbeit weitergeholfen werden muß oder die dem Meister beim Arbeiten (Experimentieren/Modellieren/Skizzieren/Rechnen/Musizieren) zuschauen und helfen.
- ☐ *Labor:* Unterricht kann dazu genutzt werden, Sach-, Sinn- und Problemzusammenhänge – wie in einem Labor – zu erforschen. Lehrer und Schüler entwickeln gemeinsam bestimmte Forschungsziele, sie formulieren Hypothesen, machen Experimente, variieren die Versuchsanordnungen und werten die Ergebnisse aus.
- ☐ *Expedition:* Unterricht kann genutzt werden, um den Klassenraum zu verlassen und die ihn umgebende natürliche und soziale Wirklichkeit – wie auf einer Expedition – zu erkunden. Der Lehrer ist der Expeditionsleiter. Er hat ein Ziel vor Augen, aber er kennt den Weg dorthin ebensowenig genau wie seine Schüler.
- ☐ *Theater:* Unterricht sollte dazu genutzt werden, die soziale Wirklichkeit – wie auf einer Bühne – nachzuspielen oder eine Kunstwelt neu zu inszenieren und künstlerisch zu gestalten. Der Lehrer ist Regisseur, die Schüler sind abwechselnd Schauspieler und Zuschauer. Der Lehrer leitet die Schüler an, kleinere Regieleistungen selbst auszuführen.
- ☐ *Gemeinde:* Unterricht muß ab und an – wie in einer Gemeinde – zum gemeinsamen Gespräch, zum Spielen und zum Feiern dienen. Der Lehrer strukturiert die Gespräche, er ist der Spielleiter und Zeremonienmeister; er hilft, Spielregeln einzuhalten und

Feste vorzubereiten. Er leitet seine Schüler an, ebenfalls Gespräche zu führen, Spiele zu spielen und Feste zu leiten.

Der traditionell handlungsarme Lernort »Unterricht« soll also im Handlungsorientierten Unterricht behutsam, schrittweise und nach strengen didaktischen Qualitätsmaßstäben durch die Aufnahme bestimmter Elemente und Handlungsmuster der anderen Lernorte aufgewertet werden. (Viele Lehrer tun dies seit langem und mit beträchtlichem Erfolg. Es wird nicht behauptet, daß alle hier gemachten Vorschläge neu wären!)

2.2 Planungsraster

Das *Planungsraster* von S. 405 stellt den Versuch dar, die skizzierten Merkmale Handlungsorientierten Unterrichts konstruktiv umzusetzen. Über Sinn und Unsinn von Planungsrastern ist schon viel geschrieben worden. Sie dürfen nicht schematisch angewandt werden, sondern sollten für jede neue Unterrichtssituation neu und kreativ variiert werden (vgl. Meyer 1980, S. 222).
Die in diesem Raster verwandten Begriffe sind allesamt bereits in vorausgegangenen Lektionen definiert und durch Beispiele illustriert worden:

- ☐ Durch das Raster ziehen sich *zwei Strukturlinien,* die des Lehrers und die der Schüler. Es beginnt mit den Lehrverpflichtungen und Interessen[1] des Lehrers sowie den Lernvoraussetzungen und Bedürfnissen der Schüler und setzt sich in der Unterscheidung der *Lehrziele* von den *Handlungszielen* fort.
- ☐ Bei der Festlegung der gewünschten *Handlungsprodukte* stoßen die beiden Strukturlinien aufeinander. Handlungsprodukte sind die veröffentlichungsfähigen materiellen und/oder geistigen Ergebnisse der Unterrichtsarbeit. Sie können z. B. aus Modellen, Texten, Filmen, Wandzeitungen, Vertonungen, Schülerbüchern usw. wie auch aus Inszenierungen (Aufführungen, Rollen- oder Planspielen, Festen und Feiern) oder Vorhaben (Exkursionen, Projektwochen usw.) bestehen (vgl. S. 158 f.).
- ☐ Handlungsorientierter Unterricht endet mit der (unverzichtbaren!) Auswertungsphase. Vielfältige Anregungen für die handlungsorientierte Gestaltung von *Einstiegs-*, *Erarbeitungs-* und *Auswertungsphasen* finden Sie in der NEUNTEN bis DREIZEHNTEN LEKTION.

---

1 In den Feiertagsdidaktiken wird immer so getan, als ob die Lehrer keine eigenen Interessen hätten, oder zumindest unterstellt, daß diese beim Unterrichten keine Rolle spielen dürften. Dies ist natürlich Unsinn! Nur dann, wenn das Thema den Lehrer selbst interessiert, kann der Unterricht gut werden! Deshalb ist es sinnvoll, die eigenen Interessen in die Unterrichtsplanung einzubringen.

Lehrverpflichtungen und Interessen des Lehrers
↓
L E H R Z I E L E

Lernvoraussetzungen und Interessen der Schüler
↓
H A N D L U N G S Z I E L E

↓

E I N S T I E G S P H A S E
erste Orientierung über das neue Thema/handelndes Erproben seiner Sach-, Sinn- und Problemzusammenhänge

↓

Verständigung des Lehrers und der Schüler über das anzustrebende
H A N D L U N G S P R O D U K T

↓

E R A R B E I T U N G S P H A S E
Planung/Vorbereitung/Produktion/Erprobung/Inszenierung/Protokollierung usw.

↓

A U S W E R T U N G S P H A S E
Kontrolle und Kritik/Übung und Festigung/Veröffentlichung

Die folgende *Langfassung des Rasters* wendet sich insbesondere an *Studien- und Berufsanfänger.* (Routiniers müssen zwar auch noch gründlich planen, aber sie haben in aller Regel eigene Planungsroutinen entwickelt, die die Orientierung an solchen Rastern überflüssig machen; siehe S. 119)

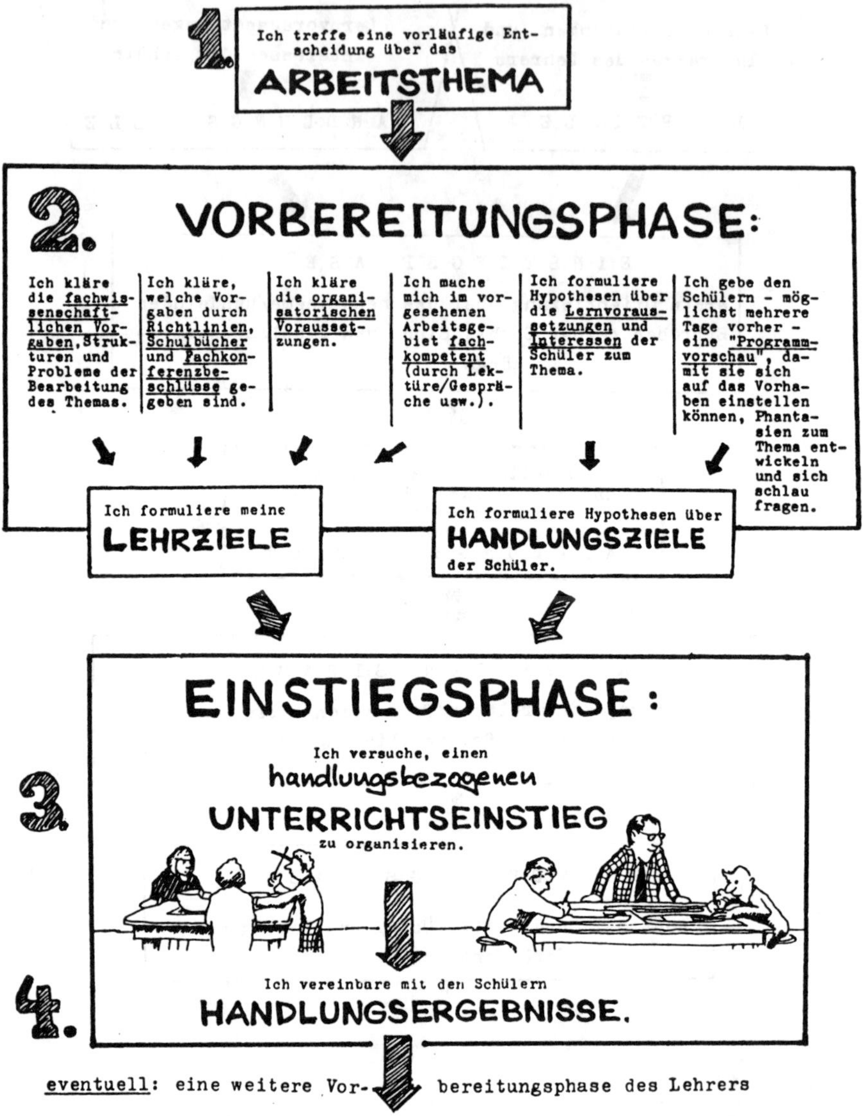
1.
Ich treffe eine vorläufige Entscheidung über das
ARBEITSTHEMA
2.
VORBEREITUNGSPHASE:
Ich kläre die fachwissenschaftlichen Vorgaben, Strukturen und Probleme der Bearbeitung des Themas.
Ich kläre, welche Vorgaben durch Richtlinien, Schulbücher und Fachkonferenzbeschlüsse gegeben sind.
Ich kläre die organisatorischen Voraussetzungen.
Ich mache mich im vorgesehenen Arbeitsgebiet fachkompetent (durch Lektüre/Gespräche usw.).
Ich formuliere Hypothesen über die Lernvoraussetzungen und Interessen der Schüler zum Thema.
Ich gebe den Schülern - möglichst mehrere Tage vorher - eine "Programmvorschau", damit sie sich auf das Vorhaben einstellen können, Phantasien zum Thema entwickeln und sich schlau fragen.
Ich formuliere meine
LEHRZIELE
Ich formuliere Hypothesen über
HANDLUNGSZIELE
der Schüler.
EINSTIEGSPHASE:
3.
Ich versuche, einen
handlungsbezogenen
UNTERRICHTSEINSTIEG
zu organisieren.
4.
Ich vereinbare mit den Schülern
HANDLUNGSERGEBNISSE.
eventuell: eine weitere Vorbereitungsphase des Lehrers

5. ERARBEITUNGSPHASE:

Lehrer und Schüler arbeiten in großen und kleinen Gruppen und sorgen als erstes für:

- Planung der Arbeitsschritte
- Materialbeschaffung und Sichtung, Kontaktvermittlung, Herstellung eigener Medien, Textstudium/Textverarbeitung usw.

Lehrer und Schüler erledigen die notwendigen Arbeitsschritte:

- Einübung in Techniken, Aufbau von Kompetenzen
- Produktion, Inszenierung, Erprobung
- Dokumentation/Protokollierung des Arbeitsprozesses

eventuell:

- Erholungspausen
- Feste, Feiern

Bei Bedarf:

- Erkundungsgänge, Verhandlungen, Planungskorrekturen
- abgesprochene Formen individueller und kollektiver Leistungsbeurteilung
- Einschübe mit lehrgangsmäßig geordnetem Unterricht (Lehrer- oder Schülerreferat, Trainingsphasen) zur Vermittlung notwendiger Teilkompetenzen

6. AUSWERTUNGSPHASE:

Die Arbeitsergebnisse werden im Klassenplenum:

- vorgestellt, vorgespielt, erprobt
- diskutiert, kritisiert und gelobt
- zur Überarbeitung an die Gruppen zurückgegeben.

Die Schüler arbeiten, spielen, handeln mit den Arbeitsergebnissen und **üben und festigen** dabei ihre Sach-, Sozial- und Sprachkompetenzen.

Lehrer und Schüler entscheiden, ob Teile oder sämtliche Handlungsergebnisse **veröffentlicht** werden sollen und klären, in welcher Form dies geschehen kann.

Ein schriftlicher (Prüfungs-)Stundenentwurf nach diesem Schema könnte dann folgende Gliederung haben:

Name: Yoko Ono
Ort: New York
Thema der Stunde: Die Neue Deutsche Welle

1. Einordnung der Stunde in die Unterrichtseinheit

2. *Bedingungsanalyse*
2.1 Lernvoraussetzungen der Schüler (bisherige Erfahrungen mit dem Thema und eigene Interessen der Schüler)
2.2 Fachwissenschaftliche Vorgaben und Problematik der Stunde
2.3 Handlungsspielräume des Lehrers

3. *Didaktische Strukturierung der Stunde*
3.1 Lehrziele der Stunde
3.2 Handlungsmöglichkeiten der Schüler im Unterricht
3.3 Der Begründungszusammenhang von Ziel-, Inhalts- und Methodenentscheidungen der Stunde
3.4 Vorüberlegungen zur Auswertung und Ergebnissicherung

4. *Geplanter Verlauf der Stunde*

5. *Anhang:* Sitzplan, Arbeitsblatt, Literaturverzeichnis

Wer als Berufsanfänger einen stärker handlungsorientierten Unterricht ausprobieren will, sollte bedenken, daß er sich gründlicher als sonst vorbereiten muß, und zwar deshalb, weil in einem solchen Unterricht eine größere Flexibilität notwendig ist (die nur durch gründliche fachwissenschaftliche, fachdidaktische und unterrichtsmethodische Vorbildung zu sichern ist) und weil in vielen Fällen die Materialaufbereitung mühsam ist (siehe die Beispiele aus Abschnitt 1). Deshalb einige *Ratschläge für Anfänger:*

☐ Wählen Sie sich für Ihre ersten Gehversuche im Unterricht ein *Thema* aus, bei dem Sie sich gut auskennen oder in das sie sich gründlich einarbeiten können. Nehmen Sie jene Handlungsmuster, die Ihnen schon ein wenig vertraut sind.

☐ Schüler sind anpassungsfähiger als die meisten Lehrer! Sie werden auch einen hier oder dort mißlungenen Handlungsorientierten Unterricht überleben – so, wie sie Tag für Tag einem Wechselbad von gutem und schlechtem Fachunterricht ausgesetzt sind. Dies soll natürlich keine Aufforderung sein, schlecht zu unterrichten, sondern dazu ermuntern, auch einmal etwas zu riskieren! Achten Sie darauf, daß Sie Ihre Schüler weder über- noch unterfordern (Berufsanfänger können dies oft schwer einschätzen, sie müssen sich beraten lassen!), achten Sie aber auch darauf, *Ihre Motivation und Kraft nicht zu überfordern!*

☐ Machen Sie vor Beginn des Unterrichts eine etwas gründlichere *Bedingungsanalyse* der Klassensituation. Anleitungen dazu finden Sie z. B. bei Wolfgang Schulz (1980, S. 106 ff.), bei Wilhelm Peterßen (1982, S. 283 ff.) und bei Hilbert Meyer (1980,

S. 248 ff.). Dazu gehört auch die Klärung der *rechtlichen Voraussetzungen*. Das Ausmaß der »Verrechtlichung« der Schule ist inzwischen so weit fortgeschritten, daß man kaum mehr einen Schritt außerhalb des üblichen Frontalunterrichts tun darf, ohne dies vorher dem Schulleiter zu melden, ohne die Eltern zu informieren oder ohne zuvor die Schüler einer gründlichen »Belehrung« unterzogen zu haben. Ein wichtiger Teil der Bedingungsanalyse ist auch die Sondierung der themenspezifischen Erfahrungen und Interessen der Schüler.

- □ Nach der Festlegung der anzustrebenden Handlungsprodukte kann es sinnvoll werden, eine kleine Pause einzulegen, in der der lehrgangsmäßig organisierte Unterricht weiterläuft, während der Lehrer die erforderlichen Detailplanungen und -vorbereitungen vornimmt. Hier müßte es möglich sein, die Schüler an der Vorbereitung zu beteiligen. Der Lehrer hat dabei darauf zu achten, daß ein *begründeter Zusammenhang von Ziel-, Inhalts- und Methodenentscheidungen* gewahrt bleibt.
- □ *Erarbeitungs-* und *Auswertungsphase* gehen häufig fließend ineinander über. Vielen Schülern macht die gemeinsame Arbeit am Produkt mehr Spaß als die abschließende Veröffentlichung: Es muß auch keineswegs in jedem Falle ein konkretes Handlungsergebnis herauskommen. Ein begründetes Abbrechen der Arbeit oder der Verzicht auf die Veröffentlichung sind möglich.

Denken Sie daran: Wer vom Herkömmlichen abweicht, steht unter erhöhtem Rechtfertigungszwang. Dies ist zwar ungerecht, aber leider ein Fakt. – Es wäre gerechter, denjenigen unter Druck zu setzen, der trotz sich fortwährend wandelnder Lebens- und Lernbedingungen der Schüler über Jahre und Jahrzehnte alles beim alten beläßt.

2.3 Begründungen, Einwände und Mißverständnisse

Auf der Ebene *grundlegender theoretischer Analysen* fällt es leicht, die Vorteile eines Handlungsorientierten Unterrichts zu benennen und Gründe für seine Notwendigkeit aufzulisten. Die ganze SIEBTE LEKTION zielte darauf hin, der »Exkurs über die Austreibung der Sinnlichkeit« von S. 392 ff. brachte weitere Argumente, und auch die zwei Beispiele sollten dies deutlich machen. Ich fasse die wichtigsten Argumente noch einmal zusammen:

1. Schüler lernen immer *ganzheitlich*, also mit Kopf, Herz, Händen und allen Sinnen. Dies war schon immer so, aber die Schule ist über weite Strecken so konstruiert, als ob Lehrer nur mit dem Kopf lehren und Schüler nur mit dem Kopf lernen.
2. *Lernen und Handeln sind sehr eng miteinander verknüpft,* ja sie sind ursprünglich eins.
3. Weil es immer wichtiger wird, die Schüler in der Schule auf ein kompetentes und *selbständiges Handeln* in zukünftigen beruflichen, gesellschaftlich-politischen und privaten Handlungssituationen vorzubereiten, muß dieses Handeln im Unterricht *geübt* werden. Es ist nicht einzusehen, warum Schüler plötzlich nach Verlassen der Schule selbständig sein sollen, wenn sie die ganze Schulzeit lang daran gehindert worden sind.

4. Eine verstärkte Handlungsorientierung des Unterrichts ist auch deshalb notwendig, weil die *Komplexität und Unanschaulichkeit* der gesellschaftlichen, wissenschaftlichen, technischen und ökonomischen Entwicklungen in den letzten Jahrzehnten in so rasantem Tempo zugenommen hat, daß es für die Schüler immer schwieriger wird, das für die Berufsausübung und die Sicherung der Lebensqualität erforderliche Wissen und Können durch unmittelbare Anschauung oder handelnden Umgang »vor Ort« zu erwerben. »Vor Ort« ist immer weniger zu erfahren, weil die Taylorisierung und Technologisierung der Produktions- und Arbeitsprozesse immer mehr zunimmt.

Auf *unterrichtspraktischer Ebene* fällt es ebenfalls leicht, wichtige Argumente zu nennen, die *für* die Bevorzugung dieses Konzepts (bzw. der ihm verwandten Konzepte des Offenen, Erfahrungsbezogenen oder Schüleraktiven Unterrichts) sprechen:

1. Schüler können sich mit einem Unterricht, an dessen Planung und Durchführung sie aktiv beteiligt worden sind, eher *identifizieren* als mit der in aller Regel abstrakt bleibenden Information über Struktur und Ziele des Lehrgangs.
2. *Schüler lernen einfach besser*, und sie behalten das Gelernte länger, wenn sie es selbst erlebt haben bzw. am Zustandekommen der Lerninhalte beteiligt worden sind (vgl. S. 169).
3. Die Verständigung von Lehrer und Schülern über das im Unterricht anzustrebende Handlungsprodukt kann eine *organisierende Kraft* für die Gestaltung des Unterrichtsablaufs erhalten.
4. Die Entwicklung von *Methodenkompetenzen* (siehe S. 153) kann im Handlungsorientierten Unterricht bewußt gefördert werden.
5. Die in der Siebten Lektion (S. 67) skizzierten, grundsätzlich positiv zu beurteilenden *produktiven und unproduktiven Nebentätigkeiten* können in konstruktive Bahnen gelenkt werden.
6. Im Handlungsorientierten Unterricht können *Leistungserwartungen* an die Schüler von der Aufgabenstellung her sachlich begründet und sinnlich-handgreiflich nachvollzogen werden. Die Fremdbestimmung der Leistungskontrolle kann verringert werden.
7. Die *demokratische Kritik und Kontrolle* der Unterrichtsarbeit kann anhand der erstellten Handlungsprodukte eingeübt und effektiviert werden.

Es gibt allerdings auch eine ganze Reihe von vornehmlich unterrichtspraktischen Argumenten, die *gegen dieses Konzept* sprechen und sehr ernst zu nehmen sind (wären sie dies nicht, wäre der ganze Überzeugungsaufwand, der in dieser Lektion betrieben wird, entbehrlich):

1. Das Konzept erfordert vom Lehrer und auch von den Schülern einen *hohen persönlichen Einsatz*, vielleicht löst es sogar bei mancher Lehrerin und manchem Lehrer Angst aus. Der übliche Frontalunterricht ist bequemer und weniger risikoreich.
2. Es ist schwierig, den sogenannten *roten Faden* der lehrgangsmäßigen Ordnung des Unterrichts zu finden. Denn der Unterrichtsprozeß soll sich aus dem anzustrebenden Handlungsprodukt herleiten lassen. Dabei können andere Schrittfolgen notwendig und andere Grundsätze zu beachten sein, als dies von der sogenannten Sach- oder Fachstruktur des Themas nahegelegt wird.
3. Gegen dieses Konzept könnte eingewandt werden, daß es anstelle der dringend benötigten Ruhe und Muße *neue Unruhe und Unordnung* in die Schulen trägt. Umorientierungen der Unterrichtsarbeit schaffen immer Desorientierungen, Mißverständnisse und

Fehler. Aber dieses Argument darf nicht verabsolutiert werden. Sonst müßte Schule zur Steinsäule erstarren.

4. Gegen dieses Konzept spricht natürlich auch die Tatsache, daß die *organisatorisch-institutionellen* und *curricularen Voraussetzungen* in den allgemein- und den berufsbildenden Regelschulen denkbar schlecht sind.
5. Die vor allem in den Sekundarstufen I und II weitverbreitete enge *fachdidaktische Fixierung* vieler Lehrer behindert handlungsorientierten Unterricht, der sich nur mit Mühe in die Schubladen des traditionellen Fächerkanons packen läßt.
6. Eine normorientierte (= auf quantifizierende Vergleichsmessungen zielende) *Leistungsbeurteilung* ist sicherlich erschwert, aber nicht unmöglich.

Eine ganze Reihe möglicher Bedenken und Einwände ist allerdings auch auf *Mißverständnisse* zurückzuführen:

1. In diesem Buch wird *nicht* dafür plädiert, den *gesamten* Unterricht auf ein handlungsorientiertes Konzept umzustellen. (Auch in den eingangs skizzierten Beispielen ist dies ja nicht der Fall!) Es wird »nur« gefordert, den bisher verschwindend geringen Anteil dieses Unterrichts auszuweiten (s. o.).
2. Die Forderung, mehr Handlungsbezüge im Unterrichtsprozeß herzustellen, darf *nicht* so mißverstanden werden, als ob eine *völlige Symmetrie* zwischen dem Lernen und Handeln in der Schule einerseits, dem Leben und Arbeiten nach der Schulzeit andererseits hergestellt werden könnte. Dies ist nicht möglich; und wenn es doch möglich wäre, so wäre es nicht sinnvoll! Denn die Schule muß immer auch einen Schutz- und Schonraum bieten, in dem »Probehandeln« möglich ist, das auch scheitern kann. Der jahrtausendealte Zivilisationsprozeß, in dem das, was wir heute Schule nennen, entstanden ist, kann nicht einfach von den 600 000 Lehrern und 10 Millionen Schülern der Bundesrepublik mit der Parole »learning by doing« auf den Lippen zurückgenommen werden. Wenn überhaupt, so kann Schule nur nach vorn verändert werden: durch eine schrittweise, strengen fachlichen Ansprüchen genügende Ausweitung der Praxisorientierung. Schule bleibt auch dort, wo sie sich ein Stück weit gegenüber ihrem gesellschaftlichen Umfeld öffnet, eine Institution mit eigenen Gesetzmäßigkeiten (siehe S. I, 57 ff.).
3. Ein weiteres, besonders ärgerliches Mißverständnis der Zielstellungen Handlungsorientierten Unterrichts liegt in dem Vorwurf, das Konzept sei *theoriefeindlich*. (Ein solcher Vorwurf, es handele sich um bloße »Werkelei«, ist schon gegen die Arbeitsschule der Reformpädagogik erhoben worden.) Der Vorwurf ist unsinnig, weil er unterstellt, daß im konventionellen verkopften Frontalunterricht Theoriefreundlichkeit der Schüler geschaffen werden könnte. Ich gehe davon aus, daß das Gegenteil wahrscheinlicher ist. Erst im Handlungsorientierten Unterricht können Schüler erfahren und selbstkritisch überprüfen, was Theoriewissen zu leisten vermag.

3. Vier didaktische Kriterien für die Gestaltung Handlungsorientierten Unterrichts

Didaktische Kriterien dürfen nicht mit der Sache selbst verwechselt werden. Sie beschreiben den Maßstab, an dem Unterrichtskonzepte bzw. verwirklichter Unterricht zu messen sind. Ich schlage vor, folgende vier Kriterien für den Handlungsorientierten Unterricht zugrunde zu legen.

Alle vier Kriterien stellen zunächst nicht viel mehr als gängige Schlagworte der didaktischen Diskussion dar. Ich will deshalb versuchen, die Kriterien in den folgenden vier Teilabschnitten zu präzisieren.

1. Im Handlungsorientierten Unterricht sollen die subjektiven Schülerinteressen zum Bezugspunkt der Unterrichtsarbeit gemacht werden.

2. Im Handlungsorientierten Unterricht sollen die Schüler zum selbständigen Handeln ermuntert werden.

3. Durch die Handlungsorientierung des Unterrichts soll die Öffnung der Schule gegenüber ihrem Umfeld vorangetrieben werden.

4. Kopf- und Handarbeit, Denken und Handeln sollen in ein ausgewogenes Verhältnis zueinander gebracht werden.

Im Bilde gesprochen: Wenn Sie ihren Schülern nicht erlauben, aufs Fahrrad zu steigen, so brauchen Sie sich nicht zu wundern, wenn sie lieber zu Hause bleiben wollen!

3.1 Was heißt »Schülerinteressen zum Bezugspunkt machen«?

Die Forderung, die Unterrichtsarbeit an den Interessen der Schüler auszurichten, ist uralt. Sie wurde insbesondere von den Vertretern eines Schülerorientierten Unterrichts neu in Erinnerung gerufen. Was konkret gemeint ist, bleibt jedoch häufig offen. Es ist notwendig, subjektive und objektive Schülerinteressen zu unterscheiden, weil ohne eine solche Unterscheidung die Orientierung an den Schülerinteressen sehr schnell ad absurdum geführt werden könnte (vgl. Meyer 1980, S. 307):

Definitionen Nr. 29 und 30:
Subjektive Schülerinteressen sind die situationsspezifischen persönlichen Bedürfnisse, Vorstellungen und Phantasien zum Unterricht. Sie können bewußtgemacht und als Handlungsziele verfolgt werden; sie bleiben oft auch unbewußt, wirken aber dennoch handlungsleitend.
Objektive Schülerinteressen sind situations*un*spezifische, überindividuell gültige Handlungsmotive und Bedürfnisstrukturen. Sie sind historisch gewachsen, klassen- bzw. schichtspezifisch ausgeprägt und an die gegenwärtige und zukünftige soziale Lage der Schüler gebunden.

Objektive Schülerinteressen können nur aufgrund einer hermeneutisch vermittelten, umfassenden pädagogischen Interpretation bestimmt werden. Dabei ist die Gefahr groß, daß der Lehrer zu einer »bequemen«, seinen eigenen Bedürfnissen und Interessen entgegenkommenden Bestimmung gelangt. Dieser Gefahr kann nur dadurch begegnet werden, daß der Lehrer die soziale Lage und die Berufsperspektive seiner Schüler immer wieder mit wachem Auge analysiert und notfalls auch im Gegensatz zu Wortlaut und Geist der Richtlinien für seine Schüler Partei ergreift.

Auch die subjektiven Schülerinteressen sind schwer zu fassen. Denn sie stellen noch weniger als die objektiven Interessen »feste Größen« dar, die der Lehrer ein für allemal ermitteln könnte. Schülerinteressen entstehen und vergehen im Unterrichtsprozeß und verschmelzen mit weiteren Motiven und Einstellungen:

- ☐ Schüler haben nicht nur (positive) Interessen an einem Thema, sondern auch *Abneigungen, Desinteressen, Vorurteile* und *Einstellungen*, die insgesamt den Unterrichtsablauf entscheidend beeinflussen können.
- ☐ Schüler bringen Sympathien und Abneigungen, Hoffnungen und Ängste auch gegenüber dem *Lehrer* in den Unterricht ein, die den Unterrichtsablauf häufig stark beeinflussen, aber kaum etwas mit dem gewählten Unterrichts*thema* zu tun haben.
- ☐ Die bei entsprechenden Lehrerfragen artikulierten subjektiven Interessen sind häufig oberflächlich und kurzatmig (was Herbart schon 1802 als »Flattersinn« kritisierte); sie

können maßlos und unbescheiden, aber auch destruktiv sein. Sie sind durch Konsum- und Freizeitwünsche überformt und von Moden und Medien gemodelt.

- Sie werden im Unterricht in aller Regel nur unvollständig artikuliert, sie sind oft in sich widersprüchlich, und sie stimmen selten bei den verschiedenen Schülern einer Klasse überein.

Es ist unter den heutigen Lebensbedingungen offensichtlich für viele Schüler sehr schwierig, sich ihrer eigenen Interessen bewußt zu werden. Die Versuchung, die Interessenermittlung im Unterricht abzubrechen oder gar nicht erst zu beginnen, ist deshalb für manchen Lehrer groß. Je verbindlicher der Inhaltskanon eines Schulfaches ist (wie z. B. in Mathematik oder in den Fremdsprachen), um so weniger kümmern sich viele Lehrer darum, was ihre Schüler am Thema oder am ganzen Fach interessieren könnte. Nun ist die Frage »Was interessiert euch denn?« in den meisten Fällen ein denkbar ungeeignetes Mittel zur Interessenermittlung. Regelmäßig führt dies zu einer chaotischen, an den Klischees und Vorurteilen der Schüler orientierten, stark verkopften Form der Interessenartikulation. Dennoch wäre ein grundsätzlicher Verzicht auf die Ermittlung der subjektiven Schülerinteressen unvertretbar, und zwar aus folgendem Grund:

These 15.1: Weil es unmöglich ist, die Schüler unter Umgehung oder Unterdrückung ihrer subjektiven Interessen zur Mündigkeit und Selbständigkeit zu führen, müssen die Schüler die Chance haben, sich des Zusammenhanges ihrer subjektiven und objektiven Interessen im Unterricht bewußt zu werden.

Der entscheidende Fehler vieler Lehrer bei der Interessenermittlung der Schüler scheint mir darin zu liegen, daß sie die Inhaltsdimension der Schülerinteressen über- und den Methoden- und Handlungsbezug unterbewerten (siehe S. 37 ff.).

These 15.2: Schülerinteressen haben nicht nur eine inhaltliche, sondern immer auch eine sinnlich-emotionale und eine körperliche Dimension, die beim Unterrichten beachtet werden müssen.

Bei kleineren Kindern ist die Richtigkeit dieser These noch besser als bei Jugendlichen und Erwachsenen zu studieren. Letztere haben oft aufgrund des heimlichen Lehrplans der Schule verlernt, ihre eigenen Interessen ernst zu nehmen:

- □ Kinder haben noch die feste Erwartung, daß das, was sie in der Schule lernen, einen unmittelbaren Gebrauchswert hat und daß es Lustgewinn bringt, etwas neu zu beherrschen. Sie entwickeln so etwas wie eine *sinnliche Rationalität*. Kinder sind noch stärker als ältere Schüler und Erwachsene in der Lage, ihre Interessen mit konkreten Handlungsperspektiven zu verknüpfen. Es will z. B. einfach nicht in den Kopf eines Grundschülers hinein, daß im Sachunterricht mit viel Arbeitsaufwand das Modell der Heimatstadt gebaut, dann aber nicht ausführlich damit gespielt werden darf. Ebensowenig leuchtet es einem Kind ein, wenn es im Schwimmunterricht gerade das Kraulen gelernt hat, dann aber seine Sachen packen und zum Deutschunterricht gehen muß.
- □ Je älter die Schüler werden, um so größer wird der Anteil derjenigen, die nur ungern ihre eigenen Interessen äußern oder die sich völlig weigern, dies zu tun. Sie haben in langen Jahren alltäglichen Unterrichts gelernt, daß zwischen dem pädagogisch zubereiteten »Schulwissen« und den privaten Bedürfnissen und Neigungen offensichtlich unüberwindbare Grenzen bestehen. Die subjektiven Weltversionen, die sie selbstverständlich noch haben (vgl. Rumpf 1979), werden privatisiert. Außerhalb des Unterrichts spielen sie in Freizeitbeschäftigungen und Tagträumen dann eine um so wichtigere Rolle.

Ist es sinnvoll, angesichts der vielfältigen Schwierigkeiten der Interessenartikulation und -ermittlung am Anspruch der Interessenorientierung der Unterrichtsarbeit festzuhalten? Ich meine ja! Und dies nicht nur im Handlungsorientierten Unterricht, sondern in jeder anderen Unterrichtsform auch. Die Forderung muß jedoch konstruktiv gewendet werden: Die Berücksichtigung der Schülerinteressen ist nicht eine mechanisch gedachte Voraussetzung, sondern eine *Aufgabe* des Handlungsorientierten Unterrichts[2]:

> **These 15.3:** Handlungsorientierter Unterricht schafft die Freiräume, in denen sich die Schüler im handelnden Umgang mit dem neuen Thema ihrer Interessen bewußt werden können.

Lehrer sollten ihren Schülern das Recht einräumen, ihre Interessen im Verlauf des Unterrichts zu ändern. Denn zu Beginn einer neuen Thematik können sie verständlicherweise noch nicht voll überblicken, worauf sie sich einlassen. Es hat zumindest schwerwiegende negative Folgen, wenn Lehrer weitreichende inhaltsbezogene Interessen der Schüler geweckt haben, dann aber beim Erlahmen oder Verlust dieser Interessen den Schülern Vorhaltungen machen. Die verletzende Lehrerbemerkung »Ihr wißt ja nicht mal, was ihr wollt!« oder der vorwurfsvolle Hinweis »Das war ja schließlich *euer* Vorschlag!« drängt viele Schüler endgültig in die passive, abwartende Haltung, die aus vielen höheren Klassen bekannt ist. Aus berechtigter Angst vor neuer-

2 Dies ist auch der Tenor neuerer empirischer Studien zur Interessenproblematik von Schülern: Schiefele/Hausser/Schneider (1979); Prenzel/Krapp/Schiefele (1986); zu Physik und Technik: Hoffmann/Lehrke (1986); zur Literatur: Walser/Schmidt-Müller (1986); zur Natur: Kubli (1986).

lichen Frustrationen werden solche Schüler bei der nächsten Interessenbefragung erst einmal den Mund halten und abwarten. Zurück bleiben die nun un-interessanten Themen und das interessen-lose Unbehagen am eigenen Leibe . . .

3.2 Was heißt »Förderung der Selbständigkeit der Schüler«?

Der Wille zur Selbständigkeit erwacht sehr früh – auf jeden Fall lange bevor das Kind zur Schule kommt. Wenn das Problem der Selbständigkeitserziehung nur darin läge, den Willen zur Selbständigkeit aufrechtzuerhalten, so gäbe es damit wohl keine nennenswerten unterrichtspraktischen Schwierigkeiten. Das Problem liegt eher darin, daß Schüler ihnen gegebene Freiräume mißbrauchen, daß sie unökonomisch oder überhaupt nicht lernen, daß sie sich in gefährliche Situationen bringen, daß sie nur noch in ihren Lieblingsfächern arbeiten usw. Deshalb zwingen die Lehrer die Schüler immer wieder – meistens unter Berufung auf deren objektive Interessenlage – dazu, etwas zu tun, was sie von sich aus nicht getan hätten oder zumindest nicht so, wie es der Lehrer vorschreibt. Der Lehrer will die Schüler zur Selbständigkeit erziehen, aber er beschränkt aus eben diesem Grunde fortwährend die Handlungsspielräume der Schüler und mißachtet ihre Interessen. Diese widersprüchliche Verhaltensweise ist schon in der ERSTEN LEKTION (S. I, 55) als *dialektischer Grundwiderspruch der Methode* bestimmt worden. Die Lösung dieses Widerspruchs kann nicht darin liegen, bis zum Ende des Erziehungsprozesses eine direkte und kalte Gewalt aufrechtzuerhalten und darauf zu bauen, daß die Schüler unter der Hand oder gar im Kampf gegen den Lehrer ihre Liebe zur Selbständigkeit entwickeln. Die Lösung kann ebensowenig in der Maxime gesucht werden, die Schüler möglichst früh und radikal sich selbst zu überlassen (dies wäre unterrichtsmethodischer Sozialdarwinismus!). Die einzig sinnvolle, konstruktive Aufhebung des Grundwiderspruchs besteht darin, den Schülern von früh an die *Methodenkompetenz* zum selbständigen Lernen zu vermitteln (vgl. auch Wenzel 1987). Dies gilt gerade und ganz besonders auch für die leistungsschwächeren Schüler:

> »Mama, ich bin jetzt groß! Ich kann jetzt ohne Lätzchen kleckern.«
> Lars Konukiewitz, 2 ½ Jahre

> **These 15.4:** »Der Schüler muß Methode haben. Dem Lehrer aber muß die Methode, seinen Zögling zur Methode zu führen, eigen sein.«

Diese These ist wörtlich aus dem Buch »Die Schule im Dienste der werdenden Persönlichkeit« von *Hugo Gaudig* (1860–1923) übernommen, dem bekannten Vertreter der *Arbeitsschulbewegung* der Reformpädagogik. Ich zitiere die ganze Passage aus dem Kapitel »Die Methode«:

Selbsttätigkeit ist das Kennwort der Methodik der von uns geforderten Schule der Zukunft. Durch Selbständigkeit wird die Schule zur »Arbeitsschule«, d. h. zu der Schule, in der die selbständige Tätigkeit des Schülers die wesentliche, den Charakter der Schule beherrschende Tätigkeitsform ist. Selbsttätigkeit fordere ich für alle Phasen der Arbeitsvorgänge. Beim Zielsetzen, beim Ordnen des Arbeitsgangs, bei der Fortbildung zum Ziel, bei den Entscheidungen an kritischen Punkten, bei der Kontrolle des Arbeitsganges und des Ergebnisses, bei der Korrektur, bei der Beurteilung soll der Schüler freitätig sein. Der freitätige Schüler bedarf keiner Fremdeinwirkung, um den Antrieb zur Tätigkeit zu gewinnen; er bedarf während der Arbeit keiner Erregung der Kraft von außen, er bedarf nicht der Wegführung, damit er den Weg zur Lösung seiner Aufgabe findet. Das Prinzip der Selbsttätigkeit beherrscht den gesamten Schulkursus vom ersten bis zum letzten Tage. Es durchdringt alle Disziplinen, die geistig- und naturwissenschaftlichen sowie die technischen. Ebenso beherrscht es alle Arbeitsformen, die Arbeit am anschaulichen Objekt, die Arbeit am Text, das entwickelnde Verfahren und alles darstellende Tun. Und endlich: Es beherrscht die Arbeit sowohl dann, wenn sie – innerhalb der Klasse – Einzelarbeit ist, d. h. Arbeit, bei der sich die Arbeit des einzelnen Schülers absondert, wie auch dann, wenn die Klasse das eigentlich arbeitende Subjekt ist. Sofern der Schüler selbsttätig ist, ist seine Arbeit »eine Handlung«, bei der er selbst das »handelnde Subjekt«, oder wie man es ausdrücken kann: »der Täter seiner Taten« ist. An solchem Handeln können sich die Dispositionen entwickeln, die wir aufgezählt haben; durch solches Handeln entwickelt sich vor allem auch persönliches Leben. Die Fähigkeit zu solchem freien Tun bringt bereits der Schulneuling mit, so daß man an der Schwelle der Schule den verhängnisvollen, grundsätzlichen Irrtum abweisen kann, als handle es sich bei der Selbsttätigkeit um eine Form der Tätigkeit, die erst am Ende der Schulzeit und vielleicht nur bei der Auslese von Köpfen möglich sei. Natürlich aber bedarf es einer planmäßigen Erziehung zur Selbsttätigkeit, damit immer schwierigere Arbeitsleistungen in selbsttätiger Wirksamkeit von den Schülern bewältigt werden können.

Durch diese planmäßige Einschulung ist dahin zu wirken, daß der Schüler die *Arbeitstechnik* gewinnt. So paradox das klingen mag: *der Schüler muß Methode haben*. Dem Lehrer aber muß die Methode, seinen Zögling zur Methode zu führen, eigen sein. Selbstverständlich handelt es sich hier nicht um das Eindrillen einer Arbeitsmanier, die, einmal eingedrillt, mechanisch angewandt wird. Schon die Einschulung in eine Arbeitstechnik muß im Geiste der Selbsttätigkeit erfolgen: die einzelnen Momente des Arbeitsverfahrens werden nicht etwa kommandiert und exerziert. Die Schüler – vor allem die »führenden Geister« – versuchen sich an der Arbeit. Auch Irrwege oder minder bequeme Wege werden vom Lehrer nicht von vornherein verboten, damit echter Pfadfindergeist und echte Pfadfinderstimmung gewonnen wird. Bisweilen wird auch das Vormachen des Lehrers am Platze sein. So sieht der Schüler die Arbeit vor seinen Augen werden und liest die Technik gleichsam aus der werdenden

Arbeit ab. Es folgt dann die Erläuterung der Technik, durch die der Schüler den Sinn und die Zweckmäßigkeit der gewählten Arbeitsweise erkennt. Die nächste Stufe läßt sich kennzeichnen als Nachmachenlassen und nachfolgendem Urteil, mit steter Hinleitung zur Selbstbeurteilung. Nun folgt das Einüben bis zur Beherrschung der Technik. Den krönenden Abschluß bildet das freie Arbeiten. Dies Arbeiten wird um so freier sein, je mehr die Einführung in die Arbeitstechnik darauf bedacht ist, die Schüler auf die Mehrheit von Wegen, die an sich möglich sind, hinzuweisen und zu der überlegsamen Auswahl der Wege anzuhalten. Dann vermögen sie das Arbeitsverfahren an die gegebene konkrete Aufgabe, die gegebene Arbeitslage anzupassen.

Aus: Hugo Gaudig: Die Schule im Dienste der werdenden Persönlichkeit. 1917, 3. Aufl. Leipzig 1930 (zit. nach Reble 1963, S. 77f.)

Hugo Gaudig verficht eine formale bzw. *methodische* Bildungstheorie. Für ihn ist der entscheidende, allen anderen Zielstellungen übergeordnete Gesichtspunkt die Entwicklung der Methodenkompetenz (er sagt zumeist »Arbeitstechnik« dazu – dieser Begriff ist aus heutiger Sicht zu eng). Die Frage, an welchen *Inhalten* diese Kompetenzen zu entwickeln sind, wird untergeordnet. Dies ist eine heute nicht mehr akzeptable Position. Die Methodenfrage darf der Inhaltsfrage nicht hierarchisch übergeordnet werden – ebensowenig wie eine Unterordnung akzeptabel wäre (vgl. S. I, 77). Die unterrichtsmethodische Grundlinie des Autors verliert mit diesem Hinweis aber nicht ihre Gültigkeit:

These 15.5: Ohne Selbsttätigkeit ist keine Selbständigkeit der Schüler zu erreichen!

Diese Selbsttätigkeit der Schüler kommt nicht von selbst, sozusagen nach dem Laissez-faire-Verfahren zustande. Dieses Mißverständnis wird durch einige der Gaudigschen Formulierungen genährt (»Der freitätige Schüler bedarf keiner Fremdeinwirkung«). – Die Voraussetzungen und der Rahmen für die Selbsttätigkeit der Schüler müssen vielmehr in einem mühsamen, Kraft und Phantasie fordernden Arbeitsprozeß vom Lehrer geschaffen werden. Der Schüler wird durch Selbsttätigkeit und nur durch Selbsttätigkeit zum »handelnden Subjekt«, zum »Täter seiner Taten«, aber dadurch wird der Lehrer nicht überflüssig, sondern er bleibt derjenige, der die zur Selbsttätigkeit provozierenden Handlungssituationen zu schaffen und die dazu geeigneten Sach-, Sinn- und Problemzusammenhänge vorzubereiten hat.

Im Handlungsorientierten Unterricht ergeben sich in jeder Unterrichtsphase vielfältige Gelegenheiten, die Schüler zu den Tätern ihrer Taten zu machen und sie zugleich anzuleiten, ihr eigenes Tun methodisch zu reflektieren:

- ☐ dadurch, daß die Schüler an der Vereinbarung der anzustrebenden Handlungsprodukte beteiligt werden,
- ☐ dadurch, daß sie in der Arbeit am Produkt die von der gestellten Lernaufgabe ausgehenden Sachzwänge erfahren,
- ☐ dadurch, daß sie häufig zur Gruppen- und Partnerarbeit herausgefordert werden,
- ☐ dadurch, daß sie ihre Arbeitsergebnisse selbst im Plenum vorstellen, vorführen und veröffentlichen müssen,
- ☐ dadurch, daß sie vom Lehrer angehalten werden, ihren Lernweg zu dokumentieren,
- ☐ dadurch, daß sie vom Lehrer angehalten werden, über Lernschwierigkeiten und Lernerfolge zu berichten.

Handlungsorientierter Unterricht schafft einen Rahmen für die Selbstdisziplinierung der Schüler. Deshalb kann in ihm auf die Fremddisziplinierung durch den Lehrer für ein gutes Stück verzichtet werden.

3.3 Was heißt »Öffnung der Schule«?

Im folgenden soll unter der »Öffnung« des Unterrichts und der Schule dreierlei verstanden werden:

- □ Einmal geht es darum, den Unterrichtsprozeß *offen für die Selbsttätigkeit und Selbständigkeit der Schüler* zu machen (vgl. auch Loser 1975; Ramseger 1977; 1987; Gutte 1979).
- □ Zum zweiten geht es darum, den Unterricht (insbesondere den Fachunterricht!) zu öffnen, ihn fächerübergreifend und projektförmig zu gestalten und in ein differenziertes *Schulleben* einzubinden.
- □ Drittens geht es darum, die Schule gegenüber ihrem *schulischen Umfeld* zu öffnen. Diese Öffnung darf keine Einbahnstraße sein: Es geht nicht nur darum, daß die Schüler hier und dort einen Erkundungsgang, eine Klassenfahrt oder ein Praktikum machen, sondern ebenso sehr darum, daß Fachleute, Eltern, Politiker, ehemalige Schüler usw. in die Schule geholt werden, um Rede und Antwort zu stehen, um bei Projekten mitzumachen und insgesamt den Unterricht inhaltlich zu bereichern und lebendiger zu gestalten.

Wenn die Schüler mit ihren Handlungs- bzw. Unterrichtsergebnissen an die Öffentlichkeit treten, stellen sie sich der Kritik, erhalten aber auch Lob und Bestätigung. Wenn diese Ergebnisse qualifiziert genug sind, können sich Schüler, Lehrer und Schulen auch in konkrete gesellschaftliche Auseinandersetzungen, z. B. zur Umwelt- und Friedensarbeit, zur Kommunalpolitik, zur Kulturarbeit, zu Städtepartnerschaften usw. einmischen. Daß solch eine gesellschaftskritische Schularbeit möglich ist, ohne zu einer parteipolitisch einseitigen Option zu geraten, haben viele Schulen inzwischen mit ihren Projektwochen bewiesen.

Die Schüler sollen *lernen, selbst Öffentlichkeit herzustellen*. Sie sollen sich zumindest einen Schritt weit von den Öffentlichkeits-Surrogaten freimachen, die die Medienindustrie ins Haus liefert. Die Schüler sollen selbst erfahren können, welche zusätzlichen Anstrengungen erforderlich sind, um das, was man sich im Unterricht angeeignet hat, anderen deutlich und verständlich zu machen. Wenn dies gelingt, kann für eine begrenzte Zeit und in einem begrenzten Raum eine von der Medienindustrie unabhängige »Gegenöffentlichkeit« geschaffen werden, durch die die Schule – auch wenn mancher dies heute nur ungern hört – so etwas wie ein basisdemokratisches politisches Mandat bekommen kann:

> **These 15.6:** Die Schule soll sich gegenüber dem schulischen Umfeld öffnen, um die Ergebnisse der Unterrichtsarbeit einer demokratischen Kontrolle und Kritik auszusetzen, aber auch, um sich in konkrete, überschaubare und begrenzte gesellschaftliche Auseinandersetzungen einzumischen.

3.4 *Was heißt »Integration von Kopf- und Handarbeit«?*

Wir kommen zum vierten der zu Beginn dieses Abschnitts formulierten didaktischen Kriterien. Es ist in theoretischer und praktischer Sicht das am schwierigsten zu definierende Kriterium:

- □ Als *»Handarbeit«* sollen im folgenden alle mit Hilfe des Körpers bzw. durch ihn ausgeführten materiellen Handlungen bezeichnet werden.
- □ Als *»Kopfarbeit«* können dann alle geistigen, also sprachlich artikulierten oder auch nur in der sogenannten »inneren Sprache« (vgl. S. I, 188) vorgenommenen Denk-Handlungen bezeichnet werden.

Auf einer rein analytischen Betrachtungsebene ist die Forderung, Kopf- und Handarbeit zu integrieren, trivial. Sie ist nämlich immer schon gegeben:

- □ Schüler bekommen z. B. eine Rechenaufgabe gestellt, die der Lehrer an der Tafel notiert hat. Sie benötigen für die Lösung nicht nur den Verstand, um Rechenoperationen durchzuführen – sie brauchen auch ihre Augen, um zu schauen, die Ohren, um zu hören, die Fingerfertigkeit, um Zahlenkolonnen ins Heft zu tragen.

Diese zwangsläufige Integration von Kopf und Körper ist natürlich nicht gemeint. Es geht vielmehr darum, *eine ganz bestimmte*, quer zur europäisch-abendländischen Denktradition liegende *Qualität der Vermittlung von Kopf- und Handarbeit herzustellen:*

- □ Die traditionelle Abwertung der Handarbeit gegenüber der Kopfarbeit, die eine lange Geschichte und vielfältige gesellschaftliche Ursachen hat (vgl. Sohn-Rethel 1972), soll im Unterricht ein Stück weit zurückgenommen werden.
- □ Die für die erfolgreiche Kopfarbeit vermeintlich unverzichtbare Stillstellung des Körpers soll ein Stück weit aufgehoben werden.
- □ Die dem abendländischen Dualismus von Leib und Seele korrespondierende falsche Entgegensetzung von Emotionalität und Rationalität ist unvertretbar. Sie soll einer neu zu entfaltenden Einheit weichen.

Eine begriffliche und inhaltliche Klärung von Kopf- und Handarbeit ist dringend geboten. Nach der »herrschenden Lehrmeinung« besteht das Lernen aus der schrittweisen Verinnerlichung ursprünglich materieller (also leibhaftig ausgeführter) Lernhandlungen hin zu geistigen, nur noch im Kopfe bzw. sprachlich ausgeführten Denkhandlungen:

- □ Dies ist an der üblichen Gestaltung der Lese- und Schreiblehrgänge ebenso wie an den Rechenlehrgängen nachzuweisen;
- □ dies läßt sich in Geometrie, im Fremdsprachen-Anfangsunterricht und in vielen anderen Lehrgängen auch nachweisen.

Im Schema auf S. 422 wird dieses gängige, hierarchisierende Vorverständnis auf den Begriff gebracht.

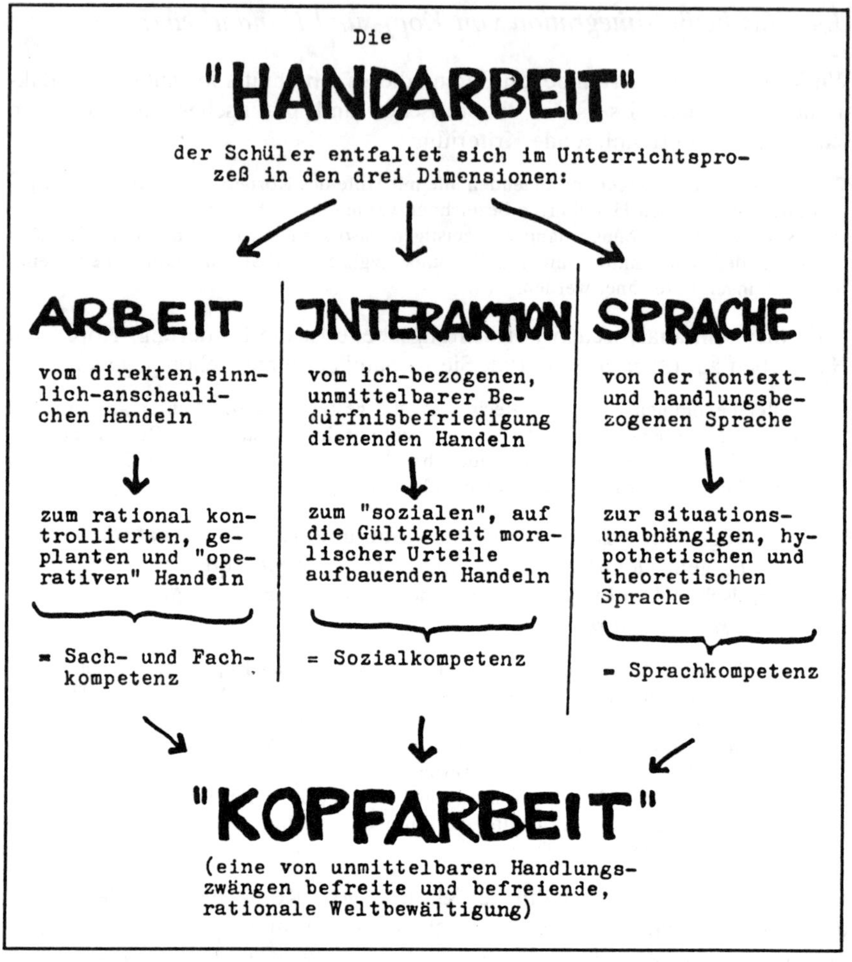

Das in diesem Schema angedeutete *Ziel* der Unterrichtsarbeit ist sinnvoll und unbestritten: Die Schüler sollen handlungskompetent werden, und dies heißt, daß sie sich nicht nur auf Abruf bereitstehende Einzelqualifikationen angeeignet, sondern daß sie gelernt haben sollen, mit diesen Einzelqualifikationen vernünftig umzugehen. Sie müssen also eine *Gesamt*kompetenz erworben haben, die im THEORIETEIL als Befähigung zum aufrechten Gang umschrieben worden ist (siehe S. I, 97). Diese Gesamtkompetenz schließt die Befähigung zur rationalen Kontrolle und Kritik ein, aber ich bezweifle, daß sie tatsächlich so stromlinienförmig vom praktischen, kontext- und körpergebundenen Handeln hin zum geistigen, kontextunabhängigen und theoriegeleiteten Handeln führt, wie dies das Schema nahelegt. Handlungsorientierter Unterricht ist dadurch gekennzeichnet, daß es keine aufsteigende Linie von der Hand- zur Kopfarbeit, sondern eine den gesamten Lernprozeß begleitende dynamische Wechselwirkung zwischen beiden Komponenten gibt.

These 15.7: Kopf- und Handarbeit des Schülers stehen im Unterrichtsprozeß in dynamischer Wechselwirkung zueinander.

Praktisches Handeln ist keine Behinderung, sondern die Vollendung der geistigen Arbeit. Das Fühlen ist kein Denken minderer Ordnung, sondern dessen Voraussetzung und Rahmen:

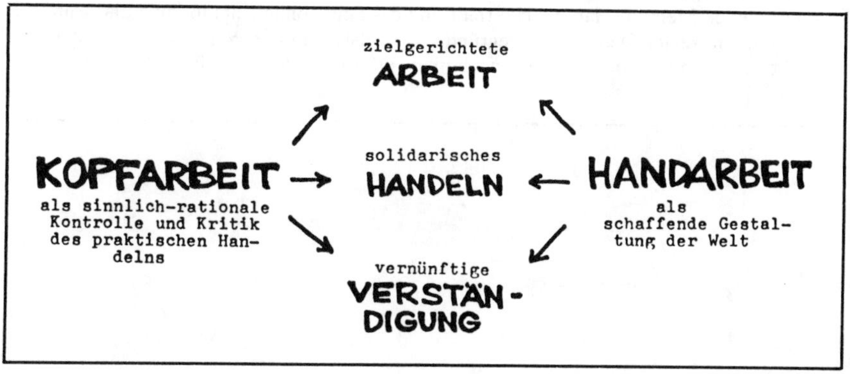

Wenn dem so ist, muß Unterricht grundsätzlich – also nicht nur in Einstiegsphasen, in niedrigen Klassen oder in der praktischen Berufsausbildung – auf ein ausgewogenes Verhältnis von Kopf- und Handarbeit hinarbeiten, um den Erfolg des Unterrichts durch die Ganzheitlichkeit der Lehr- und Lernformen zu sichern. Nur derjenige ist ein Meister seines Faches, der es in Theorie *und* Praxis meistert.

Es ist sicherlich schwierig, diese These mit den üblichen Standards der empirisch-analytischen Lernforschung zu belegen. Es handelt sich nicht um einen bewiesenen Satz, sondern um eine Arbeitshypothese und ein Programm. Die Verwirklichung dieses Programms macht weitreichende theoretische und praktische Neuorientierungen der Unterrichtsarbeit und des Welt-, Gesellschafts- und Menschenbildes notwendig, die sich in den Natur- und Geisteswissenschaften als Sinnkrise ihres Selbstverständnisses ankündigen, aber sicherlich noch nicht den technisch-ökonomisch-militärischen Apparat unserer Gesellschaft und auch nur eine Minderheit der Lehrer und Wissenschaftler erfaßt haben: An die Stelle des naiven, wissenschaftlich-technischen Fortschrittsdenkens, das uns so herrlich weit gebracht hat, muß ein ganzheitlich-dialogischer Umgang mit der Natur, mit uns selbst, unserem Körper und mit der Gesellschaft insgesamt treten (vgl. Prigogine/Stengers 1981; zur Lippe 1978; Huschke-Rhein 1984). Diese Umorientierung kommt nicht von selbst. Sie muß von pädagogisch und politisch engagierten Lehrern, Schülern und Wissenschaftlern in mühsamer Arbeit geschaffen werden – so, wie dies von *Ernst Bloch* im letzten Satz seines philosophischen Hauptwerks, dem »Prinzip Hoffnung«, formuliert worden ist:

> »Der Mensch lebt noch überall in der Vorgeschichte, ja alles und jedes steht noch vor Erschaffung der Welt, als einer rechten. Die wirkliche Genesis ist nicht am Anfang, sondern am *Ende*, und sie beginnt erst anzufangen, wenn Gesellschaft und Dasein radikal werden, das heißt sich an der Wurzel fassen. Die Wurzel der Geschichte aber ist der arbeitende, schaffende, die Gegebenheiten umbildende und überholende Mensch. Hat er sich erfaßt und das Seine ohne Entäußerung und Entfremdung in realer Demokratie begründet, so entsteht in der Welt etwas, das allen in die Kindheit scheint und worin noch niemand war: *Heimat.*« (Bloch 1959, Bd. 2, S. 1628)

4. Konkrete Utopie

Ich komme zum Schluß dieses überlangen Buches. Unterrichtsmethoden – dies haben die vielen Thesen und vielen Beispiele hoffentlich verdeutlicht – dürfen nicht als isolierte Techniken mißverstanden werden: Sie sind und bleiben ein Politikum. Wer die Methoden erneuern will, verändert damit den gesamten Schulbetrieb. Deshalb ist die Entwicklung der in diesem Buch geforderten Methodenkultur nicht nur eine Privatsache des einzelnen Lehrers, sondern auch eine Entwicklungsaufgabe für das ganze Kollegium sowie eine Verpflichtung für die Schulverwaltung und die Bildungspolitiker, die die Rahmenbedingungen für Reformen mitbestimmen. Schon kleinste Schritte zur Öffnung des Unterrichts erfordern viel Kraft, Zeitaufwand, Mühe und Geduld – also gerade das, was im Streß des Schulalltags eher Mangelware ist, wovon das Schulleben aber dennoch zehrt. Es geht aber nicht an, daß diese Mehrarbeit immer nur durch den Idealismus eines Teils der Kollegen gesichert wird. Die Ausbeutung des Idealismus' dieser Lehrer muß in engsten Grenzen gehalten werden. Irgendwann – also möglichst bald – muß versucht werden, die inhaltlichen und organisatorischen Konsequenzen methodischer Änderungen gemeinsam zu diskutieren und Lösungen zu finden. Dafür ist nicht nur eine kurzfristige, in Fach- und Gesamtkonferenzen zu erarbeitende, sondern auch eine langfristige *Zielperspektive* erforderlich. Die folgende Beschreibung einer solchen Zielperspektive wird manchem von Ihnen vermutlich blauäugig und weltfremd erscheinen. Sie ist es auch – gemessen an den unsäglichen Beharrungstendenzen der institutionalisierten Schule. Aber die einzelnen Bausteine, aus denen diese *konkrete Utopie einer Schule der Zukunft* zusammengefügt worden sind, habe ich nicht aus der Luft gegriffen. Sie sind schon vielerorts Wirklichkeit (z. B. an der Odenwald-Schule Ober-Hambach, an der Richtsberg-Gesamtschule in Marburg, an der Glocksee-Schule und an vielen weiteren großen und kleinen Schulen im Lande).

1. Ich stelle mir eine *kleine Gesamtschule* mit vielleicht 500 Schülern vor. In der Nachbarschaft befindet sich eine ebenfalls überschaubare Integrierte Sekundarstufe II, die alle Schüler der IGS aufnimmt und zu einem doppelt qualifizierenden Abschluß führt, also Abitur oder Fachhochschulreife *und* den Nachweis über eine abgeschlossene Berufsausbildung (z. B. Facharbeiterbrief) auf den Lebensweg mitgibt.
2. An dieser Schule gibt es eine klare, für die Schüler übersichtliche *Unterrichtsorganisation:*

Fachunterricht:	Freiarbeit/Offenes Lernen:	Projektarbeit:
Die *erste »Säule«* ist ein straff organisierter und anspruchsvoller *lehrgangsmäßiger Unterricht,* der ruhig über weite Strecken als Frontalunterricht ablaufen kann. Hier wird im wesentlichen das systematische Wissen der traditionellen Hauptfächer vermittelt. Dazu gibt es feste Lerngruppen, in der Regel also den Klassenverband.	Diese *zweite Säule* bietet den Schülern einen stark individualisierten und mediengestützten Unterricht im Stile der »Freiarbeit« an Montessori-Schulen. Hier geht es um die Vor- und Nachbereitung des lehrgangsmäßigen Unterrichts sowie um die individuelle Vertiefung in frei gewählten Lernbereichen. Wenn die Schüler bei dieser Stillarbeit sind, herrscht eine himmlische Ruhe im Schulgebäude. Es ist nicht mehr nötig, die Klassentüren zu schließen. Die Schüler werden von den Lehrern dazu angehalten, ihre Wochenpläne schrittweise selbständig zu erstellen.	Für die projektförmige, nicht auf Projektwochen beschränkte Arbeit werden stabile Kleingruppen gebildet, die möglichst leistungsheterogen zusammengesetzt sind. Auch hier werden die Schüler dazu angehalten, ihren Projektunterricht schrittweise selbst zu organisieren. Die Schüler dürfen das Schulgebäude verlassen. Sie können Erkundungen und Praktika machen; sie können Ausstellungen, Elternabende, Theatervorführungen usw. organisieren.

3. Der Schulvormittag ist in *Zweistunden-Blöcke* aufgeteilt. Von Wochentag zu Wochentag abwechselnd beginnt der Unterricht einmal mit zwei Stunden »Fachunterricht«, das andere mal mit zwei Stunden »Freiarbeit«; nach der zweiten großen Pause folgen zwei Stunden Projektarbeit.
4. Jede Klasse hat einen eigenen *Klassenraum,* den sie in Absprache mit den Lehrern und dem Hausmeister gestalten kann.
5. Für die *Projektarbeit* gibt es an dieser Schule eine Medienwerkstatt, eine technische Werkstatt, ein Studio (für szenisches Spiel, Theater usw.), natürlich einen Bio-Garten, aber auch einen Meditations- und Ruheraum; außerdem ein »Büro«, in dem die Schüler mit wachsender Eigenverantwortung die für ihre Projekte notwendigen Außenkontakte abwickeln.

Regen in der Wüste
SCHÜLERBÜRO
ACHTUNG AUFNAHME
ARF
BITTE RUHE...
KF87

Hier, im projektförmigen, handlungsorientierten Unterricht müssen die Schüler lernen, mit komplexen gesellschaftlichen Fragestellungen konstruktiv umzugehen; sie sollen lernen, wie schwierig es ist, die abstrakten, verrechtlichten und oft politisierten ›Außenbeziehungen‹ der Schule dauerhaft zu gestalten.

6. An dieser Schule gibt es selbstbewußte *Lehrer!* Lehrer, die genau wissen, was sie wollen und die deshalb auch die Souveränität haben, ihre Schüler über lange Strecken an der langen Leine handeln zu lassen. Aber sie sorgen für die Organisation der Lernsituationen, um den Schülern große Mitbestimmung bei der Auswahl und Bearbeitung der Inhalte zu geben. Und sie sind zur Stelle, wenn Schüler durch die zugemutete Selbständigkeit überfordert werden und die Flinte ins Korn werfen wollen. Diese Lehrer haben natürlich alle guten Eigenschaften, die man sich denken kann: Sie sind engagiert und ernsthaft, witzig und manchmal frech, sie haben ein ausgeglichenes Verhältnis zur Schulleitung und Schulaufsicht und wahnwitzig interessante private Hobbies. Sie machen in der Stadtteil-, Öko- und Friedensarbeit mit usw.
7. Die *Schüler* werden von Anfang an dazu angehalten, Verantwortung für ihren eigenen Lernprozeß zu übernehmen – nicht so sehr durch Ermahnungen und Leistungsstandsberichte, sondern durch vielfältige Anleitungen zur bewußten Wahrnehmung und Kritik der eigenen Methodenkompetenz. Die Lehrer sorgen dafür, daß die Schüler nicht immer vom einen zum nächsten Thema und Fach springen, sondern in einigen grundlegenden Kompetenzbereichen Kontinuität entwickeln. Diese »Grundbildung« wird aber nicht von einem abstrakten Bildungsideal, sondern von der Lernbiographie des Schülers her definiert.
8. Diese Schule hat – wie könnte es anders sein – eine starke und selbstbewußte *Schulleitung*. Sie läßt die Lehrer und Schüler bei den vielen kleinen und großen Pannen, die bei der Öffnung des Unterrichts unvermeidlich sind, nicht im Regen stehen, sondern vermittelt und hilft.

Und dies alles spielt sich nicht in einer Vorführ- und Renommierschule ab, mit der ein Kultusminister oder Bischof seine reformfreudige Gesinnung dokumentieren will, sondern in der unauffälligen, kleinen Schule von nebenan!

Literaturverzeichnis

Achtenhagen, Frank: Didaktik des Wirtschaftslehreunterrichts. Leske + Budrich Opladen 1984

Adl-Amini, Bijan/Oelkers, Jürgen/Neumann, Dieter (Hrsg.): Pädagogische Theorie und erzieherische Praxis. Grundlegung und Auswirkungen von Herbarts Theorie der Pädagogik und Didaktik. Haupt Verlag Bern-Stuttgart 1979a

Adl-Amini, Bijan/Oelkers, Jürgen/Neumann, Dieter (Hrsg.): Didaktik in der Unterrichtspraxis. Grundlegung und Auswirkungen der Theorie der Formalstufen in Erziehung und Unterricht. Haupt Verlag Bern-Stuttgart 1979b

Aebli, Hans: Grundformen des Lehrens. 9. überarb. Aufl. Klett Stuttgart 1976

Aebli, Hans: Denken: Das Ordnen des Tuns. Bd. I: Kognitive Aspekte der Handlungstheorie. Klett-Cotta Stuttgart 1980

Aebli, Hans: Denken: Das Ordnen des Tuns. Bd. II: Denkprozesse. Klett-Cotta Stuttgart 1981

de Ahna, Kurt-Peter/Heller, Albert/Linke, Manfred: Seniorenfernsehen Dreieich. In: Jürgen Gidion u. a. (Hrsg.): Gestalten der Sprache. Beltz Weinheim 1987, S. 48–58

Alers, Imke/Wellmeyer, Ewald: Kooperation mit einer Studentin: Umgestaltung eines Klassenraumes. In: Hänsel, Dagmar (Hrsg.): Das Projektbuch Grundschule. Beltz Weinheim-Basel 1986, S. 212–225

Alex, Sabine/Vopel, Klaus W.: Lehre mich nicht, Lass mich lernen. 4 Teilbände ISKO-PRESS Hamburg 1987

Allerkamp, Wolfgang: Der Mörder von Bergedorf-Süd – Ein Filmprojekt. In: Bastian, Johannes/Gudjons, Herbert (Hrsg.): Das Projektbuch. Bergmann + Helbig Braunschweig 1986, S. 161–173

Andersen, Bo Dan/Hansen, Søren/Jensen, Jesper: Das kleine rote Schülerbuch. Verlag Neue Kritik Frankfurt 1970

Arbeitsgruppe Oberkircher Lehrmittel (Hrsg.): Handbuch zum Schulalltag. Rowohlt Reinbek 1982

Arbeitsgruppe Oberkircher Lehrmittel (Hrsg.): Schulspaß und Schulspiele. Handbuch zum Schulalltag 2. Rowohlt Reinbeck 1983

Arbeitsgruppe Schulforschung (Klaus Hurrelmann u. a.): Leistung und Versagen. Alltagstheorien von Schülern und Lehrern. Juventa München 1980

Argyle, Michael: Körpersprache und Kommunikation. Junfermann Paderborn 1978

Aschersleben, Karl: Einführung in die Unterrichtsmethodik. Kohlhammer Stuttgart 1974

Aschersleben, Karl: Moderner Frontalunterricht. Peter Lang Frankfurt/M.-Bern-New York 1985

Autorengruppe Grundschulprojekt Gievenbeck: Hitchcock in der Grundschule – Ein Projekt gegen kindliche Ängste. In: Hänsel, Dagmar (Hrsg.): Das Projektbuch Grundschule. Beltz Weinheim-Basel 1986, S. 161–178

Baacke, Dieter: Die 13- bis 18jährigen. Urban & Schwarzenberg München 1976

Baacke, Dieter: Die 6- bis 12jährigen. Beltz Weiheim/Basel 1984

Baacke, Dieter/Heitmeyer, Wilhelm (Hrsg.): Neue Widersprüche. Jugendliche in den achtziger Jahren. Juventa Weinheim/München 1985

Baacke, Dieter/Schulze, Theodor (Hrsg.): Aus Geschichten lernen. Juventa München 1979

Baacke, Dieter/Schulze, Theodor (Hrsg.): Pädagogische Biographieforschung. Beltz Weinheim und Basel 1985

Backhaus, Jürgen/Wagner, Rudolf: Frage- und Antworttechniken als Dimensionen des Lehrverhaltens. In: Wirtschaft und Erziehung. Jg. 30, 1978, H. 2, S. 40–49

Bärsch, Walter: Erziehungskonflikte. Bewältigung abweichenden Verhaltens. Scriptor Königstein/Ts. 1978

Baethge, Martin: Individualisierung als Hoffnung und Verhängnis. In: Soziale Welt, 1985, S. 299–312

Bäuml, Maria-Anna: Das Experiment im Sachunterricht der Grundschule. Michael Prögel Ansbach 1979

Baldermann, Ingo: Der biblische Unterricht. Westermann Braunschweig 1969

Bartels, Alois/Kötter, Winfried/Loose, Gerd/Scheller, Ingo: Das Szenische Spiel als Lernform in der Sonderschule. Zentrum für pädagogische Berufspraxis, Universität Oldenburg 1987

Bastian, Johannes/Gudjons, Herbert (Hrsg.): Das Projektbuch. Theorie – Praxisbeispiele – Erfahrungen. Bergmann + Helbig Hamburg 1986

Bauer, E. W.: Schreiben, Zeichnen und Malen an der Tafel. In: Unterricht Biologie, H. 8, 1981, S. 63–65

Bauer, Hans: Den Schulalltag vergessen. In: Lorenz, Ulrike/Ipfling, Heinz-Jürgen (Hrsg.): Ideenkiste. Klinkhardt Bad Heilbrunn/Obb. 1986, S. 25–32

Bauersfeld, Heinrich u. a.: Analysen zum Unterrichtshandeln. Aulis Verlag Deubner & Co KG Köln 1982

Bauersfeld, Heinrich/Voigt, Jörg: Den Schüler abholen, wo er steht! Inszenierung oder Verwirklichung eines didaktischen Prinzips? In: Lernen – Ereignis und Routine. Jahresheft IV des Friedrich Verlags, Seelze 1986, S. 18–20

Baurmann, Jürgen/Cherubim, Dieter/Rehbock, Helmut (Hrsg.): Neben-Kommunikationen. Beobachtungen und Analysen zum nichtoffiziellen Schülerverhalten innerhalb und außerhalb des Unterrichts. Westermann Braunschweig 1981

Baurmann, Jürgen: Verhaltensweisen neben der unterrichtlichen Kommunikation. Sprachdidaktische Überlegungen und empirische Befunde. In: Baurmann, Jürgen u. a. (Hrsg.): Neben-Kommunikationen. Westermann Braunschweig 1981, S. 15–34

Bayer, Klaus: Das Interview. In: Praxis Deutsch, H. 24/1977, S. 60–64

Beck, Johannes/Boehncke, Heiner (Hrsg.): Jahrbuch für Lehrer 5. Rowohlt Reinbek 1980

Beck, Ulrich: Jenseits von Stand und Klasse? Soziale Ungleichheiten, gesellschaftliche Individualisierungsprozesse und die Entstehung neuer sozialer Formationen und Identitäten. In: Soziale Welt, 1984, S. 35–74

Beck, Ulrich: Risikogesellschaft. Auf dem Weg in eine andere Moderne. Suhrkamp Frankfurt/M. 1986

Becker, Georg E./Clemens-Lodde, Beate/Köhl, Karl: Unterrichtssituationen III: Üben und Experimentieren. Urban & Schwarzenberg München 1976

Behme, Helma: Zur Theorie und Praxis des Gesprächs in der Schule. Henn Kastellaun 1977

Bellack, A. A. u. a.: Die Sprache im Klassenzimmer. Schwann Düsseldorf 1974

Belschner, Wilfried/Hoffmann, Monika/Schott, Franz/Schulze, Christa: Verhaltenstherapie in Erziehung und Unterricht. 3. Aufl. Kohlhammer Stuttgart-Berlin-Köln-Mainz 1975

Bennedik, Jörg: Wasserversorgung. In: Einsiedler, Wolfgang/Rabenstein, Rainer (Hrsg.): Grundlegendes Lernen im Sachunterricht. Klinkhardt Bad Heilbrunn/Obb. 1985, S. 61–75

Benner, Dietrich u. a.: Entgegnungen zum Bonner Forum »Mut zur Erziehung«. Urban & Schwarzenberg München-Wien-Baltimore 1978

Benner, Dietrich: Die Pädagogik Herbarts. Juventa Weinheim-München 1986

Ben-Peretz, M./Bromme, R./Halkes, B. (Eds.): Advances in Research on Teacher Thinking. Swets & Zeitlinger Lisse (Niederlande) 1986

Berger, Peter L./Luckmann, Thomas: Die gesellschaftliche Konstruktion der Wirklichkeit. Eine Theorie der Wissenssoziologie. S. Fischer Frankfurt/M. 1970

Binger, Lothar: Fall aus der Rolle. Spielen in der Schule. Basis Verlag Berlin 1977

Blanck, P. D./Rosenthal, R.: Developing strategies for decoding »leaky« messages. On learning how and when to decode discrepant and consistent social communications. In: Feldmann, R. S. (Ed.): Development of nonverbal behavior in children. New York 1982, pp. 203–230

Blankertz, Herwig: Bildung im Zeitalter der großen Industrie. Schroedel Hannover 1969

Blankertz, Herwig: Bildungstheorie und Ökonomie. In: Kutscha, Günter (Hrsg.): Ökonomie an Gymnasien. Kösel München 1975b, S. 59–72

Blankertz, Herwig: Die Geschichte der Pädagogik. Von der Aufklärung bis zur Gegenwart. Büchse der Pandora Wetzlar 1982

Bloch, Ernst: Das Prinzip Hoffnung. 2 Bde. Suhrkamp Frankfurt 1959

Blume, Rüdiger/Bader, Joachim: Umweltchemie im Experiment. Scriptor Frankfurt 1989

Boal, Augusto: Theater der Unterdrückten. Suhrkamp Frankfurt 1979

Bodenheimer, Aron Ronald: Warum? Von der Obszönität des Fragens. Reclam Stuttgart 1984

Bönsch, Manfred: Die Wandtafel als Arbeitsmittel im Unterricht. A. W. Zickfeld Hannover 1972

Bönsch, Manfred: Wie sichere ich Ergebnis und Erfolg in meinem Unterricht? 4. Aufl. Neue Deutsche Schule Essen 1974

Bönsch, Manfred: Differenzierungsformen. In: Enzyklopädie Erziehungswissenschaft. Bd. 4, Klett-Cotta Stuttgart 1985, S. 411–421

Boettcher, Wolfgang/Otto, Gunter/Sitta, Horst/Tymister, Hans Josef: Lehrer und Schüler machen Unterricht. Unterrichtsplanung als Sprachlernsituation. Urban & Schwarzenberg München-Wien-Baltimore 1978

Bohnsack, Fritz u. a.: Schüleraktiver Unterricht. Möglichkeiten und Grenzen der Überwindung von »Schulmüdigkeit« im Alltagsunterricht. Beltz Weinheim-Basel 1984

Bollnow, Otto Friedrich: Die Macht des Worts. 2. Aufl. Neue Deutsche Schule Essen 1966

von Borries, Bodo: Lehrererzählung. In: Enzyklopädie Erziehungswissenschaft, Bd. 4, Klett-Cotta Stuttgart 1985, S. 503–509

Boßmann, Dieter: Die verdammten Hausaufgaben. Was können Eltern tun? Fischer Frankfurt/M. 1979

Bourdieu, Pierre/Passeron, Jean-Claude: Die Illusion der Chancengleichheit. Klett Stuttgart 1971

Bracht, Udo: Bilder von der Schulbank. Kritzeleien aus deutschen Schulen. Hanser München 1978

Brecht, Bertolt: Gesammelte Werke. Bd. 15, Suhrkamp Frankfurt/M. 1967

Brehmer, Ilse (Hrsg.): Sexismus in der Schule. Beltz Weinheim-Basel 1982

Breitinger, Eugen Oskar/Seipp, Johannes: Wandtafelzeichnen in der Volksschule. Luchterhand Berlin und Neuwied 1966

Brocher, Tobias: Gruppendynamik und Erwachsenenbildung. Westermann Braunschweig 1967

Brockmann, Thomas: Schummeln – aber richtig! Lehrbuch für den routinierten Täuschungsversuch. Eichborn Frankfurt/M. 1984

Brockmann, Thomas: Schummeln – aktuell! Mit neuen Tips und Tricks. Eichborn Frankfurt/M. 1985

Bromme, Rainer: Das Denken von Lehrern bei der Unterrichtsvorbereitung. Beltz Weinheim-Basel 1981

Bromme, Rainer: Was sind Routinen im Lehrerhandeln? In: Unterrichtswissenschaft, Jg. 5 (1985), S. 182–192

Bronfenbrenner, Urie: Die Ökologie der menschlichen Entwicklung. Klett Stuttgart 1981

Brophy, Jere E./Good, Thomas L.: Die Lehrer-Schüler-Interaktion. Urban & Schwarzenberg München 1976

Bruner, Jerome S.: Der Prozeß der Erziehung. Berlin-Verlag Berlin/Schwann Düsseldorf 1970

Buber, Martin: Ich und Du. Werke, Bd. 1, Lambert Schneider Heidelberg 1962

Buddensiek, Wilfried: Simulationsspiel. In: Enzyklopädie Erziehungswissenschaft.

Bd. 4, Klett-Cotta Stuttgart 1985, S. 604–609

Büchse, Kristin: Lehrertypen. In: Kahl, Reinhard (Hrsg.): Schule überleben. Rowohlt Reinbek 1983, S. 190–192

Bühs, Roland: Tafelzeichnen kann man lernen. Bergmann + Helbig Hamburg 1986

van Buer, Jürgen/Achtenhagen, Frank/Oldenbürger, Hartmut-A.: Lehrerurteile über Schüler, Schülerselbstbild und interaktionelles Verhalten im Englischanfangsunterricht. In: Zeitschrift für Pädagogik. Jg. 32 (1986), S. 679–701

Bundesjugendwerk der Arbeiterwohlfahrt (Hrsg.): Praxismappe: Spiele für Kinder, Jugendliche und Erwachsene. Bonn 1982

Burk, Karlheinz/Haarmann, Dieter (Hrsg.): Wie viele Ecken hat unsere Schule? Bd. 1: Schulraumgestaltung. Arbeitskreis Grundschule e. V. Frankfurt/M. 1979

Busch, Hermann: Eine Schule feiert. In: Lorenz, Ulrike/Ipfling, Heinz-Jürgen (Hrsg.): Ideenkiste. Klinkhardt Bad Heilbrunn/Obb. 1986, S. 57–66

Callies, Elke: Spielendes Lernen. In: Deutscher Bildungsrat. Gutachten und Studien der Bildungskommission: Die Eingangsstufe des Primarbereichs, Bd. 2/1: Spielen und Gestalten. Klett Stuttgart 1975

Chilla, Barbara/Chilla, Dieter: Produktion eines Hörspiels in einem 8. Schuljahr. In: Tymister, Hans Josef u. a.: Deutschunterricht 5–10. Urban & Schwarzenberg München 1980, S. 92–105

Claessens, Dieter: Rolle und Macht. Juventa München 1968

Clark, C. H.: Brainstorming. 3. Aufl. Verlag Moderne Industrie München 1973

Clark, C./Peterson, P.: Teachers' Thought Processes. In: Wittrock, M. C. (Ed.): Third Handbook on Research on Teaching. Mc Millan New York 1986

Cloer, Ernst (Hrsg.): Disziplinkonflikte in Erziehung und Schule. Klinkhardt Bad Heilbrunn/Obb. 1982

Coburn-Staege, Ursula: Lernen durch Rollenspiel. Fischer Frankfurt 1977

Cohn, Ruth: Von der Psychoanalyse zur Themenzentrierten Interaktion. Klett Stuttgart 1975

Comenius, Johann Amos: Große Didaktik. Hrsg. von Andreas Flitner, 2. überarb. Aufl. Küpper vormals Bondi Düsseldorf 1960

Comenius, Johann Amos: Orbis sensualium pictus. Reprint Harenberg Kommunikation Dortmund 1978

Copei, Friedrich: Der fruchtbare Moment im Bildungsprozeß. 3. ergänzte Aufl. Quelle & Meyer Heidelberg 1955

Dahms, Günter: Nachdenken im Unterricht. Fragemethode und Anleitung zum argumentativen Gespräch. Scriptor Königstein/Ts. 1979

Daublebsky, Benita: Spielen in der Schule. Klett Stuttgart 1973

Dauenhauer, Erich: Über das Arbeiten an der Wandtafel im neuzeitlichen Sozialkundeunterricht. In: Die neue Berufsschule, H. 4 (1963), S. 151–157

Daum, Egbert: Exkursion. In: Jander, Lothar/Schramke, Wolfgang/Wenzel, Hans-Joachim (Hrsg.): Metzler Handbuch für den Geographieunterricht. Metzlersche Verlagsbuchhandlung Stuttgart 1982, S. 71–75

von Derschau, Dietrich (Hrsg.): Hausaufgaben als Lernchance. Urban & Schwarzenberg München 1979

Deutscher Bildungsrat, Empfehlungen der Bildungskommission: Strukturplan für das Bildungswesen. Klett Stuttgart 1970

Diederich, Jürgen: Zuhören – die häufigste Schülertätigkeit. In: Zeitschrift für Pädagogik, H. 5 (1969), S. 545–549

Diederich, Jürgen/Wulf, Christoph: Gesamtschulalltag. Die Fallstudie Kierspe. Schöningh Paderborn 1979

Diegritz, Theodor/Rosenbusch, Heinz Josef: Kommunikation zwischen Schülern. Urban & Schwarzenberg München 1977

Diegritz, Theodor/Rosenbusch, Heinz S./Lang, Kristin/Schneider, Irene: Wie Schüler die Körpersprache des Lehrers lesen. In: Rosenbusch, Heinz S./Schober, Otto (Hrsg.): Körpersprache in der schulischen Erziehung. Burgbücherei Schneider Baltmannsweiler 1986, S. 73–83

Diesterweg, Adolph: Wegweiser zur Bildung für Deutsche Lehrer. 3 Bde., 5. Aufl. Bädeker Essen 1873 (gekürzte Neuausgabe Schöningh Paderborn 1958)

Dietrich, Ingrid/Geschefsky, Gaby: Freinet-Pädagogik: Klassenkorrespondenz. In: Hänsel, Dagmar (Hrsg.): Das Projektbuch Grundschule. Beltz Weinheim-Basel 1986, S. 51–72

Dietz, Heinrich: Erziehung braucht Phantasie. Ehrenwirth München 1965

Dittmann, Jürgen (Hrsg.): Arbeiten zur Konversationsanalyse. Niemeyer Tübingen 1979

Döbert, Hans/Scholz, Günter: Ordnung und Disziplin an der Schule. 2. Aufl. Volk und Wissen Berlin 1985

Döbert, Rainer/Habermas, Jürgen/Nunner-Winkler, Gertrud (Hrsg.): Entwicklung des Ichs. Kiepenheuer & Witsch Köln 1977

Dreikurs, Rudolf/Cassel, Pearl: Disziplin ohne Strafe. Otto Maier Ravensburg 1975

Dreitzel, Hans Peter: Die gesellschaftlichen Leiden und das Leiden an der Gesellschaft. Vorstudien zu einer Pathologie des Rollenverhaltens. Klett Stuttgart 1972

Eckert, Rudolf: Das Arbeitsblatt im Unterricht. Ehrenwirth München 1980

Ehlich, Konrad (Hrsg.): Erzählen im Alltag. Suhrkamp Frankfurt/M. 1980

Eigler, Gunter/Krumm, Volker: Zur Problematik der Hausaufgaben. Beltz Weinheim 1979

Einsiedler, Wolfgang: Didaktik eines schülerorientierten Unterrichts. In: Einsiedler, Wolfgang/Härle, Helmut (Hrsg.): Schülerorientierter Unterricht. Ludwig Auer Donauwörth 1976, S. 172–226

Eisenhut, Georg/Zöpfl, Helmut: Üben und Anwenden. Zur Funktion und Gestaltung der Übung im Unterricht. Klinkhardt Bad Heilbrunn/Obb. 1981

Elashoff, Janet D./Snow, Richard E.: Pygmalion auf dem Prüfstand. Kösel München 1972

Elias, Norbert: Über den Prozeß der Zivilisation. Soziogenetische und psychogenetische Untersuchungen. 2 Bde. Francke Bern 1969; photomech. Nachdruck Suhrkamp Frankfurt/M. 1979

Ellgring, Heiner: Nonverbale Kommunikation. In: Rosenbusch, Heinz J./Schober, Otto (Hrsg.): Körpersprache in der schulischen Erziehung. Burgbücherei Schneider Baltmannsweiler 1986, S. 7–48

Engel, Ingeborg: Projekte im Deutschunterricht/Klassenzeitung (ab 5. Jahrgangsstufe). In: Arbeitsgruppe Oberkircher Lehrmittel (Hrsg.): Handbuch zum Schulalltag. Rowohlt Reinbek 1982, S. 88–93

Engelhardt, Wolf: Das Planspiel. Eine Unterrichtseinheit »Abenteuerspielplatz für Zwölfeichen?«. In: Schrettenbrunner, Helmut u. a.: Geographieunterricht 5–10. Urban & Schwarzenberg München 1981, S. 34–80

Eschenhagen, Dieter/Kattmann, Ulrich/Rodi, Dieter: Fachdidaktik Biologie. Aulis-Verlag Deubner Köln 1985

Everling, Esther: Ein Hörspiel produzieren. Scriptor Frankfurt 1988

Eversberg, Gerd: Wie verfasse ich ein Referat? C. Bange Verlag Hollfeld/Obfr. 1978

Fauser, Peter/Fintelmann, Klaus J./Flitner, Andreas (Hrsg.): Lernen mit Kopf und Hand. Berichte und Anstöße zum praktischen Lernen in der Schule. Beltz Weinheim 1983

Feldenkrais, Moshé: Bewußtheit durch Bewegung. Der aufrechte Gang. Suhrkamp Frankfut/M. 1978

Feldmann, R. S./Prohaska, J.: The student as Pygmalion. Effect of student expectancy on the teacher. In: Journal of Educational Psychology 71 (1979), pp. 485–493

Fellsches, Josef: Disziplin, Konflikt und

Gewalt in der Schule. Quelle & Meyer Heidelberg 1978

Fend, Helmut: Sozialisierung und Erziehung. Beltz Weinheim-Berlin-Basel 1969

Fend, Helmut: Theorie der Schule. Urban & Schwarzenberg München-Wien-Baltimore 1980

Fend, Helmut: Die Pädagogik des Neokonservatismus. Suhrkamp Frankfurt/M. 1984

Feyerabend, Paul: Wider den Methodenzwang. Skizze einer anarchistischen Erkenntnistheorie. Suhrkamp Frankfurt/M. 1976

Fichten, Wolfgang: Produktive und unproduktive Nebentätigkeiten von Schülern. Eine empirische Erhebung zur Einbettung in den Unterrichtsprozeß. Unveröffentl. Manuskript Oldenburg 1986

Fichten, Wolfgang: Was kann man tun, um mit Schülern in ein Gespräch über Unterrichtsmethoden zu kommen? In: Pädagogik. Jg. 41 (1989), H. 1

Fichten, Wolfgang/Meyer, Hilbert: Das Lernen gemeinsam planen. Unterrichtsmethoden aus Lehrer- und Schülersicht. In: Lernen – Ereignis und Routine. Jahresheft IV des Friedrich Verlags. Seelze 1986, S. 148–152

Flanders, N. A.: Intent, Action and Feedback: A Preparation for Teaching. In: Amidon, E. J./Hough, J. B. (Eds.): Interaction Analysis. Theory, Research and Application. Addison-Wesley Reading/Mass. 1967, pp. 283–294

Flanders, N. A.: Analyzing Teaching Behavior. Addison-Wesley Reading 1970

Flitner, Andreas: Spielen – Lernen. Praxis und Deutung des Kinderspiels. Piper München 1972

Flitner, Andreas (Hrsg.): Das Kinderspiel. 4. neubearb. Aufl. Piper München 1978

Flößner, Wolfram: Sozialschicht und Lerngruppe in der Gesamtschule. Wochenschau Verlag Frankfurt/M. 1974

Förner, A.: Tafelarbeit – Tafelanschrieb. In: Wirtschaft und Erziehung, H. 8 (1970), S. 337–342

Foppa, Klaus: Lernen, Gedächtnis, Verhalten. 3. Aufl. Kiepenheuer & Witsch Köln 1968

Ford, G. W./Pugno, L.: Wissensstruktur und Curriculum. Schwann Düsseldorf 1972

Foucault, Michel: Überwachen und Strafen. Die Geburt des Gefängnisses. Suhrkamp Frankfurt/M. 1976

Francke, August Hermann: Pädagogische Schriften. Hrsg. von Hermann Lorenzen. Schöningh Paderborn 1957

Freinet, Célestin: Pädagogische Texte. Mit Beispielen aus der praktischen Arbeit nach Freinet. Hrsg. von Heiner Boehncke/Christoph Hennig. Rowohlt Reinbek 1980

Frey, Karl: Die Projektmethode. Beltz Weinheim-Basel 1982

Friedrichs, Reiner: Hörspiele aus der Sicht des Unterrichtspraktikers. In: Wirkendes Wort, Jg. 32 (1982), S. 208–231

Friedrichs, Reiner: Mister-X-Rallye. Schüler auf den Spuren Goethes. In: Lorenz, Ulrike/Ipfling, Heinz-Jürgen (Hrsg.): Ideenkiste. Angebote für einen anderen Unterricht. Klinkhardt Bad Heilbrunn/Obb. 1986a, S. 9–24

Friedrichs, Reiner: Feature und Hörspiel. In: Lorenz, Ulrike/Ipfling, Heinz-Jürgen (Hrsg.): Ideenkiste. Angebote für einen anderen Unterricht. Klinkhardt Bad Heilbrunn/Obb. 1986b, S. 106–118

Fromm, Martin: Die Sicht der Schüler in der Pädagogik. Deutscher Studienverlag Weinheim 1987

Frommberger, Herbert/Freyhoff, Ulrich/Spies, Werner: Lernendes Spielen – spielendes Lernen. Schroedel Hannover 1976

Fuhrmann, Elisabeth: Problemlösen im Unterricht. 2. Aufl. Volk und Wissen Berlin 1987

Funke, Gerhard: Haltung. In: Joachim Ritter u. a. (Hrsg.): Historisches Wörterbuch der Philosophie, Bd. 3, Schwabe & Co. Darmstadt 1974, Sp. 990 ff.

Gage, Nathaniel L./Berliner, David C.: Pädagogische Psychologie. 4. völlig neu bearb. Aufl. Beltz/Psychologie-Verlagsunion Weinheim-München 1986

Galperin, Pjotr J.: Zu Grundfragen der Psychologie. Pahl-Rugenstein Köln 1980

Gamm, Hans-Joachim: Führung und Verführung. Pädagogik des Nationalsozialismus. List München 1964

Garelli, Christine: Warten. In: »Schüler«. Jahresheft des Friedrich Verlags Seelze 1984, S. 96

Garlichs, Ariane: Der gestörte Unterricht. In: Westermanns Pädagogische Beiträge, Jg. 28 (1976), S. 672–678

Gaudig, Hugo: Die Schule im Dienste der werdenden Persönlichkeit. 1. Aufl. in 2 Bdn. 1917/3. Aufl. in 1 Bd. Quelle & Meyer Leipzig 1930/Teilabdruck in Reble, Albert (Hrsg.): Die Arbeitsschule. Klinkhardt Bad Heilbrunn/Obb. 1963, S. 72–90

Gaudig, Hugo: Die Schule der Selbsttätigkeit. Hrsg. von Lotte Müller. Klinkhardt Bad Heilbrunn/Obb. 1963

Gebauer, M./Holefleisch, U./Merkens, E./Nießen, M./Seiler, H.: Praxis der Unterrichtsvorbereitung – ein Studienbuch. Klett-Cotta Stuttgart 1977b

Geißler, Erich E.: Erziehungsmittel. 6. durchges. Aufl. Klinkhardt Bad Heilbrunn/Obb. 1982

Geißler, Erich E./Plock, Heinrich: Hausaufgaben – Hausarbeiten. 3. überarb. Aufl. Klinkhardt Bad Heilbrunn/Obb. 1981

Geißler, Georg (Hrsg.): Das Problem der Unterrichtsmethode. 8. Aufl. Beltz Weinheim-Berlin o. J. (1970)

Geißler, Harald: Unterrichtsplanung zwischen Theorie und Praxis. Unterricht – von 1861 bis zur Gegenwart. Klett Stuttgart 1979

Geißner, Hellmut: Rhetorik und politische Bildung. 2. verb. u. erw. Aufl. Scriptor Königstein/Ts. 1981

Geppert, Klaus/Preuß, Eckhard (Hrsg.): Selbständiges Lernen. Zur Methode des Schülers im Unterricht. Klinkhardt Bad Heilbrunn/Obb. 1980

Gerster, Dieter: Schüler schreiben für Schüler. In: Arbeitsgruppe Oberkircher Lehrmittel (Hrsg.): Handbuch zum Schulalltag. Rowohlt Reinbek 1982, S. 207–215

Giel, Klaus: Studie über das Zeigen. In: Bildung und Erziehung, 18. Jg. (1965), S. 181–194

Giesecke, Hermann: Methodik des politischen Unterrichts. Juventa München 1973

Giesecke, Hermann: Das Ende der Erziehung. Klett-Cotta Stuttgart 1985

Gläser, Johannes (Hrsg.): Vom Kinde aus. Arbeiten des Pädagogischen Ausschusses der Gesellschaft der Freunde des vaterländischen Schul- und Erziehungswesens zu Hamburg. Westermann Hamburg u. Braunschweig 1920

Goffman, Erving: Interaktionsrituale. Über Verhalten in direkter Kommunikation. Suhrkamp Frankfurt/M. 1967

Gohlke, Klaus: Nebenkommunikation als Problem der Institution Schule. In: Baurmann, Jürgen u. a.: Neben-Kommunikationen. Westermann Braunschweig 1981, S. 247–267

Gordon, Thomas: Familienkonferenz: Die Lösung von Konflikten zwischen Eltern und Kind. Hoffmann und Campe Hamburg 1972

Grell, Jochen: Techniken des Lehrerverhaltens. 3. erw. Aufl. Beltz Weinheim-Basel 1975

Grell, Jochen/Grell, Monika: Unterrichts-Rezepte. Urban & Schwarzenberg München-Wien-Baltimore 1979

Groth, Georg/Teufel, Klaus-Dieter: Rollenspiel: Tarifverhandlung. Bachem Köln 1981

Grüner, Gustav: Arbeiten mit der Kreide. Westermann Braunschweig 1961

Grünewald, Dietrich: Karikatur im Unterricht. Geschichte – Analyse – Schulpraxis. Beltz Weinheim-Basel 1979

Gudjons, Herbert: Praxis der Interaktionserziehung. Klinkhardt Bad Heilbrunn/Obb 1978 (überarb. Aufl.: »Spielbuch Interaktionserziehung« 1983)

Gudjons, Herbert: Handlungsorientiert Lehren und Lernen. Klinkhardt Bad Heilbrunn/Obb. 1986

Gutte, Rolf: Gruppenarbeit. Theorie und Praxis des sozialen Lernens. Diesterweg Frankfurt/M. 1976

Gutte, Rolf: Elemente offener Unterrichtsplanung. In: Beck, Johannes/Boehncke, Heiner (Hrsg.): Jahrbuch für Lehrer 4, Rowohlt Reinbek 1979, S. 83–93

Haas, Hermann: Die Organisation von Ausstellungen in der Schule. In: Walter Twellmann (Hrsg.): Handbuch Schule und Unterricht, Bd. 7.1, Schwann Düsseldorf 1985, S. 599–610

Habermas, Jürgen: Soziologische Notizen zum Verhältnis von Arbeit und Freizeit. In: Konkrete Vernunft. Festschrift für Erich Rothacker. Bonn 1958, S. 219–231

Habermas, Jürgen: Vorbereitende Bemerkungen zu einer Theorie der kommunikativen Kompetenz. In: Habermas, Jürgen/Luhmann, Niklas: Theorie der Gesellschaft oder Sozialtechnologie? Suhrkamp Frankfurt/M. 1971, S. 10–141

Habermas, Jürgen: Legitimationsprobleme im Spätkapitalismus. Suhrkamp Frankfurt/M. 1973

Habermas, Jürgen: Zur Rekonstruktion des Historischen Materialismus. Suhrkamp Frankfurt/M. 1976

Habermas, Jürgen: Theorie des kommunikativen Handelns. 2 Bde. Suhrkamp Frankfurt/M. 1981

Habermas, Jürgen: Die Neue Unübersichtlichkeit. Suhrkamp Frankfurt/M. 1985

Hacker, Hartmut (Hrsg.): Das Schulbuch. Funktion und Verwendung im Unterricht. Klinkhardt Bad Heilbrunn/Obb. 1980

Haecker, Horst/Werres, Walter: Schule und Unterricht im Urteil der Schüler. Peter Lang Frankfurt/M.-Bern-New York 1983

Hänsel, Dagmar (Hrsg.): Das Projektbuch Grundschule. Beltz Weinheim-Basel 1986

Hage, Klaus/Bischoff, Heinz/Dichanz, Horst/Eubel, Klaus-D./Oehlschläger, Heinz-Jörg/Schwittmann, Dieter: Das Methoden-Repertoire von Lehrern. Eine Untersuchung zum Schulalltag der Sekundarstufe I. Leske + Budrich Opladen 1985

Hagstedt, Herbert: Karteien wachsen lassen. In: Die Grundschulzeitschrift, Jg. 1 (1987), S. 21–27

Hagstedt, Herbert/Hildebrand-Nilshon, Martin (Hrsg.): Schüler beurteilen Schule. Schwann Düsseldorf 1980

Halkes, R./Olson, J. (Eds.): Teacher Thinking. A new Perspective on Persisting Problems in Education. Swetz & Zeitlinger Lisse (Niederlande) 1984

Hall, J. A./Rosenthal, R./Archer, D./Dimatteo, R. M./Rogers, P. L.: Decoding wordless messages. Human Nature Inc. o. O. u. J. (1978)

Haller, Hans-Dieter/Meyer, Hilbert (Hrsg.): Ziele und Inhalte der Erziehung und des Unterrichts. Bd. 3 der Enzyklopädie Erziehungswissenschaft, Klett-Cotta Stuttgart 1986

Hartwig, Helmut: Jugendkultur. Ästhetische Praxis in der Pubertät. Rowohlt Reinbek 1980

Haug, Frigga: Kritik der Rollentheorie und ihrer Anwend'ıng in der bürgerlichen deutschen Soziologie. Fischer Frankfurt/M. 1972

Hauke, Bernhard: Das Vorverständnis von Schülern im Unterricht. Express-Edition Berlin 1987

Hausmann, Gottfried: Didaktik als Dramaturgie des Unterrichts. Quelle & Meyer Heidelberg 1959

Havers, Norbert: Erziehungsschwierigkeiten in der Schule. Beltz Weinheim-Basel 1978

Heckenschütz, Dieter: Lehrer – ärger dich! Lehrbuch für die effektive Schülernotwehr. Eichborn Frankfurt/M. 1984

Heer, Hannes/Ullrich, Volker (Hrsg.): Geschichte entdecken. Erfahrungen und Projekte der neuen Geschichtsbewegung. Rowohlt Reinbek 1985

Heidemann, Rudolf: Körpersprache vor der Klasse. Ein praxisnahes Trainingsprogramm zum Lehrerverhalten. Quelle & Meyer Heidelberg 1983

Heinemann, P.: Grundriß einer Pädagogik der nonverbalen Kommunikation. Henn Kastellaun 1976

Heinze, Thomas: Schülertaktiken. Urban & Schwarzenberg München-Wien-Baltimore 1980

Heinzen, Georg/Koch, Uwe: Von der Nutzlosigkeit, erwachsen zu werden. Rowohlt Reinbek 1985

Heipcke, Klaus: Vom Ursprung des Staunens. Gesamthochschul-Bibliothek Kassel 1985

Heller, Agnes: Das Alltagsleben. Versuch einer Erklärung der individuellen Reproduktion. Suhrkamp Frankfurt/M. 1978

Heller, Albert/Semmerling, Rüdiger (Hrsg.): Das PROWO-Buch. Leben, Lernen, Arbeiten in Projekten und Projektwochen. Scriptor Königstein/Ts. 1983

Helmer, Karl: Interesse. In: Enzyklopädie Erziehungswissenschaft. Bd. 3, Klett-Cotta Stuttgart 1986, S. 488–495

Helmers, Hermann: Didaktik der deutschen Sprache. Klett Stuttgart 1966

Henley, Nancy M.: Körperstrategien. Geschlecht, Macht und nonverbale Kommunikation. Fischer Frankfurt 1988

Henningsen, Jürgen: Erfolgreich manipulieren. Methoden des Beybringens. Henn Ratingen-Düsseldorf 1974

von Hentig, Hartmut: Die Schule im Regelkreis. Klett Stuttgart 1965

von Hentig, Hartmut: Das allmähliche Verschwinden der Wirklichkeit. Hanser München-Wien 1984

Henze, Hanne: Referieren. In: Praxis Deutsch 21 (1977), S. 53–57

Hepp, Gerd/Benz, Theresa: Möglichkeiten der Erfolgskontrolle im Unterricht. Beispiele für Schüleraktivierung jenseits von Abfragen und Klassenarbeit. In: Westermanns Pädagogische Beiträge, Jg. 39 (1987), S. 29–35

Herbart, Johann Friedrich: Pädagogische Schriften. 3 Bde. Hrsg. von Walter Asmus. Küpper vormals Bondi Düsseldorf 1964–1965

Herrlitz, Hans-Georg/Hopf, Wulf/Titze, Hartmut: Deutsche Schulgeschichte von 1800 bis zur Gegenwart. Athenäum Königstein/Ts. 1981

Herrmann, Ulrich (Hrsg.): Schule und Gesellschaft im 19. Jahrhundert. Sozialgeschichte der Schule im Übergang zur Industriegesellschaft. Beltz Weinheim-Basel 1977

Heursen, Gerd: Soziales Lernen. In: Enzyklopädie Erziehungswissenschaft. Bd. 8, Klett-Cotta Stuttgart 1983, S. 500–504

Heyn, Erich: Lehren und Lernen im Geographieunterricht. Schöningh Paderborn 1973

Hielscher, Hans: Spielen macht Schule. Quelle & Meyer Heidelberg 1981

Höhn, Karl-Rudolf: Schule und Alltag. Beltz Weinheim-Basel 1980

Hofer, Manfred (Hrsg.): Informationsverarbeitung und Entscheidungsverhalten von Lehrern. Beiträge zu einer Handlungstheorie des Unterrichts. Urban & Schwarzenberg München-Wien-Baltimore 1981

Hoferichter, Hans-Ulrich: Schülerrezepte. In: Westermanns Pädagogische Beiträge, Jg. 32 (1980), S. 416–421

Hoffmann, Lore/Lehrke, Manfred: Eine Untersuchung über Schülerinteressen an Physik und Technik. In: Zeitschrift für Pädagogik, Jg. 32 (1986), S. 189–204

Hofstätter, Peter R.: Gruppendynamik. Rowohlt Reinbek 1957

Holstein, Hermann: Unterrichtsgespräch. Sprachgestalt und Lehrmethode. Henn Kastellaun 1976

Hopf, Christel/Nevermann, Knut/Richter, Ingo: Schulaufsicht und Schule. Eine empirische Analyse der administrativen Bedingungen schulischer Erziehung. Klett-Cotta Stuttgart 1980

Huber, Franz: Allgemeine Unterrichtslehre. 11. Aufl. Klinkhardt Bad Heilbrunn/Obb. 1972

Hurrelmann, Klaus: Einführung in die Sozialisationstheorie. Beltz Weinheim 1986

Huschke-Rhein, Rolf: Über die Zukunft der Allgemeinen Pädagogik. Systematische und systemökologische Überlegungen. In: Zeitschrift für Pädagogik, Jg. 30 (1984), S. 31–48

Ipfling, Heinz-Jürgen (Hrsg.): Disziplin ohne Zwang. Ehrenwirth München 1976

Jackson, Philip W.: Life in Classrooms. Holt, Rinehart and Winston New York 1968

Jackson, Philip W.: Einübung in eine bürokratische Gesellschaft. Zur Funktion der sozialen Verkehrsformen im Klassenzimmer. In: Zinnecker, Jürgen (Hrsg.): Der heimliche Lehrplan. Beltz Weinheim-Basel 1975, S. 19–34

Jannasch, Hans-Windekilde/Joppich, Gerhard: Unterrichtspraxis in der Volksschule. 4. Aufl. Schroedel Berlin-Hannover-Darmstadt 1959

Jeske, Werner: Unterrichtsgänge – Anschauen an Ort und Stelle. In: Walter Twellmann (Hrsg.): Handbuch Schule und Unterricht. Schwann Düsseldorf, Bd. 8.1, S. 392–411

Jöde, Fritz: Eine Wiederholung. Skizze aus dem Gesangunterricht. In: Monatsschrift für Schulgesang, 8. Jg. (1913/14), S. 207–210

Jugendwerk der Deutschen Shell (Hrsg.): Jugend '81. Lebensentwürfe, Alltagskulturen, Zukunftsbilder. 2 Bde. Leske + Budrich Opladen 1981

Jugendwerk der Deutschen Shell (Hrsg.): Jugendliche + Erwachsene '85. 5 Bde. Leske + Budrich Opladen 1985

Kahl, Reinhard (Hrsg.): Schule überleben. Handbuch für Unbelehrbare. Rowohlt Reinbek 1983

Kamm, H./Müller, E. H.: Hausaufgaben – sinnvoll gestellt. Herder Freiburg 1975

Kant, Immanuel: Werke in sechs Bänden. Hrsg. von Wilhelm Weischedel. Wissenschaftliche Buchges. Darmstadt 1956

Karstädt, Otto (Hrsg.): Methodische Strömungen der Gegenwart. 8. erweit. Aufl. Beltz Langensalza 1921

Keim, Wolfgang (Hrsg.): Gesamtschule. Bilanz ihrer Praxis. Hoffmann u. Campe Hamburg 1973

Keim, Wolfgang (Hrsg.): Pädagogen und Pädagogik im Nationalsozialismus. P. Lang Frankfurt-Bern 1988

Keitel, Christine: Mathematik und formale Systeme. In: Enzyklopädie Erziehungswissenschaft. Bd. 3, Klett-Cotta Stuttgart 1986, S. 260–269

Kempowski, Walter: Unser Herr Böckelmann. Knaus Hamburg 1979

Kerschensteiner, Georg: Staatsbürgerliche Erziehung der deutschen Jugend – Gekrönte Preisschrift. München 1901

Keseling, G. u. a.: Sprach-Lernen in der Schule. Die Funktion der Sprache für die Aneignung von Kenntnissen und Fähigkeiten. Pahl-Rugenstein Köln 1974

Kinter, Jürgen/Kock, Manfred/Thiele, Dieter: Spuren suchen. Leitfaden zur Erkundung der eigenen Geschichte. VSA-Verlag Hamburg 1985

Klafki, Wolfgang: Studien zur Bildungstheorie und Didaktik. Beltz Weinheim/Bergstr. 1963

Klafki, Wolfgang: Die fünfziger Jahre – eine Phase schulorganisatorischer Restauration. Zur Schulpolitik und Schulentwicklung im ersten Jahrzehnt der Bundesrepublik. In: Dieter Bänsch (Hrsg.): Die fünfziger Jahre. Gunter Narr Verlag, Tübingen 1985c, S. 131–162

Klingberg, Lothar: Einführung in die Allgemeine Didaktik. Vorlesungen. 5. überarb. Aufl. Volk und Wissen Berlin 1982a

Klink, Job-Günter: Klasse H. 7 e. Aufzeichnungen aus dem Schulalltag. Klinkhardt Bad Heilbrunn/Obb. 1974

Kneller, Georg F.: Logic and Language of Education. John Wiley & Sons New York-London-Sydney 1966

Koch-Priewe, Barbara: Subjektive didaktische Theorien von Lehrern. Haag + Herchen Frankfurt/M. 1986

Kochan, Barbara (Hrsg.): Rollenspiel als Methode sozialen Lernens. Athenäum Königstein/Ts. 1981

Kocka, Jürgen/Nipperdey, Thomas (Hrsg.): Theorie und Erzählung in der Geschichte. Deutscher Taschenbuch-Verlag München 1979

Köhler, Anne/Mittelberg, Antje: »Ja, die Jugend ...«/»Leben in Hamm und Borgfelde«. Zwei stadtteilbezogene Ausstellungsprojekte. In: Bastian, Johannes/Gudjons, Herbert (Hrsg.): Das Projektbuch. Bergmann + Helbig Braunschweig 1986, S. 174–189

König, Eckard/Zedler, Peter: Einführung in die Wissenschaftstheorie der Erziehungswissenschaft. Schwann Düsseldorf 1983

Kösel, Edmund: Sozialformen. Otto Maier Ravensburg 1973

Korte, Jochen: Disziplinprobleme im Schulalltag. Beltz Weinheim-Basel 1982

Koselleck, Reinhard/Stempel, Wolf D. (Hrsg.): Geschichte – Ereignis und Erzählung. W. Fink München 1973

Kraft, Peter: Feste und Geselligkeiten in der Schule. Westermann Braunschweig 1979

Kraft, Peter: Klassenraum. In: Enzyklopädie Erziehungswissenschaft. Bd. 4, Klett-Cotta Stuttgart 1985, S. 487–490

Krappmann, Lothar: Soziologische Dimensionen der Identität. Klett Stuttgart 1969

Kremer, Armin/Stäudel, Lutz (Hrsg.): Praktisches Lernen im naturwissenschaftlichen Unterricht. Soznat-Verlag Marburg 1987

Krieck, Ernst: Philosophie der Erziehung. Eugen Diederichs Jena 1922

Kriss-Rettenbeck, Lenz/Liedtke, Max (Hrsg.): Erziehungs- und Unterrichtsmethoden im historischen Wandel. Klinkhardt Bad Heilbrunn/Obb. 1986

Kroß, Eberhard: Erkundung im Nahraum. In: Beiheft 1 der Geographischen Rundschau, Jg. 4 (1974), S. 26–31

Kubli, Fritz: Faszinierende Natur – auch im Unterricht? In: Zeitschrift für Pädagogik, Jg. 32 (1986), S. 375–384

Kuhl, Helwig: Ermutigung zum Schreiben. Scriptor Frankfurt 1988

Kuhlmann, Henning: Klassengemeinschaft. Über Hauptschüler und Hauptschullehrer und den Versuch herauszufinden, wann Schule Spaß machen könnte. Rotbuch Berlin 1975

Kutscha, Günter: Lernfeld. In: Enzyklopädie Erziehungswissenschaft. Bd. 3, Klett-Cotta Stuttgart 1986, S. 531–537

Langermann, Johannes: Der Erziehungsstaat nach Stein-Fichteschen Grundsätzen. Berlin 1910 (gekürzte Neuausgabe, hrsg. von Erich Beschel, Marhold Verlagsbuchhandlung Berlin 1963)

Langermann, Johannes: Muttersprache und Schulreform. Darmstadt 1916

Legler, Wolfgang/Otto, Gunter: Wandtafel – Wandzeichnung. In: Enzyklopädie Erziehungswissenschaft. Bd. 4, Klett-Cotta Stuttgart 1985, S. 665–669

Legutke, Michael/Thiel, Wolfgang: Airport. Bericht über ein Projekt im Englischunterricht in Klasse 6. In: Westermanns Pädagogische Beiträge, Jg. 34 (1982), S. 288–299

Lehmann, Jürgen (Hrsg.): Simulations- und Planspiele in der Schule. Klinkhardt Bad Heilbrunn/Obb. 1977

Leithäuser, Thomas: Formen des Alltagsbewußtseins. Campus Frankfurt/M. 1976

Lenzen, Dieter (Hrsg.): Pädagogik und Alltag. Klett-Cotta Stuttgart 1980

Lenzen, Dieter: Mythologie der Kindheit. Rowohlt Reinbek 1985

Lenzen, Dieter/Meyer, Hilbert: Innovation durch Schulversuche? Restriktionsanalyse der Planungs- und Implementationsbedingungen curricularer Reformen. In: Haft, Henning/Hameyer, Uwe (Hrsg.): Curriculumplanung – Theorie und Praxis. Kösel München 1975b, S. 157–208

Leschinsky, Achim/Roeder, Peter Martin: Schule im historischen Prozeß. Zum Wechselverhältnis von institutioneller Erziehung und gesellschaftlicher Entwicklung. Klett-Cotta im Ullstein-Taschenbuch Verlag Frankfurt/M.-Berlin-Wien 1983

Lewin, Kurt: Die Lösung sozialer Konflikte. Ausgewählte Abhandlungen über Gruppendynamik. Bad Nauheim 1953

Linsenmaier, Wolfgang: Projekt Atomkraft. In: Arbeitsgruppe Oberkircher Lehrmittel (Hrsg.): Handbuch zum Schulalltag. Rowohlt Reinbek 1982, S. 39–53

zur Lippe, Rudolf: Am eigenen Leibe. Zur Ökonomie des Lebens. Syndikat Frankfurt/M. 1978

Loch, Werner: Beiträge zu einer Phänomenologie von Gespräch und Lehre. In: Bildung und Erziehung. Jg. 15 (1962), S. 641–661

Loch, Werner: Sprache. In: Speck, Josef/ Wehle, Gerhard (Hrsg.): Handbuch pädagogischer Grundbegriffe. Bd. II, Kösel München 1970, S. 481–528

Lorenz, Ulrike/Ipfling, Heinz-Jürgen (Hrsg.): Ideenkiste – Angebote für einen anderen Unterricht (Hauptschule – Sekundarstufe I). Klinkhardt Bad Heilbrunn/Obb. 1986

Lorenzer, Alfred: Sprachzerstörung und Rekonstruktion. Suhrkamp Frankfurt/M. 1970

Loser, Fritz: Aspekte einer offenen Unterrichtsplanung. In: Bildung und Erziehung, Jg. 28 (1975), S. 241 ff.

Loser, Fritz: Die Übung im Unterricht und ihr Beitrag zu einer pädagogischen Theorie des Lehrens und Lernens. In: Dohmen, Günther/Maurer, Friedemann (Hrsg.): Unterricht. Aufbau und Kritik. 6. erw. Aufl. Piper München 1976, S. 151–166

Ludwig, Otto/Priebe, Botho/Winkel, Rainer (Hrsg.): Unterrichtsstörungen. Friedrich Jahresheft V. Seelze 1987

Lütgert, Will/Kleinespel, Karin: Petersen-Pädagogik: Feiern an der Grundschule »Mühlheimer Freiheit«. In: Hänsel, Dagmar (Hrsg.): Das Projektbuch Grundschule. Beltz Weinheim-Basel 1986, S. 73–84

Lukesch, Helmut/Kischkel, Karl-Heinz: Unterrichtsformen an Gymnasien. In: Zeitschrift für erziehungswiss. Forschung, Jg. 21 (1987), S. 237–256

Luther, Martin: Pädagogische Schriften. Hrsg. von Hermann Lorenzen. Schöningh Paderborn 1957

Mager, Robert: Lernziele und Programmierter Unterricht. Beltz Weinheim-Berlin-Basel 1965

Mann, Iris: Lernen durch Handeln. Urban & Schwarzenberg München-Wien-Baltimore 1977

Mann, Iris: Schlechte Schüler gibt es nicht. 3. Aufl. Urban & Schwarzenberg München-Wien-Baltimore 1981

Maras, Rainer: Das Tafelbild im Unterricht. Lurz Verlag München 1979

Markert, Dorothee: Freie Texte, Druckerei und Klassenzeitung in einer Sonderschulklasse. In: Vasquez, Aïda/Oury, Fernand u. a.: Vorschläge für die Arbeit im Klassenzimmer. Die Freinet-Pädagogik. Rowohlt Reinbek 1976, S. 130–140

Matthias, Adolf: Praktische Pädagogik für höhere Lehranstalten. 3. Aufl. Beck'sche Verlagsbuchhandlung München 1908

McLuhan, Marshall: Die magischen Kanäle. Fischer Frankfurt/M. 1970

Meder, Norbert: Bildung im Zeitalter der neuen Technologien oder Der Sprachspieler als Selbstkonzept des postmodernen Menschen. In: Vierteljahrsschrift für wissenschaftliche Pädagogik, Jg. 61 (1985), S. 325–339

Meerten, Egon J.: Politik und Administration als Bestimmungsfaktoren curricularer Lernereignisse. In: Hameyer, Uwe/Frey, Karl/Haft, Henning (Hrsg.): Handbuch der Curriculumforschung. Beltz Weinheim-Basel 1983, S. 413–424

van Ments, Morry: Rollenspiel: effektiv. Ehrenwirth München 1985

Merkel, Johannes: Den Kindern Geschichten mit Händen und Füßen erzählen. In: Päd.-extra, H. 2/1980, S. 22–26

Meyer, Ernst: Gruppenunterricht – Grundlegung und Beispiel. 7. Aufl. Ernst Wunderlich Oberursel/Ts. 1975

Meyer, Ernst (Hrsg.): Handbuch Gruppenpädagogik – Gruppendynamik. Quelle & Meyer Heidelberg 1977

Meyer, Ernst/Okoń, Wincenty: Frontalunterricht. Scriptor Königstein/Ts. 1984

Meyer, Hilbert: Der unkritische Gebrauch des Verfrühungsbegriffs als didaktisches Problem. In: Bildung und Erziehung, Jg. 21 (1968), S. 1–8

Meyer, Hilbert L.: Einführung in die Curriculum-Methodologie. Kösel München 1972

Meyer, Hilbert L.: Trainingsprogramm zur Lernzielanalyse. 2. überarb. Aufl. Fischer-Athenäum Frankfurt/M. 1975

Meyer, Hilbert: Leitfaden zur Unterrichtsvorbereitung. Scriptor Königstein/Ts. 1980

Meyer, Hilbert: Aneignungsschwierigkeiten didaktischen Theoriewissens. In: Westermanns Pädagogische Beiträge, Jg. 35 (1983), S. 61–71

Mollenhauer, Klaus: Erziehung und Emanzipation. Polemische Skizzen. Juventa München 1968

Morris, Desmond: Der Mensch, mit dem wir leben. Droemer/Knaur München 1983

Müller, Jörg: Alle Jahre wieder saust der Presslufthammer nieder oder Die Veränderung der Landschaft. Verlag Sauerländer Aarau 1973

Neidhardt, Walter/Eggenberger, Hans (Hrsg.): Erzählbuch zur Bibel. 4. Aufl. Benziger/Kaufmann Köln-Lahr 1984

Neill, Alexander S.: Theorie und Praxis der antiautoritären Erziehung. Das Beispiel Summerhill. Rowohlt Reinbek 1969

Neill, Alexander S.: Die grüne Wolke. Rowohlt Reinbek 1971

Netzer, Hans: Erziehungslehre. 10. erweit. und verbess. Aufl. Klinkhardt Bad Heilbrunn/Obb. 1972

Neukirch, Dieter: Overhead-Projektor. In: Enzyklopädie Erziehungswissenschaft. Bd. 4, Klett-Cotta Stuttgart 1985, S. 536–541

Niedersächsischer Kultusminister: Orientierungsstufe in Niedersachsen. Ergebnisse einer Bestandsaufnahme im Schuljahr 1984/85. Hannover 1986

Niedersächsischer Kultusminister. Bestandsaufnahme und Schulberatung in den Klassen 7–10 des Gymnasiums. Hannover Januar 1987

Niedersächsisches Schulgesetz. Hrsg. vom Niedersächsischen Kultusminister. Hannover 1980

Nitsch, Wolfgang/Scheller, Ingo (Hrsg.): Lehrerhaltungen/Themenheft 10/1982 von Westermanns Pädagogischen Beiträgen

Nitschke, Alfred: »Das verwaiste Kind der Natur«. Ärztliche Beobachtungen zur Welt des jungen Menschen. Niemeyer Tübingen 1962

Nuber, U.: Lernen wie ein Kind. In: Psychologie heute. H. 3 (1986), S. 56–61

Odenbach, Karl: Studien zur Didaktik der Gegenwart. Westermann Braunschweig 1961

Odenbach, Karl: Die Übung im Unterricht. 6. Aufl. Westermann Braunschweig 1974

Oelkers, Jürgen/Prior, Harm: Soziales Lernen in der Schule. Scriptor Königstein/Ts. 1982

Offe, Claus: Bildungssystem, Beschäftigungssystem und Bildungspolitik – Ansätze zu einer gesamtgesellschaftlichen Funktionsbestimmung des Bildungssystems. In: Roth, Heinrich/Friedrich, Dagmar (Hrsg.): Bildungsforschung. Bd. 2, Klett Stuttgart 1975

Ott, Thomas: Probleme der Musiklehrerausbildung damals und heute. In: Handbuch der Musikpädagogik, Bd. 1, Geschichte der Musikpädagogik. Hrsg. von Hans-Christian Schmidt. Bärenreiter Kassel-Basel-London 1986, S. 461–501

Otto, Berthold: Ausgewählte pädagogische Schriften. Hrsg. von K. Kreitmar, Schöningh Paderborn 1963

Otto, Gunter: Didaktik der Ästhetischen Erziehung. Westermann Braunschweig 1974

Otto, Gunter/Schulz, Wolfgang (Hrsg.): Methoden und Medien der Erziehung und des Unterrichts. Enzyklopädie Erziehungswissenschaft. Bd. 4, Klett-Cotta Stuttgart 1985

Pallasch, Waldemar/Zopf, Dietmar: Methodix. Bausteine für den Unterricht. Beltz Weinheim-Basel 1980

Pazzini, Karl-Josef: Die gegenständliche Umwelt als Erziehungsmoment. Beltz Weinheim-Basel 1983

Pazzini, Karl-Josef: Körper/Körpersprache. In: Enzyklopädie Erziehungswissenschaft. Bd. 4, Klett-Cotta Stuttgart 1985, S. 490–500

Peter, Hilmar/Sünker, Heinz/Willigmann,

Siegfried (Hrsg.): Politische Jugendbildungsarbeit – Eine Einführung in Probleme kurzzeitpädagogischer Arbeit. Sauerländer Verlag Aarau/Diesterweg Frankfurt/M. 1982

Petersen, Peter: Führungslehre des Unterrichts. 3. Aufl. Westermann Braunschweig-Berlin-Hamburg 1951

Petersen, Ursel: Schüler gestalten ihr Sportfest. In: Geppert, Klaus/Preuß, Eckhardt (Hrsg.): Selbständiges Lernen. Klinkhardt Bad Heilbrunn/Obb. 1980, S. 165–174

Peterßen, Wilhelm: Handbuch Unterrichtsplanung. Grundfragen/Modelle/Stufen/ Dimensionen. Ehrenwirth München 1982

Petrat, Gerhardt: Schulunterricht – Seine Sozialgeschichte in Deutschland 1750 bis 1850. Ehrenwirth München 1979

Petzelt, Alfred: Wissen und Haltung. Lambertus-Verlag Freiburg 1955

Piaget, Jean: Gesammelte Werke in 10 Bänden. Studienausgabe Klett Stuttgart 1975

Planungskommission Kollegschule NW: Kollegschule NW. Henn Ratingen-Kastellaun Düsseldorf 1972

Postman, Neill: Das Verschwinden der Kindheit. S. Fischer Frankfurt/M. 1983

Potthoff, Willy: Erfolgssicherung im Unterricht. Herder Freiburg 1981

Prahl, Hans-Werner: Prüfungen. In: Enzyklopädie Erziehungswissenschaft. Bd. 10, Klett-Cotta Stuttgart 1983, S. 438–450

Prange, Klaus: Bauformen des Unterrichts. Klinkhardt Bad Heilbrunn/Obb. 1983

Prenzel, Manfred/Krapp, Andreas/Schiefele, Hans: Grundzüge einer pädagogischen Interessentheorie. In: Zeitschrift für Pädagogik, Jg. 32 (1986), S. 163–173

Priesemann, Gerhard: Zur Theorie der Unterrichtssprache. Schwann Düsseldorf 1971

Prigogine, Ilya/Stengers, Isabelle: Dialog mit der Natur. Neue Wege naturwissenschaftlichen Denkens. 3. Aufl. Piper München 1981

Prior, Harm (Hrsg.): Soziales Lernen. Schwann Düsseldorf 1976

Prior, Harm: Gruppendynamik – Gruppenpädagogik. In: Enzyklopädie Erziehungswissenschaft. Bd. 8, Klett-Cotta Stuttgart 1983, S. 442–446

Prior, Harm: Sozialformen des Unterrichts. In: Enzyklopädie Erziehungswissenschaft. Bd. 4, Klett-Cotta Stuttgart 1985, S. 143–161

Purmann, Ernst: Grundschüler machen einen Film über den Hausmeister. In: Arbeitsgruppe Oberkircher Lehrmittel (Hrsg.): Handbuch zum Schulalltag. Rowohlt Reinbek 1982, S. 18–30

Quandt, Siegfried/Süßmuth, Hans (Hrsg.): Historisches Erzählen. Formen und Funktionen. Vandenhoeck & Ruprecht Göttingen 1982

Ramseger, Jörg: Offener Unterricht in der Erprobung. Juventa München 1977

Ramseger, Jörg: Neun Argumente für die Öffnung der Grundschule. In: Die Grundschulzeitschrift, Jg. 1 (1987), H. 1, S. 6/7

Ramsenthaler, Horst: Gesprächserziehung. In: Enzyklopädie Erziehungswissenschaft. Bd. 3, Klett-Cotta Stuttgart 1986, S. 446–451

Rauschenberger, Hans (Hrsg.): Unterricht als Zivilisationsform. Athenäum/Österreichischer Bundesverlag Königstein/ Ts.-Wien 1985a

Reble, Albert (Hrsg.): Die Arbeitsschule. Klinkhardt Bad Heilbrunn/Obb. 1963

Rehbock, Helmut: Nebenkommunikationen im Unterricht. Funktionen, Wirkungen, Wertungen. In: Baurmann, Jürgen u. a. (Hrsg.): Neben-Kommunikationen. Westermann Braunschweig 1981, S. 35–88

Rein, W./Pickel, A./Scheller, E.: Theorie und Praxis des Volksschulunterrichts nach Herbartischen Grundsätzen. 3 Bde., 7. Aufl. Bredt Leipzig 1903

Reinert, Gerd-Bodo/Thiele, Joachim (Hrsg.): Nonverbale pädagogische Kommunikation. Ehrenwirth München 1977

Reinert, Gerd-Bodo/Zinnecker, Jürgen (Hrsg.): Schüler im Schulbetrieb. Berichte und Bilder vom Lernalltag, von Lernpausen und vom Lernen in den Pausen. Rowohlt Reinbek 1978

Reinisch, Holger: Planspiel und wissenschaftspropädeutisches Lernen. Hamburg 1980 (Hochschuldidaktische Forschungsberichte Bd. 14, hrsg. von der Arbeitsgemeinschaft für Hochschuldidaktik)

Retter, Hein: Spielzeug. Handbuch zur Geschichte und Pädagogik der Spielmittel. Beltz Weinheim-Basel 1979

Richter, Horst E.: Die Gruppe. Rowohlt Reinbek 1972

Richter, Horst E.: Lernziel Solidarität. Rowohlt Reinbek 1974

Rittelmeyer, Christian: Spiel. In: Enzyklopädie Erziehungswissenschaft. Bd. 1, Klett-Cotta Stuttgart 1983, S. 541–546

Rittelmeyer, Christian/Baacke, Dieter/Parmentier, Michael/Fritz, Jürgen: Erziehung und Gruppe. Juventa München 1980

Ritter, Hans M.: Darstellendes Spiel – Interaktionspädagogik – Theater als Lernform. Ästhetik und Kommunikation 1979

Ritz-Fröhlich, Gertrud: Verbale Interaktionsstrategien im Unterricht. Impuls – Denkanstoß – Frage. Otto Maier Ravensburg 1973

Ritz-Fröhlich, Gertrud: Das Gespräch im Unterricht. Anleitung – Phasen – Verlaufsformen. 2. neubearb. Aufl. Klinkhardt Bad Heilbrunn/Obb. 1982

Rolff, Hans-G. u. a.: Strategisches Lernen in der Gesamtschule. Rowohlt Reinbek 1974

Rosenbusch, Heinz S.: Aneignung elementarer Lerntechniken. In: Geppert, Klaus/Preuß, Eckhardt (Hrsg.): Selbständiges Lernen. Klinkhardt Bad Heilbrunn/Obb. 1980, S. 142–151

Rosenbusch, Heinz S.: Zur Funktion nonverbaler Kommunikation im Unterricht. In: Unterrichtswissenschaft Jg. 5 (1985), S. 42–54

Rosenbusch, Heinz S.: Die Beachtung nonverbaler Kommunikation als Beitrag zur Kommunikationshygiene im Unterricht. In: Rosenbusch, Heinz S./Schober, Otto (Hrsg.): Körpersprache in der schulischen Erziehung. Burgbücherei Schneider Baltmannsweiler 1986, S. 49–72

Rosenbusch, Heinz S./Schober, Otto (Hrsg.): Körpersprache in der schulischen Erziehung. Burgbücherei Schneider Baltmannsweiler 1986

Rosenthal, Robert/Jacobson, Lenore: Pygmalion im Unterricht. Lehrererwartungen und Intelligenzentwicklung der Schüler. Beltz Weinheim-Berlin-Basel 1971

Roth, Heinrich: Pädagogische Psychologie des Lehrens und Lernens. 7. neu gestaltete und durchgesehene Aufl. Schroedel Hannover 1963

Roth, Heinrich (Hrsg.): Begabung und Lernen. Ergebnisse und Folgerungen neuer Forschungen (Gutachten und Studien der Bildungskommission des Deutschen Bildungsrats). Klett Stuttgart 1968

Rude, Adolf: Methodik des gesamten Volksschulunterrichts (Bd. IX der Reihe »Bücherschatz des Lehrers«). 21./22. verbess. Aufl. A. W. Zickfeldt Osterwieck/Harz-Leipzig 1920

Ruhe, Clemens/Ruhe, Hans G. (Hrsg.): Grenzerfahrungen. Ein Lese- und Erzählbuch für Jugendarbeit und Erwachsenenbildung. Kösel München 1984

Ruhloff, Jörg: Ein Schulkonflikt wird durchgespielt. Quelle & Meyer Heidelberg 1970

Rumpf, Horst: Unterricht und Identität. Perspektiven für ein humanes Lernen. Juventa München 1976

Rumpf, Horst: Inoffizielle Weltversionen – Über die subjektive Bedeutung von Lehrinhalten. In: Zeitschrift für Pädagogik, Jg. 25 (1979), S. 209–230

Rumpf, Horst: Die übergangene Sinnlichkeit. Juventa München 1981

Rumpf, Horst: Die künstliche Schule und das wirkliche Leben. Ehrenwirth München 1986a

Rumpf, Horst: Mit fremdem Blick. Stücke

gegen die Verbiederung der Welt. Beltz Weinheim-Basel 1986b

Rutschky, Katharina (Hrsg.): Schwarze Pädagogik. Quellen zur Naturgeschichte der bürgerlichen Erziehung. Ullstein Frankfurt/M.-Berlin-Wien 1977

Rutter, Michael u. a.: 15 000 Stunden. Schulen und ihre Wirkungen auf die Kinder. Beltz Weinheim-Basel 1980

Salzmann, Christian: Impuls – Denkanstoß – Lehrerfrage. 4. Aufl. Neue Deutsche Schule Essen 1977

Sanders, Willy/Wegenast, Klaus (Hrsg.): Erzählen für Kinder – Erzählen von Gott. Begegnung zwischen Sprachwissenschaft und Theologie. Kohlhammer Stuttgart 1983

Scheflen, Albert E.: Körpersprache und soziale Ordnung. Klett-Cotta Stuttgart 1976

Scheller, Ingo: Erfahrungsbezogener Unterricht. Scriptor Königstein/Ts. 1981

Scheller, Ingo: Arbeit an Haltungen, oder: Über Versuche, den Kopf wieder auf die Füße zu stellen – Überlegungen zur Funktion des szenischen Spiels. In: Scholz, Rudi/Schubert, Peter (Hrsg.): Körpererfahrung. Rowohlt Reinbek 1982, S. 230–253

Scheller, Ingo: Enttäuschter Vater erschoß sich vor den Augen seines Sohnes oder: Über die Möglichkeiten, einen erfahrungsbezogenen Unterricht zu planen. In: Westermanns Pädagogische Beiträge, Jg. 37 (1985), S. 462–468

Scheller, Ingo: Szenisches Spiel. Enzyklopädie Erziehungswissenschaft. Bd. 3, Klett-Cotta Stuttgart 1986a, S. 201–210

Scheller, Ingo: Szenische Interpretation mit Standbildern. In: Praxis Deutsch, 76 (1986b), S. 60–65

Scheller, Ingo: Szenische Interpretation: Georg Büchner: Woyzeck. Vorschläge, Materialien und Dokumente zum erfahrungsbezogenen Umgang mit Literatur und Alltagsgeschichte. Zentrum für pädagogische Berufspraxis Oldenburg 1987a

Scheller, Ingo: Szenische Interpretation: Frank Wedekind: Frühlings Erwachen. Vorschläge, Materialien und Dokumente zum erfahrungsbezogenen Umgang mit Literatur und Alltagsgeschichte. Zentrum für pädagogische Berufspraxis Oldenburg 1987b

Scheller, Ingo/Schumacher, Rolf: Das szenische Spiel als Lernform in der Hauptschule. Zentrum für pädagogische Berufspraxis Oldenburg 1984

Scherer, Klaus R./Wallbott, Harald G. (Hrsg.): Nonverbale Kommunikation. Forschungsberichte zum Interaktionsverhalten. Beltz Weinheim-Basel 1979

Scherf, E.: Aus dem Stegreif. Soziodramatische Spiele mit Arbeiterkindern. In: Kursbuch 34 (1973) Berlin, S. 103–156

Scheuerl, Hans: Das Spiel. Beltz Weinheim-Basel 1954/Neuausgabe 1979

Scheuerl, Hans: Spiel. In: Enzyklopädie Erziehungswissenschaft. Bd. 4, Klett-Cotta Stuttgart 1985, S. 610–612

Schiefele, Hans/Hausser, Karl/Schneider, Gerd: »Interesse« als Ziel und Weg der Erziehung. In: Zeitschrift für Pädagogik, Jg. 25 (1979), S. 1–20

Schietzel, Carl: Die Wandtafel. In: Westermanns Pädagogische Beiträge, Jg. 18 (1966), S. 63–66

Schiffler, Horst/Winkeler, Rolf: Tausend Jahre Schule. Eine Kulturgeschichte des Lernens in Bildern. Belser Stuttgart-Zürich 1985

Schleiermacher, Friedrich Daniel Ernst: Pädagogische Schriften. 2 Bde. Hrsg. von Theodor Schulze und Erich Weniger, Küpper vormals Bondi Düsseldorf 1957

Schmidt, Arno: Alte Sprachen. In: Enzyklopädie Erziehungswissenschaft. Bd. 3, Klett-Cotta Stuttgart 1986, S. 240–246

Schmölders, Claudia (Hrsg.): Die Kunst des Gesprächs. Texte zur Geschichte der europäischen Konversationstheorie. Deutscher Taschenbuch Verlag München 1986

Schründer, Agi: Alltagsorientierung in der Erziehungswissenschaft. Beltz Weinheim-Basel 1982

Schützenberger Anne: Einführung in das Rollenspiel. Klett-Cotta Stuttgart 1976

Schulz, Wolfgang: Unterrichtsplanung. Urban & Schwarzenberg München 1980
Schulze, Theodor: Methoden und Medien der Erziehung. Juventa München 1978
Schulze, Theodor: Ökologie. In: Enzyklopädie Erziehungswissenschaft. Bd. 1, Klett-Cotta Stuttgart 1983, S. 262–279
Schuy, Andrea/Schuy, Harald: Erkunden und Befragen im Sachunterricht. In: Einsiedler, Wolfgang/Rabenstein, Rainer (Hrsg.): Grundlegendes Lernen im Sachunterricht. Klinkhardt Bad Heilbrunn/Obb. 1985, S. 75–91
Schwager, Karl Heinrich: Methode und Methodenlehre. In: Speck, Josef/Wehle, Gerhard (Hrsg.): Handbuch pädagogischer Grundbegriffe, Bd. II, Kösel München 1970, S. 93–128
Schwemmer, Hilmar: Was Hausaufgaben anrichten. Von der Fragwürdigkeit eines durch Jahrhunderte verewigten Tabus in der Hausaufgabenschule unserer Zeit. Schöningh Paderborn 1981
Sellin, Hartmut: Die Überbrückung. Lehrgang zur Statik und Festigkeitslehre. In: Dortmunder Hefte, Jg. 1 (1969), S. 2–13
Semmerling, Rüdiger/Kitz, Gabi/Plaggenborg, Jutta: Selbstlernkonzepte. Eine Bibliographie. Zentrum für pädagogische Berufspraxis Oldenburg 1985
Sennlaub, Gerhard: Feuer und Flamme. 2. durchges. Aufl. Agentur Dieck Heinsberg 1984
Shaftel, Fanny R./Shaftel, George/Weinmann, Wulf: Rollenspiel als soziales Entscheidungstraining. Reinhardt München 1973
Shavelson, R./Stern, P.: Research on Teacher's Pedagogical Thoughts, Judgments, Decisions and Behavior. In: Review of Educational Research, Vol. 51 (1981), pp. 455–498
Shubik, Martin (Hrsg.): Spieltheorie und Sozialwissenschaften. S. Fischer Frankfurt/M. 1965
Sievert, Jürgen (Hrsg.): Theorie und Praxis des Physikunterrichts. Klinkhardt Bad Heilbrunn/Obb. 1976
Slotta, Günter: Die Praxis des Gruppenunterrichts und ihre Grundlagen. Bremen 1954
Söltenfuß, Gerhard: Grundlagen handlungsorientierten Lernens. Klinkhardt Bad Heilbrunn/Obb. 1983
Sohn-Rethel, Alfred: Geistige und körperliche Arbeit. Ergänzte Ausgabe Suhrkamp Frankfurt/M. 1972
Sommer, Hartmut: Grundkurs Lehrerfrage. Beltz Weinheim-Basel 1981
Spangenberg, Kurt: Chancen der Gruppenpädagogik. Gruppendynamische Modelle für Erziehung und Unterricht. Beltz Weinheim-Basel 1969
Spanhel, Dieter: Die Sprache des Lehrers. Grundformen des didaktischen Sprechens. Schwann Düsseldorf 1971
Spanhel, Dieter (Hrsg.): Schülersprache und Lernprozesse. Schwann Düsseldorf 1973
Speichert, Horst: Praxis produktiver Hausaufgaben. Scriptor Königstein/Ts. 1982
Speichert, Horst: Richtig üben macht den Meister. Rowohlt Reinbek 1985a
Speichert, Horst: Hausaufgaben. In: Enzyklopädie Erziehungswissenschaft. Bd. 4, Klett-Cotta Stuttgart 1985b, S. 461–464
Spender, Dale: Frauen kommen nicht vor. Sexismus im Bildungswesen. Fischer Frankfurt/M. 1985
Stangl, Anton: Die Sprache des Körpers. Droemer/Knaur München 1982
Stanislawski, K. S.: Die Arbeit des Schauspielers an sich selbst. 2 Bde. Volk und Wissen Berlin 1983
Stankewitz, Winfried: Szenisches Spiel als Lernsituation. Urban & Schwarzenberg/Beltz München-Berlin-Wien 1977
Staudte, Adelheid: Brainstorming. In: Enzyklopädie Erziehungswissenschaft. Bd. 4, Klett-Cotta Stuttgart 1985, S. 399–403
Stein, Gerd: Schulbuchschelte. Politikum und Herausforderung. Klett Stuttgart 1979
Stein, Gerd: Schulbuch. In: Enzyklopädie Erziehungswissenschaft. Bd. 4, Klett-Cotta Stuttgart 1985, S. 581–589
Steindorf, Gerhard: Grundbegriffe des

Lehrens und Lernens. Klinkhardt Bad Heilbrunn/Obb. 1981

Steindorf, Gerhard: Lernen und Wissen. Klinkhardt Bad Heilbrunn/Obb. 1985

Steinwede, Dietrich: Was ich gesehen habe. Thematische Bibelerzählungen für Kinder, Eltern und Lehrer. 2. Aufl. Vandenhoeck/Pfeiffer Göttingen 1980

Stöcker, Karl: Neuzeitliche Unterrichtsgestaltung. 13. neubearb. und erweit. Aufl. Ehrenwirth München 1970

Stukenborg, Ludger: Wi proat Platt! Oder: Begegnung mit der Geschichte unserer Stadt. Ein regionaler Lehrplan im Fach Geschichte. In: Lorenz, Ulrike/Ipfling, Heinz-Jürgen (Hrsg.): Ideenkiste. Klinkhardt Bad Heilbrunn/Obb. 1986, S. 72–86

Tausch, Reinhard/Tausch, Anne-Marie: Erziehungspsychologie. 6. erg. Aufl. Verlag für Psychologie/Hogrefe Göttingen 1971

Tenorth, Heinz-Elmar: Deutsche Erziehungswissenschaft 1930 bis 1945. In: Zeitschrift für Pädagogik, Jg. 32 (1986), S. 299–321

Terhart, Ewald: Erfahrungswissen und wissenschaftliches Wissen über Unterricht. In: Thiemann, Friedrich (Hrsg.): Konturen des Alltäglichen – Interpretationen zum Unterricht. Scriptor Königstein/Ts. 1980, S. 83–105

Terhart, Ewald: Rezension zu Klaus Hage u. a. »Das Methodenrepertoire von Lehrern. In: Zeitschrift für Pädagogik, Jg. 32 (1986), S. 289–293

Teutloff, Gabriele: Heimatkunde – auch nach der Grundschule noch interessant. In: Lorenz, Ulrike/Ipfling, Heinz-Jürgen (Hrsg.): Ideenkiste. Klinkhardt Bad Heilbrunn/Obb. 1986

Theissen, Gerhard: Der Schatten des Galiläers. Historische Jesusforschung in erzählbarer Form. Kaiser München 1985

Thiele, Dieter: »Grabe, wo du stehst« – Geschichtswerkstatt und handlungsorientierter Unterricht. In: Westermanns Pädagogische Beiträge. Jg. 39 (1987), S. 24–28

Thiele, Hartmut: Lehren und Lernen im Gespräch. Klinkhardt Bad Heilbrunn/Obb. 1981

Thiemann, Friedrich (Hrsg.): Konturen des Alltäglichen. Interpretationen zum Unterricht. Scriptor Königstein/Ts. 1980

Thiemann, Friedrich: Schulszenen. Vom Herrschen und Leiden. Suhrkamp Frankfurt/M. 1985

Tillmann, J.: Einige grundsätzliche Überlegungen zum pädagogischen Rollenspiel. In: Arbeitskreis Pädagogisches Rollenspiel (Hrsg.): Materialien zur Praxis des Rollenspiels 2/1977, S. 25–33

Tillmann, Klaus-Jürgen (Hrsg.): Schulsozialarbeit. Juventa München 1982

Töpfer, Erich/Bruhn, Jörn: Methodik des Physikunterrichts. 6. Aufl. Quelle & Meyer Heidelberg 1979

Trzeciok, Peter: Unterricht ohne Fronten. Urban & Schwarzenberg München 1978

Tütken, Hans/Spreckelsen, Kay: Zielsetzung und Struktur des Curriculum. Diesterweg Frankfurt/M. 1970

Ulich, Dieter: Gruppendynamik in der Schulklasse. Ehrenwirth München 1971

Ulich, Dieter: Pädagogische Interaktion. Theorien erzieherischen Handelns und sozialen Lernens. Beltz Weinheim-Basel 1976

Uppendahl, Herbert (Hrsg.): Die Karikatur im historisch-politischen Unterricht. Ploetz Freiburg-Würzburg 1978

Uttendorfer-Marek, Ingrid: Unterricht über Unterricht (Unterrichtseinheiten). In: Wagner, Angelika C. u. a.: Schülerzentrierter Unterricht. Urban & Schwarzenberg München 1976, S. 221–255

Vester, Frederic: Denken, Lernen, Vergessen. Deutsche Verlagsanstalt Stuttgart 1975

Vöge, Peter: Illustrieren, Drucken und Gestalten. In: Jürgen Gidion u. a. (Hrsg.): Gestalten der Sprache. Beltz Weinheim 1987, S. 74–81

Vogel, Alfred: Artikulation des Unterrichts. Otto Maier Ravensburg 1973

Vogel, Alfred: Unterrichtsformen II. Otto Maier Ravensburg 1975
Vohland, Ulrich: Praxis der Unterrichtsplanung. Schwann Düsseldorf 1982
Voigt, Jörg: Interaktionsmuster und Routinen im Mathematikunterricht. Theoretische Grundlagen und mikroethnographische Falluntersuchungen. Beltz Weinheim 1984

Wagenschein, Martin: Verstehen lernen. 5. erweit. Aufl. Beltz Weinheim-Basel 1975
Wagner, Angelika C./Uttendorfer-Marek, Ingrid/Laible-Nann, Reinhilde/Uttendörfer, Jörg/Kais, Peter/Mack, Jürgen/Vogel, Helga: Schülerzentrierter Unterricht. Urban & Schwarzenberg München 1976
Wagner, Angelika C./Maier, Susanne/Uttendörfer-Marek, Ingrid/Weidle, Renate H.: Unterrichtspsychogramme. Was in den Köpfen von Lehrern und Schülern vorgeht. Rowohlt Reinbek 1981
Wagner, Gesine: Im Feuer ist mein Leben verbrannt. Der Starfighter-Absturz in Frankfurt Pfingsten 1983. Gütersloher Verlagshaus/Gerd Mohn, Gütersloh 1985
Wahl, Diethelm/Schlee, Jörg/Krauth, Josef/Mureck, Jürgen: Naive Verhaltenstheorie von Lehrern. Zentrum für pädagogische Berufspraxis Oldenburg 1983
Wallrabenstein, Wulf: Kinder befragen Passanten. In: Praxis Deutsch, H. 12/1975, S. 16–18
Walser, Ferdinand/Schmidt-Müller, Uschi: Zur Entwicklung literarischer Interessen. In: Zeitschrift für Pädagogik, Jg. 32 (1986), S. 361–374
Wandel, Fritz: Rebellion und Entfremdung. Außerschulische Ursachen von Unterrichtsstörungen. In: Westermanns Pädagogische Beiträge, Jg. 32 (1980), S. 145–150
Watzlawick, Paul/Beavin, Janet H./Jackson, Don D.: Menschliche Kommunikation. Huber Bern 1969
Weinrich, Harald: Narrative Theologie. In: Consilium, H. 9/1973, S. 329–334
Weinrich, Harald: Von der Langeweile des Sprachunterrichts. In: Zeitschrift für Pädagogik. Jg. 27 (1981), S. 169–185
Wellendorf, Franz: Schulische Sozialisation und Identität. Zur Sozialpsychologie der Schule als Institution. Beltz Weinheim-Basel 1973
Wenzel, Hartmut: Methodische Kompetenz von Lehrern und Schülern. In: Bohnsack, Fritz u. a.: Schüleraktiver Unterricht. Beltz Weinheim-Basel 1984, S. 333–350
Wenzel, Hartmut: Unterricht und Schüleraktivität. Deutscher Studienverlag Weinheim 1987
Wiederhold, Karl A.: Die Artikulation des Unterrichts. In: Twellmann, Walter (Hrsg.): Handbuch Schule und Unterricht. Bd. 4.1, Schwann Düsseldorf 1981, S. 406–427
Wilhelm, Theodor: Theorie der Schule. Hauptschule und Gymnasium im Zeitalter der Wissenschaften. 2. erweit. Aufl. Metzlersche Verlagsbuchhandlung Stuttgart 1969
Wilhelmi, Jutta: Schülerinnen und Schüler erkunden ihre Stadt. Verfall und Erneuerung der Stadt Heidenheim. In: Friedrich Jahresheft IV. Seelze 1986, S. 86–89
Willis, Paul: Spaß am Widerstand. Gegenkultur in der Arbeitsschule. Syndikat Frankfurt/M. 1979
Winkel, Rainer: Der gestörte Unterricht. 3. Aufl. Kamp Bochum 1983
Winkeler, Rolf: Hausaufgaben in der Schulpraxis. Otto Maier Ravensburg 1977
Wittmann, Bernhard: Vom Sinn und Unsinn der Hausaufgaben. Luchterhand Neuwied 1964
Wittmann, Bernhard: Hausaufgaben in der Unterrichtsforschung. Ergebnisse der empirischen Hausaufgabenforschung. Einstellungen, Effektivität, Bedingungen, Umwelt. In: Westermanns Pädagogische Beiträge, Jg. 35 (1983), S. 480–483
Wolfhard, Manfred: Der Wald stirbt auch in Albershausen. In: Friedrich Jahresheft IV, Seelze 1986, S. 66–68
Wragge-Lange, Irmhild: Interaktionsmu-

ster im Frontalunterricht. Drei Fallanalysen. Beltz Weinheim-Basel 1983

Wünsche, Konrad: Die Wirklichkeit des Hauptschülers. Berichte von Kindern der schweigenden Mehrheit. Kiepenheuer & Witsch Köln 1972

Wygotski, Lew S.: Denken und Sprechen. Fischer Frankfurt/M. 1977

Yates, Alfred (Hrsg.): Lerngruppen und Differenzierung. Beltz Weinheim-Basel 1972

Zedler, Peter: Einführung in die Bildungsplanung. Klett-Cotta Stuttgart 1979

Ziehe, Thomas: Pubertät und Narzißmus. Europäische Verlagsanstalt Frankfurt/M.-Köln 1975

Ziehe, Thomas/Stubenrauch, Herbert: Plädoyer für ungewöhnliches Lernen. Ideen zur Jugendsituation. Rowohlt Reinbek 1982

Zink, Raimund: Schultagebuch. In: Célestin Freinet: Pädagogische Texte. Rowohlt Reinbek 1980, S. 222–233

Zinnecker, Jürgen (Hrsg.): Der heimliche Lehrplan. Beltz Weinheim-Basel 1975

Zinnecker, Jürgen: Die Schule als Hinterbühne oder Nachrichten aus dem Unterleben der Schüler. In: Reinert, Gerd-Bodo/Zinnecker, Jürgen (Hrsg.): Schüler im Schulbetrieb. Rowohlt Reinbek 1978, S. 29–121

Zirk, Otto: Die Schule des Tafelzeichnens. Ehrenwirth München 1969

Zureck, Adam: Wenn Schüler zu »Dingen« werden, gehen »Sachen« kaputt. In: Psychologie heute. H. 1/1985, S. 56–62

Auflösung des Kreuzworträtsels von Band I, S. 241 ff.

Je einfacher ein Kreuzworträtsel zu lösen ist, um so mehr Arbeit und Mühe hat es zumeist gekostet, es auszudenken. Wenn Sie sich zu den Tüftlern und Sprachspielern zählen, sollten Sie ab und an auch für Ihre Schüler ein themenspezifisches Kreuzworträtsel erfinden, aber zwei ruhige Tage für die Erarbeitung einplanen.

Sach- und Personenregister